분열과 통합의
남북 체육사
1947~1991

분열과 통합의 남북 체육사 1947~1991

초판 1쇄 발행 2025년 6월 2일

지은이 | 최진환
발행인 | 윤관백
발행처 | 선인
등 록 | 제5-77호(1998.11.4)
주 소 | 서울시 양천구 남부순환로 48길 1(신월동 163-1) 1층
전 화 | 02) 718 - 6252 / 6257
팩 스 | 02) 718 - 6253
E-mail | suninbook@naver.com

정 가 35,000원
ISBN 979-11-6068-971-6 93910

분열과 통합의
남북 체육사
1947~1991

최진환 지음

필자는 서울 체육중학교, 체육고등학교를 나온 소위 체육 엘리트 학교 출신이다. 1972년 뮌헨올림픽을 앞두고 체육학교가 만들어지고, 뮌헨에서 북한이 남한보다 먼저 금메달을 따자, 남한의 체육 정책은 엘리트(전문) 선수 육성에 집중되기 시작했다. 체육중학교가 1976년에 폐교되었다가 1982년에 다시 복교되는 과정도 역시나 1988년 서울올림픽 유치와 관련이 있다. 이는 분단체제 아래에서 남북 간 스포츠 대결과 국위 선양을 목표로 급조된 엘리트 체육 정책의 결과였다. 필자는 그 정책의 중심에 있던 체육학교를 1982년에 입학하고 1988년에 졸업하기까지 1980년대 엘리트 체육 정책을 고스란히 몸소 겪으며 혜택을 누리기도 했다.

그리고 대학에 입학한 1989년은 여러모로 남북 관계에서 변화가 일어났던 시기이다. 문익환 목사 방북, 임수경 전대협 대표 방북 등을 보고 철저한 반공 교육으로 무장된 나에게 '북한에 갈 수 있다니!', 신선한 충격이었다. 그리고 공산권 국가였던 헝가리와 수교로 대학 선배, 동기들이 헝가리를 비롯한 공산권 국가로 해외 연수를 떠나기도 했고, 1991년 탁구 남북 단일팀 구성은 최초라는 타이틀을 달고 온 국민을 설레게도 하였다. 1989년부터 1992년까지 4년 동안의 대학 생활은 북방 정책을 주도한 노태우 정부 집권기의 한가운데 있었다.

필자가 이 연구를 시작하며 북한의 올림픽 참가에 관심을 가지게 된 계기는 중·고등학교와 대학 시절에 겪었던 사회적 경험이 고스란히 필자의 삶 속에 투영되었기 때문이다. 무심코 지나쳤던 당시 사건들이 이어져 하나의 역사적 맥락으로 다가오자 '유레카'를 외치기도 하였다.

이 연구를 진행하며, 필자는 냉전 시대 소련의 영향을 받아 국가 건설을 시작한 북한은 국제 사회에서 '국가성'을 인정받지 못한 반면, 남한은 미국의 지원을 등에 업고 '국가성'을 인정받으며 성장해 온 역사를 확인할 수 있었다. 특히, IOC 가입 문제와 올림픽 참가 권리를 둘러싼 갈등에서 더욱 뚜렷이 드러났다. IOC에서 기득권을 누리던 남한은 북한을 더욱 압박하며 몰아붙였고, 북한은 이에 맞서 독자적인 행보를 통해 국가로서의 정체성을 인정받는 데 모든 노력을 기울였다. 북한의 국가 정체성 인정 문제는 1950~1960년대를 거치며 IOC에 가입하는 과정에서 극명하게 나타났다. 1969년 북한은 자신의 국호 DPRK를 IOC로부터 공식적인 승인을 받으면서 비로소 남한과 대등한 국제적 관계를 구축할 수 있는 기반을 마련하였다.

하지만 남북의 경쟁은 애초부터 동일선상에서 시작되지 않았고, 형평성도 부족했다. 냉전 체제 속에서 남한은 국제사회에서 미국을 중심으로 유리한 환경과 조건을 가지고 외교를 펼쳐 갔고, 북한은 소련을 중심으로 제3세계 국가들과 외교 관계를 맺으며 국제사회의 일원이 되고자 노력했다. 유엔과 IOC에서 펼쳐지는 국가 정체성 논란은 1950년대부터 1980년대를 거치며 치열하게 전개되었다. 그 중심에는 냉전 체제하에서 미국을 중심으로 한 대북 적대 정책이 있었고, 남한은 반공주의로 일관하여 북한과 어떤 타협도 이뤄내기 쉽지 않았다. 국제 스포츠 대회에서 남북 대결은 동족 간의 아픔을 그대로 드러내는 아이러니의 연속이었다. 체제대결 과정에서 합리적 사고는 뒷전으로 밀려났고, 혐오와 적대감이 남한 사회의 주요 동력으로 작용했다.

이번 연구는 이러한 점에서 보다 객관적인 시각으로 남과 북을 바라보는 계기가 되었다. 특히, 서울올림픽을 두고 남북이 협상하던 과정에서 북한이 '악마화'되는 과정과 그로 인한 결과를 살펴볼 수 있었다. 북한과의 체육회담에서도 정부는 철저히 적대적인 입장을 고수했으며, 이는 상식적인 것조차 비상식적으로 보이게 하고, 합리적인 제안을 비합리적인 것으로 둔갑시킨 역사를 확인할 수 있었다. 분단은 남한과 북한 모두에게 불행한 역사였으며, 그 분단의 역사는 여전히 진행 중이다.

체육 분야의 남북 회담 사례는 남북 관계의 흐름을 조망할 수 있는 하나의 창이었다. 적십자 회담, 고위급 회담, 군사 회담 등 여러 회담이 열렸으나, 체육회담에서 단일팀을 구성하는 문제조차도 첨예한 정치적 입장의 대립으로 진전을 이루기 어려웠다. 그럼에도 불구하고 남북이 어렵게 만나 작은 성과라도 내게 되면 남북 관계는 잠시 희망으로 전환되었다가, 곧 절망으로 되돌아가는 일이 반복되었다. 그것은 남한과 북한이 가까워지는 것을 극도로 경계하는 보이지 않는 힘이 작용하고 있기 때문이다. 남한 내부만이 아니라 미국의 대북 적대 정책이 작동하고 있는 이상 이를 무시하고 남북의 체육인들이 만난다고 하더라도 이를 극복할 열쇠가 우리에게 있지 않다는 것이 문제다. 그런데 우리는 그 미국의 대북 정책에 주목하기 보다는 당장 북한의 핵과 미사일에만 관심을 두고 있다.

임동원 전 국정원장은 그의 회고록에서 2002년 북한을 방문하고 난 뒤, 김정일 위원장의 태도를 이렇게 표현했다. "북한이 대량 살상 무기와 강력한 군사력(지금은 핵보유)을 유지하려는 의도는 미국에 대한 불신과 공포에 기인하며, 대량 살상 무기를 체제 보존과 전쟁 억제는 물론 미국과의 관계 정상화를 위한 협상용으로 사용하려는 것"이라고 했다. 결국, 북한은 미국으로부터 생존을 보장받기 위해 군사력을 키워가고 있는 것이다.

남과 북의 어떤 체육 교류와 협상도 정치적이지 않을 수 없지만, 그 정치의 영향으로부터 자유로워진다면 체육의 영역만큼 공통의 룰과 방법으로 통 크게 하나가 될 수 있는 분야가 있을까 싶다. 그래도 희망적인 점은 1991년과 2018년을 통해 남북의 정치가 결단하면 민중들은 곧바로 가까워질 수 있다는 점을 알게 해주었다. 그래서 혹자는 다시금 무엇인가를 해야 하는 것이 아닌가 하는 강박증을 갖게 한다. 하지만, 2025년 지금은 과거처럼 다시 돌아가기가 쉽지 않아 보인다는 것이 문제다. 이 책을 통해 앞으로 맞닥뜨릴 남북의 접촉 공간에서 역사를 이해한 가운데 새로운 대안을 함께 모색하길 기대한다.

끝으로 이 책이 출간되도록 도움을 주신 선인 출판사에 감사의 말씀을 드린다. 그리고 이 책이 나오기까지 여러모로 도움을 주신 여러 분들께도 감사의 마음을 전한다.

2025년 2월 말
6년의 시간을 마무리하며

1장

서론

1957년, 홍명희가 IOC(International Olympic Committee: 국제 올림픽 위원회)에 보낸 서신을 보고 의아했다. 왜 홍명희가 IOC에 서신을 보냈을까. 그리고 이기붕이 IOC에 보낸 서신을 보고 또 의아했다. 왜 남북의 고위 인사들이 IOC와 서신을 주고받으며 어떤 이야기를 했던 것일까.

수집한 IOC 서신 자료를 가지고 읽고 또 읽고 이쪽 자료를 확인하고 저쪽 자료도 확인하며 무엇이 사실일지 따져가며 근거를 찾아 써 내려갔다. 해방 후부터 1991년까지의 남북체육회담 역사를 들여다보며, 우리는 무엇을 지향했고, 북은 무엇을 지향했는지 명확하게 답이 보였다. 이 지향의 차이는 단순히 체육 분야에 국한된 것이 아니라, 남북의 현실과 정치적 조건에서 비롯된 숙명이었다.

해방 후, 강대국의 힘겨루기에 한반도는 용광로처럼 뜨거운 정치적 갈등과 대립으로 민중들의 삶을 구속했다. 두 세력의 힘에 의해 민중들은 한쪽을 선택하거나, 양쪽 모두를 선택해 생존을 우선하게 되었다. 전쟁으로 이어진 한반도는 그 정점에서 완전한 민족적 분리를 확정했다. 남과 북이 분단되고 서로 체제 경쟁과 대립 그리고 갈등은 모든 삶의 분야에 차별화를 시도하며 체제 우월성을 강조했다. 국가가 앞장서 국제사회에서 금메달과 같은 결과로 체제의 우월성을 증명해야 했다. 철저히 한 쪽을 누르고 이기거나 고립시켜야 할 필요성이 있었다. 그런데 이 과정에서 단일팀 구성 문제가 등장한다. IOC에 의해 남북에 주어진 과제였다. 이 과제를 해결하기 위해 남북은 서로 명분이 필요했다. 단일팀 구성을 해야 하는데, 그 당위성은 있는데 왜 해야 하는지?에 대해 서로 의구심을 가졌다. 국제사회는 단일팀 구성이야말로 남북의 화해와 평화를 위해 좋은 수단이라고 판단했고, 이를 적극 지지했다.

그러나 당사자인 남북은 단일팀 구성을 앞세웠지만, 그 속내는 따로 있었다. 그 속내에 관한 이야기를 이 책을 통해 하고 싶은 것이다. 이 과정에서 스포츠는 본래의 가치를 상실한 채 남북 체제 대결의 정치적 도구로 전락했다. 개인에게는 인생을 바꿀 기회로 이용되기도 했다. 1960~1970년대를 거치면서 남북 스포츠 경쟁은 더욱 치열해졌고, 그로 인해 국가 주도의 엘리트(전문) 스포츠 정책들이 쏟아졌다. 이러한 정책들은 현재까지 영향을 미치고 있다. 다행인 것은 당시 힘든 삶을 살던 대중은 일부 스포츠 스타들의 활약을 통해 희망과 위안을 얻었다는 점은 긍정적이다.

국가는 더욱 올림픽 금메달이 필요했고, 국제 사회에서 북한에 질 수 없는, 아니 국기 게양대에 태극기 대신 인공기가 올라가는 것을 용납하기 어려웠다. 결국 국제 스포츠 대회는 남과 북이 각각의 국가를 알리는 공개 경쟁의 열린 무대였던 것이다.

이는 북한도 마찬가지였다. 북한은 상대적으로 뒤처진 출발로 남한과의 경쟁에서 대등한 지위를 획득하는 것이 급선무였다. 그렇게 남과 북은 국제사회에서 하나의 국가로서, 정통성이 자신에게 있다는 점을 부각하며 인정을 받고자 IOC와 같은 국제기구를 활용했다.

남과 북이 얻고자 했던 것을 얻었는가? 그렇지 못했는가? 결국 남북의 스포츠는 독립 NOC로 나뉘게 되었고, 스포츠 분단[1]을 확정했다. 그리고 나서 다시 남북은 여러 모양으로 스포츠 통합을 시도한다. 북은 스포츠 분단 이전에도 통합을 강조한 반면, 남은 대등한 NOC 관계가 되고 나서 통합을 모색했다는 점이 특징이다.

이에 관한 국내 연구가 거의 없다시피 했다. 그러던 중 해방 후부터 남북이 IOC와 주고받은 서신이 IOC에 있다는 정보를 얻고, 스위스 로잔에 있는 IOC 아카이브(OSC: Olympic Studies Centre) 센터를 방문하게 되었다. 30년이 지난 IOC 자료는 연구자들에게 공개되어 있었다. 2019년과 2023년 두 차례에 걸쳐 방문하여 자료를 수집했다.

해방 후부터 1992년까지 IOC 서신 자료와 남에서 생산된 국가기록원과 외교부 공개문서 자료와 북에서 생산된 신문과 각종 공간(公刊) 문헌 등 1차 자료를 대조해 가며 하나의 사건을 퍼즐 맞추듯 분석했다. 실제 우리가 알고 있는 것과 다른 내용도 많았고, 드러나지 않았던 내용도 발견되었다. 역사를 다시 써야겠다는 생각이 들었다. 이 책을 통해 다양한 자료에 기반한 남북의 체육사를 역사적 사실에 근거해서 재조명해 보고자 하였다.

체육과 관련된 남북 문제는 순수한 스포츠 영역의 문제로 인식하기 쉬우나, 이와 관련된 사건들이 서로 연결되는 지점에는 여지 없이 분단과 냉전이라는 현실에 다다르게 되었다. 체육 분야는 서로 얽힌 이해관계 속에서 정치적 영향을 피할 수 없는 상황이었다.

이를 두고 어떤 학자는 '스포츠 도구화'라는 표현을 쓰기도 했다. 남북 관계에서 스포츠는 철저히 도구였다. 관계 회복을 위한 도구, 정세

---

[1] 최진환, 「IOC의 조선민주주의인민공화국 올림픽 위원회 승인에 관한 연구」, 북한대학원 대학교 박사학위논문, 2020, 48~51쪽. 1962년까지는 남과 북이 하나의 NOC로 올림픽에 참가할 수 있었는데, 남한이 거부하여 1963년에 북한의 독립 NOC가 승인되면서 남북의 NOC가 둘로 나뉘게 되었다는 점을 스포츠 분단으로 정의한다.

변화를 위한 도구 등 스포츠는 정치적 영향력에서 벗어날 수 없었다. 북한의 장웅 IOC 위원이 말했던 '스포츠 위에 정치'라는 표현도 같은 맥락이다.

그렇게 도구화되었던 스포츠를 매개로 남북 당국은 정치적 결단을 했다. 1991년 지바 세계탁구선수권대회에서 단일팀 구성이 성사되며 남북이 하나 됨으로써 그 위력을 보였다. 해방 이후 처음으로 일본에서 민단과 조총련이 서로 마주 앉아 남북 단일팀을 환영하고 응원하는 행사를 위해 만나서 회의하고 만찬을 하는 등 그동안의 반목과 갈등을 한순간에 녹아내리게 했다. 남북이 국내에서 이룬 화해와 통합의 시간을 해외 동포들이 더 뜨겁게 맞이했던 것이다. 이것이 정치적 결단의 결과였다.

그러나 그 정치의 영향력은 거기까지였다. 또다시 상위 권력자들은 이를 계속 두고 볼 수 없었다. 남북 관계는 긴장과 경색 국면으로 돌아가게 만든 또 다른 세력의 힘이 작용했다. 결국 서로의 이해관계와 이익이 우선시되는 현실주의가 모든 것을 원점으로 되돌려 놓았다.

이 책은 1947~1991년까지 분단으로 비롯된 남북 체제 경쟁이 남북 스포츠에 어떻게 영향을 끼쳤는지를 설명하고자 했다. 또 그 과정에 나타난 스포츠 분단과 통합의 과정에서 남북 체육회담의 역사적 사건을 추적하며, 회담 과정에서 남북의 지향과 그 한계가 무엇인지 볼 수 있다.

2장에서 3장까지는 어떻게 남북의 스포츠가 분단되었는지를 보여준다. 4장부터 5장까지는 다시 남북 스포츠 통합을 시도하는데 무엇이 문제였는지를 보여준다. 5장에서 결국 1991년 남북 스포츠 통합을 이뤄낼 수 있었던 원인과 곧바로 원점으로 돌아가는 과정을 보여준다.

이러한 과거 역사를 통해 다시 찾아오게 될 남북 체육 교류 협력의 시간을 대비해 우리가 알아야 할 것이 무엇이고, 무엇을 준비해야 하는지에 대한 문제의식을 함께 나눌 수 있기를 기대해 본다.

KOC 승인과
북한의 등장

KOC 승인과
북한의 등장

1. KOC 탄생과 역할

1896년 IOC가 제1회 근대 올림픽을 개최하고 나서 참가국들은 국제 무대를 통해 자국의 존재감을 드러내고자 했다. 스포츠의 기본적인 속성이 경쟁이다 보니, 국가 간의 경쟁은 자연스러운 현상이 되었다. 제2차 세계대전 이후, 영국, 미국, 프랑스 등 제국주의 국가들로부터 독립한 아시아 및 아프리카 신흥국들은 자연스럽게 IOC의 가입을 추진하게 되었다. 올림픽은 국기와 국호를 사용하는 NOC(National Olympic Committee: 국가 올림픽 위원회)를 기본 단위로 하기 때문에, 신흥국들은 국제 사회에서 자주독립 국가로 인정받기 위해 IOC 가입에 적극 나섰다.

1945년 미국이 일본의 항복을 받아 내자 우리도 일본제국으로부터 해방을 맞이했다. 그러나 미국과 소련에 의해 분할통치가 시작되었고, 미국과 소련의 군정 통치가 남과 북에서 실시되었다. 그렇게 남과 북은 분단의 역사를 걷게 되었다. 이 시기 우리 남쪽에서는 조선체육회를 부활시키고, IOC 가입을 추진하였다. 나라를 잃은 아픔은 1936년 베를린

올림픽에서 특히나 심각하게 나타났다. 마라톤에서 금메달을 획득한 손기정 선수는 태극기 대신 일장기를 달고 시상대에 오르게 되었고, 우리 언론(조선중앙일보와 동아일보)은 일장기를 지운 사진을 게재하자 조선총독부로부터 신문 발행 금지 처분을 받기도 했다. 해방 이후, 우리 국호와 국기를 사용하여 올림픽에 참가해야 하는 것은 우리나라가 독립 국가임을 국제 사회에 알리기 위한 정치적 이유이기도 했다. 그러나 해방 이후, 우리나라는 38선을 경계로 남과 북으로 분단되면서, 단일 NOC로 IOC에 가입하기 어려운 상황이 되었다.

재건된 조선체육회 회장을 맡았던 여운형은 좌우합작을 주도하며 여러 갈래의 정치적 이해관계를 조율하고 자주독립 국가 건설을 지향했던 정치인이었다. 그는 평소에 운동을 좋아했고, 단련된 근육질 몸매를 자랑하기도 했다. 그는 기회가 있을 때마다 청년들에게 체육을 통해 독립 국가의 강한 일꾼으로 성장해 줄 것을 강조하곤 했다. 그런 이유에서인지 체육회와의 인연이 시작되어 조선체육회 회장을 맡아 올림픽 참가에 앞장서기도 했다. 조선체육회는 1948년 올림픽에 참가하기 위해서 1946년 6월 6일에 올림픽대책위원회를 구성했다. 두 번째 회의에서 위원장으로 선출된 유억겸은[1] 처음으로 IOC와 접촉을 시도했다. 그의 서신에는 부회장으로 선출된 전경무가 IOC 올림픽위원들과 협상할 권한을 가지고 회의에 참석하며, 미국 정부가 한국의 독립을 위해 노력했던 것처럼 미국 NOC도 한국의 NOC의 승인을 지원해 달라는 요청이 담겨있었다. 올림픽 참가를 위해서는 미국의 지원이 절대적이었다. 동시에 올림픽대책위원회에는 여운형과 이상백[2]도 각각 IOC와 접촉하

---

1) 유억겸은 친일 인명사전에 등재된 사람이다. 당시 체육회는 올림픽 참가를 위한 일이라면 친일 행적이 있는 인물과도 함께 하였던 것으로 보인다. 그는 오천석, 김성수, 백낙준, 김활란과 함께 해방 후 교육분야에서 주도적 역할을 하기도 했다. IOC 서신에는 단 한번 등장한다.
2) 1964~1966 대한체육회장 겸 KOC 위원장, 1932년부터 올림픽 임원, 선수단장, 1964년 10월 도쿄 IOC 총회에서 이기붕에 이어 두 번째 IOC 위원으로 선출되었다.

며 KOC 승인을 추진했다.

전경무는 1946년 11월 18일부터 본격적으로 IOC 부위원장 브런디지(Avery Brundage)의 도움을 요청하는 서신을 보냈다. 그런데 두 가지 걸림돌이 생겼다. IOC에 가입하기 위해서는 독립 국가로 정부가 수립되어야 하며, 종목별 국제경기연맹(IF: International Sports Federation)에 최소 3개 이상 가입해야 했다. 당시에는 레슬링 종목만 IF에 가입된 상태였다.[3] 전경무는 1947년 6월 15일에 열리는 스톡홀름 IOC 총회 전에 이 상황을 설명하고 IOC 위원들의 이해를 구하려 했으나, 시간이 매우 촉박했다. 그는 스톡홀름 총회에 직접 참석하기 위해 미군 비행기를 타고 일본으로 출발했다. 그런데 5월 29일, 일본 상공에서 발생한 비행기 추락사고로 그만 안타깝게도 사망하고 말았다. 이 사고로 많은 사람이 충격에 빠져 있을 때, 조선체육회는 곧바로 재미 교포 이원순을 선임하여 스톡홀름으로 보냈다. 이 과정에서 여운형은 브런디지에게 서신을 보내 전경무에 이어 이원순에게도 계속적인 지지를 당부했다.

그러나 IOC 답변은 부정적이었다. 1947년에는 한국의 독립 정부가 수립되지 않았고, 3개 이상의 종목이 국제연맹에 가입되지 않은 상태였기에 IOC는 KOC의 가입이 곤란하다는 답변을 여러 차례 보냈다. 이 과정에서 미군정의 측면 지원도 있었다. 하지(John Reed Hodge) 장군은 1947년 5월 17일, 미국 출신 IOC 부위원장 브런디지에게 서신을 보내 보스턴 마라톤에서 우승한 서윤복이 한국인들에게 큰 자부심을 안겨줬음을 언급하며,[4] 한국의 올림픽 참가를 위해 노력해 달라고 요청했다. 하지 장군은 미국의 지원으로 한국의 올림픽 참가를 가능하게 한다면, 이는 민주주의 발전의 중요한 동기가 될 것이라고 덧붙였다. 이에 브런

---

3) 당시 세계 아마추어 레슬링연맹에 유일하게 가입된 상태(1947. 4. 11. 가입됨).
4) 실제 서윤복의 미국행은 미국의 도움을 받아 간 것으로 서신은 표현하고 있다. 하지의 직접 언급으로 보아서 미군정의 도움이 직접적인 것으로 해석된다.

디지는 한국의 상황은 이해하고 있으며, 아직은 독립 국가가 아니지만, 곧 독립 정부가 수립될 것이라는 믿음으로 KOC(Korea Olympic Committee)의 승인을 낙관적으로 보았다.

1947년 6월 20일, IOC는 스톡홀름 총회에서 KOC의 잠정적 승인(provisional recognition)을 확정 지었다.[5] 19일에 이원순은 총회에 발표자로 나서 KOC의 자세한 역사를 설명하고, 최근 사망한 전경무 대신에 이 자리에 왔다고 하며, IOC에 헌신을 약속했다.[6] 브런디지는 이원순의 발표가 아주 훌륭했다고 칭찬했다. 우리의 국호와 태극기로 올림픽에 참가하고자 했던 열망이 발표자 한 개인에게서 응축되어 나타난 모습이었다. 하지만, 브런디지는 7월 10일 여운형에게 KOC의 승인은 완전한 승인이 아니라 잠정적인 승인임을 알리는 서신을 보냈다.

> 여운형(Mr. Lyuh, Woon Hjung, KOC Chairman)
> 친애하는 귀하
> 귀 위원회에 보낸 서신에서 말씀드린 바와 같이 전경무 사망 소식을 접하고 큰 충격을 받았으며, 미국 올림픽위원회와 저의 깊은 위로를 전합니다. 이원순 위원님께서 스톡홀름에 오셔서 한국의 사례를 아주 훌륭하게 발표해 주셨습니다. 저는 그와 여러 차례 대화를 나눌 수 있는 기쁨을 누렸습니다.
> 이미 알고 계시겠지만, 한국은 런던에서 열린 회의에서 국제육상경기연맹으로부터, 그리고 스톡홀름에서 열린 회의에서 국제올림픽위원회로부터 내년 여름 런던에서 열리는 올림픽에 한국 선수들이 참가할 수 있는 자격을 인정받았습니다. 여러분의 큰 성공을 기원하며, 영국에서 한국 대표단을 만날 수 있기를 기대합니다.
> 한국은 아직 국가가 아니기 때문에 한국에 대한 인지도는 다소 낮습니다. 그러나 미국 당국의 지지를 받고 있어서(국무부와 하지 장군으로부터 여

---

5) 이때 승인은 남북의 통일 정부가 수립되면 다시 승인 절차를 진행하겠다는 임시 승인과 같은 것이었다. 당시 함께 승인되었던 국가는 이란, 레바논, 버마, 퀴라소, 한국, 영국령 기아나, 과테말라, 파나마, 트리니다드가 있었다.
6) 1947년 스톡홀름 총회 회의록, 7쪽.

러분을 대신해 들은 바 있습니다) 저는 승인을 강력히 촉구했습니다. 물론 이러한 승인은 잠정적인 의미에서 한국 정부가 수립되면 재검토될 수 있습니다. 한 국가에 하나의 단체만 승인되기 때문에 북측 지역 아마추어 스포츠에 대한 통제권을 획득하는 것이 매우 바람직할 것입니다. 제가 도울 수 있는 일이 있다면 기꺼이 도와드리겠습니다.

방금 도착한 6월 30일 자 서신에 감사합니다.

진심으로.

에이버리 브런디지(Brundage, Film 77-06, 166~167)

위 서신에서 보듯이 KOC의 승인은 향후 정부가 수립되면 재검토될 것임을 알렸다. 또한 한 국가에 하나의 NOC만을 승인하기 때문에 KOC가 북한 지역의 선수들까지 포함해 관장하는 것이 바람직하다고 조언했다. 이는 단순한 제안이 아니라, 당시 남한과 북한의 분단 문제를 해결하기 위한 정당한 이유를 제공하는 것이었다. 다시 말해, 북한 선수들이 올림픽에 참가하려면 별도의 NOC를 인정받을 수 없기 때문에, KOC가 북한 지역까지 포함한 역할과 책임을 맡아야 한다는 의미가 담겨 있었다.

이러한 내용은 7월 14일에 IOC 사무총장 오토 마이어가 이원순에게 보낸 서신에도 나타났다.

"하나의 국가에는 하나의 NOC만 존재할 수 있고, 기존 KOC와 기존 아마추어 스포츠 기관에는 남한 선수들뿐만 아니라 북한 선수들도 포함되어야 한다"라는 내용이다. IOC는 동일한 메시지를 이원순과 여운형에게 전달했다. 이는 북한과 남한이 분단된 상황에서 공정하게 올림픽 참가 기회를 제공하고 있다는 근거를 확보하려는 의도였다. 하나의 국가에는 하나의 NOC만이 존재한다는 원칙은 이후 북한 NOC 설립에 영향을 미치게 되었다. 또한, 이 원칙은 남북이 단일팀을 구성하여 올림픽에 참가해야 하는 이유가 되었다. 여운형은 브런디지의 서신을 받은 지 9일 만에 총격으로 사망했지만, 만약 그가 살아서 북측과 협력하여 남북의 선수들을 한 팀으로 구성하기 위해 힘썼다면, 1948년 런던 올림픽에 남과 북이 함께 참가할 수도 있지 않았을까 하는 가정이 역사 속에 남아 있다.

당시 이승만과 미군정은 반공 정책을 내세우며 북한과 오고 가는 모든 왕래를 금지했고, 북한과의 경평 축구마저 불허하는 강경한 태도를 보였다. 그럼에도 불구하고, KOC가 한반도 전체를 대표하는 NOC라는 원칙은 1963년 북한이 독립적인 NOC를 승인받기 전까지는 유효했다. 하지만 1950년 6월 25일 한국전쟁이 일어나고 남과 북은 사실상 완전한 민족 분단의 길을 걷게 되면서 남과 북의 NOC는 정치적으로 둘로 갈라질 운명이었다.

2. 북한의 올림픽 참가 요구

6.25 전쟁 중에도 남한은 1952년 헬싱키올림픽에 참가했다. 헬싱키 올림픽은 소련이 올림픽에 처음 참가하는 해이기도 했다.[7] 당시 북한의 노동신문은 소련의 올림픽 참가 소식을 거의 매일 빠짐없이 전했다. 동시에 조선민주주의인민공화국(DPRK, Democratic People Republic Korea)[8] 자신들은 왜 올림픽에 나갈 수 없는가에 대한 문제의식을 느끼며 IOC 문을 두드렸다. DPRK는 1952년 헬싱키올림픽에 처음으로 관심을 가지며 IOC에 올림픽 참가 의사를 밝히는 서신을 보냈다. IOC는 직접 답변하지 않고 북한의 올림픽 참가 요청 서신을 헬싱키올림픽조직위원회로 넘겼

---

7) 러시아(RUS)로 1900~1912년까지 올림픽에 참가했지만, 볼셰비키 혁명 후, 1952년에 소련(URS) 국호로 처음 참가하였다. 그리고 1996년에 다시 러시아로 참가하였다.
8) 본 고에서는 남과 북의 호칭을 대칭적으로 사용한다. 예) 한국 : 조선, 남한 : 북한, 조선민주주의인민공화국 : 대한민국 등으로 사용한다.

다. 헬싱키올림픽조직위원회는 북한에는 NOC가 설립되지 않았고 IF에 가입된 종목도 없다는 이유로 올림픽에 참가할 수 없다고 했다. 이는 1947년 KOC가 IOC에 가입할 당시와 동일한 조건을 적용한 것으로, 북한에게도 먼저 IF에 가입이 필요함을 알린 것이다. 당시 KOC도 모든 조건을 충족하지는 않았으나 승인된 것과 비교하면 북한에는 더 엄격한 잣대를 적용했다.

그 이후, 1955년 11월 18일 노동신문을 통해 동·서독의 단일팀 구성이 합의됐다는 소식을 전했다. 이는 분단국가가 어떤 형식으로 올림픽에 참가할 수 있는가 하는 방법적인 문제를 IOC가 처음으로 제공했다. DPRK는 헬싱키올림픽조직위원회로부터 요구받았던 조건들을 충족하기 위해서 NOC를 구성했고, 여러 경기 종목의 IF 가입도 서둘렀다.

DPRK는 1956년 멜버른올림픽 참가를 위해 3월 15일 자로 IOC에 NOC 설립과 관련한 서류를 서신과 함께 발송했다. 그 문서에는 1953년 9월에 DPRK NOC를 설립했다고 소개했다. 북한은 IF에 13개 종목에 가입했다고 했으나, 1957년 조선중앙년감에는 7개 종목에 가입되었다고 기록되어 있다. 즉, DPRK는 올림픽에 참가할 수 있는 조건을 갖추기 위해 1953년부터 준비를 해왔던 것을 알 수 있다. 실제로, IOC는 DPRK가 제시한 1953년 9월을 NOC 설립 일자로, 공식적으로 인정했다.

DPRK는 1956년 멜버른올림픽에 참가하기 위해서 IOC의 결정이 필요했다. IOC는 집행위원회를 열어 다음과 같이 결정했다. "한 국가에서 두 개의 NOC를 승인 할 수 없다. 다만 두 독일을 위해 고안한 단일팀이 해결책이 될지는 관심을 끈다"라고 하였다. 이미 1947년에 한반도를 대표하는 KOC를 승인했기 때문에 남과 북에 각각의 NOC를 승인해 줄 수 없다는 IOC의 설명이었다. 이후 IOC 사무총장 오토 마이어는 1956년 6월 28일 DPRK에 서신을 보내 남북 단일팀 구성이 대안이 될 수 있다는 소식을 처음으로 알렸다.

이 제안을 들은 DPRK 궁선홍은[9] 7월 21일에 다음과 같이 답신을 보냈다.

> 독일과 우리는 상당히 다른 상황이고, 우리 공화국의 압도적 다수의 체육인이 남한의 선수들과 직접 접촉하고 싶어 한다. 하지만, 진정한 해결책은 실현될 수 없다. 우리 선수들은 올림픽에 참가하기를 간절히 바라고 있고, 우리 공화국이 IOC와 제휴할 수 있는 영광을 허락해 주길 요청한다.(PRK, 008, 677)

위 서신에서 눈길을 끄는 표현은 독일과 한반도 상황이 다르다는 전제이다. 실제로 독일은 동·서가 전쟁하지 않았다. 그리고 서독이 먼저 동독을 향해 화해의 손을 내밀었고 1951년 한 해에만 500여 회의 만남이 있었으니, 양 독의 화해와 평화를 위한 노력은 우리와는 다른 모습이었다. 양 독은 1955년 6월 17일부터 본격적인 단일팀 논의를 진행해서 11월 13일에 최종 합의를 끌어내, 1956년 멜버른올림픽에서 단일팀으로 참가하기로 했다.[10] 이는 약 5개월간의 협상 끝에 이뤄낸 결과이다.

또 하나 눈길을 끄는 표현은 "공화국의 압도적 다수의 체육인"이다. 해방 이후, 북한은 소련 사회주의 체육 정책을 그대로 도입해 각 지역 단위, 학교 단위, 직장 단위 등 대중체육과 군중체육이 가능한 조직과 시스템을 만들어 갔다. 북한은 이에 자신감을 갖고 남한보다 선수 숫자와 경기력이 앞서고 있다고 강조한 것이다. 실제 당시 북한의 체육 정책이나 시스템을 살펴보면 남한보다는 앞선 체육 문화가 정착되었다고

---

9) 1949년 "인민체육"이라는 잡지에 등장하며 소련체육을 받아들이는 데 역할을 했고, 교육성 체육부장으로 일하며, DPRK NOC 초대 위원장을 맡아 1953년 NOC 설립에 중추적인 역할을 했다.

10) 1956년 6월 17일 동독은 IOC로부터 잠정적인 승인을 받고 바로 서독과 단일팀 구성 회담에 들어간다. 동등한 관계에서 단일팀을 구성하고 싶은 바람이었을 것이다. 승인 이전에는 서독 NOC에 들어가야 하니 동독으로서는 자존심이 상하는 일일 수도 있다. 그리고 1956년 11월 22일부터 시작되는 멜버른올림픽(11. 22.~12. 8.)을 앞두고 13일에 동서독 단일팀 구성 협상이 성공하게 되었다.

볼 수 있다. 해방 이후, 1940~1950년대 남한은 체육 정책에 대해 이렇다 할 조직이나 시스템을 마련하지 못했다. 올림픽이나 국제경기에 대비한 일회적 선수 선발과 참가의 연계성도 떨어졌고, 정부의 지원은 말할 것도 없었다. 남한이 체육 정책에 관심을 두고 체계적인 시스템을 갖춘 것은 아이러니하게도 북한과의 스포츠 경쟁을 통해 점진적으로 이루어진 결과였다.

1956년 멜버른올림픽을 앞두고 IOC는 이기붕과 궁선홍에게 남과 북 단일팀 구성을 제안하지만, 이 둘은 각각의 주장을 내세워 서로의 입장만을 주장했다. 10월 8일 이기붕은 휴전 상황과 통신 수단 문제를 들어 사실상 단일팀을 거부했다.

> 지금 남과 북은 여전히 전쟁 중이며, 어떠한 통신 수단도 허용되지 않는다. 올림픽 원칙은 충분히 알고 있지만, 한국의 현실이 공산주의자들과 올림픽 단일팀을 구성할 가능성이 없다는 것은 유감스러운 일이다.(요약) (Brundage, Film 35-10, 35~36)

그리고 그는 KOC가 남한뿐만 아니라 500만 명의 북한 피난민들도 대표하고 있어서 KOC로 하나의 팀으로 올림픽에 참가해야 한다고 강조했다. KOC는 IOC가 권유했던 것이 한반도 전체를 대표하는 NOC였음을 알고 있었으나, 그 책임과 권한을 38선 이북으로 확장하지 않고 남한 내에 국한했다. 그래서 이후 단일팀 구성 문제나 북의 NOC 설립에 있어서 이중적인 태도를 보일 수밖에 없었다. 즉, 남한은 북한과는 함께 할 수 없고, 그렇다고 북한의 독립적인 NOC 설립도 안 된다는 주장이었다.

한편, 10월 15일 궁선홍은 아래와 같이 IOC에 요청하였다.

> 많은 운동 협회의 주도로 올림픽 참여를 적극적으로 원하고 있으며, 남북

이 하나의 팀으로 올림픽에 참가 권유에 완전히 동의한다. 그러나 남북은 군사분계선을 두고 어떤 교류도 없어서 현실성이 없다. 그럼에도 불구하고 선수들의 올림픽 참가 의지가 강하니 IOC가 우리 위원회를 등록해 주기 바란다.(요약) (Brundage, Film 77-11, 210~212)

이 서신을 보면 북한은 올림픽에 참가할 선수 인적 자원을 보유하고 있다고 주장하고 있다. 이는 여러 서신에서 북한이 일관되게 주장하는 바다.[11] 그리고 남북 단일팀 구성 문제에 대해서 동의하나 북한도 현실적인 어려움에 대해 언급하며 부정적인 시각을 보였다. 실제로 1953년 휴전 이후 1950년대에 남과 북은 어떤 연락이나 교류도 없었다. IOC는 올림픽을 매개로 남과 북이 서로 연결선을 가질 좋은 기회로 생각했지만, 남북은 각각 이전에 없었던 상황에 당황해하며 올림픽 단일팀 구성에 부정적인 시각이 지배적이었고, 이것은 분단 상황에서 당연한 결과였다.

결국 남한의 거부와 북한의 부정적인 인식으로 남북 단일팀 구성은 이야기조차 되지 못했다. 북한은 IOC 위원장 브런디지에게 올림픽에

---

11) 해방 이후, 북한은 체육의 대중화 정책에 신경을 많이 썼던 것으로 보인다. 그 예가 김일성 연설에서 그대로 드러난다. "지난날 일본제국주의는 조선의 청년, 학생들에게서 온갖 자유와 권리를 빼앗았으며 그들에게 배울 기회도 몸을 단련할 여유도 주지 않았습니다. 수많은 조선의 젊은이들이 《징용》, 《보국대》, 《정신대》로 끌려갔으며 《지원병》, 《학도병》, 《징병》으로 싸움터에 끌려갔습니다. 이러한 환경에서 체육이란 다만 특권계급의 놀음 거리로 되였거나 그렇지 않으면 일본제국주의자들의 침략전쟁에 복무하기 위한 전투훈련에 지나지 않았습니다. 오늘 해방된 민주 조선의 체육은 몇몇 개인 선수들을 내세우기 위한 체육에 그쳐서는 안 될 것이며 또한 얼마 안 되는 사람들의 놀음 거리로 되여서도 안될 것입니다. 앞으로 우리의 체육은 조선의 자주독립과 민주주의적발전을 위한 건국사업의 중요한 고리로서 발전되여야 할 것입니다. 다시 말하여 민주 조선을 건설할 씩씩한 건국투사들을 키우기 위하여 인민들을 육체적으로, 정신적으로 단련시키는 전 인민적 체육으로 발전시켜야 합니다. 여기에서 체육을 대중화하는 것이 특별히 중요한 의의를 가집니다. 왜냐하면, 체육을 대중화하고 생활화하여 광범한 대중 속에 널리 보급하여야만 우리 민족의 전반적인 건강증진을 보장할 수 있으며 전체 인민들로 하여금 튼튼한 체질과 건강한 사상을 가지게 할 수 있기 때문입니다. 우리는 모든 청년, 학생들과 근로자들이 늘 체육사업에 적극 참가하게 하며 대중 속에서 체육을 생활화하기 위하여 노력하여야 하겠습니다." 「체육을 대중화하기 위하여: 체육인대회에서 한 연설」, 1946년 10월 6일.

직접 참가하지 못하는 대신, 북한 올림픽 위원 3~4명의 올림픽 현장 참관을 허용해달라는 서신을 보냈다. 그만큼 북한은 올림픽에 대한 정보가 부족했다.

반면에 KOC는 1948년 런던 올림픽부터 빠짐없이 올림픽에 참가했고, 이상백,[12] 월터 정[13]과 IOC 위원장 브런디지, 사무총장 오토 마이어와 주고받은 서신에서 깊은 신뢰와 친밀감이 드러났다.[14] 1956년 11월 16일 서신에서 이상백은 북의 NOC를 승인하는 문제 논의를 중단해야 하고, 전쟁이 끝난 지 얼마 되지 않아서 어떠한 교류도 없었다며, IOC가 이러한 상황을 이해해 달라고 전했다. 그러면서 분단 상황은 몇 년 안에 통일될 것이기 때문에 두 개의 NOC를 만들게 되면 나중에 어려운 문제가 발생할 것이라고 강조했다.

이기붕은 이에 더하여 북한 NOC가 보낸 서신을 받은 적이 없다고 하며, 분단 상황과 통신수단의 부재를 들어 연락할 방법이 없다고 주장했다. 그러나 관련 내용은 이미 언론에 나왔고, 정부가 이를 몰랐다고 주장하는 것은 설득력이 부족했다. 이 통신 수단 문제는 1962년 장기영과 브런디지가 만나 이야기하는 과정에서 통신 연결이 가능하다는 것을 알게 됐다. 북한, 중국, 미국이 맺은 정전협정 내용 중에 특정한 조건에서는 두 지역 사이에 통신을 제공할 수 있다는 조항이 있었다. 이는 북한이 알려줘서 처음으로 확인할 수 있었다. 남한은 정전협정의 당사

---

12) 이상백은 1946년 KOC 승인 과정부터 IOC와 서신으로 소통했으며, 스포츠 외교의 현장에서 주도적인 역할을 함. 1950년대에는 북한 NOC 승인 거부에 앞장서는 서신이 여러 곳에서 발견됨. 1964년부터 1966년까지 KOC 위원장과 IOC 위원으로 활동했다.

13) 재미교포 2세로 1945년까지 미 태평양 7 항공대 고문, 미 육군 태평양지구 고문 등을 거치며, 맥아더와도 긴밀하게 관계하고 했던 자로, 1950년 3월부터 KOC에 소속되어 IOC와 서신으로 소통하며 이상백과 함께 스포츠 외교에 중요한 역할을 함. 북한 NOC 설립에 반대하는 서신을 주로 작성했다.

14) 이상백의 경우는 아들 동훈에 대한 유학 안부를 묻는 사이였고, 월터 정과 이상백 모두 나전칠기, 쟁반 등과 같은 한국 예술품을 브런디지에게 선물로 주는 장면들이 곳곳에 등장한다. 심지어 브런디지는 월터 정에게 금전적 채무 관계 해결에 도움을 요청하기도 했다.

자가 아니기 때문에 무조건 안 된다고만 알고 있었다. 이 통신 수단 부재라는 문제는 남한의 해석에 따라서 군사 문제에 국한된 것이기 때문에 스포츠 문제에서는 해당하지 않는다고 주장했다. 이렇게 IOC를 사이에 두고 남북은 서신을 통해 서로의 입장을 주장하며 IOC를 설득해 갔다. 이러한 상황은 1960년대 말까지 이어졌다.

또한 남한은 북한이 계속 우리를 헐뜯는 선전을 하고 있어 우호적인 분위기를 느낄 수 없다고 하며 사실상 북한과 단일팀 구성을 처음부터 불가능한 것으로 보았다. 이 과정에서 KOC는 IOC에 북한의 서신을 대신 받아 전달해 달라고 요청했다. 어떤 물리적인 형태로든 서신을 받을 수 있었음에도 불구하고 북한의 서신을 의도적으로 받지 않겠다는 입장을 보여준 셈이다. 이에 IOC는 남북의 서신 중개소 역할을 담당하게 되었다.

이기붕과 이상백은 "KOC는 북한에서 내려온 피난민까지도 대표"한다며, 올림픽 대표팀 선발에 북한 선수를 포함하고 있는 것처럼 묘사했다. 실제로 북한에서 내려온 복싱 선수 김기수는 1958년 아시안게임에서 금메달을 따며 활약했다. 이는 1947년 KOC 승인이 잠정 승인임과 동시에 북쪽 지역의 선수들도 포함하라는 IOC의 권유를 인식하고 실제 실행하는 것처럼 보였다. 그러나 북한 선수들에게 올림픽 출전권을 주려면 KOC 주최 선발전이나 훈련을 통해 남북이 함께 대표팀을 구성해야 했지만, 남한이 북한과의 접촉없이 북한의 피난민 중에서 선수를 출전시킨다는 점은 설득력이 부족했다. IOC는 남북의 냉전 상황을 정확히 이해하지 못한 채, 독일 사례를 근거로 남북 단일팀을 구성하지 못하는 이유를 납득하기 어려워했다.

IOC의 단일팀 요구에 남한은 거부의 태도로 임했고, 북한은 단일팀 제안과 독립 NOC 승인 요구로 대응했다. 이는 당시 남북 정치의 첨예한 대립의 연장선이었다. 전쟁을 겪은 남북은 그 상처가 아물기도 전에,

국제 사회에 진출하고자 하는 열망을 가진 북한과 북한의 국제 사회 진출을 거부하는 남한의 입장 대립은 결국 어느 쪽이 한반도를 대표하는 정통성을 가지고 있느냐의 문제로까지 확대되었다. 이러한 논쟁은 이후 벌어지는 1960년 로마올림픽과 1964년 도쿄올림픽에서 치열하게 전개되었다.

그렇게 1956년 12월에 멜버른올림픽이 끝나고 북한은 다음 올림픽 준비에 들어갔다. 그리고 다음 해 1957년 6월 10일 북한은 "남북 조선 올림픽 위원회를 련합하여 유일한 조선팀을 구성하자"라며 공식적으로 단일팀 구성을 제안했다. 당시 제안서의 명의에는 "공화국 올림픽 위원회에서 《대한민국》 올림픽 위원회에 제의"라고 표현했다. 이 제의는 분단 후, 북한이 남한을 향해 처음으로 접촉 지점을 만들자는 제안이었다. 북은 처음으로 '북남' 표현 대신, '남북'이라고 표현했고, 심지어 남한을 '남조선', '남조선 괴뢰', '괴로 도당'과 같은 표현 대신 《대한민국》이라는 정식 국호로 불러주었다. 이는 북한이 올림픽 참가를 두고 남한에 대한 이례적인 예우를 갖춘 것이다.

이에 대해 남한의 반응이 없자 궁선홍은 7월에 오토 마이어에게 서신을 보내 KOC는 자신들을 포함한 남북 전체를 대표할 수 없는 단체임을 밝히고, 북한 선수들이 올림픽에 참가하려는 열망을 꺾지 말아 달라고 부탁했다. 이러한 요구에 IOC는 멜버른올림픽이 끝난 뒤, 1957년 9월에 북한의 올림픽 참가 문제를 두고 집행위원회를 열었다. 이 회의에서 북한의 잠정적인 승인을 검토하여 남한과 단일팀을 구성했을 때만 유효하다는 결정을 내린 바 있다. 이 결정을 내리기까지 중요한 역할을 했던 인물은 소련의 IOC 위원 안드리아노프였다.[15] 그는 북한의 올림

---

15) 소련 IOC 위원으로 DPRK NOC가 IOC에 접촉을 시작한 이래로 승인을 받기까지 도움을 주는 인물이었다. 1966년에는 IOC 부위원장의 지위까지 역임했다. 그리고 DPRK NOC 승인을 끌어내는 데 중요한 역할을 했다.

픽 참가를 어떤 형태로든 보장해야 한다는 입장으로 북한의 NOC 승인을 적극적으로 추진했다.

비록 단일팀을 전제로 한 올림픽 참가라는 결론이었지만 궁선홍은 환영의 뜻을 보였다. 그는 올림픽 참가를 위한 남북 단일팀 구성 문제라는 큰일을 남기고, IOC 서신에서 더 이상 그의 이름은 등장하지 않았다. 그 이유는 1957년 말에 있었던 북한의 '종파 사건'에[16] 연루되어 그가 모든 직위를 상실했기 때문이다.

당시 로동신문에 나타난 기사 내용에는 북한 체육계 안에 만연해 있는 없애야 할 낡은 사상을 살펴볼 수 있다.

> 이자들은 또한 체육을 마치도 정치와는 아무런 관련도 없으며 체육은 단순히 인간의 건강을 증진하며 체육기술을 발전시키는데 복무하여야 한다고 떠들었다. 심지어 이자들은 마치도 체육인들은 계급밖에 있으며 사회와는 아무런 인연도 없이 《고유한 자기 발전의 길》을 걸어온 같이 설명하려고 시도하였다. 반당, 반혁명 종파분자들은 소위 《순수체육》, 《체육의 초계급성》을 부르짖으면서 체육분야에 반동적부르죠아독소를 주입시키려고 책동하였다. 또한 이자들은 불순계층의 체육인들을 그러모아 종파적지반을 닦으면서 체육인들 속에 지방주의, 《선후배관계》 등의 부르죠아 사상을 퍼뜨리고 그들을 제놈들의 반혁명적음모에 끌어들이려고 날뛰었다.(「조선체육사 2」, 145쪽)

위 내용을 정리해 보면, 체육은 정치 아래 있는 것이며, 사회적 제 관계 속에 체육이 존재하는 것이고, 끼리끼리 몰려다니거나 선후배 관계의 위계가 또 다른 파벌을 형성하는 것은 당과 혁명에 반하는 낡은 사

---

16) 종파사건은 김일성의 개인숭배를 강화하기 위하여 사상 검열과정에서 일어난 숙청한 사건을 말하며, 체육 분야에서도 숙청의 대상이 보였다. 당시 로동신문에는 다음과 같이 기록하고 있다. "궁선홍과 그의 추종자들이 당의 정당한 체육정책을 비방 중상하며 그를 왜곡 집행하거나 태만함으로써 체육 및 스포츠 사업을 약화시키려고 시도한 사실에 언급하고... (중략) 부르죠아 사상을 퍼뜨리고 그들을 제놈들의 반혁명적음로에 끌어들이려고 날뛰었다."

상으로 척결해야 할 대상이라는 것이다. 즉, 사회주의 건설에 방해가 되는 사상적 문제를 지적하고 체육 분야에서 낡은 사상이 무엇인지 구체적으로 밝혔다. 궁선홍의 입장에서 보면, 체육과 정치는 무관한 것이고, 체육은 계급 밖의 고유한 영역으로 자기 발전의 길을 걸어왔으니, 독립성을 보장해 주어야 한다고 주장했다. 소위 체육은 그 자체를 정치로부터 자유로워야 한다고 하는 논리와 맞닿아 있다. 그리고 불순계층들을 모아 지역 간의 유대관계를 형성했다는 점과, 특히 체육 안에 선후배 관계를 형성하여 하나의 파벌을 형성했던 점을 지적하며 없애야 할 사상으로 표면화되었다. 북한은 해방 이후, 소련의 체육 사상을 받아들여 기초를 다져왔고, 일제 강점기부터 명맥을 이어 온 많은 체육인들이 종목별로 조직 체계를 갖추고 있었다. 이 중추적인 역할을 궁선홍이 담당했던 것으로 보인다.

그런데 IOC의 승인 문제를 두고 내부적으로 종파 사건이 대두되면서 체육인들의 독립적인 행동을 두고 볼 수 없었고, 올림픽 참가를 위해서는 남한과 단일팀을 형성해야 하는 중요한 문제에 직면하면서 더 이상 체육은 그 자체로 존재하는 영역이 될 수 없었던 것이다. 결국, 1957년 12월 말에 DPRK NOC 위원장이 궁선홍에서 홍명희로 바뀌었다.[17]

---

17) 홍명희는 1888년 5월 23일 출생, 1968년 3월 5일 사망. DPRK NOC 위원장을 맡아 북한이 완전한 승인을 받기까지 전 과정에서 IOC와 서신을 주고받으며 그 역할을 담당했다. 해방 이후, 북로 올라가기 전인 1946년 2월 26일에 조선체육회 임원진 명단에 고문으로 홍명희 이름이 기록되어 있다. 대한체육회 편, 『대한체육회 90년사 I 1920~1990』, 서울: 대한체육회, 2010, 167쪽. 북한에서는 내각 부수상, 최고인민회의 상임위원회 부위원장, 조국평화통일위원회 위원장 등을 지낸 인물이다. 남한에서는 '임꺽정'의 저자로 더 잘 알려져 있다.

3. 남한의 거부와 북한 올림픽 참가 좌절

그 후에 DPRK NOC 위원장으로 홍명희가 IOC 서신에 등장한다. 그리고 1959년 북한은 내각 직속 체육위원회에서 대외사업을 담당할 국제부를 신설했다. 이것은 1960년 로마올림픽을 앞두고 IOC와의 본격적인 협의를 전문적으로 담당할 부서가 필요했던 것으로 보인다.

홍명희 DPRK NOC 위원장이 가장 먼저 한 일은 1957년 12월 18일 이기붕 앞으로 남한과 단일팀을 구성하자는 서신을 보낸 것이다.

> 서울
> 대한 민국 올림픽위원회 위원장 리 기붕 귀하
> 최근 국제 올림픽위원회 제53차 총회는 남북 조선 체육인들이 련합팀을 구성하여 국제 올림픽 경기에 참가할 데 대한 결정을 채택하였다.
> 이와 관련하여, 나는 조선 민주주의 인민공화국 올림픽 위원회를 대표하여 이 서한을 귀하와 또한 귀하를 통하여 대한 민국 올림픽 위원회와 전체 남조선 체육인들에게 전달하는 바이다. 남북 조선 체육인들의 련합과 우리 민족 체육 문화의 통일적 발전을 갈망하는 조선 민주주의 인민 공화국 올림픽 위원회는 국제 올림픽 위원회의 이 결정을 전적으로 지지 환영하면서 이 정당한 결정이 조속히 실현되어야 한다고 인정한다.
> 한나라 한민족의 협동을 이어 온 우리 남북 조선 체육인들이 과거에 그러하였던 바와 같이 자기의 힘과 재능을 하나로 합치어 유일한 조선 민족팀을 구성하여 국제 스포츠 무대에 진출한다면 보다 더 훌륭한 성과를 달성할 것이며 조선 민족의 전통적인 슬기로운 모습을 전 세계에 시위하게 되리라는 것은 의심할바 없다.
> 조선 민주주의 인민 공화국 올림픽 위원회는 국제 올림픽 위원회의 결정과 또한 전체 조선 인민과 체육인들의 공통한 념원에 기초하여 남북 조선 올림픽 위원회가 제17차 국제 올림픽 대회에 남북 조선 체육인들의 유일팀을 구성하여 파견하도록 공동적으로 노력할 것을 제의한다. 우리는 이에 대한 실무적 문제를 구체적으로 토의하기 위하여 남북 조선 올림픽 위원회와 체육인 대표들이 1958년 내에 적당한 장소에서 서로 만날 것을 제의하는 바이다.

조선 민주주의 인민공화국 올림픽위원회는 대한 민국 올림픽 위원회가 공명 정대한 체육 정신에 따라 그리고 우리 인민과 체육인들의 한결같은 념원과 또한 국제 올림픽 위원회의 결정을 존중하는 기초 우에서 우리의 이 제의를 심중히 고려하리라고 확신한다.

나는 나의 이 서한에 대하여 귀하의 긍정적인 회답이 있을 것을 기대한다. 경의를 표하면서.

조선민주주의인민공화국올림픽위원회 위원장 홍명희

1957년 12월 18일 평양시

위 서신의 제목이 "조선민주주의인민공화국 대한민국 올림픽 위원회 위원장 《대한민국》 올림픽 위원회 위원장에게 서한"으로 되어 있다. 궁선홍에 이어 홍명희도 남한에 공식 국호를 사용하여 호명하였다. 이 서신에서는 휴전 이후, 4년이 지난 시점인데 어떤 전쟁의 상흔이나 후유증은 느껴지지 않는다. 다만, 남한과 KOC를 향해 최대한 예우를 갖추어 함께 단일팀을 구성하자는 내용이다. 전쟁의 상처가 가시지 않은 상황에서 전쟁을 일으킨 당사자들이 보내온 서신을 받은 남한과 KOC 입장은 쉽게 단일팀 구성이라는 문제를 받아들이기 쉽지 않았을 것이다.

그렇다 보니 남한의 공식적인 반응은 없었다. 다만, 언론을 통해 짧게 소개되었다.

'단일선수 보내자고 괴뢰, 오류에 궤변'

북한괴뢰는 십구일 또다시 1960년 '로마'에서 있을 '올림픽'대회에 한국과 합동으로 단일 선수단을 파견하자고 제안하였다.

평양방송은 북한 '올림픽' 위원회 위원장 홍명희 한국 '올림픽'위원회의장 이기붕씨에게 서한을 보내고 합동선수단 파견을 제의하였다고 말하였다. 북한괴뢰는 전에도 같은 제안을 한 바 있었다. 동방송은 남북한의 대표가 명년에 동계획을 토의하기 위하여 회합할 것을 제안하였다.(1957년 12월 20일, 『경향신문』)

궁선홍이 1957년 6월 10일에 보낸 제안 이후, 북한의 두 번째 공식 제안이었다. 이에 KOC는 직접적으로 대응하지 않았다. 대신에 남한은 다음 해인 1958년 5월 도쿄에서 IOC 총회가 개최되었을 때 거기서 브런디지, 이상백, 이기붕, 월터 정이 함께 만나 북한의 단일팀 제안에 대한 대책을 논의했다.

그 이후, 7월 2일 자 브런디지는 이상백에게 서신을 보내 도쿄에서 만남을 상기시키며, KOC가 북한의 단일팀 제안에 대한 공식 입장이 있어야 한다고 했다. 그러자 7월 30일과 31일에 이기붕과 이상백은 각각 IOC에 다시 한번 단일팀 구성이 어려운 이유를 아래와 같이 전했다.

> 친애하는 브런디지 위원장
> 저는 IOC 위원으로서 그리고 KOC 위원장으로서 간략히 말씀드리고자 합니다.
> 우리 모두는 북측 대표와 우리 대표로 구성된 하나의 팀을 파견하는 문제에 대해 전적으로 동의하고 있습니다. 앞서 귀하와 IOC에 알려드린 바와 같이, 우리 대한민국은 전 국토에 걸쳐 비무장지대가 설정되어 있으며, 그 양측에는 완전무장한 군대가 배치되어 있습니다. 우리 측에서는 유엔군사령부가 비무장지대와 인접한 모든 지역에 대한 전반적인 관할권을 가지고 있습니다.
> 이러한 상황 때문에, 우리는 남북 간 통신 교환 문제에 관한 우리의 이전 서한을 귀하와 IOC에 다시 참조하고자 합니다. 두 지역 간의 여행은 금지되어 있습니다. 1946년 미소 위원회가 합의에 실패한 직후부터 우편 서비스조차 중단되었습니다.
> 현재의 세계 정세를 고려할 때, 우리는 남북한 단일팀을 파견하는 문제는 보다 적절한 시기가 될 때까지 보류되어야 한다고 굳게 믿고 있습니다. 우리는 당신과 IOC가 지금 우리가 처한 곤경과 상황을 충분히 이해해 주기를 진심으로 바랍니다. 휴전이 선언된 것은 1953년에 휴전이 선언되었지만 비무장지대 양쪽에는 여전히 전쟁 상태가 존재합니다.
> 진심으로 감사드립니다.
> 이기붕 위원장(Brundage, Film 35-10, 25)

브런디지 회장님께

1960년 로마 올림피아드에 한 팀을 파견하는 것에 관한 1958년 7월 2일 자 서신에 대한 답변입니다.

우리 KOC 위원장인 이 위원장께서 편지를 보내왔습니다. 그러나 귀하께서도 우리가 처한 특수한 상황을 잘 알고 계시리라는 것을 알기에, 현재로서는 북측과 우리측을 대표하는 선수들로 구성된 하나의 팀을 파견하는 것이 왜 불가능한지를 이해하시는 데 도움이 될 만한 몇 가지 사항을 말씀드리고자 합니다.

첫 번째 장애물은 우리 국토의 비무장지대입니다. 비무장지대는 유엔군사령부가 전적으로 통제하고 관할권을 가지고 있습니다. 그 누구도 들어갈 수 없습니다. 비무장지대에 배치된 군인만 들어갈 수 있습니다. 그리고 비무장지대 곳곳에는 무장한 군 초병이 배치되어 있습니다. 허가된 인원이라도 해당 구역에 들어가려면 필요한 신분증이나 통행증을 제시해야 합니다. 우리가 아는 한 비무장지대에 들어가는 사람은 간첩이나 파괴 등의 특정 목적을 위해 남한에 침투하기 위해 북에서 파견된 요원들뿐입니다. 일부는 배를 타고 남쪽으로 내려와 양쪽 해안에 상륙합니다. 하지만 거의 대부분이 체포되었습니다.

우리는 이 문제에 대해 매우 현실적으로 접근하고자 합니다. 비무장지대는 우리가 무시하거나 간과할 수 없는 현실입니다. 얼마 전까지만 해도 우리 측 구역에 적군 함정이 내려와 어선과 선원들을 나포했습니다.

우리는 당신이 북측에 대해 적절한 대응을 해야 한다는 것을 알고 있습니다. 그리고 우리는 북측이 비무장지대의 현 상황을 충분히 알고 있으며, 그 상황을 이용하여 당신과 IOC를 난처한 입장에 처하게 하고 있다고 확신합니다. 그들은 현 시점에서 단일팀 파견이 불가능하다는 것을 잘 알고 있습니다. 그들은 혼란을 부추기고 자유 국가들을 불리한 입장에 놓이게 할 것입니다.

만약 단일팀 구성으로 인해 올림피아드에서 유감스러운 사고나 사건이 발생한다면 그 결과는 누가 책임질까요?

따라서 본 질문은 로마 올림픽이 끝난 후로 미루는 것이 좋겠습니다. 우리 문제에 대한 깊은 관심에 다시 한 번 감사드리며, 우리 모두는 여러분의 지속적인 건강과 더 많은 성공을 기원하며 매우 높은 존경심을 유지하기를 간청합니다.

진심으로.

이상백 사무총장(Brundage, Film 35-11, 87)

북한의 두 번째 공식적인 단일팀 제안에 이기붕과 이상백이 IOC에 보낸 서신 내용이다. 남과 북은 비무장지대가 있고 여전히 전쟁 중인 분단 상황으로 단일팀 구성이 어렵다는 내용이었다. 당시 IOC가 벌이고 있는 '올림픽 운동'의 명분은 바로 이러한 분단과 전쟁 상태에 있는 국가와 민족들을 어떤 정치적, 종교적, 인종적 차별 없이 올림픽에 참가하게 함으로써 세계 평화에 이바지하고자 하는 것이었다. 그런 의미에서 본다면, IOC의 남북 단일팀 구성 제안은 지극히 상식적이고 타당한 것이었다. 이를 빌미로 북한도 남한과 함께 '단일팀 구성'을 통해 민족의 화해와 통일을 위해 적극적으로 나서는 계기로 삼고자 하였다. 그에 반해 KOC는 남북의 전쟁과 분단 상황을 강조하며 단일팀 구성은 가능하지 않다는 의견을 지속적으로 IOC에 보냈다.

브런디지 위원장은 이러한 KOC 주장에 우려를 표했다. 그는 답장에서 "KOC의 단일팀 입장을 잘 받았다. 북한은 매우 명확하게 자신의 상황을 보여줬고, 다른 공산국들의 지지까지 끌어냈다. 그래서 우리는 이에 대한 적절한 답을 내놔야 한다"라며 올림픽 참가라는 명분 싸움에서 KOC가 밀릴 수 있다는 내용을 전했다. 실제로 당시 공산권 IOC 위원 중 상당수는 서둘러 북한에 NOC 설립을 승인해 주어야 한다는 의견이 나오기 시작했다. IOC는 전 세계 모든 국가가 차별 없이 올림픽에 참가해야 한다는 명분이 강하게 작용하고 있던 시기였고, 여기에 자본주의 진영과 공산주의 진영 간의 대립과 갈등이 깊어지는 시기이기도 하지만, 올림픽 정신에 대해서는 진영을 떠나 유대감을 보이기도 한 상황이었다.

홍명희는 단일팀 구성에 관한 공식적인 제안에 대해서 이기붕이나 KOC로부터 공식적인 답변을 받지 못했다. 1년이 지난 뒤, 홍명희는 1958년 12월 9일 다시 한번 더 이기붕 앞으로 세 번째로 단일팀 구성을 제안하는 공식 서신을 보냈다.

이기붕 위원장 귀하

1957년 12월 18일자 우리의 서신을 언급합니다.

귀 위원회는 그 서신에서 오는 제17회 세계 올림픽 대회에 남북 유일팀을 구성하여 파견하는 문제를 논의하기 위해 남북 올림픽위원회 대표와 선수단 대표의 회동을 제안한 것을 기억하실 것입니다.

그러나 이 중요한 사안에 대해 귀 위원회의 입장을 아직 듣지 못한 것은 매우 유감스러운 일입니다. 우리는 남북 유일팀이 지혜와 힘을 합쳐 유구한 역사와 전통을 자랑하는 우리 민족의 영예를 떨치기를 바라는 온 겨레와 체육인들의 염원을 조속히 실현하기 위하여 공동의 노력을 기울이는 것이 북과 남의 올림픽위원회와 체육인들의 의무이며 책임이라고 굳게 믿습니다.

조선민주주의인민공화국 올림픽 위원회는 북과 남의 올림픽위원회 대표들이 올해 12월 하순에 판문점이나 평양 또는 서울에서 만나 제17차 국제 올림픽경기대회에 파견할 조선민주주의인민공화국 단일팀 구성 문제를 협의할 것을 다시 한 번 제안합니다.

우리는 국제 스포츠 무대에 남북 선수단이 공동으로 출전하자는 남북 선수들의 한결같은 염원이 반영된 이 제안을 진지하게 검토해 주실 것을 확신합니다.

조속한 긍정적인 답변을 기대합니다.

진심으로.

홍명희 위원장(Brundage, Film 77-06, 89~90)

이 세 번째 북한의 공식적인 단일팀 제안에 대해서 IOC는 KOC에 즉각 전보를 보내 "북한 위원회와 단일팀 구성에 최선을 다해 협력할 것"을 제안했다. 그러나 KOC는 반응을 보이지 않고 있다가, 1958년 12월 18일 이기붕은 이전에 보낸 논리 그대로 재차 오토 마이어에게 북한과의 단일팀 거부 의사를 분명히 밝혔다.

친애하는 오토 마이어 사무총장님

이것은 귀하께서 보내주신 전보에 대한 답신입니다.

먼저 우리는 하나의 단일팀을 구성한다는 원칙에 대해 전적으로 동의하고 있다는 점을 알려드리고자 합니다. 그러나 현재 우리가 처한 현실적 상황, 즉 남북이 155마일에 걸쳐 비무장지대로 양분되어 있고 양측에 군대가 주둔하고 있는 상황에서 이 문제는 처음에 짐작하는 것처럼 간단하지 않습니다.

실제 한국의 비무장지대를 직접 보지 않는 한 그 누구도 그곳의 위험성을 제대로 이해할 수 없습니다. 휴전이 선언되었지만 분명히 한국에는 여전히 미선언 전쟁이 존재합니다. 군대는 새로운 적대 행위의 징후에 대해 고도로 경계하고 있으며 155마일에 달하는 비무장지대 전역에 팽팽한 긴장감이 감돌고 있습니다.

지난 가을 초부터 북한 공산주의자들은 대한민국 내 침투와 간첩 행위의 템포를 높이고 있습니다. 우리는 IOC와 관련된 그들의 행동이 그들의 전체 계획의 한 단계에 불과하다는 것을 알고 있습니다. 따라서 우리는 지금 북한 선수단의 요청에 귀를 기울이는 것이 현명한 선택인지 고민하고 있습니다. 우리 대한올림픽 위원회는 이 문제를 계속 연구해왔고 앞으로도 계속 노력할 것입니다. 단일팀 구성 문제는 보다 적절한 시기에 우리의 재량에 맡겨지기를 바랍니다.

북한은 거의 매일 대한민국에 내려와 주민들에게 불안을 조성하는 요원들을 파견하고 있습니다. 북한 공산주의자들은 지하에서 불법적인 간첩 활동을 하면서 불만과 증오를 조장하고 거짓 선전과 협박을 일삼으면서도 다른 한편으로는 대내외 선전 목적으로 세계 평화를 지키겠다는 의지를 표방하고 있습니다.

그리고 우리는 북한 체육 단체를 책임지고 있는 사람들이 진정한 스포츠맨이 아니라는 것을 확실히 알고 있습니다. 또한 지난 편지에서 우리는 독일과 한국의 명백한 차이점을 지적한 바 있습니다. 독일의 경우 서독과 동독 사이에 전쟁이 없었습니다.

반면 우리는 한쪽에서는 유엔군이, 다른 한쪽에서는 국제 공산주의자들이 완전히 교전하는 끔찍한 전쟁을 치렀습니다. 어떻게 그렇게 빨리 잊을 수 있을까요? 우리의 감옥은 체포된 요원들로 가득 차 있습니다. 바로 지금, 이 순간에도 그들 중 일부에 대한 재판이 진행되고 있습니다.

우리 앞에 놓인 이 질문은 한국 사회에서 가장 진지하게 고민하고 숙고해야 할 문제입니다. 우리는 그 질문을 가볍게 여기지 않습니다. 그것은 진정으로 삶과 죽음의 문제입니다. 우리의 자유를 지킬 것인가, 아니면 폭압적인 힘에 굴복할 것인가 하는 문제입니다. 우리는 이 문제를 차분하게 숙고하고 냉철하게 판단해야 합니다. 우리의 진정성을 직접적으로 관련된 사람들의 마음속에서 한 치의 의심도 없이 평가해야 합니다.

따라서 우리는 IOC가 우리의 현재 입장을 이해해 주시고, 솔직하고 정직하게 이 문제를 판단해 주시기를 바랍니다.

진심으로 기원합니다.

이기붕 위원장(Brundage, Film 35-10, 22~23)

이어서 다음 해 1월 7일에 이상백도 브런디지에 북한과 단일팀 구성이 왜 어려운지 더 구체적인 이유를 들어 그 이유를 상세히 설명했다.

친애하는 브런디지 회장님

귀하께서도 잘 알고 계시는 북한 주민과 관련된 문제와 관련하여 메이어 사무총장에게 보낸 서한 사본을 첨부합니다. 또한 우리는 이 기회를 빌어 그 문제에 대해 추가로 알려드리고자 합니다. 지난 한 해 동안 한국 내에서 발생한 활동과 관련된 정보를 다음과 같이 알려드립니다.

지난 2월 초, 빨갱이(The Reds)들은 부산에서 서울로 향하는 정기 항공편에서 민간인 승객 26명이 탑승한 대한항공 항공기 1대를 '하이재킹'했습니다. 납치범 4명은 아직 북한에서 자유의 몸이 되었지만, 유엔 정전위원회를 통해 독일인 부부와 미국인 조종사를 포함한 승객들이 대한민국으로 돌아왔습니다. 지난 4월에도 비슷한 사건이 발생했습니다. 대한민국 군용기 승무원들의 용감한 행동으로 미수로 그쳤고, 범인은 최고의 대가를 치렀습니다.

우리 어선과 선원들에 대한 납치는 지난 여름부터 가장 활발하게 이루어지고 있습니다. 우리 어선과 선원 납치에 만족하지 않은 적들은 이제 우리 어부들에게 38도선 이북 해역에서 조업을 허용할 것을 제안했습니다. 하지만 여기에는 문제가 있습니다. 그들은 또한 북위 38도선 이남의 바다에서 "고기잡이"를 하고 싶어합니다. 이를 위해 빨갱이들은 유엔군사령부와의 회담을 제안했지만, 유엔군사령부 군사정전위원회 수석위원인 넌 제독(USN)은 순전히 정치적인 문제이며 자신이 고려할 범위를 벗어났다며 이를 거부했습니다.

적색분자들은 비무장지대, 동해, 황해, 심지어 일본을 통해 대한민국에 침투해 왔습니다. 작년 초부터 북한의 공산당 지도자들은 매우 우수한 요원들을 파견했습니다. 여기에는 전 북한 국영 은행장도 포함되었습니다. 그리고 그들은 모두 주머니에 미국 달러로 가득 채우고 내려옵니다. 많은 이들이 양방향 무전기와 총, 카빈총, 권총을 소지하고 있습니다. 그들은 젊고 기민합니다. 우리가 생포한 수천 명 중에는 보통 여성인 "마타 하리스"도 포함되어 있었습니다. 빨갱이 요원들은 주어진 첩보 임무를 수행하면서 조선 통일에 대한 선전을 계속했습니다.

'평화'와 '통일'을 큰 소리로 외치면서 세계 불안을 야기하려는 빨갱이들의 IOC 제안은 전체 마스터플랜의 한 단계에 불과합니다. 북베트남의 빨갱이들은 최근 베트남 공화국(남)에도 같은 제안을 했습니다. 빨갱이들은 이제 베를린에 문제를 일으키면서 독일에 대해서도 똑같이 하고 있습니다.

북한 선수단과 관련해 우리가 받은 유일한 연락은 IOC 사무국에서 보낸 전보뿐이었습니다. 그들은 우리에게 편지를 보냈다고 주장하지만 우리는 지금까지 어떤 것도 받지 못했습니다.

중국 빨갱이들은 당신을 많은 것들에 대해 비난했습니다. 우리는 더 잘 알고 있습니다. IOC마저 정치적 도구로 이용하고 있는 것은 바로 그들입니다. 그렇기 때문에 우리는 그들과 엮이고 싶지 않습니다. 그들은 자신들이 순수하게 스포츠맨으로서 행동하고 있다고 주장하면서 우리를 그들만의 정치 게임에 끌어들이고 있습니다.

북쪽에서 온 빨갱이들이 하는 모든 행동을 보면 우리는 그들이 주장하는 '평화'를 추구한다고 생각하지 않습니다. 그들이 남한에 일정 기간 머물면서 대한민국에서 벌어지는 침투와 간첩 활동을 직접 목격하기 전에는 누구도 우리의 입장을 이해할 수 없습니다.

따라서 메이어 위원상님께 편지를 보내드린 바와 같이, 우리는 IOC가 현재 한국에서 벌어지고 있는 상황에 비추어 이 문제를 진지하고 현명하게 고려해 주시기를 바랍니다.

진심으로.

이상백 사무총장(Brundage, Film 35-11, 81~82)

결국 이기붕과 이상백의 서신에는 북한 공산주의자들(The Reds, 빨갱이들)은 우리의 적이고 지금도 여전히 간첩 활동과 국소 분쟁이 이어지고 있는 불안정한 정세를 강조하며, 북한에 대한 혐오와 분노가 가득 담긴 서신을 전했다. 이는 그들과 만날 수도 없고 만나기도 싫다는 확고한 의사 표명이었다. 남한은 당시 북한과 어떤 접촉이나 교류를 할 생각을 하지 않았다. 그럼에도 그 가운데 희망적인 메시지는 이기붕 서신의 첫 문장에서 "우리는 하나의 단일팀을 구성한다는 원칙에 대해 전적으로 동의하고 있다"라는 점을 강조했다는 것이다. 이는 남과 북 모두에 거스를 수 없는 대의명분이라고 할 수 있다.

이기붕과 이상백의 단일팀 구성에 대한 강경한 반대의 뜻을 듣고 브런디지는 이제야 한국 상황을 이해했다면서 앞으로 어떤 상황이든지 한국과 긴밀히 상의하겠다고 전했다. 이렇듯 IOC를 포함한 국제 사회는 '코리아 문제'[18]에 대한 깊은 이해가 부족했다. 독일과 한국의 분단 상황을 비슷하게 보며 독일 사례를 한국에 접목하려고 하였다. 독일은 전쟁을 치르지 않아서 적대감이 한국보다 덜 하고 서독의 경제력 우위로 동독을 품어 안으려고 노력했었다. 반면, 남북은 전쟁을 치르고 분단이 공고화되면서 서로의 반복과 갈등이 더 심화하는 과정에 있었다.

IOC는 이러한 상황을 알면서도 올림픽을 통해서 국가 간, 진영 간 화해와 갈등 해소를 위해 중재자적 지위를 충실하게 이어갔다.

홍명희는 1959년 3월 14자 서신에서 아래와 같이 주장했다.

> 친애하는 위원장님
> 조선민주주의인민공화국 올림픽 위원회와 우리 나라 선수들을 대표하여
> 올림픽 경기의 발전을 위해 헌신해 오신 당신께 경의를 표합니다.
> 저는 오늘 조선민주주의인민공화국 올림픽 위원회가 국제 올림픽 위원

---

18) IOC, OSC, Session, 1957-Bulgaria/02-Proces-verbal-eng.pdf, p. 5. '코리아 문제 (Korea Question)'는 1961년 IOC 총회 회의록에 등장하는데 초기에는 북한 올림픽 참가 문제가 이슈였다가, 1964년 도쿄올림픽이 끝나고 나서는 북한의 국호 승인 문제로 이슈가 변했다. 정연철, 「1954년 제네바 회담과 동북아 냉전질서」, 『아세아연구』 제54권 1호, 2011, 193쪽. 정연철은 'Korea Question'을 '한국 문제'로 해석하는 경향이 있는데 이는 대한민국만의 문제가 아니라 남북의 문제를 모두 포괄하는 개념으로 '코리아 문제'로 번역하는 적합하다는 문제의식에 동의하여 사용한다.

회의 일원이 되기 위해 기울인 노력에 대해 말씀드리게 된 것을 영광으로 생각합니다.

국제 올림픽의 높은 이상과 원칙을 바탕으로 설립된 조선민주주의인민공화국 올림픽 위원회는 1,100,000명 이상의 아마추어 스포츠맨을 대표하는 21개 스포츠 협회로 구성되어 있습니다. 체조, 축구, 농구, 배구, 복싱 등 9개 종목의 스포츠 협회는 각 국제 연맹에 가입되어 있으며, 국제 경기에 참가하고 있습니다.

올림픽에 참가하는 것은 우리 체육인들의 염원이며, 이러한 염원을 담아 조선올림픽 위원회는 그동안 여러 차례에 걸쳐 IOC에 가입 신청을 하였고, IOC가 우리의 가입 신청에 대해 현명한 결정을 내려줄 것을 요청해왔습니다.

제53차 IOC 총회는 한국(KOREA) 영토가 남북으로 분단되어 있는 점을 감안하여 올림픽에 남북 단일팀을 구성할 것을 권고하였습니다. 우리의 요청에 대해 IOC가 취한 조치는 올림픽의 높은 이상과 원칙에 부합하고 한국의 실정을 고려한 공정하고 정당한 조치입니다.

따라서 조선민주주의인민공화국 올림픽 위원회는 이 권고를 지지하며, 이 권고가 조속히 실현될 수 있도록 부단히 노력해 왔습니다. 1957년 12월 18일, 조선민주주의인민공화국 올림픽 위원회는 남조선 올림픽 위원회에 1958년에 적절한 장소에서 회의를 개최하여 국제 경기와 제17회 올림픽에 참가할 남북 선수로 남북 단일팀을 구성하는 문제에 대해 실무적인 협의를 진행할 깃을 제안했습니다.

그러나 남조선 올림픽 위원회는 우리의 합리적인 제안에 대해 어떠한 긍정적인 태도도 보이지 않았습니다. 그 후 1958년 12월 9일, 우리는 다시 남조선 올림픽 위원회에 서한을 보내 남북 단일팀 구성 문제를 논의하기 위해 1958년 12월 하순 판문점, 평양 또는 서울에서 남북 올림픽 위원회 대표자 회의를 개최할 것을 제안했습니다.

조선민주주의인민공화국의 체육 단체들은 조선올림픽 위원회가 제시한 제안에 대한 지지를 표명하고, 남조선의 체육 단체들에게 남북 선수들 간의 접촉과 관계 수립을 제안했습니다. 조선민주주의인민공화국 올림픽 위원회가 취한 조치는 진정한 스포츠맨십에 부합하는 것입니다. 또한 우리 국민과 선수들의 만장일치 의사를 반영한 것이며, 조선올림픽 위원회가 제53차 국제올림픽 위원회 총회의 결정을 얼마나 높이 평가하고 있는지를 보여주는 것입니다.

그러나 유감스럽게도 남조선 올림픽 위원회의 부정적인 태도로 인해 제 53차 IOC 총회의 권고가 실현되지 못하고 있으며, 남조선 올림픽 위원회는 한국 선수들의 염원 실현을 크게 우려하고 있는 IOC 회장인 에이버리 브런디지의 권고를 무시하고 조선 올림픽 위원회의 합리적인 제안에 동의할 것을 거부하고 있다. 또한 객관적 조건을 핑계로 남북 단일팀 구성에 대한 우리의 제안을 거부하고 있습니다.

한국(KOREA)이 분단되어 있다는 사실이 남북한 선수들이 단일팀을 구성하는 데 걸림돌이 되어서는 안 됩니다.

남조선 올림픽 위원회가 국제올림픽 위원회의 권고를 존중하고 조선올림픽 위원회의 정당한 제안을 받아들인다면 남북 단일팀 구성은 실현될 것이며, 남조선 올림픽 위원회가 제53차 국제올림픽 위원회 총회의 권고를 지지하고 우리의 합리적인 제안에 동의했다면 남북 단일팀은 이미 구성되었을 것입니다.

조선올림픽 위원회는 남조선올림픽 위원회의 부정적인 태도가 국제올림픽의 높은 이상과 조선선수들의 한결같은 소망에 어긋난다고 생각합니다.

그러나 진정한 스포츠맨십을 옹호하는 여러분은 남한 올림픽 위원회의 부정적인 태도에도 불구하고 조선올림픽 위원회는 제53차 IOC 총회의 권고사항의 조기 실현을 위해 계속 노력할 것임을 알고 계실 것입니다.

가장 따듯한 소망을 담아, 진심으로.

홍명희 위원장(Brundage, Film 77-11, 192~194)

앞서 홍명희가 주장했던 내용과 거의 같다. 다만, 다른 점은 세 차례에 걸쳐 남한에 단일팀 구성을 제안했고, 최근에는 판문점 등에서 직접 만나서 이야기를 해보자고 구체적 장소까지 특정해서 제시했다는 점이다. 그리고 '분단'이라는 문제가 남북 단일팀 구성에 걸림돌이 되어선 안 된다는 태도를 보였다. 이는 남측 대표인 이기붕과 이상백이 IOC에 제시한 남북의 안보 불안을 들어 단일팀 구성이 안 된다고 주장했던 것에 대한 북한의 입장이었다. 비록 분단으로 서로가 총을 겨누고 있지만 그것으로 인해 체육인들이 자신들의 권리를 행사하지 못하게 해서는 안 된다는 논리였다.

여기서 북한의 진정한 의도가 무엇인가에 대해 생각해 볼 필요가 있다. 기존 연구에서는 북한은 남한이 단일팀 구성에 반대할 것을 알면서도 독자적인 NOC를 승인받기 위해서 단일팀을 구실로 내세웠다는 주장이 있다. 그렇다면 북한의 제안을 남한이 받아들였다면 KOC가 한반도를 대표하는 NOC로서 권한을 계속 유지할 수도 있었다는 가정도 가능하다. 예를 들어 IOC 입장에서 보면, 남과 북이 단일팀 구성이 잘 되고, 지속되었다면 굳이 통일되기 전에 북한에 독립적인 NOC를 승인할 명분이 없다는 것이다. 하지만 남한은 북한과 단일팀을 구성할 의지가 없었고, 북한에 독립 NOC를 주어서도 안 된다고 주장하니 IOC로서는 어떤 형태로든 정리가 필요한 문제였다.

또 하나의 지점은 북한의 독립 NOC도 중요했지만, 그보다는 북한의 우수한 체육 인재들이 올림픽에 참가하고 싶다는 열망이 더 중요한 문제였다. 북한은 여러 서신에서 "전체 조선 인민들과 체육인들의 염원을 받아 안아", "올림픽에 참가하는 것은 우리 체육인들의 염원이며, 이러한 염원을 담아 조선올림픽 위원회는 그동안 여러 차례에 걸쳐 IOC에 가입 신청을 하였고" 등의 여러 표현에서 내부적으로 체육인들의 올림픽 참가 의지와 열망이 매우 강했던 것을 짐작해 볼 수 있다.

오토 마이어 사무총장은 IOC 내에서 북한 NOC 승인에 적극적이었던 인물이었다. 그는 1959년 7월 7일 KOC에 서신을 보내 중립지역에서 남북 대표단이 만날 것을 제안했다. 북한은 찬성했으니, 남한의 동의 여부를 알려 달라고 하였다. 그러나 KOC 이상백은 오토 마이어에게 답신하는 대신 브런디지에게 오토 마이어와 함께 한국에 와서 DMZ와 판문점을 같이 둘러보기를 제안했다. 하지만 브런디지는 한국의 상황은 모두 이해하고 있고, IOC는 어떤 정치적, 종교적, 인종적인 문제로 올림픽 참가에 대해 차별해서는 안 된다고 재차 강조했다. 그리고 이 문제를 정치적인 문제로 몰아가서는 상황을 더 악화시킬 수 있다고 조언했다. IOC는 당시 남한의 분단 문제 제기에 대해 남북 단일팀 구성을 해야 할 명분이 될 수는 있어도, 단일팀 구성을 못 하는 이유가 될 수는 없다는 입장이었다.

이와 같은 논쟁은 1956년 멜버른올림픽이 끝나고 나서부터 1960년 로마올림픽을 앞두고 계속 이어졌다. 세 주체의 입장은 명확했다. DPRK NOC는 IOC에 단일팀 구성과 올림픽 참가 자격 요청을 계속해서 안건으로 상정해 달라고 요청하였다. IOC는 안건이 상정되면 각국의 IOC 위원들과 안건을 토의하게 된다. 그 토의 과정에서 KOC만의 사정을 봐줄 수는 없었다. 공산권을 포함한 제3의 NOC 위원들이[19] 남북의 문제를 보고 판단할 수 있는 것은 안보적 위험이 있는 상황이라면 더욱 올림픽 정신에 부합하도록 단일팀 구성을 촉구해야 한다는 것이었다. 그것이 올림픽 정신이라는 근거를 두고 논의 석상에 올라갔을 때는 친남한 성향[20]의 브런디지 위원장마저도 공산권 위원들을 설득할 명분이 약해졌다.

이런 상황에서 남한은 남북 단일팀 구성과 북한 NOC 승인 문제를 IOC 총회 안건에 상정하지 말 것을 요구했다. 당분간 IOC 내에서 '코리아 문제'는 연기되어야 한다는 주장을 여러 차례 했다. 남한은 DMZ, 통신수단 부재, 안보 위협 등을 재차 강조하며 단일팀 구성이 어렵다고 하니, IOC 위원들 사이에서는 자연스럽게 북한의 독립적인 NOC를 승인해 주어야 한다는 의견에 더욱 힘이 실렸다.

> 스톨체프(불가리아)와 로마노프(소련)는 남북한 문제를 언급했습니다.

---

19) 소련에 안드리아노프, 오마노브, 불가리아의 스톨체프, 핀란드의 본 프렌켈, 스웨덴의 보에켈룬드 등이 한목소리를 내기 시작했다. 상대적으로 영국, 캐나다, 미국, 프랑스, 일본, 서독 등 IOC 위원들도 많았지만, 단일팀 구성의 대의에는 발언을 거의 하지 못했다.

20) 이상백, 월터 정, 이기붕으로 순으로 IOC에 보낸 서신의 양이 많다. 이들은 오토 마이어보다는 브런디지와 친밀하게 소통하며 KOC의 입장이 받아들여지길 원했다.

스톨체프는 남북한 상황에 대한 일부 정보를 제공하며, 남한의 NOC만 승인되어 있다는 점을 강조했습니다. 북한 NOC는 남한 NOC와 접촉하기를 시도했지만 성공하지 못했습니다. 그는 북한 NOC도 승인할 것을 제안했습니다. 브런디지 씨는 현재까지 북한에서 이루어진 일에 대해 몇 가지 추가 정보를 제공했습니다. 스톨체프는 남북한 간의 통신이 불가능하기 때문에 중립지역에서 남북한 두 NOC의 회의를 주선할 것을 제안합니다. 스톨체프는 남한 NOC는 북한 NOC로부터 어떠한 우편물도 받은 적이 없음을 확인하며, 북한 NOC가 남한 NOC에 보낸 편지의 사본을 사무총장에 송부할 것을 위임하며, 사무총장은 이 서신 사본을 남한 NOC에 전달하도록 지시할 것입니다. 안드리아노프(소련)는 브런디지와 스톨체프의 제안을 모두 포함하는 공동 제안을 했습니다. 즉, 북한 NOC에 남한 NOC와 동일한 지위를 부여하고 인정한 다음, 올림픽에 참가할 수 있는 단일팀을 구성하는 것을 고려하여 중립지역에서 만나도록 주선하자고 제안했습니다. 그런데 남한 NOC는 그런 면담을 피하고 있는 것으로 알고 있습니다. 북한 대표단은 이미 모스크바에 와 있으며, 필요한 비자가 발급되면 즉시 뮌헨으로 갈 준비가 되어 있다고 안드리아노프는 덧붙였습니다. 브런디지는 남북 단일팀 구성에 협력할 준비가 되어 있다는 취지의 한국 위원회의 시명된 성명서를 확보하고 있다고 말했습니다. 안드리아노프, 스톨체프, 폰 프렌켈(핀란드)의 새로운 중재에 따라 양 위원회 대표들 간의 만남을 주선하기로 했습니다.

한국 NOC.

브런디지가 상황을 보고했습니다. 남한의 NOC는 IOC의 인정을 받은 반면 북한의 NOC는 그렇지 않다고 합니다. 그는 두 위원회에 홍콩에서 합동회의를 개최할 것을 제안하는 서한을 보낼 것을 제안하고, 이를 채택합니다.(1959년 뮌헨 IOC 총회 회의록)

위 회의록에서 이미 공산권 IOC 위원들은 KOC가 북한 NOC의 올림픽 참가를 방해하고 있다고 판단하고, 남과 북이 서신을 직접 주고받지 못하는 문제, 남과 북이 동등한 권리를 갖지 못한 문제 등을 언급하며 남북이 단일팀 구성을 위한 협상을 요구했다. 국제 사회가 나서서 남북의 만남을 종용하는 꼴이다. 이 과정에서 공산권 IOC 위원들은 한국을 IOC

에서 제명해야 한다는 주장이 나오자 이에 이기붕은 브런디지에게 서신을 보내 이런 이야기가 오고 갔다는 것에 유감을 표명하기도 했다.[21]

그리고 처음으로 제3의 지역에서 남북이 만나 회담할 것을 제안했고 그 장소는 홍콩이었다. 당시 외교부 공개 문서에 의하며, 홍콩에서 남북이 만날 수도 있다는 소식을 들은 한국 정부는 1959년 6월에 외교부 고위 공무원을 보내 브런디지와 개별 면담으로 그런 일은 절대 일어나서는 안 된다며 북한과는 어떤 대화도 할 수 없다고 강력하게 의견을 제시했다. 브런디지는 이 상황에서 한국이 할 수 있는 것은 이 논의를 지연시키는 것으로 판단했고 정부는 이 의견을 받아들인 것으로 보인다. 이후 이상백의 서신에서도 IOC 내에서 남북 단일팀 문제를 다음 회의로 연기해 줄 것을 여러 차례 요구했다. 하지만, IOC 내의 공산권 국가의 목소리가 커졌고, KOC는 명분에서 밀리고 있었다. 1960년 IOC 총회에서는 더 자세한 상황을 언급하며 구체적인 실현 방법들이 제시되었다.

> 브런디지는 현재 한국의 상황을 있는 그대로 설명합니다. 우리 회원들은 이 사실을 잘 알고 있습니다. 전쟁이 일어나기 전, IOC는 한국 전체를 인정했고, 지금도 서울(남한)에 위원회를 두고 있습니다. 지금은 두 지역 모두 여전히 전쟁(휴전) 상태이기 때문에 이 위원회는 북한의 위원회와 접촉할 수 없습니다. 우리는 두 위원회에 홍콩에 있는 우리 대표 중 한 명이 입회한 가운데 중립 지역에서 만나자고 제안했습니다. 북한 위원회는 초대를 수락했지만 남한 위원회는 거절했습니다. 이제 북한 올림픽 위원회는 IOC의 인정을 요청하고 있습니다. 이 문제는 독일이나 중국과 마찬가지로 매우 심각한 문제라고 회장은 말합니다. 스토이체프 장군은 이 문제가 독일과 중국의 문제와는 상당히 다르다고 생각합니다. 그는 북한 올림픽 위원회의 인정을 촉구합니다. 브런디지는 IOC가 북한 위원회의 내부 문제에 대해서만 부분적으로 인정을 해줬다고 언급합니다.

---

21) IOC, OSC, Brundage Collection, Film 35-10, 14~15.

이 주제에 대해 다음 연사들의 의견을 들어봅니다: 바르가스 씨, 게를란
드 씨, 엑서터 후작, 루크 경, 보몽 백작, 안드리아노프 씨 등입니다.
마지막으로, 이 문제를 로마에서 열리는 회의로 연기하기로 결정합니
다.(1960년 샌프란시스코 IOC 총회 회의록)

위 회의록은 브런디지가 그동안 남과 북 사이에 오간 의견들을 간단
히 정리해서 발표한 내용이다. 그 내용에는 KOC는 한국 전체를 대표한
다는 의미를 담고 있다고 했다. KOC가 서울에 있다는 것을 재차 강조
하며, 북한 위원회를 포함하는 하나의 NOC라는 것을 의미하고, 지금은
전쟁이 끝나지 않아서 어렵다는 점을 재차 설명했다.

IOC는 홍콩에서 IOC 위원이 입회한 가운데 남북의 회담을 개최하
자고 제안했다. 이것은 훗날 남북체육회담에서 IOC 위원은 빠지고 남
과 북 NOC 대표자들만 만나게 되는 최초의 당국자 회담을 열게 되는
결과를 가져왔다. 북한은 당장 8월에 열리길 희망했다. 그러나 남한은
이를 거부했다. 아래는 1960년 2월에 열린 샌프란시스코 IOC 총회에
서 스웨덴 출신 IOC 위원 보 에켈룬드의 이어지는 제안이다.

ANNEX. 7
제안 – 보 에켈룬드(스웨덴)
위원장께서 저에게 '코리아 문제'를 해결할 수 있는 방법을 제안하라는
임무를 주셨습니다. 우리는 북쪽과 남쪽에 있는 우리의 친구들, 즉 IOC가
인정하는 친구들에게 다음과 같은 조건으로 로마올림픽에 참가할 수 있
다고 말했습니다:
한국에서 한 팀만 보내야 하며, 같은 유니폼을 입고 같은 깃발을 들고나
와야 합니다.
지금 남한은 우리가 모두 잘 알고 있는 조건 때문에 서로 연락이 되지 않
아서 한 팀을 보낼 수 없다고 말합니다.
그러나 그들의 접촉은 필요하지 않습니다. 그들이 참가선수 명단을 보내
도록 합니다. 각 참가선수 명단에는 1959년과 1960년에 최고의 성적을
거둔 선수들에 대한 자세한 기술이 뒤따라야 합니다. 예를 들어, 남과 북

이 함께 100m에 4명의 선수를 출전시킬 경우, IAAF는 가장 좋은 기록을 인정하고 4번째 선수는 탈락합니다. 각 종목의 총 엔트리는 한 국가에 허용되는 최대 엔트리를 초과해서는 안 됩니다. 선수단이 어떻게 이동하는지는 우리가 관여할 바가 아니며, 숙소 문제는 현실적으로 해결할 수 있을 것으로 생각합니다.

남과 북의 모든 선수는 똑같은 유니폼과 똑같은 복장으로 출전해야 합니다. 남과 북은 하나의 깃발에 동의해야 합니다. 만약 그렇게 하지 못하면 선수단은 퍼레이드에 참가할 수 없으며, 올림픽 스타디움에는 태극기가 게양되지 않습니다.

이런 식으로 우리는 한국 선수들의 참가를 막지 않을 것입니다. 한국 선수들은 우리의 이전 결정에 따라 대우를 받아왔고, 우리 IOC는 할 수 있는 모든 조치를 취했습니다.

만약 남 또는 북이 이 제안에 동의하지 않는다면, 그 책임은 전적으로 그들에게 있습니다.(1960년 샌프란시스코 IOC총회 회의록)

IOC 위원들은 남북 단일팀 구성을 위해서 이렇게 구체적인 방법까지 논의해 가며 남과 북의 동등한 올림픽 참가 권한을 주기 위해 노력했다. 본 에켈룬드 스웨덴 IOC 위원은 단일팀 구성을 위해서 직접 만나기 어렵다면, 서류만을 통해서도 얼마든지 단일팀을 구성할 수 있다는 주장이다. 그리고 남북이 단일팀 구성을 했을 때만 남과 북 모두 올림픽에 참가할 수 있게 해야 한다고 제안하고 있다. 마지막에 단일팀 구성을 위한 이 제안에 남과 북 중 어느 쪽이 거부한다면, 그 책임이 따른다는 내용도 포함하고 있다. 이는 다르게 해석하면 누구 하나는 꼭 책임을 물어야 한다는 엄포이기도 했다. 남북의 만남을 강제할 수단을 IOC가 갖자는 강력한 주장이었다.

이를 통해 IOC가 여러 차례 회의를 통해서 '코리아 문제' 즉, 올림픽 참가를 통해 국제 사회에 진출하려는 북한과 이미 독자적으로 진출해서 기득권을 누리고 있는 남한 사이의 불평등한 상황을 동등한 조건으로 만들기 위해 구체적인 대안을 놓고 치열하게 고민했던 모습을 볼 수 있다.

그러나 한반도 전체 NOC로 대표성을 인정받은 KOC가 북한을 끌어안
지 못해 북한은 1960년 로마올림픽도 참가할 수 없게 되었다.

4. IOC 내 KOC 퇴출설에 따른 단일팀 회담 수용

1960년 한국 사회는 이승만 정권의 3.15부정선거로 4.19혁명과
1961년 5.16군사 쿠데타로 이어지는 격변을 겪었다. 그 과정에서 한국
최초 IOC 위원이었던 이기붕은 목숨을 잃었다. 이러한 불안한 국내 정
세에도 1960년 8월에 로마올림픽에 34명이 참가했다. 그리고 과도기
장면 정권에서 처음으로 남북 교류에 관한 이야기가 나오며 새로운 남
북 관계 개선의 희망을 보이기도 했다. 그러나 그 과정에서 IOC와 계속
소통을 이어 오던 KOC의 이상백과 월터 정은 북한의 올림픽 참가와 승
인 문제에 있어서는 반대의 입장을 이어갔다.

북한의 홍명희는 남한의 어수선한 상황에 대해 브런디지에게 아래
와 같이 서신을 보냈다.

> 에이버리 브런디지, 국제 올림픽 위원회 회장
> 1960년 7월 22일
> 친애하는 위원회장님
> DPRK NOC의 국제 올림픽 활동 참여와 관련하여 IOC 제57차 회의 전날
> 에 위원장님께 이 서한을 드리게 된 것을 영광으로 생각합니다.
> 위원장님께서도 아시다시피 DPTK NOC는 IOC 제53차 및 제55차 회의
> 결정에 따라 남북 단일팀구성을 실현하기 위해 성의 있는 노력을 계속해
> 왔습니다. 우리가 단일팀 구성을 위해 취한 조치들은 조선 선수들의 염원
> 에 부합되며, 우리의 조치는 당신과 많은 국제 스포츠 단체들, 체육계 인
> 사들의 지지를 받고 있습니다.
> 그러나 KOC는 단일팀 구성을 위한 우리의 합리적인 제안을 신중히 검토

하기는커녕 불성실하게 행동하였으며 IOC 회의의 결정을 이행할 의지도 보이지 않고 귀 위원회의 권고를 따르지 않았습니다. 이제 KOC가 남조선의 반동 통치자들에게 봉사했으며, 고상한 올림픽 사상과 남조선 선수들의 염원을 무시하고 남조선 통치자들의 지시에 따라 기능해 왔다는 것이 명백해졌습니다.

따라서 한국 선수들은 남한 통치자들에게만 봉사하는 KOC의 지도자들에 대항하여 일어섰습니다. 그들은 "정부 기관의 기능을 수행하는 체육단체의 즉각적인 해산"과 "이들 단체의 위원들의 사퇴"를 요구했습니다. 남한 선수들의 비난을 받은 KOC 지도부는 결국 대한체육회와 KOC 평의회를 해산했습니다.

한국에서 벌어진 사건은 한국 올림픽 위원회가 고상한 올림픽 이념에 반하는 행동을 하면서 '코리아 문제' 해결을 위한 합리적인 결정과 제안, 권고를 고의적으로 거부하고 귀를 막았기 때문에 IOC의 권위가 심각하게 손상되었다는 사실을 밝혀줍니다. KOC의 불성실한 태도가 아니었다면 남북한 단일팀 구성은 이미 오래 전에 실현되었을 것입니다.

우리는 IOC의 결정을 위반하면서 일관성 없는 입장을 고집하고 있는 KOC에 대해 IOC가 합당한 조치를 취할 것이라고 믿습니다. 우리는 IOC의 권위와 세계 스포츠의 발전을 위해 KOC에 대한 징계가 조속히 적용될 것을 촉구하는 가장 적절한 조치라고 생각한다. DPRK NOC는 앞으로도 IOC 총회의 결정에 따라 남북 단일팀 구성을 위해 모든 노력을 다할 것입니다.

KOC는 남북 단일팀 구성과 관련하여 부당한 입장을 버리지 않았지만, 이것이 더 이상 DPRK NOC가 국제 올림픽 활동에 참가하는 것을 막는 근거가 되어서는 안 됩니다. 우리는 다가오는 제57차 총회에서 DPRK NOC를 IOC 정회원 자격을 인정하고 DPRK NOC가 국제올림픽 활동에 지체 없이 자유롭게 참여할 수 있도록 공정한 결정을 내려줄 것을 제안합니다. 나는 위원장님과 IOC의 모든 위원들이 우리의 제안을 이해하고 지지해 줄 것이라는 믿음을 표명합니다.

진심으로

홍명희
조선민주주의인민공화국 올림픽 위원회 위원장(PRK, 008, 776~777)

홍명희는 혼란스러운 남한 상황과 8월에 열릴 로마올림픽에 북한이 참가할 수 없게 된 데 대해 이기붕과 관련된 체육회 임원들의 문제를 언급하며, KOC가 단일팀 구성 문제에 불성실했다고 지적했다. 동시에 DPRK NOC는 IOC 총회의 결정에 따라 남북 단일팀 구성을 위해 모든 노력을 기울이겠지만, KOC의 부당한 입장이 자신들의 올림픽 참가와 회원 자격을 제한해서는 안 된다고 강조했다.

오토 마이어도 1960년 9월 19일 KOC에 서신을 보내 로마 IOC 총회에서 도쿄올림픽에서 남북 단일팀 구성에 관한 방법을 찾아 보기로 했다는 소식을 전했다. 만약, 단일팀 구성이 안 될 시에 북한 NOC를 따로 승인해야 하는 두려움이 있다고 털어놓았다. 그는 "북한의 독립 NOC 승인은 우리가 원하는 것이 아니다. IOC는 단일팀 구성을 더 선호한다"라고 강조했다. 그리고 이 상황을 심각하게 받아들이라고 요구했다. IOC 내에서 처음으로 북한에 독립 NOC를 주어야 한다는 이야기가 나오기 시작한 것이다.

이상백은 12월 24일 브런디지에게 서신을 보내 단일팀 원칙은 훌륭하지만, 통신시설 단절, 남북 간 여행 금지, DMZ 등 공산주의자들의 회담 요청은 그들의 정치 선전에 이용당하는 것이라며, 실현 가능성은 없다고 강조했다. 그러나 브런디지는 1961년 6월에 있을 그리스 IOC 총회에 제안할 확실한 프로그램이 있어야 할 것이라며 대안을 가져오라고 했다. 여기서 대안이라는 것은 더 이상 남북 단일팀 논의에 마침표를 찍을 강력한 무엇이 있어야 한다는 의미였다. 즉, 1956년부터 IOC 총회에 거의 매번 회의 안건으로 상정되어 온 남북 단일팀 문제(IOC에서는 KOREA QUESTION으로 표현함)에 피로감이 묻어 나는 대목이다.

이에 바빠진 이상백은 브런디지에게 총회에 제안할 '초안'에 대해 첨언해 달라고 요청했다. 그리고 월터 정은 다시 보완된 '초안'을 검토해달라고 보냈다. 최종적인 '초안'에 관해서는 어떤 내용이 담겼는지 서신에는 없지만 12월 24일 처음에 보냈던 '초안'에는 아래와 같은 내용이 담겨있었다.

도쿄올림픽과 관련하여:

1. 북한 선수들을 한 팀의 일원으로 받을 들일 용의 있음.
2. 11월 이전에 우리에게 알려야 함.
3. IOC 사무소를 통해 개인기록을 KOC에 전달.
4. 접수한 뒤 육상경기연맹에 기록을 넘길 예정.
5. 동행자는 정치인은 안 됨.
6. 선수들도 정치 심복이면 안 됨.
7. 모든 의사소통은 IOC 본부를 통해서 이루어져야 함.

우리의 생각에 당신의 생각과 제안을 해주길 바람.(Brundage, Film 77-06, 48~50)

처음으로 북한 선수들을 포함할 수 있다는 긍정적인 언급이 나왔다. 이는 이승만 정권이 무너지고 그해 12월부터 국회 내에서 남북 교류에 대한 이슈가 부상하여 야당과 여당 간에 찬반 논쟁이 불붙게 되었다. 장면 내각은 남북 교류에 절대 반대의 입장을 냈지만, 신민당을 중심으로 한 야당에서는 적극적인 입장을 보였다. 이 일은 IOC 내에서 추진되고 있는 남북 단일팀 문제와 연결되면서 긍정적인 신호로 보였다. 하지만, 당시 대한체육회 회장으로 선출된 이철승도 이 문제에 있어서는 기존 KOC의 입장과 크게 다르지 않았다. 그러나 브런디지 입장에서는 새로 선출된 이철승에게 현재 상황에서 어떤 방식으로든 남북 단일팀 구성을 고려해야 하는 시점에 와 있다고 설명했다.

그 사이 5.16쿠데타로 다시 군사정권이 들어서자, 이상백은 1964년 도쿄올림픽이 3년이나 남았으니 당분간 이 문제가 IOC 총회에서 논의되지 않기를 바란다고 다시 요청했다. 이렇게 KOC는 혼란스러운 국내 정국에 남북 단일팀 문제에 대한 입장을 결정하기 어려운 상황에 직면하자 최대한 시간을 끌어보려는 입장으로 정리했다.

그러나 IOC 사무총장 오토 마이어의 생각은 달랐다. 그가 1962년 1월 10일 KOC에 보낸 서신을 보면 IOC는 남북 단일팀 구성 문제를 1962년 모스크바 총회에서 다시 다루게 될 것이라고 알렸다.

> 대한올림픽 위원회
> 친애하는 위원장님,
> 지난 서신과 관련하여, 우리는 1962년에 "남북" 단일팀이 올림픽에 참가하기 위해 북한 올림픽 위원회와의 접촉에 관한 우리의 요청에 대해 1964년까지 어느 정도 시간을 달라고 요청한 것을 기억하고 있습니다. 남북 단일팀을 맞이하고 싶은 도쿄올림픽이 2년 반이라는 시간밖에 남지 않았습니다.
> 지금까지 진행된 사항과 앞으로의 계획에 대해 말씀해 주세요. 북한 올림픽 위원회가 당신과 함께할 의향이 있다는 것을 잘 알고 있으며, 이 중요한 문제에 대해 당신이 무엇을 결정하느냐에 따라 모든 것이 달려 있습니다.
> 우리의 의무이자 이상은 인종, 종교, 정치의 구분 없이 전 세계 젊은이들이 올림픽에서 하나가 되는 것입니다. 따라서 우리는 귀하의 국가가 우리를 도울 의향이 있는지 알고 싶습니다. 내년 5월 모스크바에서 열릴 다음 세션 전까지 회신해 주시기 바랍니다.
> 귀하의 협조에 미리 감사드립니다.
> 진심으로 감사드립니다.
> 오토 마이어, 사무총장(Brundage, Film 77-06, 40)

이에 대해 이상백은 7~8월까지 적절한 답을 찾아서 알려주겠다고 했다. 오토 마이어도 단일팀 구성을 전제로 한 답을 가능하면 6월 모스크바 총회 이전까지 답을 보내 달라고 요구했다. 이상백은 이에 대해 다시 7~8월 이후로 연기해야 한다며 유감을 표했다. 이는 6월 모스크바 IOC 총회에서 어떤 결정도 내리지 않기를 바라는 지연 전략이었다. DPRK NOC 홍명희도 브런디지에게 모스크바 IOC 총회를 앞두고 5월 18일에 서신을 보내 모스크바 총회에서 DPRK NOC가 승인될 수 있도록 노력해달라고 요청했다. 이러한 남북의 입장 차이와 IOC 내에서 다수의 위원이 이미 북한 NOC 승인에 무게를 두는 쪽으로 방향은 기울었다. 결국 1962년 6월 5일 모스크바 IOC 총회에서 다음과 같은 결정을 하게 됐다.

한국에 관한 한, 북한 올림픽 위원회는 공보의 공식 목록에 잠정적으로 포함되며 국제 올림픽 위원회는 남북을 대표하는 단일팀의 올림픽 참가에 관한 의견을 묻는 서한을 남한 올림픽 위원회에 보내야 합니다. 답신은 1962년 9월 1일까지입니다. 회신이 부정적일 경우 북한 올림픽 위원회는 1964년 올림픽에 독립팀으로 참가할 수 있는 자격을 얻게 됩니다.(1962년 6월 5일 모스크바 IOC 총회 회의록)

이제 KOC는 확실한 입장을 정해야만 했다. 북한과 단일팀을 구성하든지 아니면 북한 NOC 승인을 허락하든지 갈림길에 서게 되었다. IOC는 9월 1일이라는 최종 시한까지 결정했다. 1956년부터 IOC 내에서 질질 끌었던 남북 단일팀 문제에 일단락을 짓게 될 운명의 순간이 다가왔다.

1962년 모스크바 총회가 끝나고 오토 마이어는 KOC에 서신을 보내 인스브루크와 도쿄올림픽에 단일팀 가능성을 염두에 두고 북한 NOC를 조건부 승인을 준 상태이며, 남한이 부정적일 경우, 북한 NOC 단독으로 올림픽에 참가하게 된다는 총회 결정 사항을 전했다. 오토 마이어는 북한 NOC에 서신을 보내 북한 NOC가 잠정적으로 승인되었고, NOC 리스트에 올랐다고 알려주었다. 이 리스트에 올린 공식 표기가 훗날 북한이 North Korea NOC냐 DPRK NOC냐의 국호 논쟁의 중요한 근거 자료가 되었다.

북한은 1964년 인스브루크 및 도쿄올림픽에는 어떤 형태로든 올림픽에 참가할 수 있다는 소식을 처음으로 접하게 되었다. 여기서 북한의 선택이 주목된다. 남한과 단일팀을 구성하는 것이 번거로운 일인 것을 남북이 서로 아는 상황에서 북한이 단일팀 구성을 일부러 결렬시키고,

단독으로 참가하는 방안을 선택할 수 있고, 또 하나는 끝까지 단일팀 구성을 주장하여 단일팀으로 나가려는 전략이 있을 수 있다. 반면, 남한으로서도 단일팀 구성을 결렬시켜 북한이 올림픽에 독자적으로 나가게 하는 방안이 있을 수 있고, 끝까지 노력하여 단일팀 구성으로 올림픽에 참가하는 방안이 있을 것이다. 몇 달 전만 해도 단일팀 구성이 안 되면 북한은 올림픽 참가를 못 하는 처지였지만, 1960년 모스크바 IOC 총회 결과에 따라 북한은 1964년 인스브루크 및 도쿄올림픽을 앞두고 남북 단일팀 구성이 결렬되면 북한 독자적으로 올림픽에 참가할 수 있는 권리가 주어진 상황이었다. 그래서 남과 북 모두 어떤 선택을 하는가가 국내적으로나 국제적으로 중요한 쟁점이 되었다.

1961년 5.16군사 쿠데타가 있고 난 뒤, 대한체육회 회장직은 쿠데타에 적극 가담했던 이주일이라는 육사 출신 군인이 맡게 되었다. 부회장에 이효, 장기영, 이상백이었다. 모스크바 IOC 총회 이후, 1962년 8월 14일, 이주일은 오토 마이어에게 서신을 보내 분단 이후 처음으로 KOC는 단일팀 구성에 동의한다고 알렸다. 같은 날 이상백도 브런디지에게 서신을 보내 단일팀 구성에 동의한다고 전하며, 재팬 타임즈(Japan Times)가 9월 9일에 북한은 단일팀을 원하는데 남한이 단일팀을 원하지 않는다고 언론 보도를 내서 선전에 이용했다고 했다. 또 단일팀 구성을 하지 않는다면 KOC는 IOC로부터 퇴출당할 것이라는 모스크바 AP 보도를 인용하였다.

> 1962년 8월 14일
> 친애하는 브런디지 회장님:
> 귀하와 함께 대화를 나눴던 장기영 씨로부터 우리는 최근의 모스크바 IOC 회의와 오랫동안 미뤄져 왔던 Korea의 문제, 즉 Korea 단일팀 구성에 관한 많은 귀중한 정보를 받았습니다. 마이어 사무총장께 보낸 서한에서 밝힌 바와 같이, 우리는 단일팀 구성에 동의합니다.

공산주의 북한에서 온 선수와 임원들로 구성된 '단일팀'을 구성하는 문제에 직면한 우리의 어려움을 가장 잘 알고 계시므로, 과거에 당신과 내가 몇 번이고 반복했던 동일한 사실에 대해 자세히 설명할 필요는 없습니다. 그러나 마이어 사무총장께 보내드린 공식 답변서(사본은 여기에 첨부되어 있으니 참고하시기 바랍니다)를 전달하면서, 지난번 편지를 받은 이후 발생한 추가적이고 후속적인 사건들을 알려드리고자 합니다.

저희는 국가재건최고회의 부의장을 겸임하고 있는 이주일 중장을 신임 위원장으로 모시고 면담했습니다. 부의장은 이효, 장기영, 그리고 저 세 명입니다.

재팬 타임즈의 뉴스 클립도 첨부했습니다: 1962년 8월 9일자 8면. 빨갱이들은 우리 위원회가 자신들이 원하고 요구한 대로 단일팀 구성에 동의하지 않는 것에 대해 자신들의 목적을 달성하기 위해 유선방송을 잘 활용하고 있는 것 같습니다. 그들은 항상 선량한 독자들을 오도하기 위해 한두 단어씩 삽입하고 있습니다. 저는 제가 생각하는 부분에 빨간 연필로 밑줄을 그었습니다. 가장 실망스러웠던 것은 9월 1일까지 남북한 단일팀 구성에 동의한다는 답신을 보내지 않으면 KOC가 IOC로부터 '퇴출'당할 수 있다는 경고를 받았다는 모스크바 AP통신의 보도였습니다.

단일팀 구성 합의의 이행과 관련해서는 그 방법과 수단을 검토해야 합니다. 그리고 그 문제와 관련하여 로잔에 있는 귀 사무소와 연락을 취할 것입니다. 그리고 위와 관련된 모든 공식적인 의사소통은 로잔에 있는 귀측 사무소를 통해 이루어질 것입니다. 아직 우리나 북쪽의 조선 공산당은 그들이 염두에 두고 있는 목적을 위해 판문점을 이용할 수 없습니다. 오직 정전협정, 비무장지대, 그리고 동맹국과 관련된 문제만이 허용됩니다. 빨갱이들은 마치 판문점을 통해 모든 통신을 할 수 있는 것처럼 인용했습니다. 이미 국무부에 확인했습니다. 스포츠 문제는 판문점에 관한 한 아무런 관련이 없습니다.

현지 언론에 보도된 내용은 대부분 도쿄에서 평양 라디오를 모니터링한 후 UPI나 AP를 통해 보도된 것입니다.

이 문제에 대해 저희가 어떻게 대처하고 있는지에 대해 계속 알려드리겠습니다.

월터 정과 저의 개인적인 소망을 담아

진심으로 기원합니다.

이상백, 부회장(Brundage, Film 35-11, 59~60)

위 내용은 당시 일본 언론을 통해 남북 단일팀 구성 실패 책임이 남한에 있다는 것이 국제 사회에 알려지자, 남한으로서는 상당한 부담을 얻은 것으로 보인다. 여기에 모스크바 AP 통신은 한술 더 떠 KOC의 퇴출설까지 주장하고 있으니, 남한 입장에서는 이것만은 막아야 한다는 강한 위기의식이 작용한 것으로 보인다. 이에 브런디지는 퇴출설은 IOC 내에서 언급된 사항이 아니라고 해명했지만, 소련 IOC 위원 안드리아노프를 중심으로 한 공산권 IOC 위원들로부터 흘러나온 이야기였다.

남한 정부는 외교부 라인을 동원해서 IOC가 단일팀을 요구하는 배경과 입장에 대해서 상황을 파악하고 결론적으로 남북 단일팀 수용 입장을 내린 것이다. 북한이 독립 NOC를 구성해서 올림픽에 참가하는 것에 대한 경쟁 부담이 컸다고 할 수 있다.

오토 마이어는 DPRK NOC에 서신을 보내 남한이 단일팀 구성 수용 의사를 밝혔다는 소식을 전하게 되어 기쁘다고 했다. 이후 IOC를 통해 모든 연락을 주고받게 될 것이라고 설명하고 단일팀 구성 성공을 기원하는 메시지를 전했다. 오토 마이어는 KOC에 서신을 보내 북한과 단일팀 구성하겠다는 결정을 잘했다며, 이와 관련된 모든 연락을 IOC가 다 할 수는 없다며, 가능한 한 빨리 북측과 직접 연락을 주고받을 수 있으면 좋겠다는 의견을 전했다.

이에 대해 이주일 대한체육회 회장은 정전협정으로 양측 군사대표의 판문점 회담을 제외한 다른 형태의 회담은 불가능하다는 점을 밝히며, IOC 사무실을 통해서만 연락할 수 있음을 다시 강조한다고 답장을 보냈다. 북한은 적극적으로 남한과 직접 소통을 원하고 있지만, 남한은 정전협정 조항을 근거로 군사 문제를 제외한 회담 외에는 불가함을 강조하는 모습이다. 실제로 정전협정문 2조 정화 및 정전의 구체적 조치 13항에는 아래와 같은 문구가 있다.

(ㅇ) 군사정전위원회 및 중립국 감시위원회와 그들 각자에 속하는 소조
  에 요구되는 통신 및 운수상(運輸上) 편리를 포함한 보급상의 원조
  를 제공한다.

위 문구에 의하면 소조(Teams)의 요구가 있을 시 통신이 가능하다는 것이다. 여기서 소조는 작은 조직으로 볼 수 있으며, 남북의 NOC 단위가 만난다고 하면 군사정전위원회는 그 팀에게 통신수단을 열어 줄 수 있다고 해석할 수 있다. 실제로 정전협정의 당사자인 북한은 남과 북이 유엔 군사정전위원회에 정식 제의하면 될 수 있다는 일이었다.

남과 북이 만나는 문제에서 북한은 더욱 적극적인 태도를 보인 반면, 남한은 소극적인 태도를 보였다. 올림픽 참가 문제에 있어 남한은 참가 자격을 갖고 있었지만, 북한과 이를 공유할 의지는 전혀 없었다. 이것이 독일 단일팀 구성과 가장 큰 차이다. 분단국가의 분단 원인을 미국, 소련 등 외세의 개입된 '외인론'으로 설명하기도 하지만, 그 외세를 두고 내부 정치 기득권 간의 치열한 이익 다툼의 결과로 보는 '내인론'에 더 설득력이 있다고 보인다.

오토 마이어의 KOC의 단일팀 구성 수용 입장에 대해, 홍명희는 1962년 10월 19일에 남한의 단일팀 수용소식에 환영한다고 하며, 진실한 노력을 기울이면 풀 수 없는 문제가 없을 것이라고 답장을 보냈다.

> 대한민국 올림픽 위원회
> 우리는 이미 귀 위원회에 제59차 모스크바 IOC 총회에서 결정된 남북한 단일팀 구성 문제를 논의하기 위한 남북한 올림픽 위원회 대표들 사이의 협상을 개최할 것을 세 차례에 걸쳐 제안한 바 있습니다.
> 남북한 단일팀 구성 문제는 우리 민족 내부의 문제로서 당사자인 남북한 올림픽 위원회 대표들이 서로 협의하여 실현해야 한다는 것은 누구에게나 분명한 사실입니다.
> 그러나 유감스럽게도 우리는 아직 귀 위원회에서 긍정적인 회신을 받지 못했습니다.

우리는 귀 위원회가 단일팀 구성에 동의한 이상 실무회담을 금지할 조건은 없으며 회담을 지연시킬 근거도 없다고 생각합니다.

제18차 올림픽 일부 종목의 예선전 날짜가 눈앞에 다가온 오늘, 북남 단일팀 구성 실현을 위한 북남 올림픽 위원회 대표들 사이의 실무적 회담은 더 이상 미룰 수 없습니다.

지금 북과 남의 온 겨레와 체육인들은 남북 단일팀 구성을 간절히 바라고 있으며 큰 우려와 기대를 하고 이 문제를 지켜보고 있습니다.

재능있고 용감하며 불굴의 조선 체육인들이 북과 남의 단일팀을 구성하여 힘을 합쳐 국제경기대회에 참가한다면 우리는 더 큰 성과를 이룩하게 될 것이며 유구한 역사와 찬란한 민족문화의 전통을 지닌 우리 민족의 저력과 조국의 영예를 더 멀리, 더 널리 과시하게 될 것입니다.

우리는 온 겨레와 체육인들의 뜨거운 열망에 부응하여 행동하지 않을 수 없습니다.

조선민주주의인민공화국 올림픽 위원회는 단일팀 구성의 조속한 실현을 위하여 우리가 이미 제안한 대로 11월 말까지 판문점이나 평양 또는 서울에서 북남 올림픽 위원회 대표들 사이의 회담을 개최할 것을 귀 위원회에 다시 한번 제의합니다.

같은 민족의 핏줄이 흐르고 같은 영토에 살고 있는 동질적인 우리 겨레가 체육 경기에서조차 단일팀을 구성하지 못할 이유가 없습니다.

귀 위원회가 북남 단일팀을 구성하려는 진정성을 가지고 우리와 한자리에 마주 앉아 진지하게 협상한다면 합의에 이르지 못할 일은 없을 것입니다.

우리는 귀 위원회가 우리의 성의 있는 제안에 신중히 접근하여 긍정적인 회답을 주어야 한다고 생각합니다.

귀 위원회의 회신을 기다리겠습니다.

홍명희

조선민주주의인민공화국 올림픽 위원회 위원장

(Brundage, Film 77-06, 30~31)

DPRK NOC는 1962년 모스크바 총회의 결정을 보고, 위 서신을 포함하여 7월부터 12월까지 총 5회에 걸쳐 단일팀 구성을 위한 대표자 회담을 KOC에 제안했다. 그러나 KOC는 북한과 직접 접촉을 피하고 오직 IOC와만 접촉을 이어갔다. 위 서신도 바로 그러한 정황을 바로 보여주는 장면이다. 북한이 보낸 것을 IOC가 다시 KOC에 보낸 서신이다. 이렇듯 북한은 올림픽 참가를 위해 적극적으로 단일팀 구성에 다가섰다는 것을 알 수 있다.

그리고 KOC는 처음으로 IOC를 통해서 북한 선수들의 개인 기록을 포함한 명단을 보내 달라고 요청했다. 홍명희는 KOC의 첫 요청에 대해 자료를 작성하여 IOC에 건넸다. 그러나 KOC는 그 어떤 다음 과정도 진행하지 않았다.

이때 체코 그루스(Josef Gruss) IOC 위원은 오토 마이어에게 서신을 보내 '현재까지 KOC는 북한과 어떠한 접촉도 거부하고 단일팀 구성 계획을 방해하고 있다'고 지적했다. 또한 남북 단일팀이 구성되었을 때 국기, 국가, 훈련, 선발 등을 KOC가 모두 가져야 한다고 주장하는 것에 대해 IOC가 나서야 한다는 제안도 내놓았다. 이에 대해 오토 마이어는 그루스의 주장에 전적으로 동의하며, 북한은 IOC 결정을 모두 동의하기로 했지만, 남한은 북쪽 위원회의 누구와도 만나기를 피하고 있다고 했다.

만약, 남한이 북한을 만나길 거부한다면, 1963년 2월 7일 로잔 집행위원회에서 1964년 올림픽에 북한이 단독으로 참가하는 결정을 내릴 수도 있다고 전했다. 또 남북 단일팀이 실현되면, 남과 북은 동등한 권한을 가져야 한다고 전제했다. 오토 마이어와 브런디지 사이에 주고받은 메모에는 "이 모든 것이 정치적으로 진행되고 있으며, 우리는 그것을 헤쳐가야 한다. 북한은 선한 의지(Good Will)를 보여주지만, 남한은 그렇지 않다. 오늘 오후 남한 대표와 5분 동안 미팅했는데, 스포츠에 대해 정치인과 토론하면 무슨 소용이 있겠는가"[22] 하며 지금의 상황이 정치적이며 그것은 남한에 책임이 있다고 표현했다.

---

22) IOC, OSC, Avery Brundage Collection, Film 77-06/ File number, 20. 원문에는 'God Will'로 표현되었으나, 문맥상 선한 의지로 해석이 돼 Good Will로 제시함.

심지어 1962년 11월 29일 자 AP 통신 기사에서 "IOC는 목요일 한국에 공산주의 북한과 공동팀을 구성하지 않으면 1964년 도쿄올림픽에서 배제될 수 있다고 직설적으로 말했다. 오토 마이어 IOC 위원장은 제네바 주재 한국 상임 공관장에게 한국이 북한 스포츠 관계자들과 만나 단일팀 구성에 관해서 논의하는 것을 계속 거부하면 도쿄올림픽에 북한 팀만 출전할 수 있다고 말했다"라고 오토 마이어의 강경 발언이 나오기도 했다.

이 기사에 대해 월터 정은 브런디지에게 "AP가 오토 마이어를 공산주의자 블록의 대변자로 이용하지 않았는지 하고 생각"한다며 신문 기사에 대한 불만을 표출했다. 오토 마이어는 스위스 사람으로 올림픽 정신에 입각한 정치적, 종교적, 인종적 차별이 올림픽 참가를 방해해서는 안 된다는 강한 신념을 갖고 있던 IOC의 핵심 인물이었다. 이미 많은 공산권과 제3세계 국가의 NOC 위원들이 북한의 올림픽 참가를 보장해야 한다고 목소리를 높이고 있었다. 그러나 월터 정은 이러한 기류의 흐름을 외면하고 냉전의 이념적 대결 구도로 한정해서 북한의 올림픽 참가 문제를 인식하고 있었다.

박정희 정권이 들어선 이후 처음으로 북한과 맞닥뜨린 외교적 상황이었다. 박정희 정부는 서독 대표 IOC 위원 윌리 다우메(Willi Daume)에게 동서독 단일팀에 대한 부정적인 의견과 단일팀 구성을 하지 않는 것이 좋을 것이라는 조언을 들었다. 다우메는 독일은 1960년 한 해 동안 100차례 이상의 회의를 하여 단일팀을 구성하였으나, 선발된 선수들이 제 기량을 발휘하지 못하는 결과를 보였다고 하며 경기상의 곤란한 점이 많았다고 지적했다. 이어서 IOC의 기본 정신에 의하면 개인이라도 참가할 수 있고, 국가가 아니어도 특정 지역대표로도 참가할 수 있으니, 이번에 북한의 올림픽 출전을 저지하는 것은 불가능할 것이라고 조언했다.[23] 다우메 위원은 올림픽 경기 성적이 부진했다는 점을 근거로 들어, 단일팀 구성의 의미를 현실적인 이유에서 반대한 것으로 볼 수 있다.

남한 정부도 쉽게 동의할 수 없는 입장으로 월터 정을 개인 자격으로 IOC에 파견하여 협상을 이어가도록 하였다. 1962년 12월 5일 월터 정은 오토 마이어를 만나서 단일팀 구성이 어려운 여러 정황을 또 설명하였다. 국내 언론에서도 '남북한 단일팀 추진 포기'라는 기사가 실리기도 했다. 단일팀 구성에 동의는 했으나, 그 뒤에 감당해야 할 전무후무한 상황에 대한 입장이 다시 바뀐 것이다. 당시 월터 정은 오토 마이어에게 아래와 같이 입장을 정리해서 전달했다.

---

23) 외교부 공개문서, [1262] 「1964년도 동경올림픽 남북한단일팀 구성문제」, 전4권(V.1 1962), 19쪽.

남북한 올림픽 단일팀을 구성하거나 북한 공산주의 선수단을 인정하기 어려운 이유

1. 1950년 6월 25일 북한 공산군의 무력 침공으로 인해 대한민국에서 100만 명 이상의 한국인이 사망하고 영구적인 신체적 장애를 입었다.
2. 전국적으로 유명한 교수, 작가, 음악가, 종교 지도자, 스포츠인, 정치인, 대학생(남녀 모두), 심지어 어린아이들까지 포함한 대한민국 국민 80,000여 명이 강제로 "납북"되었습니다. 한국전쟁 중에도 여전히 자행되고 있다.
3. 서울에 있는 한 국립묘지에는 국군 전사자 시신 30,000여 구가 묻혀 있는데, 이는 한국전쟁 당시 중공군과 함께 국군이 자신들의 형제, 아버지에게 한 짓을 시각적으로 상기시켜준다.
4. 한국전쟁 중 완전히 파괴된 주택 수는 500만 채가 넘는다.
5. 복구가 불가능할 정도로 파괴되거나 손상된 40억 달러 이상의 재산.
6. 재향군인회는 북한 공산주의 단체와 만나는 것조차 절대 반대하고 있다.

이승만 전 대통령도 어떤 형태나 방식으로든 북한 공산주의 단체와 만나는 것을 절대 반대했다. 그가 대한민국 국가원수로 취임한 이후 12년 동안 공산주의 단체와의 회동 제안은 들어본 적도 없었고, 그러한 회동에 대해 언급하는 것조차 불가능했다. 그러나 정권을 인수한 대한민국 신군부는 1957년 IOC 총회의 소피아 결의안을 수용하기로 했다. 1964년 6월 모스크바 IOC 총회를 앞두고 '코리아 문제'가 극에 달하자, 한국의 군사정부는 1964년 도쿄올림픽에 '전 한국 단일팀'을 구성하는 데 동의하기로 했다. 그러나 공산주의자들이 대한민국 영토를 잠시 점령하는 과정에서 개인 및 사유 재산을 도난, 도주, 고의로 파괴한 '전쟁 전사자'들과 그 가족들이 일으킬 매우 강한 반발, 그리고 공산주의자 집단과의 일체의 접촉을 당연히 반대하는 여러 민족 언론기관 등 내부적인 장애물이 분명히 존재하기 때문에 군사정부는 6월 모스크바 결의안을 준수하기 위해 매우 신중한 조처를 하지 않을 수 없었다. 따라서 모스크바 결의의 목적을 달성하기 위해 '어떻게 선행할 것인가'가 딜레마였다.

그래서 대한올림픽 위원회는 현재 대한민국 올림픽 위원회가 직면한 어려운 문제들에 대해 IOC의 권위자이자 다양한 경험을 가지고 있는 오토 마이어 IOC 위원장의 도움을 받기로 결의했다.

이에 KOC는 우선 로잔에 주재하는 IOC에 1964년 도쿄올림픽 '남북단일팀'

구성의 전면적인 조정을 위한 중재자 역할을 해줄 것을 건의하기로 했다.

앞서 지적한 바와 같이, 북한 공산집단과의 "대결"은 그것이 스포츠든 다른 어떤 "위장된" 형식이든, "자유", "민주"라는 좋은 이름, 또는 다른 어떤 유용한 의미이든, 대한민국에 살고 있는 일반 시민들은 "단일팀"을 원하는 우리의 이유를 이해하지 못할 것이다. 따라서 대한체육회는 최근 쿠바 사태에 대한 '중재'에서 유엔 사무총장 우 타낫이 취한 조치와 유사한 조치를 해야 할 것이다. 또 다른 어려운 예는 인도와 파키스탄 사이의 문제이다. 이 문제는 여전히 어떤 형태로든 양측이 만족할 만한 해결책을 찾아야 한다.

대한민국에 살고 있는 한국인들이 공산주의자들과 만나서 함께 일한다는 생각에 동의할 수 없었던 큰 이유 중 하나는 인도의 지도자 네루 총리의 최근 행동에서 가장 솔직하게 드러나고 증명되었다. 그는 항상 개인적으로 공산주의자들과 "잘 지낼 수 있다"는 생각을 품고 있었다. 그러나 그는 공산주의자들이 자신의 눈과 귀 앞에 놓은 전선이 얼마나 해로운지 알게 되었다. 사실 그는 공산주의자들의 계략에 대해 너무 순진했다. 이것은 공산주의자의 말과 그가 실제로 그렇게 하리라는 것을 믿기가 정말 어렵다는 것을 다시 한번 증명했다.

그러나 다시 한번 말씀드리지만, 대한민국 군정은 당분간 합리적인 범위 내에서 '단일팀'을 구성하기 위해 모든 노력을 다할 의향이 있다.

물론 '단일팀'을 구성하는 데 있어 그 목표를 달성하기 위해서는 여러 가지 어려운 문제들을 해결해야 할 것이다.

IOC의 결의를 강제하기 위해 KOC는 우선 양측 선수들의 개별 기록(예: 타임 클럭 등록 또는 측정)을 통해 선수를 선발할 수 있다. 이는 IOC 본부의 완전한 승인과 동의를 얻어 "제3자"의 감독 하에 진행되어야 한다. IOC는 이러한 대회를 진행하고 참관할 관계자를 먼저 북한과 대한민국 등 각자의 구역에서 별도로 선정한다.

이승만 전 대통령 체제에서 오랫동안 '남북 단일팀' 구성이 어려웠던 이유에 대해서는 이제 IOC 위원장이 충분히 알고 있다.

그러나 위에서 이미 설명한 바와 같이 서울에 있는 군사정부는 최근 모스크바 총회에서 결의한 한국 올림픽 위원회의 단일팀 구성을 기꺼이 허용할 의향이 있다.

대한올림픽 위원회가 직면하고 있는 문제점을 명확히 파악하고, 대한올림픽 위원회가 바라는 점진적인 선수단 구성에 도움을 줄 수 있다면, IOC

오토 마이어는 IOC가 중재를 위해 많은 노력을 했음에도 불구하고 또다시 남한이 거부 입장을 고수하자, 브런디지에게 남한을 설득하는 것이 더는 불가능해 보인다고 전했다. 1963년 2월 7일 집행위원회에서 북한의 단독참가를 결정하겠다는 의지를 확고히 했다.

이때 월터 정이 단일팀이 어려운 이유로 국내 여론이 우호적이지 않다는 점도 근거로 했다. 그러나 1963년 1월 26일 로잔 회담이 시작된 이후 부산일보에서는 '로잔의 합의는 민족양식의 결정'이라며 이승만 때는 만나지도 말라고 했는데, 박정희 정권에서는 한번 만나 보자는 탈피적인 KOC의 결단을 치켜세우기도 했다.

이처럼 국내 여론이 불안과 혐오에서 기대와 관심으로 바뀌는 데는 긴 시간이 걸리지 않았다. 과거에도 남북의 정상들이 정치적으로 결단을 내리면 남북 간의 만남에 대한 여론이 빠르게 긍정적으로 변하는 모습을 볼 수 있었다. 1991년 지바 세계탁구선수권대회에서 단일팀 구성을 이뤘던 때도 2018년 평창동계올림픽에서 여자 아이스하키 단일팀 구성에도 비슷한 현상이 나타났다. 단일팀 구성을 이루기까지 진통을 겪지만 일단 이루고 나면 남북의 선수들이 가까워지는 데는 그리 긴 시간이 걸리지 않았다.

결국 남한 정부는 대책 회의를 열고 1963년 로잔 회담이 개최 가능하다는 입장을 정리하고, 월터 정을 12월 12일에 로잔에 보내 북한이 우리 조건을 수락하면 만날 용의가 있다는 정부의 태도를 전했다. 아래는 정부가 북한과의 회담 대책에 대해 작성한 문서이다.

정부의 훈령이 있을 시는 이 노선에서 교섭을 진행할 것이나, 정부가 개입되어 있다는 인상을 대외적으로 주지 않도록 할 것이며, 스포츠 정신에 비추어 순수한 체육 문제로 다룰 것임을 강조하여야 한다는 점에 유의하시기 바람. ⋯ KOC 측에서는 특별대책위원회를 조직하고 제차 IOC 측의 중개 역할을 촉구하는 동시 북괴의 어떠한 제의를 일소에 붙임.

4. 우리측 방책(2급 비밀)

동 문제를 다루기 위해 KOC는 대책위원회를 조직하고 이에 임하고 있으며(발표치 말것) 전한 단일팀 구성 참가는 IOC 중개하에 KOC에서 주도적 역할을 장악토록 하는 것을 기본 방침으로 하고⋯

8.14 전한 단일팀 구성에 동의한 유엔 총회에서 한국문제가 상정되어 끝날 때까지 지연책을 써 왔으며 여하한 형태로나 남북한 직접 접촉의 전례를 만들지 않기로 하였던 것임.

유엔에서의 한국문제 토의의 완료와 동시에 KOC가 기선을 장악하고 63년 2월 7, 8일에 개최되는 IOC 특별 집행위원회에서 우리의 입장을 유리하게 하여 또 북괴를 수세에 서도록 하기 위해 KOC는 IOC에 다음과 같은 서면 제의를 12.12일부로 발송하였음.

63.1.21~1.25일 간에 로잔느에서 북쪽 대표와 만날 용의 있음.

동 회의와 관련된 직접 경비는 우리가 부담.

대표는 쌍방에서 각각 5명

동회의는 실무자급 회의여야 함.

IOC 중재하에서 동 회의를 개최.

따라서 만일 상기 우리 쪽 제의를 북괴가 수락할 것 같으면 동 회의를 로잔느에서 갖게 될 것이며 동 회담을 통하여 KOC는 IOC의 결의를 충실히 이행하고 있다는 성의를 표시하고 KOC 팀에 북괴를 포함하여 태극기와 애국가 밑에서 단일팀을 구성하여 참석토록 할 것임. 2급 비밀문서로 취급. 동 회의에 임할 세부 방책은 꼭 수립할 것이며 필요한 사항을 통고할 것임.[24]

위 군사정부 대책을 보면, 이는 이미 순수한 스포츠 회담의 선을 넘어선 정치 회담으로 변질되었음을 알 수 있다. 정부에서 비밀리에 대책팀을 꾸려 운영했고, 대표단에 훈령을 전달하는 형태를 취했으며, 정부

---

24) 위의 문서, 125~127쪽.

대책위원회가 회담의 전반적인 전략을 세워가는데 KOC는 형식적인 대표에 불과하다는 것을 알 수 있다. 이 내용을 전달하기 위해 월터 정을 급파하여 IOC에 전달하였다.

그런데 월터 정은 바로 한국으로 돌아오지 않고 정부와 잠시 연락이 닿지 않자, 외무부는 대사관들을 통해 알아보게 했다. 오토 마이어와 월터 정 간의 비밀리에 나눴던 메모가 언론에 공개된 것에 당황하고 오토 마이어는 월터 정에게 사과까지 하는 일이 벌어졌다. 그 내용을 알 수는 없으나 분명한 것은 현 군사정부에 유리한 내용은 아니었던 것으로 추정할 수 있다.

이러한 상황에서 IOC는 더 나아가 단일팀 구성이 실현되는 것을 가정하고 남과 북의 형평성에 대해서 언급했다.[25] 남북의 동등한 조건과 권한에 대한 IOC의 언급은 시사하는 바가 크다. 남한은 KOC가 올림픽 참가 전권을 가지고 북한 NOC를 포괄하는 주도권을 쥐고 싶어 했다. 과거 그러한 권리가 KOC에 있었던 것은 사실이다. 1947년 IOC가 KOC를 승인해 줄 때 그런 자격을 부여했고, 이후에도 IOC는 그런 근거를 내세우며 KOC가 북한 NOC까지도 포함할 것을 주문했었다. 그러나 남한의 거부로 그런 기회는 오지 않았다. 그런데 상황이 이제는 바뀌었다. 어떤 형태로든 북한은 올림픽에 자력으로 참가할 수 있는 권리를 갖게 되었고, 단일팀을 구성하려면 남북이 동등한 조건과 권한을 강조하는 상황이 되었다.

남북이 동등한 조건을 갖는 것에 대해서 남한은 우리가 정통성을 갖고 있다고 강조하고 북한은 남북 단일팀 구성의 조건은 서로 대등해야

---

25) I also said that both Committees, in the case of the realisation of a united team, are on an equal foot. Itcannot be that the Southern Committee takes all the responsability, chooes his delegates, Chef de Mission, flag, uniform etc. and only agree to take in their team 2 or 5 Northern athletes. This is not the spirit, I said (B.C, F77-06, 21).

한다는 IOC 원칙을 강조했다. 이 정통성과 대등함의 명분이 IOC 내에서 치열한 다툼의 주제가 되기 시작했다. 그 시발점이 1963년 2월 14일 로잔 회담이었다.

박정희 정부는 더는 물러설 수 없는 상황까지 이르러서야 IOC의 제안을 수용하는 모습을 보였다. 그만큼 단일팀 구성에 관한 의지가 없었음을 알 수 있다. 이와 동시에 단일팀 구성 회담에 대비한 정보 수집에 착수했다. 외무부는 해외에 파견된 대사들로부터 단일팀 관련 정보를 입수하여 계속 분석하였고, 서독과 동독의 사례도 면밀하게 조사하여 남한이 단일팀을 구성할 시에 어떤 이득이 있을지에 대한 판단 근거로 활용했다.[26] 남한 정부는 북한과의 단일팀이 남북 화해와 평화통일을 위한 명분은 있으나, 반공이 국시인 냉전 상황에서 국제 사회가 보는 앞에서 북한과 마주한다는 것이 쉽게 받아들여지지 않았다. 그렇다고 해서 올림픽 정신을 앞세워 제안한 단일팀 구성을 국제 사회가 보는 앞에서 거부하기도 어려운 진퇴양난의 상황에서 1963년 로잔 체육회담이 열린 것이다.

5. 최초의 남북 당국자 체육회담

1) 1차 로잔 회담(1963. 1. 24.)

IOC 내의 퇴출설과 북한의 올림픽 참가 가능성이 현실화되는 시점에 남한은 북한과의 단일팀 구성 제안을 거부할 수 없었다. 궁지에 몰려 결국 남북 단일팀 구성 카드를 받아들인 남한 정부로서는 이 회담이 남

---

26) 외교부 공개문서, [1262] 「1964년도 동경올림픽 남북한단일팀 구성문제」, 전4권(V.1 1962), 19쪽.

과 북 체육인들이 만나는 회담이라지만 실제로 정부가 깊숙하게 개입하여 회담을 진행할 수밖에 없었다.

하지만 외교부 공개 문서에는 이 문제에 대해 정부가 개입되어 있다는 인상을 대외적으로 보이지 않도록 할 것을 주문하는 대목이 곳곳에 나온다.[27] 이렇듯 남한 정부는 IOC에 단일팀 구성 문제에 자신들이 개입한다는 인상을 주지 않기 위해 보안을 신경 썼지만, 이미 IOC 내에서는 남한의 정치적 개입에 대해 걱정하는 눈치였다. 이러한 상황에서 남북의 NOC 대표들이 분단 이후 처음으로 마주 앉게 되었다.

1차 로잔 회담은 IOC 중재하에 남북의 대표가 만났다. 그러나 두 번째 회담인 홍콩 1차 회담과 세 번째 회담인 홍콩 2차 회담에서는 남과 북 NOC 당국자들만 만났다. 남북 간의 심한 내홍을 겪은 두 홍콩 회담을 보면서 IOC가 다시 중재하겠다고 나서면서 제2차 로잔 회담이 계획되지만, 남한의 불참으로 회담은 성사되지 못했다. 우선, 1963년 로잔과 홍콩 회담의 주요 내용을 요약하면 다음과 같다.

<표 2-1> 1964년 인스브루크와 도쿄올림픽 남북 단일팀 구성을 위한 회담 요약[28]

회담	날짜	장소	회담 대상	회담 내용 요약	결과
첫째	1963. 1. 24.	로잔 (1차)	IOC와 남과 북 NOC	국가(아리랑), 대표단 책임자 선정, 선수 선발, 유니폼과 심볼 문제 합의, 깃발 문제는 합의 못함.	3시간 30분 만에 합의 사항 도출.
둘째	1963. 5. 17. ~ 6. 1.	홍콩 (1차)	남과 북 NOC	5가지 의제 합의. 1. 국가 정체성, 2. 선수 선발 원칙, 3. 단일팀 훈련, 4. 단일팀 임원 구성, 5. 올림픽 참가 행정 절차	5가지 의제 중 선수 선발에 관한 내용만 합의, 4가지는 합의를 못하고 차기 회담으로 미룸.

27) 위의 문서, 26·57·125쪽.
28) 최진환, 「남북 스포츠 분단의 역사적 함의: 조선민주주의인민공화국 올림픽 위원회 승인 과정을 중심으로」, 『한국체육학회지』 제59권 제3호, 2020, 9쪽.

회담	날짜	장소	회담 대상	회담 내용 요약	결과
셋째	1963. 7. 26.	홍콩 (2차)	남과 북 NOC	7월 26일 오후 KOC는 회담의 결렬을 북한 책임으로 돌리는 성명을 발표하고 회담장을 나감.	남한의 회담 거부로 결렬.
넷째	1963. 8. 19.	로잔 (2차)	IOC와 남과 북 NOC	8월 18일 KOC는 브런디지를 만나서 '우리는 권한이 없어서 회담에 참석할 수 없다'고 말하고 로잔을 떠남.	남한의 불참으로 결렬.

1963년에 로잔과 홍콩에서 남북 단일팀 구성을 위한 남북체육회담이 총 4차례 진행되었다. 첫 번째와 네 번째 회담은 IOC 중재하에 로잔에서 진행되었던 회담이었다. 두 번째와 세 번째는 남북 당국자들만 만나서 홍콩에서 회담을 진행하였다. 이 회담이 남북 당국자 간에 이뤄진 최초의 남북 회담이었다.

회담 대표들은 외형상 각각의 NOC를 대표한다는 체육인의 형식을 띠고 있었지만, 실제로는 정부를 대표하여 훈령을 잘 받아 안을 수 있는 인물로 구성된 당국자 회담이었다고 보는 것이 타당할 것이다. 특히나 남북체육회담을 앞두고 1월 15일 이상백과 월터 정은 미 국무부를 방문하여 한국 담당 관계자들과 연석회의를 열고 서독과 긴밀한 협조를 취하고, 주제네바 미 대표부 부공관장의 협조도 끌어냈으며, 차기 올림픽 개최지인 일본과도 긴밀한 관계를 맺고 편의를 제공받기로 하였다.

이 사전 회의에서 미 국무부는 북한이 회담을 결렬시킬 것을 예상했으나, 결과는 반대였다. 북한은 회담을 성사시키고자 최선을 다했으며, 회담 일정 이후에도 남한과의 개별 접촉을 요구하는 등 단일팀 구성에 적극적으로 나섰다. 미 국무부 한 위원이 월터 정에게 회담 작전 계획을 묻자, 월터 정은 북의 저의를 파악하고, 정치성을 띤 발언과 행동을 역이용하여 북측을 궁지에 넣을 것을 기도하고 있으며, 여의치 않을 때는 지연작전을 원용할 계획이라고 답했다.[29] 그리고 단일팀 깃발에는 태극기를 사용하고 거기에 오륜마크를 넣는 것으로 가닥을 잡고 브런디지와 협의하기로 하는 등[30] 1차 로잔 회담은 남한과 미국의 긴밀한 협조하에서 진행되었다. 결과적으로, IOC는 북한의 올림픽 참가를 보장해 주기 위해 도와주는 입장이었다면, 남한과 미국은 북한의 국제 사회 진출을 방해하는데 한 팀이 되어 움직였다고 볼 수 있다.

우선, 남과 북 그리고 IOC가 처음으로 만나는 1차 로잔 회담 대표들의 면면을 살펴보면, KOC 측 대표단장으로 김진구가 참석했다. 그는 당시 대령으로 복무 중이었다. 실제 이상백 KOC 위원장이 대표를 하기로 했다가 임박해서 김진구 대령으로 바뀌었다. 당시 기사에서 김진구는 KOC 위원 또는 이사로만 소개되었다. 회담을 앞두고 정부 쪽에서 급하게 대표로 기용한 모양새다. 그리고 IOC와 소통을 이어왔던 월터 정이 있고, 민용식도 KOC 위원으로만 소개되었으며, 구체적인 직위나 과거 이력은 알 수 없는 인물이 명단에 올랐다. 경기인 출신 손기정(마라톤)과 김정연(빙상)이 체육인 대표로 참석했다. 그러나 외교부 공개문서에 모든 일행의 숫자는 남한이 10명, 북한은 12명가량이었던 것으로 파악됐다.[31]

북한의 대표단장은 김종항이었다. 그는 김일성 비서 출신으로 고등교육상을 지냈고, 로동당 중앙 위원회 위원이었으며, 북한 NOC 부위원장이었다. 김기수는 내각 직속 체육지도위원회 위원장이었고, 조선민주청년동맹중앙위원회 부위원장을 지냈으며, 1957년 제6차 세계청년학생축전 북한체육대표 단장을 지냈고, 북한 NOC 부위원장이었다. 김화영은 NOC 위원, 장성규 NOC 위원, 김영규는 문화성 국제과장 등이 참석

29) 외교부 공개문서, [1263] 「1964년도 동경올림픽 남북단일팀 구성문제」, 전4권(V.2 1963. 1-4), 52쪽.
30) 위의 문서, 30·36·37쪽.
31) 위의 문서, 38·40쪽. 당시 남한의 정일영 공사도 지원차 참가하도록 했다고 기록되어 있다.

했다. 남북 모두 참석자들의 본래 소속과 지위를 정확히 파악하기 힘들지만, 적어도 각 정부를 대표할 만한 비중 있는 인물들이 다수 포함되었다. 이러한 구성이라면 '당국자'라는 표현이 적절하며, 단순히 체육인들의 회담으로 규정하기에는 무리가 따른다. 이는 이후 진행된 모든 체육회담에서도 공통으로 나타나는 현상이다.

1차 로잔 회담에서는 IOC의 주재로 회의가 진행되었다. 타허르(S.E. Mohammed Taher: IOC 위원장 보좌관), 알버트 마이어(M. Albert Mayer: 스위스 IOC 위원), 오토 마이어(Otto Mayer: IOC 사무총장)가 IOC 대표로 참석한 가운데 타허르가 사회를 보았다. 그는 먼저 단일팀에 대한 정의를 했다. 하나의 깃발, 하나의 국가(國歌), 한 명의 대표 단장으로 이루어진 팀이라는 것이다. 이 회담을 거치며 결정된 것은 '아리랑'을 남북 단일팀 국가 대신 사용하기로 한 것과 대표 선수가 많은 쪽이 단장을 맡자는 것을 합의했다. 국기 문제에서는 남한은 태극기를 주장하였고, 북한은 이를 반대하여 이 문제는 2월 7일 IOC 집행위원회에서 결정하기로 하고 마무리했다. 24일 첫 회담은 3시간 30분 만에 회담을 끝났다. 그리고 만찬으로 이어졌다.

25일 둘째 날 북측 대표단은 남측 대표단에서 만남을 제의했다. 오후 5시 남측 숙소에서 두 번째 만남을 갖고 26일부터 실무적인 문제를 협의하자고 했다. 190여 종에 달하는 체육 종목과 관련된 문제들을 서신 거래로는 도저히 해결할 수 없으니 직접 판문점이나 평양 또는 서울에서 만나서 논의를 진척시켜 나가길 원했다. 북측 대표는 2월 8일까지 숙소를 예약했다고 했다. 2월 8일 IOC 집행위원회 결과까지 보고 가기로 한 것으로 파악된다.[32] 남측 대표와 더 많은 협상을 이어 가고 싶은 의도를 가지고 있었다. 남측 대표단은 26일 로잔을 떠나게 되어 있다며 추가 논의는 불가능하다고 거절하였다. 결국 국가(國歌)와 단장 문제 외

---

32) 위의 문서, 33쪽.

에는 어떤 것도 해결되지 않은 채 다음 회의로 미루어졌다.

회담 말미에 오토 마이어가 다음 회담은 양측이 상호 접촉 방법을 마련할 것을 제안했다. 이 제안은 IOC가 중개하는 회담이 아니라 남북 당사자 간의 만남으로 구체적인 단일팀 구성 방안을 마련해 보라는 지침이었다. 분단 이후 당국자 간의 공식적인 어떤 회담도 없었던 때지만, 복잡한 단일팀 구성이라는 난제를 해결하기 위해서는 남북 간의 회담 제안은 당연하였다. 북한도 이를 원했고, IOC도 이를 바랐던 점이다. 남한만 이를 피하려고 하였다.

1차 로잔 회담이 끝나고 2월 집행위원회 회의가 끝나고도 합의가 안 되던 단일팀 깃발 문제는 4월에 가서야 합의 되었다. IOC는 북한과 남한을 동등한 국가로 보았다. 그래서 북한은 국기 한쪽에는 태극기를 다른 한쪽에는 인공기로 하자고 했으나, 남한은 태극기만 해야 한다고 주장했다. IOC는 한쪽의 국기를 주장하는 것은 곤란하다고 지적했다.

이 이슈는 남한의 정통성 주장과 북한과 IOC가 주장하는 남북의 대등함이 충돌하는 문제였다. KOC는 기본적으로 북한을 국가로 인정하지 않았고, 남한에서 떨어져 나간 괴뢰정부로 여겼기 때문에 깃발 문제에서 태극기를 강력하게 주장하지 않을 수 없었다. 그리고 1947년까지 북한에서도 태극기를 사용한 흔적을 볼 수 있어서 남북의 분단 정부 이전에 통일을 상징하는 태극기를 강조했다.

반면, 북한은 한반도 지도를 넣고 가운데 오륜마크를 넣자고 제안했다. 이것이 최초로 한반도 단일기의 출발이 되었다. 남측은 이에 대해 가운데 오륜마크가 한국을 양단시키는 것 같다고 거부하였다. IOC 위원장 브런디지는 "모든 사람이 통일된 한국을 희망하는데 그들이(남측대표단) 왜 한반도 지도를 담은 배너를 좋아하지 않는지 이해할 수 없다"라

고 하며 남측에 대한 아쉬움을 표현했다.[33]

그리고 오토 마이어는 백색 바탕에 오륜마크를 넣고 아래 KOREA
를 넣자고 제안했다. 이에 대해 북측은 찬성했으나 남측은 민족을 상징
하는 것이 아니란 이유로 거부했다. 이 이슈에서 주제네바 미 대표부 부
공관장 깁슨(William M. Gibson)은 IOC에 찾아와서 국기 문제에서 남한의 제
안을 받아들이지 않으면 남한 내에서 혁명이 일어날까 두려워한다는
의견을 전하기도 했다. IOC의 단일팀 논의에 미국의 관료가 나타나 겁
을 주는 형세이며, 남측의 주장이 관철되도록 측면에서 지원하는 모양
새였다. 단일팀 깃발 문제는 4월 19일 이상백과 월터 정이 IOC를 방문
하여 결국, 오륜기 아래에 "United Korea Team"에서 "KOREA"로 변
경해달라는 이상백의 제안을 북한도 수용하면서 최종안이 결정되었
다. 먼 훗날 1990년 북경 아시안게임을 앞둔 회담에서 단일팀 명칭은
KOREA, 깃발은 한반도 지도가 결정된 배경에는 1963년에 이러한 논
의가 배경이 된 것이다. 이것을 그림으로 보면 다음과 같다.

<그림 2-2> 1963년 인스브루크 및 도쿄올림픽 단일팀 구성을 위한 단기 제안 형태

남한 안(1)	북한 안(2)	IOC 최종 안(3)

* 『경향신문』, 1963년 2월 7일. 내용은 외교부 공개문서(58쪽)와 브런디지 컬렉션 참고.

2) 1차 홍콩 회담(1963. 5. 17.~6. 1.)

1963년 5월 17일부터 6월 1일까지 1차 홍콩 회담에서는 IOC는 빠

---

33) IOC, OSC, Avery Brundage Collection, Film 35-11/ File number, 52.

지고 남북 대표들 간의 직접적인 대화가 시작되었다. 북한은 회담 장소로 랑군(버마)이나 판문점을 원했지만, 남한의 강경 입장으로 홍콩에서 회담하기로 하였다. 북한이 홍콩에 입국하기까지 40시간이 걸렸다는 홍콩 올림픽 위원회 위원장의 언급이 있었는데 이것은 북한의 비자 문제였다. 외교부 공개 문서에 의하면 남한 정부는 홍콩 총영사에게 공문을 보내 "북괴 대표의 홍콩 입국비자를 정식 비자로 발급하지 말고, AFFIDAVIT로 대신할 것을 강력히 요청"한다고 하며, 영국대사관에도 통보했다는 기록이 있다. 또한 북한의 입국이 불허될 때 5.15 홍콩 회담은 유회될 수 있을 것으로 기대했다.[34]

실제로 북한의 대표단은 1963년 5월 10일에 평양에서 출발해서 홍콩에 5월 14일 1시에 도착했다. 그 내막을 알 수 없는 북한은 로동신문에서 이 사실을 언급하며 단지 홍콩 입국 사증을 제때 받을 수 없어서 예정보다 늦었다고만 도착 성명에서 밝혔다.(『로동신문』, 1963. 5. 17.) 결국, 남한은 북한이 홍콩에 힘들게 입국하게 하려고 홍콩의 총영사를 이용해 회담 시작 날짜와 시간을 맞추지 못하도록 하는 얕은꾀를 내었던 것이다. 북한은 이를 모르고 절차상 늦었다고만 알고 있었던 것으로 파악된다.

어찌 됐든, 5월 17일 명실공히 남북 당국자만의 첫 회담이 최초로 이뤄진 것이다. 기존 연구에서는 공식적인 정부 부처의 대표가 참석한 것이 아니어서 이 회담을 당국자 회담으로 인정하지 않으려는 경향이 강했다. 1차 로잔 회담은 문교부에서 올림픽대책위원회를 꾸렸고, 1차 홍콩 회담에서는 대한체육회가 대책위원회를 꾸렸다. 하지만 사전에 각 정부 부처의 대표들이 회담 준비에 나섰고, 이 회담과 관련하여 정부의 훈령과 중앙정보부와 미국의 개입이 있었던 만큼 외형적으로 KOC가

---

34) 외교부 공개문서, [1264] 「1964년도 동경올림픽 남북단일팀 구성문제」, 전4권(V.3 1963. 5-6), 10·13쪽. 『경향신문』, 1963년 5월 15일 자에는 북한 대표의 여권은 일주일 동안만 머무를 수 있는 비자라고 되어 있다. 남한의 로비에 의해 짧은 비자를 받게 됐다.

정부 부처는 아닐지언정 정부를 대표하지 않는 회담이라고 할 수도 없다. 1971년 남북 적십자 회담을 당국자 회담의 출발로 보고 있는데 실제로 최초의 당국자 회담은 1963년 체육회담이 그 출발이라고 할 수 있다.[35] 외교부 공개문서에도 이 회담은 국가적으로 중대한 문제라고 언급했다.[36] 따라서 이 회담이 남과 북의 체육단체 정부 대표가 만난 첫 당국자 회담이었다.

이번 회담에 참여한 대표들은 1차 로잔 회담과는 다른 구성이었다. KOC 측 대표단장으로는 이효가 참석했다. 그는 육사를 졸업한 군인 출신으로, 박정희 정권 때 KOC 부위원장을 맡았다. 그 외 회담 대표들로, 황엽, 민용식, 정상윤, 문현주, 조동제, 남궁근 등이 있었다. 실제 회담장에서 대표 역할은 정상윤이 맡았다. DPRK NOC 측 대표단장에 김기수 DPRK NOC 부위원장 그리고 고상준, 이일성,[37] 고화영, 서원준, 김철희, 안동호, 손길천, 마인찬, 강성하, 김덕현 등이 참석했다. 북측 대표는 모두 체육계 인사로 구성되었다면, 남측 대표는 정치군인을 중심으로 대표단이 구성되었으며, 일부 체육인들은 형식적인 모양새를 갖춘 모습이었다.

이 회담은 시작부터 기싸움을 치열하게 하였다. 회의 명칭부터 어려움을 겪었다. 남측 대표는 '전한 단일팀 구성회의' 또는 '남북한 단일팀 구성회의'를 내세우며 한(Han, 韓)을 넣어야 한다고 주장했다. 북측 대표는 '조-한' 또는 '북남'이라고 표현하길 주장했다. 국가 정체성에 관한 문제로 남한의 정통성 주장과 북한의 대등함의 충돌 연장선이었다. 남

35) 최진환, 「남북 접촉지대의 기원으로서 1963년 체육회담 고찰」, 『현대북한연구』 제27권 2호, 2024, 30~31쪽.
36) 외교부 공개문서, [1264] 「1964년도 동경올림픽 남북단일팀 구성문제」, 전4권(V.3 1963. 5-6), 29쪽.
37) 위의 문서, 43쪽에 의하면 이 대표단 중 이일성은 과거 손기정 선수를 육성한 사람이었다고 한다.

한 북한 이러한 표현도 우리 쪽에서 사용하는 표현이다. 북한은 남조선 북조선이라는 표현을 써왔다. 따라서 '한'이 들어가 있는 표현은 남쪽의 정통성 주장에 굴복하는 인상을 주었기 때문에 북한으로서는 동등하게 남북 또는 조-한이라는 표현이 타당하다고 맞섰다. 본격적인 체육회담 시작에 앞서 회담 명칭을 두고 나흘 동안 토의했는데, 실제로 싸웠다는 표현이 적절할 듯하다. 그 분위기가 어떠했을지는 상상하기 힘들다. 결국, 그 자리에서 결론을 내리지 못하고 IOC에 이 문제를 넘기기로 하고 다음 의제로 넘어갔다.

두 번째 의제는 선수 선발 원칙에 대한 문제로 비교적 쉽게 접근했다. 선수 선발을 한다는 것은 남북이 함께 평가전을 한다는 것을 의미한다. 개인 종목은 결과에 따라 선발하기가 쉬우나, 단체 종목의 경우는 또 다른 기준이 필요하다. 그러나 이 회담에서는 이러한 구체적인 단계까지 진척되지 않았다.

세 번째 의제는 예선전 장소 선정 문제였다. 북측은 판문점에서 개최하자고 제안했다. 그것이 어렵다면 제3국에서 진행하자며 랑군(버마)을 제시했으나, 남측은 이 문제에 대해선 권한 밖의 내용이고 준비가 안 되었다며 예선전 장소에 대해 논의를 회피했다는 북측의 기록이 있다. 남측은 예선 장소, 시간, 날짜 등에 대해서 3일 동안 논의했으나 합의하지 못했다고 기록했다.(B.C, F35-11, 32~43)

이후 북측 보고서에는 단일팀 훈련 문제, 단일팀 그룹 구성 문제, 올림픽 참가 절차 등 행정 절차까지도 북측 대표단은 미리 준비하고 제안했지만, 남측 대표는 북이 제안하는 문제에 대해 '논의할 준비가 되지 않았다', '실현 가능성이 없다', '우리 밖의 권한이다' 등의 이유를 대며 미뤘다고 기록하고 있다.(B.C, F77-11, 146~155) 그리고 회담이 진행되고 있는 4일째 KOC의 이효 부위원장은 북한을 비방하는 성명을 발표하였다. 그 내용 중 일부이다.

북괴대표의 연착으로 하루 늦게 시작된 회담은 그들의 회담 장소 시비와 행정절차 문제 논쟁으로 필요 이상의 시간 낭비를 했다.

북괴 측의 무성의한 태도를 고찰할 때 실무자회담은 여러 가지 난관이 예측되나 우리는 IOC헌장정신에 입각하여 동회담을 진전시키자는 결심에 변함이 없다.

이번 회담에서 북괴는 원칙문제를 전혀 고려함이 없이 단도직입적으로 세부문제토의에 들어가자고 주장하는 태도를 보였다.
그들은 하등의 준비나 복안이 없을 뿐 아니라 민족과 국가의 상징에 관계되는 호칭문제에 있어서도 16년간 세계 '올림픽' 대회에 꾸준히 참가하여온 대한민국 '올림픽' 위원회의 국제적인 지위와 권리를 무시하자는 태도로 나오고 있다.(『경향신문』, 1963년 5월 21일; 『동아일보』, 1963년 5월 21일)

위와 같은 내용으로 5월 20일에 이효 부위원장은 개인 명의로 북한 비난 성명을 기자들 앞에서 발표한 것이다. 이에 대해 북측 대표 김기수 대표는 회담을 중단하고 남측 대표단을 상대로 강하게 항의했다. 그리고 5월 29일 로동신문에서는 "남조선 측은 성의를 표시해야 한다", "남조선 측의 불성실한 태도로 남북 조선 올림픽 위원회 대표들의 홍콩 회담 지연"과 같은 제목으로 회담의 난항에 대한 불만을 표시했다.

북한이 회담에 늦은 것도 알고 보면 남한이 홍콩 총영사관에 북한의 비자 발급을 어렵게 처리해 달라는 요청 때문이었다. 그리고 실제 보고서상의 내용을 보면 회담에 대해 준비를 많이 한 쪽은 북쪽이고, 무성의한 쪽은 남쪽으로 보인다. 이효가 이처럼 회담이 진행되는 중에 북한 비방 성명을 발표한 이유가 뭘까? 그것은 남한 정부의 훈령에서 답을 찾을 수 있다. 홍콩 회담을 앞두고 정부는 다음과 같은 훈령을 두 차례에 걸쳐 보냈다.

<최초 훈령>
1. 회담진행중 KOC가 제안한 제의에 대하여 북괴가 부동의할시에는 회담

결열도 불사한다는 강경한 태도로 회의에 임할것임.
2. 따라서 귀관은 KOC의 제안에 북괴가 부동의 할 경우에는 회담결렬의
   책임이 북괴에 있도록 회의를 이끌어 나가도록 하고 언론 기관을 통한
   대외적인 선전을 필요한 경우 이방향으로 적극 유도할것.
3. 훈령은 KOC 대표가 지참함.
4. 7명정도의 KOC 대표가 13일 출발할 예정임.(외방국)(외교부, 1963(5-
   6), 17)

위 훈령에 따르면, 언론 기관을 통한 대외적인 선전을 위해 이효는 사실과 다른 내용을 담아 비난 성명을 발표한 것으로 보인다. 훈령에는 이 회담을 잘 성사시키라는 내용은 어디에도 찾아볼 수 없다. 추가 훈령에서도 마찬가지이다.

<추가 훈령>
1. 회담은 가급적 결열을 피한다. 결열시에는 결열책임이 우리에게 있지
   않도록 할것. 이러한 사태가 일어날 때에는 사전에 정부에 보고할것.
2. 따라서 결열을 피하고 가급적 지연책을 쓰되 합의되지 않는 점은 다음
   회의에서 토의토록하여 지연하여 갈것.
3. 상대방이 무리한 주장을 할때는 즉시 이를 정부에 보고케 할것.(외방
   국)(외교부, 1963(5-6), 26)

결국, 홍콩 회담은 남한 정부 훈령에 따라 결렬 계획대로 움직인 것이다. 어찌 보면 간단한 문제일 수도 있는 회담 명칭에 4일, 선발 장소 등 문제로 3일, 준비가 안 된 의제는 다음으로 미루는 등 어떤 문제도 결론을 제대로 못 내린 채 토의를 이어 갔다는 것은 남한 정부의 지연 전략이 작동한 것이다.

그리고 이후 회담을 위한 접촉 방법에 대해서도 북측은 남북이 직접 만나서 해결하자고 제안했지만, 남측은 이전처럼 IOC를 통해서만 접촉할 수 있다고 주장하며, 직접 접촉을 거부했다. 미해결 의제는 IOC를

통해서 결정할 것을 원했고, 회담 마지막 공동성명서에 사인하고 발표하자고 북측이 제안하자, 남측은 호칭의 미해결, 회담 성격과 목적이 불분명하다는 이유로 서명을 거부했다.[38]

외교부 공개문서에는 이 회담을 대하는 남측의 입장을 정확히 대변해 주는 내용이 중간 보고서에 그대로 드러난다.

> 아(我) 대표는 훈령에 따라 가급적 실질적 토의에 들어가지 않는 동시에 본 회담을 결렬시키지 않고 만약에 결렬사태가 불가피할 경우에 그책임을 북괴측에 주도록 전략을 짜고 있으나, 북괴측은 그들의 필요에 따라 장기 회담에까지도 임할 태세를 가추고 있는듯…[39]

북한은 올림픽 참가를 목표로 삼았기 때문에 단일팀 구성을 위해 어떻게든 남한과 협력하려는 적극적인 태도를 보였다. 이러한 모습은 IOC와 주고받은 서신에서도 확인할 수 있다. 홍콩 IOC 위원 살레스(A de O. Sales)는 수시로 회담 소식을 IOC에 전하는 서신에서 "북한은 미해결된 내용을 결정하기 위해 회담을 1주일 연장하자고 제안했지만, 남한은 25일까지 홍콩 체류가 허가되었기 때문에 그 전에 마무리하려고 한다"라고 전했다. 남측은 북측의 제안을 받아들여 홍콩 회담을 6월 1일에 끝내긴 했어도, 이 또한 정부가 31일까지 회담을 종결하라는 지시에 따라 종결하였다고 외교부 공개문서에 기록되어 있다.[40] 이처럼 북측은 회담을 이어가고자 하는 의지가 강했다.

IOC 사무총장 오토 마이어는 홍콩 회담 결렬 변수에 대해 두 가지 시나리오를 예상했다. 첫째는 북한이 회담을 결렬 책임이 명백한 경우, 북한의 올림픽 참가 문제를 IOC 집행위원회에서 다시 논의하여 결정할

---

38) 외교부 공개문서, [1264] 「1964년도 동경올림픽 남북단일팀 구성문제」, 전4권(V.3 1963. 5-6), 153쪽.
39) 위의 문서, 102~103쪽.
40) 위의 문서, 160쪽.

수 있다는 점과 둘째는 남한이 단일팀 구성을 반대하면 모스크바 총회의 결정 사항에 따라 남북이 각각 독립팀으로 올림픽에 참가하게 될 것으로 보았다.[41]

이러한 상황에서 북한이 회담에 적극적인 태도를 보인 것에 대해 일각에서는 결렬의 책임을 회피하기 위해서라는 논리를 펴지만, 설득력이 떨어진다. 북한은 적당히 회담에 임하였어도 올림픽 참가는 정해진 순서였다. 다시 말해, 북한은 단일팀 구성이 안 되어도 올림픽에 나갈 수 있는 상황이었다. 그래서 남한으로서는 회담 결렬 책임이 북한에 있도록 하기 위한 전략을 고민하지 않을 수 없었다. 여러 훈령에 언급된 바와 같이 회담 결렬의 책임을 북으로 돌리라는 지침은 이효[42]의 엉뚱한 비난 성명 발표로 이어지고 그로 인해 회담 여론을 남한에 유리하게 주도하고자 하였다. 북한은 회담 연장 제안을 하면서까지 단일팀 구성에 총력을 기울였다.

회담 후 6월 14일 홍명희가 IOC에 보낸 서신에 의하면 "우리 대표단은 홍콩에서 많은 이견이 남아 있어서 6월 26일 판문점 또는 랑군에서 회담을 갖자고 제안했다. 그들이(남쪽 대표) 돌아간 후 우리에게 회신하기로 약속된 것과 관련하여 다음 회의가 즉시 개최되도록 노력해 주기 바란다"라고 전했다.

---

41) 위의 문서, 74~75쪽.
42) 『동아일보』, 1963년 5월 21일자 기사에는 「북괴의 무성의 비난」이라는 내용이 실렸다. 이효의 성명을 근거로 신문 기사로 내보냈다. 『조선일보』, 1963년 6월 4일, 「북괴, 절차까지 무시」라는 제목의 기사가 실렸다. 이효는 6월 3일 귀국과 동시에 협상 경위에 대한 성명을 발표했다. 그 기사 중 일부로 "이효씨는 성명서를 통해 북한 괴뢰는 아마튜어 스포츠 정신에 몰이해했고 부질없는 고집으로 회담을 어렵게 만들었다고 말했다. 또한 이 기회에 대한민국이 장악하여온 올림픽 참가주도권을 약화시키고 자기네의 국제적 지위를 주장해보자는 책략으로 단일팀 구성에 따르는 전제 조건이 되어야 할 원칙적인 절차 문제까지 무시하고 비약된 문제만을 다루자는 태도로 나왔다고 덧붙였다. 앞으로도 그들의 흉계를 엄계하고 IOC 정신과 결의에 온갖 성의를 다하겠다"라고 강조했다. 그가 한국을 대표하는 회담 대표 단장으로써 갖고 있는 기본적인 입장과 전략이 이러할진데 단일팀 구성을 위해 모인 회담이 잘 진행되기는 애초부터 기대하기는 어려웠을 것이다.

정황상 북한이 이 홍콩 회담에서 보여준 모습은 단일팀 구성을 위해 진지한 태도를 보였다는 점이다. 1952년 북한이 처음 IOC에 문을 두드린 후 10년 이상 올림픽 참가를 위해 노력한 시간을 생각할 때 북한은 이 회담에서 올림픽 참가도 중요했지만, 그보다는 단일팀 구성에 더 주안점을 둔 행보로 읽힌다. 북한은 이 기회를 통해 남과 북이 하나의 팀을 이루어 국제 사회에 우리 민족의 기량을 드높이자는 주장을 여러 차례 밝힌 바 있었다.

하지만 남한은 북한이 공식적으로 하나의 국가로 국제 사회에 진출하겠다는 정치적 행보로 보았고, 북한이 올림픽에 등장하는 것을 최대한 막아야 하는 상황이었다. 그러나 IOC는 인종, 종교, 정치적으로 차별을 두지 않아야 한다는 올림픽 헌장을 두고 북한의 올림픽 참가를 막을 명분이 없었다. 이는 남북 분단에서 비롯된 체제 경쟁의 불균형 속에서 진행되는 아이러니한 광경이었다.

홍명희가 제안한 추가 회담을 남한이 7월 26일로 다시 제안하면서 2차 홍콩 회담이 열리게 되었다. 그사이 남한에서는 이효가 KOC 위원장으로 선출되었고, 부회장에 황엽이 선출되었다. 이때 이상백은 월터 정과 함께 KOC에서 물러난다는 내용을 IOC 위원장 브런디지와 사무총장 오토 마이어에게 서신을 보내 알렸다. 이효와 황엽이 KOC의 핵심 인사로 등장하면서 이상백과 월터 정은 지금까지 쌓아 온 IOC와 연결고리를 이어갈 수 없게 되었다. 곧 다시 돌아왔지만, 당시 2차 홍콩 회담을 앞두고 내려진 급조된 인사 조치였다.

한편, 6월 13일 북한의 로동신문에는 김기수의 홍콩 회담 보고 내용이 실렸다. 내용 중 일부이다.

> 우리 대표단이 각 종목의 예선 경기 날자를 정하자는 것을 제의하였을 때
> 남조선 측은 또다시 《권한》 밖에 속하는 일이며 《준비》가 되지 못하였기

때문에 합의할 수 없다고 대답하였다.

결과 금번 홍콩 회담은 연 14일간이나 계속 되었음에도 불구하고 극히 부차적인 문제에서 합의를 달성하였을 뿐 중요하고도 기본적인 문제들에서는 아무런 합의에 도달하지 못하였다. 이 모든 것은 남조선 대표단이 유일팀 구성을 위하여 아무런 준비도 안 해왔고 구체적인 대책도 없으며 성의도 부족하다는 것을 말하여 준다.

위 내용이 다른 기록들과 비교해 봐도 틀린 말이 아니라고 보인다. 하지만, 남측 대표는 김기수의 이 보고 내용을 트집 잡아 3차 홍콩 회담을 처음부터 결렬 작전으로 나갔다.

3) 2차 홍콩 회담(1963. 7. 26.)

남한 정부 내에서는 2차 홍콩 회담을 앞두고 다음과 같이 우선순위를 정했다.

아국 단독 출전
쌍방 불출전
개별 팀 출전
북괴 단독 출전
단일팀 구성[43]

홍콩 회담은 7월 26일 오전 10시에 개최되기로 합의된 상태였다. 중앙정보부 제2국장과 외무부 정보국장, 문교부 체육국장 KOC 관계자 등이 참석한 2차 홍콩 회담 대책 회의에서 결정한 내용이다. 정부는 이미 단일팀 구성을 실제로 성사시킬 의지가 거의 없었다고 볼 수 있다.

---

43) 외교부 공개문서, [1264] 「1964년도 동경올림픽 남북단일팀 구성문제」, 전4권(V.3 1963. 5-6), 188쪽.

반면, 북한의 내부 자료는 공개된 것이 없지만, '근로자'[44]라는 조선로동당 중앙위원회 기관지에서는 단일팀 구성에 관한 의의에 대해서 다음과 같이 강조했다.

> …최근에 서서의 로잔느에서 열린 남북 조선 올림픽 위원회 대표들의 회담에서는 유일팀 구성을 위한 중요 문제들에서 합의에 도달함으로써 전체 조선 인민들과 체육인들의 념원을 실현하는 데서 커다란 전진을 이룩하였다. 그러나 유일팀 구성은 국기 문제와 같은 부차적인 문제 때문에 여전히 전면적인 해결을 보지 못하고 있다. 지금에 와서 유일팀의 구성 문제는 남조선 측이 민족 단합의 정신에서 출발하여 진지하게 합의하기를 원하는가 하는 데 전적으로 달려있다.
> 수천 년의 력사를 두고 한 강토 우에서 고락을 같이 하면서 가지가지의 찬란한 문화 전통을 창조한 슬기롭고 용감하고 단결력이 강한 우리 민족이 유일팀을 구성하여 국제 경기에 출연하지 못할 하등의 리유도 없다. 우리는 지금까지 남북 조선의 전체 체육인들과 인민들이 한결같이 념원하는 유일팀 구성의 전면적 해결을 촉진시키기 위하여 시종 성의 있는 노력을 다하여 온 것과 같이 아직 해결을 보지 못한 문제의 신속한 합의를 위하여 앞으로도 계속 꾸준한 노력을 기울일 것이다.(『근로자』 제4호, 1963)

이런 전략하에서 북측은 김기수 단장을 포함한 15명이 명단에 올랐고 남측 대표로는 황엽 단장을 포함한 8명이 명단에 올랐다. 그리고 당일 오전에 회담장 분위기가 심상치 않았고, 회담 없이 오후에 남측은 회담 결렬을 선언했다.

2차 홍콩 회담을 앞두고 남한 정부는 KOC 회담 대표단에 아래와 같은 훈령을 전달했다.

1. 기본 훈령
   가. 단일팀 구성을 위한 성의를 표면상 과시하면서 북괴의 저의를 파

---

44) 북한에서 '근로자'라는 조선로동당 중앙위원회 기관지는 북한 사회에서 매 시기 무엇이 가장 필요하고 강조되어야 하는지에 대한 방향을 제시하는 중요한 문건에 해당한다.

악 이를 분쇄하여 아측 단독 출전의 계기를 마련 하도록 회담을 유
도할 것.
나. 북괴는 모든 것을 양보하고 단일팀 구성을 획책할 것을 고려하여
언제던지 결렬시킬 수 있는 보다 난제를 제시할 수 있도록 만반 준
비를 가출 것.
2. 세부 지침
가. 본 회담에 들어가기 전에 북괴 김기수의 귀한 보고의 허위성을 지
적하고 공개 사과가 있기 전에는 회담을 거부하겠다고 강조할 것.
불응시에는 결렬시키고 그 이유로서 김기수의 허위보고를 대내외
에 공개할 것. 만일 이에 응하여 공개 사과를 하였을 때에는 김기수
를 대표에서 빼도록 주장하여 볼 것.
나. 호칭 문제는 전한 단일팀으로 일관 주장할 것.(외교부, 1963(7-8),
28~29쪽)

훈령 내용을 보면, 남한은 북한이 모든 것을 양보하며 단일팀 구성
을 끝까지 추진할 가능성에 대해 고민했던 정황이 드러난다. 남한은 단
일팀 구성이 이루어지지 않아야 한다는 전제를 바탕으로, 회담을 결렬
시키는 데 초점을 맞춘 계획을 세웠다. 그래서 김기수의 귀국 보고가 지
난 홍콩 회담에서 남측 대표단의 문제점을 열거한 것임에도 불구하고,
남한은 이를 허위성이 있다고 지적하고 공개 사과를 요구했다. 또한 김
기수를 대표단에서 빼라는 주장을 펼치면서 회담을 결렬시키기 위해
북한을 압박했다.

'National Union'이라는 표현을 두고 남한은 북한이 국가 대 국가
의 동등한 지위를 드러내고자 이 회담을 정치 선전도구로 이용했다며
문제 삼았다. 결국 남측 대표단은 김기수의 2차 홍콩 회담 도착 성명에서
'National Union'이라는 표현에 대한 공식 사과와 대표단 교체 주장을
북한이 받아들이지 않았다며 일방적으로 회담을 결렬시켰다.

실제 외교부 공개문서에는 당시 상황이 자세히 기록되어 있었다.

1. 7.25 아 대표단은 최종적으로 대책회의를 개최하고 북괴대표 성명에 포함된 National Union이란 단어를 예의 검토 후 최초의 작전방책인 김기수의 허위 귀한 보고와 함께 이 문제를 들고 들어가 회담을 결렬시키기로 결정함.(북괴 대표 도착성명 참조)

2. 예비 회담은 10:15~11:45까지 아대로 민용식 주범석 북괴대표 고상준 서원준 간의 개최됨.

3. 동 예비회담에서 아측은 회담에 중대한 영향을 주는 중대한 문제가 야기되어 이를 논의키위해 본 회의를 11시부터 개최할 것을 제의하였음. 북괴대표는 이에 대하여 우선 본회담의 장소 및 시간 등 본 회담 개최를 위한 절차문제의 토의를 제의하였으나 아측은 이를 일축 거부하였음.

4. 북괴대표는 모든 권한을 그들이 위임받았다는 것을 주장하면서 아측이 제시한 중대문제 내용을 요구하매, 아측은 북괴 대표가 전적인 권한을 갖고 있음을 확인한 후 김기수의 허위 귀국 보고 및 National Union 문제를 들어 스포츠를 선전적으로 악용하며 또한 정치적 목적달성에 이용할려는 북괴와의 회담이 불필요함을 북괴측에 통고하고 회담을 결렬시켰음.

5. 아측의 주장은 우선 예비회담에서는 본회의 개최만을 요구하고 본 회담에서 상기 두 가지 문제를 제시하여 북괴의 기한부 사과요구를 하지 않고 결렬시킬려고 하였으나 북괴의 고상준이가 전적인 권한을 위임받았다는 것을 확인하였기 때문에 예비회담에서 이를 제시하였던 것임.

6. 북괴대표는 회담장소에 당분간 머물러 있으면서 회담개속 및 본회담 개최를 요구하였으나 아측은 이에 불응하고 회담장소에서 회장 일체 접촉을 않키로 함으로서 회담은 현시점에서 본때 결렬된 것임.

7. 아측은 동회담결열 후 즉시 14:30부터(약 1시간) 기자회견을 갖고 성명서를 발표후 북괴와의 회담 무익설을 입증하는 구체적인 증거를 예시하여 우리에게 유리한 방향으로 여론을 유도키위해 보충설명을 하는 방법으로 진행시켰음.

8. 회담에 대한 상세한 견해는 다음 편으로 발송할 것임.

9. 당관은 기본 훈령 및 작전 방책 이행 후 아측에 유리한 방향으로 여론을 유도하기 위하여 대표단의 요청에 의거 측면지원을 하고 있음.(외교부, 1963(7-8), 66~67쪽)

북측 대표들은 2차 홍콩 회담을 앞두고 새로운 상황을 맞이해야 했다. 위 보고서에 따르면 예상치 못한 남측 대표들의 기자회견과 성명들이 이어지면서 북측 대표들은 어떻게 해서든지 남측 대표를 만나 회담을 이어가려고 노력했던 모습이 나타났다.

여기서 북측 대표 고상준이라는 인물이 언급된다. 그가 이 회담에 모든 권한을 위임받았다는 의미는 단일팀을 성사시키기 위해서 모든 권한이 대표단에 주어졌으니, 회담을 잘해보자는 뜻으로 읽힌다. 이에 대해 남측은 북측의 적극적인 회담 태도를 부담스러워하며 훈령에 따라 이를 확인했으니, 회담을 결렬시키겠다고 방향을 잡았다. 당시 외교부 공개문서에는 남측 대표단은 회담할 필요가 없음을 선언하고 퇴장을 요구했으나, 북측 대표 고상준은 심각한 표정으로 약 30분간 앉아 있었다고 기록되어 있다.[45] 당시 상황을 표현한 이 한 문장은 북측 대표단이 느꼈을 허망함을 잘 보여주고 있다.

이 회담은 처음부터 결렬이 예상되어 있었다. 여러 기존 연구에서는 이 홍콩 회담이 남북 상호 불신과 비방 때문에 결렬되었다고 양비론적 태도를 보이고 있으나, 이는 전혀 사실과 다르게 남측이 회담 성사 의지가 없었고, 그 책임을 북측에 돌리려 작전을 펼친 정치적인 회담이었다고 평가할 수 있다.

4) 2차 로잔 회담(1963. 8. 19.)

2차 홍콩 회담은 회담도 못 해보고 남측의 일방적인 결렬 선언으로 끝났다. 2차 홍콩 회담 과정을 지켜본 홍콩 IOC 위원 살레스(A. de O. Sales)는 "IOC가 구체적인 의제를 정해서 양측에 제공하는 것이 좋을 것"이

---

45) 외교부 공개문서, [1650] 「1964년도 동경올림픽 남북단일팀 구성문제」. 전5권(V.5 1963. 7-8), 63쪽.

라며 "그렇지 않으면 회담은 계속해서 선전과 비난의 장이 될 것"이라고 당시 상황을 전했다. 이에 대해서 IOC 위원장 브런디지는 매우 실망하면서 남과 북의 대표단을 다시 로잔으로 불러들였다. 8월 19일 로잔에서 IOC의 중재하에 2차 회담을 이어가자고 제안했다. 6.25 전쟁 이후, 처음으로 남북의 당국자 대표들이 앉아서 단일팀 구성 문제를 풀어보고자 만났으나, 서로의 지향이 달라서 남북 대표들만의 회담에는 한계가 있다는 것을 브런디지가 확인하고 취한 조치였다.

IOC는 이때까지만 해도 남북 단일팀 구성에 일말의 여지를 두고 두 당사자 간의 중재를 이어가려고 했다. 그러나 2차 로잔 회담에 남측 대표는 참가하지 않았고, 전날 IOC를 찾아온 KOC 대리인들은 자신들에게 어떤 권한도 없어 회담에 참여할 수 없다며 불참을 통보하고 다음날 떠났다. 브런디지는 이러한 상황에 대해 매우 개탄스럽다며 북한 대표단을 따로 불러 위로하는 피로연을 가졌다.

2차 홍콩 회담에 관한 남측 보고서에서 이효는 회담 결렬에 대한 책임은 북한 대표단에 있다는 것을 강조하면서 IOC가 북한을 질책해 주라고 요청하는 서신을 보냈다. 브런디지와 오토 마이어는 오히려 이 모든 결렬의 책임은 남한에 있음을 밝히고, 한국은 단일팀 원칙을 받아들인다고 했는데 실천한 것은 아무것도 없었다며, 앞으로 어떤 불쾌한 결과에 대한 책임도 다 당신(이효)의 것이 될 것이라면서 지금까지의 상황에 대한 불편한 심기를 그대로 드러냈다.[46]

이뿐만이 아니다. 소련 IOC 위원 안드리아노프(Andrianov)의 남한 책임에 관한 성토도 이어졌다. 그리고 일본 IOC 위원 아즈마(R. Azuma)는

---

46) IOC, OSC, Avery Brundage Collection, Film 77-07/ File number, 155. 이 서신 외에도, Film 77-11/ File number, 120~126의 북측 보고서와 KOC, D-RM01-CORES-002, 344~346(151~153)쪽의 남측 보고서를 볼 수 있다. 여기서 이 보고서를 보면, 거짓과 위선의 남측 보고서와 진정성과 성실함이 배어 있는 북측 보고서를 비교해서 볼 수 있다.

단일팀 참가를 은근히 바랐던 것으로 보인다. 왜냐하면, 일본 내에 민단과 조총련으로 양분된 한인 단체들이 존재하기 때문이었다. 남북이 각각 독립팀으로 참가할 경우, 이들간의 적대감으로 불미스러운 사건들이 일어날 가능성을 우려한 것이다. 그래서 남북이 단일팀을 구성해서 도쿄올림픽에 참가하는 것이 좋겠다는 판단으로 단일팀 구성 논의를 성급하게 결론 내리지 말 것을 IOC 측에 요구하기도 했다.

IOC는 KOC에 마지막으로 8월 31일까지 단일팀에 대한 의사를 밝혀 달라고 전한 뒤, 북측과 만날 것을 요청했으나, 남측은 또다시 회담 기한을 연장해 달라고 요구했다. IOC가 이를 거절하면서 1964년 인스브루크 동계 올림픽과 도쿄 하계 올림픽 남북 단일팀 구성을 위한 남북 체육회담은 모두 종결되었다.

해방 이후 처음으로 남북의 당국자들이 만나 체육 분야 단일팀 구성 논의를 위해 회담을 가졌다는 것 자체에 가장 큰 의의가 있다. 1991년 지바 세계탁구선수권대회에서 울려 퍼졌던 '아리랑' 단일팀 가(歌)는 바로 이때 남북의 대표들이 정서적으로 공감하면서 결정된 노래였다. 그 밖에 선수단 호칭, 선수 선발 방식, 훈련 방법, 임원 구성 문제 등에 대해 남북의 대표들은 처음으로 머리를 맞대고 구체적인 고민을 했다는 점에서 의의가 있다.

북한의
IOC 가입 운동

북한의
IOC 가입 운동

1. 북한(North Korea) NOC 승인과 1964년 인스브루크, 도쿄올림픽

KOC 위원장 이효는 북한의 올림픽 참가가 기정사실이 되자, IOC에 서신을 보내 남한의 국호는 'KOREA'여야 한다고 주장했다. 당시 북한이 다른 국제대회에 참가할 때 영어로는 'DPR KOREA'를 사용하고 한글로는 '조선'이라고 쓰인 유니폼을 입고 경기에 참가했었던 이력이 있었기 때문이다. 이렇게 되면 국제 대회에서 남과 북이 공히 'KOREA'의 영어 국호를 함께 사용하게 되는 것이었다. 따라서 남한이 'KOREA'임을 다시 한번 IOC 측에 강조하였다. 그만큼 IOC 내에서 남한의 입지가 궁지에 몰리면서 북한 NOC 승인과 더불어 'KOREA'의 영문 국호를 지키고자 하는 KOC의 위기의식을 보여주는 대목이다. 이 영문 국호 논란은 1969년 북한이 최종적으로 DPRK NOC로 승인받을 때까지 계속되었다.

미국과 유엔이라는 든든한 배경을 가지고 있는 남한의 입장에서는 북한이 IOC 내에서 하나의 NOC로 승인받는 것은 국제 사회에서 남북이 대등한 관계로 인식되기 때문에 이러한 상황을 피하고자 했다. 외교부 문서에 의하면 남한 정부는 제60차 IOC 총회에 참석하는 대표단에 훈령과 행동 지침을 내려 단일팀 구성은 어떠한 경우라도 피하고, 북한 단독으로 참가할 경우는 수단과 방법을 가리지 말고, 저지하라고 지시했다. 이를 위해 미 국무성, CIA, 맥아더 장군, 미 상·하원 의원, 미국 올림픽 위원회 위원 등 미국과 연결할 수 있는 모든 조직과 인맥을 동원하여 문제를 해결해 나갔다. 당시 정부는 브런디지 IOC 위원장에게 홍콩 회담에 대하여 북한의 결렬 책임과 부당성을 지적하라고 하는 대목이 있다.[1]

이 훈령을 보면 당시 IOC 내의 판단과 여론 흐름에 대해서 남한 정부의 대처가 국제 사회 여론과 얼마나 동떨어져 있었는지를 알 수 있다. 브런디지를 중심으로 IOC 내에서는 남북 단일팀 구성이 실패한 원인으로 남한의 책임을 강하게 제기하는 상황이었기 때문이다. 그럼에도 불구하고 한·미동맹의 영향은 체육 분야에서도 군사 작전하듯이 펼쳐졌던 것이다. 남한 정부는 미국, 영국, 캐나다, 프랑스, 멕시코, 호주, 일본 등 외교력이 닿는 국가의 IOC 위원들에게도 적극적인 도움을 요청하였지만, IOC 내의 전체 분위기는 남과 북을 동등한 입장으로 생각하는 경향이 강했다.

마침내, 북한은 10월 19일 제60차 바덴-바덴 IOC 총회에서 1964년 인스브루크와 도쿄올림픽에 북한이 단독 팀으로 참가할 수 있도록 승인 절차를 마쳤다. 당시 회의록에는 "한국 대표단이 기자회견에서의 한 항의에 따라, 남한은 기존대로 'KOREA'로 북한은 'NORTH KOREA'로 부르게 되었다고 기록했다. 이에 즉각, 남한의 이상백, 월터 정, 이효

---

1) 외교부 공개문서, [1265] 「1964년도 동경올림픽 남북단일팀 구성문제」, 전4권(V.4 1963. 9-12), 44~46쪽.

는 IOC 위원장과 사무총장에게 서신을 보내 'KOREA'를 사용할 수 있게 해주어서 감사하다는 서신을 보냈다. 남한 정부는 북한의 올림픽 참가 저지가 첫째 목표이었기 때문에 이에 대한 아쉬움은 남아 있지만, 'KOREA'를 우리가 사용할 수 있게 된 것은 다행이라고 기록한다.[2] 이어서 남한 정부는 북한이 지역대표로서 'North Korea'를 사용하기 때문에 올림픽에서 북한 국기와 국가(國歌) 사용을 불허해 줄 것을 추가로 요청했다.

남측 대표단은 총회 직전에 오토 마이어를 만나 올림픽에 참가하게 될 경우 각각의 영어 국호를 어떻게 부를 것인가에 대한 사전 논의가 있었던 것으로 보인다. 오토 마이어는 "남한을 'KOREA'로 하고 북한을 'North Korea'로 하면 북한이 받아들일까"를 걱정했던 것으로 외교부 문서에 기록되어 있다.[3] 결국 북한을 'North Korea'로 부르게 된 데에는 남한의 외교력이 작동했다고 볼 수 있다.

제60차 IOC 총회가 끝나고, 북한은 국호 문제를 언급하며, 이번 승인에 대한 불만을 드러냈다. 그리고 10월 22일 자 로동신문에서도 "우리는 팀 명칭 문제에서 우리의 정당한 요구를 무시한 부당한 결정에 어떠한 구속도 받지 않을 것이다"라며 사실상 'North Korea'라는 명칭을 사용하는 것을 거부했다고 볼 수 있다. 미국 관료 윌리엄 깁슨(William Gibson)의 서신에 따르면, "북한이 60차 IOC 총회의 결정 사항을 거부하는 성명을 발표했다고 하는데 IOC의 대책은 무엇인가?"라고 물으며 대책을 요구했다. 이에 대한 오토 마이어의 답변은 아래와 같았다.

귀 위원회는 지역적 이름으로 '북한'으로 1964년 올림픽에 선수를 보

---

2) 위의 문서, 106·164쪽. 특히 남한 국호를 강력하게 지지한 위원은 영국 IOC 위원이자 IAAF 위원장인 엑서터(Marquess of Exeter)이다.
3) 위의 문서, 143쪽.

낼 완전한 권리를 가진 것이다. 1963년 1월과 8월 로잔 대표단 회의에서 IOC의 모든 조건을 수용하겠다고 해놓고 이제 와서 갑작스레 달라진 태도에 놀랐다. 또한, 어떤 차별도 두지 않을 것이고 국기와 국가를 가지고 참가할 수 있을 것이다. 그리고 이 문제는 다시 1964년 1월 25일 인스브루크 집행위원회에서 논의하겠다.(Brundage, Film 77-11, 109~110)

오토 마이어 사무총장은 북한의 올림픽 참가를 도왔던 중요한 인물이었다. 브런디지보다도 더 북한의 입장과 목소리에 귀 기울이며 올림픽 참가를 위해 애써왔다. 그런데 북한이 제60차 IOC 총회 결정을 기뻐하기보다는 국호 문제를 제기하자 피로감을 보인 것이다. 그가 이렇게 반응한 데에는 총회 전 KOC와 미팅에서 남북 단일팀을 부정적으로 보았으며, 제60차 IOC 총회에서 15분 동안 발언을 통해 KOC가 'KOREA' 명칭을 얻어 내는 데 성공했다고 말하고 있다.[4] 이를 보면 오토 마이어는 남북 단일팀 구성이 남과 북의 현 상태를 보았을 때 불가능에 가깝다고 판단했고, 국호 문제에 있어서는 남한의 주장을 받아들여 IOC 위원들을 설득했던 것으로 보인다.

이러한 배경에서 북한이 국호 문제를 제기하자 오토 마이어는 북한은 올림픽 참가권을 획득한 것으로 만족해야 하는 것 아니냐는 입장이었다. 오토 마이어는 처음에는 북한의 입장을 지지했으나, 국호 문제에 있어 남한의 입장을 수용한 배경에는 이효와 이상백을 중심으로 한 IOC 위원들을 향한 적극적인 외교활동이 있었다.[5] 이로써 북한의 국호 문제는 해결되지 않은 상태로 남게 되었다.

1964년 1월 15일 북한의 홍명희 올림픽 위원회 위원장은 브런디지 앞으로 서신을 보내 "우리 국호는 조선민주주의인민공화국이다"라며

---

4) 위의 문서, 67·208쪽.
5) 위의 문서를 보면 중간에 이효를 중심으로 적극적으로 오토 마이어와 브런디지를 설득했다는 이야기가 나온다.

공식적으로 국호 문제를 제기했다.

> 친애하는 위원장,
> 조선민주주의인민공화국 올림픽 위원회(DPRK NOC)는 제60차 IOC 회의에서 다루어진 우리 NOC에 관한 문제를 논의하였습니다.
> 제60차 IOC 총회는 DPRK NOC를 IOC의 공식 회원으로 인정하고 독립적으로 올림픽 대회에 참가할 수 있도록 결정했습니다.
> 그러나 제60차 IOC 총회는 올림픽에 참가하는 DPRK 선수단을 '북한(North Korea) 선수단'으로 불러야 한다는 부당한 조건을 결정했습니다.
> 제60차 IOC 총회에서 남북한이 각각 올림픽에 참가하기로 결정한 이상, 남측이 단일팀 구성을 거부한 상황에서 우리 선수단이 IOC에 등록된 대로 'DPRK'라는 명칭을 사용하는 것은 지극히 당연한 일입니다. 원래 국제 스포츠 활동에서 공식적으로 인정된 명칭을 사용하는 것은 그 누구도 임의로 변경할 수 없는 해당 국가 단체의 정당한 권리입니다.
> 그렇기 때문에 여러 국제 스포츠 기구들이 우리 NOC를 'DPRK'라는 이름으로 단체를 인정하고, 그 이름으로 대회에 참가할 수 있도록 허용한 것은 당연한 일입니다. IOC 역시 우리 올림픽 위원회를 'DPRK'라는 이름으로 공식 회원으로 인정하고 공식 문서에 이 명칭을 사용하고 있습니다.
> 따라서 올림픽에 참가하는 DPRK 선수단은 공식적으로 인정된 이름인 'DPRK'를 반드시 사용해야 한다는 것은 누구나 다 아는 사실입니다. 우리는 제61차 IOC 총회가 그 어떤 정치적 고려나 차별적 입장과도 무관한 올림픽 운동의 높은 이상에 기초하여 우리 선수단 명칭 문제를 공정하게 해결해줄 것을 다시 한번 정중히 제안합니다.(Brundage, Film 77-7, 8~9)

위 서신에서 홍명희가 주장하는 내용 중 공식 문서에 DPRK를 이미 사용했다는 표현이 있다. 이것은 북한의 NOC 주소가 "National Olympic Committee of the Democratic People's Republic of Korea, Pyong-Yang"으로 되어 있는 것에서 근거를 찾을 수 있다. 그러나 북한을 대표하는 NOC 명칭은 'COREE DU NORD(North Korea)'로 되

어 있는 것이 맞다. 홍명희는 이 문제를 다음 제61차 IOC 총회에서 다시 논의하게 해달라고 제안했지만, 실제 총회에서는 논의가 진전되지 못하고 1964년 도쿄올림픽이 끝나고 본격적으로 제기되었다.

대신 제61차 인스브루크 IOC 총회에서의 뜨거운 쟁점은 가네포(GANEFO) 대회였다.[6] 이 대회는 1963년 11월 10일부터 13일 동안 인도네시아 자카르타에서 50여 국가와 2,000여 명의 선수가 참가한 국제 스포츠 대회였다. 1964년 도쿄올림픽이 93개국 참가와 5,151명이 참가하였으니 가네포 대회는 대략 올림픽 규모의 절반 정도의 행사였다. IOC로서는 이 상황을 예의 주시하지 않을 수 없었다. 이 대회가 탄생하게 된 배경에는 1962년 9월에 열렸던 인도네시아 자카르타 아시안게임에서 이스라엘과 대만의 비자 발급 거부 사건이 생기면서 불거졌다. 이는 명백히 정치적인 사건으로 IOC는 인도네시아를 제명했고, 이에 대항하듯 1963년 4월 중국과 소련을 포함한 12개국이 모여 반둥회의와 올림픽 정신에 기반을 둔 가네포 대회의 창설에 합의했다.

IOC 부위원장 소련의 안드리아노프는 가네포 대회의 움직임을 반대하며 올림픽 운동과 정신을 지켜 나가는 데 앞장섰다. 소련 선수들 중에서 국가대표 선수들은 참가시키지 않는 등 소극적으로 대응해 나갔다. 그러나 중국의 태도는 달랐다. 1958년부터 IOC에서 탈퇴한 상태였기 때문에 적극적으로 가네포 대회에 앞장섰다.

---

6) 1955년 인도네시아 반둥에서 29개국이 모여 미·소 냉전 체제하에서 어디에도 속하지 않고 제3의 세력으로 부각하려 했던 국가들의 국제회의가 반둥회의이다. 인도, 이집트, 중국, 일본, 베트남, 키프로스, 요르단, 필리핀, 이라크, 예멘 등 아시아 아프리카의 여러 나라들이 참가했다. 여기서 출발한 대회가 가네포 대회였다. IOC는 가네포 대회가 올림픽에 반대한 국가들의 연합체로 IOC와 분리되어 새로운 스포츠 대회를 만드는 것에 대한 정치적 의도를 받아들이지 않았다. 그래서 가네포 대회에 참가한 선수들은 올림픽에 참가할 수 없다는 대책을 내놓기도 했다. 그럼에도 1963년 11월 10일부터 22일까지 인도네시아 자카르타에서 열린 신흥 세력국가들이 주축이 된 가네포 대회를 열고 여기에는 북한도 참가하였다. 북한은 이 대회에서 육상, 자전거, 유도, 권투, 수영 등에서 좋은 성적을 냈다 특히, 신금단 선수의 세계신기록으로 우승하며 1964년 도쿄올림픽에서의 올림픽 금메달 전망을 밝게 했다.

북한은 1950년 말부터 사회주의 진영과 대외관계 전략을 수립하고 신흥 독립국들과 우호 관계를 맺으며, 비사회주의 국가들을 비롯해 아세아, 아프리카 등의 신흥 독립국들과도 관계를 발전시켜 나갔다. 1963년에는 인도네시아와 친선 관계를 맺고, 신흥 독립국들과 공산권 국가들이 함께 참여하는 가네포 대회에 참가하며 친선 관계를 넓혀 갔다. 3차 홍콩 회담에 앞서 도착 성명에서 북한은 인도네시아에서 개최되는 가네포 대회에 참가를 선언했고, 남한은 이를 빌미로 제60차 바덴바덴 IOC 총회에서 북한의 NOC 승인을 반대했었다.

　북한의 육상 선수 신금단[7] 선수는 당시 800m와 1,600m에서 세계 신기록을 수립하며 도쿄올림픽에서 금메달 후보로 기대를 모았다. 이상백은 북한이 가네포 대회에 참가한다는 사실을 접하고, 즉각 IOC에 이 사실을 알렸다. 그리고 북한의 도쿄올림픽 참가 자격에 관한 문제를 제기했다. 브런디지는 제60차 IOC 총회에서 결정된 대로 IF가 판단하여 가네포 참가 선수들에게 올림픽 참가 제재를 가하기로 하였다.

　IOC는 참가 자격을 박탈하는 문제에 있어서 그 책임을 IF에 넘기고 한 발짝 물러난 셈이다. 아래 그림은 IF 소속 단체 IAAF(세계육상경기연맹)에서 발표한 도쿄올림픽 참가 제한 선수 명단이다.

---

7) 그녀는 선반공으로 일하는 노동자였다. 1958년 스무 살 때 전국체육대회에서 두각을 보이기 시작해 4년 만인 1962년에 세계 정상에 섰다. 그 후로 계속 세계 신기록을 연달아 세우며 400m와 800m에서 독보적인 선수가 되었다. 그런데 신금단 선수는 1963년 11월 가네포 대회에 참가했다는 이유로 1964년 도쿄올림픽에 참가할 수 없게 되었다.

<그림 3-1> IAAF 작성, 도쿄올림픽 참가 제한(가네포 대회 참가자) 선수 명단[8]

위 그림 좌측 맨 위를 보면, DPRK NOC 선수 명단이 보인다. 브런디지는 이상백의 서신에 대한 답장을 보내 "IF가 규정을 위반한 참가국에 행동을 취할 것"이라고 하며 북한에도 영향이 있을 것을 암시하며 안심시켰다. KOC 입장에선 신금단의 존재가 신경이 쓰일 수밖에 없었다. 북한이 올림픽에 참가하는 상황에서 신금단 선수가 금메달을 따기라도 한다면 남한 체면이 크게 손상될 수 있었기 때문이다.

반대로, 북한으로선 국호가 North Korea로 올림픽에 참가하더라도 신금단 선수가 금메달을 딴다면 그들 입장에선 국제 사회에 DPRK NOC를 알리게 되니 호재였다. 국호 문제는 잠시 뒤로 미루고 신금단 선수의 올림픽 참가 문제에 더 큰 관심을 기울였다. 북한은 IOC에 다음과 같이 서신을 보냈다.

제재 철회 요청을 했지만, 아직 답이 없다. 이웃 나라에서 개최하는 올림

---

8) IOC, OSC, IAAF, OSC List of Archives' Files, D-RM02-ATHLE-01, File number, 5~6.

픽에 깊은 관심과 성의로 참가를 준비하고 있다. IAAF(세계육상경기연맹)와 IASF(세계수영경기연맹, 후에 FINA로변경)의 공작으로 올림픽 참가를 어렵게 만들고 있다. 신흥세력의 국제경기로 신금단과 같은 선수들이 경기를 통해 세계기록을 수립하고 국제 스포츠 발전에 이바지하고 있는데 왜 제재를 해야 하는지? 이 부당한 제재를 해제해야 한다. IAAF와 IASF는 이 불공정하고 수치스러운 제재에 대한 모든 결과를 책임져야 할 것이다. (내용 요약) (Brundage, Film 77-11, 97~99.)

북한은 가네포 대회에 참가했던 사실이 왜 올림픽에 참가할 수 없는지 이해가 되지 않는다며 제재를 철회할 것을 요구하였다. 일본은 올림픽을 유치하는 입장에서 더 많은 선수들이 참가해 좋은 경기력을 보여 주는 것이 유리했을 것이다. 그래서 강경한 목소리를 내기보다는 IAAF와 IASF의 눈치를 더 보는 형편이었다.

KOC의 이상백은 브런디지에게 서신을 보내 일본올림픽조직위원회가 북한의 비위를 맞추기 위해 조바심을 내고 있다며 불만을 터뜨렸다. 규제하기로 했으면 바로 해야지 왜 시간을 끌고 있느냐며 너무 느슨하게 제재하는 것에 불만을 토로했다. 월터 정도 브런디지에게 서신을 보내 지난 인스브루크 동계 올림픽에서 북한은 'North Korea' 대신 'Cho-sun'을 사용하려고 했으나, 무산된 바 있다고 알렸다. 이러한 일들이 도쿄올림픽에서 재현될 것을 우려한 KOC는 이에 대한 문제를 브런디지에게 알리며 IOC가 이를 바로 잡아 달라고 요청하였다. IOC는 인도네시아 NOC를 퇴출한 지 일 년 만에 복귀시키고 올림픽 참가를 열어 주었으나, 동시에 가네포 대회에 참가한 선수가 대부분인 인도네시아도 북한과 마찬가지로 함께 제재 철회 운동을 적극적으로 벌여 나갔다.

이 제재 철회 요구는 1964년 5월부터 10월 초 도쿄 IOC 총회까지 치열하게 전개되었다. 로동신문에서는 하루가 멀다고 제재 철회를 주장하는 기사를 쏟아냈다. 이 기사들은 공산권 국가와 제3세계 국가에 알려졌고 국제 사회 여론에 호소했다. 이런 상황에서 10월 3일부터 북한은 선수단 1진과 2진으로 나누어 총 200여 명을 이끌고 도쿄에 도착했다. 조총련의 환영을 받으며 입국하여 제62차 도쿄 IOC 총회 마지막 날까지 제재 철회 결정을 기대하며 기다렸다. 그러나 제재 철회는 되지 않았고 북한은 성명을 발표했다.

> 조선민주주의인민공화국대한민국 올림픽 선수단은 제18차 올림픽 대회에 참가하지 않기로 결정하였다. 우리는 국제 올림픽 위원회와 국제 아마츄어 륙상 경기 련맹 및 국제 수영 련맹 내의 일부 완고한 분자들, 미 제국주의자들의 리익에 복무하는 자들의 악랄한 방해 책동으로 말미암아 부득이 이러한 결정을 하지 않을 수 없었다.(『로동신문』, 1964년 10월 10일)

북한은 총회 날 마지막까지 신금단 선수의 제재가 풀리기를 바랐으나, IOC 총회의 결과는 바뀌지 않았다. 당시 엑서터(Marquess of Exeter, IAAF 회장 겸 IOC 집행위원회 위원)는 국제 스포츠 운동을 보호하기 위해 IOC와 IF는 어떤 압력에도 굴복할 수 없다며 제재를 번복해서는 안 된다는 입장이었다. 유독 인도네시아와 북한만 문제를 제기하고 있다면서 나쁜 선례를 만들지 않아야 한다고 강조했다.

이 가네포 대회 참가 선수 제재 문제가 정치적인 이유였던 것은 과거 인도네시아 아시안게임에 이스라엘과 대만을 참가하지 못하게 한 것에 대한 보복성이 강하며, 복싱, 배구, 역도 등 다른 종목에서는 도쿄 올림픽에 참가할 수 있도록 제재를 풀어 준 사실이 있었다.[9] 이 과정에서 육상(IAAF)과 수영(IASF) 종목의 선수들에게만 유독 엄격한 잣대를 들이댄 것은 인도네시아와 북한에 불이익을 주기 위한 정치적 결정이었다고 볼 수 있다.

9) IOC, OSC, Session, 1964-Tokyo, 02-proces-verbal-eng.pdf, 5·8·9.

10월 9일 북한은 모든 선수단을 데리고 귀국 길에 올랐다. 북한의 로동신문은 "우리 선수들의 올림픽 참가를 가로막은 자는 누구인가, 신금단 선수를 비롯한 우리 나라의 체육인들이 올림픽에 출전하여 새로운 세계 기록을 수립하는 것을 두려워하는 자는 누구인가. 동포들은 다 알고 있다. 백발이 성한 팔순의 할머니들도, 순진한 우리의 어린이들도 우리 선수들이 조국으로부터 먼 일본까지 왔다가 어찌하여 올림픽 개막식을 하루 앞두고 떠나지 않으면 안되었는가를 다 잘 알고 있다"라며 북한은 스스로 선수단이 철수하는 명분을 그렇게 쌓았다.[10] 북한에 도착한 선수단들은 대대적인 환영을 받으며, '우리는 이기고 돌아왔다'라는 제목의 특집 기사를 연재했다.

북한 선수단이 도쿄에서 귀국길에 오르기 전 신금단의 아버지 신문준 씨를 잠시 만나는 이벤트가 있었다. 1.4후퇴 때 남한으로 내려오며 14살 딸과 헤어지게 되었다. 신문준은 자신의 딸이 27살이 되어 육상 선수로 도쿄올림픽에 참가한다는 소식을 듣고 일본으로 건너가 부녀의 만남을 이뤘다. 이 만남은 당시 남북의 정보기관에 의해 통제된 상태에서 7분가량 짧게 이루어졌다. 당시 남한의 중앙정보부장 김형욱의 회고록에는 이 만남에 대해서 '북한은 혈육의 정마저 부인하려 드나 우리는 언제든지 능동적으로 통일을 추진할 용의가 있다는 것을 국민에게 보여 주려는 것'이라며 부녀 상봉에 대한 기획 의도를 밝혔다.[11]

결국, 이 부녀 상봉 이벤트는 남한 정부 당국에 의해 의도된 만남이 연출되었던 것이다. 당시 두 부녀의 만남은 대대적으로 기사화되어 세상에 알려졌는데, 당시 현장에 있던 한 기자는 "대부분의 기사가 14년 만의 부

---

10) 『로동신문』, 「재일 동포들과 일본 인민들의 열렬한 환송리에 공화국 올림픽 선수단 조국을 향하여 도쿄 출발」, 1964년 10월 10일.
11) 김경재, 『(김형욱 회고록2) 혁명과 우상: 박정희와 중앙정보부』, 서울: 인물과 사상, 2009, 281쪽.

녀 상봉이라는 감성적인 터치와 소설 같은 작문이었던 점은 우리 언론이 두고두고 경계하고 자성해야 하는 과제이다"라고 일갈했다.[12] 그만큼 이 만남에 관한 언론 기사 내용은 대부분이 정치적으로 이용하기 위해 사실 관계에서 여러 오류가 존재한다는 점을 방증하는 것이다.

1964년 1월에 있었던 인스브루크동계올림픽에서 한필화는 스피드 스케이팅 3,000m에서 은메달을 획득하며 북한의 존재를 국제사회에 알렸다. 남한은 메달을 따지 못했고 앞으로 올림픽에서 맞부딪히게 될 남북 간의 경기를 대비해야 할 긴장감이 높아졌다. 그리고 1964년 10월 북한은 도쿄하계올림픽에 처음으로 참가 자격을 얻었지만, 신금단 선수의 출전 불가로 참가를 포기했다. 도쿄올림픽에서 남북 참가 선수단 규모는 과거 남한 선수단의 3배에 가까운 150여 명을 출전시켰고, 북한도 첫 참가에 200여 명에 달하는 선수를 출전시킴으로써 명실공히 남북 스포츠 대결의 서막을 열었다.

2. 홍명희, 우리의 국호는 조선민주주의인민공화국(DPRK)이다

1952년부터 북한은 IOC 정식 회원국이 되기 위해 큰 노력을 했다. 1963년 10월 19일 바덴바덴 IOC 총회에서 독립팀으로 올림픽 참가 자격을 얻어 처음으로 1964년 1월 인스브루크 동계 올림픽에 참가했다. 북한은 올림픽 참가 자격을 얻자마자 스케이팅에서 한필화의 은메달, 도쿄올림픽에서는 신금단 선수의 존재감을 보여줬다.

이로 인해 남한은 다음 올림픽을 대비한 강도 높은 훈련이 시작되었다. 남한은 1966년에 태릉선수촌을 개장하여 전문적인 선수 훈련을 담

---

12) 한국체육언론인회 엮음, 『스포츠와 함께한 열광의 세월-광복 70년, 체육기자들의 이야기』, 서울: 제이앤제이미디어, 2015, 59~63쪽.

보할 체육시설을 지어 운영하였다. 그사이 북한은 1966년 잉글랜드 월드컵에 참가하여 8강에 이르는 성적을 내며 유럽 국가들 사이에 'North Korea'의 인상을 강하게 심어 주었다. 남한은 중앙정보부가 나서서 북한의 '천리마 축구단'에 대항할 수 있는 '양지축구단'을 만들어 북한과 맞대결을 준비할 정도였다. 1964년 도쿄올림픽을 기점으로 남북은 이전에 없었던 스포츠 대결을 준비하고 있었고, 이는 곧 남북체제대결의 연장선이었다. 남한 정부는 국가 차원에서 스포츠 환경을 개선하고 인적 자원을 발굴하며 쥐어짜듯이 올림픽 메달을 만들기 시작했던 것이다.

다음 1968년 멕시코 올림픽을 앞두고 다시 남북은 IOC와 서신을 주고받기 시작했다. 이때 북한은 국호 문제를 전면에 내세우기 시작했다. 남한은 북한의 국호가 인정되는 것을 저지하기 위해 총력전을 벌였다. 이것이 1968년 멕시코 올림픽을 앞두고 벌어진 남북 스포츠 외교사이다.

도쿄올림픽이 끝나고 1965년 1월 월터 정은 브런디지에게 서신을 보내 IOC 게시판에 있는 NOC 명단을 보니 북한이 DPRK, 평양이라고 되어 있다며, North Korea로 되어 있어야 한다면서 문제를 제기했다. 그러나 북한은 주소를 근거로 NOC of DPRK라고 주장하며 국호 논쟁이 본격화하였다.

<그림 3-2> IOC NOC 목록에 기록된 남과 북 NOC 주소와 영문 국호[13]

CORÉE
Korean Olympic Committee, P.O. Box 1108, Seoul, Corée.

CORÉE DU NORD
National Olympic Committee of the Democratic Peoples Republic of Korea, Pyong-Yang.

---

13) IOC, OSC, PRK, OSC List of Archives' Files, D-RM01-COREN/002, File number, 66. IOC Bulletin #89.

1964년부터 1967년 그사이 IOC와 KOC 그리고 DPRK NOC의 핵심 인물들이 다른 인물로 대체되었다. DPRK NOC의 잠정 승인과 올림픽 참가 문제를 적극 지지했던 오토 마이어가 1964년에 사임했고, 후임으로 1966년 제64차 로마 IOC 총회에서 웨슬호프(Westerhoff)가 선출되었다. 1966년에는 이상백이 심장마비로 사망했다. 그는 1947년 KOC가 IOC 승인을 받는 때부터 IOC와 서신 교류의 실질적인 주체였다. 1947년 KOC 승인부터 도쿄올림픽까지 KOC의 스포츠 외교의 핵심 인물로 IOC를 상대하며 국가 정통성 문제를 지켜내기 위해 많은 노력을 했었다. DPRK NOC의 김기수도 1964년 이후에는 IOC와 서신에서 사라졌다. 대신 내각체육지도위원회 부위원장인 김득준이 등장했다. 이전부터 홍명희는 성명서 등 중요한 글들의 저자로 가끔 서신에 등장했으나, 국호 논쟁을 두고 다수의 서신을 보내 IOC를 설득하기에 나섰다.

1966년 8월 9일 월터 정은 브런디지에게 서신을 보내 이상백의 빈 자리에 장기영을 IOC 위원으로 추천하였다. 장기영의 이력서를 살펴본 브런디지는 IOC 집행위원회 위원들과 이 문제를 논의한 결과 두 가지 문제로 IOC 위원이 되기 어렵다는 서신을 보냈다. 하나는 그가 정부의 장관이라는 것이고, 또 하나는 신문 발행인이라는 이유였다. IOC는 정부로부터 독립적인 기구로서 정부의 간섭을 지양하기 때문에 정부 장관이 IOC 위원이 되는 것을 반대해 왔다. 언론인이 안 되는 이유는 스포츠에 언론이 개입되면 다른 경쟁사 언론과의 형평성에 문제가 생길 수 있다는 판단에서였다. 그래서 장기영이 IOC 위원이 되는 것에 IOC 내부에서 민감하게 논의가 진행되었다.[14]

이에 11월 7일 월터 정은 다시 브런디지에게 서신을 보내 장기영은 신문 경영권을 다른 사람(김종규)에게 넘겼고, 정부 일은 경제기획원이 안

---

14) IOC, OSC, Avery Brundage Collection, F77-07, 84.

정적으로 운영될 때까지만 봉사하기로 했다며 늦어도 67년 4월까지가 임기라고 밝혔다. 실제로 장기영은 10월까지 부총리 겸 경제기획원 장관직을 수행했다. 월터 정은 이어서 아시아 국가들의 NOC 위원장은 보통 3개의 국가 직책을 겸하고 있다며, 다음 테헤란 집행위원회에 참석할 것이며 거기서 장 후보를 지지해 줄 것을 요청했다.

1967년 5월 테헤란 IOC 집행위원회에서 안건으로 채택되어 논의했던 내용은 북한의 국호 변경 문제였다. 테헤란 집행위원회가 열리기 전 2월 18일 북한의 김득준은 IOC 사무총장에 새로 선임된 웨슬호프에게 다음 테헤란 IOC 총회에서 '북한'으로 되어 있는 국호를 '조선민주주의인민공화국'으로 명명에 관한 의제를 요청했다. 총회에 앞서 집행위원회가 먼저 열렸는데 거기서 IAAF 위원장이자 영국 IOC 위원 엑서터와 소련 IOC 위원이자 IOC 부위원장 안드리아노프 간의 북한 국호에 대한 토론이 있었으나 결론을 내리지 못했다고 기록되어 있다. 그리고 총회에서도 결론을 내리지 못하고 다음 회기로 연기되었다.[15]

반면, 장기영에 관한 IOC 위원 선출은 당시 집행위원회 소수 위원의 합의 사항으로 처리된 듯 보인다. 그리고 테헤란 총회를 앞두고 집행위원회들에게 인사하기로 되어 있었다. 그런데 장기영은 경제기획원 장관 자격으로 베트남 방문을 해야 해서 총회에 참석 못 한다고 월터 정을 통해 알렸다. 브런디지가 바로 유감을 표하자, 장기영은 일정을 변경하고 IOC 총회에 참석하러 오는 해프닝이 있었다. 그만큼 IOC 내에서 NOC 위원 기준에 관한 민감한 토론을 거쳐 IOC 위원에 선출이 되었음에도 정부 일과 충돌하여 총회에 참석 못 하는 상황은 브런디지에게는 매우 불쾌한 일이었다. 최종적으로 테헤란 IOC 총회의 기록에 장기영이 새로 IOC 위원으로 선출되었음을 알렸다.

---

15) IOC, OSC, Session, 1967-Tehran, 02- Procès-verbal- eng.pdf, 7.

북한은 "IOC는 어떤 국가 또는 그룹의 개인, 종교, 정치적 소속에 대해 '차별 없음'을 규정하고 있다", "어떻게 NOC의 이름을 짓느냐의 문제는 그들 자신 내부의 문제이고, 아무도 이름을 바꿀 근거나 권리를 가지고 있지 않다"라는 논리로 주장을 이어갔다.[16] IOC 원칙 또는 규정에 해당하는 '차별 없음'을 근거로 어떤 정치적 차별을 배제할 것을 요구한 것이다. 이런 상황 가운데 제65차 테헤란 IOC 총회에서 북한은 회의 탁자 위에 놓여 있었던 'North Korea' 명패를 'DPR Korea'로 바꾸어 놓는 일이 있었다. 이를 브런디지의 승인하에 이루어진 것으로 북한이 주장하며 한 바탕 소동이 일었다.[17]

당시 상황을 표현한 웨슬호프 사무총장의 표현에 의하면 "귀국(북한) 대표단의 품위 없고 무례한 태도에 의해 다음 총회로 이 국호 변경 문제가 연기된 것이다. IOC가 자체적으로 회의하기 위해 잠시 자리를 비워달라 했으나, 항의하는 바람에 정회되었고, 회의는 지연되었다"라고 회의가 진행되지 못한 것을 북한 탓으로 돌렸다.

그러나 북한의 입장에서는 당시 총회 자리에서 투표로 결정하자고 제안하여 많은 위원이 동의했으나, 수적으로 밀릴 것 같으니 다음 총회로 연기하자고 제안한 것 아니냐며 테헤란 IOC 총회에서의 투표 취소에 대한 불만이 나왔다. 그래서 총회를 잠시 정회하자고 하자 북한 대표단이 강력하게 항의하면서 소란이 일어난 것으로 보인다.

이에 대해 월터 정은 1963년 바덴바덴 IOC 총회에서 결정된 'North Korea'를 다시 상기시켜 주어야 한다면서 브런디지에게 항의성 서신을 보내기도 했다. 브런디지의 묵인하에 명패를 바꿔치기 한 일이 있었던 만큼 IOC 내에서도 명분상 북한의 국호를 제대로 불러 주어야 한다는

---

16) IOC, OSC, PRK, OSC List of Archives' Files: D-RM01-COREN/002, File number, 899.
17) IOC, OSC, B.C F77-07, 69. PRK, 002, 20~22.

의견이 다수 존재했다고 볼 수 있다.

다시 북한의 국호 문제는 다음 총회로 연기되었고, 1968년 2월 제66차 그르노블 IOC 총회를 앞두고 북한의 홍명희는 1967년 12월 29일에 IOC 집행위원들에게 장문의 서신을 보냈다.

> 잘 알려진 바와 같이 우리 팀의 명칭은 철저하게 조선민주주의인민공화국입니다. 이를 제외하면 우리에게는 어떠한 명칭도 없습니다. 따라서 누구도 임의로 우리 팀의 명칭을 변경하거나 잘못 부를 권리가 없습니다. 만약 누군가 여러분을 잘못 부르는 사람이 있다면 어떻게 생각하시나요? 물론 여러분도 그 말을 듣고 기뻐하지 않아야 하며, 이름 그대로 올바른 이름으로 부를 수 있도록 반드시 다시 요청할 것입니다.
>
> 우리 팀의 명칭도 우리가 부르는 대로 조선민주주의인민공화국으로 불러야 하며, 그 누구도 우리의 고유 명칭을 왜곡해서 불러서는 안 됩니다. 이는 상식적인 사람이라면 누구나 쉽게 알 수 있는 아주 간단하고 원초적인 문제입니다. 따라서 국제올림픽 위원회는 헌장에 명시된 조선민주주의인민공화국 올림픽 위원회의 권리를 존중하고 우리 선수단의 명칭을 조선민주주의인민공화국으로 정확히 불러야 할 것입니다.
>
> 1963년 10월 바덴바덴에서 열린 제60차 IOC 총회에 참석한 조선민주주의인민공화국 올림픽 위원회 대표단은 국제올림픽 위원회에 우리 선수단의 명칭을 국제올림픽 위원회 신청서에 기재된 대로 조선민주주의인민공화국으로 불러줄 것을 강력히 요구하였습니다. 또한 테헤란에서 열린 IOC 집행위원회 회의와 제65차 회의에서 우리 대표단은 국제올림픽 위원회의 차별적인 진행을 지적하면서 우리 선수단의 명칭을 조선민주주의인민공화국이라는 정확한 명칭으로 불러줄 것을 재차 요구하였습니다.
>
> 우리의 정당한 요구를 무시하고 국제올림픽 위원회 내 특정 인사들은 우리 팀의 명칭을 조선민주주의인민공화국으로 부르는 것을 지연시키고 있습니다. IOC 내 특정 인사들이 우리 선수단의 명칭을 정확한 명칭으로 부르지 않으려는 것은 '올림픽의 이상에 부합하지 않을 뿐만 아니라 이치에 맞지 않는다'는 것입니다.
>
> 1967년 5월 3일 테헤란에서 열린 IOC 집행위원회 회의에서 에이버리 브루디지는 "우리 모두는 인종, 종교, 정치의 차별에 반대한다…", 그리고 "스포츠와 올림픽 운동이 정치적 목적을 달성하기 위한 지팡이로 사용될

수 없다"라고 말했습니다. 게다가 그는 우리 주장의 정당성도 인정했습니다. 그럼에도 불구하고 그는 이와는 별개로 조선민주주의인민공화국에 대한 부당한 정치적, 차별적 조치를 멈추지 않고 있습니다.
국제올림픽 위원회는 세계 스포츠계의 이러한 정당한 목소리에 귀를 기울여야 하며 올림픽의 이상에 기초하여 우리 선수단의 자격을 정확히 그리고 지체 없이 결정해야 합니다.(PRK, 002, File number, 2~4)

홍명희의 주장은 김득준의 주장과 크게 다르지 않았다. 이를 세 가지로 정리하면, 첫째는 자국의 이름을 누가 마음대로 바꿔 부를 수 있는가. 정확하게 DPRK로 불러 달라. 둘째는 이미 1963년 10월 바덴-바덴에서 자국의 국호를 써서 표기했었다. 셋째는 이 모든 것이 IOC 내의 특정 인사들의 방해로 일어났다. 따라서 그는 IOC가 이러한 정치적 차별 조치를 바로 잡아 달라고 요청한 것이다.

홍명희가 말하는 특정 인사는 IAAF 회장 엑서더를 중심으로 KOC에 우호적인 몇 NOC 위원들과 KOC의 장기영을 말하는 것이다. 북한의 입장에서는 그 몇 안 되는 특정인들로 인해 자신의 국호 문제가 해결되지 못하는 원인으로 보았다. 브런디지 입장에서는 홍명희가 근거로 제시한 IOC 헌장과 정신에 비추어 올림픽 운동은 어떤 정치적 차별을 해서는 안 된다는 명분에 반박할 논거가 없었던 것으로 보인다. 다른 IOC 위원들도 이 민감한 문제에 있어서 적극적인 의사 표현은 하지 않았지만, IOC가 정치적인 입장에서 결정할 문제가 아니라는 것에는 대체로 동의하는 분위기였다.

1968년 2월 제66차 그르노블 IOC 총회에서 다시 북한의 국호 문제가 의제로 상정되었다. 당시 총회 회의록에는 다음과 같이 기록되어 있었다.

북한 올림픽 위원회 대표단이 입장했다. 위원들은 향후 북한 올림픽 위원회가 조선민주주의인민공화국의 올림픽 위원회로 불릴 것을 요구했다.

왜냐하면, 이것은 그들 스스로가 부르기로 선택한 이름이기 때문이다. 대표단 퇴장 후, 다음 위원들이 참여하는 토론회가 시작되었다.

President Brundage, Mr. Mayer (Switzerland), Mr. Kroutil (Czechoslovakia), General Stoytchev (Bulgaria), Marquess of Exeter (Great Britain), Mr. Touny (U.A.R.), Dr. Azuma (Japan), Mr. Andrianov (U.S.S.R) Mr. Siperco (Rumania), Mr. Roby (U.S.A.), Mr. Bakrac (Yugoslavia), and Mr. Chang (Korea).

일부 위원들은 북한 올림픽 위원회가 조선민주주의인민공화국의 올림픽 위원회라는 이름을 선택했으므로 IOC는 그 이름을 인정해야 하며 그것을 북한의 올림픽 위원회라고 계속 부르는 것은 위원회의 정치적 차별을 의미할 것으로 생각했다. 다른 회원들은 분단된 영토와 관련하여 과거에 채택된 정책들을 볼 때 IOC가 계속해서 북한 올림픽 위원회를 그 이름으로 불러야 한다고 생각했다. IOC가 한국과 관련해 정책을 바꾸기로 한다면 독일과 대만을 위해 그렇게 해야 한다. 이 토론의 마지막에 투표가 이루어졌고, 31표 대 21표로 "북한"이라는 이름이 유지될 것으로 결정되었다.(Session, 1968-Grenoble, 18~19)

위 회의록을 보면 토론에 참가했던 사람은 모두 12명이다. 그중 북한을 지지했던 사람은 스토이체브(불가리아), 안드리아노프(소련), 시페르코(루마니아), 크로틸(체코슬로바키아), 바크락(유고슬라비아) 5명 정도이고, 북한의 제안을 반대했을 위원들은 마이어(스위스), 엑세터(영국, IAAF위원장), 아즈마(일본), 로비(미국), 장기영(한국) 5명으로 그들이 했던 과거 발언들과 연관을 지어 볼 수 있다. 브런디지는 회의 진행자였고, 토니(아랍 연합국)의 경우는 어떤 생각이었는지 예측이 어렵다. 결국, 총회 마지막에 전체 투표를 거쳐 31:21로 북한의 제안을 거절되었고, '북한(North Korea)'의 호칭 그대로 남게 되었다. 지난번 테헤란 IOC 총회에서 북한의 공동결의안에 서명한 국가들이 21개였으니, 북한의 입장에선 더 늘어난 국가가 없는 셈인 반면, 남한을 지지했던 국가들은 이전 총회보다 더 많이 참석한 셈이었다. 총회 후, 북한은 다시 총회 결정을 인정할 수 없다는 성명을 발표했지만, 다음을 기약할 수 없는 상황이 되었다.

북한에서 IOC로 보낸 서신 내용에 약간의 변화가 생겼다. 1968년 제66차 그르노블 IOC 총회를 앞두고부터 북한의 서신에 김일성을 찬양하는 문구가 맥락상 어색하게 인용된 서신들이 등장했다. 이 시기는 1967년 5월 이후 제4기 15차 전원회의에서 유일사상 체계를 확립하면서 김일성 유일사상에 대한 강조가 외교 서신에도 나타나게 되었다. 그리고 IOC 서신에서는 볼 수 없었던 "제국주의 침략", "국가의 자주적 발전과 평화" 등 냉전 시기 전선을 명확히 하겠다는 표현과 자주성을 강조하는 정치 구호가 강화되기 시작했다. 이는 1966~1968년에 걸친 북한의 정치적 변화가 외교 공간에서도 체제 선전의 모습으로 나타난 것이다.

한편, 북한은 IOC와 새로운 메신저 역할을 담당할 장승주가[18] 서신에 등장하기 시작했다. 브런디지와 웨슬호프에게도 서신을 보내 "스포츠를, 정치를 개입시키고, 부당하고 왜곡된 방식으로 우리나라 이름을 부르도록 강요한 제66차 그르노블 IOC 총회의 결정을 즉각 철회할 것을 강하게 주장한다"라고 목소리를 높였다. 실제로 IOC의 결정에 따라 IAAF(국제육상경기연맹), FINA(국제수영경기연맹), FISU(국제대학스포츠연맹)과 같은 다른 국제 스포츠 대회에서도 북한의 국호를 'North Korea'를 사용하도록 결정하자 북한과 조직위가 마찰 빚는 일이 자주 일어났다.

웨슬호프는 장승주에게 서신을 보내 "당신이 보낸 서신의 주제에 대해 브런디지와 논의했지만, 그르노블 IOC 총회에서 이 문제에 관해 결정한 사항이라 집행위원회에서는 안건 상정되지 않았다"라고 전했다.

---

18) 장승주는 1962년 2월에 체육지도위원회 부위원장, 1968년 올림픽 위원회 서기장, 1969년까지 내각 체육지도위원회 부위원장을 지냈다.

"그러나 당신이 원한다면, 10월 초 멕시코 IOC 총회 때 의제를 다시 전달해 주기 바란다"라며 집행위원회 논의는 없다고 밝혔다.

북한의 끈질긴 안건 상정 요구가 IOC로부터 거절당하고 있는 사이, KOC와 브런디지는 서로 의견을 주고받으며 멕시코 올림픽을 준비해 나갔다. 1968년 7월 12일 브런디지는 미국 올림픽 위원회 위원장인 로비(F. Roby)에게 서신을 보내 KOC 팀이 멕시코로 가는 길에 미국 훈련 장소에서 잠시 머물면서 적응 훈련을 할 수 있도록 배려해 달라고 부탁했다. 이에 로비는 7월 18일 자로 장기영에게 서신을 보내 "미국에는 많은 나라의 선수들이 와서 훈련하고 있다. 미리 사전에 약속을 정확히 잡고 도울 일을 돕겠다"라고 하였다. 그러나 지난 3월 새로 KOC 위원장으로 선출된 민관식은 브런디지에게 "장기영의 미국 훈련 제안에 대해 취소하고 미국을 가지는 않는다"라고 전하고 없던 일이 되었다.

이렇게 미국 올림픽 위원회가 KOC의 멕시코 올림픽 준비를 돕는데, 브런디지가 적극적인 역할을 해줄 정도로 두 위원회는 우호적인 관계였다. 이상백에서 장기영으로, 다시 민관식으로 이어지는 KOC 위원장은 브런디지와 서신을 자유롭게 주고받을 수 있는 지위와 권한을 갖게 되었다. 브런디지가 장기영에게 보낸 7월 7일 자 서신에는 "서울에 있는 동안 환대에 감사하다. 3년 전 서울에 온 이후로 그 변화에 많이 놀랐다. 박정희 대통령과의 면담이 가장 중요했고, 당신이 설립한 새로운 훈련 캠프(태릉 선수촌)에 대한 발전 기대감도 크다"라고 하며 한국 방문에 대해 극찬을 전하기도 했다.

이런 가운데 DPRK NOC는 이제 1968년 10월에 개최될 제67차 멕시코 IOC 총회에 국호 문제 안건 상정이 어렵다는 판단으로 새로운 전술이 필요했다. 총회까지는 두 달밖에 남지 않은 상황에서 브런디지 위원장에게 모든 DPRK NOC 소속 체육협회 단체장들의 집단적인 서신 전달이 이어졌다. 북한은 1968년 8월 7일부터 17일까지 총 17개 종목별

협회장들이 브런디지에게 왜 DPRK라는 국호로 불려야 하는지 각 종목의 역사와 국가 명칭 사례를 담아 서신을 보냈다. 한 달간 이어진 서신 릴레이는 DPRK NOC가 할 수 있는 또 다른 의사 표현의 방법이었다. 이러한 서신에 대해 브런디지는 모두 접수하고 각 협회장에게 일일이 답장을 보냈다.[19]

장승주는 멕시코 NOC 위원장과 IOC 부위원장을 겸하고 있는 클락 (J. Clark)에게 다음 멕시코 총회에서 북한 국호 문제에 관한 협조를 요청했다. 그리고 이탈리아 오네스티(Onesti) 위원에게도 서신을 보내 협조 요청을 했다. 이전까지만 해도 북한이 다른 국가 IOC 위원에게 도움을 요청한 서신을 찾아보기 어렵다. 북한이 적극적인 서신 보내기와 외교력을 동원하여 안건 상정을 추진하자, 브런디지는 IOC 부위원장인 안드리아노프에게 "테헤란과 그르노블에서 모두 거절당한 DPRK NOC 국호 문제를 10월 멕시코 총회 안건으로 상정할 것"을 알리는 서신을 보냈다. 특별히 집행위원회에서 정식 안건으로 다루지도 않았는데 먼저 안드리아노프에게 이 사실을 알린 것은 브런디지 입장에서는 IOC 내에서 양진영 대표라 할 수 있는 두 사람의 신뢰 관계를 보여주는 대목이라고 할 수 있다.

1) 제67차 멕시코 IOC 총회(1968. 10. 7.~11.)

가. 1968년 9월 30일~10월 6일 집행위원회 회의

IOC 위원장, IOC 사무총장, 멕시코 올림픽 위원회 사무총장으로부터 DPRK NOC의 요구는 받아들여지지 않았고, 더 이상의 국호 문제에 대해서 논의할 의지가 없음을 확인하였다. 이렇게 북한의 국호 문제는

19) IOC, OSC, Avery Brundage Collection, Film 77-11/ File number, 23.

묻히는 듯 보였다. 이러한 상황에서 IOC 집행위원회 회의가 올림픽을 앞두고 마지막 기회가 되었다.

즉, 안건 29번으로 '북한 올림픽 위원회의 이름 변경 요청'이 상정된 것이다. 집행위원회는 10명 내외의 IOC 위원들로부터 선출된 위원들이 모여서 IOC 총회 전에 미리 안건을 살피고 의제를 결정하는 자리이다. 이 자리에서 누구에 의해 어떻게 상정되었는지는 밝히지 않았다. 그러나 KOC 위원장 민관식은 이미 그르노블 총회에서 투표로 다 결정된 사항을 멕시코 총회에 왜 또 의제로 올려졌는지 놀랐다며 '코리아 문제'가 다시 의제에 올려지지 않기를 바란다고 전했다. 지난 6월 브런디지가 안드리아노프에게 보낸 서신에서 북한의 국호 문제가 제67차 멕시코 총회에 상정될 것이라고 했던 내용이 상기되는 지점이다. IOC는 공식적인 입장으로 더는 북한의 국호 문제를 논의하지 않겠다고는 했지만, 브런디지와 안드리아노프는 내부적으로 다시 의제를 다룰 계획을 하고 있었다.

당시 이 문제를 논의하기 위해 모인 집행위원회의 구성원을 정리하면 다음 표와 같다.

<표 3-1>1968년 IOC 집행위원회 구성원

이름	직책	소속국가	비고
Mr. Avery Brundage	President	USA	1952년~1972년까지 IOC 회장
Mr. Constantin Andrianow	Vice President	USSR	1966년부터 부회장
General Jose de Clark	Vice President	Mexico	1966년부터 부회장
Dr. Giorgio de Stefani	Member	Italy	
Cheik Gabriel Gemayel	〃	Lebanon	
The Marquis of Exeter	〃	Great Britain	IAAF 위원장 겸
Mr. Syed Wajid Ali	〃	Pakistan	
Lord Killanin	〃	Ireland	

1968년 9월 30일부터 10월 6일까지 진행된 IOC 집행위원회 회의록에 제시된 주요 발언자들의 발언 기록을 보면 다음과 같다.

> The Marquis of Exert는 북한팀이 IAAF의 규정을 따르지 않아 IAAF에 의해 대회 참가가 중단되었다고 집행위원회에 통보했다. 따라서, 이 북한 올림픽 위원회는 멕시코 올림픽 경기에 참여할 수 없다는 것과 로잔에 있는 사무실에서 그에 따라 멕시코 올림픽조직위원회에 통보되었다는 것을 분명히 해야 한다. 이어 브런디지 위원장은 이 문제를 검토한 뒤 북한 동독 대만 등 3개국은 분리해서 처리할 수 없다고 밝혔다. Wajid Ali는 자신의 견해를 밝히면서 북한 대표인 Murray가 그들의 희망에 따라 공식적인 이름을 불러 달라고 요청한다는 결론에 도달했다고 말했다. The Marquis of Exeter는 그 문제에 대한 그의 견해를 말하고 북한 올림픽 위원회는 적절한 이름으로 등록되었지만, 그들이 태어난 지리적 특성을 나타내는 이름에 따라 등록되어 있다는 것을 되풀이했다. 한국에서 이미 올림픽 위원회가 있었기 때문에 우리는 다른 올림픽 위원회를 인정할 수 없고, 따라서 그들은 북한의 지리적 지역에 따라 등록되었다.
> 그 후 안드리아노프는 자신의 견해에 대한 성명을 발표하고 북한이 어떻게 생겨났는지에 대한 상황과 이유를 다시 요약했다. 누구나 자기 나라나 지역을 자기가 좋아하는 것으로 불릴 권리가 있으므로 그의 요구에 응하지 않는 것은 정치적 차별의 문제일 것이며 따라서 그는 이 올림픽 위원회를 조선민주주의인민공화국의 올림픽 위원회라고 제대로 불려야 한다고 촉구했다. Clark 부위원장은 모든 사람이 그들이 원하는 이름으로 부를 수 있어야 한다는 것에 동의했고 국가올림픽 위원회와의 회의 시 명함에는 국가나 지역이 아닌 올림픽 위원회의 적절한 이름을 붙여야 한다는 것이 결정되었다. 이 문제에 대한 일반적인 논의는 브런디지에게 관련 3개 올림픽 위원회와의 비공개회의에서 위원회에 이 문제에 대한 해결책을 찾으라는 요청으로 이어졌다.[20]

위 회의록의 발언자들 성향을 보면, IAAF 위원장 겸 집행위원회 멤버인 엑세터(Marquis of Exeter)만이 반대하고 있다. 그는 지난 도쿄올림픽 때

---

20) IOC, OSC, Executive Board, 1968-09-10 Minutes EB Mexico.pdf, 16~17.

도 가네포 참가 선수들의 제재에 대해 가장 앞장섰던 인물이기도 하다. 안드리아노프와 클락은 북한을 지지했으며, 알리(Wajid Ali)도 북한의 주장이 맞는다는 결론에 도달했다며, 브런디지는 동독, 대만, 북한이 세 올림픽 위원회를 함께 풀어야 할 문제라고 제시했다.

집행위원회 회의만 놓고 보면 동독, 대만, 북한의 국호 문제를 따로 분리해 결정하기 어려운 상황으로 가고 있으며, 북한이 주장하는 국호를 부르는 것이 옳다는 쪽으로 기울어진 느낌이다. 결국, 안건으로 상정하게 된 데에 가장 큰 영향력을 미친 사람은 안드리아노프와 클락이라고 볼 수 있다. 그리고 북한 대표 머레이(Muray)가 등장하는데 이 존재에 대해서는 다른 정보가 없어서 파악하기 어렵다. 그리고 이 집행위원회 회의를 거쳐 제67차 멕시코 IOC 총회에 정식 의제로 상정이 되었다.

민관식을 비롯해 장기영 등 북한 국호 문제가 다시 상정됐다는 소식을 접하고 놀랐으며, 이에 대한 대처를 위해 정부 차원에서 대책 회의를 열고 대응해 가기 시작했다.[21] 북한의 국호 문제는 이제 북한만의 문제를 넘어 동독과 대만에 대한 정치적 차별 문제를 해결해야 하는 국제적인 문제가 되었음을 암시했다.

그러나 브런디지의 입장에서는 무엇보다 DPRK NOC가 요구한 국호를 존중해 불러주는 것이 정당하며, 정치적으로 차별해서는 안 된다는 원칙이 작용했을 것으로 보인다. 그는 이미 테헤란 IOC 총회에서 북한의 명패를 'DPRK'로 변경하는 것을 허용한 바 있으며, 이를 통해 그의 입장을 짐작할 수 있다.

---

21) 외교부 공개문서, IOC(국제올림픽 위원회)총회, 제68차 Warsaw(폴란드) 1969. 6. 6.~10, 4~8쪽.

나. 멕시코 총회의 쟁점 사항

1968년 10월 7일부터 11일까지 멕시코에서 제67차 IOC 총회가 개최됐다. 이 총회는 IOC 역사상 '코리아 문제'로 가장 뜨거웠던 토론과 반박성명 그리고 재반박이 오가며 혼란스러운 논쟁이 이어졌다. 먼저 총회 일정을 간략히 정리하면 다음과 같다.

> (1) IOC 집행위원회 회의: 1968. 9. 30.~10. 6.
> (2) 제67차 멕시코 IOC 총회: 1968. 10. 7.~10. 11.
> (3) 제19차 멕시코 올림픽: 1968. 10. 12.~10. 27.

올림픽 개막식이 열리기 전부터 집행위원회 회의와 총회는 멕시코 올림픽을 준비하는 중요한 회의 일정이다. 그런데 이 총회에서 29번 의제가 '북한 올림픽 위원회 명칭 변경 요청'이었다. 먼저 멕시코 총회 회의록 20~22쪽에 나타난 29번 의제 내용을 정리하면 다음과 같다.

> 장기영은 그르노블에서 IOC가 두 나라가 합쳐지기 전에 북한 이름에 대한 문제가 다시 제기되지 않을 것을 결정했다는 인상을 받았다고 말했다. 안드리아노프는 그르노블 회의 이후, 북한 올림픽 위원회의 적절한 명칭과 관련하여 다른 결정이 없어서 그 문제는 자동으로 이곳 멕시코에서 열리는 다음 회의로 연기되었고, 따라서 그것을 의제로 상정하는 것이 적절했으며, 다시 한번 논의해야 한다고 말했다. 브런디지 위원장은 상황을 검토한 뒤, 북한 대표단에 가까운 거리에 있지만 적절한 명칭에 대한 명확한 결정이 내려지지 않는 한 참가하지 않을 것이라고 회담에 통보했다. 반면 장기영은 KOC가 많은 선수단과 함께 멕시코에 있지만, 북한 이외의 이름으로 북한 사람들의 참가가 허용되면 참가하지 않겠다고 통보했다. 다음과 같은 구성원이 참여하는 장황한 토론이 이어졌다.
>
> 이 토론 동안 장기영은 성명을 발표했다(부록 XII).
> 브런디지 위원장은 이날 회의에서 북한, 동독, 대만 등 3개 사례는 관련성이 있으며, 결정이 내려질 때마다 모든 경우에 일관성이 있어야 한다

는 점을 상기시켰다. 문제의 복잡성 때문에, 그는 이 총회에서 타협점을 찾도록 해야 한다고 제안했고, 이 제안은 받아들여졌다. 다음날 브런디지 위원장은 총회에서 타협이 이루어졌다고 보고했고, 만장일치로 결의안이 채택되었다(부록 XIII).

그때 북한 대표단이 모습을 드러냈고, 그에 따라 통보받았다. 브런디지 위원장은 만약 멕시코시티에 North Korea로 참가한다면 11월 1일 자로 그들은 모든 올림픽 종목에서 D.P.R.K의 이름을 사용할 수 있다고 그들에게 설명했다. 브런디지 위원장은 이어 북한 대표단에 북한 육상협회가 I.A.A.F(세계육상연맹)와 사이가 좋지 않다는 것을 상기시켜 주었고, 따라서 북한 선수단은 멕시코 올림픽에 참가하기 전에 I.A.A.F.와 이 문제를 해결해야 한다고 명시했다.(제67차 멕시코 IOC 총회 회의록 19, 20쪽)

장기영이 개입했다: 그는 위원장의 말의 의미를 완전히 이해하지 못해, 동의할 수 없어서 더 명확한 설명을 원했다. 알렉산더(Mr. Alexander, 케냐)와 스토이체프(General Stoytchev, 불가리아)의 추가적인 설명을 거쳐, D.P.R.K 지명은 1968년 11월 1일에 발효되는 것으로 이해되었다.

모두가 동의했고, 브런디지 위원장은 20년 이상 존재했던 어려운 문제가 마침내 해결되었다는 감사를 표했다. 북한 대표단은 위원장과 IOC가 마침내 문제를 해결한 것에 대해 감사했고 1968년 11월 1일부터 명칭 변경이 발효되는 것이 잘 이해된다고 거듭 강조했다. 바가스(Mr. Vargas, 필리핀)는 만족스러운 해결책에 대해 위원장에게 축하를 보냈지만, 중국에도 유사한 문제가 존재한다는 점을 지적했다. 향후, 위에 언급된 세 올림픽 위원회 팀은 다음과 같이 지정될 것이다.

a) "조선민주주의인민공화국" = D.P.R.K.
b) "독일 민주 공화국" = G.D.R.
c) "중국 공화국" = C.R.O.

IOC 총회 기간 중 올림픽 개막식이 끝난 뒤 브런디지 위원장은 북한이 개막식에 참가하지 않았다고 비난한 장기영 위원의 편지를 읽고, 결과적으로 며칠 전에 성사된 합의 중 마지막 단락을 위반한 것으로 간주했으며, 그는 그것이 무효가 될 것이라고 선언했다. 킬라닌(Lord Killanin, 아일랜드)과 위원장은 IOC 위원들에게 너무 성급하게 결정하지 말고 결정을 내리기 전에 상황을 조사하라고 주의를 시켰다. 1968년 10월 14일, 다음과 같은 언론 성명이 발표되었다.
이어 "북한 대표단이 IOC와 맺은 합의를 지키지 않아 1968년 11월 1일부터는 '조선민주주의인민공화국'으로 부르는 허가를 철회한다"라고 덧붙였다.[22]

며칠 사이에 DPRK NOC의 운명이 극과 극을 치닫는 모습을 보게 된다.

우선, 제67차 멕시코 IOC 총회에서는 북한의 국호 문제가 완전히 해결되는 것처럼 회의가 진행되었다. 그런데 하나의 '조건'이 붙었다. 그것은 이번 멕시코 올림픽에는 'North Korea'로 참가한다면, 11월부터는 IOC 주관 모든 국제대회에서 DPRK로 참가할 수 있다고 결론을 내렸다.

총회 결정이 10월 8일 날이었고, 그날 밤 총회에서 장기영은 다음과 같은 성명을 발표한다.

> 북한이 스포츠맨십의 숭고한 원칙을 준수하고 오늘 회기 전에 약속했던 대로 'North Korea'라는 이름으로 제19회 올림픽에 참가하는지를 살펴봐야 한다. … 따라서, 만약 우리가 그들에게 제19회 올림피아드 게임에서, 그들이 IOC의 모든 결정을 존중하고, 올림픽의 성공을 위해 적극적으로 협력하면서, 훌륭한 참가자가 될 용의가 있다는 것을 보여주라고 요구하는 것은 아주 당연한 일일 것이다. 이번 총회는 북한에 진심과 진정한 스포츠 정신을 보여줄 기회를 주고 있다. … 북한이 오늘 합의한 사항을 지키지 않으면 IOC는 결정을 무효화하고 세계 스포츠 운동의 질서를 유지하기 위해 북한의 태도를 제재하는 적절한 조치를 해야 한다.[23]

장기영의 성명은 마치 북한이 'North Korea'라는 이름으로 나오지

---

22) IOC, OSC, Sessions, 1968-Mexico Folder/02-Proces-verbal-eng.pdf, 19~22.
23) 위의 서신, 58.

않을 것을 예상이라도 하고 있었던 것처럼 보였다. 멕시코 총회 회의록에 의하면 브런디지는 북한 대표단에 모든 상황을 설명했고, 그 조건에 대해 북한 대표단도 10월 8일 총회 자리에서 이해하고 감사하다고 표현했기 때문에 받아들인 것으로 보았다. 동독이나 대만은 이전 사용하던 명명을 따라 올림픽에 참가했지만, DPRK NOC는 장기영의 성명 발표 이후 나흘 만에 성명을 발표하고 올림픽에 불참을 선언했다. 그리고 DPRK NOC는 총회 후 10월 12일에는 다음과 같은 내용이 담긴 성명을 발표했다.

> 10월 8일 멕시코에서 진행된 국제올림픽 위원회 제67차 총회에서는 제19차 멕시코올림픽경기대회에 우리 나라 올림픽선수단이 "북한"이라는 이름으로 참가하는 조건으로 다음 올림픽경기대회부터 우리 선수단을 조선민주주의인민공화국으로 부르는 불법적인 "결정"을 채택하였습니다.
> …이것은 국제올림픽 위원회의 반동수뇌부가 날로 번영 발전하고있는 DPRK의 국제무대에서의 위신과 우리 국가의 존엄과 자주권을 손상시키려는 미제국주의자들의 악랄한 정치적 책동을 실현하기 위하여 우리로 하여금 조작된 "북한"이라는 명칭을 단 한번이라도 받아들이도록 강요하고 그것을 기정사실로 삼아 얼마나 악랄하게 책동하고있는가를 명백히 보여주고 있습니다.
> …제67차 IOC 총회가 열렸을 당시에도 IOC 위원장 브런디지는 남한 꼭두각시 패거리들과 비공개 회담을 가졌고, "결정"이 채택된 후 공개적으로 남한 꼭두각시들에게 유리한 결정이라고 떠들어댔습니다.
> …올림픽에 참가하는 각 국가올림픽 위원회의 선수단을 어떻게 부르는가 하는 것은 전적으로 해당 국가기구의 권한에 속하는 내부 문제이며 그 누구도 이에 간섭할 수 없습니다.[24]

DPRK NOC는 총회 자리에서 충분히 이해하지 못한 것이라기보다는, 총회가 끝나고 다시 내용을 분석해 보니 KOC의 정치적 의도가 숨

24) IOC, OSC, Avery Brundage Collection, Film 31-12/ File number, 55~56.

어 있음을 알게 되었고, 수긍하기 어려웠다고 할 수 있다. 그리고 올림픽 불참(선수단 철수)이라는 강수를 선택했다. DPRK NOC의 성명서에도 나왔듯이, IOC 내의 북한 입장을 반대하는 남한 위원이 한 번이라도 '북한'이라는 이름으로 국제 사회에 알리려는 의도가 있었다면, 이것만으로도 북한을 자극할 수 있는 이유가 될 수 있었을 것이다. 여기서 남한 위원은 장기영, 민관식, 이원경, 월터 정으로 보인다.

결국, 북한은 개막식에 참가하지 않았고 이를 지켜본 장기영은 10월 13일 브런디지에게 이는 북한과 한 합의 중 마지막 부분을 위반한 것이기 때문에 즉각 11월 1일부터 DPRK로 부르기로 한 것은 무효가 되어야 한다고 주장했다. 긴장감이 흐르는 상황으로 바뀌었다. 만약, 장기영이 북한을 자극하는 성명이 없었다면 북한은 'North Korea'로 올림픽에 참가했을까 하는 문제는 의문으로 남는다. 어찌 되었든 장기영의 문제 제기가 있자, 10월 14일 자로 멕시코 올림픽 위원회는 북한 대표단이 IOC와 합의를 지키지 않아 11월 1일 이후 DPRK로 부르기로 한 허가를 철회한다는 언론 성명을 발표한다.

상황을 정리해 보면, 제67차 IOC 총회에서는 분명히 조건을 달았다. 그리고 그것을 북한 대표단도 인정했다. KOC는 북한이 그 조건을 지키는지 두고 보자며 성명을 발표했고, 북한은 나흘 만에 그것이 악의적인 정치적 음모라고 반발하며, IOC 결정 사항을 불법적인 결정으로 규정하고 멕시코 올림픽 참가를 거부했다. KOC는 북한이 멕시코 올림픽에 참가하지 않았으므로 IOC 총회 합의 사항은 철회되어야 한다고 주장했고, IOC는 즉각 북한과의 합의 사항을 철회한다는 언론 성명을 발표하였다. 이로써 DPRK NOC 국호 문제는 원점으로 가는 듯 보였다.

다. 브런디지의 입장 변화

제67차 멕시코 IOC 총회 회의록에서 브런디지는 "20년 이상 존재했던 어려운 문제가 마침내 해결되었다는 감사를 표했다"라는 표현을 사용했다. 그는 DPRK NOC가 국제 스포츠 사회에 진출하기 위해 단일팀 구성을 위해 노력을 했고, 자신들의 국호로 올림픽에 등장하기까지 '코리아 문제'의 중재자로서 길고 지루한 시간을 보낸 것에 대한 감회를 드러낸 표현이다. 그런데 북한이 멕시코 올림픽에 참가하지 않으면서 다시 복잡한 상황으로 돌아갔다.

제19회 멕시코 올림픽이 끝나고, 11월 5일 자 브런디지가 장기영에게 보낸 서신에는 KOC로서는 받아들이기 어려운 내용이 포함되어 있었다. 즉, DPRK NOC를 승인하겠다는 것이다.

> 멕시코시티의 IOC 사무소에서 또 다른 보도 자료가 발표되었습니다. 이것은 불행하게도 다른 해석으로 귀결될 것입니다. 독일과 중국의 문제가 해결된 지금, 나는 DPRK 이름의 승인을 더 이상 미루는 것은 불가능할 것이라고 확신합니다. 정말 중요한 것은 당신의 나라가 KOREA로 불릴 것이기 때문에 이것은 당신에게 아무런 차이가 없을 것입니다. 멕시코에서 열린 회의에 당신이 참석했고 너의 개입으로 반대 측으로부터 위협받아 온 남한(South Korea)으로 국가 명칭의 변경에 대한 논의는 중단되었습니다. 지금까지 너희 나라는 서방 세계의 동정을 받아 왔지만, 북한은 도쿄, 그르노블, 멕시코 대회에도 참가하지 않았습니다. 만약 당신이 DPRK의 사용에 계속 반대한다면 당신은 이 동정을 잃게 될 것으로 생각합니다. 멕시코에서 친구로서 말했듯이 너희 나라는 KOREA로 남을 것입니다.[25]

위 브런디지의 입장이 변한 서신은 몇 가지 중요한 의미를 제공한다.

첫째는 그 배경에는 동독과 중국(대만) 문제가 DPRK NOC와 동일 선

---

25) IOC, OSC, Avery Brundage Collection, Film 31-12/ File number, 180.

상에서 논의되었고, 어느 하나의 국가만 제외하기에는 정치적 부담이 컸던 것으로 보인다. 게다가 소련을 중심으로 하는 반대 측의 협조 체계가 이루어졌다는 점이다. 이는 브런디지가 IOC 위원장이기는 하나 부위원장이 소련의 안드리아노프 등 공산권의 많은 국가가 이미 IOC 내에서 자리를 잡고 권한이 강해졌다는 점이 DPRK NOC의 승인 문제에 직간접적으로 영향력을 행사하였다는 것이다.

둘째는 북한이 계속 North Korea로 불릴 경우, 같은 논리로 대한민국의 국호도 '남한(South Korea)'으로 불릴 뻔했다는 것이다. 이는 안드리아노프 IOC 부위원장이 제안함으로써 독일을 서독과 동독으로 부르듯이 이것 역시 IOC 내의 공산 진영이 형평성 문제로 제기했을 때 한국을 국제 사회에서 남한으로 불러야 하는 또 다른 정치적 부담이 있었던 것이다. 이런 상황에서 브런디지는 DPRK와 Korea로 남한 편에서 국호 문제 문제를 확실히 정리했다고 할 수 있다.

셋째는 지금까지 KOC는 서방 세계의 동정을 받아 왔다는 표현은 국제 사회에서 상대적으로 많은 것을 얻고 혜택을 누려왔다는 이야기다. 이것을 뒤집어 생각하면, DPRK NOC는 국제 사회에서 많은 것을 포기하거나 누리지 못했다는 이야기이다. 북한은 공산권 국가와 제3세계 신생 독립국으로부터 지지를 받기는 했으나, 미국과 서방 국가들의 지지를 등에 업은 남한에 비하면 상대적으로 동정론이 일 수밖에 없는 상황이었다.

브런디지의 다소 냉정한 입장이 담긴 서신이 KOC에 전달되자 장기영은 11월 18일 자 서신에서 이렇게 밝힌다.

내가 멕시코시티를 떠난 직후 그리고 19회 올림픽 폐막식 직전인 10월 25일, 당신은 기자들과 만나 1968년 11월 1일부터 북한을 'DPRK'라고 부르는 것이 북한의 합의 위반으로 인해 철회되었음을 재확인했습니다.

…나는 당신에게 당신의 개인적인 친구로서 그리고 당신의 나라와 밀접

한 관계를 맺고 있는 나라의 시민으로서 호의를 요청합니다. 나는 당신의 편지에 너무 놀라 내 눈과 귀의 정상적인 기능을 의심했습니다. 나는 어떤 한국인이나 제삼자가 우리 사이에 이런 종류의 서신을 주고받는 것에 대해 IOC에 대해 깊은 불신을 품게 될 것을 우려한다.

…북한이 약속을 지키지 않아 (그들이 주장하기를 그 약속은 부과된 약속–일방적 약속이라 할지라도) 명의를 바꾸지 못한 것은 10월 12일 성명서에서–올림픽 참가 거부 결정을 발표했습니다–북한 스스로 인정한 것입니다.

…또한, 이것은 당신이 직접 생방송 라디오와 서면 보도 자료를 통해 전 세계에 보고한 것인데, 나는 어떻게 누군가가 당신의 공식적인 입장을 뒤집을 수 있는지 모르겠습니다. 나는 당신의 편지에서 "다른 보도 자료"를 언급하는 첫 번째 단락은 실수였다고 굳게 믿습니다. 게다가 나는 1968년 11월 5일 당신의 개인 서한에 강력히 반대합니다.[26]

장기영의 답장은 한 마디로 '믿을 수 없다'였다. 어떻게 당신이 이런 결정을 내렸는지 도무지 이해가 안 된다는 뜻이다.

브런디지의 입장 변화에 대해 남한 정부는 1964년에 있었던 IOC 위원장 재선거에서 브런디지가 소련을 중심으로 한 공산권과 타협해서 이러한 변화가 일어났다고 판단했다. 이에 따라 남한 정부는 "브런디지의 태도가 애매하다. 또한, 좌경화하는 경향이 있다"라는 분석을 내놓기도 하였다. 하지만, 1964년 도쿄 IOC 총회에서 브런디지는 전 위원의 만장일치로 재선에 성공했다. 남한 정부는 국제 사회의 흐름과 동떨어진 채, 미국과 국제기구가 남한을 지지하지 않거나 북한에 유리한 상황이 조금이라도 조성되면 이를 곧 공산화와 같은 부정적인 이미지로 연결해 문제를 인식하고 있었다.

이렇게 브런디지의 메시지에 충격을 받은 사람은 장기영뿐만이 아니었다. 스위스 올림픽 위원회장이면서 IOC 위원인 알버트 메이어(Alvert R.

---

26) IOC, OSC, Sessions, 1968-Mexico Folder/02-Proces-verbal-eng.pdf, 76~78.

Mayer)는 브런디지에게 서신을 보내 다음과 같이 자신의 견해를 밝힌다.

> 그들이 IOC와 미국을 공격하는 방식은 받아들여질 수 없다. 그것은 참
> 으로 부끄러운 일이다. 북부를 "NORTH KOREA"라고 부르고 남쪽을
> "KOREA"라고 부르는 것은 이미 결정되었음에도, 이 문제가 세 번씩이
> 나 IOC 의제로 올려졌다. 북한 올림픽 위원회의 추잡한 태도 이후에 특히,
> '코리아 문제'가 우리의 회의 의제에 다시는 나타나지 않기를 진심으로 바
> 란다. 멕시코 이후에 충분한 휴식을 취하길 바란다. 건강상의 이유로 참가
> 하지 못했지만, 지금까지 있었던 모든 일에 대해 많은 이야기를 들었다.[27]

미국과 IOC는 한 편이라는 인식을 보이고, 그 중심에 브런디지의 역
할을 은연중에 비판하며 북한을 비난하는 내용이 들어있다. 이런 갈등
구도 속에서 브런디지의 선택과 결정은 어느 한쪽에 유리하면 다른 한쪽
은 불리할 수밖에 없는 이분법적 논리로 전개되었다. 그럼에도 불구하고
그의 선택은 올림픽 운동의 큰 차원에서 정치적으로 차별받지 않아야 한
다는 올림픽 정신에 따라 북한의 국호 문제를 바라보았다고 할 수 있다.

이렇게 제67차 멕시코 IOC 총회에서 논란이 되었던 DPRK NOC
국호 문제는 일단락되었지만, IOC는 장기영의 회의록 수정에 대한 항
의를 받아들여 다음에 있을 집행위원회 안건으로 상정하면서 여전히
국호 문제의 불씨는 남아 있게 된다.

2) 제68차 바르샤바 IOC 총회(1969. 6. 7.~9.)

가. 1969년 2~3월 IOC 집행위원회의 결정

성명서와 반대 의견 등 충돌이 난무했던 1968년 제67차 멕시코
IOC 총회의 과제는 회의록이 수정되었는데 어떤 회의록이 맞는지를 제

---

27) IOC, OSC, Avery Brundage Collection, Film 77-11/ File number, 7.

68차 IOC 총회에서 가리게 되었다. 이와 관련하여 브런디지가 웨슬호프에게 보낸 12월 1일 자 서신의 내용은 다음과 같다.

> '회의록'에 실린 북한 국호 문제에 관한 당신의 질문에 대한 답변은 다음과 같다: 집행위원회 회의를 하는 동안 안드리아노프 부위원장은 회의록의 원본 29쪽에 있는 보고서를 반대했고, IOC 사무국이 보도 자료의 형태로 발표한 '총회'에서 통과된 결의안에 대한 인증된 성명서를 작성했다. 이것은 새로운 부록 XII이다.
> 내 느낌은 원래 부록 XII가 맞는 것이었다. 그러나 이 서명된 보도 자료 나왔을 때 나는 내가 잘못 알고 있었던 것이 틀림없다고 생각했다. 그러므로, 집행부 회의록 29쪽과 부록 XII 모두 변경되었다.
> …우리는 이제 안드리아노프나 장기영 중 누구의 설명이 맞는지 결정해야 하며, 나는 그것이 바르샤바 IOC 총회에서 다시 논의될 거로 생각한다. 이 성명서는 부록에서 회의록까지 포함되어야 한다.[28]

결국, 회의록이 수정된 것은 맞으나, 그 수정된 회의록 중 어떤 것이 진실에 가까운가를 놓고 안드리아노프와 장기영의 주장이 IOC 총회에서 맞붙게 되었다. 1969년 2월에 있을 집행위원회 회의에서 이 문제를 다루려고 했으나, 장기영은 참석하고, 안드리아노프가 참석하지 않아 이 논의는 1970년 암스테르담 총회에서 다루기로 합의되었다.

그러나 1969년 3월 22일에 열린 IOC 집행위원회 회의에서 제67차 멕시코 IOC 총회 회의록 승인에 관한 안건에 대해 안드리아노프는 한국과 관련한 회의록 문구를 수정해야 한다고 주장했고, 이 문제는 다음 1969년 6월 바르샤바 IOC 총회에서 다뤄지게 되었다. 그런데 브런디지는 장기영과 앞으로 '코리아 문제(북한의 국호 문제 재언급)'를 다시 다루지 않겠다고 약속했으나, 집행위원회 회의 결과 '코리아 문제'는 빠졌지만,

---

28) IOC, OSC, Sessions, 1968-Mexico Folder/02-Proces-verbal-eng.pdf, 69.

회의록 변경 문제 제기에 관한 추후 논란은 남아 있다고 알렸다.[29] 그리고 5월에 장기영은 브런디지에게 '코리아 문제'는 의제로 상정되지 않았지만, 다시 가능성이 남아 있다는 것이 잘 이해되지 않는다며 집행위원들의 도움을 받으면 '코리아 문제'를 막을 수 있다고 판단한다며 회의록과 관련된 문제 제기를 피할 수 있었을 것이라는 아쉬움을 보였다.[30] 결국, 1969년 6월 바르샤바 IOC 총회에서 '코리아 문제'를 다시 논의하는 것은 불가피해졌다.

나. 장기영과 안드리아노프 주장의 차이

1969년 6월 7일부터 9일까지 폴란드 바르샤바에서 제68차 IOC 총회가 개최되었다. 이제 바르샤바 IOC 총회에서 DPRK NOC 국호 문제를 놓고 회의록에 대한 진실 여부를 가리게 되었는데 그 회의록과 서신에서 나타난 두 사람의 차이점을 확인하면 다음과 같다.

우선 장기영이 주장은 그가 <부록 II>를 근거로 하고 있다. 그 내용은 다음과 같다.

> <부록 II>
> 한국과 북한의 대표단 간 합의
> 1968년 11월 1일 이후 그르노블에서 열린 국제올림픽 위원회(IOC)가 제66차 대회 때 결정한 대로 북한 대표팀이 이곳 멕시코시티에서 열리는 제19회 올림픽에 참가하면 D.P.R. Korea로 지정이 변경된다. 만약 멕시코시티에 참여하지 않는다면, 이 결정은 무효가 될 것이다.[31]

이 <부록 II>는 멕시코 총회 회의록에 포함된 내용이다. 그리고 이것을

---

29) IOC, OSC, Avery Brundage Collection, Film 31-12/ File number, 88.
30) 위의 서신, 69.
31) IOC, OSC, Avery Brundage Collection, Film 77-11/ File number, 11.

통해 공식 철회와 무효라는 IOC 측의 보도 자료도 있었다. 이를 근거로 장기영은 계속해서 북한을 DPRK로 불러서는 안 된다고 주장하는 것이다.

반면, 안드리아노프는 <부록 III>를 제시하고 이것이 맞다고 주장하는 것이다. 제67차 IOC 총회는 <부록 III>를 만장일치로 통과시켰다는 기록이 회의록에 제시됐다. 그 내용은 다음과 같다.

> <부록 XIII>
> IOC 총회에서 멕시코 대회에 조선민주주의인민공화국(DPRK) 올림픽 위원회(NOC)로 참가한 팀들에 '북한(North Korea)'으로 출전하는 것을 만장일치로 결의됐다. 이 팀은 향후 경기에서 "D.P.R.K"로 표기될 것이다. 한국 팀 표기에는 변화가 없다. 이 해결책은 에이버리 브런디지 위원장과의 협상에 이어 자유로운 경쟁을 허용하자는 올림픽 정신으로 양측이 합의했다.[32]

이 내용은 앞서 제시된 부록 II와는 조금 다르게 '멕시코 올림픽에 참가하면'이라는 조건에 관한 표현이 빠져있다. 즉, 참가하면, 11월 1일 이후부터 'DPRK'로 표기한다는 조건부 내용은 빠지고 향후 경기라고만 명시하고 있다. 이렇게 회의록 내용이 일관되지 못한 데에는 앞서 설명했듯이 KOC 대표단의 적극적인 개입과 브런디지의 묵인하에 수정됐다고 볼 수 있으며, IOC 부회장인 안드리아노프가 이를 바로 잡기 위해 영향력을 행사했다고 할 수 있다.

상황은 안드리아노프 부위원장이 3월 집행위원회에서 제기한 안건 상정으로 바르샤바 총회에서 장기영의 제안과 맞부딪히는 일은 불가피해졌다. 이에 장기영은 이러한 상황은 브런디지가 안드리아노프의 문제 제기를 적극적으로 나서서 막아내지 못해서 발생했다고 생각했다.[33]

32) IOC, OSC, Sessions, 1968-Mexico Folder/02-Proces-verbal-eng.pdf, 59~60.
33) IOC, OSC, Avery Brundage Collection, Film 31-12/ File number, 69.

그럼에도 불구하고 장기영은 다시 브런디지에게 도움을 요청하지 않을 수 없는 상황이 되었고, 논란이 된 부록의 서류들을 마련하여 미리 전달하였다. 그리고 성명서를 IOC 위원들에게 배포하며 할 수 있는 다양한 방법을 동원해 총회를 준비했다.[34]

다. 총회 회의록

제68차 바르샤바 IOC 총회는 첫날 3번째 안건으로 상정된 안건은 '제67차 멕시코 총회 북한 관련 회의록 승인'에 대한 것이었다. 먼저 토론에 참여한 사람들은 브런디지, 안드리아노프, 장기영, 잉키아르테(Mr. Inciarte, 우루과이), 아데몰라(Sir Ade Ademola, 나이지리아), 로마노브(Mr. Romanov, 소련), 라파스(Vice Admiral Lappas, 그리스), 로비(Mr. D. Roby, 미국)로 기록되어 있다.

<제기된 논점 및 쟁점>
1. 장기영이 발언했다.
2. 20페이지, 멕시코 회의록 5번째 문단, 문장은 이렇게 쓰여 있다.
　'…그들이 멕시코시티에서 북한(North Korea)으로 참여한다면…'
3. 멕시코의 부록 XIII (부록 2)
질문은 다음과 같았다.
북한올림픽 위원회인 "D.P.R.K"의 지정이 (2)에 명시된 바와 같이 그들의 예진 이름으로 멕시코 올림픽에 참가하는 것을 조건으로 한 것인지?
또는 (3)에 명시된 바와 같이 명명법이 1968년 11월 1일부터 공식화하기로 한 결정이 최종적인 것인지?
결정.
'멕시코 총회 회의록의 부록 XIII가 옳다'에 대한 동의 투표가 벌어졌다.
결과: 찬성 28 반대 15 기권 2
따라서 부록 XIII는 유효한 것으로 간주하였고, 북한 팀은 이제 공식적으로 'D.P.R.K'로 지정될 것이다.

---

34) 위의 서신, 54·57.

결정에 대한 이의:

1. 장 씨가 못마땅한 목소리를 냈다(부록 III),

2. 장 씨가 제69차 총회(부록 4a, 4b)에서 전체 문제를 재논의할 수 있도록 추가로 특별위원회를 설치하자고 제안한다.

– 제안은 거부되었다.

조선민주주의인민공화국은 IOC의 결정에 감사를 표하고, 이에 따라 그들의 국가올림픽 위원회가 모든 올림픽 활동에 참여하게 될 것이라는 내용의 메시지를 받았다.[35]

장기영의 제안은 거부되었고, DPRK NOC는 국제 스포츠 사회에서 그들의 국호를 가지고 올림픽뿐만 아니라 IF 산하의 각 종목 연맹에서 개최하는 모든 대회에 참가할 수 있게 되었다. 그러나 이 회의록 논쟁의 내밀한 내용이 1969년 1월 10일 안드리아노프가 브런디지에게 보낸 서신에 왜 그렇게 전개될 수밖에 없었는가에 대한 이유가 나온다.

안드리아노프는 멕시코 총회 회의록이 먼저 누군가에 의해 왜곡되었고, 다음의 문구가 합의되지 않은 채 삽입되었다는 주장이다.

회의록 마지막에 삽입된 내용은 다음과 같다.

북한이 North Korea로 참가한다면…

1968년 10월 14일, 다음과 같은 언론 성명이 발표되었다. 이어 북한 대표단이 IOC와 맺은 합의를 지키지 않아 1968년 11월 1일부터는 '조선민주주의인민공화국'이라고 부르는 허가를 철회한다.

안드리아노프는 그 문장에 관하여 "집행위원회는 그 문제를 재고하지도 않았고, 결정을 변경하지도 않았다. 집행위원회는 이번 총회(멕시코)의 결정이 유효해야 한다고 의견을 표명했다. 따라서 비준되지 않고, 사안의 본질을 완전히 바꾼 회의록 발췌문에서 언론에 대한 이 진술은 명

---

35) IOC, OSC, Sessions, 1969 Folder/02-Proces-verbal-eng.pdf, 3~4.

백한 위반이다"라며 브런디지에게 주장했다. 결론적으로, 멕시코 총회에 회의록 마지막 부분에 기록된 내용은 누군가에 의해 강제적으로 삽입된 것으로 보인다. 그리고 이 내용이 언론을 통해 알려지면서, 북한이 멕시코 올림픽에 참가하지 않을 경우 국호는 원래대로 사용한다는 상황으로 확대되었다는 주장이다.

실제 멕시코 현지 IOC 사무소에서 다른 보도 자료가 발표되어, 또 다른 해석이 있었다는 브런디지의 설명도 있었다.[36] 총회의 결론은 전반적으로 독일, 대만, 북한의 국호를 11월 1일부터 제대로 불러주자는 내용을 마련했지만, 그 사이에 누군가의 주도로 이번 대회에 참가하지 않는다면 국호 변경은 취소된다는 것을 명시했다는 것이다. 누가 이 일을 주도했는지는 알 수 없으나, 남한 대표가 깊이 관여되어 있었다는 추론할 수 있다.

이에 대해 외교부 공개문서에서 당시 상황을 요약해서 보고한 내용에서 그 배경을 짐작할 수 있다.

> 이러한 결정으로(멕시코 대회까지만 North Korea로 부르게 함으로써)
> 북괴에게 'DPRK'라는 호칭을 부여하게 된 것은
> ㄱ. 대한민국이 국제스포츠 분야에서 북괴와 동등하게 취급되는 것을
>   방지하고,
> ㄴ. 북괴로 하여금 'NORTH KOREA'라는 이름으로 올림픽에 참가케하여
>   그것을 올림픽 역사상 기록에 남게 하고,
> ㄷ. 대한민국이 'KOREA'라는 포괄적인 명칭을 지니는 것을 굳히기 위해
>   필요했다.[37]

이 멕시코 총회에 KOC 대표단으로 참석한 사람은 민관식 KOC 회장과 이원경 KOC 상임이사였다. 그리고 IOC 위원으로 장기영이 함

---

36) IOC, OSC, Avery Brundage Collection, Film 31-12/ File number, 180.
37) 외교부 공개문서, IOC 총회, 제68차. Warasaw(폴란드) 1969. 6. 6.~10, 12쪽.

께 했다. 그들이 앞서서 이러한 명분을 가지고 이번 대회까지만 'North Korea'로 부르게 함으로써 IOC 올림픽 역사에 기록으로 남기려는 의도를 가지고 대응한 것으로 볼 수 있다.

이 1969년 바르샤바 IOC 총회의 결정은 문구 해석을 논리적으로 보았을 때는 장기영의 문제 제기가 타당해 보이나, 그 문구가 들어가게 된 배경에는 의도적인 개입이 있었다는 것이 밝혀진 셈이다. 결국, 이러한 상황에서 안드리아노프가 적극적으로 나서서 회의록이 수정된 정황을 밝히고 브런디지가 이를 받아들임으로써 북한은 1952년 IOC 승인의 문을 두드린 DPRK NOC는 1969년 6월 7일, 17년 만에 IOC로부터 완전한 승인(Full Recognition)을 받은 셈이었다.

장기영은 즉각 성명을 내고 아래와 같이 이 총회의 결정을 받아들일 수 없다고 했다.

> 브런디지 위원장과 친애하는 동료 여러분:
> 나는 오늘 오후에 오늘 아침 일찍 이 총회가 내린 부정한 결정과 직접적인 관련이 있는 아주 간단한 성명을 내고 싶다. 첫째, 한국은 D.P.R.K를 인정하지 않는다. IOC가 북한팀의 이름을 D.P.R.K로 사용하기로 했기 때문에, 우리는 이 결정을 따를 것이다. 이 결정이 북한 정권(체제)의 인정을 의미하는 것은 아니다.
> 둘째로, 나는 IOC가 멕시코시티 총회에서 통과된 결의안이 아닌 부록 XIII을 포함한 67차 회의록을 승인해야 한다는 것을 알게 되어 매우 놀랐다. 나는 67차 회의록 20페이지와 22페이지로 여기 바르샤바에 참석한 IOC 위원들의 관심을 끌고 싶다.
> 그들이 멕시코시티에서 북한(NORTH KOREA)로 참여한다면 그리고 D.P.R.K로 부를 수 있는 허가를 철회한다. 그렇다면, 어떻게 국제올림픽위원회(IOC)가 멕시코시티에서 부록 XIII로 통과되지 않은 결의문을 승인할 수 있을까? 나는 오늘 아침 이 회의의 승인을 받은 모순에 대해 어리둥절하다.
> 세 번째로, 공식 성명을 발표한 북한조차도 멕시코에서 IOC는 그들이 지

키기를 원하지 않는 '조건'을 두었다고 인정했다. 이전에, 여러분 각자가
북한 성명서의 사본을 받았었다.[38]

장기영의 이러한 호소에도 불구하고 더 이상의 논의는 없었고, 그대
로 확정이 되었다. DPRK NOC가 처음으로 KOC에 접촉 의사를 밝힌
1957년 6월 10일 이후부터 IOC를 중심으로 남과 북은 치열한 대립각
을 세우며 여기까지 오게 되었다. 장기영의 성명에서도 나타나듯이 이
논쟁의 핵심은 '북한 정권을 인정하느냐'의 문제였다.

결국, 20년 만에 IOC로부터 DPRK는 국제 스포츠 사회의 한 구성원
임을 인정받은 것이다. 이것의 또 다른 의미로 남과 북이 국제 스포츠 사
회에서 대등한 두 국가로 맞붙게 되는 스포츠 분단의 상황이 된 것이다.
남북 당사자들이 서로 국가를 인정하고 안 하고의 문제가 아니라 국제
스포츠 사회는 엄연한 두 개의 NOC와 두 개의 국가를 인정한 것이다.

이러한 상황에서 브런디지가 6월 10일 장기영에게 보내는 서신에서
도 비슷한 속내를 이야기했다.

> IOC가 독일민주공화국, 중화민국이라는 명칭의 문제를 해결한 상황에서
> 북한이라는 명칭의 해결을 늦추는 것은 불가능했다. 당신은 마지막까지
> 싸웠고 위원회 전체가 당신의 끈기와 집념에 감탄했다. 너희 팀과 위원회
> 가 한국(Korea)의 팀과 위원회로 알려질 것이기 때문에, 너희 위원회의
> 원래 한국 위원회로서의 위치가 변하지 않았다. 물론 이 조치가 북한 정
> 부를 인정하는 것은 아니다.[39]

브런디지가 장기영을 도와주는(북한의 국호를 인정하지 않는 것) 데 어려움이
있었던 가장 큰 요인은 국호 문제를 북한 한 국가만의 문제로 취급하지
않았다는 점이다. 이미 멕시코 올림픽 이후 동독과 대만의 국호 문제가

---

38) IOC, OSC, Sessions, 1969 Folder/02-Proces-verbal-eng.pdf, 27.
39) IOC, OSC, Avery Brundage Collection, Film 77-07/ File number, 22.

해결되었기 때문에 북한만 따로 연기하거나 제외하는 문제는 상당히 어려운 문제였다. 올림픽 규정에 있는 '어떠한 차별도 없어야 한다'라는 그 명제가 결국 올림픽 운동의 큰 원칙이었고, 진영 논리를 떠나 올림픽 참가에 있어서 인종과 정치, 종교적 차별을 허락하지 않으려는 올림픽 정신에 근거한 결정이었다고 볼 수 있다.

브런디지의 서신 마지막 문장에서 "북한 정부를 인정하는 것은 아니다"라고 했다. 이것의 의미는 결국 20년 동안 이 문제를 끌고 왔던 배경에는 북한의 '국가성'에 대한 인정 여부의 문제인 것이라고 볼 수 있다. 그만큼 냉전의 국제질서 속에서 북한이 처한 상황은 하나의 국가로서 인정받는 것이 무엇보다 중요했고, 이를 남한과 또 다른 국제 사회가 인정할 것이냐의 문제로 남아 있게 되었다.

장기영은 여기서 멈추지 않고 다시 안건을 제안했다. 회의록에 관한 조사를 위해 특별위원회를 요청하는 제안이다. 그러나 1970년 5월 12일 제69차 암스테르담 IOC 총회에서 장기영이 제안한 안건은 상정되지 않았다. 다만 장기영이 브런디지에게 보낸 서신을 회의록에 추가해 달라고 요청하고, 이를 IOC 위원들이 동의하는 것으로 DPRK NOC 국호 문제는 IOC에서 종결된다. 이러한 장기영의 외교적 행위의 배경에는 한국 정부의 대응 방침에 따른 전략적 측면과 맥락을 같이 했다.[40] 남한 정부는 북한이 국제 사회에서 대등한 국가로 등장하는 것을 인정할 수 없었다.

한편, 바르샤바 IOC 총회를 대비하기 위해 정부에서는 IOC 위원 장기영, KOC 부위원장 월터 정, KOC 상임위원 이원경, 그 외 외무부 실무자(통역) 1명, 중앙정보부 실무자 1명, KOC 실무자 1명 등 총 6명이 파

---

40) 외교부 공개문서, IOC 총회, 제68차. Warasaw(폴란드) 1969. 6. 6.~10, 25~36쪽.

견될 예정이었다.[41] 그러나 1969년 3월 7일 자 장기영이 브런디지에게 보낸 한국 대표단 명단에는 실무자 중 한 사람이 빠지고 자신의 딸 장일희가 추가되어 있었다.[42] 그리고 바르샤바에서 장기영 앞으로 온 비자는 본인과 딸의 것으로 온 2장뿐이었다. 월터 정과 정태연, 김상철, 이원경은 이름을 올렸다가 비자가 취소된 것이다. 그대로라면 장기영과 장일희 두 부녀만 바르샤바 총회에 참석하게 되는 것이었다. 장기영은 즉시 브런디지에게 서신을 보내 자기 딸은 그르노블과 멕시코 총회에도 갔었다며, 비자 문제를 해결해 달라고 다시 연락했다. 브런디지는 폴란드 대사관에 연락해 협조를 구했으나, 추가로 2장만 발급받아 월터 정과 정태연 등 총 4명이 대표로 참석했다. 이원경과 김상철은 합류하지 못했다. 북한의 국호 문제를 저지하기 위해 외교 공무수행을 하는데 딸이 어떤 직무를 수행했는지는 알 수 없지만, IOC 서신에서 장기영의 딸이 등장한 점은 흥미로운 지점이다.

3) IOC 인물 간의 입장과 변화

가. 브런디지와 오토 마이어

미국 태생의 브런디지는 1946년 IOC 부위원장이었고, 1952년부터 1972년까지 IOC 위원장을 지냈다. 스위스 태생의 오토 마이어는 1946년부터 1964년까지 IOC 사무총장을 지냈다. 이 두 사람은 한반도에서 두 NOC 승인 문제에 깊이 관여하며 올림픽 운동을 이끌고 왔던 주역들이다. 특히나 그들은 남북 '단일팀' 구성을 위해 많은 시간과 정성을 쏟았다. 처음에는 북한의 IOC 승인이 어렵다고 생각하였지만, '종교,

---

41) 외교부 공개문서, IOC 총회, 제68차. Warasaw(폴란드) 1969. 6. 6.~10, 66쪽.
42) IOC, OSC, Avery Brundage Collection, Film 31-12/ File number, 83.

인종, 정치적으로 차별을 받지 않아야 한다'라는 올림픽 정신이 결국 DPRK NOC의 승인으로 이어질 수 있는 근거가 되었다.

브런디지는 KOC와 매우 두터운 친분을 유지하며 한국에도 여러 차례 방문하고 환대를 받는 등 좋은 관계를 이어갔다. 초기에는 IOC 내에서 DPRK NOC의 문제가 복잡해지고 난관에 부딪힐 때마다 KOC와 먼저 의사를 조율하며, DPRK NOC와 관련된 문제를 남한에 유리하게 공동 대응해 갔다. 그러나 브런디지는 1963년 남북 '단일팀' 문제와 1968년 '북한 국호' 문제를 거치며 북한의 주장에 긍정적인 심경 변화를 불러오며, 올림픽 운동의 대승적 차원에서 이 문제를 바라보았다. 또한, 국호 문제에서 KOC의 주장이 과하다고 생각해서 고심 끝에 결단을 내리고 DPRK NOC의 주장을 수용하게 된 것이다.

반면, 오토 마이어는 KOC와 일정한 거리를 두었다. 초기에는 KOC가 제공하는 만찬이나 환대에 부담을 갖고 거부하며 참가하지 않았을 때도 있었다. 그는 '단일팀' 문제에서 KOC의 행동에 대해 경고성 발언도 주저치 않았던 그만의 행동 철학도 보였다. 시간이 흐를수록 DPRK NOC의 문제가 정치적으로 혼탁해질 때도 오토 마이어는 북한의 올림픽 참가를 보장하기 위해 우호적인 입장에서 노력하였다. 하지만, 1964년 도쿄올림픽에서 남북 '단일팀' 구성을 위해 오토 마이어가 헌신한 노력이 허사가 되면서 '코리아 문제'에 대해 상심이 컸을 때도 있었다. 이 시기 오토 마이어는 KOC가 주장했던 전쟁 중이라는 남북의 특수성을 이해하며 단일팀 구성의 한계를 깨달았다. IOC 내에서 북한의 승인 과정은 분단과 냉전의 영향 아래 있었고, 전쟁을 겪은 한반도는 남북이 그 상처를 치유하기 전에 명분으로 하나가 되어야 함을 요구받는 불편한 시간이었다. 그럼에도 불구하고 IOC 내에서 브런디지와 오토 마이어는 올림픽 정신에 근거한 DPRK NOC 승인 결정까지 중요한 조력자로서 역할을 다하였다는 것이다.

나. 브런디지와 안드리아노프

소련 태생의 안드리아노프는 1951년 소련이 IOC에 가입한 때부터 IOC 위원으로 활동하기 시작했다. 1962년 제59차 모스크바 IOC 총회에서 IOC 집행위원회 위원으로 선출됐다. 그리고 1966년 4월 로마 IOC 총회에서 IOC 부회장으로 선출됐다. 안드리아노프는 북한이 처음 IOC 문을 두드린 1952년부터 1969년 최종 DPRK 국호를 인정받기까지 전 과정에서 DPRK NOC 승인과 올림픽 참가를 이뤄내는 데 일등 공신이라고 할 수 있다. 1956년 북한이 NOC를 구성하고 IOC 승인신청을 했을 때, 회의록에 DPRK NOC와 관련한 안드리아노프 발언들이 등장했다. 그는 1957년 제53차 소피아 IOC 총회에서 처음으로 단일팀 구성을 제안하였으며, 격론 끝에 북한의 '잠정 승인(Provisional Recognition)'으로 이어졌다.

안드리아노프는 IOC라는 국제기구를 통해서 그가 추구하는 올림픽 이상을 하나씩 실현하여 나갔다. 2차 세계대전이 끝나고 동·서 양 진영의 냉전 시기에 IOC라는 국제기구에서 사회주의 진영의 수장으로 영향력을 펼쳐왔다. 그러나 안드리아노프는 IOC와 제3세계 신흥 국가들의 정치적 갈등으로 첨예했던 가네포 대회를 적극적으로 찬성하지 않았다. 오히려 IOC 내에서 발언권을 행사하며 올림픽 운동과 이상을 펼치는 일에 더 집중했다. 이러한 그의 행동은 진영을 떠나 올림픽 운동에 대한 신뢰를 높였고, DPRK NOC 승인 문제에서 그의 영향력이 발휘된 것도 그가 쌓은 신뢰 때문이었다. 그는 IOC 부위원장이 되면서 북한이 제기하는 '국호' 문제를 안건으로 상정하는 데 큰 역할을 했으며, 특히 동독과 대만 그리고 북한의 국호 문제를 한꺼번에 해결하는 전략을 성공시키는 데 앞장섰다.

한편, 안드리아노프와 브런디지는 올림픽 운동에 있어 같은 배를 탄

동지였다. 제프리 밀러(Geoffrey Miller, 1982)의 자료에 의하면 "브런디지는, 올림픽 운동과 그 이상을 마치 무슨 실물처럼 지키는 맹견 같은 존재였다"라고 표현하면서 "이 경비견은 쿠베르탱이 확립해 놓은 원칙을 조금이라도 벗어나면 단박에 으르렁거리며 물어뜯곤 했다. 그 때문에 그에게는 적도 많았다"라고 평가한다. 이러한 점 때문에 안드리아노프와 임기 말년에 가서는 서로 올림픽 운동과 이상에 관해 일치된 신뢰가 형성된 것이다. 이러한 신뢰 관계는 IOC 내에서 양대 진영의 대표로서 서로 존중하며 첨예하게 대립하는 문제들을 원만하게 풀어갈 수 있었던 배경으로 볼 수 있다.

이러한 두 사람 관계가 입증된 것은 크게 두 가지인데, 그 하나는 1963년 가네포 대회를 바라보는 시각이었다. 공산 진영과 제3세계 지역을 포함하는 가네포 대회의 출현을 안드리아노프는 그리 달가워하지 않았다. 그래서 올림픽 운동에 반하는 행동이라는 입장을 취하기도 했었다. 실제 대회가 임박하자 소련 2진 선수들을 내보낼 만큼 소극적인 대응으로 최소한의 역할을 담당했었다.

또 하나는 북한의 국호 인정 문제이다. 1968년 멕시코 총회에 DPRK NOC 문제를 안건에 상정할 것을 브런디지와 안드리아노프가 사전에 상의하는 기록은 그 단적인 예이다. 당시 사무총장인 웨슬호프는 브런디지와 의견 충돌을 보일 때 안드리아노프와 브런디지는 회의록의 수정이 누구에 의해 일어났는지 함께 찾았고, 그 후 누가 그랬는지는 정확한 결론을 알 수 없으나, 웨슬호프가 1969년 1월 20일 자로 보직을 사임하면서 당시 회의록 수정 문제는 안드리아노프쪽으로 유리해졌다.[43] 멕시코 총회와 바르샤바 총회에서의 회의록 왜곡 사건에서 안드리아노

---

43) 외교부 공개문서, IOC 총회, 제68차. Warasaw(폴란드) 1969. 6. 6.~10, 62쪽; IOC, OSC, Avery Brundage Collection, Film 30-14/ File number, 26~27.

프가 영향력을 행사할 수 있었던 것도 브런디지의 지지가 있었기에 가능했다. 결국, 브런디지는 안드리아노프와 함께 DPRK NOC의 국호 문제를 인정하고 동독과 대만을 한 문제로 묶어서 IOC 위원들의 표결로 처리하는 결단력을 보여줬다.

결과적으로 안드리아노프와 브런디지는 올림픽 운동과 이상을 실천하는 데 있어서 든든한 동반자로 IOC 내에서 DPRK NOC의 승인 문제에 중요한 역할을 하였고, 냉전 시기 IOC 내에서 양 진영 국가들의 협력을 잘 끌어냈던 리더로 자리매김하였다.

3. 남북 스포츠 분단과 엘리트(전문) 체육 정책 강화

1) 1972년 8월 뮌헨하계올림픽

북한은 1969년 6월 7일 정식 국호(DPRK)로 IOC에서 최종 승인을 받고 국제기구에 정식 성원이 된 첫 번째 사례가 되었다. 이럼으로써 남과 북은 완전한 두 개의 NOC가 탄생하였으며, 이에 따라 하나의 NOC(KOC)를 통해 단일팀 구성을 성사시킬 수 있는 기회를 잃게 되었다. 남북의 NOC가 각각 존재하는 스포츠 분단이 시작되었다. 이후 남북은 아이러니하게도 대등한 NOC 관계로 스포츠 통합, 즉 단일팀 협상을 다시 시작해 나갔다. 1972년 7.4 남북공동성명이 있고 난 후, 단일팀 구성에 주도적인 측은 북측이었다.[44]

북한이 IOC에 가입하여 정식 국호를 승인받기까지 지난한 과정을 거친 후, 북한은 1970년대에 들어 세계보건기구(WHO, 1973), 유네스코

---

44) 오현주 체육지도위원장은 김택수 대한체육회장에게 뮌헨올림픽에 남북이 단일팀을 구성해 참가하자고 평양 방송을 통해 발표했다.

(UNESCO, 1974) 등 다른 국제기구에도 정식 국호 DPRK로 가입을 이어갔다. 당장 1972년 뮌헨 하계 올림픽에서 첫 남북 스포츠 대결을 펼치게 되었다. 하계 올림픽에 처음 참가한 DPRK NOC는 남자 선수 24명과 여자 선수 14명을 출전시켰다. 남자 선수는 육상, 복싱, 체조, 유도, 조정, 사격, 역도, 레슬링 등 8개 종목에 출전하였고, 여자 선수는 양궁과 배구 2개 종목에 출전하였다. 경기 결과는 8월 28일 사격에서 리호준이 50M 복사 경기에서 금메달, 복싱에서 김우길이 -48kg 급에서 은메달, 유도에서 김영익이 -63kg 급에서 동메달, 레슬링 자유형 -52kg에서 김관현이 동메달, 여자 배구에서 동메달 등 총 금메달 1개, 은메달 1개, 동메달 3개를 획득했다. 남북한을 통틀어 해방 이후, 최초의 금메달리스트가 북한에서 탄생한 것이다. 이를 두고 동아일보에서는 '우리 민족의 두 번째 금메달'이라는 표현을 사용하며 같은 민족의 경사로 보기도 했다.[45]

1948년 이래로 7번째 올림픽에 참가한 KOC는 남자 선수 33명, 여자 선수 10명을 출전시켰다. 남자 선수는 수영, 육상, 복싱, 유도, 사격, 배구, 역도, 레슬링 등 8개 종목에 출전하였고, 여자 선수는 육상과 배구 2개 종목에 출전하였다. 경기 결과는 유도 -80kg 급에서 오승립이 은메달을 획득하여 총 1개의 메달이 전부였다.

이때 당시 남과 북의 출전 종목의 형태를 보면, 함께 출전했던 종목은 육상, 사격, 배구, 복싱, 레슬링, 역도, 유도 등 7개였다. 이것은 남과 북이 비슷한 종목을 서로 육성했던 특징을 보인다. 특히 단체 종목으로는 배구가 유일했으며, 그중에서도 여자배구 경기에 함께 참가했다는 것이 특징이다. 당시 배구 종목에 대한 인기를 실감할 수 있다. 또 하나의 특징은 남북이 복싱, 유도, 레슬링, 역도 등의 체급별 경기에 많은 공을 들였다는 점이다. 또한 기록경기에서는 사격 종목에 많은 공을 들여

45) 『동아일보』, 「횡설수설」, 1972년 8월 30일.

참가했던 점도 당시 분단 상황을 반영한 모습이라고 할 수 있다. 사격 종목은 국방 체육의 가장 주요한 종목으로 군사력 강화와 연관되어 있어 높은 비중을 둘 수밖에 없었을 것이다. 이렇게 DPRK NOC는 1952년 IOC에 처음 문을 두드린 후, 20년 만에 자신들의 국호를 내걸고 올림픽대회에 처음 참가해서 좋은 성적을 거둔 셈이다. 그러나 첫 올림픽 참가 성적에 대해서 당시 로동신문에 단 세 컷의 기사만 실렸고 크게 비중 있게 다루지 않았다는 점이 특징이다.

2) 남북의 국가 주도 스포츠 정책 강화

북한은 1972년 8월 28일 당일 그리고 그다음 날도 리호준 금메달 소식을 로동신문에 한 줄도 싣지 않았다. 한참 뒤인 9월 14일 자에 단신으로 금메달 소식을 전한 것이 처음이다. 북한에 있어서 분명 기쁜 소식임에도 불구하고 이렇게 차분한 분위기는 남한의 시각에서 볼 때 매우 이례적인 일이다. 김일성은 1972년 9월 6일 조선로동당 중앙위원회 정치위원회에서 "체육사업을 발전시킬데 대하여"라는 연설을 하였다.[46] 이 시점은 뮌헨올림픽이 끝나지 않은 때였다. 이 연설문을 토대로 당시 김일성이 생각했던 체육에 관한 전반적인 내용을 요약 정리하면 다음과 같다.

첫째로 체육사업이 잘되지 않는 것에 대한 비판으로 시작했다. 올림픽 금메달 소식이 들려온 지 9일 만에 절대 지도자에게서 나온 첫마디는 체육사업이 잘 되고 있지 않다는 이야기였다. 예전에 대중체육이 활

---

46) 1972년 8월 28일 제20회 뮌헨올림픽에서 PRK의 리호준은 50M 사격경기에서 600점 만점에 599점으로 세계 신기록을 세우고 금메달을 땄다. 금메달이 확정되고 로이터 통신 기자와의 인터뷰 내용이 문제가 되어 금메달이 취소될 뻔했다. "저는 과녁을 조선 인민의 철천지 원쑤인 미국놈의 털가슴을 보고 쏘았습니다"라고 한 것이다. 장철유 외, 『조국을 빛내인 올림픽우승자들 (1)』, 평양: 금성청년출판사, 2014, 10쪽.

발하게 전개되었을 때는 체육사업이 활기를 띠었는데 요즘은 그렇지 못하다는 지적을 하고 축구, 여자배구, 마라톤을 예로 든다. 축구는 예선전에서 떨어져 북한이 1972년 뮌헨올림픽에 참가하지 못했다. 배구는 동메달을 땄다. 북한은 1969년 세계선수권대회에서 1위를 했던 북한 배구팀이었다. 그리고 마라톤은 아예 순위에도 들지 못했다. 김일성은 기대했던 성적을 내지 못하자 그에 대한 문제점을 하나씩 지적해 나갔다. 둘째로 체육 사업이 잘 안되는 이유로 '당'이 체육사업에 관심을 두지 않는 데서 주요 원인을 찾는다. 청년사업부에 맡겼는데, 잘 못 한다는 것이다. 셋째로 학교 체육이 잘 안된다고 지적한다. 구기 체육을 많이 시키지 않는다는 것이다. 축구, 배구, 롱구도 하지 않고 탁구, 정구도 하지 않으며, 육상이나 수영도 잘하지 않는다며 이들 운동을 인민학교 때부터 잘 시켜야 한다고 강조한다. 넷째로 학교 체육사업이 잘되지 않는 원인은 사로청이 잘못하고 있기 때문이라고 지적한다. 사로청은 체육 기자재 공장, 학교, 인민군대, 인민 경비대 등에서 청소년 체육사업을 중요한 혁명 과업으로 생각하고 잘 조직 전개하길 주문했다. 다섯째로 체육을 발전시키려면 대중화, 전민화를 실현해야 한다고 강조한다. 지금처럼 몇 사람의 전문 선수들이나 훈련 시켜서 국제무대에 가서 훌륭한 체육기술을 보여줄 수 없다는 것이다. 여섯째로 체육교원과 체육대학 등 체육선수들의 전도 문제를 풀어 줄 수 있는 체육지도원을 양성하는 것이 중요하다고 제시했다. 동시에 체육 경기를 많이 조직해서 이기면 상품도 주라고 제안했다. 일곱 번째로 체육선수들은 다른 나라에 자주 보내어 국제경기에 참가시키며 체육기술과 경기 경험을 배우도록 하고, 국제 심판들도 더 많이 키우고, 국제 체육 기구들에서 광범히 활동할 수 있도록 하여야 한다고 강조했다. 실제로 당시 북한 레슬링 선수들은 동유럽 국가들과 교류가 잦아서 레슬링 연습 상대로 많은 실전 경험을 쌓는 계기가 되었다. 이는 당시 남한보다 북한이 레슬링 실력에서 앞섰던 배경이다. 그리고 외국 체육 서적을 번역하여 볼 것과 체육 과학 기술을 발전시킬 것을 제시한다. 여덟 번째로 체육 외교도 잘 못 하고 있다고 지적했다. 예술 외교는 잘한다면서 어느 체육 종목에서도 뒤처지지 않도록 강조한다. 아홉 번째로 운동 기구 공장을 더 만들고 필요한 체육 기자재를 잘 보장해 줄 것을 지시한다. 공도 만들고 그물과 롱구대 등 충분히 갖출 것을 당부한다. 열 번째는 체육사업을 전반적으로 추켜세우기 위해서는 당에서 체육 문제를 엄격히 관리해야 한다고 강조했다. 도, 시, 군당 책임 비서, 사상 비서, 교육부장, 청년사업부장들을 불러다 올림픽대회에 갔던 우리 대표단의 귀환 보고도 들려주고 비판도 주어 그들이 각 단위로 돌아가서 체육사업을 강하게 밀고 나가도록 해야 한다고 힘주어 강조한다. 마지막으로 중앙당 과학교육부와 청년사업부에서 총력을 기울여 앞으로 3년 동안 체육사업을 결정적으로 추켜세워 일대 전변을 일으키자고 강조하며 그 연설문은 마무리된다.

먼저 시기적으로 뮌헨올림픽이 끝나지 않은 9월 6일에 발표한 김일성의 연설이라는 점이 특이하다. 올림픽이라는 국제무대에 처음 나가서 북한 선수가 금메달을 땄는데도 불구하고 선수들과 임원들에 대한 칭찬과 격려보다는 체육계 전체에 비판 일색의 내용으로 채워졌다는 점이 특징이다. 그리고 대부분의 내용이 전문 체육 발전과 다음 올림픽 대비로 맞추어져 있다. 국제대회, 국제무대, 국제경기, 올림픽, 국제 체육 기구, 국제심판, 체육 서적 번역, 체육 외교 등 그 단어들을 조합해 보면 모두 국제대회 즉, 다음 올림픽을 향하고 있음을 알 수 있다. 남한과 국제 대회에서 맞붙을 때를 대비하여 미리 실력을 쌓아 두라는 의미로도 해석된다. 마지막 부분에 앞으로 3년 동안 중앙당 과학교육부와 청년사업부에서 잘 맡아서 해주길 당부하는 대목에서 3년이 주는 의미는 바로 다음 올림픽을 의식하고 말했을 가능성이 매우 크다고 볼 수 있다.

이렇게 김일성이 전문 체육을 강조한 적은 흔치 않다. 김일성은

1946년 체육인들 앞에서 했던 첫 연설이 체육의 대중화였다. 그의 기조는 "모든 사람이 체육을 통해서 건강해지고 로동과 국방에 이바지할 수 있도록 하자"라는 것이었다. 그런데 지난 20여 년 동안 IOC를 상대로 승인받기 위한 힘든 투쟁을 벌여 온 북한으로서는 1972년 사격에서의 금메달로는 만족하지 못하고 있음이 틀림없다. 또 그들의 기대가 컸던 축구와 여자 배구 경기에서 부진은 다음 올림픽을 향한 엄중한 질책으로 이어졌다고 해도 과언이 아니다.

그러나 북한은 대중체육에 대한 근본적인 방향성을 유지하고 있음을 여러 문헌에서 확인 할 수 있다. 1972년 9월 21일에는 당중앙위원회 정치위원회 지시문에서는 청소년 학생들과 근로자들 속에서 체육을 전 인민적으로 발전시킬 것에 대해서 강조하였고, 1972년 12월 27일에는 사회주의헌법 제3장 제47조에서 국가는 체육을 대중화하고 국방 체육을 발전시켜 전체 인민을 로동과 국방에 튼튼히 준비시킬 것을 강조했다. 결국, 국제 스포츠 사회에 남과 북이 독립된 NOC를 통해 본격적인 남북 스포츠 경쟁이 시작되었고, 뮌헨올림픽을 계기로 북한에서 전문체육을 강화하게 되었으며, 대중체육이 그 바탕을 이루고 있음을 알 수 있다.

반면, 남한은 1948년 런던 올림픽부터 참가하기 시작하여 금메달이 없었는데, 처음 올림픽에 출전한 북한 선수의 금메달 소식에 당혹감과 부담감이 밀려왔을 것이다. 당시 대한체육회장 김택수는 북한올림픽위원장 오현주와 뮌헨올림픽 기간 중 만나 남북 체육교류에 대해 논의하고 공동성명을 발표하기도 하며 남북 화해의 길을 모색했으나, 그는 귀국 회견에서 "이번 대회의 참패를 거울삼아 새로운 각오로 한국 스포츠 재건에 힘쓰겠다"라고 하며 북한에 패한 것에 대한 대비를 어떻게 할 것인가 하는 각오부터 밝혔다.[47]

47) 『경향신문』, 「국민에 면목없다 김택수체육회장, 공항서 회견」, 1972년 9월 16일.

한편, 언론은 담담하게 북한의 금메달 소식을 전한다. 1972년 8월 29일 자 매일경제, 경향신문, 동아일보 등은 일제히 북한의 첫 금메달 소식을 작은 지면을 활용하여 전했다. 한반도에서 나온 올림픽 금메달 이라는 의미를 붙이기도 하지만 내심 북한에 졌다는 당혹감이 더 크게 자리 잡았을 것이다.

그 후로 우리나라 여러 체육 정책의 변화들이 발생한다. 9월 8일 자 매일경제 신문에는 체육 주임교사제를 시행한다는 기사가 나오며, 그 안에는 달라진 체육 정책들이 제시되었다. 그 배경은 뮌헨올림픽 참패 에 자극받아 시행된 것으로 문교부에 체육국을 신설하고, 시도 교육위 원회에 체육 담당직을 증원하며, 시도 교육청에도 체육 담당 직원을 배 치하고, 국민(초등)학교에 체육 주임 교사를 둔다는 내용이 담겨있었다. 현재 시도 교육청에 체육과가 자리 잡고 엘리트(전문) 체육을 관리하기 시작한 계기가 된 것이다.

9월 11일 자 경향신문 사설에서는 뮌헨올림픽의 교훈이란 제목으로 해방 후 흥미본위 인기 위주의 미국 스포츠의 그릇된 영향을 받아 육상, 수영, 체조 등을 소홀히 하고 인제 와서야 문교부가 학교체육 강화라는 정책을 들고나왔다며 KOC의 전반적인 문제점을 지적하기도 했다.

한 달 뒤, 10월 4일 김택수 대한체육회장은 공식 기자회견에서 현행 스포츠 체계를 정비하고 새 체제를 확립해야 한다고 하면서, 국가 정책 적인 제도 확립에 주력하겠다고 발표하였다. 또한, 뮌헨올림픽의 참패 원인을 기초체력의 부족에서 찾고, 우수 선수들의 장기 강화 훈련과 생 활 안정 그리고 사회보장제도가 반드시 이루어져야 한다고 강조했다. 마무리 부분에서는 일부 "전체주의국가의 우수한 성적은 스포츠 국가 관리가 성공한 좋은 예"라고 소개하기도 하였다.

뮌헨올림픽이 끝나고 처음으로 치러지는 10월 6일 제53회 전국체전 개막식에 박정희와 삼부 요인이 총출동했다. 여기서 박정희는 체력은 국력의 기본이라며 체육 중흥 종합대책을 마련할 것을 강조했다. 체육 지도자의 자질 향상과 우수 선수 육성, 체육 과학화 등 체육 정책의 방향에 관한 내용을 언급하며 실질적인 엘리트(전문) 체육 강화를 향한 시도에 본격적인 박차를 가하는 모습을 보이기 시작했다.

12월 12일 자 동아일보에는 정부가 8월에 공포된 국민체육 진흥 기금에 관한 법률에 따라 재단을 설립하고 담배에 광고를 넣어 광고 수익으로 기금을 마련하겠다고 했다. 또한 문교부는 서울 시내 일부 공립 명문고에 체육특기자를 무시험으로 받아들이게 했다. 1973년 9월 24일 자 동아일보에는 국무회의는 21일 기간산업에 취업하고 있는 실업고 출신 특기술자 및 학술 예능 체육특기자 등에게 실역을 면제해주고 보충역에 편입시키는 것을 골자로 하는 병역의무의 특례 규제에 관한 법률 시행령을 공포했다. 1974년 10월 9일 자 동아일보에는 '메달리스트 종신연금제 구체화'라는 제목으로 오랫동안 숙제로 남아 있던 올림픽과 세계선수권대회 메달리스트들에 대한 생계보장책이 구체화했다. 체육회는 8일 이들 메달리스트에 대한 종신연금이 1975년 1월부터 지급된다고 밝혔다.

이렇듯 1972년 뮌헨올림픽 이후 가벼운 체육 정책의 변화를 불러온 것이 아니라, 기존 정책을 강화하고 새로운 정책을 만들어 국위 선양을 목표로 올림픽에서 금메달을 획득한 우수 선수들에게 다양한 보상 체계를 마련하였다.

우선 정부는 선수들의 기초체력 향상, 우수 선수들의 장기 훈련 강화와 생활 안정 그리고 사회보장제도 등 국가 지원의 필요성에 공감하고 이를 뒷받침할 정책을 수립하였다. 이때 나온 정책이 체육 특기자 육성 정책, 체육 전문학교 확대, 병역의무 특례법, 메달리스트 종신 연금제 등이었다. 이것이 오늘날 엘리트(전문) 체육 정책의 근간이 되었으며, 동시에 그로 인한 부정적인 측면들도 고스란히 체육인들이 감당해야 할 몫이 되었다. 이는 분단 체제하에서 국가 주도의 왜곡된 체육 문화가 탄생하는 계기였다. 이 모든 체육 정책이 1972년을 기점으로 변화된 것이다. 2000년대 들어서 생활체육 활성화 정책이 조금씩 성과를 보이기 시작했고, 점차 엘리트(전문) 체육 정책에 대한 균형 잡힌 시각이 자리 잡아가고 있다.

이렇게 뮌헨올림픽은 스포츠 분단의 상징적인 대회가 되었다. 이 대회를 계기로 북한은 전문체육을 남한은 엘리트 체육을 강화해 나갔다. 하지만, 남과 북은 국제 스포츠 무대에서 대등한 관계로 치열한 경쟁을 벌이기도 하면서, 때론 하나의 민족임을 강조한 다양한 통합의 시도(단일팀, 스포츠 교류, 공동입장, 공동응원 등)를 이어왔다. 이 같은 통합의 가능성을 열어줄 공간이 마련됐다는 점에서는 한반도 평화와 관련한 또 다른 실천의 장이 되었다. 동시에 국제 사회에서 남북 스포츠 분단은 분단 이전의 불평등한 관계에서 비롯된 갈등에서 스포츠 분단 이후에는 대등한 관계의 상호 안정을 찾는 변곡점이 되었다고 할 수 있다.

4. 소결

북한은 IOC 문을 두드린 1952년부터 1969년까지 그 행적을 돌아보면 크게 두 가지로 구분된다. 첫째는 북한의 체육인들이 올림픽에 참가하고자 하는 열망이 반영되었고 둘째는 국제 사회에서 DPRK의 '국가성' 인정에 있었다. 초기 북한이 IOC에 접촉한 이유는 올림픽 참가를 통한 국제 사회 진출 때문이었고 이를 위해 1964년 인스브루크와 도쿄 올림픽을 앞두고 남한과 단일팀 구성을 위한 협상에 집중하였다. 북한은 1963년 바덴-바덴 IOC 총회에서 'North Korea'로 올림픽에 참가할 수 있는 잠정 승인(Provisional Recognition)을 받고 1964년 1월 인스브루크 동계 올림픽에 참가하여 한필화 선수가 은메달을 획득하는 성과를 냈다. 그리고 1964년 10월 도쿄올림픽에는 신금단 선수의 출전을 위해 IOC 와 IAAF를 상대로 힘겨운 싸움을 전개했지만, 결국 좌절되고 나서 올림 픽 참가를 거부하는 결단을 내렸다.

1967년부터는 북한의 국가 정체성을 담은 국호 승인을 위해 IOC 내 에서 치열한 논쟁을 벌였다. 남한은 북한을 국가로 인정하지 않았기 때 문에 국호 인정을 거부하고 멕시코 올림픽에서 단 한 번이라도 'North Korea'로 올림픽에 나가는 것을 보고 싶어 했으나, 그마저도 북한의 거 부와 선수단 철수로 의도대로 되지 않았다. 북한은 하나의 국가로서 국 제 사회에서 인정받기 위해 노력했으나 미국과 남한의 방해로 이 과정 이 순탄치 않았다.

1952년부터 1972년까지 남과 북의 올림픽 위원회는 IOC 내에서 DPRK NOC 승인 문제를 두고 '단일팀' 논쟁, '단일팀 구성을 위한 체 육회담' 논쟁, '국호' 논쟁 등 치열한 외교전을 벌였다. 북한의 1단계 승 인은 남한과의 '단일팀'이 조건이었다. 그러나 남한의 거부로 이루어지 지 않았고, 북한의 2단계 승인은 남한과의 '단일팀' 구성 논의가 남한에 의해 결렬되자, IOC가 북한에 '독립팀'의 자격을 부여했다. 북한의 3단 계 승인은 북한의 '국호' 문제로 남한과 치열한 신경전을 벌였으나, IOC 의 최종 결정은 북한의 '국가성'을 국제 사회가 처음으로 인정하는 계기 가 되었다. 이 과정에서 IOC는 올림픽이 추구하는 평화와 평등의 정신 에 따라 남북한 '단일팀'과 '국호'의 문제를 다루었다. KOC는 한반도를 대표하는 NOC의 정통성을 끝까지 주장하였고, DPRK NOC는 올림픽 에 참가하고자 하는 열망을 담아 초기에는 '단일팀' 구성에 총력을 기울 였으나 '단독팀' 참가 결정 후에는 그들의 국호 문제를 강력히 주장하였 다. 결국, IOC는 북한의 주장을 수용하여 한반도에서 두 개의 NOC를 탄생시키면서 남과 북의 스포츠 분단을 확정했다. 그리고 1972년 뮌헨올림픽은 남과 북이 동등한 자격으로 참가한 첫 올림픽이 되었다.

이러한 과정에서 북한은 IOC 승인을 얻을 때까지 일관된 대외정책을 추진하였다. 1948년 조선민주주의인민공화국 정부수립 후 북한은 국제 사회에 진출하기 위해 사회주의권 국가들과 친선과 협조의 관계를 수립하기 위해 노력하였다. 1970년대까지 북한의 대외관계 정책의 기본 방향은 사회주의 국가와는 친선과 협조 관계를 지속하는 것이었고, 제3세계 신흥 독립국과는 반제국주의와 반식민주의 그리고 자주독립 국가 수립을 위한 군건한 연대로 나아가는 것이었다. 이러한 대외관계 정책 기조의 배경에는 '자주', '평등', '상호존중', '친선과 협조' 등의 원칙이 있었다. 북한은 이를 바탕으로 사회주의 친선 체육교류를 점차 확대해 나갔다. 1956년부터 각 종목 IF 가입을 추진하여 국제경기대회에 적극적으로 참가했다.

북한은 대외체육 활동도 대외정책 기조에 따라 진행하였다. 1960년대에는 사회주의권에 머물지 않고 제3세계 국가와 체육교류를 확대해 나갔다. 또한, IOC 내의 소련을 중심으로 하는 사회주의 진영과 제3세계 신흥 국가 IOC 위원들의 지지와 성원은 IOC의 승인 결정에 결정적인 힘이 되었다. 1960년대에 북한은 초반에는 육상에서, 후반에는 축구와 배구 그리고 탁구 종목에서 세계 정상급 기량을 드러냈다. 이러한 경기 기량의 발전은 북한의 대외관계 정책에 따른 사회주의 국가와 제3세계 국가 간 친선 경기와 국제대회 참가 경험이 중요했다.

또한, 북한은 IOC 승인 과정을 통과하고 1972년 뮌헨올림픽 참가 후에는 활발하게 유엔 산하 다양한 국제기구에 그들의 국호로 가입했다. 이는 북한이 국제 사회의 일원으로서 다양한 국제기구에 가입할 수 있는 정당성을 확보한 계기로 작용했다. 유엔과 IOC는 세계평화와 국제주의를 지향하는 국제기구라는 점에서 비슷한 지향점을 가지고 있다. 북한은 1960년대 유엔과 IOC에서 사회주의 국가와 제3세계 국가들의 지지에 힘입어 국제 사회 진출 기반을 마련했다는 점에서는 비슷하다. 하지만, 그 기구에 가입한 시점과 지위에 관한 차이가 있다. 1991년 유엔 동시 가입에 있어서 북한은 남한과 대등한 지위를 가졌다. 그러나 IOC의 승인은 남한은 1947년에 한반도를 대표하는 NOC 승인을 받았고, 북한은 1969년에 이르러서야 완전한 승인을 받게 됐다.

유엔 가입과 IOC 승인 과정을 비교해 보면, 남한은 처음부터 유엔 단독 가입과 IOC 단독 승인을 추구했다. 그러나 북한은 유엔에서는 '하나의 의석', IOC에서는 '단일팀' 구성에 주력하였으나, IOC의 북한 단독 승인과 유엔의 남북 동시 가입이 결정되는 국면에서는 국가 정체성과 국가 실리를 추구하는 전략으로 선회하는 공통점을 보였다. 동시에 유엔 가입에서 북한은 남한만의 단독 가입을 막기 위해 대응하였고, IOC 승인에 있어서 남한은 북한의 IOC 진출을 거부하기 위해 대응하였던 입장의 차이가 있었다. 결국, 남북은 서로가 국제 사회에 단독으로 진출하려는 것을 방해했다는 공통점을 확인할 수 있다.

IOC 내에서 있었던 주요 인물들 간의 관계에 주목하면 브런디지와 오토 마이어는 당시 올림픽 운동을 그 정신과 원칙에 맞게 구현하려는 리더십을 보였다. IOC 내에서도 양 진영으로 나뉘어 서로의 의견 대립을 펼치지만, 큰 틀에서는 올림픽 정신이 상위의 개념으로 자리 잡고 있어서 타협과 절충을 이어갈 수 있었다. 자본주의 진영에서는 로비(미국), 엑세터 마르퀴스(영국), 아즈마(일본) 등이 있었고, 공산주의 진영에는 안드리아노프(소련), 시페르코(루마니아), 스토이체프(불가리아)와 IOC 위원들이 함께 한 목소리를 낼 때가 많았다. IOC 위원장 브런디지와 사무총장 오토 마이어는 결국 올림픽 정신을 중심에 두고, 북한의 NOC 승인 문제를 판단하여, 정치적, 종교적, 인종적으로 차별하지 않는다는 대의에 공감했다. 여기서 남한의 KOC가 한반도 대표 권한을 갖고 있을 때 정치적 이해관계를 떠나 대승적 차원에서 북한 NOC를 포괄할 수 있었다면 역사는 새로 쓰여졌을 지도 모른다.

DPRK NOC 승인 역사를 통해서 남북의 NOC가 분리되는 것, 즉 스포츠 분단의 원인은 일차적으로는 미·소 냉전체제의 영향으로 규정 지을 수 있지만, 민족 내부의 불신과 갈등이 더 크게 작동하여 분단 체제 아래에서 분단의 고착화로 이어진 내인론에 더 무게를 둘 수 있다. 더욱 엄밀한 의미에서 보면, 스포츠 분단의 과정에 '단일팀' 논쟁에서는 남한에 의해 스포츠 분단이 주도되있다면, '국호' 논쟁에서는 북한에 이 해 주도된 스포츠 분단 만들기로 볼 수 있다. 이는 기존 분단사 연구의 축적된 결과를 뒷받침해 줄 또 하나의 내인론 사례이다.

IOC의 DPRK NOC 승인 과정에는 미·소 양대 진영의 힘이 작용한 측면이 있지만, 남과 북이 서로의 국가 만들기 과정에 상대를 인정하지 않고 대립을 부추긴 민족 내부의 갈등이 IOC라는 국제기구에서 표출된 사례였다.

홉스 봄(1995)에 따르면, 19세기 말에서 20세기 초에는 새로운 민족 국가들의 등장과 만들어진 전통 그리고 민족주의 발현은 근대 올림픽 이 탄생한 배경이 되었다고 한다. 한반도에서도 20세기 초 일제 강점으 로 민족 감정은 거세게 일어났고, 베를린 올림픽에서 일본인으로 참가 한 손기정 선수의 우승은 또 한 번의 민족 감정을 자극하는 계기가 되 었다. 그러나 해방 후 분단을 맞고 남과 북은 서로 다른 정부를 세우고 하나의 민족, 두 개의 국가를 만들어 갔다. 그 과정에서 한반도에 두 개 의 NOC가 탄생하고 유엔 동시 가입이 이뤄지면서 서로가 완전히 다른 두 개의 국가를 확정했다고 할 수 있다.

김정훈(1999)에 따르면, 남북의 민족주의는 해방 후부터 각 시기의 전 개에 따라 새롭게 생성되면서 동질성과 이질성을 발생시켰고, 각 정권 의 정당성과 내부 결집의 도구로 이용되었다고 할 수 있다. 그 과정에서 남과 북은 각각 스포츠를 통한 민족(국가)주의를 강화하는 방법을 고민하게 되었다. 북한은 3대에 걸친 권력 강화에 스포츠가 차지하는 역할이 적지 않았다. 전문체육과 대중체육 두 축에서 전 인민을 포괄하는 체육 정책에는 북한을 혁명적 기풍이 넘치고 체육으로 흥성거리는 국가를 만들겠다는 세 지도자의 의지를 모두 담고 있다. 2012년 김정은의 등장과 함께 '체육 강국 건설'의 구호와 국가체육지도위원회로 조직을 개편한 것은 북한의 체육 정책 강화를 통한 북한 내부의 애국심과 인민통합을 일궈내는 민족주의 강화 수단으로 스포츠를 활용한 것의 연장이라고 볼 수 있다.

한편, 남북은 아이러니하게도 1969년까지 스포츠 분단을 위한 지루한 공방을 벌이다 분단이 확정된 후부터는 남북 '단일팀' 구성, 스포츠 교류, 공동 입장, 공동 응원 등 분단 극복을 지향하는 노력에 많은 공을 들여왔다. 그러나 이 과정에서 남북이 추진하려 했던 '단일팀'과 '스포츠 교류' 노력에 유의미한 차이가 발견된다. '단일팀'은 남북이 하나로 합쳐서 참가하는 단일 민족의 지향성을 갖고 있다면, '남북 스포츠 교류'는 각각의 독립체를 인정한 가운데 스포츠를 통한 친선의 지향성을 갖고 있다. 북한은 지금까지 '단일팀' 구성을 일관되게 주장해 왔다. 남한은 '단일팀'보다는 '스포츠 교류'에 치중하였다. 2018년 평창 올림픽을 앞두고 처음으로 남한에서 먼저 '단일팀'을 제안했고, 북한이 응하면서 여자 아이스하키 종목에서 '단일팀'이 성사되었다.

남북은 다같이 스포츠를 통해서 민족주의를 강화해 왔고, 국민 통합과 국가 번영 그리고 한반도 평화를 추구했다는 점에서 비슷한 경향을 보였다. 또한, 서로 다른 체제를 유지 발전시켜 오면서 한반도 전체의 동질성을 추구하는 민족주의와 남북의 정권이 각기 만들어 온 민족주의 관념이 현실에서 작동하고 있다. 앞으로 다가올 올림픽과 국제대회에서 마주하는 현실적인 문제는 서로 다른 국가와 민족주의가 만나는 지점에서 '단일팀'이냐 '독립팀'이냐의 근본 지향의 차이를 어떻게 극복할 것인가 하는 점이다. 이 문제는 거스르기 어려운 역사적 흐름 속에서 당위와 책임으로 남아 있는 과제이다.

마지막으로 남북 스포츠 분단을 통해서 추론할 수 있는 남북 올림픽 운동의 문제점을 지적하고 그 대안으로 올림픽 운동의 중심 가치인 평화와 평등 그리고 인권에 대해 그 의미를 살펴보고자 한다. 평화와 평등 그리고 인권은 올림픽헌장에 담긴 중요한 주제이기도 하다. DPRK NOC가 독립되면서 남과 북은 올림픽과 각종 국제대회에서 체제대결의 양상을 띠었고, 남북 메달 경쟁과 국가주의 엘리트 체육 강화로 이어졌다. 이러한 남북 간의 스포츠 경쟁은 정치 군사적 대결의 연장선에 있었으며, 간접적인 체제대결의 장이 되어왔다.

하지만, 남북의 정치 군사적 대립과 불안한 안보의 문제가 여전히 존재하는 가운데 스포츠를 통한 분단 극복의 노력 또한 끊임없이 이어져 왔다. 1991년 세계탁구선수권대회에서 남북 '단일팀' 실현, 여러 올림픽에서 공동입장과 공동응원 등의 노력은 한반도 평화 운동의 상징이었다. 이러한 배경으로 2017년 11월 유엔에서 2018년 평창 올림픽과 패럴림픽 기간에 '휴전 결의안'을 채택하였고 남·북·미는 그 결의안을 실행에 옮길 수 있었다. 이것은 일시적이지만 북한의 핵 미사일 실험 중단과 한·미 군사훈련의 중단을 끌어낸 것은 한반도 임시 평화체제를 담보하는 중요한 성과였다. 또한, 2019년 12월 9일에는 다가올 2020년 7월~8월 도쿄올림픽과 패럴림픽 기간에 모든 적대행위를 금한다는 유엔의 '휴전 결의안' 채택되었다. 앞으로 마주할 여러 올림픽에서 간헐적이나마 한반도 평화를 보장받고 비록 일시적이긴 해도 한반도 평화체제의 경험을 쌓아가는 것은 궁극적인 평화 체제로의 이행을 촉진 시키는 매개로 작용할 수 있다.

본 연구는 남북 스포츠 분단의 과정은 두 NOC의 불평등 관계에서 평등의 관계로 전환되는 함축적 의미를 담고 있다. 국제 사회는 북한이 올림픽에 참가하는 것을 보장하였고 올림픽 정신을 담아 평등한 조건을 마련해준 과정이었으며, 차별받지 않을 권리를 국제 사회가 인정해주었다. 두 국가의 인정은 IOC 승인과 유엔 동시 가입으로 확증된 것이나 마찬가지다. 그러나 한반도에는 여전히 이념과 체제의 장벽이 존재하며, 상대를 인정하지 않으려고 하는 불신과 혐오가 존재하는 것 또한 현실이다. 이런 불편한 관계와 비정상적인 관계를 극복하기 위해서는 국제 사회가 두 주권 국가로 인정하듯이 남북이 서로의 국가를 인정하고 신뢰 관계를 쌓아가는 단계로 나아가야 한다고 생각한다. 올림픽이라는 공간에서 남북은 대등한 관계이다. 이 대등함이 전제된 올림픽에서 한반도 평화의 시간을 통해 분단의 상처가 회복되고 남북의 마음이 통합되는 계기를 계속해서 이어가야 할 것이다.

남북 스포츠 대결과
통합 시도

남북 스포츠 대결과
통합 시도

1. 남북 스포츠 경쟁의 소산

1963년 홍콩 회담을 끝으로 한동안 단일팀 문제는 제기되지 않았으나, 1972년 7.4 남북공동성명이 발표되고 북한의 오현주 올림픽 위원회 위원장이 담화를 발표하여 남북 체육교류와 단일팀 구성하자고 제안했다.[1] 이 담화 내용 안에는 "조국의 자주적 평화통일 위업을 촉진하기 위하여 모든 힘을 다할 것"이라고 강조하며 맺는다. 이에 대한 남한의 반응은 뮌헨올림픽 엔트리 참가 신청은 이미 6월 말에 끝났으니 아무 실현성 없는 제의라고 하며 뮌헨올림픽에서 남북 합동응원단을 제의하는 것으로 대응했다.[2]

그리고 이렇다 할 진척이 된 내용이 없다가 1972년 9월 8일 뮌헨올림픽에서 남북 NOC 대표인 김택수와 오현주가 만나 남북 체육교류 회

---

1) 『로동신문』, 「조선체육지도위원회 위원장인 조선민주주의인민공화국 민족올림픽 위원회 오현주위원장이 담화를 발표」, 1972년 7월 11일.
2) 『동아일보』, 「뮌헨합동응원 제의」, 1972년 7월 13일.

담을 위해 서로 서울과 평양을 방문하도록 합의하는 데까지 이르렀다. 그 내용은 다음과 같다.

<남·북 체육 공동성명>

역사적인 7.4 공동성명 원칙에 의하여, 남북 체육인은 새역사 창조의 사명감을 깊게 인식하고 민족의 단합의 기수가 됨을 다짐하면서 다음의 사항에 합의한다.

1. 앞으로 남북 체육 교류 회담을 통하여, 남북 대표는 서로 서울과 평양을 방문하도록 상호 초청키로 한다.
2. 이를 위해 연락 방법은 이미 설치된 남북조절위원회를 통하기로 한다.

1972. 9. 8.
김택수, 오현주[3]

이것이 남북 체육계가 처음으로 공동성명을 발표한 것이었다. 겉으로는 남북이 교류를 통해 화해와 통합의 그림을 그리는 모습으로 비쳤으나, 실제로는 1972년 뮌헨올림픽을 기점으로 남북 스포츠 체제 경쟁과 대결을 대비한 탐색전으로 볼 수도 있다.

그 대표적인 대회가 1974년 이란에서 열린 테헤란 아시안게임이었다. 북한은 DPRK NOC 승인 이후, 처음으로 아시안게임에 참가 자격을 얻어 참가하게 되었다. 그리고 중국(중화인민공화국)이 오랜 기간 자신이 중국을 대표하는 국가로 인정받아 아시안게임에 처음 참가하였고, 타이완(중화민국)은 참가 자격을 얻지 못하는 상황이 되었다. 이 논쟁의 실상은 IOC 내에서 '하나의 중국'을 주장해 온 중국 정치의 승리라고 볼 수 있다.

테헤란 아시안게임에서 북한과의 맞대결을 준비하면서 KOC는 은퇴한 선수들까지 다시 선수촌으로 불러들일 정도로 선수 확보에 총력

---

3) 국가기록원, 「세계탁구선수권대회, 제35차, 평양, 1979. 4. 25.-5. 6. 전6권(남북한 단일팀 구성문제)」, 1978-1979, 외무부 정보문화국 문화교류과, 관리번호: DA0745910, 17쪽.

을 기울였다. 당시 경기력 향상 5개년 계획에는 전 기간을 전시체제로
설정한다는 표현과 가능성 있는 종목에 집중하며, 기본 종목 보급을 강
구하고, 모든 사업은 올림픽대회에서 금메달 획득과 북한 제압에 집중
한다는 내용이 담겨있었다.[4] 선수들은 이전에 경험하지 못한 훈련 강도
를 이겨내야 했고, 북한과의 대결에서는 반드시 이겨야 한다는 정신으
로 무장된 상태였다.

이런 결과는 다행히 1974년 테헤란 아시안게임에서 금메달 1개 차
이로 남한이 앞서면서 1972년 뮌헨올림픽에서의 패배를 만회했다. 결
국, 정부의 관심은 스포츠 국제대회에서 1972년 뮌헨에서처럼 세계인
들이 보는 앞에서 패배하는 것을 막아야 했었다. 그런 의미에서 대표 선
수들의 경기력 향상의 목표는 오직 금메달 획득과 북한과의 승부에서
승리하는 것에 초점이 맞춰져 있었다.

그리고 선수들은 어느 때보다도 강도 높은 훈련을 이어갔다. 이는
당시 남북 스포츠 경쟁이 얼마나 치열했었는가를 보여주는 방증이다.
동시에 남한의 스포츠 정책은 올림픽 금메달 획득을 위한 엘리트 체육
정책에 집중하게 되는 기형적인 모습으로 정착되었다.

남한의 엘리트 체육 정책의 첫 번째 수혜자는 1976년 몬트리올올림
픽 레슬링 자유형 62kg급에서 처음 금메달을 목에 건 양정모 선수였다.
그의 금메달은 태극기를 가슴에 달고 우리의 국호로 애국가가 울려 퍼
진 첫 번째 금메달이었다. 그는 군 면제, 연금, 포상금 등 1972년 이후
추진된 올림픽 금메달 메달리스트에 대한 혜택과 포상을 모두 얻게 된
최초의 선수였다. 대한체육회장 김택수는 올림픽 금메달을 획득한 선수
에게 개인재산을 털어 포상금으로 5천만 원을 주겠다고 약속하는 기사

---

4) 대한체육회 편, 『대한체육회 90년사 I 1920~1990』, 서울: 대한체육회, 2010, 269쪽.

가 언론에 실렸다.[5] 실제로 양정모 선수가 금메달을 획득하자 포상금 5천만 원이 언론에 회자되었고, 이것저것 합하면 1억 원은 될 것이라는 기사들이 쏟아졌다. 이를 전해 들은 IOC는 그냥 넘어가지 않았다.

IOC는 아마추어 정신에 따라 선수들에게 금전적 보상을 지급하는 것을 금지했으며, 이를 위반할 경우 해당 선수의 메달을 박탈한다는 엄격한 규정을 두고 있었다. IOC의 공식적인 문제 제기가 있자, 이에 장기영 IOC 위원은 킬러닌 IOC 위원장에게 서신을 보내 이 모든 것은 엉뚱한 소문에 불과하다며 첫 금메달을 딴 것에 대해 기뻐한 나머지 이야기가 과장되었다고 해명했다.

결국, 김택수는 양정모 선수에게 1억 원의 상금을 공개적으로 전달하지 못했다. 장기영도 언론과의 인터뷰에서 해당 보도는 조사를 거쳐 잘못된 것으로 밝혀졌다며, 대한체육회 5천만 원, 다른 단체 5천만 원을 모금해 고향에 기념 체육관을 짓는 것으로 마무리했다.[6] 그리고 그 체육관은 현재 부산 지역에 양정모 금메달 기념 체육관으로 남아 있다.

이렇게 국가가 주도하여 올림픽 금메달과 북한과 스포츠 대결에서 승리하기 위해 체육 정책을 강화하니 한국 체육의 모든 관심은 엘리트(전문) 체육에 쏠릴 수밖에 없었다. 그 배경에는 국가주의가 있었지만, 보다 엄밀한 의미에서는 한반도 분단 체제가 형성되면서 기인한 남북 체제 대결의 소산이라고 할 수 있다.

1978년까지는 크고 작은 국제대회에서 남북 대결에 집중한 나머지 통합을 위한 체육회담이나 단일팀 시도는 없었다. 남과 북의 통일 문제는 남이나 북이나 가장 중요한 정치적 과업이었다. 그래서 체육 분야의 단일팀 구성은 남북통일의 명분으로 의미 있게 다가왔으며, 이는 누구

---

5) 『조선일보』, 「금메달엔 상금 5천만 원」, 1976년 7월 17일.
6) IOC, OSC, KOC, D-RM01-CORES-004 Correspondence of the NOC of the Republic of Korea, SD1 Corr 1976-1978, 60~61.

도 부인하기 힘든 과제였다. 남이나 북이나 국제 사회에 비치는 이미지를 생각해서 누가 더 통일 지향적인가에 대한 주도권 싸움도 눈에 보이지 않게 전개되었다.

이런 상황에서 북한이 먼저 1979년 평양 세계탁구선수권대회에서 단일팀 구성을 제안했다.

2. 1979년 세계탁구선수권대회 단일팀 구성 회담(1~4차)

1974년은 박종규에게 매우 특별한 해였다. 그해 8월 15일 육영수 여사의 피격 사망 사건으로 심한 충격을 받고 대통령 경호실장 자리에서 물러났다. 9월에 박종규는 세계 사격연맹에 참석하여 1978년 제42회 태릉 세계사격선수권대회를 유치하는 데 성공했다. 그리고 그 연맹 이사에 선임되었다. 당시 박종규가 이렇게 사격 종목에 깊은 관심을 보인 것은 1972년 뮌헨올림픽 사격 종목에서 북한이 금메달 획득한 것과 관련이 있다. 박 대통령의 충성 경호를 맡았던 그는 박 대통령이 '안보를 중시하는 우리가 사격에서 북한에 밀린다는 것이 말이 되느냐'라며 예민하게 반응했던 점을 그냥 지나치지 않았다.

1977년 9월 20일에는 서울 태릉 사격장에서 제1회 아시아 여자 및 청소년 사격선수권대회가 있었다. 이 대회를 준비하며 1977년 6월 20일에 박종규 조직위원장은 북한과 중공 등에 참가 초청장을 발송했고, 북한에는 입상하게 되면 시상식에서 북한 국기도 게양해 주겠다고 하며 참가를 독려했다.[7] 그러나 북한은 단일팀 구성에는 관심을 보였으나, 국제

---

7) 『경향신문』, 「9월 서울서 아주 여자 청소년사격대회 북한·중공에도 초청장」, 1977년 6월 21일.

사회에서 남과 북이 서로 대결하는 모습을 피하고 싶어 했다.[8] 그래서 남한에서 펼쳐지는 국제 대회에 개별팀으로 참가하는 것에 대해서는 아무런 반응을 보이지 않았다.

1978년 제42회 세계사격선수권대회(1978. 9. 24~10. 25.)는 남한이 개최한 단일 종목으로서 첫 세계선수권대회였다. 1971년에 지어진 태릉 사격 경기장은 세계 5대 사격장 중의 하나로 가장 큰 규모로 지어졌고, 과학화된 시설이라고 비스코 국제사격연맹 회장의 평가가 있을 만큼 국제대회를 치르기에 부족함이 없는 시설이었다.[9]

남한은 연이어 개최한 사격 국제대회에 북한 선수단이 참여할 수 있는 길을 열어 주었지만, 북한은 이에 아무런 대응을 하지 않았고 소련, 중공, 동유럽 국가들은 모두가 이 대회에 참가하지 않았다. 이 시기에 국제 스포츠 대회에서 사회주의 진영과 자본주의 진영의 대립과 보이콧은 태릉 세계사격선수권대회에서 처음 있는 일은 아니었다.

그리고 다음 해인 1979년 4월에 제35회 세계탁구선수권대회가 평양에서 열렸다. 당시 북한의 박영선 선수는 1975년, 1977년 세계선수권대회 여자 단식 1위를 차지하였다. 그는 국제탁구연맹(이하 ITTF) 순위에서 1975년부터 5년간 세계랭킹 1위를 유지할 만큼 뛰어난 실력을 보유하고 있었다. 남한의 이에리사는 1973년부터 2년간 세계랭킹 2위에 위치할 만큼 70년대 탁구 종목에서는 남북 모두 세계적인 실력을 갖추고 있을 만큼 경기 수준이 꽤 높은 편이었다.[10]

세계사격선수권대회를 앞둔 9월 9일 박종규 대한사격연맹 회장은

---

8) 『로동신문』, 「조선민주주의인민공화국 올림픽 위원회 대표단 정관순단장이 삿뽀로에서 남조선 대표와 만나 담화를 진행」, 1972년 2월 7일; 『로동신문』, 「조선체육지도위원회 위원장인 조선민주주의인민공화국 민족올림픽 위원회 오현주위원장이 단함를 발표」, 1972년 7월 11일.

9) 『경향신문』, 「세계사격 선수권 대회」, 1978년 9월 23일.

10) ITTF, 「Past World Championships Results」, https://www.ittf.com/history/documents/past-world-championships-results (검색일: 2024년 4월 25일).

"남북한 간에 우선 스포츠 교류를 실현함으로써 화해 분위기를 조성하자는 일념에서... (중략) 북한이 선수를 파견한다면 북한 측 선수단을 판문점을 통해 직접 서울로 들어올 수 있도록 신분 보장을 비롯한 모든 편의를 제공하겠다"라고 밝히고 "오는 16일까지 참가 의사를 알려온다면 대회 참가는 이미 마감되었지만, 북한 측의 참가 신청을 기꺼이 받아들이겠다"라고 하였다.[11]

ITTF는 1977년에 제35회 평양 세계탁구선수권대회 개최를 확정 지으면서 당시 미소 냉전의 영향으로 진영 간의 대회 참가 문제와 보이콧 문제로 고민이 많았다. 이 시기 남과 북의 국제대회 개최지 선정 문제는 냉전 질서 영향으로 참가와 보이콧 가능성이 항상 열려 있었다. ITTF는 분단국인 북한에서 대회가 치러졌을 때 남한의 참가 보장을 위해 최선을 다하겠다고 하였다.[12]

당시 아시아 탁구는 두 개의 조직으로 나뉘어 있었다. 1970년대 초 중국, 일본, 북한 등이 가입되어 있던 아시아 탁구 연합(이하 ATTU) 조직과 남한과 대만 등이 가입된 아시아탁구연맹(이하 ATTF) 조직으로 나뉘어 있었다. ITTF는 중국이 주도하는 ATTU에 회원국이 많다는 점을 들어 이 단체의 대표성을 인정하고, ATTF는 인정하지 않았다. 따라서 1970년대 당시에 남한은 ATTU 성원이 아니었기 때문에 1978년 평양 세계탁구선수권대회에 참가가 어려운 상황이었다. 그러다가, 1984년에서야 ATTU 회원국이 되었다.[13] 즉, 남한은 ITTF에는 가입되어 있으나, 아시아를 대표하는 조직에서는 ITTF가 인정하지 않는 조직에 가입되어 있

11) 『경향신문』, 「박종규 회장 담화 북한에 세계사격 참가 촉구」, 1978년 9월 9일.
12) 국가기록원, 「세계탁구선수권대회, 제35차 평양, 1979. 4. 25.-5. 6. 전6권(참가대책 및 초청교섭)」, 1977~1978, 외무부 정보문화국 문화교류과, 관리번호: DA0745903, 4쪽.
13) 대한체육회 편, 『대한체육회 90년사 I 1920~1990』, 서울: 대한체육회, 2010, 326~327쪽. 이 배경에는 자유중국(대만)을 연맹에서 배제하려는 중화민국(중국)의 전략에서 비롯되었고, 남한은 대만과의 관계 때문에 남아 있다가 주류에서 멀어지게 되었다.

었던 셈이다.

이러한 배경에서 제35회 세계탁구선수권대회 북한 유치는 남한에는 적잖은 부담을 주었다. 왜냐하면, 계속해서 출전해 오던 세계탁구선수권대회에 참가하느냐 마느냐 하는 고민에 빠졌다. 만약 참가한다고 했을 때 북한이 참가를 위해서 여러 가지 행정적인 조치(대회 참가, 비자 발급, 한국 호칭, 판문점 통과 문제 등)를 해줄 것인가에 관한 고민이었다.

이미 대한탁구협회는 1977년 10월 9일 ITTF 로이 에반스 회장과 토이 브룩스 사무국장과 회담을 열고, 어떻게 북한에서 탁구대회를 개최하게 됐는지, 대회 초청장과 비자 발급 여부, 대회에 참가하는 국가의 국기에 대해 어떤 제한 여부, 그리고 참가를 위한 교통수단의 확보 방안 등에 대해 질문했다. 에반스 회장은 대부분 긍정적으로 답변을 했지만, ITTF는 정치성을 강조하지 않기 때문에 현재까지도 우승국의 국기 게양이나 국가 연주는 없었다고 했을 정도로 국가주의 경향을 내세우지 않으려 하였다.

따라서 한국 선수들이 태극기를 양복 상의에 달거나 유니폼을 입고 나오는 문제는 북한과 논란이 생긴다고 하면 ITTF로서는 한국의 입장을 지지할 수 없다고 분명히 했다.[14] 세계선수권대회는 통상 자국의 국기가 달린 유니폼을 입고 참가하고 시상식에 우승 국가가 연주되는 세리머니를 해왔다. 하지만, 당시 IOC 위원장 브런디지를 비롯한 여러 위원은 올림픽 경기에서 국가주의 경향에 반대하는 움직임을 보여왔다. 즉, 국가주의가 올림픽 운동을 정치화한다는 우려가 있어서 IOC는 시상식에서 국가 대신 올림픽 찬가를 국기 대신 올림픽 깃발을 게양하자고 여러 차

---

14) 국가기록원, 관리번호: DA0745903, 43~61쪽. 외교 문서 전반에 드러난 남한의 대회 참가 고민의 주된 이슈들의 핵심은 북한이 남한을 대회에 참가하도록 허락할 것인가의 문제였다.

례 주장하였으나, 공산권 위원들의 반대로 이뤄지지 못했다.[15]

대한탁구협회는 북한에서 열리는 대회에 여러 가지 변수를 고려하지 않을 수 없었다. 당시 남한의 판단은 북한에 태극기가 휘날리는 것을 북한이 허용할 수 없었고, 대회를 계기로 사회주의 국가들이 남한과 가까워지는 것을 우려해서 남한의 개별팀 참가를 봉쇄했다고 기록했다.[16] 이것이 대표적인 추측성 대북 판단의 사례이다. 남한의 시각과 관점에서 북한이 그런 의도로 했을 것이라는 추측성 분석이 남북 관계를 어렵게 만든 경우이다. 다시 설명하면, 이미 국제탁구연맹 회장은 북한에 모든 참가국의 국기 표시를 제한하기로 한 뒤였다. 그러니 북한 입장에서는 남한의 국기게양 등은 문제가 되지 않은 상황이었다. 오히려 1963년부터 일관되게 단일팀 구성을 주제로 체육회담을 제안해 온 연장선에서 이 문제를 파악해야 북한의 의도를 정확히 읽을 수 있다.

대한탁구협회는 1978년 1월 19일 정부 기관(외교부, 중정, 문교부, 대한체육회)과 협의를 통해 평양 탁구대회에 참가하는 방향으로 정했다.[17] 이는 단순한 스포츠 단체가 국제대회에 참가하는 그 이상의 의미가 있었던 것이다. 남북 간의 스포츠 경쟁은 체제경쟁이었고 이를 대비하기 위해 국가 차원의 준비가 필요했다. 그래서 모든 협상이나 회담 제안 등은 정부의 통제하에서 이루어졌고[18] 대한탁구협회의 행동은 남한 정부의 결정 사항이라고 보아도 무방한 상황이었다.

그리고 1979년 1월 10일 채영철 대한탁구협회장은 평양대회의 초청장을 지난해 10월에 받았다고 밝혔고, 세계탁구선수권대회에 참가할

15) 최진환, 「IOC의 조선민주주의인민공화국 올림픽 위원회 승인에 관한 연구」, 북한대학원 대학교 박사학위논문, 2020, 26~28쪽.
16) 배광복, 『남북대화 1971~1992 힘·선택·말의 남북 관계 역사』, 서울: 아연출판부, 2018, 224쪽.
17) 국가기록원, 관리번호: DA0745903, 11쪽.
18) 위의 문서, 105쪽.

한국선수단의 명단을 10일 ITTF에 접수했으며, ITTF 임원과 합류하여 모스크바를 거쳐 평양에 들어갈 것이라고 계획을 발표했다. 채 회장은 ITTF가 평양 측으로부터 한국선수단의 출입을 보장받았다는 내용을 통보받았다고 전하며 선수단의 훈련계획도 밝혔다.[19]

한편, 탁구 대표팀은 평양대회를 앞두고 전력 열세를 크게 걱정하고 있었다. 실제로 당시 ITTF에서 제공하는 탁구선수 세계랭킹 기록을 참고하면 1975년부터 북한의 박영순 선수가 세계 랭킹 1위를 하면서 남한보다 북한의 실력이 앞서 있었던 상황이었다.[20]

대한탁구협회는 평양 세계탁구선수권대회에 참가하기 위해 ITTF로부터 참가를 위한 비자 문제, 입국 문제 등에 대해 확답을 받고자 하였다. 채영철 회장은 북한으로부터 더욱 확실한 답을 얻기 위해 2월 15일에 제35회 세계탁구선수권대회 조직위원회 사무국장 김달선 귀하로 시작하는 편지를 북측에 보냈다. 내용은 다음과 같다.

> 제35회 세계탁구선수권대회 조직위원회 사무국장 김달선 귀하
> 제35회 세계탁구선수권대회 개최 준비에 매우 바쁘리라고 봅니다. 국제탁구연맹을 통하여 우리 선수단 참가신청서와 언론인 참가신청서를 기이 접수하였으리라고 믿습니다. 우리는 어디까지나 국제탁구연맹의 정식회원으로서 세계선수권대회에 참가코자 하는 것입니다. 그간 국제연맹 로이 에반스 회장과 토이 브룩스 사무국장을 통하여 대회 참가에 따르는 절차를 논의해 왔습니다. 현재 우리의 여행 계획은 스위스의 제네바 주재 귀대표부에서 비자를 받고자 하며 그곳에서 전세기를 탑승코자 합니다. 그러나 판문점을 통해서 가는 것을 양해한다면 우리의 선수단은 제네바까지 가지 않고 판문점을 통해서 여행하는 것을 택하겠습니다. 귀하의 좋은 소식 있기를 우리는 기다리겠으며 아무쪼록 제35회 세계탁구선수권대회가 과거 어느 지역에서의 대회보다도 알차고 성공리에 이루어질 것을 기

---

19) 『동아일보』, 「평양 세계탁구 한국 참가 보장」, 1979년 1월 10일.
20) ITTF, 「Past World Championships Results」, https://www.ittf.com/history/documents/past-world-championships-results (검색일: 2024년 4월 25일).

원하며 우리 선수단의 비자 신청서와 언론인 비자 신청서를 동봉하는 바
입니다.

1979년 2월 15일 대한탁구협회 회장 채영철.

(『동아일보』, 1979년 2월 16일)

1964년 인스브루크 및 도쿄올림픽 단일팀 구성 회담할 때 북한이
판문점에서 만나자고 제안했지만, 남한이 판문점은 군사 목적 외에는
만날 수 없는 곳이라며 거부하며, 1963년에는 제3국인 홍콩에서 회담
이 진행되었던 때가 있었다. 그런데 이제는 상황이 바뀌어 남한이 먼저
판문점에서 만나자고 하는 변화가 일어난 것이다.[21]

이에 대해 북한은 1979년 2월 20일 자로 제35회 세계탁구선수권대
회에 '남북 단일팀'을 구성하자고 제안했다. 남한의 판문점 통과 제안과
비자 발급 문제에 관해서는 언급이 없었고, 오직 통일팀 즉, 통일 염원
에 대한 의미를 강조하며 단일팀 구성을 통해 대회에 참가하자고 제안
하였다. 북측이 보낸 서신 내용은 다음과 같다.

> 서울
> 대한체육회 박종규 회장, 대한탁구협회 채영철 회장 앞
> 오는 4월 25일부터 5월 6일까지 조선민주주의인민공화국 수도 평양에서
> 제35차 세계탁구선수권대회가 열리게 됩니다. 지금 우리 겨레는 우리 나
> 라에서 처음으로 열리게 되는 이번 대회에 커다란 관심을 가지고있으며
> 대회가 열린 그날을 기다리고있습니다.
> 이번 대회는 우리 민족의 단결된 위력을 내외에 과시하고 북과 남의 민
> 족적 화목과 단합을 도모하는 훌륭한 계기로 됩니다. 이번 대회를 공동의
> 민족적념원에 맞게 의의있는 대회로 되게 하자면 여기에 북과 남의 선수
> 들이 별개의 팀으로서가 아니라 서로 힘을 합쳐 통일팀으로 출전하는것
> 이 좋겠다고 인정합니다.

---

21) 이러한 변화는 1971년 남북 적십자 회담 시 판문점에서 만났던 그 시기부터 시작된 것으로
볼 수 있다.

북과 남이 통일팀으로 나간다면 우리는 반드시 단결된 힘으로 훌륭한 성과를 거두게 되고 우리 민족의 슬기와 기개를 더욱 자랑떨치게 될것입니다.

이것은 북과 남의 합작과 단결을 도모하는데서도 긍정적인 작용을 놀것이며 민족의 통일을 념원하는 우리 인민에게 기쁨을 안겨주게 될 것입니다. 우리는 이와 같은 희망으로부터 이미 오래전에 국제경기에 북과 남이 통일팀으로 나갈것을 제기한바 있었습니다.

우리는 이번 제35차 세계탁구선수권대회가 평양에서 열리는 것을 계기로 북과 남이 통일팀을 만들어 출전할것을 다시 한번 귀측에 제의하는 바입니다.

이와 관련한 구체적인 문제들을 협의하기 위하여 우리는 오는 2월 27일 낮 10시에 쌍방 탁구협회 대표들이 판문점에서 만날것을 기대합니다. 우리는 귀측에서도 겨레의 념원에 맞는 우리의 이 발기에 기대를 같이 하리라고 믿으면서 귀하의 긍정적인 회담이 있기를 바랍니다.

1979년 2월 20일

조선체육지도위원회 위원장 김유순, 조선탁구협회 회장 김득준

(『로동신문』, 1979년 2월 21일)

남한은 개별팀 참가를 위해 필요한 행정조치를 요청했지만, 북한은 단일팀 구성 제안으로 대응하였다. 이러한 북한 탁구 단일팀 제의가 있었다는 소식이 언론을 통해 전해지자, 여론은 바로 관심을 보이기 시작했다. 경향신문 2월 23일 자에는 체육회관 7층에 있는 대한탁구협회 사무실에 "우리 탁구가 조국 통일의 길잡이가 되는 것 아니냐"라며 흥분에 쌓인 사람들의 방문과 문의 전화가 넘쳐나 일손을 놓을 정도라는 반응을 보이기도 했다.

일본의 마이니찌 신문에서도 "한국 측의 반응이 주목되기는 하나, 평양대회를 무대로 남북한팀이 대결하는 것이 아니라 '합동팀'에서 경기에 참가한다면, 복잡한 정치 레벨에서 대회 이전에 스포츠 면에서 한발 앞선 '통일'이 실현되는 것"이라는 기대감을 보였다고 기록하였다.[22]

그러나 ITTF의 입장은 부정적이었다. ITTF 사무총장 토니 브룩스

---

22) 국가기록원, 관리번호: DA0745910, 55쪽.

는 "ITTF는 오는 4월 25일 평양에서 열리는 제35회 세계탁구선수권대회에 남북한 단일팀을 구성해서 출전하자는 북한 측 제의는 부당하다고 22일 발표했다"라고 하며, "남북한은 별도의 협회를 갖고 있으며 우리는 두 단체가 세계선수권대회에 단일팀으로 참가하는 것을 허용할 수 없다고 못 박았다"라고 하였다.[23]

북한이 ITTF에 의견을 묻지 않고 남북 단일팀 구성을 제안한 배경에는, 과거 세계탁구선수권대회에서 국가 간 연합팀으로 참가했던 경험[24]을 바탕으로 단일팀 제안이 ITTF에서 행정적인 문제가 되지 않을 것이라고 판단했거나, 단일팀 구성 문제를 남북 간의 정치적 결단에 달린 사안으로 보았을 가능성이 있다. 이러한 상황에서 남한은 북한의 단일팀 구성 회담 제안을 받아들여 1979년 2월 27일에 판문점에서 남북 탁구협회 대표들의 첫 만남이 이루어졌다.

남한의 회담 수용은 실제로 단일팀 구성을 위해 회담장에 나갔다고 보기 어려운 정황상의 이유가 있었다. 북한이 단일팀 구성을 하려는 의도가 궁금하기도 했고, 개별팀 참가가 가능할지를 타진하기 위해 회담 제의를 받아들였다고 볼 수 있다. 또한 그해 1월 19일 박정희 정부는 북한을 향해 대화 제의를 먼저 했던 입장에서 회담을 거부할 명분이 부족했기에 북한의 단일팀 구성 회담 제의를 수용했다고 볼 수 있다. 국제 여론도 남한이 이번 회담에 참가하겠다는 것에 주목하며 정치통일 이전에 스포츠 측면에서 통일의 길잡이가 될 것이라는 기대를 보였다.[25]

북한은 단일팀 구성의 의의를 내세웠고, 남한은 개별팀 탐색을 시도

23) 『동아일보』, 「평양대회 남북한 탁구단일팀 안된다」, 1979년 2월 23일.
24) 『로동신문』, 「조중친선의 훌륭한 열매 우리 나라 박영옥선수와 중국의 양영선수가 제34차 세계탁구선수권대회 녀자 복식경기에서 우승」, 1977년 4월 7일. 북한이 1977년 제34차 세계탁구선수권대회에서 북한의 박영옥과 중국의 양영 선수가 여자 복식 경기에 조·중 단일팀을 구성하여 우승한 경험도 있었기 때문이었다.
25) 국가기록원, 관리번호: DA0745910, 54~55쪽.

하는 차원에서 열린 첫 회담이었다.

<표 4-1> 1979년 제35회 세계탁구선수권대회 남북 단일팀 구성을 위한 회담 개요

회담	날짜	장소	회담 대표	회담 내용 요약	다음 회담
1차	2. 27.	판문점	남: 채영철, 이종하, 천영석, 정주년 북: 김득준, 박무성, 김덕기, 김선일	남: 단일팀 구성은 국제규약에 따라 가능한 것, 3/12까지 합의하자, 부결되면 한국팀 참가 보장. 북: 남북 9명씩 18명 엔트리 구성(타국은 9명)할 수 있음, 평양에 생활 편의 제공, 남북 공동단장, 호칭 고려(高麗).	북: 3/1에 만나자. 남: 3/5에 만나자.
2차	3. 5.	판문점	동일	남: 대회참가 보장성명을 차기 회담까지 발표해줄것. 북: 준비해온 합의서 제안: 통일팀 구성, 평양체육관에서 공동훈련, 보통관여관숙식편의무료제공, 고려탁구선수단 명칭, 조선지도에 '고려' 표식 제안.	북: 3/6에 만나자. 남: 3/9에 만나자.
3차	3. 9.	판문점	동일	남: 기득권(개별팀 참가)을 인정하고 평양대회 참가를 보장하면, 단일팀 구성 문제 협의 해결. 북: 단일팀 구성 회담에 왜 개별팀 출전 문제를 언급하는지 이해하기 어렵다. 우리가 분열팀을 논의하자고 이자리에 온 것은 아니다.	북: 3/10에 만나자. 남: 3/12에 만나자.
4차	3. 12.	판문점	동일	남: 처음부터 한국 선수단 출전을 저지하려는 저의가 드러남. 단일팀 구성 불가능, 단독 참가 보장을 위한 비자 등 의무를 다해주길 바람. 대신 6~7월에 친선대회를 개최, 5월에 만나자. 북: 남측의 기득권을 인정한다. 단, 통일팀 구성에 위배되는 목적에 이용하지 않을 것을 담보한다면.	

* 국가기록원, 관리번호: DA0745910, 122~123쪽; 『로동신문』 1979년 3월 6~13일.

1) 1차 회담(1979. 2. 27.)

1차 회담은 1979년 2월 27일 판문점 중립국감독위원회 회의실에서 열렸다. 양측이 4명의 대표가 참석했고, 대부분 탁구협회 관계자 중심으로 짜였다. 양측 내외신 기자 80여 명이 취재했다. 오전 10시에 시작해서 2시간 정도 회담이 진행됐다. 먼저 모두 발언을 한 북측 대표 김득준은 "국제대회무대에 북과 남이 하나의 통일팀을 무어 가지고 나가 단결된 민족의 힘을 과시하는 것은 온 겨레의 한결같은 열망이다. 이로부터 우리는 오래전부터 여러 차례에 걸쳐 국제경기를 민족통일팀으로 출전하기 위해 온갖 노력을 기울여왔다"라고 하며 이번 대회를 다음과 같이 규정했다. "북과 남이 통일팀으로 출전할 데 대한 우리측의 제안은 력사적인 7.4 남북공동성명의 리념과 원칙에 전적으로 부합되는 것이며 대결이 아니라 단결을 바라고 분열이 아니라 통일을 바라는 우리 민족의 일치한 지향을 그대로 반영하고 있다"라며 단일팀을 구성하여 민족적인 축전으로 만들고자 하는 의지를 드러냈다. 또한 "우리는 민족 분렬로 인한 비극을 체육분야에서나마 하루빨리 끝장내고 민족의 념원에 맞게 통일팀을 구성할 때가 왔다고 생각한다"라고 강조했다.[26]

북측 대표는 기본 입장을 말하고 선수선발 방법, 공동훈련, 대표단 단장, 선수단 명칭 문제 등에서 구체적인 안을 제시했다.

평양 세계탁구선수권대회에 참가 선수는 다른 나라의 경우 9명인데 반해, 주최국은 18명까지 출전할 수 있으니, 이러한 조건을 남과 북이 유리한 조건이 되는 것으로 9명씩 참가하면 좋겠다고 제안했다. 선수 선발과 훈련도 평양에 있는 체육관과 보통강 여관을 제공할 테니 아무 조건 없이 와서 훈련할 수 있도록 숙식과 편의 시설을 모두 제공하겠다는 것이다. 그리고 선수 단장은 양측에서 한 명씩 공동 단장을 내자는 것이 합리적이라고 생각한다고 했다. 그리고 명칭에 있어서도 세계에 널리 알려진 고려의 국호를 통일팀 명칭으로 쓸 것을 제안했다.[27]

26) 『로동신문』, 「통일팀으로 출전하여 온 겨레에게 기쁨을 주고 온 세상에 민족의 단결된 위력과 슬기를 과시하자」, 1979년 2월 28일.
27) 국가기록원, 「세계탁구선수권대회, 제35차 평양, 1979. 4. 25.-5. 6. 전6권(남북한 판문점 접촉)」, 1977-1978, 외무부 정보문화국 문화교류과, 관리번호: DA0745911, 16~23쪽.

Korea는 여전히 지금도 남과 북의 영어 국호에 동일하게 사용되고 있다. 국제 무역 거래가 활발했던 고려시대에 국제 사회가 한국을 기억하는 것은 Korea였다. 그 국호를 여전히 지금도 남과 북이 공히 사용하는 상황에서 북한이 팀 이름을 '고려'라고 제안한 것은 어찌 보면 합리적이고 중립적인 표현이라고 볼 수 있다. 하지만 남한은 이에 대해 반대의 입장을 보였다.

마지막으로 북한은 진심으로 통일팀 구성을 바라는가 또는 바라지 않는가 하는데 이 회담이 성사가 달려있다고 했다. 북측의 요구는 단일팀 구성의 의의와 필요성에 대해서 하나의 민족을 강조하려는 것이며, 국제 스포츠 사회에서 둘로 나누어져 있는 남북을 통일팀(단일팀) 구성으로 분단 극복과 통일 의지를 보여주고자 하였다.

다음 모두 발언으로 남측 대표 채영철은 단일 선수단 구성 문제는 우리 체육인들뿐만 아니라 5천만 전체 동포들의 소망이기도 하다며 이를 계기로 모든 종목에 체육 교류가 실현되기를 바란다고 하였다. 그리고 1973년 8월에 남한은 북한에 서울에서 열린 아세아 배구 지도자 강습회에 참가 요청을 했었고, 1978년 9월에 제42회 세계사격선수권대회에도 북한 선수단이 참가해줄 것을 요청했으며, 1979년 2월에 제8회 세계여자농구선수권대회에 북한 선수단이 초청팀으로 참가할 수 있도록 요청했으나, 모두 북한의 불참으로 실현되지 못하였다고 했다.

이어서 두 가지 기본 입장을 밝혔다. 하나는 "남북한 탁구 단일선수단 구성 문제는 우선 국제탁구연맹 규약의 정신을 준수하고 동 규약의 조항에 합치되어야 하며, 둘째, 남북한 탁구단일 선수단 구성에 필수적으로 수반되는 제반 문제들이 원만하게 해결되어 합의가 이루어져야 한다"라고 하였다.

이어 세 가지 안을 내놓았다. "첫째, 남북한 탁구협회는 남북한 탁구단일 선수단 구성을 1979년 3월 12일까지 합의하기 위해 모든 노력을 경주하기로 한다. 둘째, 남북한 탁구협회는 남북한 탁구단일선수단구성이 국제탁구연맹 규약의 정신과 조항에 일치하는지의 여부를 국제탁구연맹에 조회하기로 한다. 셋째, 1979년 3월 12일까지 남북한 탁구단일선수단 구성에 관한 합의가 이루어지지 않을 경우에는 북한탁구협회는 한국탁구선수단이 제35회 세계탁구선수권대회에 참가하는 것을 보장한다"라는 것이다.

남측 요구를 요약하면, 남북 단일팀 구성 문제는 일단 ITTF에 가능한지를 물어보고 안 된다고 하면, 남한 선수단의 대회 참가를 보장해달라는 것이라고 할 수 있다. 이는 남한이 북한의 단일팀 제안이 있은 뒤, ITTF 사무총장으로부터 단일팀 구성은 남북이 서로 다른 협회에 소속되어 있어서 어렵다는 의견을 청취한 뒤였다. 그래서 단일팀 구성은 ITTF 차원에서 부정될 가능성이 크다고 판단했다. 따라서 남한의 속내는 단독참가를 보장해 달라는 주문으로 요약할 수 있다.[28]

남과 북의 대표 모두 발언에서 중요한 개념적 차이를 발견할 수 있다. 남측 대표는 체육 교류에 방점을 찍었고, 북측 대표는 통일(단일)팀 구성에 방점을 찍었다. 이것은 국제 대회에 개별팀으로 참가할 것이냐, 통일(단일)팀으로 참가할 것이냐를 규정하는 중요한 개념이다. 체육 교류는 서로의 존재를 인정하는 가운데 각각의 팀으로 경쟁하자는 의미가 담겨있다면, 통일(단일)팀 구성은 통일을 지향하는 의지를 담아내려는 것이다.

즉, 1978년 세계사격선수권대회와 1988년 서울올림픽에서 남한은 북한에 개별팀으로 참가하라고 요청했으나, 북한은 불응했다. 반면, 북한은 1964 인스브루크와 도쿄올림픽, 1972년 뮌헨올림픽, 1976년 몬트리올 올림픽, 1979년 평양 세계탁구선수권대회에서 남북 단일팀 구성

28) 위의 문서, 24~27쪽.

을 먼저 제안했다.

이러한 차이는 남북이 통일 문제를 두고 지향하는 바가 다름을 명확하게 보여주는 것이다. 그래서 남과 북은 하나가 될 수 없는 존재론적 다름을 갖고 출발한 것이다.

1차 회담에서 중요한 쟁점 중 하나는 ITTF가 규약상 서로 다른 단체에 소속된 팀이 단일팀으로 참가한다는 것은 규약과 헌장에 어긋나는 것이라고 입장을 밝혔기 때문에, 여기서 단일팀 구성 문제를 논의해도 ITTF에서 안 된다고 하면 단일팀 구성은 어렵다는 남측의 주장과 우리가 서로 합의만 한다면 ITTF에서 걸릴 문제는 없다고 자신 있게 이야기하는 북측 주장의 차이였다.

외교부 문서는 이런 입장 차이에 대해 회담 당일 중앙일보 기사에는 북측 대표에게 유리한 내용이 실렸다고 기록하고 있다.

> '국제탁구연맹(ITTF)'은 남북한이 평양에서 열릴 세계탁구대회에 단일팀으로 참가를 원하더라도 지역 협회의 통합 등에 필요한 시간적, 기술적인 난점 때문에 불가능할 것이라던 당초의 견해를 바꿔 기술적으로 가능할 수도 있다는 입장을 새로 밝혀 결과가 주목되고 있다.[29]

위의 기사가 나가자, 남한은 ITTF가 단일팀 구성은 어렵다고 한 발언에 기대어 회담 전략을 짜고 나갔는데, ITTF가 단일팀 구성이 가능할 수도 있다는 내용을 언론으로 접하며 당황해했다. 정부는 기사를 쓴 장 특파원에 대해 보도에 신중을 기해줄 것을 요청하기도 했다.[30] 이러한 신문 기사가 나가자, ITTF에서는 이사회를 소집해서 남북 단일팀 문제에 대해서 논의를 시작했다. 그리고 실제로 시간이 지날수록 남북 단일

---

29) 국가기록원, 관리번호: DA0745910, 212쪽.
30) 국가기록원, 관리번호: DA0745910, 221쪽.

팀 구성 문제가 가능하다는 의견으로 무게 중심이 이동했다.[31)

북측 대표는 다음 회담을 하루라도 빨리 만나 구체적인 안에 대해 토의하자며 3월 1일에 만날 것을 제안했으나, 남측 대표는 3월 5일에 만나자고 제안하여 남측 제안대로 다음 회담 날짜를 정하고 1차 회담은 마무리되었다.

2) 2차 회담(1979. 3. 5.)

2차 회담은 동일한 대표들과 3월 5일 10시 판문점에서 중립국감독위원회 회의실에서 2차 회담이 열렸다. 1차 회담 후, 남북의 관심은 ITTF가 남북 단일팀 구성에 어떻게 반응하는가에 초점이 맞추어졌다. 2차 회담이 열리기 3일 전, 3월 2일 자 동아일보 기사에서 ITTF 사무총장은 남북한 탁구협회가 별개의 회원국이기 때문에 단일팀으로 참가하려면 연맹 규약을 개정해야 하며, 이를 위한 시간적 여유가 없다고 밝혔는데, 이는 남측에 유리한 내용이었다.

한편, 같은 날 ITTF 회장 에반스는 현행 규약으로는 2개 협회의 단일팀 출전은 불가능하지만, 단일팀 구성에 관한 양측 간의 진정한 합의가 이루어지면, 긴급 법적 절차를 밟아 가능토록 주선하겠다는 전보를 외무부가 접수했다.[32) 이는 북측에 유리한 정보였고, 이는 북측도 이 내용을 알고 회담에 임하였다.

북측 대표는 1차 회담에서 강조했던 단일팀 구성 이념과 원칙에 대해서 다시 언급하며, "국제경기에서 북과 남이 별개의 팀으로 나가 동족끼리 승패를 겨루는 가슴 아픈 사태를 더는 되풀이할 수 없다고 지적

---

31) 위의 문서, 227~228·238쪽.
32) 위의 문서, 225쪽.

하면서 이에 있어서 중요한 것은 객관적인 조건들에 빙자하거나 인위적인 난관을 조성할 것이 아니라 통일팀은 반드시 실현되어야 하며 또 실현될 수 있다는 확고한 입장에 서서 진지한 노력을 기울이는 것이라고 지적하였다"라고 기록했다.(『로동신문』, 1979년 3월 6일)

북측은 미리 준비해 온 합의서 초안을 제시하며 이에 남측이 수락할 것을 기대했다. 그 합의서 초안에는 "북과 남은 평양에서 열리는 제35차 세계탁구선수권대회에 민족통일팀을 구성하여 출전한다"라고 명제가 전제되어 있었다. 이는 이 회담이 무엇을 위한 회담인지를 분명히 하자는 취지로 볼 수 있다. 그리고 선수 선발 원칙, 공동 훈련, 숙식과 치료 그리고 교통수단 제공, 선수단 구성, 민족 통일팀 명칭을 '고려탁구선수단'으로 하자는 8개 항으로 구성된 내용이 구체적으로 제시되었다. 또한 남조선 측이 회의 성격과 다른 개별팀 참가 문제를 주장하는 것은 회담 앞에 인위적인 난관을 조성하려는 것이라며 단일팀 회담에 집중해줄 것을 요구하였다.[33]

북측이 제안한 내용은 1963년 체육회담 때 IOC가 제시한 단일팀 구성에 있어 남북의 대등한 관계 설정에 대해 다시 한번 강조한 것이다. 그리고 김득준 대표는 국제경기에 북과 남이 별개의 팀으로 나가 동족끼리 승리를 겨루는 가슴 아픈 사태를 더는 되풀이하지 말자며, 중요한 것은 객관적인 조건들을 빙자하거나 인위적인 난관들을 조성할 것이 아니라 확고한 입장을 가지고 통일팀 구성을 실현하는 데 노력을 기울이자고 강조했다.

이러한 북측 제안에 대해서 남측 대표는 첫째 남북한 탁구 단일선수단 구성 문제에 관한 쌍방 간의 협의가 한국선수단이 제35차 세계탁구

---

33) 『로동신문』, 「남조선측은 통일팀구성을 위한 회담에 장애를 조성하는 부당한립장을 버리고 우리의 정당한 제안을 받아들여야 한다」, 1979년 3월 6일.

선수권대회에 참가하는 기득권에 영향을 미칠 수는 없으며, 참가를 보장해야 한다고 강조했다. 둘째 대회의 대진표 추첨 일정이 3월 14, 15일로 이미 결정되어 있으니 선수선발 및 훈련을 비롯하여 필수적인 문제를 고려할 때 단일선수단 구성 문제가 늦어도 3월 12일까지 합의되어야 한다고 주장했다.[34]

남측 대표는 모두 발언에서 단일팀 구성 문제와 체육 교류 문제는 동시에 진행되어야 하며, 단일팀 구성 문제 이전에 선수단이 평양 대회에 참가할 수 있다는 기득권 문제를 우선 보장해 달라고 요구하였다. 이어서 북측이 단일팀 선수단을 제의하는 것이 진정으로 구성하려는 것인지, 우리 한국 선수단의 대회 출전을 막으려 내놓은 것인지에 모두 의문을 품고 있다고 주장했다.[35]

3월 5일 자 경향신문에서는 '선(先) 기득권보장, 후(後) 토의' 주장과 북한 측의 '단일팀 합의서 채택' 주장이 맞서 3시간 이상 입씨름을 벌이다가 오는 9일 상오 10시에 다시 판문점에서 3차 회의를 하기로 양측이 합의했다고 기록했다.

2차 회담 때도 1차 때와 마찬가지로 북측은 다음 회담을 다음 날인 6일에 하자고 제안했으나, 남측이 연구하자면 시간이 더 필요하다고 하여 9일에 만날 것을 요구하니, 이에 대해 지난 1차 회담 때 시간이 촉박하다고 한 남측의 주장을 북측 대표가 되묻기도 하였다.(『로동신문』 1979년 3월 6일)

사전에 남한 정부의 훈령에는 북한 측의 단일팀 구성 제의는 한국선수단 개별 출전 저지를 위한 것임이 명백해졌으므로 단일팀 구성 논의가 실패할 경우 그 책임이 북한 측에 있음을 명백히 밝힐 것과 아측 주장의 정당성으로 ITTF 측에 납득시킬 것을 주문했다.[36]

---

34) 국가기록원, 관리번호: DA0745911, 110~113쪽.
35) 위의 문서, 128쪽.
36) 국가기록원, 관리번호: DA0745910, 136쪽.

결국, 2차 회담에서 북측은 남북 단일팀 구성 세부안을 1차 회담 때보다 구체적으로 준비했으나, 남측은 기득권 주장을 내세워 단독참가 보장만을 얻어 내려고 하여 남북의 입장 차이만 확인하는 회담이었다. 더불어 만약에 있게 될 회담 결렬의 책임을 북측으로 돌리려는 의도를 갖고 회담에 참여했다.[37]

3) 3차 회담(1979. 3. 9.)

3차 회담도 2차 때와 동일한 사람들이 양측 대표자로 나왔다. 오전 10시부터 판문점 중립국감독위원회에서 회담을 시작했다. 회담이 회차를 거듭할수록 ITTF의 입장도 변화하고 있음을 알 수 있다. 즉, 남북 탁구 단일팀 구성을 위한 2차 회담 후에 ITTF 내에서도 남북의 탁구협회 대표들이 단일팀 구성에 대한 합의가 이루어진다면 이를 동의하고 적극 지지한다고 하였다. 또한 이 문제는 ITTF의 전반적인 이익에도 부합되는 것이라며 환영의 뜻을 보였다.[38]

2차 회담 후에도 국제탁구연맹 관련자들은 대체로 남북의 합의만 있다면 단일팀을 인정해 줄 분위기였다. 경향신문 3월 6일 자에 일본의 외무성 고위관계자는 남북 단일팀 구성 의사를 존중했으면 하는 기운이 일본에서 강하다는 분위기를 전했다. 일본의 이 같은 북한 지지 움직임은 일본과 중국 그리고 북한이 ATTU에 가입되어 있고 남한이 ATTF에 가입되어 서로 경쟁 관계에 있었으니, 일본이 북한 단일팀 구성 제안을 지지하는 하나의 이유가 될 수 있다고도 했다. 그 연장선에서 일본

---

37) 『로동신문』, 「남조선측은 통일팀구성을 위한 회담에 장애를 조성하는 부당한립장을 버리고 우리의 정당한 제안을 받아들여야 한다」, 1979년 3월 6일; 위의 문서, 135~137쪽.
38) 『로동신문』, 「조선의 북과 남의 통일탁구팀 구성 제안을 국제탁구연맹 부위원장이 지지」, 1979년 3월 7일.

외상이 단일팀 구성 회담에 방해가 되는 한·미 팀스피리트 훈련을 반대한 것도 그런 의미에서 보면 타당한 주장이라고 할 수 있다. 또한 남측이 기득권 보장을 주장하고 있는 것은 통일팀 문제를 대회 때까지 끌고 나가 결국에는 개별팀으로 참가하겠다는 의도로 보인다고 하였다.

국제탁구연맹 사무국장은 3월 8일 오후 남북한 통일팀의 참가 문제에 관해서 ITTF는 통일팀을 받아들일 만전의 준비를 하고 있다고 말하고, 미·중 화해 다음으로 한반도에서도 핑퐁외교를 측면에서 지원할 방침이라고 밝혔다.[39] ITTF 위원장인 로이 에반스와 부위원장 아민 아부헤이프 등도 남북이 단일팀에 합의가 이뤄진다면 즉시 이사회에 상정시켜 승인할 것이라고 했다는 기사가 나오기도 했다.(『로동신문』, 1979년 3월 7일; 『동아일보』, 1979년 3월 8일) 그러나 ITTF 사무총장인 토니 브룩스는 규정을 개정하거나 남북한 탁구협회가 하나의 협회가 되는 것이 선결과제라고 사실상 불가능하다는 견해도 동시에 존재했었다.(『경향신문』, 1979년 3월 7일)

이처럼 남북의 단일팀 문제는 ITTF 내에서도 다른 의견도 있었으나, 대체로는 남북 탁구 단일팀 구성에 합의만 한다면 즉시 다음 단계의 이사회 소집 조치를 준비하는 등 긍정적인 흐름이 더 강했다고 볼 수 있다.

3차 회담에서도 남북의 입장 차이는 좁혀지지 않았다. 남측의 기득권 보장에 관한 의미는 결국 개별팀으로 출전을 보장하라는 것이었다. 단일팀 구성을 위한 회담에서 개별팀으로 참가하겠다고 직접적으로 선언할 경우 회담 결렬의 책임을 떠안는 결과를 가져올 수 있어서 '기득권'이라는 표현을 간접적으로 사용한 것이다. 이러한 논쟁이 회담장 안에서 진행될수록 상대의 생각과 의도가 무엇인지 점점 선명해지는 결과를 보여주었다.

---

39) 국가기록원, 관리번호: DA0745910, 243쪽.

당시 채영철 대한탁구협회장이 제35차 세계탁구선수권대회 남북 탁구 단일팀 회담을 하고 난 뒤 언론을 통해 그의 입장을 다음과 같이 담아냈다.

서울 측, 전반적 체육교류계기를 평양측 단일팀 구성 절차만 고집

채 대표는 남북탁구협회회의가 단절된 남북 관계를 개선키 위해 전반적인 남북한 체육교류를 실현하는 계기로 삼아야 한다고 강조, 따라서 이 회의가 단 한번의 행사를 치르기 위한 일시적 목적에 한정되어서는 안되다고 말하면서 이 기회에 남북한 체육인들이 남북을 왕래하면서 모든 경기에 참가할수 있도록 길을 떠 놓는데 이바지해야 한다고 제안했다.

채 대표는 이어 남북간의 체육교류 의제와 탁구단일팀 구성은 본질적으로 하나의 문제라고 지적, 단일팀 문제를 전반적인 남북체육교류의 일환으로 동시에 협의하자고 제의했다. 채 대표는 지금까지의 회의를 볼때 북한측이 이러한 초보적인 남북체육교류를 전혀 도외시하고 평양대회에 한정된 행사에 국한해서 문제를 다루려하고 있다고 꼬집고 우리측은 그와 같은 그릇된 주장에 대해 결코 의견을 같이 할수 없다고 못박았다.

채대표는 북한측이 단일팀 구성문제 이전에 한국선수단의 평양대회 참가를 보장하지 않는다면 이는 국제 탁구연맹의 규약을 위반하고, 북한측이 고의로 한국선수단의 출전을 저지하려는 의도로 풀이할수 밖에 없다고 덧붙였다. 채대표는 끝으로 한국선수단의 기득권을 보장한다는 의사를 이자리에서 명백히하라고 요구했다.

남측 제의에 대해 북측 김득준 대표는 민족통일위원회를 구성키위한 남북대화가 새로이 시작되는 이시점에서 어떤 방법으로든지 남북 탁구 단일팀을 구성해야 한다고 종전의 주장을 되풀이하면서 우리측을 맹렬히 비난했다.(『동아일보』, 1979년 3월 9일)

위 내용에서 채 대표는 남한은 남북 체육 교류를 통해 상호신뢰와 긴장 완화를 바탕으로 남북 관계 개선에 초점을 맞추었다고 보는 반면, 북한은 단일팀 구성을 통해 국제 스포츠 무대에서 하나의 팀으로 참가하는 것이 한반도 통일에 기여할 수 있다는 상징적 의미를 강조했다고

할 수 있다.

결국 이 회담의 목적은 단일팀 구성을 위한 회담이었으나, 남측은
개별팀 참가를 위해 가능성을 타진한 회담이었고, 개별팀 참가를 보장
해달라는 기득권 주장은 단일팀 구성을 위한 회담 목적에 맞지 않는 의
제였다. 그럼에도 불구하고 북측은 회담에서 단일팀 구성을 위한 세부
적인 내용을 논의하는 자리로 만들고자 하였고, 남측의 개별팀 참가에
대한 명분을 줄 수 없었기 때문에 회담은 공전하였다.

4) 4차 회담(1979. 3. 12.)

4차 회담도 3차 때와 동일한 사람들이 양측 대표자로 나왔다. 오전
10시부터 판문점 중립국감독위원회에서 회담을 시작했다. 3차 회담이
아무런 소득 없이 끝난 뒤, ITTF 사무총장 토니 브룩스는 "ITTF는 오
는 4월 25일 평양에서 열리는 제35회 세계탁구선수권대회에 남북한이
단일팀을 출전시킬 수 있도록 허용하는 데 필요한 모든 준비를 완료했
다"라고 7일에 밝혔다. 그리고 "남북한이 단일팀 구성에 합의할 수 있
는 시한을 설정하지 않았으며 단일팀을 구성하려는 남북한 탁구협회의
독자적 이니시어티브(주도권)와 노력을 존중할 것이라고 강조했다. (중략)
남북한이 단일팀 구성에 실패한다고 해도 한국이 자국선수단을 평양에
파견하는 데는 문제점이 없을 것"이라고 말했다.[40]

이러한 분위기에서 남한은 남북 탁구 단일팀 구성 회담이 단독 출전
에 유리하지 못하다고 판단했으며, 토니 브룩스의 남한 단독 출전에 문
제가 없을 것이라는 발표가 나오면서 회담의 지속 여부에 대한 관심이

---

40) 『경향신문』, 「국제탁련 사무총장 '남북 탁구단일팀 실패해도 한국팀 평양행 문제점없
다」, 1979년 3월 10일.

크게 쏠렸다. 그리고 '회담 종결'로 전략을 세운 남측은 회담장에서 6월과 7월에 새로운 남북 탁구 교류전 개최를 위해 5월에 판문점에서 다시 만날 것을 제안했다.[41]

이에 대해 북측은 2차 3차 회담에서 제안한 '기득권' 문제에 대해 원칙적으로 이 문제는 조선 탁구협회가 해결할 문제가 아니라 국제탁구연맹이 해결할 문제라고 선을 그었다. 그리고 "대한탁구협회가 국제탁구협회의 성원으로서 제35차 세계탁구선수권대회에 참가할 기득권을 가지고 있다는 것을 인정하면서 남측이 이 기득권을 통일팀 구성과는 배치되는 목적에 리용하지 않을 것이라는 점을 합의서에 명기하자"라고 제안했다.

그러나 남측 대표는 이것마저 반대하고 나서 결국 이 문제도 받아들여지지 않았다고 하였다. 결국, 북측 대표는 "남측은 바로 통일팀의 가면을 쓰고 분렬팀을 추구하기 위하여 이 회담장에 나왔으며 쌍방회담에서도 통일팀을 광고하면서 실제로는 분렬팀을 꾀하고 있다는 것이 명백해졌다"라고 밝혔다. 그런데도 북한은 통일팀(단일팀) 구성 문제를 포기하지 않고 4차 회담 이후에 또다시 3월 17일 회담을 제안했으나, 남측 대표는 회담할 의사가 없다는 점을 밝히면서 결렬로 마무리되었다.[42] 그 후에도 북측은 3월 27일, 4월 3일, 4월 18일까지 세 차례 더 남북 탁구 단일팀 구성 회담을 재개하자는 제의를 했지만, 이루어지지 않았다.[43]

한편, 남측 선수단은 4월 17일 비자 발급을 받고 평양대회에 개별팀으로 참가하기 위해 제네바로 떠났다. 남한 정부는 33개국(공산권 제외) 대

41) 국가기록원, 관리번호: DA0745911, 217쪽.
42) 『로동신문』, 「남조선측은 온 민족의 기대를 저버리고 민족통일팀구성을 위한 회담을 파탄시킨 후과에 대하여 전적인 책임을 져야 한다」, 1979년 3월 13일.
43) 『로동신문』, 「우리는 임의의 시각에 판문점에서 쌍방 탁구협회 대표들의 제5차 회담을 열것을 다시한번 제의한다」, 1979년 4월 19일.

사에게 훈령을 보내 북한의 비자 발급이 안 되어 평양대회 개별 참가가 저지될 경우 주재국도 대회 참가를 거부한다는 공식 태도를 밝히도록 교섭할 것을 하달하였다. 즉, 평양대회 보이콧을 주문한 것이다. 그중 19개국이 지지한다는 의사를 밝혔지만, 실제로는 미국을 중심으로 한 대부분의 우방 국가는 평양대회에 참가하였다.[44] 실제로 총 74개국이 참여하였으며, 남한의 우방국들에 보낸 보이콧 전략은 통하지 않았다.(『로동신문』 1979년 4월 26일)

북한은 통일팀 구성이 안 되는 상황에서 계속 단일팀 구성에 여지를 두며 남한의 단독참가를 위한 비자 발급을 하지 않은 상태였다. 그러나 남한 선수단은 제네바에 도착하자마자 도착 성명을 내고 반드시 평양대회에 참석하기 위해 제네바에서 비자를 받고 다른 회원국들과 함께 전세기로 평양에 들어가겠다고 했다.

ITTF 위원장은 4월 21일, ITTF 이사회는 24일에 각각 성명을 발표하여 이스라엘 선수단의 참가는 안전 유지를 이유로 평양대회에 참가할 수 없다고 하였고, 조선 탁구협회는 계속 남북통일팀에 대한 노력을 계속 기울이고 있다고 발표하였다.(『로동신문』 1979년 4월 20일, 4월 25일)

이렇듯, 국제 스포츠 사회는 남과 북의 문제를 화해와 평화의 관점에서 규정을 바꿔가면서까지 도움을 주려는 움직임으로 화답했지만, 정작 남과 북의 내부 정치적인 입장 차이는 단일팀 구성을 함께 논의하기에는 성숙한 단계에 이르지 못한 상황이었다.

4차 회담이 끝나고 제네바에 도착한 남한 대표단은 4월 20일 북한 공관에 비자 수속차 전화했을 때 북한 관리원은 "탁구대회는 통일팀을 구성해서 참가하는 것으로 알고 있는데 어째서 이곳까지 왔느냐"라고

---

44) 국가기록원, 「세계탁구선수권대회, 제35차 평양, 1979. 4. 25.-5. 6. 전6권(한국선수단 비자발급 거부)」, 1978~1979, 외무부 정보문화국 문화교류과, 관리번호: DA0745913, 55·170~174·94~195·256·376쪽.

반문하였다고 한다. 면담 시에도 마지막까지 통일팀 구성을 하자는 말만 되풀이했다고 하고 비자 발급을 거부한다는 언급은 하지 않았다고 하였다.[45]

이와 관련하여 하웅용·최영금(2014) 연구는 당시 탁구 회담에 참가했던 천용석 대표의 전언을 빌려, "회담과 남한 대표 팀의 제네바 체류 등은 결국 국제 사회에 보이기 위한 하나의 정치적인 제스처였다"라며 실제 남한은 개별팀 참가 가능성이 없었음을 알고서도 일부러 제네바까지 갔고, 평양 세계탁구선수권대회에 참가하지 못한 것이 북한 책임이라는 것을 국제사회에 선전하기 위한 조치였다고 볼 수 있다.

1963년 홍콩 회담에서의 주도권은 남한이 갖고 단일팀 구성 회담을 결렬시켰다면, 1979년 판문점 회담에서의 주도권은 북한이 갖고 있었지만, 남한에 의해 단일팀 구성 회담이 결렬되었다고 할 수 있다. 1979년 제35차 세계탁구선수권대회 남북 단일팀 구성을 위한 회담은 시간이 갈수록 남북 서로의 입장이 선명하게 드러나며 처음부터 결렬이 예고된 회담이었다. 처음 접촉은 평양 탁구대회와 관련하여 남측의 비자 발급과 판문점 통과를 확보해 달라는 요청으로 시작되었으나, 북측은 단일팀 구성을 전제로 회담을 개최하자고 하였다. 하지만 단일팀 구성에 의지가 없었던 남측은 북한의 단일팀 제안이 국제 사회와 국내에서 관심이 높아져 가자, 결렬의 책임을 북한으로 돌리면서 회담을 마무리하려고 하였다.

결국, 남한과 북한의 입장은 명확하게 갈렸다. 남한은 단일팀 구성 대신 개별팀 출전이 전략이었고, 북한은 남북 단일팀 구성으로 제35회 평양 세계탁구선수권대회에 남한의 참가를 보장하려고 하였다. 이를 두

---

45) 국가기록원, 「세계탁구선수권대회, 제35차 평양, 1979. 4. 25.-5. 6. 전6권(결과보고 및 언론보도)」, 1978~1979, 외무부 정보문화국 문화교류과, 관리번호: DA0745912, 159쪽.

고 북한의 현실성 없는 정치적 쇼라고 해석하는 견해도 있으나, 이는 회담 과정에서 여러 기록을 보았을 때 북한의 단일팀 제안이 쇼라고 보기에는 어려움이 있음을 알 수 있다.

그 이유로 첫째, 북한은 주최국의 참가 조건을 충분히 활용하여 엔트리 18명에 관한 선수구성 방침과 훈련 계획, 평양 숙식 계획, 신변 안전 보장 계획 등 구체적인 논의를 하기 위한 사전 준비를 하고 회담에 임했다는 점이다. 둘째는 최대한 시간을 단축하기 위해 회담 날짜를 하루라도 빠르게 잡고 단일팀 구성을 적극적으로 추진하고자 하였다는 점이다. 그리고 4차 회담 결렬 뒤에도 단일팀 구성 의지를 꺾지 않았다는 점이다. 셋째는 남북통일 지향의 관점에서 민족의 단결을 도모하려는 의지가 있었다는 점이다. 넷째는 실제로 당시 남북한 선수들의 탁구 실력이 세계 상위에 있었고, 단일팀으로 출전했을 때 우승을 기대할 수 있는 확률이 높았다는 점이다. 다섯째는 북한의 단일팀 구성에 관한 주장에 ITTF마저도 이사회의 긴급 소집 등을 통해 단일팀 구성을 도우려는 등 국제 사회의 분위기가 긍정적이었다는 점이다. 이러한 북한의 노력은 일관된 자세를 보여준 반면, 남한은 처음에는 ITTF 규정을 들어 단일팀 구성의 어려움을 내세웠고, 그것이 문제 되지 않자, 다음으로 기득권 문제와 회담 최종 시한을 정해 놓고 단일팀 논의를 고의로 회피한 측면이 강하다.

남과 북은 분단 극복과 통일이라는 대의에서 단일팀 구성에 동의할 수 있으나, 개별팀 참가를 선호하는 남한과의 입장 차이에서 회담의 내용과 방법을 두고 1963년 체육회담 이후 공전을 거듭한 두 번째 회담 사례라고 할 수 있다.

3. 1980년 모스크바 올림픽 단일팀 제안과 거부

제22회 모스크바올림픽을 7개월 앞두고 1979년 12월 20일에 북한은 남한에 또다시 단일팀 구성 제안을 했다. 내용은 다음과 같다.

> 서울
> 대한올림픽 위원회 위원장 겸 대한체육회 회장 박종규 귀하
> (중략)
> 북과 남이 다같이 참가하게 될 이번 올림픽경기대회는 세계인민들 앞에 우리 민족의 슬기와 영예를 떨칠수 있는 좋은 기회로 될것입니다.
> 지난 시기 우리 체육인들은 체육분야에서마저도 민족분렬의 고통을 체험하게 되는 것을 가슴 아파하면서 북과 남의 체육인들이 서로 합작, 교류하고 국제무대에도 함께 진출하게 되기를 열망하여왔으며 쌍방 체육단체들은 이 념원을 실현하기 위하여 각 방면에서 노력을 거듭하여왔습니다. 그러나 유감스럽게도 지난 시기 쌍방이 기울여온 노력은 응당한 결실을 맺지 못하였으며 우리는 오래동안 해외에서까지 같은 민족끼리 대결하는 불미스러운 사례를 지속시켜왔습니다.
> (중략) 오늘 우리는 반목하고 대결하던 과거와 결별하고 체육분야에서나마 끊어진 민족의 혈맥을 잇고 서로 합작, 교류하는 력사적인 첫걸음을 내디뎌야 할 것입니다. 이러한 립장으로부터 출발하여 우리는 과거는 어쨌든지 모든 것을 불문에 붙이고 다가오는 제22차 국제올림픽경기대회에 북과 남이 공동체육단을 무어 민족유일팀으로 출전할것을 귀측에 정중히 제의하는바입니다.
> 북과 남이 국제올림픽경기대회에 유일팀으로 출전하는 문제에 대해서는 국제올림픽 위원회에서도 이미 1959년에 있었던 제55차 뮨헨총회이래 적극적인 협조가 있었고 1963년의 로잔느회담에서는 쌍방사이에 원칙적인 합의까지 이루어진 사실도 있는만큼 쌍방이 서로 성의를 가지고 진지하게 협의한다면 충분히 실현될수 있을 것입니다.
> 그러므로 조선민주주의인민공화국 올림픽 위원회와 조선체육지도위원회는 이 문제를 협의하기 위하여 1980년 1월 17일 평양이나 서울 또는 판문점에서 북과 남의 체육인대표들의 회담을 가질것을 제의합니다. 우리는 이 회담이 이번 올림피경기대회 유일팀으로 출전하는 문제를 해결할

뿐만 아니라 체육분야에서 북과 남의 장벽을 허물고 전면적인 합작과 교류를 실현하는 중요한 계기로도 될것이라고 생각합니다.

나는 가까운 앞날에 북과 남의 체육인들이 우리 민족의 영예를 떨치기 위하여 함께 손잡고나가게 될 그날이 반드시 오리라고 확신하면서 귀측의 긍정적인 답변이 있기를 희망합니다.

조선민주주의인민공화국 올림픽 위원회 위원장 겸
조선체육지도의원회 위원장 김유순
1979년 12월 20일 평양(『로동신문』, 1979년 12월 21일)

위의 내용을 요약하면 과거 남북은 체육 분야에서 국제무대에 함께 진출하기 위해 여러 노력을 해왔으나, 결실을 맺지 못했다. 이제 반목과 대결을 넘어 과거의 모든 것을 불문에 부치고 제22차 모스크바올림픽에 단일팀을 구성하여 출전할 것을 제의한다. 이를 계기로 남북의 전면적인 합작과 교류를 실현하는 중요한 계기가 되리라는 것을 강조했다.

위 서신에서 생각해 볼 문제는 과거의 무엇을 불문에 부치겠다는 것인가이다. 그 과거는 1963년 인스브루크와 도쿄올림픽 단일팀 구성을 위한 홍콩 회담과 1979년 세계탁구선수권대회 단일팀 참가를 위한 판문점 회담을 두고 말하는 것이다. 그 두 번의 단일팀 구성 회담은 남과 북이 단일팀을 어떻게 대하는지 명확한 차이를 보여준 회담이었다. 즉, 북한은 단일팀 구성에 적극적이었으나, 남한은 단일팀 구성을 회피하려는 입장으로 나뉘어 회담에서 결실을 보지 못했다.

또 하나는 북한은 1963년 홍콩 회담에서 합의한 내용을 언급하며 그 합의를 더 발전시켜 나가고자 하는 의사를 표현했다는 것이다. 이는 그동안 회담을 통해 이뤄낸 성과의 기반 위에 쌓아 나가자는 취지라고 할 수 있다. 당시 합의한 내용은 국가(國歌)로서 아리랑, 단일기(IOC가 제안한 것), 선수선발의 원칙 정도이다. 그리고 1979년 판문점 체육회담에서 북한은 기존 성과에 이어 보다 대등한 입장과 구체적인 대안을 제시했다.

예를 들면, 선수선발의 원칙에서 세계 순위를 참고하여 같은 수로 선수단을 구성하는 것, 단장은 남북이 각각 1명씩으로 하자는 것과 팀의 이름은 '고려(KOREA)'로 하자는 것, 단일기로는 한반도 지도로 하자는 것 등이었다. 이러한 내용은 1963년 홍콩 회담에 이어 좀 더 다듬어진 내용이라고 할 수 있다. 이렇듯 북한의 단일팀 제의는 구체적인 대안들을 제시하며 회담을 추진했다. 이러한 맥락에서 북한은 또다시 1980년 제22차 모스크바올림픽에 함께 단일팀 구성 회담을 개최하자는 제의를 보낸 것이다.

그리고 이 서신을 IOC에도 그대로 보냈고, 25일에는 모니크 베를루즈(Monique Berlioux) IOC 이사에게도 보냈으며 과거와 같이 IOC가 우리의 제안을 지지해 줄 것을 요청하였다. 이에 1월 16일 모니크 베를루즈는 이러한 제안을 알려줘서 고맙다며, 이것은 IOC 집행위원회에 보고하겠다고 하였다.[46] 그러나 2월에 열린 레이크 플레시드(Lake Placid) 집행위원회에서도 4월에 열린 로잔(Lausanne) 집행위원회에서도 이 문제는 논의되지 않았다.[47] 과거 1960년대 IOC에서 DPRK NOC가 안건 상정 요청을 하면 바로 안건으로 채택했던 당시 IOC의 태도와는 다른 모습이다.

남한 정부는 북한 김유순의 제안에 대해 대책 회의를 열고, 이를 남측의 모스크바올림픽 참가를 저지하려는 의도, 남한 정국의 국론 분열, 통일문제에서 주도권을 장악하려는 의도로 분석했다. 그리고 단일팀 회담을 단호히 거부하는 것으로 입장을 정리하였다.[48]

2. 저의 분석
가. 한국선수단의 모스크바 올림픽 참가 및 기자단, 관광단의 소련 입국

46) IOC, OSC, PRK, OSC List of Archives' Files: D-RM01-COREN/002, File number, 138~139.
47) IOC, OSC, Executive Board, 1980-02-08, Lake Placid, 1980-04-21 Lausanne Minutes EB.
48) 국가기록원, 「1980년도 Moscow 올림픽대회: 남북한 단일팀 구성문제」, 1979~1980, 외교통상부, 관리번호: CA0330978, 48~54쪽.

실현이 한·소관계 개선의 전기가 될 가능성을 우려, 남북한 단일 올림픽팀 구성 제의를 구실로 한국선수단의 모스크바 올림픽 참가 저지를 위한 대소압력 명분을 조작하려는 것임.

나. 아국의 정치발전 국면에 편승하여 무원칙, 무분별한 통일논의를 유발하여 아국의 대북 경계심 이완과 국론분열을 획책하고 신정부의 정치적 안정기반 구축을 저해하려는 것임.

다. 12.21. 대통령 취임사에서 모종의 대북정책 표명이 있을 가능성에 대비, 일견 적극성을 가장한 대남제의로 아측의 그러한 정책 표명의 효과를 감소시키면서 통일문제 논의 및 통일외교에 있어서 주도권을 장악하려는 것임.

기본 방침

○ 아국의 모스크바 올림픽 단독참가를 저지 또는 방해하려는 북괴의 여하한 기도도 이를 원천적으로 봉쇄.

- 모스크바 올림픽 남북한 단일선수단구성을 위한 남북회담은 형태여하간 단호히 거부.[49]

북한이 서신을 보낸 시점이 1979년 10.26 사태 이후에 벌어진 뒤라, 남한은 북한의 의도가 위장평화의 복선이 깔려있다고 해석했다. 정부의 공식 입장은 나흘 뒤 12월 24일에 박종규 대한체육회장에게서 나왔다. 그는 "북한 측의 공식적인 제의를 받은 일이 없다"라고 입장을 밝혔다.[50] 이러한 반응은 1979년 2월과 3월에 남한이 세계탁구선수권대회 단일팀 구성을 위한 체육회담 연락을 받을 때와는 다른 것이었다. 그리고 1963년 홍콩 회담 성사에 앞서도 북한의 서신을 받지 못했다고 하는 조처와 비슷한 경향이라고 할 수 있다. 북한은 보냈는데, 남한은 받지 못했다고 하는 이유로 북한의 접촉 제의를 회피하고자 하였던 것이다.

하지만, 같은 날 동아일보의 기사에서는 "북한 측은 탁구단일팀의

49) 위의 문서, 48~53쪽.
50) 『경향신문』, 「박 체육회장 '오륜남북한 단일팀 북괴 공식 제의없어」, 1979년 12월 24일.

명칭부터 그들이 주장해 온 고려연방제의 이름을 따서 고려로 하자고 제안했었다"라고 발표되면서 "단일팀의 명칭을 고려로 주장한 것은 북괴가 그보다 한 달 앞서 남한에 전민족대회 소집을 요구한 술책과 일맥상통한다는 것을 모를 사람은 없을 것이다. 전민족대회니 고려연방제니 하는 따위의 위장전술로 적화통일를 획책하자는 적화전략의 일환임은 말할 것도 없다. (중략) 인적 물적 교류는 고사하고 준엄한 군사적 대치가 계속되고 있는 상황에서 단일팀 구성이란 말도 안 되는 정치적 술책에 불과하다"라는 입장을 보였다.[51] 이 기사 내용은 정부는 서신을 받지 않았는데 언론은 이를 알고 공개한 것이다. 그리고 그 내용은 정부의 입장과 크게 다르지 않았다.

박정희 정부에서 대북 관련 대책 회의에서 자주 반복되는 단어로 '북한의 저의'가 무엇이냐?를 먼저 생각했고, 북한의 회담 제의나 통일 방안에 관해서는 '위장 평화공세'라는 말을 자주 사용했다. 이 말은 북한의 제의가 대의명분과 원칙에서는 틀린 말이 아니나, 자세히 따져보면, 적화 통일을 상정하고 평화로 위장해서 표현한다는 것이다. 서로가 대화하는 패턴이 이와 같다 보니 남북 관계는 단 한 발짝도 전진하지 못하는 상황이었다.

북한은 판문점에서 서신을 받지 못했다는 남측의 주장에 대해 12월 26일 올림픽 위원회 대변인 담화를 발표하여, "이것은(서신을 주고받는 것) 지금까지 북과 남 사이의 대화와 접촉에서 적용되어 온 판례에 따른 것이다"라고 하며 여태 행해져 왔던 방법으로 보냈다는 것이다. 북한은 다시 "우리 측의 편지를 전달하기 위하여 1979년 12월 27일 낮 12시 판문점 중립국감독위원회 회의실에 2명의 련락원을 파견할 것이다"라며 남

---

51) 『동아일보』, 「북괴의 또 하나 흉악한 계략」, 1979년 12월 24일.

한과 만나기를 희망한다는 메시지를 보냈다.[52]

동시에 김유순 DPRK NOC 위원장은 IOC 킬러닌 위원장에게 남한에 보낸 단일팀 구성 제안 내용을 설명하며 당신의 지지를 원하며, 빠른 시일 내에 만나자고 제안했다.[53] 그러자 킬러닌 위원장은 김유순 DPRK NOC 위원장과 김택수 KOC 위원장에게 서신을 보내 이와 관련하여 어떤 진전이 있는지 계속 알려달라며,[54] 남북의 접촉에 기대감을 보였다. 하지만, 킬러닌 위원장은 이 문제를 공식적으로 집행위원회에서 언급하지는 않겠다고 전하며 이 상황을 낙관적으로 보지는 않았다.[55]

이에 대해 대한체육회는 직접 판문점에 가지 않고 판문점에 상주하는 연락관을 통해 북한의 서신을 받고, 1월 9일 남북 조절위원회 연락관을 통해 대한체육회의 답장을 북한에 전달하였다. 남측이 보낸 내용은 우선 쌍방 간에 상당한 신뢰와 체육교류의 실적이 없이는 단일팀 구성은 실현 불가능한 일이며, 7월 모스크바올림픽 이후에 남북 간의 전반적인 체육교류를 위한 남북 체육 대표들이 회담하자고 하여 사실상 단일팀 구성 제의에 거부의 뜻을 전했다.[56]

이에 대한 북한의 반응은 없었으나, 다시 1월 21일에 남측에 제22차 올림픽에 유일팀을 보내는 데 동의하라고 호소하고 이 문제를 토의하기 위해 2월 1일 회담할 것을 제의하며 북한의 김유순은 민족의 유일팀 구성을 환영하는가 반대하는가의 근본 입장에 있는 것이지 결코 시간이나 기술적 조건은 문제가 될 수 없다며,[57] 남북이 만나서 회담을 개최

52) 『로동신문』, 「조선민주주의인민공화국 올림픽 위원회 및 조선체육지도위원회 대변이 성명을 발표」, 1979년 12월 27일.
53) IOC, OSC, CORES-004, SD2 Corr 1979-1980, 29.
54) 위의 서신, 32~33.
55) 위의 서신, 28.
56) 『동아일보』, 「올림픽 단일팀 거부」, 1980년 1월 11일.
57) 『로동신문』, 「올림픽경기대회에 보낼 민족유일팀구성에 동의할것을 남조선측에 또다시 호소한데 대하여」, 1980년 1월 24일.

할 것을 거듭 제안했다.

남한은 2월 1일 회담 제의에 대해 더 현실적이고 가능한 체육교류 제의는 묵살하고 올림픽 단일팀 협의만 고집한다고 하며, 1월 28일 북한에 다시 서한을 보내 첫 번째 보낸 것과 같이 모스크바 대회 이후에 남북 체육교류를 추진하자고 제안했다.

같은 시기 김택수 IOC 위원은 킬러닌 IOC 위원장에게 서신을 보내 남북 단일팀 구성에 관한 생각을 전했다.

> 김택수 IOC 위원은 남북단일팀의 올림픽 출전은 현재의 여러 가지 여건으로 봐 오는 84년 로스앤젤레스 대회 때는 실현될 가능성이 전혀 없지 않다고 말하고 이러한 문제를 논의하기 위해 남북한 IOC 위원간의 회담을 언제라도 할 용의가 있다고 밝혔다. 김위원은 지난 26일 킬러닌 IOC 위원장에게 보낸 서신에서 이같이 밝히면서 북한 측에서 모스크바 대회를 불과 7개월 남겨놓고 단일팀 구성을 제의해 온 것은 우선 시기성으로 봐서 불가능하다고 말하고 대한민국으로서는 같은 민족이 단일팀을 구성하는 데 전적으로 찬성하며 이를 위해 우선 시간을 갖고 남북 간의 친선 게임을 서울이나 평양 또는 제삼국 등 어느 장소에서든지 가지면서 단일팀 구성을 위한 친선 무드 등으로 경직된 현재의 남북 간의 분위기를 해소해 나가야 할 것이라고 말했다. 김위원은 또 이 서한에서 남북간의 정치적 평화무드를 위해서는 남북 체육인들이 정치성을 떠난 스포츠 교류를 통해 선도적역할을 하는게 바람직하며 이를 위해 최선을 다할 것이라고 강조했다.[58]

단일팀 구성을 회담 자체가 이루어지지 않던 차에 1980년 4월 14일 미국 올림픽 위원회는 소련의 아프가니스탄 침공에 대한 응징 조치로 모스크바 하계 올림픽대회 참가 거부를 확정하였다.[59] 1980년 1월에 소련의 침공이 있고 난 뒤, 미국과 중국은 모스크바올림픽대회 장소 변경

58) 『동아일보』, 「84년 오륜때 단일팀 가능」, 1980년 1월 28일.
59) 『동아일보』, 「미 올림픽 불참 확정」, 1980년 4월 14일.

요청과 올림픽 참가 거부 의사를 내비치기 시작했다. 그러나 IOC는 장소 변경은 없다며 강행을 선언했다.[60] 남한 정부도 KOC에 계속 불참을 촉구하였고, 결국 KOC도 5월 17일 한국선수단을 모스크바에 파견하지 않기로 결정하였다.[61]

남북의 단일팀 구성 문제와 관련해서 KOC는 불참 선언을 하기 전에 이미 단일팀 거부 입장으로 회담이 이루어지지 않았다. 남측의 여러 주장을 정리하면 두 가지 문제로 1980년 모스크바 단일팀 구성이 어렵다는 이유를 밝혔다. 하나는 7개월의 남은 시기가 촉박하다는 이유였고, 둘째는 상호 신뢰를 쌓기 위한 체육교류를 우선하고 나서 단일팀 구성 논의를 전개하자는 입장이었다. 단일팀 구성 거부의 입장은 미국의 모스크바올림픽 불참 선언과는 관련이 없었지만, 오히려 단일팀 구성이 애초에 성사될 가능성이 없었다는 구실로 작용했다.

그리고 모스크바 대회 후, 남한은 남북 체육교류를 위한 회담을 하자고 먼저 제의하며[62] 1984년 LA올림픽에서는 단일팀을 구성할 가능성을 열어 두었다. 그러나 북한은 남조선이 한결같이 단일팀에는 관심이 없고 오로지 민족의 대결과 분열을 추구하는 입장에서 모든 단일팀 구성 문제에 있어서 거부하는 태도로 일관한다며, 남조선에 민족의 염원을 저버리지 않기를 바라고 가까운 날에 단일팀 구성을 통해 국제경기들에 출전하기를 촉구하였다.[63]

1980년 모스크바올림픽을 앞두고 벌어진 남북 간의 체육 교류와 단일팀 구성 논란은 스포츠 영역에서 남북의 입장 차이라고 단순히 볼 수

---

60) 『경향신문』, 「IOC 결의, 모스크바 오륜 계획대로 강행」, 1980년 2월 2일; 1980년 2월 13일.

61) 『동아일보』, 「정부, KOC에 올림픽불참 거듭촉구」, 1980년 5월 15일; 『경향신문』, "KOC 모스크바 오륜불참 확정」, 1980년 5월 17일.

62) 『매일경제』, 「올림픽에 단일팀 파견하자(조상호 체육회장 KBS 통해 북한에 제의)」, 1981년 6월 19일.

63) 『로동신문』, 「겨레가 바라는 민족유일팀구성을 반대하고 대결과 분렬을 추구하는 남조선의 행동은 용납될 수 없다」, 1980년 2월 6일.

도 있지만, 이 안에는 남북통일 문제와 긴밀하게 연결된 정치적인 문제임을 알 수 있다. 남한은 남북이 서로 왕래하며 각각의 독립팀으로 교류하여 신뢰를 쌓자는 주장이다. 이는 북한을 개방으로 이끌어 북한 체제에 대한 혼란과 남한 체제의 우월함을 보여주려는 의도를 담고 있다. 또한 이는 '두 개 국가론'과 연결되어 있고 1990년대를 거치며 북한 붕괴론과 흡수통일론과 연결된다.

반면, 북한이 단일팀 구성을 시종일관 주장하는 배경에는 남북이 '하나의 민족'이라는 통일 지향의 관점이 담겨있다. 남한은 북한의 통일론은 적화통일 즉, 사회주의 체제로의 통일을 의미하기에 어떤 북한의 좋은 제안도 그 자체가 '위장'이라는 기본적인 의심으로 바라보게 되는 것이다. 따라서 북한의 '저의'를 먼저 따지게 되는 역사성을 가지고 있다. 체육교류와 단일팀 구성은 순차적인 모습이거나, 병행할 수 있는 방법론으로 해결할 수 있는 것으로 비치지만, 실상은 그 뒤에서 정치력이 어떻게 작용하는가에 따라 그때마다 입장이 나뉘는 것을 볼 수 있다.

남북의 명암,
88서울올림픽

남북의 명암,
88서울올림픽

1. 1981년 바덴-바덴과 서울올림픽 유치

북한이 조선민주주의인민공화국(DPRK)의 국호로 처음 참가한 1972년 뮌헨올림픽에서 남한보다 먼저 금메달을 획득했다. 사격 50M 종목에서 리호준 선수가 금메달을 획득하자 당시 남한은 1948년부터 올림픽에 참가했지만, 금메달이 없었던 상황에서 적잖은 자극을 받았다.

이에 문교부는 학교체육 강화 방안의 하나로 육상부, 체조부, 사격부(중학교 이상)를 의무적으로 설치하며, 체육교과에 사격을 포함한 시간을 40% 확대 등 사격 종목에 대한 집중 투자를 계획했다.[1] 그러나 실제로는 여러 반발에 부딪혀 모든 학교에 사격부를 만들지는 못했다.

1974년 테헤란 아시아경기대회는 남북한 스포츠 대결이 치열했던 대회로 남한이 북한보다 금메달 수 1개를 앞서며 종합성적 4위, 북한은 5위를 하며 남한의 우세를 드러냈다. 그러나 사격 종목은 달랐다. 남한은 사격 한 종목에서만 26명의 선수를 출전시킬 정도로 집중투자했으

---

1) 『동아일보』, 「문교부 학교체육 강화안 마련」, 1972년 10월 5일.

나, 북한이 금메달 10개, 남한은 1개에 그치는 결과를 냈다. 유난히 사격 종목에 대한 관심이 많았던 박정희는 안보 문제와 사격 성적을 연관지어 남북의 경기 결과에 민감하게 반응하였다. 이는 곧 정부 부처별 사격대회를 매년 개최하게 되었고, 금융단사격대회를 출범시키기도 하였다.[2] 이러한 사격 종목에 관한 관심은 1978년 제42회 태릉 세계사격선수권대회의 유치로 이어졌다.[3] 당시 대한사격연맹 회장이었던 박종규는 1974년 국제사격연맹총회에서 국제사격연맹 이사로 선임됐고, 그의 주도로 1978년 9월 24일부터 10월 5일까지 태릉 국제사격장에서 열린 제42회 세계사격선수권대회를 치러냈다. 68개 참가국, 1,500여 명 참가, 소련과 북한 등 사회주의권 국가들은 참가하지 않았다. 이 대회가 있기 전 1978년 9월 9일 박종규는 북한의 참가를 촉구하였지만, 북한은 아무 반응을 보이지 않고 참가하지 않았다.

한편, 북한은 1977년 제35회 평양 세계탁구선수권대회를 유치했다. 대회 유치가 결정되자 남한 정부는 북한에서 열리는 대회에 참가하기 위해 정부 차원의 대책 마련에 들어갔다.[4] 그리고 1979년 초부터 북한이 제의한 남북 단일팀 회담이 4차에 걸쳐 진행됐지만 결국 결렬되면서 남한은 참가를 못 하게 되었고, 북한은 1979년 4월에 평양에서 세계탁구선수권대회를 개최하였다. 이렇듯 남과 북은 국제 스포츠 대회 유치에 적극적으로 앞장섰고, 국제경기 개최권을 얻어 내는 것을 외교적 승리라고 평가할 만큼 국제 스포츠 외교에 경쟁적으로 나섰다.

이런 가운데 1978년 2월 3일 박찬현 문교부 장관은 1980년대에는 아시안게임 유치와 1990년대에는 올림픽을 유치하겠다는 장기적인 계

---

2) 이진삼, 『별처럼 또 별처럼』, 서울: 도서출판 황금물고기, 2016, 222~223쪽; 『경향신문』, 「금융단 사격대회 한은 등 13개 팀 백95명 참가」, 1973년 9월 14일.

3) 『경향신문』, 「78년 세계사격대회 서울서」, 1974년 9월 19일.

4) 국가기록원, 「세계탁구선수권대회, 제35차 평양, 1979. 4. 25.-5. 6. 전6권(참가대책 및 초정 교섭)」 1977~1978, 관리번호: DA0745903.

획을 추진해 가겠다고 대통령에게 보고했다.[5] 이보다 앞선 1월 신년 기
자회견에서 김택수 KOC 위원장은 1986년 아시아경기대회를 서울에
유치하겠다고 정부에 건의했다.[6]

　이처럼 남한은 북한과 스포츠 외교와 경쟁에서 뒤처질 수 없다는 판
단 아래, 적극적인 대회 유치 계획을 추진했으며, 국제 무대에서 북한
과의 대결에서 우위를 점하기 위한 노력의 일환으로 88서울올림픽 유
치 계획을 추진했다고 볼 수 있다. 서울올림픽 유치계획의 가장 직접적
인 발단은 1978년 9월 제42회 태릉 세계사격선수권대회를 성공적으로
치름으로써 얻은 자신감이었다. 또한, 남한의 경제 발전상과 국력 과시,
체육의 국제적 지위 향상, 공산권 및 비동맹국가와의 외교 관계 수립 여
건 및 기반 조성 등을 위해 유치계획을 세웠다는 기록도 있으나,[7] 더 근
본적인 배경은 북한과의 체제 경쟁에서 비롯되었다고 보는 것이 타당
하다.

　이러한 배경에는 1969년 남북 NOC가 완전히 분리된 후, 태릉 선수
촌에서의 '북한을 이기자'라는 구호가 나올 만큼 국제 사회에서 남북 대
결은 피할 수 없는 숙명이었다. 이에 북한은 국제 대회에서 남북이 싸우
는 모습을 보이지 말자며, 단일팀 구성에 적극적이었다. 그러나 남한은
북한과 함께 할 대상으로 보기보다는 경쟁에서 이겨야 하는 대상이라
는 강력한 인식이 작동했다. 이것은 거슬러 올라가면 냉전의 영향이기
도 하다. 한 국가의 체육 정책이 대중들의 건강과 인권의 문제로 출발한
것이 아니라 체제대결의 도구로 철저히 사용되었다는 점에서 가슴 아
픈 역사가 아닐 수 없다.

5) 『동아일보』, 「90년대에 올림픽 서울유치」, 1978년 2월 3일.
6) 『경향신문』, 「86년 아주경기 서울유치 김택수 IOC위원 회견」, 1978년 1월 6일.
7) 신종대, 「서울의 환호, 평양의 좌절과 대처: 서울올림픽과 남북 관계」, 『동서연구』 25(3),
　2013, 72·74쪽.

쿠데타를 통해 정권을 찬탈한 전두환은 국론이 분열된 상황에서 국민을 하나로 화합시킬 수 있는 묘안을 찾다가 일본 내 친한파 세지마 류조의 올림픽 유치 제안을 듣게 됐다. 그는 일본이 88올림픽을 추진한다면 올림픽 유치가 필요한 곳은 나고야가 아니고 서울이라고 제안했다.[8] 박정희 때 준비했던 올림픽 유치 카드를 다시 꺼내 든 계기가 되었다. 한국은 분단 상태였으며, 당시 쿠데타로 정권이 수립된 후 국내 정세가 불안했다. 또한, 사회주의권과 미수교 국가이며 개발도상국에서는 올림픽을 유치한 전례가 없어 자격이 부족하다는 평가를 받았다. 따라서 IOC로서는 당연히 일본이 유치할 것으로 판단했다.[9] 그런 상황임에도 전두환의 지시로 KOC는 1980년 12월 2일 88올림픽 유치 신청서를 IOC에 제출했다.[10] 그리고 1981년 1월 말 전두환은 미국의 새로운 대통령 레이건을 가장 먼저 만나는 정상회담 주인공이 되었다.

이미 기울어진 상황에서 미국을 다녀온 전두환은 1981년 5월 현대 정주영 회장에게 올림픽 유치 민간추진위원장을 맡겼다. 이에 대해 정주영은 나고야와의 표 대결에서 정부가 당할 망신을 민간인에게 대신 당하게 하자는 발상으로 맡겼다고 회고록에 기록했다. 하지만, 정 회장은 특유의 추진력과 사업가적 마인드로 본인의 사비를 들여가면서 유치 작전에 본격적으로 뛰어들었다.[11] 정부 측 인사와 체육계 인사들의 노력도 있었지만, 정 회장의 노력은 일본과의 불리한 상황을 역전시키는 데 결정적인 역할을 했다고 볼 수 있다.

8) 이동형, 『영원한 라이벌 김대중 vs 김영삼』, 서울: 왕의서재, 2018, 254~269쪽.

9) Richard W. Pound, *FIVE RINGS OVER KOREA: The secret negotiations behind the 1988 Olympic games in Seoul*, Boston, New York, Toronto, London(simultaneously): Little, Brown & Company, 1994, pp. 6~8.

10) IOC, OSC, D-RM01-CORES-004 Correspondence of the NOC of the Republic of Korea (KOR), SD2 Corr 1979-1980, 3.

11) 정주영, 『이땅에 태어나서 나의 살아온 이야기』, 서울: 솔출판사, 2020, 271~283쪽. IOC 위원 아내들에게는 꽃바구니까지 호텔방문 앞에 갖다 두었다고 한다.

이로써 박정희 정부에서 출발한 올림픽 유치 계획은 전두환 정권의 탄생과 맞물려 초기에 각계각층의 모든 힘을 모아 강력하게 추진되었다. 그 결과 1981년 9월 30일 IOC 총회에서 한국은 일본을 제치고 1988년 서울올림픽 유치에 성공했다. 그리고 1986년 아시안게임 유치를 두고 막판까지 남북이 유치 대결을 벌였지만, 북한이 표결 하루 전 포기함으로써, 1981년 11월 26일에 86아시안게임도 서울 유치로 결정되었다.[12]

남과 북은 사격과 탁구 등 세계대회 개최로 비슷한 상황에서 경쟁을 이어왔지만, 남한의 올림픽 유치는 남북 체제대결 국면에서 새로운 전환점이 되었다. IOC 부회장을 지낸 리차드 파운드는 그의 회고록에서 서울의 올림픽 유치 결정을 두고, 사마란치 IOC 위원장이 스스로 엄청난 실수를 저질렀다고 생각할 만큼 서울의 결정을 두고 어려운 상황이 펼쳐질 것을 예상했다. 그만큼 서울올림픽 유치 결정은 IOC 내에서도 우려와 걱정이 적지 않았음을 짐작할 수 있다. 당시 88서울올림픽이 결정되자 김유순 북한 IOC 위원은 바로 회의장을 떠났고, 일본을 지지했던 사회주의권 국가들은 더 이상 적극적인 역할을 할 동기가 사라졌다고 기록했다.[13]

---

12) 외교부 공개문서, 「1986년도 서울 아시아경기 대회 유치 추진」, 1980-81. 전2권(V.2) 1980. 10.~11; 『매일경제』, 「AGF 집행위채택 86년 아시안게임 서울 개최」, 1981년 11월 26일. 이 유치 과정에서 이라크와 북한도 유치 신청을 했으나, 이라크가 전쟁 중임을 이유로 먼저 철회하고, 남북의 유치 경쟁이 전개되던 중 북한이 표결 하루 전에 철회하여 남한에서 하는 것이 최종 결정되었다.
13) Richard W. Pound, *FIVE RINGS OVER KOREA*, p. 49.

2. 북한의 올림픽 방해 공작 이슈

1981년 독일 바덴-바덴에서 88서울올림픽의 유치가 결정되고 나서, 1980년대는 남북 모두, 이에 대한 격렬한 논쟁이 있었다. 북한은 88서울올림픽 장소를 옮겨야 한다는 국제 사회 주장에 동조하며 올림픽 유치 결정이 잘못됐다고 주장했고, 남한은 올림픽의 성공적인 개최를 위해 정치, 외교, 안보, 군사 등 모든 분야에서 총력을 기울였다. 특히 올림픽을 준비하는 과정에서 발생한 북한과 관련된 사건 사고에 대해서 북한의 올림픽 방해 공작이라는 프레임이 작동하였다.

한편으로 국제 사회의 시각에서는 88서울올림픽을 통해서 남북이 평화와 화해의 길을 모색할 수 있는 절호의 기회라고 여기고 IOC를 중심으로 남북의 올림픽 공유에 대한 논의가 진행되기도 했다. 국제 사회의 여론은 사실상 공산권을 중심으로 이루어져, 이 또한 냉전의 영향에서 자유롭지 못했다. 이러한 가운데 애가 타는 쪽은 북한이었다. 1970년대까지만 해도 국제 사회에서 북한의 경제력, 외교력 등이 남한을 앞서고 있었기 때문에 체제대결에서 우위에 있을 때가 많았다. 특히 비동맹 외교에 관한 한 북한이 더 우세하였다.[14] 하지만, 1980년대 접어들어 공산권 변화의 조짐과 평화의 제전이 되어야 하는 88올림픽 성공적 개최에 대한 국제 사회의 기대가 커지며 남한의 역할 비중이 커지게 되었다.

1982년 1월 4일 IOC 부회장 리차드 파운드(Richard W. Pound)는 캐나다 외교부의 분석을 예로 들며 88서울올림픽의 유치는 북한에는 창피스러운 일이 될 것이라며 다음과 같은 내용을 기록으로 남겼다.

> a) 북한은 내부 선전과 일치하지 않는 남한의 모습을 볼 수 있어 대규모
>   선수단을 파견하지 않을 것이다.

---

14) 라종일, 『아웅산 테러리스트 강민철』, 파주: 창비, 2013, 66~67쪽.

b) 이는 두 국가의 경제 발전 차이를 드러낼 것이다.

c) 올림픽은 평양과 동맹을 맺은 국가들 사이에 남한의 좋은 이미지를 높이는데 확실히 이용될 것이고, 남한의 평화 계획을 지지하는데 이용될 것이다.

그리고 한국은 북한 동포들을 올림픽에 참가하도록 함으로써 유리한 선전 효과를 얻을 수 있을 것이고, 북한의 보이콧이 예상되나 불참이 더 큰 피해를 입게 될 것이라고 분석했다.[15]

대부분이 일치하는 예견이었다. 캐나다 쪽 정보 분석대로 남한이 북한을 끌어안는 평화의 이미지를 보여주기에 유의미한 제안이었다.[16] 1982년 2월 19일에 노태우 정무2장관은 88서울올림픽에 북한과 단일팀을 구성할 것을 제안할 것이라고 밝혔다. 1985년 남북체육회담이 본격적으로 시작되자, 남한은 체육교류를 통한 단일팀 구성을 내세웠고, 북한은 공동개최 실현 후, 단일팀 구성을 주장해 단일팀 구성은 주요 의제로 다루지 못했다. 남한과 IOC는 북한의 공동개최 요구를 들어주는 척만 했고, 실제로는 북한의 요구를 수용하지 않고 단독 참가를 요구하는 방향으로 몰아갔다.[17] 1982년에 이미 국제 사회는 88올림픽의 전개 상황을 예견하는 분석을 내놓았으며, 7년의 준비 기간 동안 그 예상에서 크게 벗어나지 않았다.

체제 경쟁 관계에 있던 북한은 상대적으로 남한에 밀리는 형국이 되었고, 체제에 대한 위기의식도 커지게 되었다. 북한이 선택할 수 있는 것은 국제 사회 여론의 추이에 따라 남한과 올림픽 공유(공동개최)에 관한 논의에 적극적으로 대응하는 것이었다.

15) IOC, OSC, D-RM01-CORES-004 Correspondence of the NOC of the Republic of Korea (KOR) 1972.01.01-1982.12.31, SD3 Corr 1981-1982, 44~46.

16) 『조선일보』, 「노태우 정무2장관 북에 남북 스포츠 회담 제의」, 1982년 2월 19일.

17) 최진환, 「88 서울올림픽 남북 공동주최 논쟁에 관한 연구」, 『현대북한연구』 제24권 제2호, 2021, 76~81쪽.

이 과정에서 남한 정부는 북한과 관련된 사건 사고가 나올 때마다 일관되게 사용했던 수식어가 있었다. 바로 "88서울올림픽 방해를 위한 북한 공작(소행)"이라는 수식어였다. 1980년대에 굵직한 사건 사고 뒤에는 여지없이 이런 수식어가 붙어서 북한에 대한 혐오 감정을 일으켜 북한의 악마화로 귀결되었다. 남한은 '올림픽 성공적 개최'와 '북한의 올림픽 방해 공작'을 대비하기 위해 군사력을 확장할 필요가 있었고, 이로 인해 미국의 군사력이 남한에 집중하며 안보 불안 심리가 더 강해지는 결과를 보였다. 따라서 당시 북한과 관련된 사건 사고에 관한 몇 가지 이슈를 되짚어 보면서 88서울올림픽에 북한이 취한 태도와 남한이 취한 태도 사이에 어떤 간극이 있었는지 그 시사점을 살펴보고자 한다.

1) 국제 사회의 올림픽 장소 변경 논란(1982~1986)

88서울올림픽 유치 소식이 전해지자, 북한은 공식 반응을 보이지 않다가 두 달여 뒤인 1981년 12월 3일 로동신문을 통해 올림픽 개최 문제와 관련하여 '두개 조선' 정책으로 민족 영구 분열을 삼으려는 것으로 친선과 세계 평화를 바라는 세계 인민들과 체육계에 참을 수 없는 모독이라고 표현했다. 더불어 이 문제를 유엔 가입 문제와 연결하여 주장하였다.

> 이것은 세상 사람들에게 남조선 당국자들이 서울올림픽경기대회를 어디로 이끌어가려 하는가에 대하여 의심을 자아내지 않을수 없게 하고 있다. 얼마전에 괴뢰외무부장관은 남조선이 국제올림픽경기대회를 주최하는만큼 《유엔성원국》으로 되는 것은 당연한 일이라고 하면서 《유엔단독가입》을 위한 외교활동을 적극 벌릴 것이라고 하였으며 《공산권》과 《공식관계》를 수립하기 위하여 노력할 것이라고 발표하였다.
> 이번 기회에 사회주의 나라들과 뿔럭불가담나라들에 접근하여, 《국교》 및 기타 《공식관계》를 맺어 보려는 괴뢰들의 책동은 또한 올림픽의 간판을 들고 국제적으로 고립된 저들의 처지를 개선하며 나아가서 남조선을

그 무슨 《국가》로 인정 받아보자는 것이다. 이것이 《두개 조선》정책의
또하나의 다른 표현인 이른바 《교차승인》을 실현하기 위한 교활한 술책
이란것은 더 말할 것도 없다.[18]

북한의 위와 같은 주장은 당시 노신영 외무장관이 국회 보고에서 한
발언에서 비롯되었다. 아래는 그 내용 중 일부이다.

> …그것은 대 『아프리카』 및 동구권 외교기반 확대라는 목표가 막연한 소
> 망사항이 아니라 가깝게는 내년 9월 『바그다드』에서 열리는 제7차 비동
> 맹회의에서의 북한제압을 위한 표밭 다지기와 이어 그 여세를 몰아 남북
> 한 동시 가입이라는 적극적인 대 『유엔』 정책으로 전환하자는 눈앞의 목
> 표, 그리고 멀리는 88서울올림픽의 성공적인 개최라는 고지를 정복하느
> 냐 못하느냐의 열쇠가 되는 현실적 명제이기 때문이다.[19]

남한 외교정책의 핵심은 그동안 외교 관계를 맺지 않았던 아프리카
와 동유럽 국가들과 외교 수립을 함으로써, 유엔 가입 문제뿐만 아니라,
88서울올림픽의 성공적 개최를 위한 기반을 마련하는 데 있었다. 1981년
2월 한·미 정상회담을 마치고 돌아온 뒤, 전두환 대통령은 아프리카와
중동 지역 그리고 동남아시아 국가들과 관계 강화를 선언했고, 그해 6
월 아세안국가 순방부터 본격적으로 진행되었다. 전두환 회고록에는 이
와 관련한 내용을 아래와 같이 설명했다.

> 2차 세계대전 종료 후 전개된 냉전 상황에서 동서 양진영은 유엔을 무대
> 로 해마다 한반도 문제를 놓고 대결을 벌였다. 대한민국이 수립되기 전해
> 인 1947년 처음 한반도 문제에 관한 결의안이 유엔에 상정된 후 해마다
> 빠지지 않고 유엔 총회 의제로 올라왔다. (중략) 북한은 비동맹국가 특히
> 아프리카 국가들에 대해, 국력에 걸맞지 않은 과도한 원조를 퍼부으며 환

18) 『로동신문』, 「올림픽운동의 리념과 어긋나는 움직임」, 1981월 12월 3일.
19) 『동아일보』, 「외교주력 아·동구로 돌린다 노외무가 국회서 밝힌 새한국 외교의 진로」,
1981년 11월 4일.

심과 지지를 얻기 위해 안간힘을 쓰고 있었다. (중략) 유엔에서의 표 대결이 불가피한 경우에 대비해, 숫자가 많은 제3세계 국가들의 지지를 확보하는 일이 중요했다. 100여 개국의 회원을 가진 비동맹권은 유엔에서 거대 세력권을 형성하고 있었고, 각종 국제기구와 지역협력회의에서 막강한 영향력을 행사하고 있었다. (중략) 특히 그 시점에 내가 비동맹국가들을 중심으로 한 제3세계 국가들을 순방하며 정상외교를 펼칠 생각을 하게 된 것은 마음속으로 올림픽대회 유치에 도움이 될 것이라는 생각을 하고 있었기 때문이다.[20]

그는 올림픽 유치를 위해서 비동맹 제3세계 국가들과 외교 관계를 맺는 것이 유리할 것이라는 판단을 했고, 한·미 정상회담에서도 이 이야기가 언급됐을 가능성이 크다. 그해 2월에 한·미 정상이 만났고, 5월에는 미·일 정상회담이 열렸다. 그 과정에 남한은 올림픽 유치를 위해 치열하게 노력했으며, 결국 1981년 9월 30일에 올림픽 유치가 결정되었다.[21]

당시 IOC뿐만 아니라 유엔 내에서 북한의 영향력이 적지 않았기 때문에 남한은 이에 대한 부담이 있었다. 북한은 남한의 외교 움직임을 남한이 공산권 국가들과도 적극적으로 외교를 확대하며, 올림픽을 계기로 유엔 단독 가입까지 이어가겠다는 의도로 판단했다. 이에 대해 북한은 국제 사회에서 조선 반도가 영원히 '두개 조선'으로 분열될 수밖에 없는 과정이라고 주장했다.[22] 북한은 통일 후 하나의 의석으로 가입하자는

20) 전두환, 『전두환 회고록 2: 청와대 시절』, 파주: 자작나무숲, 2017, 377~380쪽.
21) 1981년 2월 4일 자 『조선일보』는 일본 스즈끼 수상이 한·미 정상회담을 보고 미·일 정상회담을 5월에서 4월로 앞당기는 방안을 추진한다는 내용을 보도했다. 이어서 2월 7일 자 『조선일보』에서는 주한 일본대사의 보고를 받고 한·일 정상회담을 조기에 개최하는 방안에 대해 합의가 됐다고 보도했다. 한국에 대한 일본의 지원 등 장기적인 우호추진에 의견 합의가 있었다는 내용이다. 이같은 반응은 한·미 정상회담 후 전두환의 귀국 전날에 보도된 내용이니, 일본 입장에서는 한·미 정상회담에서 오고 갔을 내용에 대해 매우 관심이 높았다고 볼 수 있다. 5월 7~8일 미·일 정상회담이 있었고, 그리고 전두환 정부에서 한·일 정상회담은 1983년 1월 11일 한국에서 열렸고, 답방은 1984년 9월 6일에 이뤄졌다.
22) 김일성, 「이딸이아안사통신사 부사장과 한 담화(1981년 12월 6일)」, 『김일성 저작집 36권』, 평양: 조선로동당출판사, 1990, 372~374쪽.

주장이었고, 남한은 각각 두 국가로 가입하자는 주장이었다.

　남북은 유엔 가입을 두고 치열한 외교 경쟁을 벌이고 있던 과정에서 남한의 올림픽 유치가 결정된 것이었다. 이러한 결과를 두고 북한은 로동신문을 통해서 서울은 올림픽 장소로 적절하지 않다는 기사를 계속 내보냈다. 그런데 1982년도 로동신문 내용을 자세히 들여다보면, 이는 북한 당국의 공식 입장이 아닌, 다른 국가의 개인이나 단체의 말만을 인용해서 전달한 것임을 알 수 있다.[23] 예를 들면 일본 민단, 노르웨이, 핀란드, 체코슬로바키아, 불가리아, 미국 교포 등의 주장이 있었고, 실제 그들이 주장하는 내용을 요약해 보면 크게 세 가지다.

　첫째는 서울올림픽은 현 정권의 체제를 강화하기 위한 것이고, 둘째는 올림픽 유치를 통해 민족의 영구 분열과 유엔 단독 가입으로 몰고가 '두개 조선' 정책의 이용물로 삼고자 함이며, 셋째는 남한은 독재 반대 운동으로 사회가 불안정하여 올림픽 장소를 다른 나라로 옮겨야 한다는 주장이 일관된 목소리였다. 1983년도에는 올림픽 장소 변경에 대한 이슈를 드러내지도 않았다. 다만 그해에 국제 의회 동맹 제70차 총회 장소로 서울이 결정된 데에 따른 항의 기사들이 주를 이뤘다.

　북한이 올림픽 장소를 옮겨야 한다고 주장한 것과 관련해, 노태우 회고록에서는 다음과 같이 소개했다.

> 북한은 서울올림픽 개최가 확정된 뒤에도 소련을 위시한 동구권에 '서울에서 올림픽을 개최하면 전쟁이 일어나게 된다. 서울올림픽은 절대·불가능하다'는 억지 논리를 펴 대며 방해 공작을 계속했다. 처음에는 사회주의 국가들이 모두 다 북한 편을 들었다. 그로 인해 우리는 초기에 상당히 고생했다.[24]

23) 『로동신문』, 1982년 1월 4일, 1월 13일, 1월 27일, 2월 18일, 2월 26일, 3월 14일.
24) 노태우, 『노태우 회고록-상권』, 서울: 조선뉴스프레스, 2011, 280쪽.

그런데 이 외에도 미국과 프랑스 등 유럽 일부 국가에서도 올림픽 개최지 변경에 대한 목소리를 높여가며, 남한을 흔들어 댔다.[25] 그러나 정작 북한은 자신들의 목소리를 뒤로 하고 외신들의 기사 내용을 인용해서 올림픽 개최지 변경을 주장했다. 1984년에 들어서면서 제23차 LA 올림픽 단일팀 구성 회담이[26] 1984년 5월 25일에 최종 결렬이 되자, 5월 31일 자 로동신문에서 북한은 "1988년 올림픽 개최장소를 다른 곳으로 정한데 대한 여론이 높아가고있다"라며 본격적으로 목소리를 내기 시작했다.[27]

위 기사에서 밝힌 '여론'이라는 것은 여전히 사회주의 국가들의 기사 내용을 인용하고 있음을 알 수 있다. 북한은 서울올림픽 유치를 초기에 민족의 '영구 분열'과 '두개 조선' 반대에 대한 주장은 했으나, 북한이 나서서 장소 변경에 대한 공식적인 입장을 밝힌 것은 찾을 수가 없다. 당시 로동신문에 1988년 올림픽 개최지 변경을 요구한다는 국가들은 다음과 같다. 불가리아, 유고슬라비아, 스웨덴, 말레이시아, 소련, 영국, 미국, 네팔, 탄자니아, 인도, 핀란드, 수리아, 노르웨이, 체코슬로바키아, 나이지리아, 쿠바 등 국제 사회의 요구와 남한 내부에서 이러한 요구들이 일어나고 있다는 소식을 전한 것이 대부분이다.

당시 IOC 부위원장이었던 리차드 파운드(Richard W. Pound)의 회고록에는 1984년 12월 임시 IOC 총회를 앞두고 소련 NOC가 주도하여 개최도시를 서울로 선택한 것은 부적절하다며 계속 선언을 이어갔다고 기록했다.[28] 또한, 1894년 6월 23일 쿠베르탱의 IOC 창립 100주년을 기

25) The New York Times, *How to Rescue the Olympic*, 1984. 5. 29.
26) 『로동신문』, 「조선민주주의인민공화국 올림픽 위원회 위원장이 남조선의 올림픽 위원회 위원장에게 보낸 편지」, 1984년 3월 31일.
27) 『로동신문』, 「1988년 올림픽개최장소를 다른곳으로 정할데 대한 여론이 높아가고 있다」, 1984년 5월 30일.
28) Richard W. Pound, *FIVE RINGS OVER KOREA*, p. 68.

념하기 위한 프랑스 소르본에서 열린 공식 행사에서 프랑스 NOC 넬송 페유(Nelson Paillou) 회장은 1988년 올림픽을 서울에서 바르셀로나로 옮겨져야 한다고 제안하며 많은 사람을 놀라게 하였다. 바르셀로나 시장은 자연스럽게 바르셀로나가 1988년 올림픽을 개최하고 1992년에 파리가 그 뒤에 개최할 것이라고 공공연히 언론에 발표하기도 하였다.[29]

이처럼 개최지 변경 요구가 IOC를 비롯한 국제 사회의 여론으로 점점 거세지자, 남한 정부는 1984년 4월 5일에 사마란치 위원장이 생각한 세 가지 의견을 두고 이미 대책을 논의했다. 첫째 서울이 스스로 개최권을 반납하는 안, 둘째 서울대회를 1992년으로 연기하는 안, 셋째 올림픽 영구 개최지 안을 명시해 놓고 있었다. 이에 대해 남한은 IOC 위원들과 체육계 인사들과 접촉을 이어가는 것, IOC 총회와 위원들에 대한 스포츠 외교 활성화, 해외 언론, 국내 언론 등에 집중하는 대책안을 내놓을 정도로 심각한 분위기였다.[30]

그 여론의 중심에는 소련이 있었고, 사회주의권 국가를 중심으로 전개되는 88올림픽 개최지 변경 이슈에 대해 남한 정부는 더욱 구체적인 대책을 마련하고 대응해 갔다. 그 내용에는 '우리의 확고한 입장 정립', 'IOC 대책', '대외 홍보', '소련과의 접촉', '88대회 인수 개최 관심국가(인도, 이탈리아, 프랑스, 스페인) 대책', '공산권과의 체육교류 강화', '저개발국선수단의 88대회 참가 지원', '지속적인 대외 홍보 전개', '올림픽 참가 거부 제재 운동 협조', '올림픽 준비 지원체제 강화' 등의 대응대책을 마련하였다.[31]

결국, 노태우 올림픽 조직위원장은 아디다스의 다슬러 회장에게 사

29) 위의 책, pp. 73~74.
30) 국가기록원, 「(1)북한및미수교국관계, (2)LA대회남북단일팀구성노력(재미교포중심민간단체)」, 서울올림픽 조직위원회, 1985, 관리번호: BA0774386, 60쪽.
31) 국가기록원, 관리번호: BA0774386, 69~78쪽.

마란치 위원장에게 전달해 달라며 유명한 이야기를 남겼다. "84년 9월 30일이면 올림픽을 치를 잠실 메인 스타디움이 완공되는데 나는 그 메인스타디움의 구조를 변경해 세계 평화의 상징인 올림픽을 망친 IOC 위원 82명의 무덤을 만드는 공사를 할 것이다. 그 한가운데 IOC 위원장의 무덤을 만들고 그 비석에 '인류의 평화 제전인 올림픽을 망친 IOC 위원장 사마란치 이곳에 묻혀 있노라'고 새길 것이다"라고 다슬러 회장에 전했다고 하나, 실제로 전해졌는지는 확인하기 어렵다. 하지만, 이러한 각오로 IOC와 주변 인물들을 설득해 나갔다.[32]

서울올림픽 장소 변경 이슈의 근원지는 소련을 중심으로 한 사회주의 국가들에서 비롯되었고, 북한은 그러한 흐름에 주도하는 위치에 있지는 않았다. 오히려 개최지 변경 요구에 관해 관심을 보였던 스페인, 파리 등 유럽 국가들이 혹시나 있을지 모르는 개최지 변경에 대한 차선책을 획득하기 위해서 여론을 주도해 나갔다고 볼 수 있다. 따라서 서울올림픽 장소를 변경해야 한다고 먼저 주장한 주체는 북한이 아니며, 이 이슈를 북한이 전면에 내세운 시점은 LA올림픽 남북 단일팀 구성 회담이 결렬되고 나서였음을 보았을 때, 북한은 내심 88올림픽을 남북이 함께 하는 방안에 대해 기대하고 있었을 가능성도 배제하기 어렵다. 그동안 북한은 자신들이 앞장서서 장소를 변경해야 한다거나 취소해야 한다는 적극적인 입장을 표명하지 않았고, 남북 단일팀 구성 체육회담에 집중하였다.

그 후, 1984년 12월 11일 로동신문에서 북한은 처음으로 정무원 강성산 총리의 공식 담화를 통해 쿠바 피델 까스뜨로의 의견이 정당하다고 밝히고 적극적인 지지를 표명하였다. 이 담화에서 강성산은 "올림픽 경기를 서울에서 하는 것은 반대하지만 국제경기들에 북과 남이 유일

---

32) 노태우, 『노태우 회고록-상권』, 서울: 조선뉴스프레스, 2011, 282~283쪽.

팀으로 출전하는 문제는 변함없이 해결하려는 립장을 견지하고있다"라고 하며 "올림픽 장소문제와 북과 남의 유일팀 구성문제는 서로 별개의 성격을 띤 문제이다"라고 하였다.

그러면서 서울이 올림픽을 하기에 적합하지 않은 이유로 남조선은 전쟁 위험이 항시 존재하는 불안전한 곳이며, 미국군대가 주둔함으로써 1,000개 이상의 핵무기가 있고, 전쟁을 위한 군사 연습과 최근 DMZ에서 발생한 총격 사망 사건 그리고 남한 사회의 소요와 정치 탄압 등을 들어 평화와 안전에 문제가 있으므로 올림픽을 할 수 없다는 것을 강조했다. 또한 피델 까스뜨로의 주장을 인용해 전 아메리카 올림픽 경기대회 장소가 쿠바에서 미국으로 바뀐 것을 원래 쿠바로 바꾸고, 1988년 올림픽 장소도 서울에서 다른 곳으로 옮기라고 주장했다. 88올림픽 개최지를 서울로 정한 것은 '두개 조선'을 조작하려는 미국과 그 추종자들의 불순한 정치적 산물이라고 지적하고 그 부당함을 언급했다.

이 담화의 마지막에는 IOC 위원장을 향해 남한과의 단일팀 구성에 관한 의지를 표명하였다. "국제올림픽 위원회가 조선의 북과 남 사이의 대결과 영구 분열을 추동하는 일을 하지 말며 40년 동안이나 민족 분열의 비운을 겪고 있는 전체 조선 인민의 감정을 자극하는 일을 하지 않기를 진심으로 바란다"라고 하며, "당신이 우리에게 권고하고 있는 남북 유일팀 문제에 대하여 말한다면 (중략) 우리는 앞으로 있게 될 국제 체육 경기들에 북과 남이 유일팀으로 출전하기 위해 지난 시기와 마찬가지로 성의 있는 노력을 다할 것이다"라고 IOC를 향해 단일팀 메시지를 전했다.[33]

김유순 DPRK 올림픽 위원회 위원장은 1984년 12월 16일 사마란치

---

33) 『로동신문』, 「우리는 제24차 올림픽과 전아메리카올림픽 장소문제에 대한 꾸바의 긍정적인 주장을 적극 지지한다」, 1984년 12월 11일.

에게 서신을 보내 "한국(KOREA)의 군사분계선을 따라 전투 상황이 항상 존재하기 때문에 IOC가 지정한 장소(서울)가 전쟁 상태일 경우 헌장에 명시된 신속하고 적절한 조치를 취할 것을 촉구한다" 또한, "우리는 이 나라의 남쪽에서 열리는 것에 반대하며, 북쪽에서도 올림픽이 개최되는 것을 원치 않는다"라는 입장을 보이며 한반도 전역에서 올림픽 개최는 적절하지 않다는 의사를 밝혔다.[34] 북한은 남한의 올림픽 개최를 반대하는 이유에 대해서 분단된 국가에서 어느 한쪽에서 올림픽이 열리는 것을 반대한다는 것이다. 이 논리는 나중에 남북 올림픽 공동개최 주장으로 이어지는 명분을 제공하기도 했다.

결과적으로 88올림픽 장소 변경 요구는 북한이 먼저 주도적으로 나서서 국제 사회를 설득한 것이 아니고, 소련과 유럽 국가들을 중심으로 개최지 변경에 대한 여론이 더 강했음을 알 수 있다. 북한의 입장은 분단된 국가에서 어느 한쪽에서 올림픽을 치른다는 것이 영구 분단의 길로 갈 수 있다는 우려를 담아낸 것이었다. 오히려 장소 변경 문제의 부각보다는 다른 국제대회에서 남과 북이 더는 대결과 경쟁을 피하고 '민족적 단합과 조국 통일'을 강조하며 단일팀을 구성하여 올림픽에 참가하고자 하는 의지에는 변함이 없다는 점을 강조했다. 남한은 이러한 북한의 태도가 88서울올림픽을 방해하는 주장이라고 거듭 강조하며 IOC의 결정 사항을 존중하고 따를 것을 강조했다.

2) 버마 폭발 사건(1983. 10. 9.)

1983년 10월 9일, 전두환 대통령과 수행원 일행이 버마 방문 중 아웅산 묘소 입구에서 폭발이 발생해 수행원 17명이 사망한 사건이 일어

---

34) Richard W. Pound, *FIVE RINGS OVER KOREA*, p. 75.

났다. 이 일이 발생하자마자, 당일 경향신문은 "북괴가 장치한 것으로 보이는 종류 미상의 폭발물이 폭발…"과 같은 내용을 언급하며 진위와 관계없이 북괴의 소행설이 나오기 시작했다.[35] 다음날 전두환 대통령은 "이 사건의 배후에서 사주한 북괴의 음모를 철저히 밝혀내 엄벌해줄 것"을 버마의 우 산유 대통령에게 요구했다.[36] 사건이 일어나고 채 하루도 안 된 상태에서 대통령의 확정적 발언으로 국내 언론은 북한 소행론으로 기사를 쓰기 시작했다.

10일 자 경향신문은 "88 오륜 방해 국제적 위기의식 조장에 혈안"이라는 소제목의 기사를 내고, 이 사건을 88서울올림픽을 방해하기 위해 북한이 일으킨 사건이라고 묘사했다. 그러나 본문에는 어디에도 88올림픽을 방해하기 위한 북한의 행위에 대한 내용은 포함되지 않았다. 의도적으로 북한이 88서울올림픽을 방해하기 위해 저지른 테러 사건으로 여론을 몰아갔다.

11일 자 조선일보는 미국 보도를 인용해서 이 사건은 아시안게임과 서울올림픽 개최 등의 일련의 상황과 연관해서 보아야 한다고 보도했고, 일본 언론을 인용하면서 북괴가 서울 IPU 총회, 86아시안게임, 88 서울올림픽 개최의 저지를 위해 온갖 공작을 꾸며왔다는 점을 들며 이번 사건과의 연관성을 제시했다.[37]

12일 동아일보에서 "북괴는 68년 청와대 습격 미수, 74년 대통령 영부인 시해, 82년 전두환 대통령 캐나다 방문 시 위해 음모 등으로 대한민국 테러를 자행해 왔다"라며 IPU 총회와 88서울올림픽 방해 음모를 시도하고 있다고 밝히고 있다.[38]

35) 『경향신문』, 「북괴 음모인듯 황 대변인」, 1983년 10월 9일.
36) 『매일경제』, 「북괴 악랄한 도발 완벽하게 대비」, 1983년 10월 10일. 버마 당국은 국내 반정부세력의 공작일 수도 있다는 견해를 밝혔다.
37) 『조선일보』, 「북괴 소행 확실… 세계의 눈」, 1983년 10월 11일.
38) 『동아일보』, 「북괴 음모가 확실하다」, 1983년 10월 12일.

미국과 일본의 언론에서도 이 문제가 86아시안게임과 88서울올림픽을 방해하기 위한 공작일 가능성이 크다는 점을 강조했다. 이렇듯 사건 직후 거의 동시에 한·미·일은 비슷한 논조를 통해 이 사건의 배후가 북한이라는 점을 강조하기 시작했다.

　　상황이 이렇게 전개되자, 아무 반응이 없었던 북한이 13일 자 로동신문에서 「버마 사건은 우리 공화국과는 무관하다」는 제목으로 다음과 같이 입장을 밝혔다.

> 그들이 《사촉》이니, 《음모》니 하고 입에 담지 못할 악담을 함부로 우리에게 퍼부으며 미친듯이 소란을 피우고 있는데 과연 먼 버마땅에서 일어난 폭발사건과 우리가 무슨 상관이 있단말인가… 남조선에서 무슨 사건이 일어나고 혼란이 생길 때마다 터무니없이 그 사건의 책임을 우리에게 전가시킴으로써 궁지에서 벗어나보려고 하는 것은 남조선 괴뢰도당의 상투적수법이다…력사에 일찍 있어본적이 없는 광주 대학살만행도 미제의 지원밑에 전두환 역도에 의하여 감행되었다.[39]

　　북한 로동신문의 주장에 의하면, 테러리스트들이 타고 왔다고 주장하는 《동건》호는 10월 4일부터 10월 7일까지 콜롬보항에 정박했다고 하며, 수천 킬로미터나 떨어진 곳에 정박해 있던 무역선이 어떻게 그곳에 갈 수 있었느냐며, 연관성을 부인했다. 그리고 1976년 《현충문》 폭파 미수사건 당시 동일한 방법으로 폭발물이 설치되었다고 북한의 소행이라고 주장하는데 이 또한 관련성을 부인했다. 그러면서 버마 사건 현장에는 오래전부터 200여 명의 남한 경호원들이 동원되어 물샐틈없이 삼엄한 경계망을 펴놓고 있었는데 어떻게 낯선 사람이 뚫고 들어가 폭발물을 장치할 수 있는냐고 테러에 대한 언론 보도 내용에 대해 정면으로

---

39) 『로동신문』, 「버마 사건은 우리 공화국과는 무관하다」, 1983년 10월 13일.

반박하였다.[40]

버마 당국은 초기에 이 사건이 남한과 북한 어느 쪽과 연관이 있는지 명확한 증거가 나오기 전까지는 중립을 지키려고 했다. 테러리스트로 의심되는 강민철은 처음에는 남한 출신이라고 답했으나, 안기부 직원과의 면담 후에는 북한 출신이라고 진술을 바꿨다.[41] 버마 당국은 이 지점에서 남과 북 어느 쪽에서 비롯된 사건인지에 대해 수사를 계속 이어갔다. 그러던 중 테러리스트로 의심되는 강민철을 비롯해 3명의 배낭에서 나온 각종 무기들이 한국에서 안기부 진상조사단이 가져간 북한 간첩으로부터 획득한 무기들과 일치하는 것을 보고, 버마 당국은 이 사건을 북한의 소행으로 결론 내렸다.[42] 여기서 의심스러운 부분은 도망가는 테러리스트들이 모든 짐을 버리거나 숨겨두고 가벼운 몸으로 이동하지 않고, 왜 무거운 배낭에 온갖 무기류들을 다 짊어지고 이동했느냐는 점이다.

이 버마 사건을 두고 아직도 풀리지 않는 의문들이 여러 책에서 소개되고 있다.[43] 그 중 공통적인 질문은 애초에 서남아시아 순방계획에 버마가 포함되지 않았다가 6개월 전에 갑자기 추가되었는데, 전두환 대통령은 왜 버마에 가려고 했는가?이다. 이 질문은 버마행 자체가 갖는 의미와 목적이 무엇이었는가를 파악하는 것이 중요하며 어떤 맥락에서 보는가에 따라 해석이 다양해진다.

전두환 대통령이 서남아시아 순방 일정에 갑자기 버마를 포함했던 이유에 대해 『아웅산 테러리스트 강민철』의 저자 라종일은 대통령 퇴임

40) 『로동신문』, 「어떠한 날조도 진상을 감쌀 수 없다」, 1983년 10월 18일.
41) 라종일, 『아웅산 테러리스트 강민철』, 파주: 창비, 2013, 154~155쪽; 강진욱, 『1983 버마』, 고양: 박종철출판사, 2017, 159~167쪽.
42) 라종일, 위의 책, 156쪽; 강진욱, 위의 책, 136~145쪽; 최병효, 『그들은 왜 순국해야 했는가』, 서울: 박영사, 2020, 242쪽.
43) 라종일, 위의 책; 강진욱, 위의 책; 최병효, 위의 책.

후 실권을 계속 이어가는 방법을 배우기 위해 네윈 장군을 만나려고 했다는 주장을 펼쳤다. 또 하나는 대규모 건설 사업 수주를 위해서 버마에 갔다는 주장도 소개했다. 이른바 '네윈 벤치마킹설'을 주장했다.[44]

또 다른 책 『버마 1983』의 저자 강진욱은 라종일의 주장을 자세한 근거를 들어 하나씩 비판하면서 전두환 대통령이 버마에 간 이유는 비동맹 외교에서 북한 우위를 상쇄하기 위한 목적으로 갔다는 점을 강조하며, 미국과 함께 추진된 자작극일 가능성이 크다는 점을 강조했다. 또한 전두환 대통령이 갑자기 버마를 순방계획에 포함하여 추진했던 모든 과정에 처음부터 끝까지 함께한 장세동 경호실장이 깊숙이 개입되었다는 점을 강조했다. 그리고 '네윈 벤치마킹설'은 '그럴듯한 이유'라며 구체적인 근거를 제시하여 억지로 만들어 낸 이야기라며 반박했다.

당시 외교관으로 현장에 있었던 최병효는 『그들은 왜 순국해야 했는가』라는 그의 책에서 라종일과 같은 '네윈 벤치마킹설'을 주장했는데, 한발 나아가 대통령의 사욕이 개입된 공적 행위로 외교에서 문제가 있다는 점을 지적했다. 그의 책에는 당시 공문서를 소개했는데 그중에 서남아 순방의 기대효과를 언급한 부분이 강진욱의 주장과 맥락상 연결되는 부분이 있다. "비동맹 주도국과의 유대 강화 및 아국의 국제적 지위 향상으로 북한의 외교적 고립화 초래"[45]라고 하며 사실상 국제 사회에서 북한을 고립시키고자 하는 의도가 깔려있었다는 점을 보여준다. 북한을 국제 사회로부터 고립시키고자 했던 목표는 1983년 4월 남북한 체육교류 및 단일팀 구성 문제를 두고 정부 내에서 논의했던 자료에도 언급되어 있다.[46]

그러나 라종일과 최병효의 주장과 다르게 전두환 자신은 회고록에

44) 이 '네윈 벤치마킹설' 표현은 강진욱 기자가 자신의 1983 버마에서 사용한 표현이다.
45) 최병효, 『그들은 왜 순국해야 했는가』, 서울: 박영사, 2020, 42~43쪽.
46) 국가기록원, 「남북스포츠교류」, 행정조성실, 1983~1984, 관리번호: BAO883874, 6쪽.

서 버마에 가게 된 이유를 다음과 같이 설명했다.

"버마를 추가하게 된 이유가 '네윈 운운…'이라는 추측은 그야말로 엉뚱한 상상력으로 지어낸 이야기일 뿐이다", "네윈 장군의 통치술이 궁금했다면 보고서 몇 장만 받아보면 될 일 아닌가"라며 그 위험 지역을 군이 그만한 일 때문에 직접 갈 필요는 없다며 소위 '네윈 벤치마킹설'을 정면으로 부인했다.[47)]

그런데도 최병효는 2020년 자신의 책에서 2017년에 출간한 전두환 회고록도 보지 않은 것인지 왜 네윈 벤치마킹설을 인정했을까?라는 의문이 남는다. 정작 전두환 자신은 왜 버마에 갔는가에 대해서 다음과 같이 이야기했다.

> UN에서의 표대결 등을 위해 비동맹권에 대한 외교 기반을 획기적으로 확충할 필요성 때문이었지만, 그에 못지 않게 선진개발도상국으로서 우리의 발전 경험을 서남아 지역 국가들이 공유할 수 있는 계기를 만듦으로써 남남협력의 새로운 기틀이 마련될 수 있다는 기대가 있었기 때문이었다.
>
> 당시 버마는 남북한 동시수교국이었지만 북한 쪽에 더 기울어져 있었던 것이 사실이다. 1965년 김일성이 버마를, 1977년에는 네윈 대통령이 북한을 방문했었고, 내가 방문하기 7개월 전인 같은 해 3월에는 북한의 총리 이종옥이 버마를 다녀갔다. 사정이 이러하니까 관계 실무자들은 나의 순방 일정에 버마를 포함시키자고 할 수 없었을 터이고, 반대로 나는 사정이 그러니까 대통령인 내가 가야 한다고 생각했던 것이다.[48)]

전두환 회고록에서 나타나는 버마 방문의 목적은 유엔 등 국제 사회에서 북한과 외교적 마찰이 계속되고 있는 상황에서 제3세계 비동맹 외교를 확대하고, 북한 우위의 버마 외교를 상쇄하기 위한 것으로 볼 수 있다. 이러한 목적이라면 강진욱의 문제 제기가 더 타당하게 여겨지는

---

47) 전두환, 『전두환 회고록 2: 청와대 시절』, 파주: 자작나무숲, 2017, 495~496쪽.
48) 위의 책, 496~497쪽.

대목이다.

당시 버마는 상대적으로 북한과 더 가까웠다. 이 외교 관계를 상쇄하여 남한과 더 가깝게 만들기 위한 순방 계획이었다고 볼 수 있다. 전두환 대통령은 1981년 2월 레이건 대통령을 만났고, 비동맹 국가와 외교 확대에 대해 공감했고, 그로 인해 그해 6월 동남아 5개국 순방을 다녀왔다. 그리고 1981년 9월에 88서울올림픽 유치가 결정되었다. 그의 회고록에도 동남아 5개국 순방과 관련하여 88서울올림픽 유치에 도움이 될 것이라는 생각으로 비동맹국가들을 순방하려고 했다고 기록되어 있다.[49] 전두환은 88올림픽 유치를 확정하고 난 뒤, 다음 스텝으로 올림픽의 성공적 개최를 위해서도 비동맹국가와 공산권 국가와도 외교 관계를 확대해야 한다는 명분이 있었다. 그러한 맥락에서 보면 북한과 외교적으로 가까웠던 버마를 우리와 가까운 편으로 외교관계를 수립해야 하는 과제가 있었다고 볼 수 있다.

버마 순방에 앞서 관련 공문서에도 나타났듯이 정부는 버마 순방을 통해 국제 사회에서 북한의 외교적 고립 초래라고 했던 기대 효과가 버마 폭발 사고로 인해 결과적으로 성취되었던 셈이었다. 결국, 북한은 테러국이라는 오명을 얻어 국제 사회에서 고립되는 계기가 되었다. 그리고 이 사건을 설명하는 키워드는 노태우 회고록과 전두환 회고록에도 표현되고 있듯이 '88올림픽 방해를 위한 북한의 공작'으로 결론지어진다.

결론적으로 북한은 88서울올림픽을 방해하기 위해서 자국의 국제적 고립을 자초하면서까지 남한을 혼란에 빠뜨리기 위해 이러한 테러를 했다는 것이다. 쉽게 납득하기 어려운 부분이다. 북한의 그러한 의도가 있었는지를 확인할 방법은 현실적으로 어렵다. 하지만 당시 어려 상황을 고려해 볼 때 이 사건을 계기로 남한에는 외교적으로, 안보적으로,

---

49) 전두환, 『전두환 회고록 2: 청와대 시절』, 파주: 자작나무숲, 2017, 377~380쪽.

정치적으로 더욱 공고해진 힘을 얻게 되는 계기가 되었다는 점이고 북한은 이 일로 남한 정부의 바람대로 국제 사회에서 고립되기 시작했다는 점은 부인하기 어렵다.

3) 김포공항 폭발 사건(1986. 9. 14.)

1986년 9월 14일 김포공항 청사 출입문 옆 쓰레기통에서 폭발 사고가 일어나 5명이 사망하고 38명이 중경상을 입는 사고가 일어났다. 86 아시안게임 6일 앞두고 일어난 사건으로 치안 본부장은 "이 폭발 사건은 수법으로 보아 1983년 10월 랭군폭발암살사건 및 1983년 9월 대구 미문화원 폭발 사건과 유사하므로 이는 북괴의 소행이거나 북괴의 사주를 받은 불순분자들의 소행으로 보고 수사력을 총동원하고 있다"라고 인터뷰를 했다.[50] 이 사고 또한 북한의 소행으로 처음부터 몰고 갔다.

2020년 『시사 IN』을 통해 35년 만에 양심고백을 한 심동수 박사는 당시 치안본부 총포 화약계 주임으로 경찰 내 폭발물 테러 감식 분야 최고 전문가였다. 김포공항 폭발 사건이 발생하자 감식을 위해 초동 수사를 진행했던 담당자였다. 그는 다음과 같이 당시 상황을 밝혔다.

"김포공항 폭탄테러에 사용된 폭발물은 감식 결과 우리 군용 크레모아였다. 보안사는 '북괴 소행'이라는 감식 서류를 요구했다. 진실을 고수했다간 (나를) 간첩으로 조작해 쥐도 새도 모르게 죽일까 두려웠다. 그들의 요구대로 '북한제 화약'이라는 거짓 보고서를 써주고 수사에서 손을 뗐다"라고 당시 상황을 설명했다. 심 박사는 사건 현장에서 자신도 모르게 "이거 군용 폭탄이 터졌잖아!"라고 말하자, 보안사 요원들이 다가와서 "새파랗게 젊은 사람이 뭘 안다고 함부로 군용 폭약이라고 떠드

50) 『경향신문』, 「김포공항 폭발 참사 5명 참사」, 1986년 9월 14일.

는 거냐?"라며 위압적인 태도로 시비를 걸었다고 했다. 그는 현장 감식 후에 "쇠구슬 파편까지 나온 것을 보니 군용 크레모아의 폭발로 확실시 된다"라고 결론을 내렸다. 그러나 신상에 불이익이 있을까 봐 그는 북한제 '콤보지션 B 폭약'이 터졌다고 감식서를 써주고 끝냈다고 했다.[51]

또 다른 주장은 『월간조선』 2009년 3월호의 내용이다. "북한 청부 받은 '아부 니달' 조직이 저질러"라는 글에 나온 주장은 북한 테러리스트가 아부 니달(2002년 사망)에게 돈을 주고 청부 테러를 부탁하여 행동대원 독일 적군파 소속 프레데리케 크라베와 팔레스타인 테러 전문가 아부 이브라힘이 저지른 사건이라고 결론지었다. 이 내용은 일본인 출신 무라타 노부히코 스위스 기자가 동독 정보기관(STASI) 자료를 통해 알게 된 내용으로 소개되고 있다.[52] 고도의 첩보 전문가(안기부 또는 기무사 등)에 의해서만 확인할 수 있는 내용으로 일반인들이 알기도 어렵고 확인하기도 어려운 여러 인물과 국가들이 나온다. 정부는 이 사건의 범인을 밝혀내지 못하고 그해 9월 하순에 열리게 되어 있던 86아시안게임을 방해하고 88서울올림픽을 저지하기 위해 북한 공작원이 저지른 것으로 추정된다는 입장이 전부였다. 정부가 판단하는 북한 소행의 근거는 일본, 북한에서만 구할 수 있는 폭약이었다. 그리고 이 폭약은 1983년 아웅산 폭발사건과 유사하다고 했다. 결국, 정부의 공식적인 조사 결과는 없고, 폭약 종류에 관한 추정으로 북한 소행론이라고 결론을 내린 상태였다.

IOC 아카이브에는 김포공항 폭발 사건 발생 전, 1986년 8월 26일자 '기밀(Confidential)'이라고 쓰여 있는 문건이 있다. 이 문건은 남한 정보당국이 IOC에 보고한 것으로 보인다. 남한 정보당국은 레바논에서 입

51) 『시사 IN』, 「김포공항 테러 사건의 진실은 무엇인가」, 2020년 11월 6일, https://www.sisain.co.kr/news/articleView.html?idxno=43080 (검색일: 2024년 6월 11일).

52) 『월간조선』, 「북한 청부 받은 '아부 니달' 조직이 저질러」, 2009년 3월호, https://monthly.chosun.com/client/news/viw.asp?ctcd=&nNewsNumb=200903100019&page=1 (검색일: 2024년 6월 11일).

수한 미확인 정보를 근거로 테러리스트들이 1986년 9월에 개최될 아시안게임에 대한 테러 행위를 수행하기 위해 남한에 잠입했지만, 테러 위협은 낮은 것으로 평가된다고 밝혔다.[53] 보고자는 이 정보는 어디까지나 미확인된 것이고, 확인할 수 없으며 실제 테러로 이어질지는 지켜봐야 한다는 입장이었다.

이런 보고서를 받은 사마란치는 더 자세한 정보를 얻기 위해 9월 1일 독일연방정보국(BND)를 비밀리에 방문하여 브리핑을 받고 돌아왔다. 그때 쓰인 보고서로 보이는 문건에는 한국 정보당국이 보고했던 레바논 관련 정보는 없었다. BND는 남한은 일반적인 잠재적 위험을 인식하고 안보를 보장하기 위해 모든 조치를 하고 있다고 밝혔다.[54] 그런데 공교롭게도 실제 9월 14일에 김포공항에서 폭탄테러가 발생했다. 남한 정보당국이 알고 있는 정보였고, 남한 정부는 이 모든 과정을 북한과 관련된 테러로 몰아갔다.

그러나 심 박사는 2020년 『시사 IN』과의 인터뷰에서 당시 김포공항에서 터진 폭약은 한국군이 사용하는 크레모아였다고 진단했다. 현장에서 감식을 담당한 심 박사는 월간조선의 기사를 보고 700여 개의 쇠구슬이 들어 있는 크레모아는 김포공항 검색대를 통과할 수 없는 것으로 외부 세력의 소행으로 보기는 힘들다고 확신했다. 결국, 자신이 북한제로 추정되는 콤보지션 B 폭약이 터졌다고 감식 보고서를 써주었다는 그 내용이 북한 소행의 근거가 된 셈이다. 그리고 정부 발표대로라면 그 폭약은 버마 랭군에서 터진 폭약과 김포공항에서 터진 폭약도 유사하다는 주장이다. 만약, 버마에서 터진 것과 김포공항에서 터진 것이 같은 것이라면 심 박사의 증언에 비추어 두 번의 폭발 사건에서 모두 한국군

---

53) IOC, OSC, D-RM01-CORES-007, SD2 Corr 7-12 1986, 49~50.
54) IOC, OSC, D-RM01-CORES-007, SD2 Corr 7-12 1986, 44; D-RM01-COREN-001, SD2 Corr 1986, 25~28.

이 사용하는 같은 크레모아가 터진 것은 아닐까 하는 합리적 추론도 가능하다.

당시 북한의 9월 16일 자 로동신문에서는 다음과 같이 주장했다.

> …폭발사건은 김포 비행장에서 일어났는데 도대체 그것이 우리와 무슨 상관이 있단 말인가. 사건을 조사도 해보지 않고 우리와 연결시키면서 동족 사이에 적대감을 고취하는 것은 반공모략에 환장한자들만이 벌릴 수 있는 황당무계한 광대놀음이다. … 남조선에서 무슨 사건이 일어나고 사회정치적 혼란이 생길 때마다 그 책임을 우리에게 전가시킴으로써 위기를 모면해보려고 하는 것은 남조선 괴뢰도당의 고질화된 악습이며 상투적수법이다. 괴뢰도당이 한때 우리와 결부시켜보려고 소란을 피웠던 카나다에서의 《전두환 암살음모사건》이나 버마에서의 랑군 폭발사건 그리고 대구 《미국문화원》 폭발사건 등이 남조선 내부에서 일어났거나 괴뢰들 자신의 범행이었다는 것은 세상에 폭로될대로 폭로되었다. … 우리는 남조선 괴뢰들이 제집안에서 일어난 사건을 가지고 불순한 정치적 목적에 리용하고 있는데 대하여 절대로 용납할 수 없다. 남조선 괴뢰들이 이번 김포 비행장 폭발사건이 일어나자 기다리기나 한듯이 입을 모아 우리를 걸고 들며 반공소동에 열을 올리는 이유는 명백하다. 괴뢰도당은 이번 사건을 계기로 이미부터 벌려오던 《북의 남침위협》 소동과 결부시켜 반공모략 소동을 벌려 극도의 공포분위기를 조성함으로써 아시아경기를 반대하는 청년학생들과 인민들의 투쟁 기운을 무마하는 한편 인미들의 전반적인 반미 반파쇼 투쟁기세를 좌절시키고 위기를 수습해보려 하고있다.[55]

북한의 주장은 한마디로 북한과는 상관없는 일이고, 남한만의 정치적 목적에 의한 사건이라는 것이다. 과거 폭발 사건까지 언급하며 북한과 상관없음을 강조하고 있다. 그리고 남한 내에 일어나는 다양한 투쟁의 모습을 무마하고 공포 분위기를 조성하여 위기를 넘겨보자는 의도가 있다고 분석했다.

---

55) 『로동신문』, 「상투적인 반공모략소동은 어디에도 통할수 없다」, 1986년 9월 16일.

실제로 이 사건이 일어나기 3일 전인 9월 11일부터 13일까지 전국적으로 아시안게임 반대 투쟁이 대학생들 사이에서 번져 나갔다. 경찰 추산 최고 2천6백 명에 달하는 학생들이 화염병과 돌을 던지는 시위를 벌였다고 언론에 보도됐다.[56] 그리고 14일에 김포공항 폭발 사건이 발생하고 15일에는 3부 장관(내무, 법무, 국방) 특별 담화를 발표했다. 합동 수사 본부를 설치하고 전국에 검문검색 비상령을 내리고 범인들의 도주로 차단을 위해 해안 지역 봉쇄 조치도 취했다.[57] 그리고 대검은 화염병에 대해 소지 운반 투척 행위자들에게 법정 최고형을 구형하라는 지침을 전국 검찰에 지시했다.[58] 짧은 시간 내에 강력하고 단호한 조치들이 발표되며 불순 세력들에 대한 검문검색, 특정 지역 봉쇄 및 검거 등을 강화했다. 겉으로는 김포공항 테러범 검거와 경계 강화의 구실이었지만 실제로는 대학생들의 데모를 진압하는 결과를 초래했다. 또한 매일경제 9월 17일 자에는 미 제7함대가 동해상에서 대규모 기동훈련을 실시한다고 보도하며 뉴저지호 함대, 칼빈슨호 함대, 레인저호 함대가 훈련에 참여할 것이라고 밝혔다.[59] 이는 북한의 아시안게임 방해 공작으로부터 한국을 안전하게 보호하고자 하는 명분으로 미국 군사력이 한국에 들어와서 북한을 압박하는 계기가 되었다.

1986년 6월은 남북이 IOC와 함께 남북 올림픽 공동개최를 위해 회담이 진행되었던 시기였다. 북한의 공동개최 주장에 대해 남한은 매우 곤혹스러운 입장이었다. 회담은 공전을 거듭했고 형식적인 회담으로 흘러갔다. 3차 회담이 끝나고 남북 공동개최 회담은 장시간 침묵에 들어갔다. 그리고 3개월 뒤, 9월 김포공항 폭발 사고가 일어났다.

56) 『조선일보』, 「서울대생들 시위 아시안게임 반대구호」, 1986년 9월 13일.
57) 『조선일보』, 「전국에 『번개』 비상 경계령」, 1986년 9월 15일.
58) 『조선일보』, 「화염병 투척 최고형 구형」, 1986년 9월 17일.
59) 『매일경제』, 「미 7함대 동해서 훈련」, 1986년 9월 17일.

1986년 9월 15일 자 경향신문은 "이번 사건을 한국의 치안 당국이 북한 측 소행으로 보고 있는 만큼 『올림픽 공동개최』에 암운이 드리웠을뿐만 아니라…"[60]라는 기사를 냈고, 9월 17일 자 중앙일보는 "이는 한반도에서의 화해에 대한 희망을 무산시키고 88년 서울올림픽에 불길한 그림자를 던져준 사건…"[61]이라는 더 타임즈 기사를 인용하여 기사를 냈다. 김포공항 폭발 사건으로 인해 남북 올림픽 공동개최 논의가 무슨 의미가 있겠는가 하는 어두운 전망을 내놓게 되었다.

결국, 김포공항 폭발 사건도 '86아시안게임과 88올림픽을 방해하기 위한 북한의 공작'이라는 수식어가 따라붙은 사건으로 올림픽 성공적 개최와 북한의 올림픽 방해 프레임의 연장선에서 그 맥락이 이어지고 있음을 알 수 있다.

4) 금강산 댐 개발 대응 사기 사건(1986. 10. 30.)

1986년 10월 30일 정부는 북한이 200억 톤의 물을 담을 수 있는 댐을 건설하려는 계획을 즉각 중지하라고 성명을 냈다.[62] 11월 15일에는 국방 장관이 언론에서 북한이 15만 병력을 경제건설에 동원했다며 그것이 곧 위장평화 전술로 전쟁 준비와 물을 일시에 방류하는 수공작전을 전개하기 위함이라며 이후 북괴군의 침공이 있는 경우 국가 안위에 결정적 영향을 줄 수 있다며 안보 불안을 높여갔다.[63] 11월 21일은 문공부 장관은 언론에서 북한은 6.25 남침 이래 최악의 긴장 상태를 고조시키고 있다며, 무슨 수를 써서라도 88서울올림픽을 저지하려는 가능성이

60) 『경향신문』, 「예견된 사건」, 1986년 9월 15일.
61) 『동아일보』, 「한반도 화해 희망 무산시켜」, 1986년 9월 17일.
62) 『동아일보』, 「이 건설부장관 성명 전문」, 1986년 10월 30일.
63) 『매일경제』, 「남침 초전에 수공 음모」, 1986년 11월 6일.

크다고 주장했다.[64] 그리고 11월 27일에는 '금강산 댐'을 무력화할 '평화의 댐'을 내 손으로 만들자는 운동이 벌어지기 시작했다.[65]

이로써 또다시 88서울올림픽 방해를 목적으로 하는 북한의 도발 가능성을 제시하며 국내에 군사적 긴장감이 고조되었고, 이 문제로 모든 언론의 주요 1면 기사가 도배되다시피 했다. 정부는 북한의 수력발전소 건설 계획을 남한 수공 침략 계획으로 몰아갔다. 이는 곧 88서울올림픽을 방해하기 위한 수공 침략으로 이어져 북한을 호전적이고 냉혈적인 집단으로 악마화해 갔다.

북한은 1986년 8월 2일 자 로동신문에서 다음과 같이 금강산발전소 건설의 의의를 밝혔다.

> "우리 나라에서 제일 큰 규모의 수력발전소로 될 금강산발전소가 건설된다. 사회주의 경제건설의 10대 전망목표의 하나로 1,000억키로와트 전력 고지를 점령하는데서 큰 의의를 가진다"며 처음으로 수력 발전소를 짓는다고 발표했다.[66]

그리고 3달 만에 우리 정부는 그 댐이 군사적 수공 침략의 목적을 가진 댐으로 둔갑하여 대국민 사기극을 펼쳐나가기 시작했다.

> 1986년 당시 대통령 전두환씨는 금강산 댐에 관한 안기부의 '정보 판단'을 받아들여 대응댐의 조속한 건설을 결정했다고 한다. 그리고 여론 조성과 댐 건설 추진은 안기부가 주도한 것으로 확인되었다. 그때 정부가 발표한 대로, 북한이 2백 미터 높이의 댐을 세우려면 꼬박 13년이 걸리고, 거기에 물을 가득 채우는 데 14년 쯤 더 걸린다는 계산이 나오는데, 언론 매체들은 북한이 88올림픽을 망치고 서울을 물바다로 만들려고 금세라

---

64) 『경향신문』, 「북한 댐 강행땐 자위책 강구」, 1986년 11월 21일.
65) 『경향신문』, 「"평화의 댐" 내손으로」, 1986년 11월 27일.
66) 『로동신문』, 「금강산발전소가 건설된다」, 1986년 8월 2일.

도 댐을 지어 폭파할 것처럼 대중을 위협했던 것이다.[67]

계속해서 북한은 금강산 댐의 본래 목적에 대해서 성명과 백서 그리고 또다시 성명을 이어가며 금강산발전소 건설에 대한 남한의 악용을 비판하며 자신들의 계획을 상세하게 설명해 나갔다. 아래는 그와 관련된 기사 내용이다.

> 우리의 금강산발전소 건설과 관련하여 남조선에서 벌어지고 있는 비렬한 악선전의 조직자도 남조선 통치배들이며 악의에 찬 반공관제행사 놀음의 지휘자도 다름아닌 남조선 통치배들이다. 그들은 아무런 문제로도 될 수 없는 우리의 평화적 건설을 덮어놓고 군사적 목적을 가진 《특수건설》이니 《수공작선수단》이니 하고 비방중상하며 금강산발전소의 저수량을 6배나 과장하여 200억 톤으로 꾸며내었을 뿐아니라 있을수도 없는 공업, 농업, 생활용수의 부족량이라는 것까지 무려 1000억 톤으로 날조하여 인민들에게 공포를 조성하며 민족내부에 적대감을 고취하고 있다…. 우리가 금강산발전소 건설을 세상에 처음 공개한 때로부터 3개월이 지나도록 아무런 말도 없다가 남조선에서 청년학생들과 인민들의 반미반파쇼투쟁이 급격히 강화되고 통일《국시》주장이 《국회》에서까지 울려나와 정국이 흔들리게 되자 갑자기 우리의 발전소 건설문제를 시비하여 아선 괴뢰들의 반민족적 행위는 그 무엇으로써도 정당화될 수 없으며 누구의 동정도 받을 수 없다. 우리는 남조선 괴뢰들이 심각한 통치위기로부터의 출로를 반공대결소동에서 찾으려 하면서 이 범죄적 목적에 우리의 금강산발전소 건설을 악용하고 있는데 대하여 전체 조선인민의 이름으로 견결히 규탄하다. … 같은 민족끼리 물싸움을 할 필요가 어디에 있겠는가. 남조선 당국자들은 이제라도 우리의 금강산발전소 건설문제에 대한 반민족적 립장을 버려야 한다. 우리는 전두환 일당이 남조선에서 날로 심각해지고 있는 정치적 혼란과 위기를 수습하려는 불순한 목적 밑에 우리의 평화적 건설을 걸고 들었으며 이것을 반공대결 소동의 밑천으로 삼아 민족 내부에 반목과 대립을 조장하고 나라의 긴장상태를 격화시켜온데 대하여 솔직히 인정하고 사죄하여야 한다고 주장한다. 우리는 이 기회에 우리의 금강산

67) 『한겨레』, 「평화의 댐과 '국가 사기'」, 1993년 6월 19일.

발전소 건설이 그 어떤 경우에도 혈육이며 동포인 남조선 인민들에게 절
대로 피해를 주는 일이 없을 것이라는데 대하여 뜨거운 동포애의 정으로
엄숙히 확언한다.[68]

북한은 이 외에도 전력공급위원회를 통해 백서를 발표하고 금강산
발전소가 갖는 의의와 전력 확보 그리고 저장 용량 등을 자세히 설명하
는 기사를 냈다. 실제로 금강산 발전소 건설과 관련한 댐 규모는 26억
톤 정도로 남한이 주장하는 200억 톤은 거짓말이라며 인위적으로 가공
된 숫자라고 비판하였다.[69]

이러한 남북의 공방은 약간의 시차를 두고 계속 이어졌으며, 우리
는 혹시 있을지 모를 수공 침략에 대비해 국민들의 성금을 모아 '평화의
댐'을 건설했다.

1993년 청문회에서 1986년 5공 정권은 평화의 댐 건설을 추진하면
서 북한의 수공 위협에 대한 정보를 조작했을 뿐 아니라 국민 성금 모
금을 시국 전환 수습으로 악용한 것으로 밝혀졌다. 또한 평화의 댐 건설
추진 과정 최고책임자는 전두환 전 대통령이었으며, 장세동 전 안기부
장이 실무적 뒷받침을 했던 것으로 드러났다.[70]

68) 『로동신문』, 「우리는 남조선괴뢰들이 우리의 금강산발전소 건설을 범죄적 목적에 악용
하고 있는데 대하여 견결히 규탄한다. 조선민주주의인민공화국 전력공업위원회 성명」,
1986년 11월 29일.

69) 『로동신문』, 「금강산발전소 건설은 나라와 민족의 번영을 위한 대자연개조사업이다. 조
선민주주의인민공화국 전력공업위원회 백서」, 1986년 12월 26일. "우리의 금강산발전소
는 강원도 일대의 여러 강하천들의 수력자원을 종합적으로 개발하여 많은 전력을 생산
하는 총 81만 키로와트의 능력을 가진 류역변경식 수력발전소이다. …남조선 괴뢰들이
문제시하고있는 우리의 임남저수지에는 그 물량이 실제로 26억 2,400만 톤인데 남조선
의 거짓말쟁이들은 200억 톤으로 묘사하고 있다. 모르고 하는 거짓말보다 알고 하는 거
짓말은 더 추악스럽다. …사실상 임남저수지에 200억 톤의 방대한 물을 저장하려면 언
제높이를 지금의 121.5메타가 아니라 2,000메타 이상 높여야 한다. … 남조선 괴뢰들의
《200억톤설》은 어느면으로 보나 인위적으로 가공된 수자라는 것이 명백하다…. 초보적
산출에 의하더라도 금강산발전소가 건설될 경우 서울 지역에서 큰물이 절정에 이를 때
한강수위를 1메터 이상 낮추어 한강수역의 홍수피해를 70%나 덜어주게 된다. 금강산발
전소 건설은 남조선에 리익으로 되면 되었지 해를 주는 일은 없을 것이다."

70) 『한겨레』, 「평화의 댐 전두환·장세동씨가 조작, 국민모금 시국전환 악용」, 1993년 9월 1일.

당시 북한의 금강산 댐은 로동신문에서 밝힌 것처럼, 자체 전기 수급 문제 해결을 위한 수력발전소 건설 계획에 지나지 않았다. 그러나 우리 정부는 이를 계기로 올림픽 안전을 위한 대응조치였다고 주장하면서 결국 북한의 수공 침략이 있지도 않을 상황에서 국민의 눈과 귀를 멀게 하였다.

이 또한 궁극적으로는 88서울올림픽 방해를 위한 북한의 수공 침략이라는 수식어가 붙은 사건으로 북한 관련 사건이 서울올림픽 성공적 개최에 방해되는 북한의 공작이라는 프레임으로 연결되었다. 실제 금강산 댐 건설이 과장되고 부풀려졌던 것이 밝혀지면서 당시 국민들은 허탈한 감정을 느껴야 했고, 분단체제의 아이러니를 목도하였던 것이다.

5) KAL기 폭발 사건(1987. 11. 29.)

1987년 11월 29일 인도양(버마 해역) 상공에서 대한항공 KAL 858 여객기가 폭발하여 승객과 승무원 115명 전원이 사망한 사건이 발생했다. 그런데 당시 정부는 추락지점이 버마와 태국 국경 지역이라고 밝혔다. 무성한 밀림 지역으로 수색에 어려움이 많았다. 특정 지역을 추락지점으로 최초로 발표한 것은 미국 UPI통신을 인용한 것으로 기사에서는 구체적으로 방콕 동쪽 29km 부근의 버마 국경에 가까운 태국 땅에 추락했다고 소개했다.[71] 10일간의 수색을 통해 잔해나 시신을 발견하지 못하고 수색을 중단했다. 그러니까 처음부터 비행기가 떨어지지 않은 곳에서 수색하며 초기 수사력을 엉뚱한 곳에 집중했다.

그사이 사고 발생 3일 만에 "북괴지령 폭탄테러 추정"이라는 기사가

---

71) 『동아일보』, 「115명 탄 KAL기 추락」, 1987년 11월 30일.

경향신문에 실렸다.[72] 동시에 "북한 올림픽 도발 격화"라는 기사가 나오며 대통령 선거와 올림픽을 방해하기 위한 북한의 도발이라는 수식어를 달고 모든 책임을 북한으로 몰아갔다.[73] 대통령 선거 하루 전날 폭파범으로 지목된 범인이 비행기에서 내리는 장면이 방송을 타고 전국에 퍼졌고, 북한의 끔찍한 테러 행위에 대한 전 국민의 공분을 사며 안보 이슈가 모든 것을 덮어버렸다.

한편, 12월 16일 대통령 선거는 국가 안보가 우선시되었고, 선거 결과는 정부 여당 민정당 노태우 후보가 당선되었다. 그리고 1988년 1월 15일 안기부는 "KAL기 사건은 일본으로 위장한 북한 공작원 김승일과 김현희가 북한의 지령에 따라 88서울올림픽을 방해하기 위해 저지른 범행"이라고 발표하며 이 사건을 마무리했다. 2019년, 안기부는 '무지개공작'이라는 계획을 통해 KAL기 실종 사건을 대선에 유리하게 이용하려 했던 당시 문건을 공개했다.[74]

북한은 1987년 12월 5일에서야 남한에서 여객기 실종 사건이 일어났다는 보도를 시작으로 7일에는 남한 군사정부가 꾸민 모략행위라며 자신들과 무관한 사건이라고 주장했다.[75] 그리고 지속해서 남한의 안기부가 벌인 자작극이라는 내용의 기사를 내보냈다. 이 사건과 관련한 로동신문의 기사는 1988년 7월에 가서야 끝이 났다.[76]

실제 KAL 858 추락지점은 인도양 뱅골만 해역이었다. 그곳에서 2020년 1월 23일 대구MBC가 특별취재팀이 1년 가까운 추적 끝에 미

72) 『경향신문』, 「북괴지령 폭탄테러 추정」, 1987년 12월 2일.
73) 『경향신문』, 「북한 올림픽 도발 격화」, 1987년 12월 2일.
74) 『연합뉴스』, 「법원 "KAL기 폭파 '무지개 공작' 안기부 문건 추가 공개하라"」, 2019년 6월 2일, https://www.yna.co.kr/view/AKR20190601042500004 (검색일: 2024년 10월 19일).
75) 『로동신문』, 「《려객기 실종사건은 괴뢰도당이 꾸민 모략행위》 군사깡패들이 모략책동을 당장 중지하며 일본 당국이 이에 가담하지 말것을 요구한다(총련 부의장이 담화 발표)」, 1987년 12월 7일.
76) 『로동신문』, 「남조선 려객기 사건은 국제 사기극」, 1988년 7월 26일.

얀마 안다만의 50미터 해저에서 KAL 858의 동체로 추정되는 물체를 발견하여 방송하였다.[77] 실제 사고 현장에서 수중으로 확인된 최초의 사례였다. 그러나 한 방송사의 의지와 노력만으로는 이 사건의 실체를 밝히는 데는 한계가 있다. 추가로 수색하고 물체를 인양하고 재조사해야 하는데 이는 정부가 나서야 한다고 주장했지만, 정부는 이에 대한 재조사 의지를 밝히지 않았다. 당시 사망자 유가족들은 많은 의문을 남긴 채 이 사건이 묻히는 것을 용납할 수 없다며 정부의 재조사를 촉구하고 있다.

이 KAL 858기 폭발 또는 실종 사건이 당시 언론에서는 '88서울올림픽 방해를 위해 북한의 공작'으로 일관되게 보도 되었다. 당시 북한은 남한과 88서울올림픽 공동개최를 원하고 있었으며, 회담이 결렬되어도 지속적으로 회담을 이어가자고 주장하던 시기였다. 1987년 7월 14일 IOC 주재 올림픽 공동개최를 위한 남북 4차 체육회담을 끝으로 결렬되었지만, 북한은 계속해서 올림픽 공동개최의 희망을 놓지 않았다.[78] 그런 과정에서 북한의 항공 테러가 발생했다는 것이다.

전두환 전 대통령은 88서울올림픽이 유치되고 나서, 비동맹국가와 외교 관계 확대를 위해 동남아와 아프리카 지역 순방을 이어갔고, 이는 88서울올림픽 성공적 개최를 위해서도 필요한 일이었다. 올림픽 성공적 개최는 전 대통령에게 있어서는 임기 전 과정에 가장 중요한 국정 과제였다고 볼 수 있다. 이것은 미·소 냉전 대결의 시대에서 두 번의 반쪽짜리 올림픽을 완전한 올림픽으로 만들어야 하는 국제 사회의 요구에 대한 책임이 부여된 것이다. 국내 정치적 문제도 이 문제 앞에서는 후 순위로 밀리는 형국이기도 했다. 그 대표적인 예가 6.29 선언이다.

---

77) 대구 MBC, 「KAL 858기 실종사건 1, 2부」, 2020년 1월 23일, https://youtu.be/ae8aAB KAYXg (검색일: 2024년 6월 18일).
78) 『로동신문』, 「올림픽 공동주최를 견결히 주장한다」, 1987년 10월 4일.

국민의 민주화 열망을 받아 안은 조치라고 하지만, 실상은 올림픽이 더 이상 파행되는 것을 막고자 했던 미국과 국제 사회의 시선을 의식해서 취해진 조치라고 보는 것이 더 타당할 것이다.

이처럼 올림픽 성공적 개최를 위해서는 올림픽을 방해하는 북한에 대해서 특단의 조치가 필요했다. 그런 측면에서 북한을 올림픽에 참가시키는 것이 최선이지만, 북한은 개별팀으로 참가하는 것을 고려하지 않았다. 대신 단일팀을 만들어 참가하든지 올림픽을 공동 개최하자고 주장했다. 초기부터 북한이 개최지 변경을 요구하는 움직임, 또 올림픽을 공동 개최하자는 주장에 대해 남한은 이를 북한의 올림픽 방해라고 판단했고, 테러와 같은 폭력적인 사건이 일어날 때마다 북한의 소행으로 몰아가며 북한을 악마화했다. 그로 인해 북한은 국제 사회로부터 고립되기 시작했다. 남한은 올림픽을 앞두고 북한의 테러로부터 안보를 강조하며 북한의 남침설을 퍼뜨리고 미국의 군사력을 동원하여 긴장감을 높여갔다.

결국, 1980년대 중반부터 공산권의 분열 조짐과 평화 올림픽을 만들어야 한다는 국제 사회의 기대가 어우러져 남한은 88서울올림픽을 성공적으로 개최했지만, 북한은 국제 사회로부터 외면당하고 북한 없는 올림픽을 치르며 평화의 올림픽이라고 포장되었다. 어찌 보면, 서울올림픽의 성공적 개최를 위해 취했던 특단의 조치가 북한의 고립을 위한 것이었다면 그것 역시 성공한 올림픽으로 기록될 수 있을 것이다.

3. 1984년 LA올림픽(1~3차 회담)

1963년, 1979년, 1980년 단일팀 논쟁에서 남과 북은 더 명확한 견해차를 드러내며 단일팀 구성에 있어 남한은 개별팀, 북한은 단일팀으로 이슈 주도권을 계속 이어갔다. 모스크바올림픽이 끝나고 1981년 6월 19일 처음으로 조상호 대한체육회장이 먼저 KBS 라디오를 통해 북한에 단일팀 구성을 제의했다. 이것은 남한 체육계 인사가 분단 이후 처음으로 먼저 북한에 단일팀 구성을 제안한 기록이다.

남북체육교류제안 및 국제체육대회 참가를 위한 남북 단일팀결성에 관한 대한올림픽 위원회 및 대한체육회 회장의 성명.

6000만 남과 북의 겨레는 남북간 신뢰를 회복하고 분단의 고통을 덜기 위한 길을 모색해 왔다. 이러한 욕망은 1980년대 들어 더욱 절실해졌다. 남북대화가 중단된 상황에서 문명국으로서의 현 상황에 부끄러움을 느끼지 않을 수 없다. 하지만 스포츠 분야의 다양한 교류를 통해 분단의 고통을 크게 완화할 수 있다고 생각한다. 1980년대에는 국민통합을 위해 각종 주요 국제체육대회가 열릴 예정인 만큼 남북 선수들의 기량 향상을 위한 각종 종목 친선경기 등 활발한 교류와 국제경기 단일팀으로 참가하는 것이 여건 조성에 크게 기여할 것이다.

오늘 남과 북, 해외의 온 겨레는 제23회 올림픽에 남북 단일팀이 참가하여 단일민족의 저력을 세계에 과시하기를 희망하고 있다. 이러한 민족적 염원과 염원을 실현하는데 남과 북의 선수들이 앞장서서 나가야 한다.

그러므로 나는 남과 북이 단일팀을 구성하여 1984년 제23차 올림픽경기대회와 1982년 제9회 아시안게임을 포함하여 가능하면 그 이전에 개최되는 다른 국제경기대회에 참가할 것을 북한올림픽 위원회 위원장과 북한체육지도위원회에 정중히 건의합니다. 단일팀이 구성되려면 남북간의 조기협의가 필요하므로 남과 북의 대표들이 하루빨리 서울이나 평양, 판문점에서 회담을 가질 것을 제안합니다. 현재 남과 북 사이의 모든 통신수단이 두절된 상황에서 이렇게 제안을 하게 되었습니다. 그러나 북한이 원하면 이·제안을 담은 편지를 판문점을 통해 전달할 수 있음을 분명히 밝히고 싶다.

이 제안에 대한 북한올림픽 위원회 위원장과 북한체육지도위원회의 긍정적인 답변을 기대합니다.[79]

79) IOC, OSC, D-RM01-COREN-002, Corrspondence of the NOC of the Democratic People's Republic of Korea (PRK), SD4 Corr 1981-1983, 42~44.

이 회담 제의는 그동안 남북 체육교류와 단일팀 구성 문제가 시간을 충분히 갖지 못해서 결렬되었다는 이유로 남한이 조기 협의를 먼저 제의했다는 점이 특징적이다. 1963년부터 북한이 먼저 단일팀 구성을 제안해 왔고, 남한은 늘 방어적 입장에 있었는데, 처음으로 먼저 단일팀 구성을 제안했다는 데 의의가 있다.

그러나 남한의 선 제안이 순수한 제안이라고 보기 어려운 것은 과거 회담에서도 단일팀 구성 문제가 시간 문제보다도 정치적 의지의 문제가 더 크게 작용한 결과라는 것을 남북은 모두 잘 알고 있었다. 그리고 올림픽 유치 신청을 내놓은 상태에서 남한이 북한과 함께 평화와 통일을 앞당기기 위해 노력한다는 인상을 국제 사회에 심어 주어야 할 필요성이 있었다. 그런 목적을 갖고 내민 체육회담 제안이었다고 볼 수 있다. 이후 1991년까지 남한은 먼저 단일팀 구성 회담을 제안하지 않았다.

조상호 회장의 회담 제안에 대해 북한은 어떠한 반응도 하지 않았다. IOC의 반응도 남한 측의 의도를 이해할 수 없다고 밝히며 동서독의 예를 봐도 너무 급하게 서두를 필요가 없다고 하였다. 이에 관해서 지속적으로 보고해 달라는 이야기 외에는 특별히 기대하지 않았다.[80]

그러자 조상호 대한체육회장은 7월 27일 다시 북한에 단일팀 구성 제의를 수락하라고 촉구했지만, 북한의 공식적인 반응은 없었다. 그리고 두 달 뒤, 1981년 9월 30일 바덴-바덴에서 1988년 제24차 서울올림픽 유치가 확정되었다. 이러한 결과를 두고 남과 북은 단일팀 구성에 관한 이슈는 한동안 언급되지 않았다.

그러다가 1984년 LA올림픽을 4개월 앞둔 시점인 1984년 3월 30일에 조선민주주의인민공화국 올림픽 위원회 위원장 김유순은 대한올림

---

80) 위의 서신, 41; 국가기록원, 「남북스포츠교류」, 행정조정실, 1983~1984, 관리번호: BAO883874, 3쪽.

픽 위원회 위원장 정주영 위원장 앞으로 서신을 보냈다.

오는 7월 로스안젤스에서 열리게 되는 제23차 올림픽경기대회를 앞두고 지금 전체 조선 인민은 이 대회에 림하는 북과 남의 체육인들의 자세에 대하여 깊은 관심을 가지고 주시하고있으며 북과 남이 서로 힘을 합쳐 유일팀으로 출전하게 되기를 진심으로 바라고 있습니다. 이것은 대결과 분렬을 반대하고 단결과 통일을 지향하는 온 겨레의 간절한 민족적념원의 발현이면 우리 체육인들의 한결같은 심정이기도 합니다. 물론 이것은 어제오늘에 비롯된것이 아닙니다.

우리는 북과 남이 국제무대에서 승부를 겨루게 된 첫날부터 쌍방이 힘을 합쳐 단일한 우리 민족의 무궁한 재능과 슬기를 세계에 떨칠것을 열망하여왔습니다. 그리하여 우리는 이미 오래전부터 올림픽경기를 비롯한 각종 국제경기들에 북과 남이 유일팀으로 출전할것을 귀측에 거듭 제기한바 있었으며 그 실현을 위하여 모든 노력을 다하여왔습니다. 그러나 유감스럽게도 우리의 노력은 응당한 열매를 맺지 못하였으며 국제경기들에서는 혈육끼리 서로 맞서게 되는 가슴아픈 일이 의연히 계속되고있습니다. 온 겨레의 기대에 어긋나게 북과 남사이의 대결감정만을 조장하게 되는 이러한 비정상적인 사태는 더 이상 지속되지 말아야 할것입니다.

제23차 올림픽경기대회를 앞두고 북과 남이 유일팀으로 출전할데 대한 겨레의 요구가 높아지고있는 오늘 우리는 응당 지난날의 대결관념에서 벗어나 이 절절한 민족적여망에 화답해나설 용단을 내려야 할것입니다. 우리는 바로 여기에 우리 조선의 체육인들이 민족의 존엄과 영예를 빛내이고 갈라져사는 겨레에게 기쁨을 줄수 있는 참된 길이 있다고 확신하고 있습니다. 우리는 북과 남의 체육인들이 사상과 제도의 차이를 초월하여 서로 힘을 합치고 국제무대에 공동으로 진출할것을 바라는 일념에서 이번 제23차 올림픽경기대회와 그후 련속있게 될 아세아 및 세계 선수권대회들에 북과 남이 유일팀을 구성하여 공동으로 출전하자는 것을 귀측에 제의하는바입니다. 우리는 이 문제를 협의하기 위하여 북과 남의 올림픽위원회의 부책임자급을 단장으로 하는 쌍방 체육대표단이 판문점에서 회담을 가질것을 희망합니다. 시일은 빠르면 빠를수록 좋을것입니다. 귀하의 긍정적인 회답이 있기를 기대합니다.

조선민주주의인민공화국 올림픽 위원회 위원장 김유순

1984년 3월 30일

이 서신은 북측이 판문점 중립국감독위원회 회의실에서 남측에 넘겨주었다고 바로 다음 날 로동신문을 통해 알렸다. 이처럼 넘겨준 사실을 다시 언급하는 것은 그동안 북측이 남측에 보낸 서신을 남측이 못 받았다고 하는 것에 관해 확인시켜 주고자 함이라고 볼 수 있다.

올림픽 참가 선수 등록 마감 2달 전에 북한의 이와 같은 제의는 기존 단일팀 제의 내용과 크게 다르지 않았다. 남한이 앞서 3년 전에 1984년 LA올림픽 단일팀 구성을 위한 체육회담을 제의했을 때의 취지와 다르게 2달 전에 했다는 것은 북한도 이 회담이 꼭 성사될 수 있기를 기대했다기보다는 정치적 의도를 가진 제안이었다고 볼 수 있다. 제안 내용은 1972년 7.4 남북공동성명의 내용을 토대로 사상과 제도의 차이를 초월하여 민족대단결로 나아가자는 기조는 기존 입장의 연장선에서 같은 맥락을 가지고 있었다.

이에 대한 남측 KOC의 반응은 3일 만에 나왔다. 4월 2일 정주영 대한체육회장은[81] LA올림픽을 비롯하여 86년 아시안게임 88서울올림픽 등 각종 대회에 참가할 남북한 단일팀 구성 및 체육교류를 위한 회담을 오는 9일 상오 10시에 판문점에서 열 것을 제안하는 서신을 전달했다. 동시에 1981년 6월 19일에 단일팀 구성을 제의했던 것에 대해서 뒤늦은 호응이지만 다행이라고 말하며 당장 4월부터라도 서울과 평양 등지에서 각종 친선 경기를 교환, 개최하자고 하며 남북 간 직통 전화 개통도 요구했다.

남측은 단일팀 구성이 우선이 아니었고, 체육교류가 우선이었다. 이 둘의 차이는 남과 북의 전략적 접근으로 그 의도와 명분이 서로 달랐

---

81) 그는 1981년 5월에 88올림픽 유치 민간 추진위원장을 맡아 올림픽 유치의 일등 공신이 되었다. 그리고 1982년 7월부터 1984년 9월까지 대한체육회장을 지내며 올림픽 준비와 남북체육회담 추진 등에 관연하게 되었다.

다.[82] 이 회담에 관해 미국과 일본 정부도 환영의 뜻을 전했다고 기록하고 있으나, IOC는 이와 관련하여 논평은 하지 않겠다고 하였다. 대신 오는 5월 28일부터 30일까지 로잔에서 열릴 예정인 IOC 집행위원회에 공식 통보서를 제출하고 검토를 받아야 할 것이라고 했다.[83] 5월 집행위원회에서는 이 부분에 대한 언급은 없었다. 그만큼 IOC도 1963년부터 시작된 남북 단일팀 구성 회담에 대해 피로감이 존재했고, 실질적인 두 당사자가 어느 정도 성과를 보여야 IOC도 관심을 둘 그런 상황이었다.

이런 가운데 정부(청와대, 총리실, 안기부, 외무부, 체육부, 문공부, 통일원)는 북한의 단일팀 구성 제안에 대해 전두환 대통령의 지시사항을 포함하여 4월 3일 대책 논의를 거쳐 다음과 같은 방침을 정했다.

> 2. 대통령각하 지시
> 지시 요지
> …최근 최은희, 신상옥 사건과 남북체육회담을 어떻게 관련시킬 것인가? 이런 상황에서 회담을 해야 하나? 회담을 하기는 하되 북괴를 몰아세워야 함. 시인, 사과하고 양인을 돌려보내야 회담을 하는 진지한 자세로 받아들일 것임.
> 버마 사건은 이미 얘기했으니 최근 사건을 활용하여 호되게 몰아쳐 스스로 화를 내고 흥분토록 함으로써 회담을 결렬시키도록 유도.
>
> 3. 토의 결론
> 기본 방침
> 회담전제조건(버마 사건, 최은희 신상옥 문제) 등의 제시로 말미암은 북괴의 정치적 회담장화 할 명분은 주지 않아야 함.
> 대신 최근의 일련의 사건들에 대한 강경한 추궁으로 궁지에 몰린 나머지 북괴가 스스로 포기토록 유도.

---

82) 체육교류는 남북의 독립 집단을 서로 인정하고, 둘 간의 친선 대회를 통한 교류를 하자는 의미이고, 단일팀은 하나의 조국, 통일 지향의 의미를 담아 국제 사회에 한 민족의 기량과 저력을 보여주자는 의미로 궁극적으로는 남북이 하나냐 개별이냐의 차이를 내포하고 있다.
83) 『경향신문』, 「남북단일팀회담 9일 열자」, 1984년 4월 3일.

체육교류에 응하는 아측의 성의는 최대로 표시하고 적극적인 공세적 입장을 취함.[84]

위 문서의 이 회담 기본안에 전두환 대통령은 두 사건을 활용하여 북을 호되게 몰아쳐 스스로 화를 내고 흥분하게 만들어서 회담을 결렬시키도록 유도할 것을 구체적으로 지시하였다. 전 대통령의 지시 사항은 사과를 받아내는 것이 목적이라기보다는 사과 요구를 통해서 결국 회담을 결렬시키는 것이 목적이라고 볼 수 있다. 북한의 반응을 확신하고 그다음 단계를 지시 내린 것이다.

당시 상황과 관련하여 정세현 전 통일부 장관이 쓴 회고록에서는 북한의 회담 제안을 받아들인 것은 청와대의 지시로 "우리 실무자들은 이 회담을 받아들이면 북한에 면죄부를 주는 셈이 된다. 그동안 북한 소행이라고 했던 한국 정부의 입장이 옹색해질 수밖에 없다고 생각했죠. 88 서울올림픽을 성대하게 치르려면 1984년 LA올림픽에도 남북이 함께 가려고 했다는 모양새를 갖춰놔야 한다면서요. 그 핑계로 소련과 중국도 LA에 오라고 제안했어요. 미국을 도와준 거죠"라고 밝히고 있다.[85] 정 전 장관은 버마 사건이 발생한 지 1년도 안 됐는데 북한의 체육회담 제안을 받아들이는 것이 정서적으로 이른 측면이 있다는 뜻이었다. 전 대통령은 이를 회담 결렬의 명분으로 삼으려고 했다.

언론의 반응도 지난해 10월 버마 암살 폭발 사건의 만행에 대한 북측의 납득할 만한 조치가 없었는데도 불구하고, KOC가 남북 체육인 간의 회담을 순수하게 받아들인 것이라고 불만 섞인 의사를 표현하였다. 또한, 북한이 국제적 고립을 모면키 위한 대외선전용으로 활용한다면

84) 국가기록원, 「남북체육회담」, 행정조정실, 1984, 관리번호: BA0883963, 7~8쪽.
85) 정세현, 『판문점의 협상가 정세현 회고록』, 파주: 창비, 2020, 145쪽.

결과는 뻔한 것이라고 단정하기도 하였다.[86]

북한의 제안을 남한이 수용한 것에 대해 미·일의 반응은 대체로 긍정적인 반응들이었다. 미 국무부 아세아 태평양 지역 담당관은 남북한 간의 접촉 확대를 위한 조치로써 미국은 이를 환영한다고 했고, 북한의 제의를 받아들인 한국 정부의 조치를 높이 평가한다고 했다. 일본 외무성은 남북 교류가 한반도 긴장 완화에 이바지할 것이라고 했고, 버마 사건과 체육 문제를 분리한 점을 높이 평가하였다. 아사히 신문은 예상외의 유연한 자세를 보여준 한국이 86아시안게임과 88서울올림픽 등에 되도록 많은 국가를 초청해 성공시키려는 배려가 작용한 것 같다고 평가하였다.[87]

그러니까 남한 내부의 여론은 모두가 남북체육회담을 할 때가 아니라고 판단했지만, 미국, 일본 등의 여론이 호의적인 것은 이러한 기류가 내부 정서가 아닌 외부로부터 전략적 판단이 작용했다고 추론할 수 있다.

정주영 회장의 답신에 김유순 위원장은 답장을 보내 4월 9일 오전 10시에 판문점 중립국감독위원회 회의실에서 대표단을 보내겠다고 하였다. 이 서신 서두에 언급한 버마 사건에 대해서는 북한은 아무 인연이 없다고 하며 체육인 대담에 정치적 문제를 개입시키는 것은 유일팀 구성의 근본 취지에 어긋난다는 내용을 포함하여 보냈다.[88]

1) 1차 회담(1984. 4. 9.)

1984년 4월 9일 오전 10시 판문점에서 LA올림픽 단일팀 구성을 위

86) 『동아일보』, 「북의 정치성 배제되어야」, 1984년 4월 3일.
87) 국가기록원, 관리번호: BA0883963, 17쪽.
88) 『로동신문』, 「조선민주주의인민공화국 올림픽 위원회 위원장이 남조선의 올림픽 위원회 위원장에게 보낸 편지」, 1984년 4월 7일.

한 제1차 남북체육회담이 열렸다. 남측은 김종규(올림픽 위원회 부위원장)가 수석대표로, 김종하, 이종하, 임태순(남북대화사무국), 남정문(안기부과장) 등 5명이, 북측은 김득준(올림픽 위원회 부위원장)을 책임자로 박무성, 김세진, 서명호, 석태호 등 5명이 회의에 참석했다.[89] 북측의 대표단은 모두 조선올림픽 위원회 또는 조선체육기술협의부 소속의 구성원으로 이루어진 반면, 남측은 대한체육회 관련 3명과 남북대화사무국, 안기부 과장 등 비체육인 2명이 함께 참가하였다.

회담에 관한 경향신문의 기록에는 김종규 수석대표가 단일팀 구성을 위한 선수선발 문제 7개 사항을 제의했으나, 북측은 이 제안에 대한 답변에 앞서 남측 발언에 정치 문제가 개입됐다고 트집을 잡아 12시 25분 일방적으로 회의장을 떠났다고 기록하고 있다.[90]

이 기록은 마치 북측이 남측의 발언을 트집 잡아 일방적으로 회담을 결렬시킨 것으로 읽힌다. 그러나 남측의 두 정치적 사건을 언급하며 사과를 먼저 요구하자 벌어진 일이었다. 남측은 회담 첫 시작부터 버마 사건에 대해 북한 당국이 시인 사과하고 납득할 만한 조치를 취해 성실성을 입증하라고 요구했고, 북측 대표단은 버마 사건은 우리와 관련이 없다고 하면서 남한의 '자작극'이라고 주장하며 양측 대표단은 공전을 거듭했다.[91] 이러한 강경한 분위기에서 체육 문제는 토의에 들어가지 못하고 북측의 일방적인 퇴장으로 회담은 결렬되었다.

이와 같은 결과는 앞서 남한이 회담 방침을 세울 때 전두환 대통령으로부터 지시받은 회담 대책 내용이 그대로 회담장에서 실행된 결과였다.

---

89) 외교부 공개문서, 「1988년도 서울올림픽대회-남·북한 단일팀 구성 및 공동개최 문제, 1984-89」, 전16권(V.2), 49쪽.
90) 『경향신문』, 「남북체육회담 결렬」, 1984년 4월 9일.
91) 국가기록원, 관리번호: BAO883963, 176쪽.

북한은 로동신문에서 근 40년간 국제 체육 무대에서까지 서로 반목하고 질시하며 대결하는 비극을 빚어내고 있다면서 가슴 아픈 과거지사가 더는 되풀이 되지 않도록 민족적 단결을 도모하는 계기를 마련하자고 주장했다. 그리고 북한은 우리와는 아무런 인연이 없는 《랑군사건》이니 《신상옥, 최은희 문제》니 하는 엉뚱한 정치적 문제들을 들고나와 회담 사업에 고의적인 난관을 조성하면서 우리 측을 악랄하게 비방중상하였으며 심지어 우리의 제도까지 헐뜯는 무례한 행위를 감행하였다고 기록하고 있다. 또 이어서 그 무슨 사건이 일어나고 혼란이 생길 때마다 터무니없이 그것을 우리와 연결하면서 사람들의 이목을 딴 데로 돌리려고 하였다고 지적하였다. 그리고 남측은 무엇 때문에 체육인으로서의 신분에도 맞지 않게 장황한 정치연설을 하는지 도대체 이해할 수 없다고 하며 이 회담을 몇 시간 앞두고 우리 측 일대에 체육인들을 비방·중상하는 내용의 선전 전단들을 대량 살포한 사실은 인위적인 난관을 조성하려는 도발 행위로 보았다. 마지막으로 남측이 그릇된 입장을 버리고 성의를 가지고 대한다면 우리 측은 회담장에 나갈 것이라고 회담에 대한 여지를 두었다.[92]

북한 로동신문에는 우리 언론에는 소개되지 않은 이야기가 있었다. 바로 회의 몇 시간 전에 DMZ 지역에 북한 스포츠를 비방하고 중상모략하는 전단(삐라)을 퍼뜨렸다는 내용이다. 이는 IOC 서신에서도 같은 내용이 언급되었다.[93] 북한이 없던 일을 IOC에 보고하지는 않았을 것이다. 소위 삐라를 남측에서 북측으로 회담에 앞서 뿌렸다는 주장이다. 이러한 접경 지역에서의 공방은 지금까지도 진행되고 있고 정치적으로

92) 『로동신문』, 「남조선측은 체육회담을 정치적목적에 리용하려는 불순한 행동을 당장 걷어치워야 한다」, 1984년 4월 10일.
93) IOC, OSC, D-RM01-COREN-003 Correspondence of the NOC of the Democratic People's Republic of Korea (PRK), SD1 Corr 1-6 1984, 32.

압박하기 위한 수단으로 사용된다는 점에서 남북 화해와 협력에는 도움이 되지 않는 방법이다.

결국, 1984년 LA올림픽 남북 단일팀 구성을 위한 회담은 북측의 제의로 시작되었지만, 남측은 두 사건에 대한 해명과 사과 요구를 전제로 회담을 시작했고, 북측은 체육회담에 왜 자기들과 연관도 없는 정치적 사건을 이유로 인위적인 난관을 조성하려 했다고 주장하며, 회담장을 먼저 퇴장했다. 이 회담은 남측이 정치적 사건에 대한 문제를 먼저 제기함으로써 체육회담의 진전을 이뤄내지 못한 대표적인 사례라고 할 수 있다.

4월 12일 정주영 대한체육회장은 다시 북측에 회담 재개를 위해 다음 주에 만나자고 제안했고, 이에 북측은 남측이 '정치적 도발'을 하지 않겠다는 것을 명백히 해야 회담에 나오겠다는 뜻을 전했다고 하여 회담의 지속 여부가 불확실해졌다.[94]

북한은 4월 14일 자 김유순이 정주영 앞으로 보낸 서신에서 다음과 같이 입장을 밝혔다.

> 귀측이 우리에게 그 무슨 《사죄》를 요구하여 나선 것은 분명히 남조선당국을 대변하여 정치선전을 한 것이지 《신변안전》 문제 때문이 아니라는 것을 뚜렷이 증명하고 있습니다. (중략) 더우기 귀측이 우리의 사회제도와 정치체제까지 함부로 비방중상하여 나선것은 체육회담에서는 도저히 용납할수 없는 정치적도전이며 무례한 행위입니다. 우리는 우리측의 경고에도 불구하고 이러한 망동을 서슴지않고 자행한 귀측의 김종하대표와 같은 사람은 체육회담에 적합지 않으며 (중략) 반공을 《국시 제1주의》로 삼고 우리 공화국에 동조한 남조선 사람들에게도 무시로 테러와 학살이 자행되는 남조선에서 우리 선수들의 신변안전이 담보될 수 없다는 것은 지극히 명백합니다. (중략) 회담이 계속되느냐 안되느냐 하는 것은 전

---

94) 『매일경제』, 「체육회담 재개제의 북괴 거부내용 답신」, 1984년 4월 16일.

적으로 귀측의 태도여하에 달려있습니다.[95]

이에 관해서 남한 언론에서는 다음과 같이 반응했다.

> "LA 엔트리마감을 불과 2개월 앞두고 그런 제의를 해온데 우리가 강한
> 의념을 품었듯이 북한은 남북 단일팀 구성에는 애당초 마음이 없었음이
> 분명하다"라고 하며, "단일팀 구성이란 미명아래 북의 대남화해 제스처
> 를 세계에 보임으로써 테러집단이란 낙인이 찍혀 있는 외교적 고립으로
> 부터 헤어나 보자는 속셈에서 출발한 것으로 밖에 해석할 수 없다"라며
> 회담 재개 노력을 북한이 받아 주지 않은 것으로 인해 회담 결렬의 책임
> 을 북한으로 돌렸다.[96]

이는 언론이 우리에게 유리하게 해석하여 북한의 책임을 주장하지
만, 사실상 회담 결렬은 남한이 주도하였다는 것을 부인하기 어렵다.

정주영은 4월 17일 북한에 회답 서신을 보냈고, 그에 대한 김유순의
서신이 4월 20일 자로 다시 정주영에게 보내졌다. 김유순은 모처럼 마
련된 체육회담에서 정치적 문제 제기로 체육회담을 정치화하였다고 하
면서, 동시에 다시는 체육회담에서 정치적 도발을 하지 않으리라고 믿
으면서 유일팀 구성을 위한 북남올림픽 위원회 대표 회담을 계속할 것
을 희망하였다. 날짜는 4월 26일 판문점에서 갖자고 제의했다.[97]

이에 대해 정주영은 북한이 4월 26일 남북체육회담을 열자고 제의
해 온 데 대해 이를 오는 30일로 수정 제의했다. 그리고 "버마 사건과
최은희 신상옥 납치 사건은 남북 간의 신뢰와 화합의 분위기를 근본적
으로 해치고 단일팀 출전 또는 친선경기에 참가하는 우리 선수들의 신

---

95) 『로동신문』, 「조선민주주의인민공화국 올림픽 위원회 위원장이 남조선 올림픽 위원회
    위원장에게 보낸 편지」, 1984년 4월 15일.
96) 『경향신문』, 「체육회담에 나오지 못할 약점」, 1984년 4월 17일.
97) 『로동신문』, 「올림픽 위원회 위원장이 남조선의 올림픽 위원회 위원장에게 보내는 편
    지」, 1984년 4월 21일.

변을 위태롭게 한다는 사실을 북한 측이 인정해야 할 것"이라고 강조했다.[98] 북한은 이와 관련해 할 말도 많으나 우리는 민족과 세계가 지켜보는 쌍방 체육회담의 성격과 사명으로 유일팀 구성 문제를 결속 지으려는 책임감으로부터 모든 것을 참고 오는 4월 30일 판문점에서 회담에 참가하겠다는 서신을 보냈다.[99]

2) 2차 회담(1984. 4. 30.)

4월 30일 제2차 회담에서 김득준 단장은 "우리 쌍방대표들이 자기에게 부과된 이 중대한 임무를 영예롭게 수행하자면 지난날의 그릇된 관점과 자세를 버리고 호상리해와 단결의 분위기속에서 새 출발을 하여야 한다. 그러자면 무엇보다도 우리들이 체육인본연의 자세를 가지고 상정된 의정토의에 모든 성의와 노력을 다해야 할 것"이라고 회담에 임하는 자세를 지적했다. 이어서 선수선발 원칙과 방법, 선수들의 훈련, 재정 및 조건 보장, 선수단 역원, 유일팀 명칭, 깃발, 음악, 유일팀을 위한 공통 상설기구 등에 관한 입장을 밝히고, 선수선발은 5월 20일까지 끝내야 한다고 하며 공동훈련은 6월 1일부터 출발하기 전까지 진행하자고 제안했다. 그리고 회담 후에는 "남조선 측이 체육회담을 할 의사도 없고 민족유일팀을 만들 의사도 없으며 오직 회담을 계획적으로 파탄시키기 위한 불순한 정치적 목적을 가지고 제2차 회담에 나왔다는 것을 스스로 명백히 드러내놓았다"라고 기록하였다.[100]

반면, 김종규 수석대표는 다시 버마 암살 폭파 사건과 최은희 신상

---

98) 『경향신문』, 「체육회담 30일 열자」, 1984년 4월 25일.
99) 『로동신문』, 「올림픽 위원회 위원장이 남조선의 올림픽 위원회 위원장에게 보낸 편지」, 1984년 4월 29일.
100) 『로동신문』, 「체육회담을 할 의사도 없고 유일팀구성도 바라지 않는다는것을 스스로 드러내놓았다」, 1984년 5월 1일.

옥 납치 사건을 언급하며 선수들의 신변보장이 남북체육회담을 성공시키는 기본 문제라고 먼저 강조하였다. 이어서 "① 84년 LA올림픽대회 및 86년 아시안게임 등 모든 국제 체육대회에 남북한 단일팀을 구성하여 참가시키고, ② 남북 체육교류를 실시하자고 제의하면서 우리나라 안에서 개최되는 모든 체육행사에 남북한 선수들이 자유롭게 참가하여 서로 체력과 기술을 연마하도록 하자"라고 제안했다.[101]

4시간 37분에 걸쳐 의견을 교환했으나 아무런 합의점을 찾지 못하고 다음 회담 일정은 서신 연락으로 추후 협의키로 하였다. 여기서 김종규는 "버마사태와 최은희 신상옥 납치 사건에 대해 북한 측이 납득할 만한 조치를 보여주지 못했고 또 신변 안전 문제 등 최소한의 기본적인 요구도 묵살함으로써 북한 측이 처음부터 체육회담을 성사시킬 의도가 없었음을 명백히 보여주었다"라고 기록했다.[102]

남한 정부의 2차 회담을 분석 및 평가하는 문서에는 "아측이 북한 당국의 학정과 부자세습체제를 들어 북측을 극도로 자극하였음에도 불구하고 일방적으로 퇴장하지 않았음"이라고 기록하였다. "아측이 북한 내부 문제를 심도있게 폭로하자 토의 방향을 차기 회담 일자 합의로 유도하려 했음", "북측이 아측의 신랄한 비판에도 불구하고 직통전화 개통문제와 다음 회담일자에 합의하기 위해 노력한 것으로 보아 이번 회담을 버마 사건에 대한 책임모면과 3자 회담 실현을 위한 분위기 조성에 활용하려는 의도로 보임"이라고 기록하였다.[103]

남한 정부의 회담 2차 회담 종합평가에서는 "제2차 남북체육회담은

---

101) 『경향신문』, 「랭군테러·납북사건 사과 선수단 보장 재촉구」, 1984년 4월 30일.
102) 『동아일보』, 「4시간 37분만에 남북체육회담 또 공전」, 1984년 5월 1일.
103) 국가기록원, 관리번호: BA0883963, 79쪽. 같은 문서 84쪽에는 "김일성, 김정일 이름을 구체적으로 지적하면서 민족반역자라고 욕설을 퍼부어도, 북측이 수모를 무릅쓰면서 직통전화개통문제와 다음 회담 일자에 합의하기 위해 노력한 것으로 보아..."라고 기록할 만큼 북측 대표를 자극한 것으로 보임.

아측의 회담 방침과 전략대로 차질 없이 거의 완벽하게 진행되었으며, 회담 시간이 쌍방간에 격렬한 체제논쟁을 벌이는 가운데 4시간 37분이나 지속된 것은 남북 회담 사상 처음 있는 일임"이라고 기록하였다.[104] 한편, 북한은 로동신문을 통해서 2차 회담에서 남측 단장은 "있지도 않은 땅굴 사건이나, 청와대 사건이니 하는것까지 새로 덧붙여 들고 나오면서 우리의 체제를 비방·중상하는 불순한 정치적 도발을 자행했다"라고 하며 "그러나 우리측 대표들은 회담에서 최소한의 진전이라도 가져오기 위하여 인내성을 가지고 회담을 운영하면서 남조선측의 불순한 정치적도발과 그릇된 회담 자세에 반론을 가하고 거듭 남조선 측에 회담자세를 고칠것을 요구하였다"라고 전했다.[105] 결국 남한 정부의 사전에 기획된 회담 방침대로 정치적인 문제를 거론하면서 회담을 정치 논쟁으로 만드는 전략이 성공했다고 평가할 수 있다. 이런 이유로 회담 결렬의 책임은 남측에 있다고 볼 수 있다.

이러한 가운데 IOC 사마란치 위원장은 1984년 5월 4일에 KOC 위원장에게 서신을 보내 6월에 스위스 로잔에서 올림픽 단일팀 구성 문제를 협의하자고 제안했다.[106] 이에 남한 정부는 단일팀 문제를 IOC와 협의하는 것에 대한 유불리를 따지며 대책을 논의한 끝에, 북한이 86, 88 대회에 불참할 것이 확정적이므로 IOC 중재 하에 회담이 진행되는 것이 손해가 되지 않을 것이라는 분석을 내놓으며 회담에 긍정적인 입장이었다. 또한, 단일팀 구성이 현재와 같은 상황에서 실현 불가능하리라는 점을 고려 IOC 중재로 남북 간의 체육교류 실현에 초점을 맞추는 것

---

104) 국가기록원, 관리번호: BA0883963, 87쪽.
105) 『로동신문』, 「체육회담을 할 의사도 없고 유일팀구성도 바라지 않는다는것을 스스로 드러내놓았다」, 1984년 5월 1일.
106) 외교부 공개문서, 「1988년도 서울올림픽대회-남·북한 단일팀 구성 및 공동개최 문제, 1984-89」, 전16권(V.1), 3쪽.

이 긴장 완화에 도움이 될 것으로 판단하였다.[107)

이 분석에서 특이한 점은 남한 정부가 1984년 6월경에 이미 북한은 86, 88 양 대회에 참가하지 않을 것을 기정사실화하고 대응했다는 점이다. 어떻게 짧게는 2년 길게는 4년 남은 체육행사에 북한의 참가 여부를 단정할 수 있었을까? 1985년부터 IOC 중재로 시작된 체육회담의 목적 중 하나는 북한의 올림픽 참가를 유도하는 것이었다. 겉으로는 올림픽 참가를 촉구하지만, 내부적으로는 이미 결론을 내리고 형식적인 회담을 추진하려고 했다는 점을 짐작하게 한다.

5월 10일 스위스 로잔에서 이루어진 당국자와 사마란치 위원장과의 면담에서 당국자는 현재 진행 중인 남북 체육회담 과정에서 필요하다면 IOC 위원장의 협조를 구하고자 한다고 전했다. 사마란치는 그 필요성을 절감하되, 만일 로잔에서 회담하게 되면 랑군사태 등 정치 문제는 일절 거론되지 않아야 한다는 것이 입장이라고 강조했다. 그리고 노태우 서울올림픽조직위원회 위원장의 동의 없이는 회담을 먼저 제의할 생각은 없다고도 했다.[108) IOC는 남북 간의 체육회담이 결렬된 이유에 대해서 랑군 사건 때문이고, 이를 정치적인 문제로 인식했으며, 남북 올림픽 단일팀 구성 문제는 이러한 정치적인 문제가 개입돼서는 안 된다는 판단이었다. 이는 IOC 부위원장인 인도 출신 아스와니 쿠마르(Ashwini Kumar)의 생각도 같았다.[109)

북한은 계속해서 5월 1일 자 조선중앙통신을 이용해 남북 단일팀을 구성하는 문제에 관한 남북 간의 체육회담을 계속할 계획이라고 밝혔다.[110)

---

107) 위의 문서, 26쪽.
108) 위의 문서, 16~17쪽. 노태우 서울올림픽조직위원회 위원장의 임기는 1983년부터 1986년까지 였다. 국제 사회의 올림픽 개최지 변경과 관련해 국제 여론에 직접 대응하며 국제적인 감각과 식견을 키워나갔다.
109) 위의 문서, 45쪽.
110) 『동아일보』, 「체육회담 계속 용의 북한중앙통신보도」, 1984년 5월 2일.

하지만, 2차 회담에 관해서 "이날의 회담의 전 과정은 남조선 측이 체육회담을 할 의사가 없고 민족유일팀구성도 바라지 않고 있으며 오직 회담을 파탄시킬 흉계만을 꾸미고 있다는 것을 드러내 보여주었다"라며 회담 결렬의 책임을 남한으로 돌렸다.[111]

이런 와중에 1984년 5월 8일 소련은 제23회 LA올림픽 불참 선언을 했다. 그리고 정주영은 다음날인 9일 김유순에게 서신을 보내 제3차 남북체육회담을 개최하자고 제안하였으나, 북한은 같은 입장을 반복하며 정치적 도발을 철회해야만 회담에 나오겠다고 하였다. 그 뒤 남측은 18일에 다시 북측에 회담 재개를 촉구하는 서한을 보내 비공개 회담을 제의하며 일자 결정도 북측에 일임했다.[112]

이에 대해 김유순은 남측이 문제 토의에 들어가려는 일부 변화된 자세를 보여주었다며 5월 25일 10시 판문점 회담에 참가하기로 입장을 바꿨다.[113]

1차 회담과 마찬가지로 2차 회담에서 또 남측의 준비된 시나리오대로 북측 내부 문제를 비난하며 4시간 이상 소모적인 논쟁만을 거듭하며 다음 회담 날짜도 잡지 못하고 결렬되었으나, 정주영 대한체육회장의 회담 재개 의지에 따라 북한 올림픽 위원회 위원장 김유순도 이 필요하다는 것에 동의해 다음 3차 회담 날짜를 잡고 만나게 되었다.[114]

하지만, 정주영이 김유순에게 3차 회담을 개최하자고 제안했던 5월 9일에는 프랑스 보몽(BEAUMONT) IOC 위원이 사마란치 IOC 위원장에게 "한국의 한 장관이 찾아와 전하기를 작년 버마에서 폭탄 사건 이후 북

111) 『로동신문』, 「체육회담은 정치적 도발장으로 될 수 없다」, 1984년 5월 7일.
112) 『동아일보』, 「남북체육회담 다시 촉구」, 1984년 5월 18일.
113) 『로동신문』, 「올림픽 위원회 위원장이 남조선의 올림픽 위원회 위원장에게 보낸편지」, 1984년 5월 25일.
114) 정주영 회장은 한 기업의 대표이기는 하나 안기부나 통일원의 회담 방침을 따를 수밖에 없는 처지였고, 자신의 출생 지역도 북한임을 감안하면 이 체육회담을 더 이어가고자 했던 속마음이 있었을 것으로 추론한다.

한과 단일팀을 구성하는 것은 불가능하다고 입장을 전했다"라고 서신을 보냈다.[115] 이는 정부가 북한을 상대로는 단일팀 구성 회담을 하자고 제안하면서, 외교적으로는 성사되기 어려운 회담이라는 점을 강조하면서 그 책임이 북한에 있다는 것을 알려 나가는 외교적 행보로 볼 수 있다.

3) 3차 회담(1984. 5. 25.)

3차 회담은 소련의 LA올림픽 불참 선언이 있고 난 뒤, 북측은 남측의 정치적 도발 문제를 거론하며 이 문제가 해결되지 않는 이상 회담을 지속할 필요성을 느끼지 못했지만, 남측은 86아시안게임과 88서울올림픽을 앞두고 남북 대화와 교류를 적극적으로 추구해 온 기본 입장에서 체육 분야에서 남북 관계 개선, 한반도 긴장 완화를 바라는 주변 국가들의 요청에 부응, 중공과의 관계 개선, 남북 양자 회담으로 현안 해결 가능성 인식 등의 문제를 들어 회담을 이어가는 것이 유리하다는 판단을 내렸다.[116] 그리고 회담 방침을 다음과 같이 세웠다.

> – 아측이 제1, 2차 회담에서 버마 사건을 거론한 것은 남북체육회담에 대한 북측자세의 진실성 여부와 직결되며 또한 우리 선수단의 신변안전 보장과 관련되는 근본 문제였기 때문임을 강조하는 동시에.
> – 제2차 회담에서 북측이 버마 사건을 아측의 조작극이라고 억지 주장을 한 데 대해서 강력히 규탄하고 체육문제 토의에 들어감.
> – 그러나 북측이 제3차 회담에서 또다시 버마 사건을 아측의 자작극이라고 억지 주장을 하거나 아측의 내부문제를 거론할 경우에는 제2차 회담에서처럼 강력히 대응함.[117]

115) IOC, OSC, D-RM01-COREN-003 Correspondence of the NOC of the Democratic People's Republic of Korea (PRK), SD1 Corr 1-6 1984, 14.
116) 국가기록원, 관리번호: BAO883963, 139~148쪽.
117) 위의 문서, 141~142쪽.

5월 25일 제3차 회담은 로동신문의 기록에 의하면 남측 대표가 먼저 발언하였는데 또다시 《버마 사건》과 《최은희, 신상옥 문제》를 들고나와 《시인 사죄》의 도발적인 정치적 발언을 늘어놓았다고 했다. 북측 대표는 이미 편지에서 한 약속을 저버리고 종전의 입장을 고집한다고 환기했음에도 불구하고 장문의 연설을 하며 비방·중상하였다고 기록하였다. 북측은 남측이 체육회담을 계속하려는 성의도 없고 민족 유일팀을 만들려는 의사도 없다는 것을 증명했다고 주장했다. 그리고 회담 지속을 위한 두 가지 원칙을 제시했다. 첫째는 회담 앞에 인위적인 난관 조성을 인정하고 사죄하며, 둘째는 앞으로 체육회담을 정치적 목적에 이용하지 않으며 정치적 도발을 하지 않을 것에 대한 담보를 명백히 밝히라는 것이었다. 그리고 뒤에서 쪽지가 들어오자 남측은 의정 토의를 시작하자고 했으며, 다음 회담 날짜는 서로 편지를 통하여 정하기로 하였다. 북한은 남한이 회담이 시작되기 전에 북측을 비방 중상하는 삐라를 뿌리고 회담 분위기를 흐리게 만들었다고 기록했다.[118]

동아일보 기사에서는 남측이 체육교류 7개 항만 제시한 가운데 북측의 불성실한 태도로 또다시 아무런 결론을 얻지 못하고 2시간 31분 만에 중단됐다고 전했다. 김종규 수석대표는 남북체육 교환경기, 남북한 체육대회 서로 참가 보장, 비무장지대 공동경기장 건설, 남북 체육기술 자료 교환, 남북한이 개최하는 체육활동과 시설 등에 관한 취재 및 상호 방문, 남북 전지훈련 장소 제공, 남북 공동 체육 강습회 개최 등을 제안했으나, 북측은 LA올림픽에 남측이 개별적으로 출전하지 않겠다는 약속을 하라는 엉뚱한 조건을 회담 전제 조건으로 내세웠다고도 했다.[119]

---

118) 『로동신문』, 「남조선측은 체육회담을 정치적목적에 리용하지 않으며 정치적도발을 하지 않을데 대하여 담보하여야 한다」, 1984년 5월 26일.
119) 『동아일보』, 「남북체육회담 또 중단」, 1984년 5월 25일; 『경향신문』, "3차 체육회담도 결렬」, 1984년 5월 25일.

그러나 외교부 공개 문서에는 남측 대표의 기조 발언에서 또다시 버마 사건 등에 대한 북한 당국의 납득할 만한 조치를 요구했다고 기록되었다. 그리고 체육교류 문제를 언급했다고 나온다. 그런데 북한도 이번 회담에서는 1, 2차 회담에서 공전하고 교착 상태에 빠지게 된 원인이 남측이 체육회담을 정치화한 책임이 있다고 따져 물으며 또다시 회담을 정치화하지 않겠다는 점을 담보하라고 주장했다고 했다.[120] 이처럼 3차 회담은 또다시 정치적 문제를 두고 회담 서두에 신경전을 벌이며 별 소득 없이 끝난 회담이 되었다.

이후 북한은 프라하에서 열린 공산 11개국 스포츠 관계자 회의가 채택한 LA올림픽 보이콧 성명에 함께 했다고 알렸다. 이에 따라 남한에서는 북한의 LA올림픽 불참이 공식화된 것으로 판단했다. 그리고 정주영 대한체육회장은 6월 1일에 다시 제4차 회담을 열자고 29일 북측에 제의했다. 이러한 배경에는 어떻게 해서든지 체육회담을 성사시키겠다는 의지를 보여줌으로써 북측의 불성실함을 드러내게 하려는 의도를 가지고 있었다.[121]

북한은 6월 1일 같은 날 서신을 보내 정주영 위원장의 4차 회담 제의에 대해서 3차 회담까지 남측이 처음부터 시간이 부족하다는 이유로 LA올림픽에 단일팀으로 참가하자는 것은 단념하고 '86년 아시안게임과 '88년 올림픽에 대비하자는 의향을 밝힌 것을 근거로 제시하며, 지금에 와서 마치 회담에 관심이나 있는 듯이 단일팀 구성에 대해 회담하자고 하는 것은 남측의 죄과를 모면하고 그것을 남에게 넘겨씌우는 것에 지나지 않는다고 주장했다. 그리고 체육회담을 정치화하여 이후에라도 회담 앞에 정치적 도발을 하지 않을 것을 담보해야 한다고 강조했다.

120) 외교부 공개문서, 「남북한 단일팀구성 및 체육교류」, 전6권(V.4 제3차 남북체육회담(판문점)), 1984, 197~198쪽.
121) 『경향신문』, 「이번만은 성사시키자」, 1984년 5월 30일.

이 서신에서는 남측 대표들에게 체육인 신분증을 가지고 나오라는 지적도 했다. 그만큼 체육인을 가장한 정부 기관 요인들이 참석하여 회담을 당국의 심부름을 하고 있다고 비꼬았다.[122]

4) 북, LA올림픽 불참 선언과 남, 체육회담 제의

북한은 6월 2일에 제23회 LA올림픽에 선수단을 파견하지 않기로 했다는 성명을 발표하였다. 북한은 당시 사회주의국가 중 LA올림픽 불참 의사를 밝힌 14개국 중 가장 마지막에 선언하였다.[123]

이 성명에는 "조선의 북과 남이 민족유일팀을 구성하여 국제경기들에 나가자는 것은 우리의 일관한 립장이다"라며 "우리는 이 문제가 온 겨레와 체육인들의 기대에 맞게 반드시 해결되어야 하며, 국제경기들에 민족 유일팀으로 나가기 위하여 앞으로도 계속 진지한 노력을 기울일 것이다"라고 하였다.[124]

이렇게 남북 간의 체육회담이 결렬되자, 7월 28일 사마란치 위원장은 LA올림픽 현지에서 남북 NOC 대표들의 회동을 주선하겠다는 의사를 쿠마르 IOC 부위원장을 통해 KOC에 전해왔다.[125]

이에 대해 남한 정부는 대통령 지시 사항을 바탕으로 LA 현지 회담 주선 배경이 쿠마르가 북한을 방문하고 난 뒤 제기되는 것인 만큼 북한의 책략에 말려들 우려에 대비하여 LA 현지에서 또 다른 체육회담 방식

---

122) 『로동신문』, 「조선민주주의인민공화국 올림픽 위원회 위원장이 남조선의 올림픽 위원회 위원장에게 보낸 편지」, 1984년 6월 2일.
123) Richard W. Pound, *FIVE RINGS OVER KOREA*, p. 38.
124) 『로동신문』, 「조선민주주의인민공화국 올림픽 위원회성명」, 1984년 6월 3일.
125) IOC, OSC, D-RM01-CORES-005, SD3 Corr 7-12 1984, 33~34; 외교부 공개문서, 「1988년도 서울올림픽대회-남·북한 단일팀 구성 및 공동개최 문제, 1984-89」, 전16권 (V.1), 74쪽.

은 거부하기로 했다. 그리고 노태우 조직위원장을 통해 사마란치 IOC 위원장이 왜 북측과 중재 회담을 하려고 하는지 의중을 타진하고 LA올림픽 이후에 남한 주도로 체육회담이 개최될 예정임을 알릴 것을 방침으로 정했다. 여기서 남한 정부는 LA 현지에서 북한이 세계 언론 매체들을 상대로 88서울올림픽 개최지 변경 문제 등의 문제를 언급할 것을 우려하여 공식적 접촉은 피하고 회담을 해야 될 상황이 되면 미국이 아닌 제3국에서 개최할 것을 방침으로 세웠다.[126]

이 문서에는 정부는 LA라는 미국 현지를 의식하여 세계 언론의 주목을 피하고자 하는 의도가 담겨 있는데, 그 내용 중에는 제4차 체육회담이 개최되면 버마 사건의 거론을 유보하고 체육교류와 단일팀 실현에 주력하는 방향으로 설정했다. 이는 1~3차 회담에서 버마와 영화배우 사건을 정치적으로 이용한 것이 회담의 결렬 원인으로 부각되는 것을 우려한 조치였다. 그래서 남북 NOC 간의 접촉을 최대한 사전에 봉쇄하려는 방침을 세운 것이라고 볼 수 있다.

북한의 김유순은 LA올림픽 기간 중 남북통일문제가 급선무라며 북한은 스포츠 등 모든 분야에서 단결(UNITY)을 갈망하고 있으나, 남한이 버마 사건, 영화배우 사건 등으로 날조, 정치적인 문제를 제기함으로써 진전을 보지 못하고 있다고 유감을 표명했다. 그는 남한과 3자 회담 제의에 대해서 미국은 접촉을 원하고 있으나, 남측이 이를 방해하여 난관에 봉착했다면서, 미국 대선이 끝나면 북미 접촉이 가능할 것으로 보았다.[127]

1984년 LA올림픽이 끝나고 8월 17일에 정주영 KOC 위원장은 8월 30일에 판문점에서 제4차 남북한 체육회담을 재개하자고 북한 측에 서한을 보냈다. 남북 단절의 대립을 지양하고 민족화합의 전기를 마련하

---

126) 위의 문서, 82~83쪽.
127) 위의 문서, 97쪽.

기 위해 남북한 체육회담을 재개, 체육교류, 남북한 단일팀 구성 문제를 해결하자고 하였다. 이 서한에는 처음으로 랭군 암살폭발 사건과 최은희 신상옥 납치 사건에 대해 언급하지는 않았다.[128]

이에 대해 북한의 김유순 위원장은 6월 1일 편지에 대한 대답을 회피했다고 하며 체육회담을 중단시킨 자기의 잘못에 대한 사과나 반성도 하지 않고 회담부터 제의하는 것에 대해서 불만을 나타냈다. "귀측은 지금 회담 재개를 말하기에 앞서 회담에 임하는 근본 입장에 대하여 명백히 밝히는 것이 급선무라며 체육회담을 하루빨리 재개하여 민족 앞에 유일팀을 내놓으려는 것은 우리의 변함없는 입장"임을 강조하였다.[129] 이에 대해 남측은 북측이 LA올림픽에 단일팀으로 참가하지 못한 것을 사과하고 체육회담을 정치적인 목적에 이용하지 않겠다는 것을 보장하라고 했다며 또다시 제안을 거부했다고 북측을 비난했다.[130]

이러한 가운데 IOC의 사마란치 위원장은 9월 26일 또다시 남북체육회담과 단일팀 구성의 중재에 나설 용의가 있다고 한 언론과의 기자회견에서 언급했다. 그는 IOC는 남북 체육회담이 어떤 합의에 도달할 수 있도록 중재할 용의가 있다며, 남북은 아시아경기와 올림픽에서 단일팀을 모색할 수 있다고 말했다. 서울올림픽 경기장 개장기념식에 참석할 사마란치 위원장은 노태우 서울올림픽 조직위원장과 88올림픽을 강화하기 위해 토의할 것이라고 알렸다.[131]

그리고 1984년 10월 4일 노태우 대한올림픽 위원회 위원장 겸 대한체육회 회장은[132] 제4차 남북체육회담 재개를 촉구하는 서한을 판문점

---

128) 『동아일보』, 「남북한 체육회담 재개제의」, 1984년 8월 17일.
129) 『로동신문』, 「조선민주주의인민공화국 올림픽 위원회 위원장이 남조선의 올림픽 위원회 위원장에게 보낸 편지」, 1984년 8월 28일.
130) 『경향신문』, 「체육회담 북한 거부」, 1984년 8월 28일.
131) 『동아일보』, 「남북한 체육회담 중재 용의」, 1984년 9월 27일.
132) 정주영 회장의 뒤를 이어, 노태우 대한체육회장의 임기는 1984년 10월 2일부터 시작. 임기 시작 바로 북한과 회담제안에 나섰다.

중립국 감독위원회를 통해 북한 올림픽 위원회 위원장 김유순 앞으로 보냈다. 이 서신에는 "남북한 쌍방이 점진적 자세를 가지고 아무 조건 없이 하루속히 재개할 것을 촉구하며 회담 일정은 북한 측에 일임한다"라고 밝혔다.[133]

이에 11월 6일 김유순은 멕시코에서 사마란치 위원장을 방문하여 IOC 주재하에 로잔에서 남한과 회담 할 용의가 있다고 전했고, 회담 의제는 몇 개의 종목을 북쪽에서 개최하는 가능성과 남북한 단일팀 구성 문제로 하자고 제안했다.[134] 처음으로 올림픽을 남과 북이 나눠서 공동 개최하자는 제안이었다. 이에 사마란치 위원장은 노태우 위원장에게 북한의 제안을 통보하고 입장을 문의했다.

노태우 위원장은 사마란치에게 서신을 보내 12월 중 남북체육회담을 재개할 것을 북한에 알렸다고 전하며, 남과 북이 민족 공동의 이익과 번영을 추구하기 위해 경제 회담을 추진하기 시작하였고, 체육회담도 곧 재개될 것이라고 했다.[135] 이는 IOC 중재 없이 남북 간의 대화로 접근을 해 보겠다는 뜻을 다시 전한 것이다.

지난 5월 25일 3차 회담이 결렬될 즈음 IOC 사마란치와 노태우 위원장 간의 접촉으로 발단된 IOC에 중재의 가능성 타진에 대해서도 정부는 긍정적으로 보지 않았다. 정부는 86아시안게임과 88올림픽을 앞두고 이 성공적 개최 분위기를 조성하는 데 기여할 수도 있지만, 북한이 이 회담을 구실로 두 대회에 불참 구실을 제공할 수 있다는 점과 양측의 공방에 따른 부작용도 걱정할 수밖에 없었다.[136] 따라서 남한은 IOC의 단일팀

133) IOC, OSC, D-RM01-CORES-005, SD3 Corr 7-12 1984, 10; 『매일경제』, 「남북체육회담 재개 촉구 노체육회장 북에 서한」, 1984년 10월 5일.
134) 외교부 공개문서, 「1988년도 서울올림픽대회-남·북한 단일팀 구성 및 공동개최 문제, 1984-89」, 전16권(V.1), 127쪽.
135) IOC, OSC, D-RM01-CORES-005, SD3 Corr 7-12 1984, 9.
136) 외교부 공개문서, 「1988년도 서울올림픽대회-남·북한 단일팀 구성 및 공동개최 문제, 1984-89」, 전16권(V.1), 31~32쪽.

회담 중재보다는 남북 간의 직접 대화로 풀어가길 희망하였다.[137]

이어서 11월 19일 또다시 노태우 대한체육회장은 북한의 김유순 DPRK OC 위원장에게 제4차 남북 체육회담을 늦어도 12월 중에는 개최하자고 제의했다. 그 내용은 다음과 같다.

> 나는 지난 10월 4일 제4차 남북체육회담을 이른 시일 내에 개최할 것을 희망하는 편지를 귀측에 보낸 바 있으며 11월 5일에는 전화통지문을 통해 귀측의 회답을 촉구한 바 있습니다. 나는 아직까지 제4차 남북체육회담 개최에 대하여 귀측의 회답이 없는데 대해 매우 궁금하게 생각합니다. 최근 남북 간에는 민족의 공동이익과 번영을 추구하기 위해 남북경제회담이 진행되고 있으며 11월 20일에는 남북 적십자 본회담을 재개하기 위한 쌍방 적십자간의 예비접촉을 갖게 됩니다. 나는 이러한 일들이 남북 관계를 개선하고 민족적 화합을 도모함으로써 궁극적으로 통일의 밑거름이 되리라는 섬에서 매우 고무적으로 생각하고 있습니다. 우리 체육인들도 동포애와 순수한 스포츠 정신에 입각해서 서로 이해의 폭을 넓히려고 노력한다면 남북체육회담을 재개하지 못할 아무런 이유가 없을 것입니다. 나는 남북 간에 체육교류가 실현되고 올림픽을 비롯한 각종 국제 체육경기대회에 남북이 단일팀으로 참가하게 되기를 바라는 온겨레의 염원에 부응하여 회담을 하루 빨리 열어야 한다고 생각합니다. 이와 같은 입장에서 나는 제4차 남북체육회담이 늦어도 12월 중에는 개최되기를 희망합니다. 귀측의 조속한 회담을 기대합니다.
>
> 1984년 11월 19일
> 대한체육회 회장 겸 대한올림픽 위원회 위원장 노태우[138]

앞서 3월 30일 정주영 회장의 적극적인 회담 의지와 위의 노태우 위원장 제안은 당시 남한이 IOC와 국제 사회에 남북 평화와 통일을 위한 노력에 성실히 임하고 있다는 인상을 심어주려는 의도가 깔려있다. 당시 남한은 경제회담과 적십자회담도 동시에 진행하면서 체육회담도 빠

---

137) 위의 문서, 48·50쪽.
138) 『동아일보』, 「남북체육회담제의 대북 서한 전문」, 1984년 11월 19일.

른 시일 안에 열자고 북측에 적극적 자세를 견지했다.

이는 1963년 로잔과 홍콩 회담에 비추어 완전히 뒤바뀐 남북의 입장 차이를 볼 수 있는 장면이다. 1964년 인스브루크 및 도쿄올림픽 단일팀 구성을 위한 회담에서 북한은 적극적인 입장이었던 반면, 남한은 거부와 회피의 입장이었다. 그러나 1984년에 이르러 1988년 서울올림픽을 앞두고 남북체육 관계의 포괄적 논의를 위한 것에는 남한의 적극적 입장과 북한의 조건적 입장이 대립하면서도 남북은 민족의 염원이라는 대의에는 동의하나 단일팀 문제의 주도권에서는 확연한 차이를 나타내고 있음을 알 수 있다.

결국, 남한의 남북체육회담 제안은 IOC 사마란치 위원장이 중재하여 남북 단일팀 구성 논의를 이끌어 가려는 상황을 선제적으로 대응하여 남북 체육 문제를 자체적으로 해결하려는 차원에서 이뤄진 것이다.

그렇다면 남북체육회담을 왜 자체적으로 해결하려고 했는가에 대해서는, 올림픽 개최국으로서 북한의 참가를 끌어내기 위한 주도권 확보와 함께, IOC를 활용한 정치선전 공세를 차단하려는 의도가 있었다고 볼 수 있다. 이는 3차에 걸친 남북체육회담에서 버마 사건과 영화배우 납치 사건과 같은 정치 문제를 거론하며 남한의 의도대로 회담을 진행할 수 있다는 자신감도 한 측면에서 작용했을 것이다.

그러나 1984 LA올림픽 남북 단일팀 구성을 목표로 시작된 남북 체육회담이 결렬되면서, 결과적으로 IOC의 중재로 다시 체육회담을 이끌어 내게 되었다. 이는 1963년 로잔 회담 이후, 남북 대표만의 홍콩 회담이 실패하자 다시 IOC가 중재에 나서려고 했던 상황과 비슷하다. 다만, 이번에는 86아시안게임과 88서울올림픽을 앞두고 북한 변수를 어떻게 할지에 관한 남한과 IOC의 깊은 고민이 작용한 결과였다고 볼 수 있다.

4. 88 서울, 남북 올림픽 공동주최 논쟁

1) 공동주최 제안 배경

가. 북한 입장

남북 올림픽 공동주최[139] 주장은 남북 단일팀 구성 3차 회담이 결렬된 뒤, 1984년 6월 27일 이탈리아 외무장관 안드레오티(Andreotti)가 한국의 이원경 외무장관에게 올림픽의 일부 종목을 북한과 공유할 필요가 있을 수도 있다고 전하면서 표면화되었다. 이후 9월 모스크바와 11월 멕시코 ANOC(Association of National Olympic Committees: 국가올림픽 위원회연합) 총회에서 사마란치와 북한의 김유순 사이에 비공식적인 논의가 있었고, 11월 29일에 쿠바의 피델 카스트로가 사마란치 위원장에게 보낸 서신에서 공동주최 주장이 본격적으로 등장한다.

피델 카스트로는 최근의 올림픽이 중상주의로 흐르는 경향이 짙어져 올림픽 정신을 타락시키고 있으며, LA올림픽은 '달러의 게임'이라고 불릴 정도로 경제적 이익만을 강조한 측면이 있다고 지적했다. 그는 한국의 올림픽 개최와 관련하여 "한국의 영토는 인위적으로 두 지역으로 분단되었다. 게다가 전쟁에서 많은 사람이 죽었다. 남한은 사실상 미국의 군대와 기지가 점령하고 있다"라고 하며, 이런 상황에서 "서울올림픽은 민족의 통일에 기여하지 못하고, 전쟁의 상처를 치유하는 데 도움이 되지 않으며, 평화와 협력 그리고 우정 등 어느 것도 얻지 못할 것이다"라고 강조했다. 그래서 88올림픽은 "한국 양 지역의 가능성과 이익에 따라 동등한 부분 또는 거의 동등한 부분에서 공유하는 용감한 결정

---

139) 북한의 공동주최 주장은 주관 주체가 둘이어야 한다는 점을 강조했고, 남한의 분산개최 주장은 주최는 서울이고 몇 종목만 다른 도시에서 열 수 있다는 의미로 이 두 개념이 회담 내내 충돌지점이었다.

으로 이루어질 수 있다"라는 개인적인 생각으로 남북 공동주최론을 처음 거론했다.[140]

이에 대한 사마란치 위원장의 답변은 "1988년 서울올림픽과 관련하여, 나는 당신의 조언에 진심으로 감사하며 IOC가 한국의 다른 두 지역과 회의를 개최할 용의가 있다는 것을 보장할 수 있다. 두 지역 모두 자발적으로 그들이 정치적 이슈를 다루지 않겠다는 타협에 동의한다면 말이다"라고 전했다.[141] 그러나 남한 정부는 이런 형태의 회담은 도저히 불가능하다는 반응을 보였다.[142]

이전까지는 남한 정부는 IOC 중재로 회담할 필요성을 느끼지 못하고 남북 간의 회담만으로 문제를 해결할 수 있다고 판단하였다. 하지만, 국제 사회의 분위기는 남북이 올림픽을 공유하는 것이 남북 분단 극복과 평화의 올림픽을 위해서 더 바람직한 해법이라고 판단했다. 1980, 1984년 두 번의 올림픽이 파행된 것에 대한 우려가 모두에게 있었기 때문이다.

1984년 9월 17일 주불 대사 윤석헌은 주불 소련대사와 서독의 '다쓸러' 아디다스 사장을 만나서 소련의 동향을 파악하고 그 내용을 정부에 보고했는데 그 보고서에 '다쓸러'는 88올림픽경기 중에 2~3개 종목을 북한에 개최하는 문제를 제의하였다고 했다. 주불 소련대사도 이러한 종목 분산개최 제안은 북한도 찬성할 것이며 반대할 이유가 없을 것으

---

140) Richard W. Pound, *FIVE RINGS OVER KOREA*, p. 66. 외교부 공개문서에는 안드레오티가 처음 제안한 날짜를 5월 22일로 기록하고 있다.[외교부 공개문서, 「1988년도 서울올림픽대회-남·북한 단일팀 구성 및 공동개최 문제, 1984-89」, 전16권(V.1), 131쪽]; Wilson Center Digital Archive, https://digitalarchive.wilsoncenter.org/document/113916 (검색일: 2020년 8월 20일).

141) Wilson Center Digital Archive, https://digitalarchive.wilsoncenter.org/document/113917 (검색일: 2020년 8월 20일).

142) Richard W. Pound, *FIVE RINGS OVER KOREA*, p. 66; 외무부 공개문서, 「1988년도 서울올림픽대회: 남·북한 단일팀 구성 및 공동개최 문제, 1984~89」, 전16권(V.1), 131쪽.

로 판단하였다.[143) 또한, 1984년 9월 29일 서울에서 열린 올림픽 스타디움 개장식에서 사마란치는 노태우 올림픽조직위원회 위원장에게 올림픽 공동주최에 관해 제안했으며, 노 위원장은 이에 대해 "북한이 먼저 서울에 참가하기로 한다면 남한은 그러한 논의를 할 준비가 될 것"이라고 답변했다.[144) 또 1984년 11월 7일 멕시코 ANOC 총회에서 동독 NOC 위원장인 에발트(Manfred Ewalt)도 분산개최를 주장했다. 이 배경에는 소련 주도로 LA올림픽에 참가하지 못한 동독은 당시 폐해를 실감하며, 88올림픽에서는 동독의 서울올림픽 참가 명분과 형식을 분산개최론으로 내세워 북한을 설득할 필요가 있다고 보았다.[145)

12월 17자로 북한의 김유순 IOC 위원은 사마란치에게 서신을 보내 피델 카스트로의 주장을 전적으로 지지한다고 하면서, 현재 올림픽 운동이 일부 사람들의 정치적 도구로 심각한 위기에 처했다면서 서울은 올림픽 개최지로 여러 면에서 부적합한 곳이라고 주장했다. 그리고 통일에 방해가 되는 요소를 용납하지 않겠다며 분단된 코리아의 한쪽에서 올림픽이 열리게 되는 것은 영구 분열을 조장하는 결과를 초래하기 때문에 남쪽이나 북쪽이나 어느 곳에서도 올림픽을 개최하는 것을 원하지 않는다고 하였다. 다만 남북 단일팀으로 참가할 수 있도록 한다면 최선의 노력을 다하겠다고 했다.[146)

김유순의 서신에 대해 사마란치는 12월 21일에 IOC 법률고문 사무엘 피사르(Samuel Pisar)가 써준 서신을 자신의 이름으로 답장을 보냈다. 그 내용에는 서울올림픽 개최지 변경은 없을 것이고, 올림픽 운동이 어떤

143) 외교부 공개문서, 「1988년도 서울올림픽대회-남·북한 단일팀 구성 및 공동개최 문제, 1984-89」, 전16권(V.1), 103쪽.

144) Richard W. Pound, *FIVE RINGS OVER KOREA*, 1994, p. 76.

145) 신종대, 「서울의 환호, 평양의 좌절과 대처: 서울올림픽과 남북 관계」, 『동서연구』 25(3), 2013, 78쪽.

146) IOC, OSC, D-RM01-COREN-003 Correspondence of the NOC of the Democratic People's Republic of Korea (PRK), SD2 Corr 7-12 1984, 50~53.

힘의 도구로 사용된다는 김유순 위원장의 주장에 대해 동의할 수 없고 IOC는 충분한 심의와 협의를 거쳐 서울을 개최지로 선택한 만큼 그 결정을 완전히 준수할 것이라고 했다. 그리고 남북 단일팀 구성을 권고하였고, 이를 지지해 주길 바라며, 이를 돕기 위해 정치적 질문을 배제하고 누구도 올림픽에 참가할 기회를 놓치지 않기를 바라는 마음을 강조하며 양측과 IOC가 로잔에서 회의를 하고 싶다고 전했다.[147]

이렇듯 1984년 LA올림픽 남북 단일팀 구성 협상이 정치적 문제로 결렬되면서 IOC를 비롯해 여러 국가의 영향력 있는 인사들이 나서서 남북의 분산개최(공동주최) 또는 남북 단일팀 구성을 대안으로 제시한 것이다. 이를 통해 다른 사회주의권 국가들도 올림픽에 참가할 수 있는 명분을 제공할 수 있고, 북한도 서울올림픽에서 소외되지 않을 수 있다고 판단한 것이다.

그러나 사마란치 IOC 위원장은 공동주최는 비현실적이라고 판단했고, 북한이 국경을 개방하지 않을 것으로 보았다. 하지만 남한에는 국제사회가 공동주최 안을 제기할 때 '안된다'고 하지 말고 적극적으로 검토해 볼 용의가 있다고 말해야 한다며 지침까지 알려주었다. 이는 사회주의 국가들이 서울 대회에 오고 싶어 하지만 북한이 방해물이라고 생각해서 한 가지 핑계를 찾는 중이었다.[148] 사마란치는 북한만의 불참으로 끝나지 않고 동구, 쿠바, 아프리카 등 공산권 국가 등 다수 국가의 집단 불참 사태가 발생할 것을 우려했고, 북한, 쿠바, 소련 등이 IOC에 적절한 조치를 취할 것을 요구했기 때문에 이런 내외적인 압박이 있었다.[149]

이런 상황에서 IOC는 남과 북을 회의 테이블에 끌어들일 필요가 있

---

147) IOC, OSC, D-RM01-COREN-003 Correspondence of the NOC of the Democratic People's Republic of Korea (PRK), SD2 Corr 7-12 1984, 57~60.
148) 외교부 공개문서, 「1988년도 서울올림픽대회-남·북한 단일팀 구성 및 공동개최 문제, 1984-89」, 전16권(V.1), 132~133쪽.
149) 위의 문서, 184쪽.

었고, 후에 IOC가 주재하는 남북체육회담이 열리게 된 것이다. 1985년 2월 1일 사마란치 IOC 위원장은 집행위원회에서 결정된 남북 NOC 회담 소식을 남과 북 양측에 서신을 통해 전했다. 이 내용에는 공동주최 문제는 언급하지 않았다. 1985년 9월 11~12일 로잔에서 회의가 열릴 예정이고, 회의를 주재하는 IOC 대표들을 소개, 각 대표단은 6명으로 구성하고 회의 중 어떤 정치적 선언도 하지 않겠다는 약속을 해야 한다고 했다. 그리고 의제는 남북 NOC 간의 체육 협력, 1986년 아시안게임, 1988년 24회 올림픽대회 등 세 가지로 제안했다. 마지막으로 3월 말까지 대표단 명단을 제출해달라고 했다.[150]

IOC는 의도적으로 올림픽 공동개최 의제는 뺐지만, 실질적인 남북 공동개최 논의가 시작되는 계기를 만들었다. KOC는 3월 13일 IOC의 회담 개최 제안을 받아들였고,[151] DPRK NOC는 확답하지 않아서 베를린 IOC 총회에서 7월 중에 IOC 부위원장인 아스휘니 쿠마르(Ashwini Kumar)가 북한을 방문해 남북체육회담 가능성을 타진하기로 했다.[152]

IOC는 7월 24일 언론을 통해 대한민국 올림픽 위원회와 조선민주주의인민공화국 올림픽 위원회가 IOC 의장의 주재 아래 1985년 말까지 로잔에서 회담을 개최하기로 합의하고 남북체육회담을 공식화했다. 그리고 의제는 1988년 서울올림픽, 올림픽 운동 및 스포츠 운동 전반에 관한 내용이 될 것이라고 했다.[153] 김유순은 이 발표가 있기 전까지도 회담 의제로 공동주최를 주장했으나, IOC는 구체적인 의제를 밝히지 않고 큰 틀에서 의제를 제시함으로써 일단 회담 성사에 의미를 두었다.

150) IOC, OSC, D-RM01-COREN-003 Correspondence of the NOC of the Democratic People's Republic of Korea (PRK), SD2 Corr 7-12 1984, 103; D-RM01-CORES-006, SD1 Corr 1-8 1985, 57.

151) IOC, OSC, D-RM01-CORES-006, SD1 Corr 1-8 1985, 43.

152) Richard W. Pound(1994), *FIVE RINGS OVER KOREA*, p. 76.

153) IOC, OSC, D-RM01-COREN-003 Correspondence of the NOC of the Democratic People's Republic of Korea (PRK), SD2 Corr 7-12 1984, 92.

사마란치는 곧바로 모스크바를 방문하여 소련체육위원장 마라트 그 라모프(Marat Gramov)와 회담을 한 후, 29일 기자회견에서 "IOC는 모든 국가가 서울올림픽에 참가할 수 있게 되기를 원한다"라고 말하고 "모든 사회주의국가 운동선수는 하계 및 동계올림픽에 참가하기 위해 준비하고 있다"라고 하여 소련 및 북한의 올림픽 참가 가능성을 열어 두었다.[154]

그리고 북한은 1985년 7월 30일 공식적으로 담화를 발표하여 남북이 88올림픽을 공동주최하여야 한다고 주장하기 시작했다. 다음은 당시 정무원 정준기 부총리의 담화 내용이다.

> 분렬된 조선의 어느 일방에서만 올림픽경기대회를 진행하게 되면 조선의 영구분렬을 꽤하며《두개 조선》을 조작하려는 분렬주의적책동을 더욱 부추겨 주게 되고 민족적 단결을 위한 우리 인민의 투쟁에 찬물을 끼얹게 되며 북과 남의 대결과 반목을 가일층 격화시키고 조선반도의 긴장상태를 더욱 첨예하게 만들것이다. (중략) 우리는 이 모든 문제들을 심사숙고한 끝에 제24차 올림픽경기대회를 북과 남이 공동으로 주최하는것이 좋겠다는 견해를 가지게 되었다. 우리는 제24차 올림픽경기대회 명칭을《조선올림픽경기대회》또는《조선 평양-서울올림픽경기대회》로 하고 경기는 평양과 서울에서 각각 절반씩 하며 조선의 북과 남이 유일팀을 구성하여 거기에 참가하도록 하면 좋겠다고 생각한다. (중략) 이렇게 되면 조선의 영구분렬을 막고 조선의 평화적통일을 촉진시키는데도 이바지하게 될것이다. (중략)
> 최근 꾸바공화국 국가리사회 위원장 피델 까스뜨로 동지도 서울장소를 배격하고 제24차 올림픽경기대회를 북과 남이 공동으로 주최할것을 제기하면서 만일 분렬된 조선의 한쪽인 서울에서만 경기를 진행하는 경우에는 선수단을 보내는것을 고려하겠다고 하였다. 이에 앞서 이딸리아 외무상도 공동주최안을 제기한바 있다.
> 이 공동주최안들은 제24차 올림픽경기대회를 훌륭히 성사시켜 올림픽운동을 위기에서 구원할수 있는 있는 가장 현실적이며 합리적인 방도라고 본다.

154) 『매일경제』, 「소련·북한 참가 가능성」, 1985년 7월 30일.

우리의 공동주최안이 실현되면 이때까지 서울장소를 반대하면서 보이코 트할것을 생각하고있던 나라들을 포함하여 모든 나라들이 제24차 올림 픽경기대회에 참가하게 될것이며 올림픽운동은 위기에서 구원되게 될것 이다.[155]

이러한 남북 올림픽 공동주최 주장에 관한 담화가 발표된 후, 북한 은 다른 사회주의 국가들의 관련 지지 성명을 로동신문에 계속 소개했 다. 마치 약속이나 한 듯 비슷한 태도와 관점을 보였다. 공산권 국가들 의 동조 여론에 자신감을 얻은 북한은 피델 카스트로가 제안했던 남북 의 '동등한 부분에서의 공유'에 관한 내용을 근거로 삼아 남북이 완전히 동등한 조건에서 올림픽 공동주최를 제안했다.[156]

회담 전, 북한은 9월 30일 김유순이 IOC에 보낸 서신에는 10개 항 으로 된 제안 겸 주장이 담겨 있었다. 이 서신에는 공동주최 문제, 명칭 문제, 종목 배분, 개·폐회식, 개최권 보장, 자유여행, TV 방송 및 이익 공유, 올림픽 상임 기구 구성, 세부 사항, 효력 발생 시점 등으로 구성되 어 있고, 북한이 그동안 주장해 오던 내용이 정리되어 있었다.[157] 다만, 자유 여행과 TV 방송권 공유라는 부분은 그동안은 강조하지 않았었던 이슈였다. 이러한 내용까지 IOC가 챙길 수 없는 상황이었다. 첫 번째 공동주최 논의도 가능하지 않을 수도 있으므로 이 많은 이슈를 다룬다 는 것은 처음부터 무리였다.

---

155) 『로동신문』, 「제24차 올림픽경기대회는 조선의 북과 남이 공동으로 주최하여야 한다」, 1985년 7월 31일.

156) Wilson Center Digital Archive, https://digitalarchive.wilsoncenter.org/ document/165256 (검색일: 2020년 8월 20일). 이는 윌슨 아카이브((Wilson Center Digital Archive)에 황장엽이 불가리아 공산당 중앙위원회 대외정책 및 국제관계 부서 장 게오르기 스토야노프(Georgi Stoyanov)에게 쓴 편지를 정리해 둔 메모로, 제24회 올림픽을 남북 공동으로 개최하는 것이 바람직하다고 결론을 내리게 된 배경에 쿠바 공산당 제1비서 피델 카스트로의 제안이 있었다는 설명을 한다.

157) IOC, OSC, D-RM01-COREN-003 Correspondence of the NOC of the Democratic People's Republic of Korea (PRK), SD2 Corr 7-12 1984, 128~131.

나. 남한의 반응

북한의 공동주최 주장에 대해 8월 1일 자 경향신문은 다음과 같이 두 가지 측면에서 사리에 맞지 않는다고 반박하였다.

> 첫째, 올림픽 헌장에 정면으로 위배 된다. 본래 올림픽대회의 개최 권한은 하나의 도시에 주어진 것이지 국가에 주어진 것은 아니었다. 그랬던 것이 지난 77년 IOC 총회에서 '국가에 주어진다'로 손질되어 88년 대회부터 한 국가의 '복수의 도시'에서도 열 수 있는 길이 트이기는 했다. 그러나 이는 어디까지나 한 국가 내의 복수의 도시에 국한된 것이다. 따라서 서울과 평양의 관계처럼 전혀 상이한 국가체제의 두 도시에서의 분산 개최는 헌장을 뜯어 고치기 전에는 불가능한 일이다. 더우기 헌장 제34조에는 '모든 경기는 지정된 도시, 가급적이면 메인스타디움이 있는 도시에서 행해져야 한다'고 못 박고 있다.
> 둘째, 북한 부총리 정준기가 담화를 통해 '서울은 국내정세 등 올림픽 개최 부적격지' 운운하며 서울과 평양의 분산 개최를 주장했다고 하는데 이야말로 가소롭기 짝이 없는 소리다. 그의 말대로 남북한이 공동개최하기만 한다면 서울이 '부적격지'에서 갑자기 '적격지'로 둔갑이라도 한다는 것인가. 그 말속에는 평양에도 분산 개최권을 주면 모르되 그렇지 않으면 서울을 올림픽 부적격지로 만들어 버리겠다는 다분히 협박적인 암시가 내포되어 있다.[158]

북한의 공동주최 주장에 대해 남한 언론은 강한 거부감을 보였다. 이것은 사회주의 국가들의 서울올림픽 참가 명분과는 완전히 결을 달리하는 주장인 셈이었다.

첫 번째는 올림픽 헌장 위배론이다. 그러나 이 문제는 IOC 총회에서 승인하면 법적 문제는 해결되는 것을 남한 정부는 이미 알고 있었다.[159]

---

158) 『경향신문』, 「북한의 "올림픽 음모"」, 1985년 8월 1일.
159) 외교부 공개문서, 「1988년도 서울올림픽대회-남·북한 단일팀 구성 및 공동개최 문제, 1984-89」 전16권(V.1), 105~106쪽.

그리고 올림픽 헌장에 의하면 IOC가 인정하는 경우, 개최국의 다른 도시에 경기장을 분산하여도 무방한 것으로 되어 있어, IOC 사무국장 베를리우(Monique Berlioux)는 남북한을 한 나라의 두 부분으로 보게 되면, 이 조항을 확대할 수 있다는 견해를 밝히기도 했다.[160] 두 번째는 북한의 입장 변화에 대한 비판이다. 담화 발표가 있기 얼마 전에만 해도 '남쪽이나 북쪽이나 어느 곳에서도 올림픽이 개최되는 것을 반대한다'는 주장에 대해서 갑자기 공동개최론을 들고나온 것에 대한 비판 여론이 일었다.

남한 정부는 북한의 공동주최 주장을 88올림픽 방해 공작으로 인식했지만, 88서울올림픽의 성공적 개최를 위해 무엇이든 논의할 준비가 되어 있다는 개방적이고 유연한 태도를 보이겠다는 입장을 취했다.[161]

남한 정부(청와대, 총리실, 안기부, 외무부, 남북대화사무국, 체육부, SLOOC, KOC)는 각 기관의 담당자들이 참석해서 IOC 사마란치의 남북체육회담 제의를 두고 대책 회의를 여러 차례 진행했다. 각 부처 간의 입장은 대동소이했고, 회의 내용에는 회담이 88대회 전까지 진행된다면 동구권의 대회 참가 유도가 될 수 있으며, 회담의 성과는 기대할 수 없고, 결국은 결렬될 것이라고 예상하는 분위기가 존재했다.[162]

그러나 7월 30일 북한이 정준기 부총리의 담화를 통해 공동주최를 공식화하자 이영호 체육부 장관은 기자회견을 열고 공동주최 제의를 철회하라고 주장하였다. 이 기자회견에서도 주된 맥락은 북한은 "세계 평화의 대제전인 88서울올림픽의 성공적 추진과 개최를 끈질기게 방해하고 있는 반민족적 책동으로 단정한다"라고 밝히고 "이러한 파렴치한 계략에 대해 같은 민족의 입장에서 심히 유감스럽게 생각한다"라고 전

160) 위의 문서, 120쪽.
161) 위의 문서, 144쪽.
162) 위의 문, 176~180쪽.

했다. 그리고 북한에 제의한 남북체육회담에 대해 응해줄 것을 촉구했다. 끝으로 "이 대회는 이념과 체제를 초월해서 모든 나라의 선수단에 문호가 활짝 열려 있음을 거듭 강조한다"라고 하였다.[163] 당시 이영호 체육부 장관의 인식에도 기본적으로 북한의 공동주최 주장은 88올림픽을 방해하려는 계략으로 규정하고 있음을 알 수 있다.

다. IOC 초기 대응

IOC는 LA올림픽이 끝난 뒤, 다음 88서울올림픽을 성공적 개최와 최대한 회원국 참가를 확보하는 것이 제일의 목표였다. 이를 위해 84년 11월 집행위에서 IOC 사마란치는 "남북의 상황이 서울올림픽의 주요 문제라고 선언하고, 사전 조건 없이 로잔에서 남북 회담을 소집하는 것에 회원들 의견을 묻고, DPRK가 서울올림픽에 참가할 수 있는 해결책을 찾는 데 성공하면 모든 문제는 없어질 것이며, 소련의 참가도 보장될 것"이라고 하였다. 쿠마르 IOC 부회장은 "두 NOC를 회담에 나오게 할 수 있다면 칭찬할 일이고, 비록 최종적인 합의가 영구적이지 않더라도 가장 도움이 될 일"이라고 하였다. 루즈벨트(Roosevelt) 집행위원도 "두 나라 사이에 합의가 이루어지면 소련이 참가할 수 있는 기회를 줄 것으로 생각했기 때문에 공동회담에 찬성한다"라고 말했으며, IOC 부회장 리차드 파운드(Richard W. Pound)의 발언에서도 "IOC는 위험하지 않은 일이라고 동의했으며, 소련은 다시 참여할 수 있는 방법을 찾고 싶어 했고, 따라서 통합의 요소로서 올림픽 대회의 이례적인 압박이 취해져야 한다"라고 보았다.[164]

IOC 집행위원들의 발언을 종합해 보면, 88서울올림픽을 성공적으

---

163) 『매일경제』, 「북한 88 오륜 정치 오용 이 체육장관, 공동개최제의 철회요구」, 1985년 8월 2일.

164) IOC, OSC, Executive Board, 1984-11-30 to 12-01 - Minutes EB Lausanne, 11.

로 치르기 위해서는 소련을 중심으로 한 사회주의 국가들의 참가가 보장되어야 하고, 서울올림픽을 평화의 행사로 만드는 것이 중요한 과제라고 보았다. 그 방법으로 북한이 올림픽에 참가할 수 있는 방법을 찾아내자는 것이 IOC의 역할이었다고 볼 수 있다.

미국과 소련의 올림픽 보이콧 사건은 IOC 역사에 있어서는 안 될 정치적 사건이었다. 이러한 인식은 IOC뿐만 아니라 국제 사회의 보편적 인식이었다. 그래서 88서울올림픽에 주목하게 된 것이다. IOC는 서울이 분단국가의 한 지역을 대표하는 도시라는 점과 올림픽 개최 장소로 적절하지 않다는 사회주의권 국가들의 여론이 확산되는 상황에 대해 깊은 고민에 빠져있었다. 그러한 과정에서 국제 사회는 중화인민공화국이 1986년 아시안게임에 참가할 것인가에 관심이 쏠렸다. 당시 한국과 중국은 서로 여행할 수 없는 미수교국이었다. 그러나 사마란치는 그리 걱정하지 않았다. 1990년 베이징 아시안게임 개최국이 바로 직전 아시안게임에 참가하지 않을 수 없을 것이라는 판단이 있었다.[165]

사마란치는 파리에서 열린 IOC 창립 90주년 기념 공식 행사에서 프랑스 NOC 위원장이 88서울올림픽 장소를 바르셀로나로 옮겨야 한다고 제안하자 당황했다. 그는 스페인과 프랑스가 서로 개최지를 두고 협력하려는 의도를 파악했다. 소문은 계속 확산됐고, 한 달 뒤 7월 17일 LA에서 사마란치는 언론 인터뷰를 통해 개최지 변경 가능성은 없다고 일축해야 했다.[166]

그리고 1984년 11월 29일 쿠바 피델 카스트로가 사마란치에게 보낸 서신에 이어 북한의 강성산 총리의 성명까지 IOC를 향한 요구는 기존에 없었던 새로운 제안들이었기 때문에, IOC는 이에 대한 대책을 신중

165) Richard W. Pound, *FIVE RINGS OVER KOREA*, pp. 68~69.
166) 위의 책, p. 73.

히 처리하지 않으면 안 될 입장이 되었다. 그래서 1985년 6월 IOC 총회
에서는 쿠마르 IOC 부위원장을 북한에 보내 북한의 의사를 타진하기로
했으며, 시페르코(Siperco) 루마니아 IOC 위원과 긴밀한 조율을 거쳐 북
한을 방문해서 다룰 내용을 마련하였다.[167]

쿠마르는 평양을 방문하고 돌아와서 사마란치에게 보고하면서 회담
날짜를 김유순과 논의 끝에 10월 8~9일로 정했으며, 북한에서 7~8개의
경기가 열릴 수도 있다고 전했다. 김유순이 사마란치의 생각이 궁금하다
고 묻자, 그의 생각은 88서울올림픽에 북한을 참가시키는 것이라고 전했
으며, 어떤 해결책이 나와도 올림픽 헌장에 따라야 한다고 전했다.[168]

사마란치는 7월 28일 모스크바에서 한 시간가량 김유순과 만나, 남
북체육회담을 앞두고 궁금한 점들을 서로 이야기했다. 여기서 김유
순은 88올림픽 공동주최를 다시 강조했고, 이름도 'Korean Olympic
Games'로 할 것을 제안했다. 사마란치는 '올림픽 헌장'에 반하는 것은
어렵다며 사실상 공동주최를 반대했다. 그리고 '모든 사람이 차, 버스,
비행기로 통과할 수 있도록 국경을 개방할 준비가 되어 있냐'고 묻자,
김유순은 이에 대해 '단지 대회만을 위해 국경을 개방할 수는 없다'라고
하며, 자세한 설명 없이 단답형으로 끝났다. 이는 올림픽대회만의 문제
가 아니고 유엔군과의 군사적인 문제가 먼저 검토되어야 한다는 의미
로 해석된다.

사마란치는 회담 제안 초기부터 북한이 국경을 개방할 수 없어서 올
림픽 경기를 서로 나누어서 하기 어렵다고 생각해 왔다. 김유순은 이미

---

167) 위의 책, p. 76. 시페르코(Siperco)는 1920년 생으로 루마니아 올림픽 위원회 부위원장
이면서 IOC 집행위원(1979~1982)을 역임하고, 부위원장(1982~1986)으로 활동했음.
88올림픽을 앞두고 남북을 오가며 중재자로서의 역할을 맡아 임무를 수행함.

168) 위의 책, pp. 80~81. 외교부 공개문서, 「1988년도 서울올림픽대회-남·북한 단일팀 구성
및 공동개최 문제, 1984-89」, 전16권(V.2), 97쪽. TV 중계로 협상시기와 중복되 10월
로 변경하게 되었다고 기록했다. 그러나 전6권(V.3), 72쪽 에서는 북한은 IOC가 제시한
10월 초가 안되고 9월 11~12일에 하자고 하였다 함.

남한과 세 번의 체육회담을 했지만, 아무런 결과도 얻지 못했다며, 이번 회담에 참석하는 것을 회의적으로 생각했다. 하지만, IOC가 중재하면 자신들에게 좋은 신호가 될 수 있다고 판단하고 회담을 수락했다.[169] 북한은 국제 사회와 언론을 향해 자신들의 목소리를 낼 수 있는 기회가 될 수도 있다고 내심 판단했을 수도 있다. 그러나 IOC와 남한 정부는 이를 사전에 예상하고 독자적인 기자회견 금지와 같은 조치를 해두었다.

라. IOC와 남한의 북한 관리

당시 1985년 7월 11일 남한 정부는 남북 정상회담을 준비하는 '88 계획'을 추진하기 위해 차관급 비밀 접촉을 시도했다. 그 임무는 당시 안기부 소속 박철언 특별보좌관이 북한 비밀 접촉 수석대표를 맡게 되었다. 그는 1985년부터 1992년까지 비밀특사로 북한 담당 한시해와 무려 40여 차례 만남을 가졌고, 북한을 방문하여 김일성과도 직접 만나 남북 정상회담 의제 관련 대화를 나누기도 했다. 남북 비밀특사들은 정상회담 초안에 남북 불가침 선언 내용도 담기는 등 맡은 임무를 수행하여 1985년에 마치 정상회담이 이루어질 것 같은 분위기를 조성했다.

그러나 1985년 10월 북한의 무장간첩선이 부산 청사포 앞바다에 침투하다 군에 의해 격침되는 사건이 있었다. 이 일로 전두환은 정상회담을 없던 것으로 하라고 지시했다. 정작 북한은 24일 로동신문에서 《간첩선》 한 척을 격침시켰다는 또 하나의 《사건》을 날조했다면서 이는 우리와는 아무 관계가 없다고, 남조선 괴뢰들의 상투적인 수법이라고 주장하며 지금까지 화해와 통일을 위해 잘 준비하고 있었음을 강조했다.[170] 남북 정상회담 철회와 관련해서 북한은 아쉬움을 나타냈고, 남한은 그 책임을 북한에 돌렸다. 박철언 보좌관도 당시 대통령의 태도가 180도 바뀐 것에 대해 뒤통수를 맞은 것 같은 기분이 들었다고 표현할 정도였다. 하지만, 그 후에도 박철언과 한시해의 비밀특사 회담은 계속 이어갔다.

1989년 7월 평양에서 열린 세계청년학생축전에서는 임수경 전대협 대표가 불법 방북으로 능라도 운동장에 입장할 때 박철언은 정부 공식 비밀특사로 주석단에 김일성과 나란히 앉아 그 모습을 지켜보았다.[171] 이처럼 1985년부터 IOC와 남북 NOC 간의 로잔 체육회담이 열리고 남북 공동주최 문제로 논쟁하는 가운데 비밀특사를 북한에 보낸 것은 북한의 동향과 내부상황을 남한정부가 관리하고자 했던 의도로 볼 수 있다. 박철언의 임무 명칭이 '88계획'이라고 한 것에서도 그 의도가 읽히는 대목이다.

사마란치는 1985년 8월 25일부터 28일까지 서울을 방문해서 노태우 서울올림픽 조직위원장과 전두환 대통령의 만남을 갖고, 북한의 공동주최 제안에 대해 논의하고 협상 과정에서 어느 정도의 유연함이 가능한지를 타진했다. 거기서 사마란치는 노 위원장과 전 대통령에게 두 가지를 약속했다. "첫째는 북한에는 결코 경기가 없을 것이다. 둘째는 북한이 로잔 회담을 선전의 일환으로 이용하는 것을 허용하지 않을 것이며, IOC는 회의, 의제, 기자회견 등을 통제할 것이다"라고 했다.[172] 사마란치의 방문 목적은 앞으로 로잔 회담에서 북한과의 전반적인 협상의 기조를 남한과 함께 정하고 공동 대응해 나가기 위한 것이었다. 결론적으로 IOC와 남한은 이 회담의 결론을 이미 내렸고, IOC 회의 테이블에 북한을 묶어 두려는 속셈이었다.

171) 박철언, 『바른 역사를 위한 증언 1』, 서울: 랜덤하우스중앙, 2005, 151~216쪽; 박철언, 『바른 역사를 위한 증언 2』, 63~67쪽.
172) Richard W. Pound, *FIVE RINGS OVER KOREA*, p. 94.

그럼에도 불구하고 사마란치는 이 방문 기간에 IOC 주재로 열릴 남북 NOC 대표자 회담 의제와 관련하여 사전에 큰 방향을 협의하였다. 그 내용에는 '공동주최' 의제는 제외한다고 명확하게 이야기했다. 그리고 북한에 두 종목만 예선 경기로 제안한다며 북한의 운신 폭을 극도로 제한시켰다. 또한 사이클 도로 경기를 양보할 수 있는 것처럼 제시했다. 실상은 사이클로 남북을 오고 가며 남북의 모습을 카메라에 노출시켜 비교하고자 하는 노림수가 깔려있는 제안이었다. 또 정치적 논란을 제기하는 것을 금하며 IOC만이 합의 결과를 발표할 수 있다고 회담 가이드 라인을 제시했다. 이는 북한이 국제 언론을 상대로 선전전을 하지 못하게 미리 제한을 걸어 놓은 방책이었다. 그리고 노태우 조직위원장과 사마란치 위원장이 체육회담 회의의 주요 결정에 대해 계속 책임을 질 것을 약속하는 내용이었다.[173]

이런 내용이 IOC와 남한 사이에 오고 갔는지에 대해 북한은 전혀 알 수 없었다. 로잔에서 제1차 회담이 열리기 전 남측 대표단과 사마란치는 회담의 내용과 진행에 대해서 미리 공감대를 형성하고 북한을 어떻게 유도할 것인가에 대한 계획을 갖고 만나게 되었다. IOC는 국제 사회의 요구와 여론을 의식해 평화로운 중재자의 역할을 자처하며 나섰다. 그러나 그 본심은 88서울올림픽에서 남북 공동주최는 처음부터 가능성을 염두에 두지 않았고, 사회주의 국가들의 보이콧 선언을 선제적으로 차단하여 그들 국가의 올림픽 참가를 보장하는 명분을 쌓아가려는 계획이었다.[174]

173) 위의 책, p. 98.
174) 위의 책, p. 84.

2) IOC 로잔 1차 회담(1985. 10. 8.~9.)

1963년 남북 체육회담 이후 다시 IOC 주재하에 두 번째 남북체육회담이 스위스 로잔에서 열렸다.

남측에서는 김종하(NOC 위원장),[175] 장충식(NOC 부위원장), 최만립(NOC 부위원장), 이종하(대학스포츠연맹), 임태순(남북대화사무국), 남정문(안기부) 총 6명이 대표로 참가하였고, 북측은 김유순(NOC 위원장), 진충국(외무성 출신 NOC 부위원장), 한장은(유엔 주재 대표부 출신 NOC 위원), 안복만(사로청출신 NOC 위원), 장웅(NOC 사무부국장), 조명황(외무성출신 NOC 위원) 등 6명으로 대표단이 참가하였다.[176]

10월 8일 오전에는 공동회담, 오후에는 IOC와 남한 NOC 간 회담과 IOC와 북한 NOC 간 회담으로 진행됐고, 10월 9일 오전에는 IOC와 북한 NOC 간 회담과 IOC와 남한 NOC 간 회담, 오후에는 공동회담과 사마란치 기자회견으로 진행되었다. IOC는 이 기간에 남북 NOC만 만나서 하는 회의는 처음부터 계획하지 않았다. IOC는 1963년 홍콩 회담에서 남북만의 논의의 장을 마련해주었으나, 그것이 파행으로 끝난 경험을 교훈 삼아 이번에는 그런 실수를 되풀이하지 않으려는 의도가 있었다고 볼 수 있다.[177]

회담에서 북측대표 김유순은 "서울이 올림픽 개최지로 지정된 당시 IOC 위원 상당수는 분단국가의 구체적 현실을 제대로 이해하지 못했다"라며 "이번 결정이 우리 민족의 통일 염원에 어떤 난관을 불러올지, 남북 간에 어떤 반목과 대립이 오갈지 몰랐을 것이다"라며 심각한 위기

---

175) 육군사관학교를 나오고 군인 출신으로 대위 예편 후, 고려합섬 부사장을 하다가 1981년 대한핸드볼협회장을 맡으면서 체육계와 인연이 시작됐다. 1984년 LA 단일팀 회담부터 남측 대표로 참가하기 시작해서 1985년 5월 대한체육회장을 맡아 남북체육회담을 이끌기 시작했다.

176) Richard W. Pound, *FIVE RINGS OVER KOREA*, p. 104; 외교부 공개문서, 전16권 (V.4), 31~39쪽.

177) 1963년 홍콩 회담에서 IOC는 남북의 중재가 필요하다는 것을 절감했다.

를 피하고자 새로운 적극적인 조치들이 필요하다고 했다. 그리고 공동 주최 제안의 맥락에서 적용되는 원칙은 88올림픽은 모든 국가가 참여하는 훌륭한 축제가 되어야 한다는 것, 올림픽은 적대감과 대립 그리고 분열이 아닌 긴장 완화와 통일을 위한 친선과 협력의 올림픽이어야 한다는 점, 모든 회원의 이익에 기여하고 특정 회원조직이나 소수의 회원조직 또는 여러 회원조직의 이익을 침해하지 않도록 올림픽을 개최하는 것'이라고 하였다.[178] 이어서 구체적으로 10가지를 제안했다.

(1) 남북이 공동으로 경기를 개최하고, 남북단일팀을 경기장에 배치한다.
(2) 올림픽 경기는 "Korea Olympic Games" 또는 "Korea Pyongyang-Seoul Olympic Games"로 명명된다.
(3) 경기 종목은 평양과 서울에 "equally half(동반)"으로 배정된다.
(4) 할당된 종목의 개회식과 폐회식은 각각 평양과 서울에서 열린다.
(5) IOC 및 국제 스포츠 연맹의 규정과 내규에 따라 (주최 도시들에 의해) 올림픽 경기에 필요한 모든 준비가 "가장 짧은 시간" 내에 완료될 것을 보장한다.
(6) 자유로운 교환 방문에 관하여:
  (a) 육상, 해상, 항공편으로 평양과 서울을 자유롭게 왕래할 수 있는 적절한 조건이 선수, 관계자, 언론인 및 관광객에게 제공될 것이다.
  (b) 이러한 자유로운 교환 방문을 위해 평양과 서울 사이에 도로와 철도가 연결되며, 여객선 서비스는 평양에서 고속도로로 연결된 남포항과 서울에서 고속도로로 연결된 인천항 사이의 교통이 개방될 것이다.
  (c) 최대한의 편의와 신속한 여행을 위해 선수, 관계자, 언론인 및 남북의 각 지역에 출입하는 관광객에 대한 출입증을 비자가 아닌 교차점에서 각 측이 발급한다.
  (d) 남북 당국은 여행자의 안전보장에 관한 각자의 성명을 미리 발표하여 이행한다.
(7) 텔레비전 권리와 관련하여, 텔레비전 권리는 계약에 따라 달라지며,

178) Richard W. Pound, *FIVE RINGS OVER KOREA*, p. 105.

텔레비전 권리의 이익은 협의를 통해 합리적으로 배분된다.

(8) 경기 공동개최를 위한 상임기구 구성은 다음과 같이 제안되었다.

    (a) 성공적인 올림픽 공동개최를 위해 남북 상설 기구가 조직된다.

    (b) 남북공동상임기구 명칭은 "Joint Organising Committee of the Korea Olympic Games" 또는 "Joint Organising Committee of the Korea Pyongyang-Seoul Olympic Games"로 한다.

    (c) 전술한 공동조직위원회는 각각 남북을 대표하는 2명의 공동위원장과 필요한 수의 상임위원으로 구성된다.

(9) 기타 세부사항은 의견의 합의를 위해 별도로 작성한다.

(10) 올림픽 남북 공동개최와 단일팀 진출에 관한 합의문서가 작성된다.[179]

김유순은 사마란치와 단독 회담에서 양궁, 유도, 육상, 체조, 역도, 배구, 탁구, 핸드볼, 사격, 수영 등의 스포츠를 북한에서 개최할 것을 제안했다. 사마란치는 받아들일 수 없었지만, 북한 내 일부 행사 개최 가능성에 대한 논의를 시작할 준비가 되었는지 알고 싶다고 하였다. 사마란치 위원장이 평양에서 일부 행사를 개최할 수 있다고 밝힌 것을 두고, 북한은 IOC가 북한과 남한이 올림픽을 공동 개최하는 것에 동의한 것으로 생각해 왔다고 했다. 그러나 사마란치가 물었던 것은 북한이 일부 행사를 조직할 가능성에 대해 논의할 준비가 되어 있느냐는 것이었다. 이러한 의사소통의 문제가 있어 회담은 설명에 재설명을 이어갔다고 한다.

이를 두고 리차드 파운드는 이 회담이 청각장애인들의 대화라고 표현하기까지 하였다.[180] 회담에 모인 세 주체 간의 오고 간 대화들이 말장난 또는 서로 동문서답을 반복했을 상황을 연상하게 한다. 통역의 문제도 있었겠으나, 그보다는 회담 의제를 어렵게 제시하고 실질적인 성과

179) 위의 책, p. 106.
180) 위의 책, pp. 113~114.

를 내오려는 의지가 부족했던 주체들의 난상토론이었다고 볼 수 있다.

남측 대표 김종하가 기조 발언한 내용에는 "제24회 올림픽이 IOC 총회 결정과 헌장 규정에 따라 서울시에 위임되었다", "1981년 서울이 선정됐을 때 IOC 위원과 국제 스포츠연맹, 서울을 방문했던 국가올림픽 위원회 등이 서울이 올림픽 개최지로 가장 적합한 곳이라고 만족한 것이 그 근거이다", "1985년 베를린 IOC 총회에서 SLOOC(서울올림픽조직위원회)의 보고서는 호평을 받았다", "다른 나라 선수들이 하듯이 북한 선수들도 서울올림픽에 자유롭게 참가할 수 있도록 문이 활짝 열려 있다"라고 천명하며 구체적으로 제시한 내용은 다음과 같았다.

- '공동개최' 방식을 고려하지 않을 것.
- 핸드볼, 배구, 축구 등 2~3개 종목 예선경기 배정 가능성을 점검할 준비를 하고 있다.
- 도로 사이클링 경기가 북한 지역 일부에서 열릴 가능성을 점검할 준비를 하고 있다.
- 개막식과 폐막식에 남북이 각각 태극기를 들고 동시에 입장한다는 생각에 찬성하고, IOC 국기를 든 IOC 선임위원과 함께 앞에 선다.
- 북한의 올림픽 문화행사 참가를 환영한다.[181]

실제로 남측 대표가 제안했던 내용은 1985년 사마란치가 남한 정부를 방문하여 마련한 안의 일부 내용과 같았다. 이 회담에서 결론은 1986년 1월 8~9일까지 회의를 개최하기로 합의한 것 외에는 양측의 실질적인 문제에 대한 어떠한 합의도 이루어지지 않았다.[182]

사마란치는 회담 과정에서 "북한은 올림픽 개최에 대해 항상 부정적인 태도를 보였지만, 이제는 서울이 올림픽 개최로 얻을 수 있는 위신을

181) 외교부 공개문서, 「1988년도 서울올림픽대회-남·북한 단일팀 구성 및 공동개최 문제, 1984-89」 전16권(V.4), 96~97쪽.
182) 위의 문서, 97쪽.

공유하고 싶어 했다"라고 말했고 "북한이 올림픽을 함께 하자는 첫 번째 공식 제안이라고 언급했다"라고 이 회담의 의미를 부여했다. "IOC는 남북 간의 어떤 합의를 촉진하기 위해 최선을 다하고 있다고 보아야 한다"라고 하며 IOC 역할론을 강조했다.[183]

IOC 주재로 남과 북이 로잔에서 만나서 첫 회담을 했지만, 별다른 성과 없이 끝난 것에 대해 북한은 10월 21일 자 로동신문의 기사를 통해 다음과 같이 입장을 밝혔다.

> 남조선 괴뢰들은 우리의 올림픽공동주최안을 의연히 반대하고 있다.
>
> 민족의 영구분렬을 국제적으로 《합법화》해보려고 이른바 북과 남의 《유엔동시가입》이요, 남조선의 《유엔단독가입안》이요 하는 분렬안을 들고 유엔무대를 분주히 싸다니고 있다.
>
> 말로는 《대화》요, 《통일》이요 하지만 실제상은 그 간판뒤에서 무한정 시간을 끌면서 《두개 조선》조작에 유리한 구멍을 뚫고 있다는 것을 립증해 주고 있다.
>
> 이런 조건에서 만일 서울에서만 올림픽경기가 벌어진다면 과연 어떤 후과가 빚어지겠는가. 그것은 괴뢰들의 범죄적인 《두개 조선》조작 책동에 키질하는 결과밖에 더 가져올 것이 없다.
>
> 제24차 올림픽경기대회를 북과 남이 공동으로 주최할데 대한 우리의 제안은 분렬된 우리 나라의 현실적요구와 온 민족의 통일지향 그리고 우리에게 올림픽경기대회를 공동으로 주최할수 있는 충분한 힘이 있다는 것을 고려한 것이다.[184]

북한은 '통일'에 관한 입장이 확고했고, 이를 위해 남한과 유엔 가입을 하나의 의석으로 가입할 때까지 유보하기도 하였다. 단일팀 구성에 적극적이었던 이유도 '통일' 전술과 연관이 있기 때문이었다. 그러나 북

183) Richard W. Pound, *FIVE RINGS OVER KOREA*, p. 110.
184) 『로동신문』, 「올림픽 공동주최안은 실현되어야 한다」, 1985년 10월 21일.

한 입장에서 남한의 행보는 '통일'을 염두에 둔 행보가 아니라는 지적이다. 즉, '두개 조선'을 위해 유엔에도 따로 가입을 원하고, 단일팀 구성보다는 개별팀 참가를 주장하고 있다는 것이다. 이런 입장 때문에 북한은 88서울올림픽이 '통일'에 방해가 되는 이벤트라고 보았던 것이고, 이를 올림픽 운동에 반하는 것으로 인식했다. 그러면서 남북 올림픽 공동주최가 해결책이라고 제시한 것이다.

IOC와 남과 북의 각각 주장에는 기저에 깔린 공통적인 시각이 존재한다. 이 회담은 결국 시간 끌기에 목표가 있다는 것을 인지했다. 북한도 IOC와 남측의 회담 태도는 '두개 조선' 전략에서 비롯된 시간 끌기라는 인식이 깔려있었다. 북한은 의제 설정에 공동주최는 빠지고 종목 몇 개로 북한을 회의 테이블에 잡아두려는 의도를 모르지 않았으나, 일말의 기대를 갖고 제한된 선택의 옵션 안에서 협상을 이어갈 수밖에 없는 상황이었다.

IOC와 남북체육회담이 있기 전, 사마란치는 85년 8월에 서울을 방문하여 이미 북한에서 어떤 경기도 열리는 일은 없을 것이라고 약속을 한 상태에서 몇 종목을 북한에서 여니 마니 하는 문제는 결국 북한을 회담의 테이블 안에 잡아두고 사회주의국가와 제3세계 비동맹국가가 서울올림픽 참가를 결정할 때까지 시간 끌기를 하겠다는 전략이었다.

이런 배경 속에서 김종하 대표와 사마란치 간의 회담에서 "북측이 공동주최를 제의하면 그 제안은 토의대상이 될 수 없음을 IOC 측이 밝혀주기 바란다"라고 요구했으며, 사마란치 위원장은 "정치적 발언은 제지할 것이고, 공동주최가 불가함을 회의 초반에 말하면 회의 진행에 어려움이 있을 것이므로 IOC 헌장이 준수되는 범위 내에서 북측이 받아들일 수 있는 방안을 토의하려고 한다"라며 다소 에둘러서 접근하려는 계획을 하고 있었다.[185] 따라서 IOC 체육회담은 IOC와 남한 측의 사전 합의된 대로 진행된 회담이었다.

IOC 사마란치 위원장은 이 회담에서 88서울올림픽에 북한이 참가할 수 있도록 명분을 찾는 데 집중했고, 남북과의 협상 내내 단일팀의 문제는 한국인이 알아서 처리할 문제라는 일관된 입장을 보였다. 자연스럽게 남북 단일팀 구성과 관련된 회담은 주요 의제가 되지 못했고, 북한을 단독으로 서울올림픽에 참가하게 만들기 위해 IOC는 회의 분위기를 몰아갔다. 북한은 단독으로 올림픽에 참가할 명분도 의사도 없었으나, IOC는 회담을 통해 이에 대한 가능성을 타진해 나갔던 것이다. IOC 집행위원회 회의록에는 이 회담에 대해서 남북이 분단된 국가에서 통일의 의지를 보이며 긍정적인 기대감을 보여주었다고 기록하였다.[186]

3) IOC 로잔 2차 회담(1986. 1. 8.~9.)

가. 사전 상황

로잔 2차 회담에 영향을 미칠만한 사안은 1985년 11월 13일부터 15일까지 하노이에서 열린 사회주의 체육장관 회의를 들 수 있다. 중국을 제외한 사회주의권 체육장관 13명이 참석하였고, 사마란치 위원장도 참석하였다.[187] 이 회의에서 쿠바 체육장관인 마르티네스(Martinez)는 서울올림픽과 관련한 쿠바의 입장을 여러 진보적인 나라들이 공유하고 있다는 것을 강조했으며, 체코슬로바키아의 안토닌 히믈(Antonin Himl)

---

185) 외교부 공개문서, 「1988년도 서울올림픽대회-남·북한 단일팀 구성 및 공동개최 문제, 1984-89」, 전16권(V.4), 212쪽.

186) IOC, OSC, Executive Board, 1985-12 - Lausanne - Executive Board Minutes. pdf, 8.

187) 신종대, 「서울의 환호, 평양의 좌절과 대처: 서울올림픽과 남북 관계」, 『동서연구』, 25(3), 2013, 79쪽; 외교부 공개문서, 「1988년도 서울올림픽대회-남·북한 단일팀 구성 및 공동개최 문제, 1984-89」, 전16권(V.5), 24쪽.

은 북한에서 몇몇 이벤트(종목)를 조직하는 것을 지지했고, 루마니아 리아 마놀리우(Ria Manoliu)는 서울올림픽이 올림픽 운동의 단결에 도움이 되길 바란다는 원론적인 발언을 했으며, 불가리아의 트렌다필 마르틴스키(Trendafil Martinski)는 1980년과 1984년에 발생한 문제들(미·소 올림픽 보이콧)에서 피하고 싶다고 하였다. 소련의 마라트 그라모프(Marat Gramov)도 일반적인 발언을 하는 수준에서 머물렀고, 정작 북한이 원했던 공동주최안을 이 회의의 공식 입장으로 채택하지는 않았다.[188]

이러한 분위기에서 북한은 남북 공동주최에 관해서 사회주의 국가들로부터 적극적인 지지는 받지 못하였고, 사마란치도 이 회의에서 사회주의 국가들의 서울올림픽 참가 가능성이 커졌다고 판단했다.[189] 쿠바를 제외한 11개국은 남북 공동주최에 대해 비판적인 입장을 취했다고 했다. 이로써 북한은 공동주최 주장에 대해 힘을 얻지 못했고, 나머지 국가들은 올림픽 참가는 각국이 스스로 결정할 문제라는 입장을 취했다.[190]

그리고 IOC는 1월에 있을 2차 회담의 의제로 4가지를 정하고, 남과 북 NOC에 전달했다. 그 내용은 1. 개막식 공동 입장, 2. 북한에서 개최할 수 있는 종목 심사, 3. 남북을 오가며 개최할 수 있는 종목 심사, 4. 북한의 올림픽 문화 프로그램 참여 등으로 요약할 수 있다.[191] 이 의제를 본 남한은 남북 공동주최에 관해서는 더 이상의 논의할 여지가 없다고 선을 그었다.[192] IOC는 회담 일정을 지난번과 같이 IOC와 북한

188) Richard W. Pound, *FIVE RINGS OVER KOREA*, p. 123.
189) 외교부 공개문서, 「1988년도 서울올림픽대회-남·북한 단일팀 구성 및 공동개최 문제, 1984-89」, 전16권(V.5), 40쪽.
190) 「서울의 환호, 평양의 좌절과 대처: 서울올림픽과 남북 관계」, 『동서연구』 25(3), 2013, 79쪽.
191) IOC, OSC, D-RM01-CORES-006 Correspondence of the NOC of the Republic of Korea (KOR), SD2 Corr 9-12 1985, 27-28; D-RM01-COREN-003, SD2 Corr 7-12 1984, 119~120.
192) IOC, OSC, D-RM01-CORES-006 Correspondence of the NOC of the Republic of Korea (KOR), SD2 Corr 9-12 1985, 15.

NOC 간의 회의, IOC와 KOC 간의 회의 그리고 IOC와 북한 NOC와의 회의 순으로 진행하기로 하였다.[193]

회담 전인 1월 7일 북한은 로동신문에 공동주최 안과 단일팀 구성에 대한 입장을 밝혔다. 그 내용은 다음과 같다.

> 우리의 공동주최안이 실현되면 북남유일팀구성문제가 쉽게 풀려 북남체육
> 인들과 각국의 체육인들이 북과 남으로 자유로이 오가면서 경기를 하게 될
> 것이다. 그렇게 되면 북과 남사이의 대화가 통일에 리롭게 한층 더 활기를
> 띠게 될것이며 나아가서 북과 남사이의 군사적대치상태와 긴장을 해소하
> 고 민족적대단결을 이룩하는 사업도 고무적인 영향을 받게 될것이다.[194]

북한은 공동주최 제안이 현 올림픽 운동의 문제를 해결할 수 있는 방법임을 재차 강조했고, 단일팀 구성 문제는 공동주최 안이 실현되는 조건에서 풀릴 수 있다고 했다. 또한 공동주최 안이 실현되면 남북의 정치 군사적인 문제도 긍정적인 영향을 줄 것이라고 주장하였다.

그 사이 남한도 사마란치와 서신을 계속해서 주고받으며, 2차 회담 준비를 해나갔다. 사마란치는 하노이 사회주의권 체육장관 회의를 기점으로 북한이 서울올림픽에 대한 전략을 남북 단일팀 구성에 더 비중을 둘 것으로 보았다.[195] 왜냐하면, 사회주의 체육장관회의를 통해 남북 공동주최 주장에 힘을 얻지 못한 북한이 그 대안으로 단일팀 주장을 제기할 것으로 내다봤기 때문이다. 사회주의권 분위기는 서울올림픽 참가 방향으로 바뀌었다. 그러나 쿠바는 계속 공동주최 주장으로 북한을 지지하였다.

제2차 회담을 대비하는 남한은 "북한의 집요한 서울올림픽 방해 책

---

193) IOC, OSC, D-RM01-CORES-006, SD2 Corr 9-12 1985, 9.
194) 『로동신문』, 「올림픽공동주최안은 반드시 실현되어야 한다」, 1986년 1월 7일.
195) 외교부 공개문서, 「1988년도 서울올림픽대회-남·북한 단일팀 구성 및 공동개최 문제, 1984-89」, 전16권(V.5), 49쪽.

동에도 불구 민족 대화합의 입장에서 북한의 참가 유도 및 남북 체육교
류를 실현하려는 우리의 일관된 의지 및 개방적 입장을 부각"하는 것을
홍보방안으로 삼았다. 또한, 북한의 공동주최 주장을 서울올림픽을 방
해하려는 것으로 규정하고 대처해 나갔다. 동시에 IOC 주재 남북체육
회담과는 별도로 남북한 단일팀 구성 협의를 위한 남북한 당사자 간 체
육회담 조속 개최를 촉구한다는 홍보 방침을 세웠다.[196] 단일팀 구성을
위한 회담은 남한의 의도대로 회담을 진행할 수 있다는 자신감에서 비
롯된 것으로 볼 수 있다.

회담이 있기 이틀 전에 사마란치와 김종하 대표는 1월 6일에 사전
회담을 갖고 공동주최가 불가하다는 IOC의 확고한 입장을 확인했고,
단일팀 논의는 남북 당사자 간의 협의 사항으로 정한다고 의견 조율을
마쳤다. 그리고 탁구와 카누, 양궁 종목이 북쪽에서 개최 종목으로 가능
한지에 대해서 검토하기로 하였다.[197] 7일에는 북한 김유순 위원장과 진
충국 부위원장은 시페르코(Siperco) IOC 부위원장과 만난 사전 모임에서
1차 때와 같은 방식으로 진행될 것과 회담의 자료, 의제, 프로그램 등을
미리 논의했다.[198]

나. 회담

제2차 회담은 1986년 1월 8~9일에 로잔에서 남북 NOC 대표와
IOC 3자 대표들이 만나서 진행했다. 참석자는 1차 때와 같았다. 의제
는 4가지였다. 첫째는 개회식 때 두 대표단의 공동 행진, 둘째는 DPRK

---

196) 위의 문서, 59쪽.
197) 위의 문서, 106쪽; IOC, OSC, D-RM01-CORES-007, SD1 Corr 1-6 1986, 61~63.
198) Richard W. Pound, *FIVE RINGS OVER KOREA*, p. 128; D-RM01-COREN-001
     Executive board of the NOC of the Democratic People's Republic of
     Korea(PRK), SD1 Corr 1972-1986, 104~106.

NOC 영토에서 개최될 수 있는 종목 협의, 셋째는 두 NOC의 영역을 이용하여 개최할 수 있는 종목 검토, 넷째는 올림픽 문화행사에 DPRK NOC의 참여 문제 등이었다.[199]

회의 절차는 1월 8일 오전에는 합동회의, IOC와 북 NOC 간의 회의, 오후에는 IOC와 남 NOC 간의 회의, IOC와 북 NOC 간의 회의로 진행됐다. 1월 9일 오전에는 IOC와 북 NOC 간의 회의, IOC와 남 NOC 간의 회의 그리고 12시에 남과 북 NOC 간의 합동회의와 사마란치 기자회견 순으로 진행되었다. 북한과 IOC 간의 회의 횟수가 1회 더 많았다.

회담의 결과는 다음과 같았다.

첫째 공동입장과 관련해서 남측은 남북의 선수단이 각각의 깃발 아래 동시 입장하자고 하였지만, 북측은 남북이 하나의 팀으로 하나의 깃발 아래 같은 체육복을 입고 입장하자고 했다.

둘째 북한 지역 배정 경기 종목에 관해서 남측은 일부 종목 예선 경기를 북한 지역에서 실시할 용의가 있다고 하였고, 북측은 일부 종목의 예선 경기뿐만 아니라 결승전까지 포함한 전체 경기를 북한에서 개최하여야 한다고 주장했다.

셋째 남북한 지역 통과 경기 종목에 관해서 남측은 남북한 연결 사이클 단체도로 경기를 시행하자고 하였지만, 북측은 남북한 자유 왕래 보장을 선포한 이상 협조하면 해결할 수 있는 문제라고 하였다.

넷째 북한의 올림픽 문화행사 참가 문제에서 남측은 북한의 올림픽 문화행사 참여를 환영했지만, 북측은 문화행사도 서울과 평양에서 같이 열어야 한다고 하였다.

이밖에 북측은 IOC와 개별 회담에서 의제에 포함되지 않은 '공동주최' 문제를 거론하여 처음에는 전 경기 23개 종목 중 12개는 서울에서,

199) Richard W. Pound, *FIVE RINGS OVER KOREA*, p. 133; 외교부 공개문서, 「1988년도 서울올림픽대회-남·북한 단일팀 구성 및 공동개최 문제, 1984-89」, 전16권(V.5), 4쪽.

11개는 평양에서 개최할 것을 주장하다 8개로 축소한 후, 2일째 회담에서 3개로 축소하였다.

단일팀 구성 문제는 북측은 IOC 주관하에 토의하자고 주장하였으나, 남측은 단일팀 구성 문제는 이번 회담의 의제가 아닐 뿐만 아니라, 남북이 직접 회담으로 해결되어야 함을 강조하고 IOC도 같은 입장임을 표명하였다. 다음 회담은 1986년 6월 10~11일에 로잔에서 하기로 합의했지만, 사마란치는 결과가 낙관적이지 않다고 집행위원회에 보고했다.[200]

2차 회의에서 북측 대표는 공동주최와 단일팀 구성 문제를 동시에 제기했고, 남측 대표는 단일팀은 남북이 만나서 풀어야 한다고 했으나, 회담이 정상적으로 될 수 없다는 판단이 있었기 때문에 남측은 이 두 안에 대해서 사실상 모두 거절한 셈이다.

사마란치는 회담 후, 북측 대표에게는 "북한이 정상적인 개별팀으로 서울올림픽에 참가하는 것에 대해 강조"했고, "4월 ANOC 서울 총회에 참가할 것을 권고"했으며, "공동주최와 단일팀 문제를 더는 거론하지 않도록 촉구"했다. 남측 대표에게는 "북한 측에 어떠한 종목을 할애하든 모든 종목에 대해서도 준비할 것을 권고"했으며, "탁구 종목은 줄수 있을지 모르나 '카누'는 이미 서울의 많은 시설 투자로 불가할 것이며, 사격이나 양궁 같은 작은 종목은 좋지 않겠는지..."라며 제안하기도 하였다. "IOC와 KOC는 대화와 문호를 계속 개방, 합의 가능성을 남겨두어야 함"을 강조했다.[201] 따라서 공동주최와 단일팀 문제는 IOC 회담 내에서 다루기 어렵게 되었고, 북한에 개최할 종목도 정해지지 않은 상태에서 회담은 다음 6월로 넘어갔다.

200) 외교부 공개문서, 「1988년도 서울올림픽대회-남·북한 단일팀 구성 및 공동개최 문제, 1984-89」, 전16권(V.5), 138~139쪽; IOC, Executive Board, 1986-2 - Lausanne - Executive Board Minutes. pdf, 4~5.
201) 외교부 공개문서, 「1988년도 서울올림픽대회-남·북한 단일팀 구성 및 공동개최 문제, 1984-89」, 전16권(V.5), 149~150쪽.

북한의 로동신문은 제2차 로잔 회담 후에 "개막식때 북남 두 대표단의 공동행진 문제를 제기한것은 조선의 통일을 념원하는 우리 인민의 의사에 맞지 않는것이다"라고 하며, 오히려 1963년부터 일관되게 주장하여 온 단일팀 구성문제와 같은 것이 토의 주제로 되지 않았음을 지적했다.[202] 북한의 이러한 지적은 남북이 각각의 국호로 서울올림픽에 참가하는 것 자체를 거부해 왔기 때문에 공동 행진에 대해서는 단일팀을 구성한 뒤에야 받아들일 수 있는 내용이었다. 이를 두고 북한이 서울올림픽에 불참가하기 위해 내세운 구실이라고 보기보다는 과거부터 일관되게 주장해 온 북한의 입장에서 그와 같은 주장은 자연스럽고 당연했다.

또한 합의된 내용으로는 "북과 남 두 지역을 련결하는 종목으로 장거리 자전거경기종목을 공정성의 원칙에 따라 한종목은 북에서 출발해 서울에 종착하며, 다른 한 종목은 남에서 출발하여 평양에서 종착 짓는데 합의했다"라고 기록하였다. 이는 로드 싸이클 경기를 두고 한 이야기로 IOC와 남한이 제안할 때는 방송을 통해 남북의 환경을 서로 비교해 남한의 우월성을 국제 사회에 알리고자 하는 의도가 있었으나, 북한은 이를 아무 거부 없이 받아들였다. 그리고 올림픽대회 기간 문화행사에서도 평양과 서울에서 평등한 원칙에 따라 각각 조직 진행할 것에 대해 초보적인 합의를 하였다고 하였다.[203]

그러나 실제 회담에서 북한은 사이클과 마라톤 종목에서 서로 출발과 도착을 다르게 진행하면 가능하다고 제안했지만, 사마란치는 사이클은 국경을 넘을 수 있지만 마라톤은 이미 국제육상경기연맹(IAAF)과 논의한 결과 불가능하다는 통보를 받고, 북한에서 마무리되는 경기는

202) 『로동신문』, 「올림픽 위원회 대표들의 제2차 공동회의」, 1986년 1월 10일.
203) 『로동신문』, 「국제올림픽 위원회와 조선의 북과 남의 올림픽 위원회 대표들의 제2차 공동회의가 끝났다」, 1986년 1월 11일.

IOC 원칙과 맞지 않는다고 하였다.[204]

왜 IAAF가 국경을 넘는 것이 불가능하다고 했는지는 더 이상의 기록을 찾기 쉽지 않다. 이는 남한에서 출발해서 북한을 거쳐 남한을 결승점으로 할 경우에는 가능하다는 이야기인지, 국경을 통과하는 것 자체가 IOC 원칙에 맞지 않는다는 것인지는 명확하지 않다.[205]

두 NOC와 IOC 간의 개별 회담에서 이루어진 내용을 정리하면 다음과 같다.

첫째 날 오후 남측 NOC와 IOC와의 개별회의에서 사마란치는 북한에서 조직될 농구, 축구, 핸드볼, 배구 등의 예선을 북측에서 치르기로 한 것과 관련하여 북측은 올림픽에 참가 초대를 받아들일 수 있도록 네 가지 종목 중 하나로 예선과 결승을 조직할 수 있도록 제안하였다. 이에 김종하 위원장은 당황하여 잠깐의 휴식 시간을 요구했고, 사마란치를 향해 그런 약속을 할 준비가 되어 있지 않다고 하며 권한도 없다고 하였다. 다음날 김종하 위원장은 북측 NOC가 올림픽 공동주최와 서울-평양 올림픽 개최에 대한 요구를 철회하면, 한 종목의 결승까지 치르는 것과 북쪽을 거쳐 성화 봉송을 하는 것 등을 받아들일 수 있다고 주장했다.[206]

이어서 북측 NOC와 IOC와 개별 회담에서 사마란치는 결승전을 포함한 4개 종목에 대한 의견을 물었고, 북한은 그 종목이 11개 종목을 제시한 것에 포함되어 있어서 기쁘다고 했다. 그리고 사이클 경기가 양쪽 지역에서 열릴 수 있다는 것에 동의했다. 그리고 단일팀을 재차 원했다. 이 논의는 IOC의 중재 하에 이루어져야 할 것이라고 강조했다. 그리고

204) Richard W. Pound, *FIVE RINGS OVER KOREA*, p. 141.
205) 과거 남북 스포츠 관계에서 IAAF는 북한의 신금단 선수가 가네포 대회에 참가했다는 이유로 1964년 도쿄올림픽에 참가를 제한했을 만큼 북한과는 좋은 인연은 아니었다.
206) 위의 책, pp. 143~145.

다음 회의 안건에 단일팀 논의를 포함해 달라고 요청했다. 문화 프로그램에 관해서는 서울에서만 열린다면, 이와 관련한 전시를 북한에서는 불가능할 것이라고 하며 평양과 서울에서 각각 열자고 주장했다. 이밖에 성화봉송, 공동입장에는 논의의 여지를 남기지만, 사마란치는 나머지 8개 종목 개최에 대해서는 안 된다고 선을 그었다. IOC는 서울에 대한 약속을 존중하겠지만, 북한이 올림픽에 참가하도록 가장 좋은 기회를 제공하려고 노력할 것이라고 하며 다음 날 미팅에서 볼 것을 약속했다.[207]

다음날 사마란치는 북측 NOC와의 개별 회담에서 문화 프로그램과 관련해서 원칙적인 합의가 이루어졌고, 개막식 공동 입장 문제와 경기 종목 문제는 미정이라며 다음 3차 회담에서 최종안이 제출되기를 희망한다고 하면서 2차 회담을 마쳤다. 사실상 북한이 요구했던 사항들에 대해서 어떠한 것도 결정된 것 없이 IOC의 두루뭉술한 발표로 마무리되었다.

사마란치는 김종하 위원장과 만남에서 북측 NOC가 태도의 변화를 보였다며 IOC가 KOC와 함께 협력하여 북한의 올림픽 참가를 확실하게 하기 위한 노력의 일환이었다고 평가하고, 북한과의 대화를 지속하기 위해 3차 회담을 제안했다.[208]

제2차 회담이 끝나고 북측 NOC 대표들은 로잔에 남아서 1월 13일과 15일 사마란치와 추가 비공개 회담을 이어갔다.

여기서 첫 번째로 북측 대표단은 축구 외에 북한에서 개최되는 2가지 종목이 무엇인지 물었다. IOC 위원장은 축구, 탁구, 양궁 세 종목이라고 밝혔다. 그러나 이 문제는 북한이 서울올림픽에 참가한다는 의사를 확정하기 전에는 IF(국제경기연맹)에 연락할 수 없다는 점을 분명히 했

---

207) 위의 책, pp. 147~148.
208) 위의 책, pp. 149~150.

다. 이는 북한이 서울올림픽 참가 선언을 할 경우에만 가능하다는 이야기였다. 북측 대표단은 이에 대해 확답을 못 했다.

두 번째 단일팀 구성에 관한 문제에서 북한은 단일팀이 중요한 문제라고 강조했고, IOC 위원장은 양측이 호의적이라면 불가능하지는 않다며, 남북 협상이 실패하면 IOC가 협상에 참여할 수 있다고 했다. 그리고 성화 봉송 참여는 북한이 참여를 원하면 조율될 수 있다고 전했다.

마지막으로 88올림픽의 공식 명칭에 관해 북한의 주장이 이어졌지만, 위원장은 이 논의를 위해서는 IF와 서울 조직위원회와 더 많은 시간이 필요하다며 북측 대표단을 다음 회담장으로 끌어내기 위해 여지를 남겨두는 발언들을 이어갔다. 북측 대표단은 종목을 더 늘릴 수는 없는지를 물었지만, 이것도 매우 어려웠다고 답변하였다. 그리고 오는 4월에 서울 NOC 회의에 꼭 참석하기를 당부하며 두 번의 단독 비공식 회담을 마쳤다.[209]

이 비공식 회담에서 북한은 단독으로 서울올림픽에 참가할 경우 3종목을 개최할 수 있다는 내용에 관해 답을 못 했지만, 1월 20일 다시 IOC 위원장과 면담하고 이 자리에서 서울올림픽에 참가 선언 조건을 받아들일 수 없으며, 공동주최 방법을 찾는 것이 회의의 목적이 되어야 한다고 강조했다. 그리고 8개 종목을 개최해야 한다고 하며 대회 명칭에 대해서도 서울-평양 올림픽으로 할 것을 다시 주장했다. 하지만 IOC 위원장은 유감을 나타내며 먼저 서울올림픽에 참가할 것을 확인해야 가능하다고 반복해서 설명했다. 그리고 다시 3월에 만나자고 했다.[210]

한편, 남한은 로잔 제2차 회담을 평가하며 향후 대책을 다음과 같이 세웠다.

---

209) IOC, OSC, D-RM01-COREN-001 Executive board of the NOC of the Democratic People's Republic of Korea(PRK), SD1 Corr 1972-1986, 95~99.
210) 위의 문서, 92-94.

○ IOC 측과의 외교적 협조체제를 재정립하고 『사마란치』위원장을 적극 활용, 북측의 서울올림픽 무조건 참가를 강력히 권고토록 하고

○ IOC 측의 단일팀 구성문제 불개입방침을 굳게 다져, 동 문제에 대한 북측의 IOC 개입 요구를 완전하게 일축케 하면서

○ 결승전을 포함한 특정경기종목의 북한 배정문제에 대해서는 북측이 올림픽헌장 및 IOC 결정사항에 무조건 승복할 경우에 한해 검토하도록 함.

○ 앞으로 IOC 주재 『로잔느』회담은 ANOC 총회의 귀추에 따라 중·소 등 공산권 참가를 유도하는데 초점을 맞추어 시간을 벌면서 대응해 나가고

○ 만약 북측이 단일팀 구성문제 토의를 위한 판문점 체육회담을 제의할 경우에는 가급적 지연전술로 대응하도록 하겠음.[211]

남한 정부는 IOC와 함께 북한이 88올림픽에 단독 참가하는 것을 최우선 목표로 삼았다. 북한이 요구하는 공동주최와 단일팀 문제는 처음부터 회담에서 다룰 의지와 계획이 없었다. 북한이 단일팀 구성 문제를 제의하면 IOC가 나서서 제지해 주길 바랐고, 판문점에서 남북 당사자끼리 만나서 해결하자고 하면, 지연작전을 통해 단일팀을 구성하지 않으려는 계획이었다.

북한 대표 장웅은 남한의 오지철 체육부 과장과 비공식 대화에서 "개막식 별개팀 공동입장은 분단국가의 비극을 알리는 결과"라고 강조할 만큼, 북한의 입장은 88올림픽에서 남과 북이 서로 별개의 팀으로 참가하는 것 자체를 반대했고, "경기를 주려면 어느 한 종목의 전체를 주어야 하며, 북측의 체면을 고려해야" 한다고 했다.[212] 장웅의 '체면' 발언은 올림픽 개최권을 갖고 있는 남한에 끌려다닐 수밖에 없는 상황에 대한 솔직한 심정을 드러낸 것이다. 또한, 이는 남북 올림픽 공동주최의 본래 취지를 반영하여, 국제 사회에 남북이 대등한 지위를 갖는다

---

211) 외교부 공개문서, 「1988년도 서울올림픽대회-남·북한 단일팀 구성 및 공동개최 문제, 1984-89」, 전16권(V.5), 181쪽.

212) 위의 문서, 「1988년도 서울올림픽대회-남·북한 단일팀 구성 및 공동개최 문제, 1984-89」, 전16권(V.5), 187~188쪽.

는 것을 보여주려는 의도로 해석될 수 있다. 그런데 IOC는 종목을 3개 이상 주지 않겠다고 하고, 남한은 이마저도 탐탁지 않게 생각했으며, 북한은 8개 정도는 주어야 체면이 선다는 입장 차이가 있었다. 이러한 상황을 북한이 어떻게 받아들일지가 과제였다.

2차 회담에서 북측 대표는 자신들이 개최할 종목에 대해서 유연한 자세로 임했다. 특히 자전거(도로 사이클)종목에서 도착과 출발을 서로 교대로 실시할 수 있다고 제시하며, 애초에 북한이 국경 개방을 하지 않을 것이라는 IOC의 판단이 무색해지는 상황을 보여주었다. 그러면서 IOC 위원장은 더 적극적으로 북한 종목 배정에 관심을 두었다. 그러나 남측 대표단은 사마란치 위원장이 처음 약속한 대로 회담이 진행되지 않자, 당황하는 기색을 보이며, 다음 회담에서는 IOC와 사전 합의대로 진행할 수 있도록 긴밀한 협조를 강조했다.

4) IOC 로잔 3차 회담(1986. 6. 10.~11.)

가. 사전 상황

북측 대표단은 기회가 된다면 남측 대표단과 직접 만나서 회담하기를 바랐으나, 남측 대표단은 IOC 중재를 통해서만 만나겠다는 의지가 확고했다.[213] 이는 마치 1963년 체육회담을 할 때 남한은 북한과 직접 서신을 주고받지 않고 IOC를 통해서만 받겠다고 했던 장면을 떠올리게 하며, 북한과 직접 접촉에 대한 부담감을 드러낸 것이다.

3월 7일, 로잔에서 김유순 북측 대표단들과 IOC 위원장, 시페르코 부회장과 비공식 회담을 가졌다. 이 자리에서 북측 대표는 축구, 탁구,

---

213) 외교부 공개문서, 「1988년도 서울올림픽대회-남·북한 단일팀 구성 및 공동개최 문제, 1984-89」, 전16권(V.6), 11쪽.

양궁 세 가지 종목에 대해 이미 준비 중이고, 올림픽 마을을 건설 중이라고 밝혔다. 그러면서 레슬링, 체조, 유도 등 추가 종목들도 포함해달라고 제안했다. 또한 평양에도 특별한 조직위원회가 필요하다며 IOC의 권한 아래 독립적인 위원회를 둘 것을 요구했다. 단일팀 문제는 일부 종목만이라도 구성할 수 있다며 기존보다 유연한 태도를 보였다. IOC 위원장은 북측 대표 요구에 다음 공식 회담이 6월 10~11일에 있으니, 이 회의 이전에 확정하기는 어렵고 그 회의에서 해결책을 찾자고 했다. 또 올림픽 마을을 건설 중에 대해서 IOC는 북한이 올림픽 참가를 확정 지은 뒤, IF와 대화할 의향이 있다는 점을 분명히 했다. 그리고 추가 종목, 대회명칭, 특별 조직 등의 문제에 대해서는 IOC 이사회에서 검토할 수 있다고 했다.[214]

이와 관련해서 리차드 파운드는 그의 회고록에서 김유순과 사마란치는 "북한에 경기 종목이 할애된다면 평양에 특별 조직위원회가 설치되는 것을 원칙으로 한다"는데 의견을 같이했다고 했다. 또한 김유순은 평양과 서울에서 경기가 동시에 열리기 때문에 북한은 서울에 참가할 것이며, IOC와 같은 목표를 갖고 있으며 최대한 많은 대표단이 참가하도록 하겠다며, 처음으로 서울 참여에 대한 답변을 했으니 관련 IF 들과 논의를 시작해 주기를 바란다고 했다.

북한이 이 회담을 시작한 이래 처음으로 서울올림픽 참가 의사를 밝힌 것이었다. 이에 사마란치는 IF와 이 문제를 이야기해 보면 대부분 긍정적으로 표현했다고 했다. 하지만 우선 북한이 서울올림픽 참가를 확정해야 IF와 본격적인 접촉이 시작될 수 있음을 분명히 하였다고 했다.[215] 결국 북한이 요구하는 추가 3종목의 수용 여부에 따라 북한과 IOC는

214) IOC, OSC, D-RM01-COREN-001 Executive board of the NOC of the Democratic People's Republic of Korea(PRK), SD1 Corr 1972-1986, 69~74.
215) Richard W. Pound, *FIVE RINGS OVER KOREA*, pp. 160~161.

각각 그다음 행동을 취하겠다고만 주장하는 상황이었다.

북한은 이와는 별도로 중국을 설득해 미국이 남북체육회담에 긍정적인 영향력을 행사해 달라고 요구했던 문서 기록이 있다. 이 문서에 의하면 북한은 미국이 88올림픽에서 남한을 설득해서 단일팀 구성 문제에 남한이 나서줄 것을 바라는 모습을 보였다.[216] 그만큼 북한은 미국이 이 문제의 키를 쥐고 있다고 판단하고 남북 단일팀 문제에 적극적으로 나서달라고 주문을 했다.

하지만, 미국이 IOC에 보낸 기밀 보고서에 의하면 남북 대화는 역사적 맥락에서 보면 낙관적이지 않다고 보았고, 북한의 공동개최와 같은 입장은 유엔 가입에 있어서 '두 국가' 접근 방식을 거부하기 때문에 북한이 이 교착 상태를 타개하려는 변화 없이는 어떤 협상도 긍정적으로 볼 수 없다는 입장이었다.[217] 미국은 88서울올림픽에서 북한의 전향적인 태도 변화 없이는 어떤 단일팀 구성이나 공동개최와 같은 북한의 요구가 불가능하다는 점을 지적한 것이었다.

이 기밀문서에 의하면 이미 미국도 남북의 '두 국가' 유엔 동시 가입을 목표로 하고 있었다는 것을 알 수 있다. 이는 '두 국가' 유엔 가입은 남북을 영구 분단국으로 고착하려는 의도라고 지적해 왔던 북한의 예견이 맞아떨어진 것이다. 1991년 이후부터 2023년 말 북한의 '남북은 국가 대 국가의 적대적 관계' 선언이 있기 전까지 남북 관계는 통일을 지향하는 특수관계라고 설정하고 남북 교류를 이어왔었다. 그러나 이제는 그 일말의 가능성마저 사라졌다고 보는 것이 타당할 것이다. 이는 짧

---

216) 외교부 공개문서, 「1988년도 서울올림픽대회-남·북한 단일팀 구성 및 공동개최 문제, 1984-89」, 전16권(V.6), 101~104쪽.

217) IOC, OSC, D-RM01-COREN-001 Executive board of the NOC of the Democratic People's Republic of Korea(PRK), SD1 Corr 1972-1986, 78~91. 1973년 6월 23일 같은 날 박정희 대통령은 남북 유엔 동시 가입을 제안했고, 김일성 주석은 유엔 동시 가입을 반대하며 련방제를 실시하여 단일한 국호로 들어가자고 제안했다. 이처럼 남과 북은 통일로 가는 과정에 대한 인식이 확연하게 차이가 났다.

지 않은 역사적 맥락에서 이루어진 것이기 때문이다. 이제 남북 관계의 새로운 정립이 필요한 시점에 와 있다.

3월 7일 같은 날, 박세직 남측 대표단들과 사마란치 위원장이 만났을 때 시페르코 IOC 부위원장은 북한의 요구 사항을 전달했다. 내용은 "공동주최와 단일팀을 포기하는 대신 결승전을 포함한 6개 종목(축구, 탁구, 양궁, 레슬링, 유도, 체조)을 북한 지역에 할애를 요구"했다는 것과 "제3차 로잔느 체육회담을 4월 초에 개최"하자는 것 그리고 "88대회 명칭을 '24회 올림픽 대회'로 호칭하자"는 것이었다.[218]

여기서 시페르코 부위원장은 공동주최와 단일팀을 포기하더라도 최소 6개 종목이 북한에서 열리게 된다면 그 의미를 담을 수 있을 것이며 북한 인민들에게 '체면'을 세울 수 있다고 판단했다. 이 내용은 리차드 파운드 IOC 부회장의 회고록에도 등장한다. 북한은 외부 세계에 대한 '체면' 상실을 크게 염려하지 않았고, 내부 '체면'이 중요한 문제였다고 지적했다.[219] 북한은 북한 인민들에게 설명할 수 있는 6개 종목에 대한 개최권이 실질적으로 중요했던 문제였다. 남한 정부는 이 6개 종목을 줄 수 있는가의 문제가 앞으로 풀어나가야 할 과제였다.

남한 정부는 대책 회의를 통해 북한 제의를 분석한 결과 "서울올림픽 무조건 참가를 전제하지 않고 있어 사실상 '공동주최'의 실현을 겨냥한 술수"라고 보았고, 체육회담을 6월에서 "4월로 서둘러야 할 필요가 없음"으로 정리했으며, 호칭 문제는 "결과적으로 '공동주최' 효과를 획득, 서울올림픽 행사를 퇴색시키려는 발상"이라고 평가하고 이를 토대로 예정대로 6월에 회담을 개최한다는 입장이었다.[220] 결국 남한의 입

---

218) 외교부 공개문서, 「1988년도 서울올림픽대회-남·북한 단일팀 구성 및 공동개최 문제, 1984-89」, 전16권(V.6), 19쪽.

219) Richard W. Pound, *FIVE RINGS OVER KOREA*, p. 227.

220) 외교부 공개문서, 「1988년도 서울올림픽대회-남·북한 단일팀 구성 및 공동개최 문제, 1984-89」, 전16권(V.6), 27~29쪽.

298　분열과 통합의 남북 체육사

장은 바뀌지 않았고, 북한이 공동주최를 포기하게 하여 올림픽에 개별 팀으로 참여시키는 것이 목적이었다.

이는 올림픽을 유치한 서울이 갖는 기득권이며 이를 통해 평화와 통일에 기여하려는 의도보다는 북한 선수를 서울로 초대해 경쟁과 비교를 통해 체제의 우월함을 드러내고자 하는 의도가 더 크게 작동하고 있음을 알 수 있다. 이러한 의도를 북한이 모를 리 없고 받아들이기는 더 어려웠을 것이다. 남한은 4월에 열리는 서울 ANOC 총회에 북한이 참가한다는 의사를 밝히면 총회 전 IOC와 남북체육회담도 가능하다는 입장을 전하는 등[221] 북한을 남한 사회로 끌어들이기 위해 다양한 제안으로 압박해 나갔다.

또한 계속해서 북측 NOC 대표와 IOC 간의 의사소통의 역할을 했던 시페르코 IOC 부위원장이 4월 남한을 방문하여 6월 로잔회의를 앞두고 비공식 회의가 필요하다며, 이를 위해 남측이 북측의 5~6개 종목을 요구하는 것에 대해 반응을 보일 필요가 있다고 했다. 그는 북한이 국제 스포츠 사회에서 고립되는 것을 원치 않으며 그 고립이 위험한 행동을 할 가능성을 보일 수 있다는 점에 대해 우려했다. 따라서 6월 로잔회담에 앞서 사전에 비공식적으로 북한과 조용한 외교를 할 필요가 있다고 권유하였다.[222]

국제 사회에서 가장 든든한 지지 국가는 쿠바였다. 피델 카스트로는 1986년 3월 8~11일 북한을 방문하여 88올림픽에 공동주최 안에 대한 지지를 다시 확인하고 공동 대응해 나갈 것을 밝혔다.[223] 이 같은 배경에는 서울올림픽은 단순한 스포츠 행사가 아니라 심각한 정치적 문제

221) 위의 문서, 86~89쪽.
222) 위의 문서, 130~134쪽.
223) 『로동신문』, 「조선인민이 거둔 경이적인 성과는 그 무엇도 력사의 전진을 가로막을수 없다는 확고한 신념을 더욱 굳게 하여준다(군중대회에서 하신 피델 까스뜨로 루쓰 동지의 연설)」, 1986년 3월 12일.

라는 인식을 같이했기 때문이다.[224) 쿠바의 지지는 올림픽 불참 선언으로 이어졌고, 공동주최 논의 시작부터 일관되었다.

4월 7일 북한은 서울올림픽이 유치된 배경에 관해서 백서를 내고 다음과 같이 주장했다.

> ...백서는 서울이 올림픽 개최지로 지정된 것이 올림픽 개최 조건을 갖추었거나 국제올림픽 위원회 총회의 의지에 따른 것이 아니라 남한 괴뢰들의 비열한 사기극 때문이라는 구체적인 자료를 인용하고 있다. 미국이 서울에서 올림픽을 개최하기 위한 남한 괴뢰들의 이면 활동에 적극 협력했다는 것은 비밀이 아니라고 지적하면서, 백서는 미국 올림픽 관계자들이 바덴바덴 회의에 가서 남한에서 올림픽을 개최하는 것을 좋아하지 않는 지지자들에게 압력을 가해 서울에서의 올림픽 개최를 지지하게 했다고 말한다.
>
> 더욱 심각한 것은 24회 올림픽 개최지와 관련된 남한과 일본 간의 비열한 공모라고 백서는 강조한다. 일본 반동들은 나고야에서의 올림픽 개최를 철회했다. 이는 전두환 괴뢰들로부터 받은 뇌물 때문만이 아니다. 그들은 또한 서울에서의 올림픽 개최를 지지한 대가로 다양한 경제적 양보를 얻으려 했다. 예를 들어, 남한 괴뢰들은 서울에 유원지 건설, 도로 건설, 인천 부두 확장 프로젝트, 올림픽 준비를 위한 자전거 및 요트 경기장 건설 등을 약속했으며, 올림픽 이후 이를 도박장으로 전환해 돈을 벌려고 했다.
>
> 일본 반동들의 나고야 철회와 서울올림픽 개최 지지는 남한에 대한 경제적 침략을 강화하고 그들의 이익을 잘 계산해 실현하려는 미끼에 불과하다. 사실이 보여주듯이, 서울이 올림픽 개최지로 지정된 것은 미국과 일본 반동들, 그리고 남한 괴뢰들의 더러운 정치적 술책의 결과이다.[225)

북한은 처음부터 올림픽 유치 배경에는 미국과 일본의 조력이 있었

224) IOC, OSC, D-RM01-COREN-001 Executive board of the NOC of the Democratic People's Republic of Korea(PRK), SD1 Corr 1972-1986, 68.
225) 『로동신문』, 「제24차 올림픽경기대회는 조선의 평화와 평통일을 실현하는데 유리하게 개최도여야 한다」, 1986년 4월 7일.

다고 주장했다. 그리고 그 대가로 경제적 이익이 걸려 있는 건설 사업을 일본에 맡기려 했다는 것이다. 북한은 분단국 남한에 올림픽을 유치시킨 것 자체가 정치적인 결정이었다고 보았다. 그리고 88올림픽대회를 한반도의 평화와 통일을 위해 유리한 방향으로 활용해야 한다는 취지를 담고 있다. 이러한 내용을 IOC가 알았다고 하여도 서울올림픽 개최의 대세에는 전혀 영향을 미치지 못했다.

그리고 북한이 가용할 수 있는 외교적 수단은 그리 많지 않았다. 그러하다 보니 남한에 에이즈 환자가 만 명이 넘는다는 기사를 보내기도 하고, 식중독 환자들이 많은 곳이라며 올림픽을 개최하기에 부적절한 곳이라며 해외 선전을 이어갔다. 그리고 사회주의권 국가들이 88올림픽 참여에 긍정적 신호를 보이면서 북한은 더욱 고립과 소외의 시간을 보내게 되었다.

4월 9일에는 북한 김형우 주스위스 대사와 IOC 위원장이 면담했다. 북한은 4월 서울 ANOC 회의에 참석할 수 있는 조건을 제시했다. 첫째는 평양에서 개최될 종목 수, 둘째는 대회 명칭, 셋째는 조직위원회 구성이다. 즉, 이 문제들을 IOC와 남한이 보장해 주면 참석하겠다는 것이었다. IOC 위원장은 즉답을 피하고 3차 회의에서 결정적인 합의를 할 수 있다고 강조했다.[226] 결국, 북한의 요구 사항에 대해 하나도 답을 얻지 못하고 면담을 마쳤다.

4월 19일에는 로잔에서 유럽 순방 중이던 전두환 대통령이 로잔에 들러 사마란치 위원장과 비공식적인 일정으로 면담했다. 여기서 사마란치는 최근까지 있었던 사회주의권 국가들의 동향과 북한에 경기 종목을 양보할 가능성에 대해서 검토해 달라고 요청했다. 전두환은 북한의

---

226) IOC, OSC, D-RM01-COREN-001 Executive board of the NOC of the Democratic People's Republic of Korea(PRK), SD1 Corr 1972-1986, 61~63.

위협에 대해서 "IOC는 아무것도 양보해서는 안 되며, 도발에 응해서도 안 되고, 위협에 신경 쓰지 말아야 한다"라고 했다.

그러면서 전두환은 "김일성은 우리를 공격할 수 없다는 것을 알고 있으며, 그도 그것을 알고 있고", "소련과 중국이 북한이 남한을 공격하는 것을 허용하지 않을 것"이라고 하였다. "지금 3개의 스포츠를 양보하면 그들은 나중에 5개를 요구할 것이라며 북한의 요구에 대해 올림픽 헌장과 IOC의 모든 결정을 존중"해야 함이 전제되는 조건에서 2개 종목을 배정할 수 있다고 했다. 그러면서 "레이건 대통령이 자신에게 서한을 보내 한반도에서 평화를 유지하고 올림픽이 정상적으로 진행되도록 돕겠다며 북한이 공격하려 한다면 모든 수단이 동원될 것"이라며 북한의 위협에 대해서는 걱정하지 않아도 된다고 사마란치를 안심시켰다.[227]

결국, 전두환은 미국 우방의 든든한 군사력이 있고, 소련과 중국의 올림픽 참여 의지가 있어서 북한 스스로 독자적인 행동을 하기는 어려울 것이라는 점을 사마란치에게 강조했다. 그는 북한이 먼저 전쟁을 도발하지 않을 것을 알고 있었고, 그럴 능력도 안 된다는 것을 알고 있었다. 그것은 김일성의 메시지에도 고스란히 나타나 있다.

당시 김일성은 "우리는 남침할 의사도 없고 능력도 안 된다"라는 메시지를 자주 표현하며, "아세아경기대회와 올림픽경기대회를 앞두고 예견되는 북에 의한 《무장침투》와 《도발》에 대해여 한두 번만 떠들지 않았다. 어용 출판물들도 매일과 같이 《무장인원침투》, 《폭력교란》 등 《남침》설을 퍼뜨리고 있으며 그러는 가운데 남조선에서 경계망이 강화되고 공공시설경비에 만전을 기한다는 복닥소동이 벌어지고 있다"라며 북한에 의한 "남침설" 자체가 남한과 미국에서 시작된 거짓이라는 이야

227) IOC, OSC, D-RM01-CORES-007, SD1 Corr 1-6 1986, 22~24; Richard W. Pound, *FIVE RINGS OVER KOREA*, p. 172.

기였다.[228]

북한은 이러한 긴장 관계를 인위적으로 만들고 있는 남한과 미국을 향해 정치적으로 올림픽을 이용하지 말 것을 지속적으로 강조했다. 그리고 종목 배정에 관한 사마란치의 질문에 전두환은 북한이 올림픽 헌장과 IOC가 결정한 조건을 존중한다는 전제하에 '두 종목'을 허용할 준비가 되어 있다고 했다.[229] 이 말인즉슨, 서울올림픽 공동개최를 주장하는 것은 올림픽 헌장에 맞지 않는다는 것을 강조하기 위함이고, 남한은 이를 존중하겠다는 전제에서 두 종목을 배정할 수 있다는 것이다. 그러나 이 두 종목에 관해서도 실제 남한이 모든 주최권을 갖고 행사하려면 국경을 자유롭게 왕래해야 하는데 이 자체를 불가능할 것으로 판단했다. 국경 문제는 북한의 소관이 아니라 유엔군 소관이라 간단한 문제가 아니었다.

1986년 4월 22~25일 서울에서 5차 ANOC 총회가 열렸다. 당시 161개 회원국 중 152개국이 참석한 가운데 북한, 쿠바, 앙골라 등 9개국이 불참하였다. 23일 사마란치와는 박세직 체육부 장관과의 면담에서 탁구와 양궁은 결승전까지, 축구는 예선 경기 일부, 싸이클 남북 종단을 북한에 할애하는 문제를 남측이 검토해 주길 바랐다. 그래서 6월 전에 비공식적 합의에 도달하면, 3차 로잔 회담에서 북한이 올림픽 헌장 및 IOC 결정 사항을 준수한다면, 남한이 몇 종목 할애 가능한지 제시하는 방안을 논의했다. 그리고 북한의 대회개최 시설 문제는 지난 방문에서 문제가 없음을 확인했다고 했다.[230]

228) 『로동신문』, 「올림픽은 정치적롱락물로 리용될수 없다」, 1986년 3월 21일. 김일성은 1970년 이후 남침할 의사도 능력도 없다는 말을 자주 사용했고, 1972년 조국 통일 3대 원칙을 천명할 때도 평화협정을 이야기하면서 남침할 의사가 없다는 점을 강조했었다.
229) IOC, OSC, D-RM01-CORES-007, SD1 Corr 1-6 1986, 18~21.
230) 외교부 공개문서, 「1988년도 서울올림픽대회-남·북한 단일팀 구성 및 공동개최 문제, 1984-89」, 전16권(V.6), 176~177쪽.

문제는 남한이 실질적으로 북한에 한 종목도 주고자 하는 마음이 없었지만, 북한과의 협상을 위해 IOC 결정을 존중하겠다는 전제에서 2종목을 제안하는 형식을 취했다는 점이다. IOC가 북한의 뜻을 받아들이지 않고 2종목으로 제한하면 협상은 그대로 결렬될 가능성이 큰 것이었다. 북한은 마지막 카드로 5종목을 제시했기 때문에 남한의 2종목 카드는 받아들이지 않을 가능성이 컸다.

27일 시페르코는 박 장관과의 면담에서 현 상황을 볼 때 북한이 고립되어 가고 있으며 그들의 입장이 약해졌다고 전했다. 종목 할애 문제에서 이미 전 대통령이 2종목으로 못 박았기 때문에 박 장관도 2종목 이상을 북측에 할애할 수 없으며 그 이상은 남북 정치적 측면에서 고려될 수 있다고 했다.[231] 이에 시페르코는 북한이 제시한 5종목 중에서 고려하길 바란다고 했고, 이 문제는 남북 간의 직접 접촉에서 다루는 것보다 IOC가 포함된 3자회담이 효과적일 것이라고 하였다.[232]

28일 쿠마르는 박 장관과의 면담에 북한이 참가해도 문제이고 안 와도 문제라며, 안 올 경우 서울올림픽을 방해할 것이고, 일부 사회주의 국가들이 불참할 것이라고 말했다. 반면, 북한에 일부 경기가 주어질 때 소련 중공 등 IOC 회원국이 거의 다 참가할 것이고, 시간이 흐를수록 북한의 입장은 약화될 것이다. 따라서 쿠마르는 북한 문제와 같은 중요 사항은 남북 NOC 레벨에서 해결될 수 없고, 톱(Top)레벨 간의 대화로 해결될 수밖에 없을지도 모른다며 남북 정상 간의 합의를 제안하기도 했다.[233]

결국, 남한의 종목 할애 문제와 북한의 올림픽 헌장과 IOC 결정 사항 존중(서울올림픽 참가)이 선행되어야 한다는 협상 카드를 놓고 IOC와 남

---

231) 정치적으로 해결될 수 있다는 것은 결국 전두환 대통령과 김일성 주석이 만나서 해결해야 할 사항이었다.
232) 외교부 공개문서, 「1988년도 서울올림픽대회-남·북한 단일팀 구성 및 공동개최 문제, 1984-89」, 전16권(V.6), 164~167쪽.
233) 위의 문서, 197쪽.

한이 주도적으로 이슈를 만들어 가고 있는 장면이다. 서울에서 ANOC 총회가 열리는 동안 남한 정부는 사회주의권 체육 수장들과 면담을 이어가며 그들의 생각을 경청하였고, 남북 협상의 내막을 잘 모르는 상태에서 의례적으로 남북 협상이 잘 되어 북한이 올림픽에 참가할 수 있기를 바란다는 의견들이 다수였다. 북한은 IOC와 남한 정부 사이에서 주고받은 정보들을 제한적으로 접하며, 올림픽을 통해 통일에 이바지하길 바라는 명분을 가지고 유리한 국면을 만들기 위해서 공동개최와 최소 5~6개 종목 할애 요청을 했지만, 낙관적인 상황은 결코 아니었다.

3차 회담에 앞서 남한 정부는 북한과의 비공식 접촉을 따로 추진하지 않았다. 3차 회담에서 가장 핵심 이슈는 경기 종목 배정 종목이었다. 남한은 싸이클 경기와 개별 종목에 관한 3가지 안(1안: 탁구, 펜싱 / 2안: 탁구, 역도 / 3안: 탁구, 양궁)을 마련하고 1, 2안이 안 될 경우, 최종적으로 3안을 제시하는 형태를 취했다. 이 외에 추가 배정을 요구할 경우, 배구, 핸드볼, 축구 중 한 종목을 배정할 것에 대해 검토했다.[234]

한편, 북한은 독일에서 제12차 세계청년학생축전(1986. 7. 27.~8. 3.)이 시작되기 전인 1986년 7월 20일에 자유 독일 청년동맹과 연대해서 청년학생축전 다음 개최지로 평양을 유치하기 위해 나섰다.[235] 그 후 동독을 중심으로 한 사회주의 국가들과 비동맹 제3세계 국가들은 북한의 세계청년학생축전 유치를 지지하는 성명과 담화를 이어갔다.[236] 이들 주장에는 '핵전쟁 방지와 세계 평화와 안전'이 세계청년학생축전의 핵심 주

234) 위의 문서, 216쪽.
235) 『로동신문』,「제13차 세계청년학생축전을 평양에서 진행할데 대한 조선사회주의로동청년동맹의 발기를 환영한다」, 1986년 7월 21일.
236) 이들의 주장은 "호상 이해와 친선을 두터이하고 련대성을 강화하며 핵전쟁위험을 방지하고 세계평화와 전반적인 안전을 수호하는데 크게 기여하게 될것"이라고 하였다. 『로동신문』, 1986년 7월 30일; 1986년 8월 2일; 1986년 8월 4일; 1986년 8월 22일; 1986년 9월 2일; 1986년 10월 11일; 1986년 11월 24일; 1986년 12월 2일.

제였다. 북한 내부에서도 세계청년학생 축전을 유치하기 위해 각종 집회를 조직하고 축전 준비 사업에 적극적으로 나섰다.

1986년부터 릉라도 경기장 건설이 시작되었고 이를 짓는 명분에 대해 제13차 세계청년학생축전과 북남 올림픽 공동주최 안의 성과적 보장을 위한다고 밝혔다. 그리고 평양시에 안골 체육촌과 광복거리 제2다리 건설 등 세계청년학생축전과 공동올림픽주최를 고려한 각종 체육시설과 도시 인프라 건설사업에 속도전을 강조하였다.[237] 그리고 역대 세계청년학생축전은 유럽 지역에서 주로 열렸는데 아시아 지역에서는 처음 열리는 것에 자부심을 갖기도 하였다.

북한은 올림픽과 관련하여, 세계의 여러 민족 사이의 친선과 단결을 도모하며 세계평화위업에 이바지하는 것을 올림픽의 숭고한 이념이라고 정의했다.[238] 친선과 평화의 개념은 북한의 대외관계 정책의 이념과도 맞닿아 있다. 이 두 개념을 세계청년학생축전에 그대로 인용하고 있는 것은 북한이 지향하는 두 행사의 이념에 공통으로 흐르는 기조가 평화와 친선임을 보여준다. 그들의 이러한 개념에 비추어 볼 때, 서울올림픽은 평화와 친선의 이념이 담보되지 못하기 때문에 남북 공동주최로 올림픽을 위기에서 구원해야 한다는 논리로 이어지고 있다.

국제 사회는 88서울올림픽을 2년 앞두고 여전히 개최지로서 적절한지에 대한 의문을 제기했다. 1986년 5월 25일 미국의 마이에미 헤럴드 (The Miami Herald) 기사에 따르면 "한국은 올림픽 개최지로 선정되지 말았어야 했고, 지금이라도 올림픽에서 벗어나야 한다며, 차라리 레바논을 개최지로 하는 것이 나았을지 모른다. 거긴 전쟁터라는 걸 모두 알 테

---

237) 『로동신문』, 「제13차 세계청년학생축전과 북남 올림픽공동주최안의 성과적 보장을 위하여」, 1987년 3월 22일.
238) 김득준, 「제24차 올림픽경기대회는 북과 남이 공동으로 주최하여야 한다」, 『근로자』, 1986년 7호, 74쪽.

니"[239] 라며 한국이 올림픽 개최지로서 처한 상황에 대해 부정적인 인식이 가득했다. 당시 남한이 내부적으로 겪는 정치 상황과 남북 긴장 관계 그리고 사회주의 진영과 자본주의 진영의 올림픽 참가를 두고 눈치를 보는 형국에 대해 매우 불필요한 에너지를 낭비하고 있다는 논조였다.

나. 회담

제3차 회담은 1986년 6월 10~11일에 로잔에서 남북 NOC 대표와 IOC 3자 대표들이 만나 진행되었다. 참석자는 1, 2차 때와 같았다. 의제는 2차 회의 의제의 연장이었다. 6월 8일 시페르코는 김종하 대표와 사전면담에서 지난 6월 2일 자신과 북측 대표는 진충국 간의 면담 내용을 전했다. 북한은 단일팀 주장과 2개의 별도 조직위 설치를 주장하지는 않을 것이라고 했고, 남한이 제시한 종목 중에 축구가 들어가 있는지에 관심이 많았다고 했다. 그리고 종목 수도 5개 종목을 요구하였다고 했다.[240] 이렇듯 북한은 남한의 눈치를 보며 축구를 개최 종목에 넣고 싶은 강한 의지를 보였다.

6월 9일에는 남한 대표단과 사마란치와 시페르코가 동석한 사전 모임이 있었다. 주요 내용은 회의 진행 과정에 관한 협의가 있었고, 경기 배정 문제와 4차 회담 개최 문제, TV 중계료 문제 등에 대해 의견을 나누었다. 3차 회의가 시작도 안 했는데 IOC와 남한은 4차 회담 여부에 관한 논의할 만큼 이 회담의 결말을 서로 준비하는 듯한 인상을 주었다. 여기서 사마란치는 지난 1, 2차 회담보다 한국 측의 입장이 훨씬 유리해

---

239) IOC, OSC, D-RM01-CORES-007, SD1 Corr 1-6 1986, 11~13; The Miami Herald, 「WHY THE '88 OLYMPICS WON'T BE IN SOUTH KOREA」, May, 25, 1986.
240) 외교부 공개문서, 「1988년도 서울올림픽대회-남·북한 단일팀 구성 및 공동개최 문제, 1984-89」, 전16권(V.7), 3쪽.

졌다며 기대감을 보였다.[241) 사마란치는 북한이 제기하는 종목 수가 처음엔 50:50이었다가 8개 종목 그리고 5개 종목으로 줄어들었다는 것을 빗대어서 북한 측이 협조적으로 나오고 있다고 판단하고 남측에 유리해졌다는 표현을 한 것이다.

회의 절차는 6월 10일 오전에는 환영사, IOC와 북 NOC 간의 회의, 오후에는 IOC와 남 NOC 간의 회의, IOC와 북 NOC 간의 회의로 진행하고, 6월 11일 오전에 IOC와 남 NOC 간의 회의, IOC와 북 NOC 간의 회의, 남북한 합동회의와 위원장 기자회견이 있었다. 이번도 마찬가지로 북한과 IOC 간의 회의 횟수가 1회 더 많았다.

김유순은 이전 회담의 성과를 바탕으로 이번 회담에 기대한다고 했다. 다만 이 회담에 인위적인 난관을 조성하는 것을 해서는 안 된다며 견해의 차이를 좁히고 합의에 이르도록 양심과 성실성을 보이자고 인사말을 건넸다.[242) 김종하는 ANOC 총회의 대성공을 회상하며 IOC와 합의를 성실하게 준수하면서 경기 시설과 운영계획 등을 치밀하게 정비하며 모든 회원국이 서울 대회에 자유롭게 참가할 수 있도록 문호를 활짝 개방해 놓고 있다며 남과 북의 상호 신뢰와 평화로운 관계의 역사적인 기회를 제공할 것이라고 인사말을 건넸다.[243)

우선 북측 NOC 대표와 IOC와의 개별 회담에서 사마란치는 북한이 FIFA 올림픽 예선전에 명단이 없는 것을 보고 놀랐다. 북한은 주최국 자격으로 자동 출전할 것으로 알고 참가 신청을 따로 하지 않았다는 것이었다.[244) 북한은 결국 FIFA로부터 제재를 받아 88올림픽 출전 자격을 박탈당했다.

---

241) 위의 문서, 8쪽.
242) Richard W. Pound, *FIVE RINGS OVER KOREA*, pp. 176~177.
243) 위의 책, pp. 177~178.
244) 위의 책, p. 179.

이 자리에서 북측 NOC는 북측의 조직위원회 문제, 문화 프로그램과 공동입장 문제, 올림픽 호칭 문제 등을 제시했지만, 사마란치는 우선 어떤 종목을 선정할지, 그리고 양국 간의 자유 왕래 문제가 해결되기 전에는 다른 문제는 그 후에 논의하겠다는 입장이었다. 사마란치는 종목 문제가 해결되면, 선수, 관계자, NOC 대표들, 기자, 서울에서 허가된 올림픽 가족들 약 2만 5천 명이 경기 기간에 자유 왕래가 보장되어야 한다고 강조했다. 리차드 파운드 부회장은 처음 자유 왕래 규모와 조건에 대해서 김유순으로부터 준비가 안 된 느낌을 받았고, 이에 당황한 것으로 묘사했다. 그는 IOC가 북한의 자유 왕래 문제로 최종 협상에서 합의가 안 될 것을 예상하고 자신만만했었다고 기술하고 있다.[245)]

북측 NOC는 23개 종목 중에서 2개만 허용한다는 제안을 받아들이기 어렵다며 6개 개최를 원했다. 북한과 IOC 입장이 크게 달랐다. 북한은 탁구와 양궁 그리고 다른 종목들도 개최를 원했고, 축구 경기도 예선부터 결승까지 치르기를 원했다. 그러나 사마란치는 한 그룹 정도 예선 경기 개최는 가능하지만, 결승전은 안 된다고 강조했다.[246)]

남측 NOC 대표와 IOC와의 개별 회담에서 사마란치는 지금까지 논의된 종목들과 입장에 대해서 요약했으나, 남측의 요구 사항이 바뀌었다. 애초 3안에 탁구와 양궁이 들어가 있었으나 본 회담에 앞서 갑자기 양궁을 제외해 달라는 것과 축구 예선 경기 일부와 결승전 포함 1~2개 종목의 추가 배정은 불가하다는 입장을 취했다. 이에 대해 사마란치는 기존대로 탁구, 양궁을 요구하고 그 외에 축구 일부 예선 경기를 북한에 배정하자고 제안했다. 남측 NOC는 서울 본부에 사마란치의 제안에 대한 훈령

245) 위의 책, p. 181. 올림픽 가족이라 함은 올림픽 기간 중 등록 카드를 받은 사람을 의미하며 기자 9,000명, 선수임원 12,000명, IOC 임원과 IF 임원 4,000명 정도를 말함.
246) 위의 책, p. 182.

을 요청했다.[247] 당시 양궁은 남한의 메달권 가능성 있는 종목으로 양보하기가 어려웠다. 대신 펜싱을 제시하자 북한은 펜싱에 관심을 보이지 않았다. 그러나 사마란치는 벌써 국제양궁협회에 북한 지역 개최에 대한 자문을 구한 상태라서 어렵다고 했으나 남한도 양보하지 않았다.

이에 남측 대표는 대통령의 재가 사항으로 2개 종목(탁구, 펜싱) 외에 축구 예선 경기 일부 배정에 대한 용의가 있음을 표명했다.[248] 이렇게 남북 NOC의 충돌 지점에서 쉽게 해결책을 찾지 못하자 사마란치는 결정을 내려야 했기 때문에 남한의 전면적인 협조를 요청했다. 사마란치는 북한에 탁구, 양궁, 축구 경기 일부를 제시하면 북한이 이 제안을 받아들일 것으로 예상했다. 이 상황은 IOC와 남측 NOC 간의 돌발 변수였다. 그러나 사마란치가 예상한 3종목은 양측을 중재한 결과로써 최선을 다한다는 인상을 줄 수는 있으나, 북한이 요구한 6개 종목에는 턱없이 못 미치는 종목으로 북한이 이 제안을 받을지는 알 수 없는 상황이었다.

10일 오후에 다시 북측 NOC와 IOC 대표 간의 개별 회담에서 북한은 축구가 어렵다면 탁구와 양궁 외에 유도, 레슬링, 역도, 사격, 여자 배구, 남자 농구, 여자 핸드볼에서 추가로 2종목을 결승까지 치르기를 바랐다. 그리고 사이클 두 경기는 북쪽과 남쪽 양쪽에서 각각 출발하여 양 지역을 결승점으로 하자고 제안했다. 그리고 펜싱도 진지하게 고민해 볼 가치가 있다고 했다. 북한은 자유 왕래 문제는 없으며 언론이나 선수들이 왕래하는 문제도 전혀 문제가 되지 않을 것이라고 했다. 사마란치는 북한에서 어떤 경기가 열릴지 합의되기 전에는 어떤 논의도 되기 어렵다고 하며, 북한에서 열리는 경기의 호칭을 '제24회 올림픽, 평양'이라고 해야 한다는 제의를 단호히 거절했다. 그리고 평양에 제2의

---

247) 외교부 공개문서, 「1988년도 서울올림픽대회-남·북한 단일팀 구성 및 공동개최 문제, 1984-89」, 전16권(V.7), 15~17쪽.
248) 위의 문서, 17쪽.

올림픽조직위원회 구성 문제에서도 경기 종목이 확정되고 나서 논의할 수 있다고 하였다.[249]

사실상 북한의 요구 중 어느 하나도 제대로 반영된 것이 없었다. 남한도 갑자기 양궁에서 펜싱을 제안하면서 IOC를 당황스럽게 했다. 펜싱은 당시 남한에서도 낯선 종목이었다. 이 종목을 북한에 제시한 것은 북한 입장에선 받아들이기 어려운 제안이었다. 몇 차례 회의를 더 진행하고 나서 IOC는 보도자료 초안을 마련하였고, 두 대표단에 언론과 긴 이야기를 하지 말 것을 요청하고 기자 회견장에서 준비한 보도자료를 읽어갔다.

그 내용을 요약하면, 3차 회담은 결과적으로 만족할 만한 결론을 내지는 못했다. 사마란치는 이 회담에서 서울·평양 간 자유 왕래에 합의하고 일부 종목의 북한 지역 배정 문제를 구체적으로 토의했다고 밝히고, 탁구, 양궁 2개 종목의 예선 및 결선 경기를 북한 올림픽 위원회에서 개최할 것이라고 명시했다. 또한 추가적인 일부 경기(4개 조의 축구 예선 경기 중 1개 조 예선 경기를 평양에서 개최하며 100km 도로 사이클 경기를 북한에서 출발, 서울에 도착하게 하는 방안)와 올림픽 관련 문화행사를 남북 양쪽에서 조직할 것을 남북 NOC에 제안했다. 이 제안에 대한 수락 여부를 6월 30일까지 수용할 의사를 IOC에 전달해 달라고 요청했다.[250] IOC의 제안은 마지막이 될 것이며, IOC의 제안이 수락된 후에는 북한에서 경기 조직, 자유 왕래, TV 중계, 선수촌 등의 문제를 토의할 것이라고 했다.[251]

결국, 북한에는 탁구와 양궁 두 종목만 확실히 결정되었다. 그것도

249) Richard W. Pound, *FIVE RINGS OVER KOREA*, pp. 187~188.
250) 위의 책, p. 192; 『동아일보』, 「탁구 등 두 종목 북한개최 제의」, 1986년 6월 12일; IOC, OSC, D-RM01-COREN-001 Executive board of the NOC of the Democratic People's Republic of Korea(PRK), SD1 Corr 1972-1986, 42.
251) 외교부 공개문서, 「1988년도 서울올림픽대회-남·북한 단일팀 구성 및 공동개최 문제, 1984-89」, 전16권(V.7), 20쪽.

남한이 양궁을 양보한다고 이야기하지 않은 상태에서 내려진 사마란치의 일방적 발표였다. 그런데 나머지 축구와 사이클의 경우는 남북 NOC에 각각 제안한다는 애매모호한 표현이었다. IOC가 남북 NOC에 제안하는 형태를 취하고 있지만, 실질적인 결정 권한은 서울 조직위원회에 있었다. 이는 서울 조직위원회가 제안을 거부하면 더 이상의 제안은 없는 셈이었다. 그러니 표현이 그럴듯하게 들리지만, 북한은 2종목만 개최하는 안을 받아들여야 하는 입장이 되었다.

그래서 IOC는 4차 회담이 마지막이 되어야 함을 강조하고, 6월 30일까지 남북 NOC의 긍정적인 답변을 받으면 7월 말경 4차 회담을 개최할 수 있다고 했고, 이를 10월 IOC 총회 이전 남북체육회담을 종결시키려는 입장이었다.[252] 이는 남북 NOC의 긍정적인 답변이 모이지 않는다면 이것으로 회담을 끝날 수도 있다는 경고 같은 의미이기도 하였다.

위 기자회견 내용은 그동안 회담 과정을 생각하면 북측 NOC로서는 받아들이기 어려운 내용으로 보일 수 있으나, 북한이 인정하고 받아들일 수 있었던 것은 사마란치의 다른 제안이 있었기 때문으로 보인다. 사마란치 위원장은 북측 NOC가 제안한 것을 잘 알고 있었으며, 6월 말까지 긍정적이고 무조건적인 답변을 내오면 IOC는 평양에 별도의 조직위원회를 구성하고, 자유 왕래와 TV 방송과 같은 항목들이 준비될 것이라고 기대감을 주었다. 그는 김유순에게 북한에서 열리는 경기나 행사에 관해서 '24회 올림픽대회, 평양'이라고 부를 수 있고, IOC와 직접 거래할 수 있는 별도의 조직이 설치될 수 있도록 하겠다고 하였다. 또한 IOC(사마란치와 시페르코)가 최선을 다해 지원할 것임을 북한 당국에 전해달라고 할 정도로 확신을 주었다.[253] 정확히 말하자면 IOC 위원장은 북측

<hr>

252) 위의 문서, 20·44쪽.
253) Richard W. Pound, *FIVE RINGS OVER KOREA*, p. 192.

NOC를 상대로 거짓말을 한 셈이었다.

북한은 IOC의 기자회견(보도자료)에 담긴 내용을 잘 이해하고 받아들인 것인지는 정확히 알 수 없다. 하지만 북한에서 경기가 배정될 때 사용될 올림픽대회 호칭과 별도 조직위원회 그리고 TV 중계 등의 제안은 회담 과정에서 꾸준히 제기해 온 문제였고, 마지막에 사마란치와 시페르코가 함께 제안했으니, 북한으로서도 종목 수가 6종목에서 4종목(탁구, 양궁은 확정, 축구와 사이클은 가능성으로 남겨둔 상태)으로 줄었지만, 호칭과 조직 제안이 있어 받아들일 만한 것으로 판단했을 수 있다.

남측도 기자회견의 내용에 대해서 분석했다. 내용은 앞으로 IOC와 긴밀한 협조하에 결정할 수 있다는 점, 양궁은 절대 양보 못 한다는 방침에 따라 다른 종목으로 바꿀 수 있다는 점, 전 경기 조직권은 서울올림픽조직위원회(SLOOC)에 있는바, 그 운영과 조직은 SLOOC가 한다는 점, 대회 호칭은 '제24회 서울올림픽대회'로 되어야 하므로 이 문제가 논란의 대상이 돼선 안 된다 점, 개폐회식의 북한 선수단의 참가가 확실히 보장되어야 한다는 점 등으로 IOC 측으로 하여금 88올림픽의 성공적 개최 노력이 손상되지 않는 방향에서 종결될 수 있도록 명분을 제공해야 할 것이라고 대책을 세웠다.[254] 이는 남측 NOC가 북한의 서울 대회 참가를 전제로 하고 있기 때문에, 이 문제가 해결되지 않으면 다음 단계로 나아갈 수 없다고 판단한 것이다. 따라서 실제로는 북측 NOC의 요구 조건을 단 하나도 양보할 생각이 없다고 내부적으로 결정한 것이다.

북한은 6월 13일 자 로동신문에서 구체적인 내용은 적시하지 않고 세 주체가 로잔에서 만나 공동회의를 진행했다는 기본적인 내용을 담

254) 외교부 공개문서, 「1988년도 서울올림픽대회-남·북한 단일팀 구성 및 공동개최 문제, 1984-89」, 전16권(V.7), 42~45쪽; IOC, OSC, D-RM01-CORES-007, SD1 Corr 1-6 1986, 5~6.

은 기사를 냈다.[255] 극히 이례적인 일이다. 늘 북한은 회담이 있고 난 뒤에 그와 관련해서 강도 높게 비판하거나 좋은 결과가 있었다면 그 내용에 대해 자세히 싣는 편이었다. 그러나 다음날 14일 자 로동신문에는 북한이 88서울올림픽을 어떤 의미로 판단하고 있는가를 핵심적으로 설명하는 내용이 담겨있다.

> 지금 미국과 남조선당국자들은 올림픽경기대회를 조선에서 북과 남 사이의 대결을 고취하고 《두개 조선》조작 음모를 실현하는데 리용하려는 속심을 로골적으로 드러내고 있다. 남조선 당국은 올림픽의 서울 유치계획을 발표하던 첫 순간부터 그것이 《국제사회에서 북을 고립시키는 축제》로 될 것이라느니, 《북의 방해공작》이 《예상》된다느니 하면서 북남 대결을 고취하고있으며 올림픽의 이름을 걸고 《교차승인》과 《유엔동시가입》을 떠들면서 민족분렬을 영구화하려고 책동하고 있다.[256]

북한은 처음부터 서울올림픽은 국제 사회에서 자신들이 고립되는 계기가 될 수 있음을 직감하였다. 남북 간의 통일 대신 분열로 이어질 가능성이 크다는 점도 인식하고 대응해 나갔다. 이러한 배경에는 유엔 동시 가입을 통한 민족의 영구 분열화로 이어지는 것을 막기 위한 통일 전략의 하나가 서울올림픽 공동주최론이었다.

6월 22일 자 로동신문에는 DPRK NOC 김득준 부위원장의 담화가 실렸는데 이 기사에서는 공동주최론을 주장하는 이유와 종목 배당 문제에 대해서 북한의 입장을 밝혔다.

> 그들은 경기대회의 개막식과 페막식도 서울에서만 하고 거기에 우리가 참가하여야 한다고 하였다. 이것은 결국 《서울올림픽경기대회》에 우리

255) 『로동신문』, 「국제올림픽 위원회와 조선의 북과 남의 올림픽 위원회 대표들의 제3차 공동회의」, 1986년 6월 13일.
256) 『로동신문』, 「올림픽공동주최안의 실현을 위하여 적극 투쟁할것을 열렬히 호소한다」, 1986년 6월 14일.

가 참가하여야 한다는 것이다. 이렇게 놓고 보면 사실 상 이번 회의에서 토의된 기본문제에서 합의된 것이란 하나도 없다. 그럼에도 불구하고 남조선측은 제3차 로잔느 공동회의에서 우리에게 《선심》을 써서 크게 《양보》하여 《진전》이나 있은듯이 말하고있다. (중략) 그것은 결국 우리 지역의 도시에서 하게되는 경기를 남조선의 지방도시에서 하는 것처럼 보이게 만들자는 것이다. 이것이 우리의 공동주최안과 너무도 거리가 멀다는 것은 말할것도 없고 상상도 못할 언어도단이다. 우리가 한 두 개정도의 경기나 우리측 지역에서 하자고 해서 올림픽공동주최안을 제기한것은 아니다. (중략) 모두가 참가할 수 있는 순조로운 올림픽경기를 마련하기 위하여 공동주최안을 제기하였다. 더우기 우리는 올림픽경기대회를 통하여 북과 남사이의 오해와 불신을 해소하고 민족적 화해와 단합을 이룩하며 나라의 통일실현에 유리한 환경을 조성하는데 기여하기 위하여 공동주최안을 제기하였다.[257]

김득준은 사실상 이번 회의에서 토의된 기본 문제에서 합의된 것이 하나도 없으며 서울 단독개최를 고집하는 것은 언어도단이라고 주장하였다.

김득준의 담화는 3차 회담 후 IOC 제안서 내용을 정확히 해석한 것으로 볼 수 있다. 북한 입장에서는 2개 종목을 할애받은 것 외에는 아무것도 보장된 것이 없었다. 그 두 종목마저도 남한이 양궁을 가져가는 대신 펜싱을 가져가라고 했으며, 실제로 북한이 원한 것은 탁구 한 종목에 불과했다. 이런 문구상의 허점을 뒤늦게 발견하고 김득준의 담화가 나온 것이다. 그는 자신들이 주장하는 공동주최 안과 다른 방향으로 흘러가는 데 대해 우려를 표하며, 다시 한번 공동주최의 의의를 외면하지 말고 받아 주기를 요청한 것이었다.

김득준은 홍명희와 함께 1969년 6월 조선민주주의인민공화국 올림픽 위원회를 IOC에 정식 국호로 승인받는 과정에 중요한 역할을 담당

---

257) 『로동신문』, 「올림픽경기대회가 나라의 분렬을 고착시키는데 리용되여서는 안된다(조선민주주의인민공화국 올림픽 위원회 김득준부위원장의 담화)」, 1986년 6월 22일.

했던 인물이다. 그가 NOC 부회장직을 맡아 회담 전면에 나서지는 않았지만, 갑자기 담화문을 발표한 것은 이 회담이 북한이 원하는 방향으로 흘러가지 않자, 그에 대한 불만을 표시하며 다시 한번 북한의 요구를 외면하지 말아 달라는 요청이었다.

이 담화 이후 김유순은 1986년 6월 28일 사마란치에게 서신을 보내 3차 회담에서 탁구와 양궁 경기를 북측에서 개최하는 제안에 동의하며 종목 수가 너무 적으니, 북측이 제안한 내용에 대해 계속 노력해 주길 바란다고 했다. 7월 3일 사마란치는 남북 NOC에 긍정적인 회담에 감사하다고 했으나 자신이 추구했던 답이 아니었다고 하며 추가 자료를 제출해달라는 답장을 보냈다.[258]

북한이 공식적으로 처음 공동주최 안을 제기한 1984년 7월 30일 이후, 세계 여러 나라들의 공동주최에 대한 지지와 성명을 계속해서 기사로 실었다. 심지어 남한에서 주장하는 남북 올림픽 공동주최 찬성 또는 남한 단독개최 반대 등과 같은 기사들을 인용하여 적극적으로 입장을 밝혀왔다.

사마란치는 1986년 9월 25일 부다페스트에서 열린 AENOC(유럽국가 올림픽 위원회 연합)총회에 참석하여 북한을 상대로 취한 IOC 조치에 대해서 긍정적이라고 판단했다. 또한 쿠바를 방문하여 피델 카스트로와 회담을 했다. IOC는 지난 6월에 이루어진 제안에 기꺼이 변화를 주겠지만 그러한 수정은 사소한 것이 될 것이라고 하였고, 사마란치는 쿠바에서 열린 회의는 긍정적이지만 여전히 북한의 소식을 기다리고 있다고 기록하였다.[259] 6월 30일이 다가오면서 어떤 입장 변화가 있을지 기대를 보였다.

258) IOC, OSC, D-RM01-COREN-001 Executive board of the NOC of the Democratic People's Republic of Korea(PRK), SD2 Corr 1986, 48; Richard W. Pound, *FIVE RINGS OVER KOREA*, p. 196; 외교부 공개문서, (V.8), 114·118쪽.
259) IOC, OSC, Executive Board, 1986-10 - Lausanne - Executive Board Minutes. pdf, 1.

한편, 북한은 IOC와 3차 회담이 진행되는 동안에는 단일팀 이슈가 부각되지 않았지만, 회담이 진행되는 과정과 별도로 개별 종목에서 단일팀 구성을 추진하였다. 육상계와 탁구계는 각각 11월과 12월에 일본에서 열리는 제1회 세계역전마라톤대회 그리고 ITTF 주최 아시아 유럽 대항 탁구대회에서 남북 탁구 단일팀 구성에 합의하였다.[260] 그러나 11월 17일 남한에서 김일성 피살 가짜 뉴스로 한바탕 소동이 일어났고, 이에 북한은 남북 화해 분위기를 해치는 최근의 상황에서 한국과 탁구 단일팀을 구성하기는 어렵다는 전문을 보냈다.[261] 이러한 가짜 뉴스는 휴전선 부근의 북한 군부대의 확성기를 통해서 전해 들었다는 남한 당국(국방부)의 소식을 인용한 것으로, 안보 이슈를 부각하면 남북 교류 협력이 뒷전으로 밀려난다는 역사적 경험이 반복되는 일이었다.

5) IOC 로잔 4차 회담(1987. 7. 14.~15.)

가. 회담 재개 배경

3차 회담이 끝난 4일 뒤, 6월 15일 로동신문에는 김일성과 유고슬라비아 신문 주필과 올림픽 운동과 88서울올림픽에 관한 질문과 답변이 실렸다. 여기서 김일성은 88올림픽에 대해서 "그것은 단순한 체육문제가 아니라 조선의 통일문제와 관련되는 심각한 정치적문제입니다"라고 하며, "제24차 올림픽 경기대회를 남조선 서울에서 하기로 한것은 미국의 《두개 조선》 정책의 산물입니다"라고 그의 생각을 집약해서 제시했다. 올림픽은 세계 인민들 사이의 평화와 친선을 도모한다는 이념이 잘

---

260) 『매일경제』, 「남북한 육상선수 한팀서 뛴다, 일 세계역전경주 아시아 대표로」, 1986년 5월 23일; 「아(亞)·구(歐) 탁구, 남북한 대만·중공 단일팀 만든다」, 1986년 8월 5일.
261) 『동아일보』, 「북한 남북 탁구단일팀 거부」, 1986년 11월 28일.

실현될 수 있는 곳에서 열려야 하는데 남조선은 이 두 측면 모두 문제가 있다는 지적을 했다. 즉, 남조선은 평화롭지 못하고, 분단된 국가의 한쪽에서 올림픽을 하게 되면 세계 사회주의 국가들로부터 환영받지 못할 뿐 아니라 분열의 위기에 직면하고 있다는 분석이다.

이에 대해 "올림픽 운동을 위기에서 구원하고 올림픽경기대회를 순조롭게 개최하며 동시에 조선의 평화통일을 실현하는데 유리한 환경을 마련하기 위해 제24차 올림픽경기대회를 조선의 북과 남이 공동으로 주최할 것을 주장하고 있습니다"라고 올림픽 운동의 구원론을 다시 제기하였다. 올림픽을 공동주최하게 되면 "평양에서 진행되는 모든 종목의 경기들에 훌륭한 체육시설을 제공할 것이며 선수와 역원, 기자, 관광객들을 비롯하여 평양에 오는 모든 손님들을 따뜻이 맞이하고 그들에게 온갖 편의를 다 도모하여 줄 것입니다"라고 북한 사회의 개방과 관련해서 적극적인 의견을 밝혔다.[262] 이는 1986년 4월 사마란치와 박세직이 면담하는 과정에서도 북한이 올림픽 종목을 치를 수 있는 시설 면에서는 문제가 없다는 점에 대해서 공감했을 만큼 시설 문제와 국경 개방 문제는 중요한 문제가 아니었다.

북한은 1986년 7월 5일부터 8일까지 2차 쁠럭불가담(비동맹)국가들의 체육상 및 고위 일군들의 대표자 회의를 개최했다.[263] 그런데 소련이나 중국과 같은 비중 있는 사회주의 국가들은 참석하지 않았고, 55개국 비동맹국가들의 체육 대표자 모임이 진행되었다. 여기서 북한은 "제24차 올림픽경기대회를 북과 남이 공동으로 주최할데 대한 조선민주주의인민공화국의 제안에 대한 확고한 지지가 표명되었다"라고 전하며 비동

---

262) 『로동신문』, 「위대한 수령 김일성동지께서 유고슬라비아신문 《오슬로보줴니에》 책임주필이 제기한 질문에 주신 대답」, 1986년 6월 15일.
263) 『로동신문』, 「제2차 쁠럭불가담나라들의 체육상 및 고위일군들의 회의에 참가할 대표들을 열렬히 환영한다」, 1986년 7월 5일.

맹국가들의 지지와 연대성을 보여주었다.[264]

7월 19일 김유순은 사마란치에게 서신을 보내 지금까지 공식, 비공식 논의가 탁구와 양궁 두 종목과 문화행사 조직 제안에 동의한다고 했고, 축구와 사이클 추가 문제를 논의해야 한다고 했다.[265] 이에 대해 사마란치는 김유순의 답변이 충분하지 않다면서 6월 11일에 제안된 내용을 수정 없이 수락하는지 여부를 알려달라고 하였다. 명확한 응답이 없는 상황에서 다시 회담하는 것은 무의미하다는 점을 강조하고 다시 무조건 수락하는지가 회담의 전제 조건임을 강조했다.[266]

이 부분에서 북한과 IOC 간의 선문답이 계속되었다. 사마란치는 "IOC는 또한 자전거(도로 경기)와 축구(1조)와 같은 일부 추가 경기가 일부분 조선민주주의인민공화국에서 개최되도록 제안하며, 올림픽과 관련된 문화적 행사가 한반도 양쪽에서 모두 개최될 수 있도록 합니다"[267]라는 6월 11일 제안 내용에 대해 IOC 제안을 무조건 수락할지를 물었다. 그런데 이 부분에서 북한이 알고 싶은 것은 사마란치가 약속했던 축구와 사이클 경기 그리고 문화행사 조직에 대해서 확실히 보장할 수 있는 것인가에 대한 의문을 전달한 것이었다. 이 부분이 보장되면 회담에 참가하겠다는 것이 북한의 입장이었다.

이에 대해 8월 1일 김유순은 시페르코의 의견을 들어 IOC 입장을 알게 되었다며 경기 수를 늘리는 문제에 대해 논의할 수 있다는 점으로

264) 『로동신문』, 「제2차 뿔럭불가담나라들의 체육상 및 고위일군들의 회의 폐막」, 1986년 7월 9일.
265) IOC, OSC, D-RM01-COREN-001 Executive board of the NOC of the Democratic People's Republic of Korea(PRK), SD2 Corr 1986, 46~47.
266) IOC, OSC, D-RM01-COREN-001 Executive board of the NOC of the Democratic People's Republic of Korea(PRK), SD2 Corr 1986, 43.
267) The IOC also proposes that certain additional events be partly located in the DPR Korea in sports such as cycling (road events) and football (1 group) and that cultural manifestations associated with the Olympic Games be organized in both parts of the Korean peninsula.

이해하고 이에 대해 동의한다는 뜻을 IOC에 알렸다.[268] 3차 회담 이후 약 두 달 만에 IOC의 제안에 대해 북한이 수락을 표명한 것이다. 그리고 13일에는 가프너(M. Raymond Gafner)와 쿠펫(M. Alain Coupat)과 김형우 북한 대사가 만나서 4차 회담을 앞두고 IOC와 북측의 입장을 확인하는 자리를 가졌다. 이 자리에서 김 대사는 4차 회담에서 북한이 요구한 스포츠 종목 수를 늘릴 수 있는지에 대해 논의를 원한다고 했고, 가프너는 4차 회담 전에 스포츠 종목에 대한 완전한 합의가 있어야 한다는 점을 강조했다.[269] 그러나 아직도 해결되지 않은 부분은 과연 남한이 북한의 추가 종목에 대한 제의의 수락 여부였다.

만약 남한이 이를 거부하면 4차 회담은 열리지 못할 가능성이 컸다. 북한과 IOC는 물밑 접촉을 통해 북한의 올림픽 참여를 유도하려고 노력하였고, 북한도 명분을 갖추기 위해서 최선을 다하는 모습을 보였다. 남한이 만약 북한이 원하는 5개 종목에 대해서 수용하면 바로 4차 회담이 개최될 수 있는 상황이었다. 그런데 8월 21일 사마란치는 김유순의 두 번째 답장에도 만족을 못 하고, 완전하고 상세한 답변이 아닌 것으로 여기며 9월 8일 또는 10월 6일에 로잔에서 만나기를 바란다고 답장을 보냈다.[270]

반면, 남한은 1986년 6월 11일, 3차 회담 후 12일에 IOC와 남측 NOC 대표들이 로잔에서 추가로 회담을 이어갔다. 여기서 사마란치는 자신이 보기에 이번 IOC 측의 제안에 대해 북측이 수락하기 어려울 것으로 보고, 남측은 답신에서 아무 조건 달지 말고 '수락한다'고만 해주기를 바란다고 했다. 그렇게 생각하는 배경에는 북한이 25,000명의 올

---

268) IOC, OSC, D-RM01-COREN-001 Executive board of the NOC of the Democratic People's Republic of Korea(PRK), SD2 Corr 1986, 34~35.
269) 위의 서신, 36~69.
270) 위의 서신, 32.

림픽 가족에 대해서 국경을 개방하기 어려울 것으로 판단한 것이 가장 크게 작용하였다고 했다.[271]

모든 것이 사마란치의 계획하에 진행되고 있음을 알 수 있다. 그가 북한에는 답변이 불충분하다면서 세 차례나 무조건 수락하라는 압박을 더했던 반면, 남한과는 내밀한 소통을 유지해 갔다. 겉으로는 남북 모두에 공평하다는 인식을 주려고 했으나, 실상은 아니었다. 남한은 일찌감치 6월 27일 자로 사마란치에게 IOC 제안을 수락한다는 간단한 내용만 담아 서신을 보냈다.[272]

소련의 체육장관이면서 NOC 위원장이었던 그라모프도 3차 회의 직전에 사마란치에게 서한을 보내 남북 양측에서 올림픽을 개최할 수 있는 방안을 모색해 줄 것을 촉구했다. 그는 남한이 도덕적, 정치적, 경제적 이점으로 특권적 위치에 놓였기 때문에 애초에 서울올림픽 유치는 평화적인 대화나 통일 과정을 방해하는 것이라고 생각했다.

또한 그러한 특권적 위치로 인해 양국 간의 분열과 모순을 악화시켰다고 보았다. 그는 협상의 모든 세부사항을 알지 못했기 때문에 특정한 문제를 해결하기 위한 구체적인 수단을 제시하기에는 다소 어려움이 있었다고 말했다. 하지만 남북 양쪽에서 올림픽 개최가 가능할 것으로 보았고, 이 어려운 상황에서 벗어날 수 있는 길을 찾을 수 있으며, 남북 두 지역의 더 나은 상호 이해를 제공할 것이라고 낙관하였다.[273] 이러한 인식은 독일연방정보국(BND)의 보고서에서도 확인할 수 있었다. 남북이 협상을 잘 한다면 남과 북에서 올림픽이 동시에 열릴 수 있다는 내용을 담

---

271) 외교부 공개문서, 「1988년도 서울올림픽대회-남·북한 단일팀 구성 및 공동개최 문제, 1984-89」, 전16권(V.8), 5쪽.

272) 위의 문서, 77쪽. 전달은 박건 대사를 통해 6월 30일에 직접 이루어졌다. 그리고 IOC 측에 협조사항을 담은 서신을 동봉하여 보냈다.

273) Richard W. Pound, *FIVE RINGS OVER KOREA*, pp. 196~197.

고 있었다.[274]

이러한 일련의 상황에 대해 한·미 외교라인의 인식은 북한이 폐쇄사회를 대외에 개방할 수 없다는 내부 사정으로 인해 서울올림픽을 방해하기 위한 구실을 찾고 있다는 견해에 공감하며, 더욱 확고한 대북한 정책을 펴 나가는데 의견이 모였다.[275]

그리고 9월 20일부터 10월 5일까지 제10회 서울 아시안게임이 치러졌다. 그 전 9월 14일에는 김포공항에서 폭탄 폭발이 일어나는 사고가 있었다. 그리고 곧바로 그 사건을 북한의 소행으로 단정하고 수사를 전개했다. 그러나 당시 치안본부 총포화약계 주임이었던 심동수 박사는 당시 "김포공항 테러에 사용된 폭발물은 감식 결과 우리 군용 크레모아였다"라고 주장하며, 남한 정부의 자작극일 가능성에 무게를 실었다. 이러한 일로 인해 86아시안게임의 개최를 위해 경계수위는 높아졌고, 안보 불안을 조장하여 북한과의 적대감이 강화되었다. 이 사고 후, 대학생들의 데모를 더욱 강경하게 진압하는 계기가 되었다.

사마란치 위원장은 9월 18일 북한이 IOC 제안을 수용해야 추가 논의가 가능하다는 취지의 성명을 발표했다.[276] 그러나 10월 14일 진충국 DPRK NOC 부위원장은 8개의 종목을 북한에 허가할 것을 요구했다. 진충국은 10월 18일과 20일 로잔에서 사마란치를 만나 남한의 대통령 선거가 끝나고 4차 회담의 개최를 권하였다. 그리고 11월 18일 베를린에서 사회주의 체육 장관회의가 열렸다. 사마란치는 사회주의 국가들이 남북의 공동주최 안에 대한 지지는 하지만, 이것이 안 되더라도 올림픽

---

274) IOC, OSC, D-RM01-CORES-007, SD2 Corr 7-12 1986, 45~48.
275) 외교부 공개문서, 「1988년도 서울올림픽대회-남·북한 단일팀 구성 및 공동개최 문제, 1984-89」, 전16권(V.8), 191쪽. 8월 14일 당시 김삼훈 외교부 참사관과 David Blakemore 미국무성 한국과장과의 면담에서 공감한 이야기이다.
276) Richard W. Pound, *FIVE RINGS OVER KOREA*, p. 204.

322   분열과 통합의 남북 체육사

에 참가할 가능성이 높은 것으로 판단하고 만족하였다.[277]

이러한 가운데 KOC는 10월 15일 IOC에 보낸 서신에서 남한 정부의 입장을 명확히 담아 보냈다. 첫째는 북한이 IOC 제안을 수용해야 한다. 둘째는 북한은 합의에 이르지 못하는 것에 대한 책임을 남한에 넘기려는 의도를 보인다. 셋째는 북한은 IOC와 남한의 올림픽 성공을 위한 노력을 방해하기 위해 총력을 기울이고 있다. 넷째 IOC 제안의 틀에서 회담을 열어야 하고 북한에 더는 종목을 배정해서는 안 된다.[278] 이렇게 정리할 수 있다.

결국, 사마란치는 북한에 4종목을 배정할 계획이 있는 것처럼 비쳤으나, 실제로는 남한이 2종목 이상은 절대 양보하지 않을 것을 알고 있었다. 그럼에도 불구하고 그는 북한을 상대로 계속 IOC 제안을 무조건 수락하라고 압박하며 북한 스스로 물러나게 하려는 전략을 펼친 것이었다. 종목 추가 배정에 관한 권리는 남한에 있었기 때문에 이는 처음부터 불가능한 제안서를 북한에 내민 것이다.

10월 IOC 총회 회의록에도 이 부분에 대해서는 다음과 같이 결정하였다. 집행위원회는 첫째 한반도 북부 지역에서 탁구와 양궁 경기, 그리고 일부 종목의 개최를 승인할 권한, 둘째 위에서 발생하는 세부 사항을 올림 운동의 이익을 위해 모든 관련 당사자들의 동의하에 해결할 권한이 있다고 했다.[279] 이는 서울올림픽조직위원회가 반대하면 불가능하다는 의미도 담고 있는 것이다.

그러는 사이 남한 정부는 10월 30일에 북한에서 금강산 댐 대규모

---

277) 위의 책, p. 205.

278) Wilson Center Digital Archive, *Recommendation by the National Olympic Committee of the ROK to the International Olympic Committee on North Korea*, https://digitalarchive.wilsoncenter.org/document/113478 (검색일: 2024년 7월 24일).

279) IOC, OSC, Session, 86-10-12 to 17-Minutes 91th Session Lausanne.pdf, 109~111.

공사가 시작됐다는 내용이 보도되자, 다시 안보 불안을 조성하기 시작했다. 북한은 한 종목이라도 더 얻어 내려는 노력을 하고 있는데, 남한을 수공으로 침략하여 서울을 물바다로 만들 계획을 세웠다는 것이다. 나중에 밝혀졌지만, 북한의 금강산 댐 공사는 전력난 해소를 위해 자체 에너지 확보 차원에서 이루어진 공사였다. 결국, 금강산댐 수공침략론은 모든 이슈를 '북한 악마화'로 둔갑하여 더 이상의 남북 협력의 가능성을 어둡게 하는 결과로 이어졌다.

남북 체육회담 초기에 사마란치는 이 회담의 결론을 미리 내리고 회담을 진행하였다. 협상 테이블에 북한을 묶어 두고 다른 공산권 국가를 관리한 것이다. 그러는 사이 남한 내에서는 안보 불안을 키워 북한에 대한 부정적인 감정을 키워가며 회담에도 영향을 끼치게 되는 결과를 보였다. 이와 관련한 내용은 5장 2번 챕터 '북한의 올림픽 방해 공작 이슈'에서 자세히 다루었다.

11월 중순에는 사회주의 국가 NOC 회의가 동베를린에서 열렸다. 사마란치도 참석하여 의견을 청취하고 진행 상황을 보고하였다. 이 자리에서 사회주의 국가들의 일치된 의견은 올림픽을 위기에서 구원하기 위해 남북이 올림픽을 함께 개최해야 한다는 입장이었다. 그리고 종목은 인구 비례해 8종목을 북한이 개최해야 한다는 원론적인 주장을 하였다. 사마란치는 북한과 서울올림픽 참가 문제를 합의하기 위해 87년 초에 회담을 열 것이라고 했다. 그리고 동독 지도자 호네커를 만나 소련과 동맹국들은 서울올림픽 보이콧을 결정하지는 않을 것이라는 말을 듣고 전체적인 분위기를 파악하고 돌아왔다.[280]

특정되지 않은 정부가 작성해 IOC에 보고한 것으로 보이는 문건에

---

280) IOC, OSC, D-RM01-COREN-001 Executive board of the NOC of the Democratic People's Republic of Korea(PRK), SD2 Corr 1986, 12~13.

는 다음과 같은 내용이 기록되어 있다. "우리 정부는 북한이 점점 고립되고 있으며 사회주의 국가의 보이콧이나 대체 경기 모두 가능성이 낮다는 귀하의 평가에 동의한다." 또 "현재 전 대통령이 퇴임 약속을 어기지 않을 것이고 반드시 퇴임해야 한다고 생각한다. 권력 이양 시스템이 주요 논쟁이 될 텐데 우리는 1987년이 정치적으로 격동의 해가 될 것으로 보았다."[281] 이 내용은 IOC도 남한 내부의 정치 문제가 올림픽을 안정적으로 치를 수 있는 지 여부에 중요한 변수라고 생각했던 것이다.

실제로 1987년 6월항쟁은 남한 정치사에 중요한 분기점이 되었고, 대통령 직선제 개헌 등을 통해 민주화의 길을 걷게 되었다. 그 중심에 88서울올림픽의 안정적, 성공적 개최의 명분과 당위가 존재했던 것이다. 당시 시대적 흐름이 된 88서울올림픽 성공적 개최는 사회주의권 국가들의 참가 움직임이 긍정적이어서 안정기에 접어 들어갔다고 판단했다. 남한은 4차 회담에 대해 회의적인 입장이었고, 북한이 추가 종목을 요구하게 되면 4차 회담의 개최는 불가능하다는 것이 확고한 입장이었다.[282]

점점 사회주의권 국가의 분위기가 올림픽 참가로 기울어 가는 가운데 김유순은 1986년 12월 22일 사마란치에게 서신을 보내 4차 공동회담이 빨리 이루어지길 요청했고, 재차 1987년 1월 11일 추가 요청이 있었다. 그리고 사마란치의 제안으로 2월 12일 로잔에서 열린 IOC 집행위원회 회의에 북측 대표단이 참석했다. 이 집행위원회에 북한 대표단(김유순, 진충국, 장웅, 김덕길)과 집행위원 그리고 그 외에 피사르(Pisar) IOC 법률자문위원, 시페르코, 알랭 쿠펫(Alain Coupat) 등이 참석하였다. 사마란치는 집행위원회에 북한 NOC 대표들이 들어 온 것은 처음 있는 일이라고

281) IOC, OSC, D-RM01-CORES-007, SD2 Corr 7-12 1986, 2~3.
282) 위의 서신, 1.

하고 IOC는 완전한 두 개의 종목과 두 개의 특정한 경기를 제안한 것은 역사적인 제안이라고 강조했다. 집행위원회가 열리기 전 2월 10일에 김유순은 사마란치와 시페르코가 만났다. 이 자리에서 그는 평양에서 열리는 올림픽 경기의 명칭에서 평양의 지역명을 넣는 것과 8개의 종목을 요구했다.

김유순은 집행위원회 위원들의 질문에 적극적인 주장을 펼쳤으며, 북한의 입장을 거침없이 전달했다. 올림픽에 참가하기 위해 경기장과 숙박 시설 등의 준비를 시작했고, IOC가 제안한 매우 제한적인 조건에도 불구하고 IOC의 제안을 원칙적으로 수용하며, 스포츠 종목과 행사들에 관련하여 지적된 사소한 조정에도 매우 관심이 많았다고 했다. 또한 사마란치가 언급했던 "2만 5천 명의 자유로운 통행을 보장한다는 합의를 강조하며 1982년 적십자 협상 과정에서 국경 개방 요청을 한 쪽은 북한이고 이를 거부한 쪽은 남한이다"라면서 올림픽 기간에 자유 왕래에 대한 국제 사회의 염려를 불식하기 위해 노력했다. 그러나 사마란치는 이 문제는 두 지역 사이의 자유로운 왕래의 문제이고, 극복해야 할 주요 장애물 중 하나로 보았으며, 공항은 개방되겠지만 도로 또한 개방되어야 하고 이에 대해 상당한 시설 보수가 필요할 것으로 보았다.[283]

북한은 5~6종목을 요구하는 단계까지 갔다가 다시 8개의 종목을 더 할애해 달라고 IOC에 요구하였다. 북한 대표단은 2종목을 협상의 결과로 내놓기에는 초라한 성적표였고, 어차피 협상 가능성이 없다면 원래대로 8개 종목을 주장하는 것이 옳다고 판단했을 수도 있다. 그리고 사회주의 국가 NOC 회의에서 8개 종목을 지지한다는 입장의 연장선에서 태도를 바꾼 것으로 볼 수 있다. 북한은 마지막 4차 회담에 앞서 자신의 입장을 8종목으로 정리하여 제시함으로써 회담 성사 여부가 불투명해

283) Richard W. Pound, *FIVE RINGS OVER KOREA*, pp. 206~208.

졌다. 집행위원들은 북한의 의견을 듣고 파운드의 제안에 따라 남북 회담 자리에서 다루는 것이 더 건설적인 토의가 될 것이라며 4차 회담 날짜를 가능한 한 빠른 시일 내에 통보하겠다고 했다.[284]

그 자리에서 김유순은 3차 회담에서 서로 다른 해석이 협상을 방해하고 있다는 의견이 있었다고 하면서 탁구와 양궁이라는 두 종목의 조직에 전적으로 동의했다. 또한, 1개 조의 축구 예선전과 관련하여 15만 명 수용 능력을 갖춘 축구 경기장을 건설하고 있다고 거듭 강조하였고 남북을 잇는 사이클 경기에 대해서는 남북의 공정한 조율로 해결될 수 있다고 기대했다. 그러나 23개의 완전한 스포츠와 237개의 세부적인 올림픽 종목에 비례하면 북측에 제안된 두 개 종목은 너무 적다고 판단했다. 따라서 그는 주최할 종목 수를 늘려야 하고, IOC가 제안한 종목만 유치하게 되면 평양에서 열리는 대회는 서울올림픽의 부속 경기가 되며, 평양은 대한민국의 지방 도시로 간주 되어, 무엇보다 남한이 한반도를 대표한다는 인상을 주게 된다는 정치적 입장을 강조했다.[285]

김유순의 결론은 이러한 자기들의 주장을 논의할 4차 회담을 빨리 개최해달라는 요청으로 마무리하였다. 이에 그 자리에 있었던 다른 위원들의 의견은 현 교착 상태를 타개할 수 있는 최선의 방법은 북한의 선언을 IOC가 요구한 조건을 '수락'하는 것으로 인정하고 4차 공동회담을 소집하는 것이었다.

IOC는 1987년 4월 22~23일 집행위원회에서 제4차 남북 NOC 대표단 간의 공동회담을 추진하기로 결정했다.[286] 1987년 4월 26일 사마란

284) IOC, OSC, Executive Board, 1987-2-Lausanne-Executive Board Minutes. pdf, 25~29. 알랭 쿠펫은 프랑스 국적으로 1944년생이며, IOC 위원장의 비서로서 역할을 하였다.
285) Richard W. Pound, *FIVE RINGS OVER KOREA*, p. 210; IOC, OSC, Executive Board, 1987-2 - Lausanne - Executive Board Minutes. pdf, 26.
286) 외교부 공개문서, 「1988년도 서울올림픽대회-남·북한 단일팀 구성 및 공동개최 문제, 1984-89」, 전16권(V.9), 57~59쪽.

치는 김유순에게 서신을 보내 1986년 6월 11일 3차 회담의 IOC 제안을 북한이 원론적으로 '수락'한 것으로 간주하고, 이를 근거로 1987년 7월 14일~15일까지 로잔에서 제4차 남북 공동회의를 개최한다고 알렸다.

IOC는 두 가지 전제를 바탕으로 제안되었다. 첫째는 두 지역의 국경과 통로는 올림픽 관계자 모두에게 개방되어야 하고, 둘째는 남과 북 선수들은 서울에서 열리는 개막식과 폐회식을 포함해 한반도의 남북에서 열리는 모든 경기에 완전히 참여해야 한다고 조건을 제시했다. 이를 위해 시페르코가 5월 26~30일까지 평양을 방문하고 경기 시설과 경로를 시찰하고 판문점을 통해 서울로 갈 수 있도록 배려해달라고 제안했다.[287]

사마란치는 IOC 방문단이 DMZ를 통과해 넘어가지 못한다면 실제 통과 가능성이 없다고 보았다.[288] 결과적으로 IOC 방문단은 국경을 넘지 못하였고, 베이징을 거쳐 다시 로잔으로 돌아갔다. 북한은 이러한 상황은 중요하지 않다며 지금에서는 공동주최의 여러 조건을 IOC가 도와줘야 한다는 입장이었다. 하지만 장웅 DPRK OC 서기장은 교도통신과의 4월 13일 인터뷰에서 남한과 올림픽 공동개최를 고집하지 않을 것이라고 했다. 실제로 대규모 선수단과 임원 그리고 관중을 수송하는 문제가 있다는 점을 숨기지 않았다.[289] 그의 인터뷰 내용은 북한 당국이 지금까지 주장해 온 것과 결을 달리했다. 결국 북한도 명분에서는 공동주최를 지속적으로 요구하고 있으나, 김유순은 남한과 IOC가 이에 대한 해결책을 함께 찾는 입장이 전제되어야 가능한 일이라고 판단했다.[290] 장웅의 개인 인터뷰는 그러한 입장이 전제되지 않은 상황에서는 공동주최 주장을 계속한다는 것은 현실적인 어려움이 있을 것이라는 의미

---

287) IOC, OSC, Executive Board, 1987-4-Lausanne-Executive Board Minutes. pdf, pp. 16~19; D-RM01-COREN-005, SD2 Corr 1987, 19~20.

288) IOC, OSC, D-RM01-COREN-005, SD2 Corr 1987, 3.

289) IOC, OSC, D-RM01-CORES-008, SD1 Corr 1-4 1987, 4~6.

290) IOC, OSC, D-RM01-CORES-008, SD2 Corr 5-8 1987, 75~76.

로 해석된다.

남한은 최대한 4차 회담을 연기하려고 하였다. 외교부 기록에 의하면 "IOC 측은 북한을 회담에 계속 묶어 두는 것이 88서울올림픽을 보장할 수 있다는 판단으로 체육회담을 회담을 지속해 가고 있다"라고 했다. 그래서 남측 대표단은 "사마란치의 4차 회담 개최 요구에 동의한 대신 회담 일정을 되도록 지연시키려는 우리 측 입장을 관철하여 회담 일자를 7월 14~15일로 합의하였다"라고 기록했다.[291] 남한 정부의 회담 개최 일자 지연 요청이 받아들여졌다. IOC와 남한 정부는 긴밀하게 협의하며 하나씩 문제를 접근하며 해결점을 찾아 나갔다. 그래서 급할 것 없이 북한과의 협상을 유리한 국면에서 이끌어 갈 수 있는 여건이 조성되었다.

북한은 5월 7일 자 로동신문에서 DPRK NOC 대변인 성명을 통해 우선 로잔에서의 회담 시기가 늦어진 것에 대해 지적하고 작년 6월 이후 1년이나 다 되어 간다면서 무슨 이유로 또 몇 달을 기다려야 하느냐며 빠른 회담을 원했다. 그리고 "남조선 측의 립장은 제4차 로잔느 공동회의에서 우리측이 저들의 고집 불통한 종전주장을 그대로 고분고분 받아들이라는것이며 그렇지 않는 경우에는 제24차 올림픽경기대회의 북남공동주최를 파탄시키겠다는것이다"라고 남측의 양보 없는 태도에 대해 그 저의가 결국 공동주최를 하지 않겠다는 속셈이라고 판단했다. 또한 "조선민주주의인민공화국 올림픽 위원회는 올림픽 운동의 위기를 막고 제24차 올림픽경기대회가 진실로 조선반도의 평화와 긴장완화를 보장하며 나아가서 조선의 통일위업에도 기여하도록 하기 위하여 올림픽 북남 공동주최안을 내놓고 그 실현을 위하여 온갖 성의를 다하여 왔

291) 외교부 공개문서, 「1988년도 서울올림픽대회-남·북한 단일팀 구성 및 공동개최 문제, 1984-89」, 전16권(V.10), 90~91쪽.

다"라고 하며 공동주최의 필요성에 대해서 재차 강조하였다.[292]

북한은 국내외 기자들과의 회견 자리에서 "남조선 측이 2개 종목이나마 내놓은 것은 올림픽의 숭고한 리념과 나라의 통일에 관심이 있어서가 아니라 우리의 공동주최안을 적극 지지하는 세계여론에 못 이겨 마지못해 내놓은 것이며 세계인민들을 기만하기 위한 술책에 불과하다"라며 남측 NOC가 로잔 회담에 임했던 자세에 대해 비판하였다.[293]

5월 9일 이스탄불 집행위원회에서 김유순, 장웅과 사마란치, 시페르코 그리고 알랭 쿠펫은 약식 회담을 하고 이후 절차에 대해 의견을 나누었다. 김유순은 4차 회담이 빨리 열리길 바랐는데 너무 먼 날짜에 실망했다고 하자, 사마란치는 자신이 시간을 낼 수 없었다고 지연된 책임을 자신에게 돌렸다. 그리고 두 가지 질문을 했다. 첫째는 언제까지 IOC 제안에 답변을 들을 수 있냐?는 것이고, 둘째는 판문점 통과를 허가할 준비가 되어 있느냐?고 물었다. 김유순의 답변은 5월 14일까지 보내겠다고 약속했고, 판문점 통과 문제는 NOC의 소관이 아니라고 하자, 사마란치는 정부가 해결할 문제라며 북한 방문을 수락하면 검토할 항목을 보내겠다고 하고 30분 만에 회담을 마쳤다.[294]

이 보고서에 따르면 이때까지만 해도 북한은 4차 회담의 날짜가 지연된 것을 안타까워하며 그 회담을 통해 마지막 해법을 찾으려는 적극적인 태도를 읽을 수 있다. 하지만 남한은 어떻게 해서든지 만남을 피하거나 지연을 시켜 북한의 변수를 제거하려는 태도를 보였다는 점에서 88서울올림픽 남북 협상 과정은 서울의 '환호'와 북한의 '좌절'[295]의 과

292) 『로동신문』, 「남조선측은 불순한 정치적야망을 버리고 우리의 올림픽공동주최안을 받아야 한다 (조선민주주의인민공화국 올림픽 위원회 대변인 성명)」, 1987년 5월 8일.
293) 『로동신문』, 「조선민주주의인민공화국 올림픽 위원회에서 남조선측이 제24차 올림픽 경기대회 북남공동주최실현에 난관을 조성하고 있는것과 관련하여 국내외기자들과 회견」, 1987년 5월 8일.
294) IOC, OSC, D-RM01-COREN-005, SD2 Corr 1987, 1~2.
295) 신종대, 「서울의 환호, 평양의 좌절과 대처」, 『동서연구』 제25권 3호, 2013.

정을 실감 나게 보여주는 사례였다.

5월 17일 김유순은 사마란치에 답장을 보냈다. 다음의 내용은 답장의 주요 내용이다.

(중략) 4차 공동 회의에 관해서는, 7월 중순에 회의를 개최하는 것은 너무 늦었다고 생각한다. 아시다시피, 올림픽 대회를 위한 대규모 준비가 현재 한창 진행 중이다. 그러나 아직 로잔 회의에서 최종 합의가 이루어지지 않아, 특정 스포츠 종목을 선택하고 적절한 시설을 제공하는 등의 세부 준비에 큰 어려움을 겪고 있다. 그래서 4차 로잔 공동 회의 날짜를 가능한 한 빨리 앞당길 것을 제안한다. (중략)

현재 남조선 올림픽 위원장이 여전히 원래 입장을 고수하며 앞으로도 변화가 없을 것이라고 선언하는 사실에 의문을 제기하지 않을 수 없다. 본질적으로 이는 남조선 측이 4차 로잔 공동 회의 자체를 부정하는 것이다. (중략) 4차 공동 회의의 성공은 남한 측이 완강한 입장을 버리고 회의에 대한 선의와 성실을 표현해야 달성될 수 있다.

우리는 이미 여러 차례 북남 올림픽 공동개최가 실현되고 관련 올림픽 구성원들이 남북 간 자유롭게 왕래할 수 있도록 군사분계선을 열기 위한 적절한 조치를 취할 것을 공개적으로 발표했으며, 이를 제1차 로잔 공동 회의에서 공식 제안으로 제출했다.

현재 우리가 가장 관심을 갖고 있는 것은 판문점에서 대표단의 통행 문제가 아니라, 북남이 올림픽 대회를 공동개최하고 8개 스포츠 종목을 우리 쪽에서 개최하는 해결책을 찾는 것이다. (중략) 우리는 판문점 통행 문제는 올림픽 공동개최라는 근본적인 문제가 해결된 후에 논의되어야 할 문제라고 생각한다.[296]

김유순의 답장에는 북한의 입장이 고스란히 담겨있다. 아직 종목이 확정되지 못해 시설 준비에 어려움이 있으니, 하루라도 빨리 회담 날짜를 앞당겨 줄 것을 요청하며 북한이 열심히 준비하고 있다고 인상을 주고 있었다. 그러나 남측이 아무런 변화가 없을 것이라고 못 박은 것은 4차 회

---

296) IOC, OSC, D-RM01-COREN-005, SD2 Corr 1987, 24~25.

담의 의미에 대해서 회의적인 입장을 취하고 있기 때문이었다. 이렇듯 북한은 완전한 '을'의 입장에서 이 공동개최 문제를 놓고 남한에 끌려다니면서 대응해 가고 있었다.

사마란치는 5월 20일 자로 북한 방문단이 질문할 목록을 서신으로 보냈다. 그 내용에는 마치 공동개최라도 하는 듯한 질문 내용(TV, 라디오 기자, 사진작가 등이 필요로 하는 장비와 시설 관련, 경기 티켓 배부, 입출국, 방송, 문화 프로그램 등)으로 채워져 있었다.[297] 하지만, 이 모든 것은 북한 선수단이 서울올림픽에 참가한다는 조건에서 이루어진다는 내용이었다. 사마란치는 남과 북의 요구 사항과 쟁점을 다 알고 있는 상황에서 왜 이렇게 눈 가리고 아웅 하는 일을 추진했을까? 그것은 명분 쌓기였다. IOC는 북한을 서울올림픽에 참가시키기 위해 최선을 다했다는 점을 강조하기 위해 그 논리를 만들어 가고 있었다. 남과 북의 상황은 두 당사자가 만나서 쟁점에 대해 허심탄회한 대화를 해 나가는 것이 더 실속 있는 방법이 아니었을까 되짚어 보게 된다.

5월 22일 김유순은 사마란치에게 답장을 보내 다시 한번 더 남북 공동개최를 실현하는 것이 회담의 주목적이 되어야 한다면서 제4차 회담과 이번 방문단과 논의할 때 풀어가기를 기대했다고 했다. 그러나 IOC가 북한의 제의를 무시하고 오직 남한 제의만을 수용한 사실에 놀라지 않을 수 없다며 이런 상황에서 4차 회담의 진행에 대해 걱정밖에 할 수 없다는 답답함을 토로했다. 그러면서 북한이 관심을 갖는 5가지 사항(종목과 할당, 대회 명칭, 조직위 구성, 개회식 및 폐회식, TV 권리 등)이 방문단과 논의하며 다뤄지길 요구했다.[298]

사마란치는 김유순에게 바로 답장을 보내 현재 협상 단계에서 IOC

---

297) IOC, OSC, D-RM01-COREN-005, SD2 Corr 1987, 9~11.
298) 위의 문서, 5~7.

에 보내는 서신의 방식이나 어조에 대해서는 언급하지 말기를 바라며 일부 용어는 내용이나 형식 모두 받아들여질 수 없는 것이라고 다소 감정적인 반응을 보였다. 이는 의사소통에 혼돈이 빚어지고 있다면서 이 서신 교환을 계속할 필요가 없다고 판단했다. 다만 7월 14~15일에 열릴 회담을 준비하는 차원에서 이뤄지는 것인 만큼 필요한 질문은 현지 방문단과 다뤄주길 바란다고 했다.[299]

IOC 대표단은 5월 27일에 평양에 도착하고 29일 정오에 기차로 베이징으로 출발했다. 시페르코와 쿠펫은 판문점을 통해 북한에서 남한으로 넘어오지 못했다. 판문점은 한국인이 아닌 사람이 건넌 사례가 없고, 유엔사무총장도 그곳을 통과하고자 했으나 하지 못했다. 북한은 대신 올림픽 당시에는 통행이 개방될 것이라고 하였다.[300] DMZ 통과 문제는 북한 정부의 문제만 있는 것은 아니다. 유엔사에 사전 허가를 구하고 허락을 받아야 하는 문제가 있었다.

당시 국제탁구연맹(ITTF) 회장인 일본인 이치로 오기무라(Ichiro Ogimura)는 87년 6월 중순 북한을 방문하고 돌아와서 사마란치에게 "비무장지대에는 스위스, 스웨덴, 체코슬로바키아, 폴란드에서 온 유엔 위원회 위원들만 출입할 수 있었고, 스위스 대사나 다른 어떤 외국인들에게도 접근이 확대된 적은 없다"[301]라고 하면서, IOC 대표단이 국경을 넘어가는 것은 간단치 않은 정치적 문제가 존재한다는 것을 강조했다.

결국, IOC 대표단은 로잔으로 돌아왔지만, 그들은 북한의 경기장 건설에 대해서 무척 인상적이었다고 보고하였다. 평양에는 15만 명을 수용할 수 있는 대형 경기장을 비롯해, 평양 외곽에 약 10개의 경기장과 스포츠 홀이 평균 2만 5천 명의 관중을 수용할 수 있는 광대한 스포츠

---

299) 위의 문서, 4.
300) Richard W. Pound, *FIVE RINGS OVER KOREA*, pp. 220~221.
301) 위의 책, p. 226.

단지가 거의 완비되어 있다고 보고됐다.[302] 그때 지어진 경기장이 지금의 능라도 5.1 경기장으로 1989년 제13차 세계청년학생축전 때 사용되었다.

오기무라는 북한이 진지하게 시설을 지어 나가고 있으며, 많은 돈을 들여 대회를 준비하고 있었고, 군 병력을 동원하여 일손을 돕고 있었다고 전하였다. 또 각종 경기시설이 몰려있는 안골 체육촌(현재 청춘거리)과 능라도 경기장 건설에 대해서는 올림픽 경기를 위한 체육시설들이 마무리 단계에 들어서고 있다고 밝혔다.[303] 북한이 당시 건설했던 여러 체육 경기시설은 두 행사를 모두 겨냥하고 있었다. 북한을 방문했던 IOC 대표단도 하나 같이 북한의 경기시설들에 대해서 올림픽을 치르는 데 문제가 없다는 판단을 내렸다.

북한이 정작 중요하게 생각한 것은 자국의 인민들에게 보이는 체면이었다. 만약, 올림픽을 개최하지 못하면 이 경기장 건설과 인민들의 기대를 저버리게 되어 체면을 잃게 될 것을 걱정했다. 그래서 북한은 남한에 굴종하는 것처럼 보이거나 평양이 어떤 식으로든 서울의 일부분이라는 인상을 받아들일 수 없었다. 그래서 9월 17일 올림픽 참가 공식 초청장이 발송될 시기 이전에 모든 것이 결정 나야 한다는 사실에 초조해했다.[304]

북한은 방문한 IOC 대표단에 공식 요청 5건과 그것이 받아들여질

---

302) 외교부 공개문서, 「1988년도 서울올림픽대회-남·북한 단일팀 구성 및 공동개최 문제, 1984-89」, 전16권(V.9), 66쪽.

303) 『로동신문』, 「조선에서 올림픽경기대회를 조직할수 있는 세상에 둘도 없는 체육시설들을 건설」, 1987년 6월 18일; IOC, OSC, D-RM01-COREN-005, SD2 Corr 1987, 35~38. 정부는 오기무라에 대해서 친북인사라는 평가를 하였다. 외교부 공개문서, 「1988년도 서울올림픽대회-남·북한 단일팀 구성 및 공동개최 문제, 1984-89」, 전16권(V.15), 140쪽.

304) Richard W. Pound, *FIVE RINGS OVER KOREA*, p. 227.

때 취할 8가지 약속을 제시했다.[305]

이 내용에 대해 남한 정부는 "4차 회담에서 그들의 주장이 관철될 수 없음을 간파하고 회담 결렬 시 그 책임을 우리 측에 전가하면서 이를 공산권의 서울 대회 불참유도 및 방해책동의 명분으로 활용해 보려는 의도인 것으로 평가"하였다. 그리고 "북한 측 주장을 결코 수용할 수 없다"라며 우리 측의 기본 방침을 확고히 견지하는 대비책을 마련해 갔다.[306]

IOC 대표단은 북한을 방문하고 베이징에 머무는 동안 IOC 법률고문 피사르(Samuel Pisar)에게 따로 보고했다. 사마란치 IOC 위원장에게 보낸 내용을 요약한 것을 보냈는데, 마지막 부분에 평양 공항에 도착하자 수많은 기자와 마주하며 남한의 입장, 미국의 개입, IOC의 역할 등에 대해 상당히 공격적인 정치적 질문을 받았다는 이야기를 덧붙였다.

305) 위의 책, pp. 222~224. (1) 북측에서 총 8개 종목이 배정되어야 한다: 탁구, 양궁, 유도, 축구, 레슬링, 체조, 여자 배구, 남자 농구와 여자 핸드볼 중에서. (2) 북측에 배정된 대회 명칭은 '제24회 올림피아드, 평양'으로 한다. (3) 북측 NOC가 구성할 북측 올림픽 조직위원회는 IOC에만 책임을 지고 조직위원회의 모든 권리, 특권, 직무 등 서울 조직위원회에 준하는 모든 권리와 특권, 의무를 얻게 된다. 제24회 올림피아드 평양 대회 조직위원회라는 이름이 붙을 것이다. (4) 북측에서 조직된 경기의 일부를 IOC 위원장이 개회하고, 올림픽 성화는 올림픽 기간 내내 점등하여 불태우며, 올림픽 깃발을 날린다. 평양과 서울에서 열리는 올림픽 개막식과 폐막식은 동등해야 한다. (5) 텔레비전에 관한 한, 북측은 로드캐스팅을 보장할 준비가 되어 있었다. "자신의 수단으로" 북한에서 일어나는 스포츠와 행사에 대한 텔레비전 권리와 수입은 올림픽 헌장에 따른다. 북한 조직위원회는 관련 텔레비전 방송사와 단독으로 계약을 맺기를 희망할 것이다. (1) 올림픽 헌장의 모든 규정을 엄격히 준수한다는 서면 약속을 정부로부터 받는다. (2) 올림픽 헌장에 따라, IOC에 의해 승인된 모든 사람은 북한 영토에 대한 입국을 허가하고, ID 카드를 제시하면 분계선을 통과하는 데 필요한 모든 수단을 제공한다. (3) 해당 IF의 요건 및 규정에 따라, 그들과 긴밀히 협력하여 부여된 이벤트나 스포츠를 조직한다. (4) 특히 올림픽 가족 구성원에게 제공되는 숙박, 교통 및 서비스와 관련하여 올림픽 헌장의 규정을 준수한다. (5) 특히, 방송에 필요한 물품, 수입, 사용에 대해서 올림픽 헌장의 요건에 반대되는 "배치"는 허락하지 않는다. (6) 남한에서 주최하는 대회, 서울에서의 공식 개폐회식, 문화프로그램에 참가하고, 남한의 NOC가 북한에서 주관하는 대회, 문화프로그램 등에 참가할 수 있도록 승인한다. (7) 올림픽에 참가하는 모든 대표단의 깃발은 예외 없이 평양의 모든 올림픽 지역에 게양되고, 각 우승국 깃발이 해당 대표단의 국가가 연주되는 동안 경기장에 게양되는지 확인한다. 한국 양 지역 대표단과 선수단에 대해서는 4차 3자 회담을 계기로 논의에 이어 최종 결정이 내려질 예정이다. (8) 그리고 소송의 경우는 스포츠 중재 재판소에 항소한다.

306) 외교부 공개문서, 「1988년도 서울올림픽대회-남·북한 단일팀 구성 및 공동개최 문제, 1984-89」, 전16권(V.9), 73~74쪽.

또 다른 장소에 방문하자 즉석에서 기자회견도 조직되었고, 대표단은 IOC의 입장만을 반영해서 대응했다고 보고했다.[307] 시페르코와 쿠펫은 왜 피사르에게 따로 보고했을까? 피사르는 미국인으로 IOC의 법률 고문으로 이 모든 상황에 대해 안타까운 마음을 가지고 있었다. 그는 후에 남한과 북한의 정상이 만나서 이 모든 문제를 해결하기를 제안하기도 했으며, 이 상태로 가면 북한이 올림픽에서 소외될 것을 우려해 남한의 넓은 아량을 촉구하기도 했었다.

사마란치는 서울조직위원장에게 IOC 대표단(시페르코와 쿠펫 등)이 6월 25일부터 28일까지 서울을 방문할 예정이라고 알렸다. 이 시기 한국은 국내 정치로 어려운 시기였다. 특히 대학생 박종철 군 고문치사 사건 진상규명과 대통령 선거 제도 개혁 요구 등 서울과 전국의 시민 시위와 폭동 그리고 경찰의 대치가 이어지면서 전두환 정부의 심각한 정치적 위기가 있었다.[308] IOC 대표단은 남한을 방문하여 KOC가 함께 북한의 요청 목록에 대한 서울올림픽조직위원회의 입장을 요약하여 제안서를 작성하였다.[309]

---

307) IOC, OSC, D-RM01-COREN-005, SD2 Corr 1987, 39~40.
308) Richard W. Pound, *FIVE RINGS OVER KOREA*, p. 224. 1987년 6월 항쟁, 6.29 선언 등
309) 위의 책, pp. 228~229. (1) 북측 대표단의 공식 개폐회식, 체육대회, 남측 문화프로그램 참가 및 북측의 동일한 활동 참여에 대한 상호 약속을 수용하겠다는 약속을 재확인했다. (2) 한반도 두 지역 사이에 필요한 교통수단의 제공을 보장하기 위해 착수했다. (3) 북한이 올림픽 공동개최를 언급하는 것을 자제해 줄 것을 요청하고, 오히려 "공유"라는 용어를 사용하며, 그들이 로잔에서 4차 회의에 왔을 때 북한에서 개최되는 경기에 적합한 이름을 제안할 것임을 시사했다. (4) IOC의 후원으로 북한에서 개최되는 경기와 의식의 조직과 관련된 모든 사항을 책임지고 임시 조직위원회의 설치를 수락했으며, 공동 회의에서 어떤 위원회의 명칭을 제안할 것인지에 대한 책임을 지고 있다. (5) IOC는 올림픽 개최 도시가 평양시와 이 특권을 공유하는 것을 수락한 서울이라는 것을 상기시키기를 원했다. (6) 결과적으로, 올림픽의 유일한 공식 개막식과 폐막식은 서울에서 조직된 행사일 수 있다고 지적했다. (7) IOC가 인가하고 북한에서 오는 모든 사람과 마찬가지로 업무에 필요한 모든 스포츠 또는 기술 자료를 포함한 모든 스포츠 또는 기술 자료에 대해 남한의 자유로운 출입과 입국을 보장하기 위해 착수했다. (8) 한국 양쪽에서 올림픽을 성공적으로 개최하기 위해 IOC가 요청할 수 있는 모든 지원을 제공하기 위해 착수했다. (9) 스타디아, 대표단 퍼레이드, 메달 수여식 등 올림픽 현장에서 규정한 모든 경우에 북한의 국기와 국가가 제한 없이 사용되도록 보장하기로 합의했다. (10)

그런 사이에 북한은 FIFA로부터 3월 쿠알라룸프에서 열린 축구 올림픽 예선전 불참에 대해 불성실 행위로 벌금을 부과받고 출전 자격까지 박탈당했다. 북한은 IOC와 공동주최 논의 중이라 개최국에 부여된 자동 출전 자격을 얻는 줄 알고 대회 등록을 안 했다고 해명한 바 있었지만, 받아들여지지 않아 올림픽 참가 자격을 잃었다.[310]

1987년 6월은 남한 사회에서 가장 정치적으로 극심한 혼란과 격동의 시간을 보내고 있었다. 남한 사회의 정치적 혼란에 대해 걱정과 항의가 담긴 다른 국가들의 서신과 기사들이 IOC에 전달되었고, IOC는 다시 한번 한국 정치 문제에 대해 촉각을 세우지 않을 수 없었다. 그 서신들의 내용에는 IOC가 올림픽 헌장에 내전 지역은 개최지가 될 수 없다는 항목을 다시 언급하며, 군사 독재가 연장되는 일에 올림픽이 사용되지 않기를 바랐다. 서울에서 민주주의와 올림픽 개최 모두 얻을 수 있도록 노력해달라는 요구도 있었다. 노태우 대통령 후보가 자신이 직접 나서서 긍정적인 이미지를 보여주어야 한다는 분석도 제기되었다.[311] 국제 사회 여론은 남한 정치 문제가 올림픽 개최에 지장을 초래해서는 안 된다는 점이 중론이었다. 그런 상황에서 노태우 대통령 후보의 6.29 선언(대통령 직선제 수용)을 계기로 사회 불안은 어느 정도 가라앉았다. 그러나 12월 대선까지 남은 상황은 또 다른 국면이 전개될 상황이었다.

3차 회담 이후 4차 회담이 성사되기까지 북한은 IOC가 제시한 모호한 제안서에 궁금증이 풀리지 않았다. 북한이 주장했던 5가지 사항에 대해서 기회가 닿을 때마다 질문을 이어갔다. 하지만 IOC는 즉답을 피

1986년 6월 11일 IOC가 북측에서 개최할 스포츠나 이벤트와 관련하여 제안한 제안의 개선 가능성을 연구하고 있었다. (11) 그리고 북한에서 조직될 게임의 부분에 관한 텔레비전 방송과 마케팅 프로그램의 질문이 SLOOC 부분에서 이미 진행 중인 계약에 영향을 미치지 않도록 요청했다.

310) Richard W. Pound, *FIVE RINGS OVER KOREA*, p. 233.
311) IOC, OSC, D-RM01-COREN-005, SD2 Corr 1987, 59; D-RM01-CORES-008, SD2 Corr 5-8 1987, 44~45, 58~60.

하고 IOC 제안에 무조건 수락하라고만 강요하여 이 문제는 공전을 거듭하였다. IOC는 이를 중재하기 위해 IOC 대표단을 북한과 남한에 파견하여 4차 회담을 성사시키기 위해 노력하는 모습을 보였지만, 근본적인 남북의 주장과 논점은 변하지 않은 상태에서 4차 회담을 열어 봤자 무의미하다는 점에는 모두가 같은 생각이었다.

나. 회담

제4차 남북체육회담은 1987년 7월 14일 로잔 IOC 본부에서 개최되었다. 북한 참석자는 5명은 같았고 안복만(사로청 출신, NOC 부위원장) 대신 박천일이 참석했다. 남한 참석자도 장충식(KOC 부위원장)과 남정문(안기부) 대신 김삼훈(SLOOC 국제국장)과 박수창(안기부 전략조정관)으로 바뀐 것을 제외하고는 나머지 대표단은 그대로 참석했다.[312]

회담 일정은 14일에는 10시부터 IOC 위원장 인사, 11시부터 IOC와 북측 NOC 회담, 15시부터 IOC와 남측 NOC 회담, 16시 30분부터 IOC와 북측 NOC 회담 후 만찬. 15일에는 10시부터 IOC와 남북 NOC 공동회담, 12시 30분 기자회견 순으로 진행되었다.[313]

이때 외신들의 관심은 88올림픽 개최 도시가 서울·평양 두 개 도시로 될 것인가에 있었다. 사마란치는 합의 가능성이 작을 것이라고 했고 회담을 계획대로 진행했다. IOC는 북한의 참가 가능한 조건을 제시했다. 그리고 9월 17일 IOC 이름으로 올림픽 초청장이 발송될 예정이었다.

김유순은 인사말에서 IOC의 지속적인 노력에 감사를 표하고 올림

---

312) 외교부 공개문서, 「1988년도 서울올림픽대회-남·북한 단일팀 구성 및 공동개최 문제, 1984-89」, 전16권(V.10), 193·196·203쪽. 장충식의 회고록에는 총 3차례 회담에 참가했었다고 기록하고 있다(438쪽). 외교부 문서에는 대표단에 이름이 있으나, 당시 장충식은 유고에서 유니버시아드 대회 한국선수단장으로 참석. 김삼훈이 대신 참가했다.
313) 위의 문서, 159쪽.

픽과 관련된 모든 문제를 해결하기 위해 이 자리를 오랫동안 기다려 왔다고 하며 더 일찍 이루어지지 못한 아쉬움을 나타냈다. 그는 올림픽 문제들이 평화, 우정, 단결에 대한 이상에 맞게 해결되어야 하고, 분단국가의 통일 대의 달성을 가속하기 위해 북남의 올림픽 공동주최를 요청하게 되었다고 당위성을 언급하였다. 그리고 종목 8개 배정, 대회 명칭에 평양 삽입, 개폐회식 따로 개최, 평양 조직위원회 구성, TV 중계권 개별 협상, 북남 자유 왕래 등의 기존 제안을 다시 언급하며, 이들의 성공을 위해 상호존중과 평등의 원칙에 대한 이해와 협력의 정신을 강조하였다. 덧붙여 이런 중요한 문제를 합의에 이르게 하려면 기존 회담 형식에서 벗어나 남북 양측 간의 회담을 열자고 제안하였다.[314]

김종하는 서울에서 열리는 제24회 올림픽의 성공적인 무대를 위해 끊임없는 노력과 지원에 대해 IOC 사마란치에게 감사를 표했다. 그는 김유순 위원장의 말을 듣다가 예상치 못한 추가 종목 배정 요청에 깜짝 놀라며, 이번 4차 회담에서 긍정적인 결과가 나올 가능성에 대해 매우 우려했다. 하지만 그는 유익한 결론을 도출하기 위해 IOC와 계속 협력할 것이라고 했다. 리차드 파운드 부회장은 IOC는 지금까지 여러 난관에 부딪혔던 회담이었지만, 1년 만에 재개된 회담이 매우 의미 있는 일이고, 남측이 IOC의 제안을 발전시키고 구체화하기 위해 노력해 왔고 서울올림픽을 역대 어느 대회보다 성공적이어야 한다는 신념으로 관용과 인내를 보여줬다고 했다. IOC는 북한 종목 배정 문제에서 완전한 2종목과 일부 2개 종목을 북한에 추가 배정하는 내용으로 화해 제안을 했었다. 북한은 이 제안을 받아들이기가 쉽지 않았지만, IOC의 권위와 노력을 존중해 조건 없이 수용한 것이었다.[315]

314) Richard W. Pound, *FIVE RINGS OVER KOREA*, pp. 242~245.
315) 위의 책, pp. 245~246.

IOC와 북측 NOC의 회담에서 김유순은 북한의 경기 종목 수를 늘려달라고 요청했고, 사마란치는 축구 경기 대신 여자 배구 완전한 경기 배정을 제안했다. 축구는 FIFA로부터 참가 제재를 받은 상황이었다. 그러나 김유순과 진충국은 그동안 축구 경기를 위해 대형 운동장(5.1 능라도 경기장)을 건설했다는 점을 강조하면서 북한이 이전에 제안한 1개 조가 아니라 4개 조 모두를 할애해 달라고 요청하였다. 사마란치는 축구 경기는 FIFA가 내린 결정 때문에 어렵다는 의사를 전했다. 대신에 탁구, 양궁, 여자 배구, 사이클 경기를 IOC가 공식적으로 제안하고 남측과 합의가 필요하다고 했다.[316]

오후에는 IOC와 남측 NOC가 만났다. 사마란치는 북측 NOC와 했던 이야기를 나눴고, 남한의 최근 국내 정치 문제들이 올림픽에 영향을 어떻게 미칠지에 더 관심이 있었다. 김종하는 최근 시위와 정치인들의 입장에 대해서 잘못 보도된 측면이 있다고 하면서 성공적인 올림픽을 위해서 그들도 이의가 없다고 하면서 사마란치를 안심시켰다. 그리고 북한의 종목에 대해서 사마란치는 탁구, 양궁 두 종목 외에 여자배구, 사이클 경기(북한 지역 내에서만)를 추가하자고 김종하에게 제안했다. 김종하는 만약 북쪽에서만 경기가 진행된다면 남북을 오고 가는 상징적인 의미를 잃게 된다고 하자, 사마란치는 남북을 연결하면 남북 모두 조직에 관여하기 때문에 북한 단독으로 조직하기가 더 쉬울 것이라고 했다. 김종하는 이해했다고 하였다. 끝으로 김종하는 북한이 올림픽 헌장에 따라 공동주최 주장을 철회하고, 개·폐막식에 참가하며, 국경의 자유로운 왕래를 보장한다면 그것에 대해 긍정적으로 연구해 보겠다고 전했다.[317] 사실상, 김종하의 제안은 그 전제 조건을 북한이 받아들이기 어렵다는 것

316) 위의 책, pp. 248~249.
317) 위의 책, pp. 250~252.

을 알고 몇 종목이 추가되는 것에 큰 의미를 두지 않았다고 볼 수 있다.

오후에 다시 만난 IOC와 북측 NOC 회담에서는 우선 국경의 자유로운 통행에 관해서 이야기했다. 김유순은 이미 1985년 10월 1차 회의에서 자유 왕래에 관한 도로, 철도, 항공로 등 세부 사항까지 제시했다고 하면서 오히려 남측이 북한 선수와 관계자 및 언론인에게 자유 왕래를 보장한다고 언급하지 않았다고 하였다. 이어서 김유순은 먼저 논의해야 할 사항은 공동주최와 관련된 것이고 그다음 DMZ 통과 문제를 논의해도 충분하다고 주장해 왔다.[318]

김유순은 재차 축구 대회의 중요성과 관련하여 계속해서 축구 경기 배정에 대한 요청을 이어갔다. 장웅 NOC 위원이 나서서 만약 당시 북한이 FIFA에 예선전 참가 신청을 냈다면 올림픽에서 북한 축구대회 개최 제안이 철회될 것으로 해석했다는 것이다. 그는 단독으로 축구대회에 참가하여 올림픽에 참가하는 개별팀이 될 수도 있어서 공동주최를 주장하는 가운데 개최국의 자동 참가 방식으로 이해한 것이라며 거듭 축구 경기를 할애해 달라고 요청했다.[319]

다음(15일) 날 사마란치는 남측 NOC 대표를 먼저 만나 어제 김종하가 제시한 전제 조건을 그대로 유지할 것이라고 하면서 종목에 있어서는 기존 두 종목에 추가로 여자 배구와 사이클을 추가할 것에 대해 8월 말까지 서면 회신을 달라고 하였다. 그는 북측 NOC 대표와의 만남에서는 김유순이 제안했던 여러 문제(자유 왕래, 조직위 구성, TV 방송권 등)를 받아들이려면 5차 회담이 필요하다고 했다. 그러면서 사마란치는 9월 17일이 IOC가 참가국에 초청장을 보내는 시한인 만큼 북측 NOC에 IOC 제안

318) 위의 책, p. 106; IOC, OSC, D-RM01-COREN-005 Correspondence of the NOC of the Democratic People's Republic of Korea(PRK) 1987.01.01-1987.12.31. SD2 Corr 1987, 24~25.

319) 위의 책, pp. 253~254.

수락 여부를 가능한 한 빨리 알려 달라고 요청했다. 이는 북측과 합의가 이뤄지지 않으면 초청장은 서울에만 해당한다는 분명한 의미였다.[320]

오후 마지막 합동회의에서 김유순은 최종 합의를 못 한 것에 대해 유감을 드러냈다. 다른 문제는 남북 간의 얼마나 많은 의견 차이가 있는지 모르지만, 종목 문제에서 남북 간에 큰 차이가 있다고 하였다. 그는 문제 해결 방도는 종전의 태도에 매달리지 않고 공동주최를 실현하여 발전하는 올림픽 운동의 새로운 역사를 창조하고 평화통일에 기여해야 한다는 원론적인 입장을 다시 강조하였다. 김종하는 모두가 올림픽 헌장의 정신과 IOC 총회 결의 사항 그리고 사마란치 위원장이 제안한 중재안의 원칙적 합의 사항에 대해 타협점을 찾을 수도 있었다고 아쉬움을 나타냈다. 그러나 우리 측 대표단은 4차 회담의 결과에 대해 결코 실망하지 않는다고 하였다.

이 회담에서 IOC가 북한에 제안한 종목은 탁구, 양궁, 축구 예선 1개조, 배구 여자경기, 사이클 남자 경기는 북한 지역으로 한정 시행하는 것으로 정리할 수 있다. IOC는 이 제안에 대해 8월 말까지 남북 NOC는 각자의 입장을 제시할 것을 주문했다. 그러나 남측 NOC의 원칙적인 주장은 북측 NOC가 공동주최 주장 철회와 서울올림픽 공식 참가 선언, 자유 왕래 보장 등이 전제되지 않는다면 종목 문제는 더 논의하는 것의 의미가 없다는 입장을 고수하였고, 북측 NOC는 8개 종목 배정과 그 안에는 축구 4개 조 모두 조직할 수 있도록 요청하였고, 평양의 대회 명칭, 대회 조직, TV 방영권 등의 논의 주제를 제시하며 공동주최의 의미 부여에 힘을 기울였다. 하지만 양측의 입장에는 원칙적인 이견, 즉 공동주최의 의미를 살리려는 북측과 그 의미를 두지 않으려는 남측의 전략이 팽팽하게 맞섰던 회담이었다고 볼 수 있다.

---

320) 위의 책, p. 257.

4차 회담이 끝난 후, 서독 IOC 위원이었던 윌리 다우메(Willi Daume)는 사마란치에게 보낸 서신에서, 북한이 이번 회담을 계기로 88올림픽에서 더 많은 종목을 배정받기란 어려울 것으로 판단했으며, 사회주의 국가들이 보이콧 가능성에 대한 기대도 접었다는 내용을 전달했다. 문제는 북한이 서울올림픽에 참가할 것인지에 대해서는 최종 결정을 내리지 않았다고 했다.[321]

그럼에도 불구하고 북한은 8월 10일 자로 다시 8종목에서 5종목으로 줄이는 안과 서로에게 영향을 미치는 중요한 문제를 종합적으로 논의하자고 했고, 가능하면 9월 17일 초청장을 보내기 전에 5차 회담을 소집해 줄 것을 요구하였다.[322] 사마란치는 이는 4차 회담 이후 제안했던 내용의 답변으로 간주할 수 없다며 북측이 IOC의 모든 제안을 수락한다는 전제에서 5차 회담이 가능하다고 했다.[323]

김유순은 사마란치에게 서신을 보내 지난 3년간의 로잔 회담에 우리가 기울인 가치 있는 노력이 헛되지 않기 위해서는 5차 회담을 날짜를 잡기 위해 초청장 발송 날짜는 연기해 달라고 요청하였다.[324] 그러나 사마란치는 초청장 날짜를 미루는 것은 불가능하고 10월 7일 로잔에서 다시 한번 5차 회의를 열 수는 있으나, 이전에 전제 조건을 확정할 것을 제안하였다.[325]

김유순은 초청장 발송을 이틀 전인 15일에 사마란치에게 서신을 보내 남북 대표 양자 회담을 조직할 필요가 있다고 생각하고 사마란치에게 직접 협상이 이루어질 수 있도록 협조해 주길 요청했다.[326] 사마란치는

---

321) IOC, OSC, D-RM01-COREN-005, SD2 Corr 1987, 62.
322) 위의 서신, 67~69.
323) 위의 서신, 64.
324) 위의 서신, 5~6.
325) 위의 서신, 1~2.
326) 위의 서신, 8~9.

10월 7일 회의에서 양측 간의 회의 일정을 잡아보겠다고 하며 예정대로 167개국에 올림픽 참가 초청장을 발송했다. 이 초청장에는 한반도 양측 NOC 간의 협상과 북한 영토에서 조직될 수 있는 경기와 관련하여 앞으로 합의가 이루어질 가능성을 언급한 편지도 동봉되어 있다고 했다.[327]

사마란치는 국제 사회를 향해 남북의 올림픽 공유라는 대의를 위해 마지막까지 최선을 다하고 있다는 액션을 취했으며, 북한은 그로 인해 더욱 궁지에 몰려 스스로 고립의 길로 들어가고 있었다. 북한은 그런 상황에서 마지막까지 남한과의 협상에 끈을 이어가고자 IOC에 남북 양측 NOC가 직접 회담을 열 수 있도록 도움을 요청했다. 그러나 남한은 4차 회담 이후 더욱 강경한 태도로 북한에 IOC 제안을 무조건 받아들이라고 촉구하며, 양자 회담을 거부했고 무엇보다 북한 선수단이 서울올림픽에 개별팀(NOC)으로 참가할 것을 희망했다.[328]

북한이 개별팀으로 참가할 경우, 국제 사회에 '두개 국가', '분단 고착', 그리고 '유엔 동시 가입'으로 이어지는 이미지가 형성될 것으로 판단했다. 그것에 반대하기 때문에 북한 스스로 단독 참가는 경우의 수에 포함하지 않았다.

남한은 8월 17일 자로 일찌감치 IOC의 제안을 수락한다는 답신을 보냈다. 그러면서 북한이 '올림픽 공동개최' 주장 철회, 남북한 선수단의 자유로운 왕래 보장, 서울의 개·폐회식에 북 대표단 참가 등 이 세가지 선결 조건을 준수해야 한다는 것을 강조했다.[329] 결국, 남한이 제시한 세 가지 선결조건은 북한으로서는 받아들이기 힘든 것으로 이 회담의 최종 종착점을 안내하는 역할을 하게 됐다.

---

327) 위의 서신, 7.
328) 위의 서신, 14~16.
329) IOC, OSC, D-RM01-CORES-008, SD2 Corr 5-8 1987, 4~6.

6) 북한의 88서울올림픽 불참 선언(1988. 1. 12.)

김유순 위원장은 9월 12일 자로 남측 NOC 김종하 위원장에게 서신을 보내 3년 동안 로잔 공동회담은 각 측 입장의 근본적인 차이로 교착상태에 빠지고 있다며 북과 남의 대표들이 먼저 회담을 열어 차이점을 줄여가자고 제안하며 답변을 기다린다고 하였다.[330]

정부는 3일 뒤 판문점에서 서신을 받아 갔다. 외교부 공개문서 따르면 남측은 북측이 별도로 공동주최 문제를 협의하자고 제의할 가능성을 염두에 두고 의도적으로 3일 뒤에 서신을 수령했다고 했다. 그리고 지금까지 4차례의 체육회담이 IOC 주재하에 진행됐고, 앞으로도 긴밀한 협조하에 회담을 성공적으로 종결시키려는 것이 우리 측의 확고한 입장임을 IOC에 밝히도록 하였다고 기록하고 있다.[331] 동시에 북측 서신에 대해서 남측 NOC는 정부 대책 회의를 통해 IOC 중재안을 무조건 수락하는 것이 선결 요건임을 강조하고 그것이 이루어지면 5차 회담에 응하겠다는 내용의 답장을 9월 24일에 보냈다.[332]

이 내용을 북한은 왜 쉽게 받아들일 수 없는 것일까? 이 문제는 북한이 올림픽 공동주최를 처음 주장하게 된 배경과 관련되며, 올림픽 유치 자체가 남북 분단을 고착하려는 정치적 의도가 담겨있다고 수차례 강조했었다. 이는 올림픽을 통한 남북 평화와 통일에 기여할 수 있는 유리한 기회를 저버리지 않기를 바라는 마음에서 공동주최를 제안하게 되었다고 했다. 그런 맥락에서 단일팀과 올림픽 공동주최를 지속해서 주장했다.

---

330) 『로동신문』, 「우리 나라 올림픽 위원회 위원장이 남조선 올림픽 위원회 위원장에게 편지를 보내였다」, 1987년 9월 16일.

331) 외교부 공개문서, 「1988년도 서울올림픽대회-남·북한 단일팀 구성 및 공동개최 문제, 1984-89」, 전16권(V.11), 89쪽.

332) 위의 문서, 178~180쪽.

그러나 남한과 IOC는 북한의 주장을 수용하지 않았다. 북한은 처음에는 전 종목의 절반을 요구했다가, 8개에서 6개로 마지막엔 5개로 줄여가며 경기 종목을 확보하려고 했다. 종목 수를 줄여가더라도 남북 공동주최의 명분과 내용 그리고 형식에서 북한이 설정한 최소한의 기준이라고 판단했으나, IOC와 남한 정부는 이를 거부했다.

9월 17일 IOC는 서울에서 개최되는 제24회 올림픽에 참가할 회원국들에 초청장 발송식을 했다. 각국의 NOC는 1988년 1월 17일까지 회신을 보내야 했다. IOC는 15일에 김유순으로부터 초청장 발송식을 연기해 달라고 요청하는 전문을 받았으나, 예정대로 진행하였다. 사마란치는 북측이 IOC의 제안을 완전히 수락하는 것을 전제로 10월 7일에 북측 NOC 대표 간의 양자 회담을 할 수 있다고 전했으나, 북한은 IOC의 회담에 응하지 않았고 남북 NOC 간의 기대했던 회담도 남측 NOC의 거부로 이루어지지 못했다.[333] 북한은 10월 3일, 10월 12일 판문점 연락을 통해 남북 NOC 간의 직접 대화를 촉구하는 서신을 계속해서 보냈다. 그런데도 남측 NOC의 반응은 직접 대화는 거부한다는 입장을 반복했다.[334]

남한 정부는 북한이 남한과의 직접 회담을 요구하는 이유를 IOC의 제안을 회피하고 회담 실패에 대한 궁극적인 책임을 남한에 전가하려는 시도로 인식했다. 그리고 5차 회담 제안은 IOC와 남한과 대화를 지속하고자 하는 구실로 서울올림픽 성공을 위한 IOC와 서울의 공동 노력을 방해하기 위한 것으로 판단했다.[335] 북한의 인식과 남한의 인식이 이처럼 차이가 나는 상황이었다.

---

333) Richard W. Pound, *FIVE RINGS OVER KOREA*, p. 258·260·261; 위의 문서. 217·227쪽.
334) 외교부 공개문서, 위의 문서, 227~229·231·254-255쪽.
335) IOC, OSC, D-RM01-CORES-008, SD3 Corr 9-12 1987, 25~26.

로잔 4차 회담 후에 북한은 계속해서 남한과의 직접 회담을 시도했지만, 남한은 서신을 늦게 받는 등 소극적으로 대응하며 회담을 거부하였고, 이로 인해 북한은 공식적으로 남한의 대선이 끝난 후, 새로운 정부와 회담을 이어가겠다고 결정했다.[336]

10월 21일 북측 NOC 대표 진충국은 로잔에 도착하여 사마란치 위원장과 면담을 갖고 남한의 대통령 선거가 끝나는 시점까지 모든 남북 체육회담을 중지해 달라고 요청하였다.[337] IOC 서신에는 회담을 미루는 이유에 대해서 좀 더 구체적인 표현이 들어 있었다. 남한의 '체계적인 반대'와 '심각한 모욕' 때문이라고 밝혔다.[338] 북한은 10월 27일 자 로동신문에서 현 군사정권 하에서는 올림픽 공동주최가 실현될 수 없다고 판단하고 협상 연기를 표명하였다. 남한 대통령 선거에서 민주 세력이 집권하면 공동주최에 대한 전망이 밝아질 것으로 기대하며, 상황 변화에 대비해 모든 체육회담을 연기했고, 이것은 옳은 조치였다고 밝혔다.[339]

남한 언론에서는 1노 3김 중 누가 대통령이 되느냐에 따라 상당한 변화가 예상된다며, 야당 후보가 될 경우 88올림픽의 공동주최를 위한 대대적인 공세를 벌일 것이라고 일본 언론인의 인터뷰 기사가 실리기도 했다.[340] 야당의 당선은 곧 남북 올림픽 공동개최로 이어진다는 논리와 더불어 그럴 경우 올림픽이 위험해질 수 있다는 불안감을 조성했다.

한편, 사마란치는 1987년 9월 29일 미국 방문에서 시거(Sigur) 동아태 차관보와 면담을 통해 팀스피리트 훈련(T/S)을 중지하거나 축소하길 원

336) 조남훈, 『조선체육사 2』, 평양: 금성청년출판사, 1992, 358쪽.
337) 외교부 공개문서, 「1988년도 서울올림픽대회-남·북한 단일팀 구성 및 공동개최 문제, 1984-89」, 전16권(V.11), 256쪽.
338) IOC, OSC, D-RM01-COREN-005, SD3 Corr 1987, 37~38.
339) 『로동신문』, 「현 군사독재《정권》이 존재하는 한 올림픽공동주최가 실현될 수 없다」, 1987년 10월 27일.
340) 『경향신문』, 「한국 선거 야당 집권땐 북한, 올림픽 공세 강화」, 1987년 10월 27일.

했다. 그는 역사적으로 볼 때 올림픽이 개최되면 진행 중이던 전쟁 행위도 중지해 왔다는 올림픽 정신도 염두에 두어야 한다고 언급했다. 그러나 시거 차관보는 T/S 훈련은 미국의 대한민국 안보 공약에 대해 갖는 상징적 효과를 생각할 때 T/S 훈련의 중지나 축소가 어렵다며, 미국은 대한민국 공약을 저해하는 조치는 취하지 않을 것이라고 하였다. 더윈스킨(Derwinski) 차관은 북한이 올림픽 분산개최 문제와 관련, 악화된 경제사정, 북한 주민의 외부 영향 노출에 대한 북한 정권의 의구심 등 여러가지 요인을 고려할 때 실제 올림픽 부분 유치 의사가 있는지가 의심된다고 언급하였다. 남한 정부도 T/S 훈련에 대한 필요성을 설명하고 이 훈련은 서울올림픽 성공개최에 도움이 될 것이라고 하였다.[341]

이렇게 T/S 훈련에 대해 북한과 사마란치 요구를 무시하고 강행하겠다는 미국 측은 남한 정부와 훈련을 강행했고, 남한 언론에서는 북한의 '남침설'에 대한 언론 보도를 내보냈다. 1980년대 간헐적으로 언론에 언급되었던 '남침설'은 올림픽이 가까워져 올수록 더 선명한 어조로 표현되었다. 1987년 9월 9일 경향신문의 한 기사에서 "아직도 남침의 망상을 버리지 않고 무장간첩을 보내고 동족의 축제(88대회)에 재나 뿌리려는 북한의 김일성을 생각하면 한숨이 절로 나온다"라고 했고, 9월 15일 동아일보의 한 기사에서는 "북한이 무력남침노선을 포기하고 한반도에 확고한 평화구조를 정착시키는 데 협력한다면 주한미군의 존재는 재검토될 수 있을 것"이라고 했다. 그리고 9월 18일 매일경제의 한 기사에서는 "북괴의 수공남침에 대비, 건설 중인 평화의 댐이 진입도로 등 선행공사가 마무리 단계에 들어감에 따라..."와 같이 북한의 '남침설'에 대한 국민들의 불안한 심리를 자극하는 기사들이 이어지고 있었다.

---

341) 외교부 공개문서, 「1988년도 서울올림픽대회-남·북한 단일팀 구성 및 공동개최 문제, 1984-89」, 전16권(V.11), 203~206쪽.

이때 북한은 미국과 남한 정권은 군축에는 관심이 없고 제24차 올림픽의 성과적 보장을 위해 미국의 육·해·공 무력을 대대적으로 집결시키고 있다면서 이는《남침위협》을 떠들며 더욱 도전적으로 나오고 있다고 이를 규탄하였다.[342] 또한 북한은 남한의 '남침설'은 말도 안 되는 억측이라고 하며, 북한 군인 10만 명을 일방적으로 축소하고 있다고 밝혔다. 공동주최는 남침이 목적이 아니라고 강조하였다. 그러면서 조선반도에 존재하는 것은 '올림픽 방해'를 목적으로 한 '남침 위협'이 아니라 '올림픽 안전'을 운운하며 무력증강 책동에 광분하는 미제와 남조선 괴뢰도당에 의한 북침 위협뿐이라며 남침설을 부정하는 기사로 맞대응하였다.[343]

1987년 11월 10일, 미국 국무부 더윈스키 차관은 남한을 방문하여 올림픽 준비 상황을 확인했다. 이때 박수길 차관보는 올림픽 준비는 잘되어 가고 있으며, 미국이 강력한 안보 지원만 보장된다면 올림픽 성공을 확신한다고 했다. 또한 미 함대의 한반도 해역 파견 등이 중요하다는 의견을 내고 협조를 당부했다.[344] 더윈스키는 소련과 중국 그리고 동독이 올림픽에 참가하면 북한의 도발은 방지될 것이라며 북한이 올림픽 참가를 저지할 수 없을 것으로 판단했다.[345]

1987년 11월 사마란치는 서울올림픽조직위원회(SLOOC)를 방문하여 야당 지도자들과 면담을 원했으나, 남한 정부는 이를 허락하지 않았다. 대신 노태우, 박세직, 김운용과 비밀리에 만나고 광저우로 넘어가 거기서 북측 김유순을 만나 1월 중순까지 IOC 제안에 답변하기로 약속하였다.[346]

342) 『로동신문』, 「군축은 평화통일의 선차적 요구」, 1987년 9월 20일.
343) 『로동신문』, 「올림픽을 위협하는 무분별한 군사소동」, 1987년 10월 14일.
344) 외교부 공개문서, 「1988년도 서울올림픽대회-남·북한 단일팀 구성 및 공동개최 문제, 1984-89」, 전16권(V.11), 320~325쪽.
345) 위의 문서, 335쪽.
346) Richard W. Pound, *FIVE RINGS OVER KOREA*, pp. 264~265.

그 사이 1987년 11월 29일 버마 상공에서 KAL기가 폭파되는 사건이 일어났다. 그리고 12월 2일 언론에서 처음으로 이 사건 배후에 북한의 지령을 받은 조총련계 남녀에 주목하면서 바로 북한의 소행으로 규정하고 비난을 쏟아 냈다.[347] 그리고 이는 서울올림픽 방해 책동의 일환으로 KAL기를 폭발시켰을 가능성이 있다고 발표했다.[348] 이 사건이 대선에 영향을 준다는 메시지 대신 올림픽 방해를 위한 북한의 공작이라는 프레임이 또다시 작동한 사건이었다.

북한은 12월 5일 자 로동신문에서 "남조선려객기《보잉-707》이 실종"이라고 처음 언급한 후, 북한 소행 주장에 대해 자신들은 KAL기 폭발과 무관하며 남한의 자작극이라는 주장을 수개월 동안 이어갔다.[349] 그리고 김종하 KOC 위원장은 KAL기 추락 사건이 북한 테러분자들의 소행으로 밝혀질 경우 서울올림픽과 관련된 체육회담을 계속하지 않겠다며 분산개최도 재고해야 한다며 강경한 입장을 밝혔다.[350] 1985년부터 4차에 걸쳐 원치 않았던 남북 체육회담을 지루하게 이끌어 온 남한 입장에서는 KAL기 사건이 체육회담을 중단해야 할 확실한 명분이었다.

IOC는 1988년 1월 10일까지 167개 NOC 중 10개의 NOC만이 올림픽 초대장에 회신을 보내지 않았다며 재차 독촉하는 서신을 보냈다. 동독은 87년 12월 21일 자 서한에 참가를 통보하였고, 소련과 중국은 1월 11일에 회신을 보내 올림픽 참가를 공식 발표하였다. 사마란치는 안도하였다. 소련 NOC는 여전히 남북 공동주최를 지지하면서 그 종목 수는 IOC가 결정할 것이라고 하였다.

347) 『동아일보』, 「KAL기 탔다 내린 남녀 일본인 위장 북한계 추정」, 1987년 12월 2일.
348) 『매일경제』, 「배후 북괴·조총련 추정」, 1987년 12월 2일.
349) 『로동신문』, 「려객기사건은 권모술수에 이골이 난 괴뢰도당의 추악한 자작극」, 1988년 1월 18일.
350) 『동아일보』, 「'KAL기 추락 북한관련땐 남북체육회담 그만두겠다' 김종하 KOC위원장」, 1987년 12월 3일.

1988년 1월 1일 북한의 김일성은 신년사를 통해 북남 불가침선을 채택하고, 팀스피리트 훈련 중지, 제24차 올림픽 경기대회 북남 공동주최 문제, 호상 비방·중상 중지 등을 시급히 해결해야 한다고 하면서 제 정당, 사회단체 대표자들과 각계 인사들이 참석하는 북남 연석회의를 소집할 것을 제의했다.[351] 이에 대해 남한은 반응하지 않고, 북한의 통일전선 전략의 일환으로 그러한 회합에서 제반 문제를 진지하게 논의하거나 유익하고 생산적인 협상을 기대할 수 없다며 반대했다.[352]

결국, 북한은 남조선에서 군정이 지속되는 결과를 가져와 올림픽을 단독으로 강행하려는 책동이 우심해지고 있다며 1월 12일 올림픽 불참 성명을 발표하였다.[353] 그러나 사마란치는 1월 중순까지 기다리겠다며 여지를 남겼다.[354] 쿠바는 1월 13일에 불참을 통보했다. 그리고 에티오피아, 니카라과, 알바니아, 세이셸 등 6개국이 최종 불참을 통보했다. 이 중 쿠바와 에티오피아는 이전부터 북한의 공동주최 주장을 지지하였으며 그 맥락에서 불참 통보를 하였다. 남한과 IOC는 북한의 참가 가능성을 완전히 닫지는 않았지만, 이미 사회주의권 국가가 대부분 참가를 결정한 상황에서 체육회담을 이어가는 것에 대해 회의적이었다.[355]

북한은 IOC에 88올림픽 불참 통보는 하였지만 '두개 조선'으로 영구 분열을 추구하고 있는 남조선 당국자들은 올림픽 경기대회 신청마

---

351) 『로동신문』,「신년사 김일성」, 1988년 1월 1일.

352) 외교부 공개문서,「1988년도 서울올림픽대회 남북한 단일팀 구성 및 공동개최 문제, 1984-89」, 전16권(V.14), 7쪽. 북한은 14일에 남북 연석회의 개최를위한 예비회담을 판문점에서 가질 것을 제의했으나, 남한정부는 통일 안보 문제에 대한 국론분열 획책으로 보았고, KAL기 사건 수사결과 발표가 임박하자 대북 비난 여론을 둔화시키려는 저의라며, 이는 평화적 정부이양과 올림픽 성공적 개최 등을 방해하려는 정략적 평화공세로 평가했다(34쪽).

353) 『로동신문』,「조선민주주의인민공화국 올림픽 위원회 성명」, 1988년 1월 12일.

354) IOC, OSC, D-RM01-COREN-006, SD1 Corr 1988, 61.

355) 외교부 공개문서,「1988년도 서울올림픽대회 남북한 단일팀 구성 및 공동개최 문제, 1984-89」, 전16권(V.14), 19쪽.

감날이 박두한 오늘까지도 우리의 제의를 외면하고 단독개최를 강행하려 하고 있다며, 자신들의 1.12 성명은 정당하다고 주장했다. 또한 북한은 올림픽 문제로 북남 사이의 대결이 더 이상 조장되지 말아야 한다며 자신들의 입장은 올림픽 공동주최문제를 해결하기 위하여 앞으로도 계속 인내성 있는 노력을 경주할 것이라고 했다.[356] 결국, 북한은 불참 통보는 했지만, 공동주최의 가능성에 희망을 버리지는 않았으며 남북 연석회의를 요구하며 88올림픽에 참가할 여지를 두었다.[357]

이러한 상황에서 북한은 남한이 테러로부터 올림픽 안전을 지킨다는 구실로 미군의 군사력 증강과 3, 4월에 있은 한·미 연합 군사훈련을 언급하며 조선반도에 군사적 긴장과 전쟁 위협을 증가시킨다고 비난을 이어갔다.[358] 북한은 올림픽 협상에 관한 것도 중요한 문제였지만, 점점 고조되는 남북 간의 군사적 긴장 관계에 더 신경이 곤두서 있었다. 그 대표적인 것인 팀스프리트 훈련과 미 전략자산의 남한 배치에 관한 것이었다.[359] 한·미 간의 군사훈련에 맞대응하여 소련과 북한도 동해 상공과 해상에서 군사훈련이 실시되었다.[360] 이 두 세력의 명분은 남한 입장에서는 북한의 올림픽 방해 공작과 안전한 올림픽 개최였다면, 북한은 미국과 남한의 군사적 도발에 대응한 훈련이라는 명분이었다.[361]

1월 21일 사마란치 위원장은 노태우 대통령에게 서신을 보내 미국 국무부와 남한 정부에 올림픽이 있는 해에 한·미 간 팀스피리트 군사훈련이 그대로 시행되는 경우에 잠재적 위험과 불편에 대해 우려해 평화

356) 위의 문서, 35~36쪽.
357) Richard W. Pound, *FIVE RINGS OVER KOREA*, pp. 270~276; 『로동신문』, 「올림픽 공동주최안을 지지하여」, 1986년 1월 6일.
358) 『로동신문』, 「올림픽에는 총포가 필요없다」, 1988년 3월 17일.
359) 『경향신문』, 「미, 서울올림픽 기간 기동훈련」, 1988년 2월 10일.
360) 『동아일보』, 「북한-소 해상 합동훈련」, 1988년 3월 29일.
361) 『로동신문』, 「어두운 그림자는 누가 던지고 있는가」, 1988년 3월 2일; "올림픽 간판을 단 전쟁흉계", 1987년 4월 10일.

를 향한 진심 어린 열망과 선의의 제스처로 이 훈련을 연기해 줄 것을 간청했다.[362] 남한 정부는 이 훈련은 북한의 오판과 무력 도발 행위를 억지하고 서울올림픽을 성공적으로 개최하는 데 기여할 것이라고 재차 강조했다.[363] 사마란치가 남북 간의 군사적 긴장 상황에 대해 걱정을 보일 때마다 전두환을 비롯해 남한 정부는 북한의 위협에 대해 신경 쓰지 않아도 된다며 안심시켰다.[364]

김유순도 사마란치 위원장에게 팀스피리트 훈련의 위험성을 수차례 지적했었다.[365] 북한은 1987년 초 올림픽을 앞두고 남북 간의 정치 군사적 대결 구도를 없애고자 고위급 회담을 제안하는 등 다방면(경제, 적십자 등)의 회담을 제안했었다.[366] 하지만 이렇다 할 회담은 진행되지 못했다.

1988년 5월 18일 3김(김대중, 김영삼, 김종필) 회담 자리에서 김대중은 한반도 긴장 완화와 민족적 동질성 회복을 위해 남북한 단일팀 구성이 본격적으로 추진돼야 하고, 북한의 올림픽 참가를 유도하기 위하여 북한을 사실상 공동주최국으로 격상시키는 방향으로 논의해 볼만하다고 말했다. 이러한 주장은 당시 서울대 조성만 군이 올림픽 남북 공동개최 등을 주장하며 15일 명동 성당에서 할복 투신자살과 19일 장례식을 계기로 남한 내에서 공동 올림픽에 관한 목소리가 커지기 시작하였다.[367] 그러나 여당과 정부의 문제 제기가 날로 거세지자, 김대중은 자신의 공동개

362) IOC, OSC, D-RM01-CORES-010, SD1 Corr 1-6, 37; 외교부 공개문서, 「1988년도 서울올림픽대회 남북한 단일팀 구성 및 공동개최 문제, 1984-89」, 전16권(V.14). 29쪽.

363) 외교부 공개문서, 「1988년도 서울올림픽대회 남북한 단일팀 구성 및 공동개최 문제, 1984-89」, 전16권(V.14), 206쪽

364) 1986년 4월 19일 전두환 대통령이 유럽 순방 중 스위스 로잔 IOC에 들려 사마란치에게 했던 워딩은 "김일성은 우리를 공격할 수 없다는 것을 알고 있고, 그도 알고 있다"라며 북한의 위협에 대해 신경 쓰지 않아도 된다고 강조했었다.

365) IOC, OSC, D-RM01-COREN-002, SD4 Corr 1981-1983, 17~22; D-RM01-COREN-003, SD2 Corr 7-12, 50~53.

366) IOC, OSC, D-RM01-CORES-008, SD1 Corr 1-4 1987, 1~3.

367) 『한겨레』, 「북한 올림픽참가 적극 유도위해 '공동개최국 격상'논의 해볼만」, 1988년 5월 18일.

최 주장 발언을 거둬들여 북한이 올림픽에 참가하는 것이 무엇보다 중요하다는 점을 강조했다.

5. IOC 고문 피사르(Pisar) 제안과 반쪽 올림픽

이렇게 북한의 소외가 점점 현실화 되는 상황에서 IOC 내의 두 사람의 중재자가 등장한다. 하나는 국가올림픽연합회(ANOC) 위원장 마리오 바스케스 라나(Mario Vazquez Rana)와 IOC 법률 고문인 사무엘 피사르(Samuel Pisar)이다. 이 둘은 사마란치의 동의를 얻어 각자의 방식으로 88 서울올림픽의 꼬인 문제를 해결하고자 자신들의 생각을 노 대통령에게 전했다.

바스케스 라나 ANOC 위원장은 5월 29~31일에 김일성 주석과 6월 1일에는 카스트로 의장과 직접 만나서 서울올림픽 참가에 대한 의사를 타진했다. 김 주석은 올림픽 불참을 분명히 했고, 쿠바의 올림픽 참가는 스스로 결정할 문제라는 입장을 밝혔다. 카스트로는 노태우 대통령이 북한에 2~3 종목이라도 나누어서 하자고 직접 제의하면 김일성도 수락할 것으로 보았다. 그리고 북한의 국경 개방에 관해서도 모든 협의가 잘 되면 국경개방은 문제가 되지 않을 것이란 입장이었다. 이 면담 내용을 노 대통령 앞으로 서신을 보내 김 주석에게 이러한 내용을 바탕으로 몇 종목이라도 나누어 개최하는 방안을 제안해 주길 권했다.[368] 그러나 남한 정부는 이 서신을 분석하여 이 제안은 사실상 북한이 주장하는 공동주최와 맥을 같이하는 것이라고 평가했다. 그리고 몇 종목이라도 나누는 공동주최 제안은 IOC 헌장에 위배되고 사마란치도 불가능하다고 했

---

368) 외교부 공개문서, 「1988년도 서울올림픽대회 남북한 단일팀 구성 및 공동개최 문제, 1984-89」, 전16권(V.13). 19~23쪽.

다며 거부의 뜻을 밝혔다. 동시에 북한의 서울올림픽 참가를 위해서 문호를 개방하고 있고, 지난 6.3 남북 고위급 회담을 제의한 바 있으나 북측이 거부했다면서 남한의 북한 참가를 위한 노력을 계속하고 있다는 점을 강조했다.[369]

라나와 카스트로가 인식을 같이한 노 대통령의 김 주석 직접 제안에 대한 권유를 거절함으로써 북한의 체면을 세워주려는 방안은 실현되지 못했다. 노 대통령이 서신의 형식을 빌어서라도 남한이 먼저 양보와 화해의 제스처를 해주길 바랐으나, 원칙을 내세운 남한 정부의 입장에 따라 어떤 변화도 일어나지 않았고, 오히려 남한은 군사적 긴장 관계와 안보 불안의 적대성을 강조하면서 심리적인 거리를 더 벌려 나갔다.

1988년 6월 30일 사마란치 위원장은 또 하나의 중재자 사무엘 피사르 IOC 법률 고문의 제안이 담긴 서신을 노태우 대통령 앞으로 전했다. 사마란치는 현재 남북 간의 처한 교착 상태에 도움을 얻고자 피사르에게 조언을 구했고, 그는 남북 간의 교섭과 회담을 직간접적으로 관찰해 온 입장에서 5월 24일에 노태우 대통령에게 다음과 같이 제안하였다.[370] 피사르 고문은 국제 외교 관계에서 중국 문제와 독일문제의 중재로 해결 과정의 경험이 있는 인물로 그가 제안했던 내용은 현시점에서도 유의미한 시사점이 있다고 판단하여 전문을 소개한다.

> 1988. 5. 24.
> IOC는 과거 2개의 독일과 2개의 중국이라는 어려운 문제를 해결한 바 있습니다. 제24회 올림픽대회를 목전에 두고 우리는 2개의 한국이라는 풀기 어려운 문제를 해결하기 위한 마지막 노력을 쉽게 포기할 수 없습니다. 우리의 과제는 단순히 대회 기간 중 혼란 즉 폭력을 막는 데 그치지 않습

369) 위의 문서, 53~54쪽.
370) 외교부 공개문서, 「1988년도 서울올림픽대회 남북한 단일팀 구성 및 공동개최 문제, 1984-89」, 전16권(V.12), 40~44쪽.

니다. 본인은 이러한 사태가 발생하리라 생각지 않습니다. 앞으로 수개월 사이에 심각해지고 있는 사태를 회피하고, 누구나 가서는 안될 위험하고 예측할 수 없는 장소로 88년 서울에 드리워져 있는 우려를 불식하는 것입니다. 올림픽에 대한 각국 정상들의 지지 선언이 반드시 도움이 되는 것은 아닙니다. 본인은 그러한 선언이 혼란의 위험이 증가하고 있음을 확인해 줌으로써 비생산적인 것이 되기 쉽다고 믿고 있습니다. 그러나 아직 서울올림픽대회를 가장 범세계적이고 가장 흥미 있는 대회로 만들 수 있는 기본적 국제적인 방식이 있습니다.

동·서는 화해하고 있습니다. 미·소 어느 쪽도 이러한 개선되고 있는 분위기를 해칠 사태를 원치 않고 있습니다. 더구나 소련은 자국 선수단의 (1980 모스크바 대회 시 서방국들의 불참 및 1984 LA 대회 시 동구 국가들의 불참 이후) 사기가 저하될 위험이 있기 때문에 정상적인 대회를 갈망하고 있습니다. 소련의 동맹국들도 불만을 표시하면서 새로운 논란과 불참 사태에 휘말려 들지 않겠다는 결의를 표명한 바 있습니다. 중공 또한 모든 것이 서울에서 원만하게 이루어지기를 바라고 있음을 시사한 바 있습니다. 북한을 끈질기게 지지해온 피델카스트로 조차도 국제 사회에서의 고립과 쿠바 선수들의 올림픽 참가 권리를 부인한 인기 없는 권한행사로 분명히 난처해하고 있습니다. 그러나 사실은 이들 중 어느 국가도 북한을 서울올림픽에 참가토록 하거나 한국으로부터 기대되는 승리를 빼앗으려는 북한의 결의를 제어할 수 없다는 것입니다.

사마란치 위원장 가까이서 남북한과 IOC 간의 모든 접촉과 교섭에 참여해 오면서 본인은 문제 해결의 열쇠는 한국 측에 있다고 확신합니다. 주요한 문제는 북한에 어떤 종목이 몇 개나 할당될 것인가가 아니며 (이 문제는 이미 결정된 바 있으며, 이번 행사는 서울올림픽임에는 변함이 없습니다) 또는 북한이 공동주최를 할 것인가도 아니며 (이 문제는 근본적으로 용어상의 문제로 예컨대 어떤 종목이라도 북한에서 개최될 경우 공동주최라는 말의 사용은 불가피하다고 봅니다) 또는 얼마나 많은 올림픽 가족이 군사분계선을 넘을 것인가도 아닙니다. (평양 개최 종목 경기가 소규모 올림픽 행사장 내에서 개최된다면 훨씬 적은 숫자도 충분할 것입니다.)

본인 생각으로는 현 상황은 한국 지도자들이 사다트 전 이집트 대통령처럼 정치가로서 상상력이 풍부한 행동을 보여줄 것을 요구하고 있습니다. 본인은 노 대통령께서 직접 평양을 방문하시거나 사다트 전 이집트 대통령이 취한 신체적인 또는 정신적인 모험을 할 것을 제의하는 것은 아닙니다. 그러나 본인은 사다트 전 이집트 대통령과 베긴 전 이스라엘 수상이 시나이반도에 휴전을, 종국에는 평화를 가져온 짧은 대화를 전개할 수 있었다면 노 대통령과 김일성도, 통일문제에 대해서는 할 수 없더라도, 적어도 올림픽에 대해서는 무언가 비슷한 것을 이룰 수 있을 것으로 믿습니다. **본인의 제의는 노 대통령께서 직접 김일성에 대해 물리적이고 심리적인 휴전을 제의하는 대담한 조치를 취하는 것입니다.** 이렇게 해서 고대 그리스에서처럼 올림픽 기간 중 군사적인 위협과 정치적인 비난은 중지될 것이며, 그렇게 함으로써 이번 올림픽은 역사적으로 전 한민족을 위해 "공동주최"라는 기본적인 토대 위에서 진행될 수 있을 것입니다. 이러한 휴전은(모든 당사자 간에 의한 군사적인 태세가 완화되기 때문에) 차후 남북한 간에 더 지속적인 대화를 열 수 있도록 도움을 줄 수 있을 것입니다. 스포츠와 스포츠맨십이 화해와 평화의 외교에 이바지한 것은 처음이 아닐 것입니다.

이러한 파격적인 조치가 성공하기 위해서는 북한 측에 대한 제의 내용이 논쟁적이어서는 안되며, 북한을 잠시나마 중앙무대로 나서는 동등한 자격을 가진 자로 말해야 할 것입니다. (본인은 이 문제와 관련해서 외교적 기교와 문장 수사법을 그려봅니다.)

한국의 현 정서는 마치 대리석처럼 굳어 있습니다. "남한에서의 성공적인 올림픽으로 북한을 굴욕시켜 다음 힘으로 우위를 점할 수 있을 것이다." 이러한 태도는 적어도 당분간은 지양되어야 합니다. 한국이 가지고 있는 막대한 이해관계를 고려할 때, 제한된 영역에서 체육 및 여타 접촉을 가져올 수 있는 보다 융통성 있는 접근 방법을 시도하는 것이 현명하다고 생각됩니다.

이러한 접근 방법은 운이 좋으면 한국 학생과 과격분자를 진정시킬 수 있으며, 한국과 세계에서의 노 대통령의 정치적인 기반을 공고화 할 수 있을 것입니다. 미국 정부가 이러한 입장에 대해 반대를 표명치 않을 것으로 생각하며, 미국 정부가 그러한 입장을 지지할 것이라고 본인은 믿습니다. 카스트로(소련이나 중공은 말할 것도 없이) 또한 북한을 안심시켜 이번 올림픽에 대해 좀 더 자제하도록 영향력을 행사할 것입니다.

이것이 너무 지나쳐 기대할 수 없다면, 해결을 위한 최선의 방법은 특별히 권한을 위임받은 남북한의 고위당국자 대표 간 회담 또는 두 지도자 간의 직접 회담을 긴급히 마련하는 것입니다. 이 경우에 사마란치 위원장이 참석하는 것이 바람직합니다. 노태우, 김일성, 카스트로, 미국 및 소련

측과 쉽게 접촉할 수 있는 평화의 사절단이 다행히 있으며, 그와 같은 임
무를 위해 사절단의 활동이 쉽게 가동될 수 있습니다.

사무엘 피사르[371]

위 사무엘 피사르 제안의 주된 내용은 88서울올림픽을 앞두고 남북
한 간의 긴장 완화와 정상 간의 대화를 촉구하고 있다. 그는 이 상황의
해결 열쇠는 한국 측에 있다는 점을 강조하며 지금까지 협상해 온 몇
종목 할당문제, 공동주최라는 말, 군사분계선을 넘을 수 있는지 등의 쟁
점은 중요한 것이 아니라고 강조했다. 중요한 것은 물리적이고 심리적
인 휴전이 필요하다는 것이다.

이를 위해 노 대통령이 김 주석에게 고대 그리스처럼 올림픽 기간
중 군사적인 위협과 정치적 공세를 중단하고, 남북의 역사적 이익을 위
해 올림픽을 공동개최하는 물리적, 심리적 휴전을 제안하기를 원했다.
이점은 미국도 반대하지 않을 것이며, 결국 한반도에서의 군사적 긴장
완화와 평화를 담보하는 방법은 두 정상에게 있다고 보았다. IOC를 대
표해 중재자로 나섰던 바스케스 라나와 피사르의 공통적인 문제해결
방법은 두 정상 간의 접촉이었다. 서신을 통한 접촉도 좋지만, 두 지도
자가 만나야 이 문제를 해결할 수 있다는 점이었다.

이 피사르 제안에 남한 정부는 7월 9일 대책 회의를 통해 대통령 명
의로 IOC 사마란치 위원장에게 답신을 보내기로 하였고, 정부 입장을
주 제네바 대사에게 보내 IOC 위원장과 면담 시 참고하도록 전달하였
으며, 김운용 IOC 위원이 로잔 방문 시 추가 설명할 계획을 마련하였
다.[372] 아래는 당시 제네바 대사가 사마란치를 만날 때 참고하라고 전달
한 내용이다.

---

371) 위의 문서, 45~49쪽.
372) 위의 문서, 35~37쪽.

1. "피사"는 북한측이 공동주최를 단순히 명분상 주장하는 것으로 이해하고 우리측에서 북측에 그들이 원하는 명분을 줄 경우 타협이 가능하다고 보고 있으나
   첫째 북한 측의 기본 입장은 공동주최라는 적당한 명분 하에 서울올림픽 참가가 아니라 대남 전략의 일환으로 서울올림픽의 정상적 개최를 방해하는 데 있음.
   둘째 북측이 주장하는 공동주최의 구체적 내용은 대회 명칭은 제24회 (조선)올림픽대회 또는 제24회 평양·서울올림픽대회로 하고 평양올림픽조직위원회는 서울올림픽조직위와는 별개의 독립된 위원회로 하며 개·폐회식도 평양에서 별도로 개최한다는 것 등으로 단순히 명분상이나 어의 상의 문제가 아니라 서울시의 제24회 올림픽 주최권을 빼앗아 서울과 평양이 나누어 가짐으로써 2개의 별개 올림픽을 열자는 것으로 진의를 곡해하여 공동주최를 허용한다는 자세를 보일 경우 제24회 서울올림픽은 파국을 맞게 될 위험이 큼.
   셋째 이와 같은 북측 입장은 "올림픽 주최권은 하나의 어느 특정 도시에 주어진다(제4조)"는 올림픽 헌장의 기본 원칙에 근본적으로 위배되는 것으로 IOC가 일관되게 반대해 온 것임.

2. "피사"는 공동주최를 인정하는 경우에도 서울시의 올림픽 주최권에는 변함이 없다는 견해이나
   – 북한측의 주장은 서울올림픽 즉 제24회 올림픽 주최권이 서울시에(만) 있음을 부정하고 주최권을 서울과 평양으로 분할하는 것이므로 공동주최는 곧 서울시의 제24회 올림픽 주최권에 일대 혼란을 가져오는 결과가 됨.

3. "피사"는 북한에서 일부 종목이 개최되는 경우 이를 사실상 공동주최라고 보고 있으나
   – 북한 지역에서의 제24회 서울올림픽 경기종목 일부 개최(IOC 제안)는 우리의 관할권이 북한 지역까지 미치지 않는 한반도 분단의 특수성을 고려, IOC의 직접 감독하에 경기 조직권을 북측에 위임한다는 의미로 이해되어야 하는바, 이는 본질적으로 결코 공동주최와 동일시할 수 없는 것임.
   – 만일 일부 종목 북한 개최를 표현상 공동주최로 부를 수 있도록 허용해 달라는 것이 북한 측의 의도라면 구태여 평양에 서울과 대등한

별개의 조직위원회를 구성하고 별도의 개·폐회식을 열어야 하며 TV 중계 계약을 별도로 추진하던가 중계료를 나누어야 한다고 주장할 이유가 없는 것임.

4. "피사"는 우리 측이 올림픽 주최권이라는 기득권과 힘의 우위를 바탕으로 대북 협상에서 강경한 자세로 임하고 있다는 인식을 가지고 있으나
   - 올림픽 헌장의 범위 내에서 가능한 양보하면서 진실로 북한 참가를 실현시키기 위해 최선을 다해 온 우리의 기본 자세와 노력에 대한 이해 부족에서 나온 견해임.
   - 한반도에서의 평화 정착과 나아가 평화통일을 달성하기 위해서는 남북한 간의 긴장 완화와 신뢰 회복이 필요하며 이를 위해 아국은 남북 간의 대화를 꾸준히 추진해 오고 있음. 아국은 지난 2월의 대통령 취임사를 통해 남북 최고 당국자 간 회담을 제의한 바 있고 지난 6월에는 총리 명의로 남북 고위 당국자간 회담을 제의한 바 있으나 북한 측 거부로 성사되지 못하고 있음.

5. 남북 간의 현실이 지구상 어떤 대치 국가와도 비교될 수 없는 독특한 상황이고 시간적, 기술적인 측면에서 북한에서의 일부 종목 개최조차 거의 불가능하다는 사실을 감안할 때 "피사"의 구상은 단지 북한의 서울올림픽에 대한 위협을 막아 보자는 의욕에만 집착되었을 뿐 현실적 상황을 도외시한 것임. 또한 추상적인 휴전 제의는 실질적으로 전쟁상태가 아니라 협정에 의거 휴전 상태에 놓여 있는 한반도 상황에 대해 그릇된 인식을 줄 우려가 있을 뿐 아니라, 군사적 위협과 정치적 비방 중지는 이미 1972년 7월의 남북 공동성명이나 1982년 2월 우리 정부의 대북 제의에 포함되어 있음.[373]

남한 정부는 기존 대책과 조치 사항에 관한 입장을 반복했고, 사무엘 피사르의 제안이 남북의 현실적인 상황을 잘 모르는 데서 오는 그릇된 인식에 근거하고 있다고 판단하였다. 그러나 국제 사회는 분단국인 남과 북이 올림픽을 통해 화해와 평화 그리고 통일로 나아갈 수 있는 절호의 기회라고 보는 시각이 대세였다. 또한 북한이 서울올림픽에서

---

373) 위의 문서, 54~56쪽.

소외되지 않기를 바라는 동정론이 적지 않았음을 알 수 있다.

올림픽 약 한 달 전인 1988년 6월 2일과 9일에도 북한은 올림픽 공동주최에 관한 주장을 지속하며 남한이 이 제안에 응해야 한다는 담화를 발표하면서 마지막까지 공동주최에 대한 주장을 내세우며 이에 응하지 않으면 결국 불참하겠다는 성명을 이어갔다.[374]

그런 가운데 3월 말부터 서울대 총학생회장 선거에서 김중기 후보는 '김일성대학 청년학생에게 드리는 공개서한'을 발표하고 88올림픽은 한민족이 하나로 어우러지고 인류의 평화에 봉사하는 평화제전이 되어야 함에도 불구하고 남쪽에서만 진행된다며 이를 통일제전으로 만들자고 제안했다. 이를 위해 대학생들은 국토 종단 순례대행진과 청년학생 체육대회를 추진하겠다며 공언해 갔다. 김일성 종합대학 학생위원회는 이를 높이 평가하고 환영한다며 제안을 받아들였다. 6월 10일 남북 청년 학생회담을 위해 대학생들이 판문점으로 향하자, 정부는 이를 포위하고 저지하여 회담을 무산시켰다. 그리고 통일 논의는 정부가 주도해야 한다면서 창구 단일화 원칙을 강조하였다.[375] 이렇게 국내적으로는 대학생들을 중심으로 남북이 올림픽을 함께 치러야 한다며 단독 개최를 반대하는 움직임이 강하게 일어났고, 국제 사회도 노 대통령에게 올림픽을 앞두고 북한과 직접 소통을 통해 긴장 상태를 해소하기를 바라는 요구가 압박으로 다가오는 상황이었다.

노 대통령의 결단이 필요해 보인 이때, 그는 북한을 향해 '민족자존과 통일 번영을 위한 특별 선언' 즉, 7.7 선언으로 그 돌파구를 마련했

---

374) 『로동신문』, 「조선민주주의인민공화국 올림픽 위원회 김유순위원장의 담화」, 1988년 6월 3일; 「남조선당국자들이 진정으로 우리가 올림픽경기에 참가할것을 바란다면 공동주최의 문을 열어야 한다」, 1988년 6월 10일.

375) 김세진이재호기억저장소, 「서울대 총학생회장 후보(김중기) 남북학생 공동체육대회 및 국토순례대행진 제안사건」, 1988년 3월 29일; 「6.10 남북학생회담 무산사건」, 1988년 6월 10일, https://snumemory.org/items/show/272 https://snumemory.org/items/show/285 (검색일: 2024년 8월 6일).

다. 6개 항으로 이루어진 남북 간의 자유 왕래와 이산가족 교류, 교역과 문호개방, 남북 대결 외교 종식 및 국제무대에서 남북 대표 간 자유 접촉, 북한과 우리 우방과의 관계 개선 등의 내용이 담겨있었다.[376] 북한의 반응은 7.4 남북 공동성명에서 밝힌 통일 문제의 3대 원칙이 해결되는 것이 핵심이라며 새로울 것이 없다는 반응이었다. 북한은 조선반도의 긴장해소와 전쟁위협을 제거해야 한다며 이를 위해 남북 연석회의를 조속히 소집하기를 원했다.[377]

그 후 7월 11일부터 7.7 선언의 후속 조치로 이홍구 통일부 장관이 나서서 대북 비방 방송을 중단하였고, KBS 방송에서 북한 두 지도자에 대한 인신공격과 비방 방송도 중지했다. 남한 정부는 이러한 후속 조치 사항을 IOC에 적극적으로 알렸다. 그리고 7월 15일에는 교육부 장관이 나서서 남북 학생 교류 방안(국토 순례, 친선 체육행사 등)에 대해서 논의하자며 남북 교육 당국자 회담을 개최하자고 제안했다.[378] 하지만 북한은 오는 8.15 북남 학생회담은 학생들 당사자들 스스로 협의하고 해결할 일을 교육 당국이 맡아 할 일이 아니라고 선을 그었다. 그보다 북반부 청년학생들이 3번씩이나 남조선 청년학생들에게 보낸 편지를 받아 가는 것을 거부한 것에 대해 사죄가 먼저라고 주장했다.[379]

7월 18일 국회는 서울올림픽대회 북한참가 촉구결의안을 북한으로 보냈고, 7월 21일 북한 최고 인민회의 대표는 남북 국회의원 전원이 참석하는 '남북 국회연석회의'를 열자고 하며 그 안에서 '남북 불가침에 대한 공동선언'을 제안했다. 그리고 7월 26일 북한은 이어서 올림픽 공동주최안을 긴급의제로 하는 2차 서한을 보냈다. 다시 8월 1일 남한은

---

376) 『경향신문』, 「"7.8" 선언⑴ 『동반공영』으로 통일대로 연다」, 1988년 7월 7일.
377) 『로동신문』, 「자세부터 바로 가져야 한다」, 1988년 7월 14일.
378) IOC, OSC, D-RM01-CORES-010, SD2 Corr 7-12 1988, 42~44; 『한겨레』, 「남북학생 조국순례·경기 갖자」, 1988년 7월 16일.
379) 『로동신문』, 「8.15 학생회담에 필요한 조건을 보장해주어야 한다」, 1988년 7월 18일.

15명의 국회의원이 참석하는 회담을 제안했고, 8월 9일 북한으로부터 5명 대표가 참가하는 예비회담을 먼저 하자고 제의하여 8월 19일 판문점 통일각에 남북의 대표들이 만나서 회담이 이루어졌다.[380]

IOC는 이러한 남북한 의회 간에 이루어지는 교류에 박수를 보낸다며, 올림픽을 앞두고 남북의 긍정적인 신호로 받아들이고 서로 여러 단위에서 만남을 이어가길 바랐다. 동시에 24회 올림픽 대회 개회식과 폐회식에 올림픽 기를 앞세운 두 한국 NOC 대표단의 공동입장을 제안했다. 이러한 상징적인 행사는 남북이 하나의 민족임을 가장 인상적으로 보여줄 수 있는 방법이라고 했다. 그러면서 오늘날 올림픽은 남북, 동서의 평화로운 대화와 화해를 위한 적절한 기회로 인식하고 있으며 서울 올림픽은 역사상 가장 보편적이고 성공적인 올림픽이 될 것이라며 기대감을 나타냈다.[381]

하지만, 남북 의회 회담은 어떤 성과도 없이 회담 명칭을 두고 논쟁했으며 의제 설정하는데도 긴 시간이 걸렸다. 이와 관련한 남측의 '남북 대화 전략기획단의 회의 결과 보고'라는 문서에는 결론에서 국회 대표단 회담은 올림픽을 성공적으로 개최하기 위하여 지연작전을 계속한다고 기록하고 있다.[382] 이에 대해서 북한은 양면 술책과 문제토의를 지연시키고 있음을 감지하였고, 이는 국회 회담을 열어 대화에 응하기는 하지만, 결국 어떤 결과를 도출하려는 의지가 없었다는 것이다.[383]

이처럼 남측의 회담 지연작전은 난제를 제시하는 등 복잡한 상황을

380) 외외교부 공개문서, 「1988년도 서울올림픽대회 남북한 단일팀 구성 및 공동개최 문제, 1984-89」, 전16권(V.15), 176-191쪽; 외교부 공개문서, 「1988년도 서울올림픽대회 남북한 단일팀 구성 및 공동개최 문제, 1984-89」, 전16권(V.16), 130~133쪽.

381) IOC, OSC, D-RM01-COREN-006, SD1 Corr 1988, 15~16.

382) 외교부 공개문서, 「1988년도 서울올림픽대회 남북한 단일팀 구성 및 공동개최 문제, 1984-89」, 전16권(V.15), 166쪽.

383) 외교부 공개문서, 「1988년도 서울올림픽대회 남북한 단일팀 구성 및 공동개최 문제, 1984-89」, 전16권(V.16), 159~160쪽.

만들어 회담을 결렬시키고자 할 때 사용된 전략이었다. 이는 이미 1963년 홍콩 체육회담 때부터 남북 회담 상황에서 자주 등장했던 전술이었다.

여기서 눈에 띄는 부분은 남측에서 올림픽 참가를 종용하는 결의문을 보냈는데, 북측은 이 시점에서 올림픽 참가에 관해서 관심을 보이지 않고, 대신 불가침 공동선언 채택을 요구한 점이다.[384] 올림픽을 앞두고 미국의 해상 군사력이 증가하고 소련의 무기들이 북한으로 들여오며 남북의 군사적 충돌의 위기의식을 느끼고, 먼저 불가침 선언을 제안하며 한반도 평화의 문제를 제기했다는 점이다.

북한은 남한이 주장하는 '남침설'이나 '위협설'에 대해서 과거 70년대부터 일관되게 터무니없다는 반응을 내왔다. "조선의 통일은 오직 《승공통일》이여야 하며 이를 위하여서는 힘을 키워야 한다고 떠벌리면서 있지도 않는, 이른바 《남침의 위협》으로부터 남조선을 《보호》할 대책을 세워야 한다고 떠들어대고있습니다"라며 남침 위협설에 대해 부정해 왔다.[385] "남조선은 마치 우리가 올림픽 경기를 방해하기 위해《군사적 도발》을 할 《가능성》이 있는 듯이 떠들고《무력침공》을 하려 한다는 주장은 허위와 날조이며 모략선전"이라고 강조했다. 오히려 미국과 남한이 반공화국 소동과 전쟁도발 책동으로 조선반도의 긴장 상태가 격화되고 있다"라고 비판해 왔다.[386] 남북이 서로를 생각하는 현실 인식의 차이는 극명하다. 이 차이에서 비롯된 한반도 군사적 긴장감이 점점 높아가는 상황에서 국회 대표자 회담은 올림픽 이후로 미뤄졌고 실질적인 올림픽 참가 문제에 대해서는 다루지 못한 채 마무리되었다.

북한은 1988년 9월 2일 조선민주주의인민공화국 올림픽 위원회 성

---

384) 위의 문서, 148쪽.

385) 김일성, 「조선로동당 제5차대회에서 한 중앙위원회사업 총화보고(1970.11.2.)」, 『김일성 저작집 25』, 평양: 조선로동당출판사, 1983, 313쪽.

386) 『로동신문』, 「전쟁과 분렬 책동을 합리화하기 위한 《남침위협》설」, 1988년 5월 3일; 「폭넓은 대화와 협상의 길을 열어 놓아야 한다」, 1988년 7월 21일.

명을 통해 서울에서 단독 강행되는 올림픽 경기에 절대로 참가하지 않을 것이라고 최종 불참 의사를 전했다.[387] 1월 12일 북한의 불참 선언은 NOC 초청장에 대한 답장 일정에 맞춰 보낸 불참 의사 통보였다면, 9월 2일 불참 통보는 올림픽 전 남한과의 마지막 절충의 희망이 사라지면서 더 이상 참가 의사가 없음을 확정한 것이다. 그사이 남한 내부에서도 단독개최 반대 의견이 적지 않았고, 피사르와 바스케스 라나 그리고 피델 카스트로 등은 남북 화해와 평화 올림픽을 위해 남측이 올림픽을 서로 공유하길 바라는 기대가 있었으나, 결국은 그들의 뜻대로 되지 못했다.

지금까지 88서울올림픽의 유치에서 개최까지 IOC와 남북의 협상 과정을 살펴보았다. 그와 관련된 지금까지의 고찰을 근거로 다음과 같은 결론을 제시할 수 있다.

첫째로 88서울올림픽 유치 사업은 1970년대부터 본격적으로 시작된 남북 스포츠 대결과 체제 경쟁의 연장선에서 이루어졌다고 할 수 있다. 쿠데타로 시작된 제5공화국은 정권 초기에 정당성 확보와 국민통합 차원에서 올림픽 유치를 이뤄냈다. 그러나 불안한 국내 정치 상황과 분단국가라는 조건으로 인해 국제 사회로부터 개최지 변경에 대한 요구를 받기도 했다. 이에 IOC와 남한 정부는 '서울올림픽 성공적 개최'에 공감하고 공동 대응해 나갔다.

둘째로 기존 연구에서는 88올림픽 개최지 변경과 올림픽 공동주최 주장이 북한에 의해 제기했다고 보았다. 그러나 본 연구에서 여러 문헌을 고찰하여 본바, 두 주장은 모두 공산권 국가를 중심으로 국제 사회 여론에 의해 형성된 측면으로 이해하는 것이 타당할 것이다. 또한, 북한은 올림픽 공동주최론을 내세워 남북이 동등한 조건으로 대회 명칭과

---

387) 『로동신문』, 「우리는 서울에서 단독강행되는 올림픽경기에 절대로 참가하지 않을것이다 조선민주주인민공화국 올림픽 위원회 성명」, 1988년 9월 4일.

종목 협상 등을 시도했고, IOC와 남한은 처음부터 북한의 공동주최 논의를 거부하며 2~3개 종목의 분산개최를 제안했으나, 그 차이를 좁히지 못하고 회담은 결렬됐다. 이 과정에서 IOC와 남한은 서울올림픽의 성공적 개최를 위해 공산권 국가들의 88서울올림픽 참가 명분을 쌓아가는 전략을 마련했고, 그 일환으로 남북 NOC 회담을 추진하였다.

셋째로 공동주최 논쟁의 함의에 있어서는 먼저 이 논쟁의 잠재된 핵심 쟁점이 무엇이었는 가를 살펴볼 필요가 있다. 크게 네 가지로 요약할 수 있다.

1. 과연 북한의 공동주최론은 진정성이 있는가이다. 북한은 처음부터 남한만의 올림픽은 분단국가의 통일지향에 역행하는 것으로 판단하고, 분단 고착과 유엔 가입의 유리한 고지를 선점하려는 의도로 보았다. 남북이 함께 올림픽을 치러내는 것이 평화와 친선을 추구하는 올림픽 정신과도 맞고 올림픽을 위기에서 구원하는 합리적 방도라는 주장으로 일관했다. 따라서 그 원칙과 주장에 있어서는 국제 사회의 실질적인 호응과 지지를 끌어냈다. 하지만, 북한의 공동주최 주장에 대해 남한은 처음부터 88서울올림픽 방해 시도라고 규정했고 심지어 남침을 목적으로 한다는 등의 여론전을 펴 실제적인 합의 가능성은 거의 없었다. 이것이 당시 남북 관계와 냉전 질서의 영향 아래서 이루어진 상황이었다.

2. 북한은 현실적으로 올림픽을 치를 수 있었는가이다. 북한은 실제로 1986년 1월 이후 올림픽이 열릴 수 있다는 가정에서 여러 종목의 경기장을 짓기 시작했고, 1986년 7월에 제13차 평양 세계청년학생축전 개최가 결정되면서 숙박시설과 경기장 건설을 병행하였다. IOC 위원들은 1987년 6월에 능라도 경기장 등이 마무리 공사

에 들어간 것을 확인하고 평양 내에서의 올림픽을 치를 인프라에 대해서는 문제가 없다는 반응을 보였다. 북한도 올림픽을 치를 시설에 대해서는 자신감을 피력했다. 그러나 가장 중요하게는 국경 개방의 문제가 걸림돌이었음을 짐작하게 했다. 북한은 처음부터 올림픽을 위한 자유 왕래에 관해서는 문제없다고 강조하고, 공동주최 논의가 먼저라는 주장을 이어가며 판문점을 통과하는 문제에 대해서 예민함을 보였다. 실제로 판문점 통과문제는 북한이 결정할 문제가 아니라 유엔사가 결정할 문제였다. 당시 남한의 분석은 북한이 올림픽을 치를 시설과 인프라가 갖춰지지 않아서 분산개최마저 포기했다는 주장이 지배적이었다. 그러나 시설 미비 문제보다는 남북이 함께 올림픽을 통해서 이익을 공유하기를 바라는 기대가 꺾이면서 포기했다는 주장이 더 설득력이 있다고 하겠다.

3. 그렇다면 공동주최 주장에 대해 남한의 포용 가능성은 없었는가이다. 1985년 IOC 회담이 열리기 전부터 남한 정부와 IOC 간에는 회담의 결론을 암시하는 듯한 발언들이 있었고, 종목 분산에서도 2~3개 종목 이상은 절대 허락하지 않는 원칙을 고수했다. 북한은 IOC의 회담 제의에 공동주최 가능성에 대해 기대를 걸고 임하였으나, 4차에 걸친 회담에도 불구하고 원점에서 맴돌자, 남북이 직접 만나서 대화하자고 제안했다. 그러나 남한은 직접 회담을 거부하고 IOC와 함께 논의하는 것을 원칙으로 삼았다. 북한은 1987년 12월 남한 대선이 끝나고 새로운 정부가 탄생하면 공동주최 논의를 다시 할 수 있을 것으로 기대했으나 안 되었다. 북한의 제안이 현실 불가능한 것인가에 대한 논란은 지금도 있을 수 있다. 그러나 1991년의 세계탁구선수권대회에서 극적으로 단일팀이 성사된 배경에는 남한의 정치적 결단이 있었다는 점을 상기하면 불가

능한 것도 아니라는 논의가 가능하다.

4. 남한 정부는 왜 안보 불안을 키웠는가이다. 본문에서 살펴보았듯이 김일성은 1970년대 초부터 남침할 의사도 능력도 안 된다는 선언을 여러 차례 해 왔다. 이런 상황을 인지한 전두환 대통령은 사마란치 위원장에게 안보 자신감을 보였으나, 정작 국내에서는 86 '김포공항 폭발 사건, 금강산 댐 수공남침 등 인위적으로 안보 불안을 키우면서 군사적 긴장이 높아졌다. 이러한 남북 체제대결 연장에서 안보 불안은 남한을 결집하고 북한을 배제하는데 있어 영향력을 끼칠 수밖에 없었다. 그로 인해 남북의 불신과 혐오의 감정이 고양되었고, 대북 적대감을 키워 남북 올림픽 공동주최 결렬에 영향을 끼치게 되었다고 볼 수 있다.

결론적으로, 북한의 공동주최 주장은 국제 사회의 여론에서 비롯된 것이지만, 남북 공동주최 논쟁의 이면에는 남북이 하나이냐, 개별이냐의 지향의 차이에서 오는 논쟁이었다고 할 수 있다. 1963년부터 남북은 하나의 단일팀을 구성하느냐 개별 국가로 참가하느냐의 지향이 서로 달랐던 이력의 연속에서 제기된 문제였다. 88서울올림픽에서도 북한은 개별 국가로 참가하는 것을 끝까지 반대했으며, 남한은 북한이 하나의 개별 국가로 서울올림픽에 참가할 것을 마지막까지 요청하였다. 이것은 유엔 가입 문제에서도 동일하게 나타났다. 유엔에서 남북은 서로가 국가 정통성 주장을 이어가며 하나의 의석으로 가입하느냐 개별 의석으로 가입하느냐의 맥락과도 닿아 있다.

88서울올림픽 공동주최 논쟁이 앞으로 남북체육 교류에 주는 시사점은 다음과 같다.

첫째, 앞으로 남북 관계에서 체육교류는 하나를 지향할 것이냐, 개별을 지향할 것이냐의 논의가 전제되어야 한다. 과거 1991년 세계탁구선수권대회와 청소년축구대회에서 단일팀 구성 성공과 2018년 평창동계올림픽의 단일팀 구성을 소환하여 앞으로 남북체육 교류에서 어떤 지향을 추구할지에 대한 정치적 결단과 논의가 필요하다고 본다. 더욱이 2023년 말 북한의 '적대적 두 국가론'을 선언한 마당에, 이에 대한 새로운 입장 정리가 우선되어야 할 것이다.

둘째, 이러한 지향이 규정될 때 정부는 큰 방향성만을 제시하고 회담 대표에게는 재량권을 주는 이원 체제가 필요할 것이다. 대통령이 직접 종목 결정까지 관여했던 과거에서 벗어나 정부 대표단의 재량권을 보장함으로써 창의적인 남북 협상이 진행되도록 조력하는 것이 필요해 보인다.

셋째, 모든 회담에서 북한은 남한과 동등한 지위 내지는 동등한 관계의 중요성을 강조했다. 특히 대회 명칭이나, 종목 배정에 있어서 동등한 기준을 주장하며 남한과 대등한 관계를 요청했던 것을 볼 때 남북 교류에서 근원적 해법에 대해 시사하는 바가 있다.

넷째, 향후 남북 체육교류의 주요 종목으로 축구에 주목할 필요가 있다. 88올림픽 공동주최 논쟁에서 북한이 끝까지 포기하지 않았던 종목이 축구였다. 그 이후에도 북한은 축구에 대한 투자를 계속 이어갔고, 과거 남북 축구 교류의 역사성을 언급하지 않더라도 최근 위성 사진에서 평양의 축구장이 늘어나고 있다는 점 등을 볼 때 남북이 축구로 교류 협력하게 된다면 다른 대회에 비해 시너지 효과가 클 것으로 판단한다.

다섯째, IOC 법률고문 피사르가 제안했던 남북 간의 물리적·심리적인 휴전과 융통성 있는 접근은 현시점에서도 유효한 시사점을 제공한다. 어떤 구실이나 조건을 따지는 것은 부차적인 일이고 먼저는 군사적 긴장과 갈등 요소를 줄여나가며, 협력의 파트너로 신뢰 회복에 힘을 기울여 남북의 심리적인 휴전이 보장되도록 노력하는 것이 필요하다. 지금처럼 남북 관계가 얼어붙은 상황에서 체육교류는 적극적인 검토 대상이 될 것이다. 남북의 만남이 한반도 내에서 이루어지지 않더라도 제3국의 장소에서 스포츠 경기를 통해 만남과 교류를 다시 시작해 볼 것을 제안한다. 그리고 정부 주도의 체육교류뿐 아니라, 민간단체의 스포츠 교류를 적극 보장하는 방안도 마련되길 기대해 본다.

남북 단일팀 성사와 한계

6장

남북 단일팀 성사와 한계

1. 1990년 베이징 아시안게임[1]

1988년 서울올림픽이 끝나고 그해 1988년 12월 21일 북한은 또다시 제11차 아시아경기대회 단일팀을 구성하자고 제안했다. 그 내용은 다음 과 같다.

> 대한올림픽 위원회 위원장 김종하 귀하
> 1990년 9월에 중화인민공화국의 수도 베이징에서는 제11차 아세아경기 대회가 열리게 됩니다. 전체 조선인민은 평화와 친선과 체육기술의 증진 을 위하여 진행되는 이 경기대회에 북과 남의 선수들이 하나의 팀을 묶어 공동으로 출전하게 될 것을 한결같이 바라고 있습니다. 국제경기들에 북 과 남의 선수들이 유일팀으로 출전할데 대한 문제는 비단 오늘에 와서 처 음으로 제기된 것이 아닙니다. 그렇지만 유일팀 구성문제를 토의하기 위 한 북남체육회담들은 진전을 보지 못하였으며 유일팀 구성문제는 아직도 실현되지 못하고 있습니다.

1) 제11회 베이징 아시아 경기대회는 북측 표현이고, 제11회 북경 아시안게임은 남측에서 주로 사용했던 표현이다. 남한 언론에서는 이 둘을 사용할 때도 있었다. 이 글에서는 각측에서 사용했던 원문과 문맥의 흐름에 맞게 적절하게 혼용하여 사용한다.

평화와 친선의 이념 밑에 진행되는 국제경기들에 참가하여 세상사람들 앞에서 북과 남의 선수들이 서로 승벽내기를 하면서 대결하는 것은 우리 민족에게 있어서 참으로 가슴아픈 일입니다. 우리는 어떤 일이 있어도 국제무대서 동족끼리 서로 대결하는 것과 같은 비정상적인 사태를 끝장내야 합니다.

북과 남이 제11차 아세아경기대회에 공동으로 출전하게 되면 북남체육인들 사이의 단합과 유대를 강화하게 될 뿐 아니라 우리 민족의 통일의지를 세계만방에 과시하고 민족적 화해의 단합을 도모하는 데 커다란 기여를 하게 될 것입니다. 이러한 견지에서 나는 제11차 아세아경기대회에 북과 남이 유일팀으로 출전할 것을 귀측에 제의하는 바입니다. 이 문제를 협의하기 위하여 쌍방 올림픽 위원회 부위원장을 단장으로 하는 5명의 대표를 대표단을 구성하고 1989년 2월 하순경에 판문점에서 회담을 가질 것을 희망합니다. 경기개막일 날까지는 아직 시간도 있고 내외정세도 우리들의 접촉에 유리한 조건을 지어주고 있습니다.

조선민주주의인민공화국 올림픽 위원회 위원장 김유순

1988년 12월 21일[2]

위 제안서는 88서울올림픽에서 남북이 공동주최와 단일팀 논쟁을 거치는 과정에서 결국 북한이 스스로 서울올림픽에 불참했지만, 올림픽이 끝난 지 3개월 만에 또다시 국제 스포츠 무대에서 남북 대결을 멈추고 단일팀으로 출전하자고 하는 북한의 의지를 담아낸 것으로 볼 수 있다.[3] 1988년 7.7 선언 이후 남북 교류·협력에 있어 새로운 전기가 마련되었으며, 올림픽이 끝나고 동시에 네 영역에서 남북 회담이 추진되고 있었다. 이러한 움직임은 남북의 새로운 관계 발전에 긍정적인 신호로 작용한 것으로 보인다.[4]

---

2) IOC, OSC, D-RM01-COREN-010, SD1 Corr 1989-1992, 32~33; 『한겨레』, 「단일팀 구성 제의 서한(요지)」, 1988년 12월 22일.

3) 『한겨레』, 「단일팀 구성 제의 서한(요지)」, 1988년 12월 22일.

4) 당시 국회회담 예비접촉, 고위급 정치군사회담, 3자(북·미·한) 실무 회담, 체육회담 등 네 갈래의 남북 대화공세를 취하고 있다며 이는 85년의 상황과 유사하다는 평을 하였다. 1985년에도 남북 경제회담, 적십자 본회담, 국회회담예비 접촉, 이산가족 고향방문 및

이러한 북한의 단일팀 구성 제안은 그동안 시기적으로 임박해서 제안한 것과 다르게 제11회 아시아경기대회까지 1년 반 이상이 남아 있는 상황이었고 회담 일정도 두 달 뒤여서 시간적 여유를 가지고 접근할 수 있었다. 남한은 12월 30일 남북한 단일팀 구성을 위한 회담 제의를 수용하고 회담 날짜는 1989년 3월 9일에 열자고 북한 올림픽 위원회에 전달했다. 김종하 위원장은 북한 측의 제의를 진심으로 환영하며 올림픽 경기를 비롯한 각종 국제경기에 단일팀으로 참가하는 것은 온 겨레의 염원이며 우리 측이 일관되게 견지해온 입장이라고 답신에서 밝혔다.[5] 그러나 남한이 단일팀 참가를 일관되게 견지해 온 입장이라는 부분은 사실과 다르다는 것을 본 연구에서 추론할 수 있다.[6]

단일팀 구성을 두고 남과 북은 각각 IOC에 서신을 보내 회담을 제안하고 회담을 수용했다는 내용을 알렸다.[7] 1963년 체육회담부터 남북의 단일팀 구성 문제는 IOC를 중심에 두고 명분과 실익 사이에서 항상 부딪히며 갈등을 보여왔던 민감한 문제였다. IOC는 이 문제에 관해 흥미롭게 보고 있다면서 가능한 모든 방법으로 도울 준비가 되어 있다고 응원의 메시지를 보냈다.[8]

예술 공연단 교환, IOC 로잔 체육회담 등이 있었다(『동아일보』, 1988년 12월 21일). 북한의 통일전략은 7.4 남북공동성명에서 그 원칙을 밝히고 있다.

5) 국가기록원, 「남북체육회담(1차, 2차, 3차)」, 1988~1988, 문화체육관광부 체육국 국제체육과, 관리번호: DA0579950, 8~9쪽.

6) 외교부 공개문서에서도 단일팀 구성을 위한 남북의 입장을 추론할 수 있는 문서가 다수 존재하고, 최근 OSC에 존재하는 IOC와 남북 각 NOC가 주고받은 서신을 참고하면 과거 남한의 입장에 대해 단일팀 추구보다는 개별팀 또는 단일팀 거부 입장이었던 것을 확인할 수 있다. 이와 관련해서는 최진환(2020)의 연구를 참고.

7) IOC, OSC, D-RM01-COREN-010, SD1 Corr 1989-1992, 32~33; D-RM01-CORES-017, SD1 Corr 1989, 32.

8) IOC, OSC, D-RM01-CORES-017, SD1 Corr 1989, 31.

1) 1~5차 본 회담(1989. 3. 9.~11. 24.)

가. 1차 본 회담

1989년 3월 9일 오전 10시 판문점 남측 지역 평화의 집에서 제11차 아시아경기대회에 단일팀 참가를 위한 남북체육회담이 열렸다. 수많은 내외 기자가 와 있었고, 북측 대표로는 김형진(올림픽 위원회 부위원장), 장웅(올림픽 위원회 사무총장), 김세진(올림픽위원), 허혁필(올림픽위원 자료실장), 김상부(올림픽위원) 등 5명이 참가하였으며, 남측 대표로는 장충식(올림픽 위원회 부위원장), 이학래(올림픽 위원회 상임위원), 장병조(체육부), 임태순(남북 대화사무국), 박수창(안기부) 5명이 참가하였다.[9] 장충식 대표는 그의 회고록에서 과거 체육회담 장면이 담긴 비디오를 보고는 자신은 회담장 뒤에서 수시로 쪽지로 회담 대응책을 전달하는 모습을 보고 자신은 그런 쪽지를 차단하고 싶다고 하였다. 따라서 그는 이전보다 재량권을 가지고 형식적 회담이 아닌 실질적 회담을 만들 수 있다고 보았다.[10]

남측 장충식 단장은 인사말을 하고 다음과 같은 제안을 했다.

> 선수 호칭은 로마자 KOREA로 하고 우리말로는 '남북단일팀', 선수단 기는 흰색 바탕에 녹색 한반도 지도를 넣고 그 아래 로마자 KOREA로 표기, 선수단 가는 아리랑, 선수단장은 선발선수 수가 많은 측에서 맡고 임원 및 선수구성은 국제 연맹 규칙에 따른다. 임원 중 감독은 선발선수가 많은 쪽에서 코치는 적은 쪽에서 맡는다. 선수선발은 남북 구별 없이 전 종목에서 가장 우수한 선수를 선발하는 것을 원칙으로 하고 선발을 위해 교환경기를 한다. 선발전은 종목별로 서울 평양 등 쌍방이 동의하는 남북지

---

9) 국가기록원, 관리번호: DA0579950, 24쪽.
10) 장충식, 『시대를 넘어 미래를 열다(중재장충식회고록)』, 용인: 노스보스, 2011, 440~443쪽. "회담장에는 성냥통이나 재떨이들을 던지고, 깨뜨리는 살벌한 장면도 있었다. 회담장에서 기가 죽어 그들의 거친 언행에 휘말리면 결코 안 된다고 했다. 말하자면 남북한이 휴전 중이니 회담장에서라도 상대방에 밀리면 전쟁에 지는 것이라 생각하고 있었다."

역에서 번갈아 1회 이상 실시한다. 단일팀 구성 구체적 추진을 위해 남북 단일팀공동위원회를 설치, 운영한다. 공동위원회는 단일팀 구성, 참가방 안에 대한 합의가 이뤄진 후 쌍방올림픽 위원회와 경기단체 대표들로서 각 10명 내외로 구성하자고 제안했다.[11]

북측 김형진 단장은 첫째로 조국 통일 3대 원칙에 따라 민족적 화해 와 단합, 통일에 기여하려는 자세와 원칙을 견지하며, 조국 통일 3대 원 칙을 떠난 체육 문제 해결이란 사실상 아무런 의의도 없다고 하였다. 둘 째는 쌍방은 민족의 이익을 최우선 순위에 두고 민족공동의 이익에 부 합되게 유일팀을 구성하는 데 모든 것을 복종시켜 나가자며, 쌍방은 사 상과 제도를 앞세운 대결의 관념에서 벗어나 민족을 우선시하고 민족 적 단합을 이룩하는 방향으로 전환하자고 했다. 셋째로 쌍방은 우리 민 족의 슬기와 재능을 최상의 수준에서 선양하고 발휘할 수 있도록 유일 팀을 구성하자고 했다. 넷째로 쌍방은 북남 유일팀을 구성하는 데 인 위적인 난관이나 복잡성을 조성하지 말아야 한다고 원칙을 밝혔다. 유 일팀 명칭은 KORYO로 약자는 KRA를 쓰며 북남 유일팀 깃발은 흰 색의 바탕에 황토색 지도를 그리고 그 아래에 푸른색이나 붉은색으로 KORYO라고 쓰자고 했다. 유일팀 노래로 아리랑을 제안하였으며, 선수 선발은 가장 우수한 선수들을 선발한다는 원칙과 더불어 북과 남 사이 에 민족적 화해와 단합을 이룩하는 데 이바지하는 원칙에 따라 이루어 져야 한다고 하였다. 공동훈련의 단계에서는 종목별로 북과 남을 오가 며 진행하되, 1989년 9월부터 시작할 것을 제안하였다. 단장은 북과 남 에서 각기 선출되는 공동단장 2명을 둔 선수단 지휘부를 내오며 북남 유일팀을 위한 공동 상설기구로서 북과 남에서 각각 1명씩 파견하는 공

---

11) 『동아일보』, 「남북한 단일팀 구성 논의」, 1989년 3월 9일.

동사무국장 2명을 둔 공동사무국을 내올 것을 제안하였다.[12]

남과 북은 유일팀 명칭에서 이견을 보였다. 북측은 KOREA는 공정성이 없고 상대측의 존엄을 상하게 하는 것이라고 하면서 어느 한쪽이 종래에 쓰던 명칭을 그대로 달고 나간다면 새로 유일팀을 구성해서 나가는 취지에 맞지 않는다고 강조했다. 이것은 다음번 회담에서 마저 토의하기로 하였다. 두 번째는 단일기 문제로 흰 바탕에 한반도 지도를 그린다는 데 합의하고 지도의 색깔은 더 연구하기로 하였다. 단일팀 노래는 1920년대 부르던 아리랑으로 결정했다. 선수선발 문제도 다음 회담에서 논의하기로 하였다. 다음 회담은 3월 28일 통일각에서 하기로 하였다.

1차 회담에서 북측은 아리랑을 단일가로 제기하며 녹음기를 틀어놓아 회담장 분위기가 감동에 휩싸였다고 전했다. 그리고 문제 토의에 앞서 북측 김형진 단장은 국제경기에서 북남 선수들이 권투 결승 때 대결하는 장면을 본 해외 동포가 '한 동포끼리 무슨 일입니까 제발 그러지 마시라'고 안타까운 마음을 표시했다는 이야기를 전하며 남측 대표들도 공감했다고 하였다.[13]

또 남측은 팀스피리트 훈련이 진행되는 가운데에 체육회담에 나왔지만, 북측은 팀스피리트 훈련에 대해 언급하지 않는 것이 기존과 달라진 모습이었다. 1985년에 북한은 여러 단위(국회회담, 고위 군사회담 등)회담에서 팀스피리트 군사훈련 중지를 요구하며 모든 회담을 중단시켰던 사례가 있었다. 그러나 체육회담만은 진행하려는 의지를 보였던 것이다. 과거 체육회담에서 정치적 문제로 갈등을 유발하여 체육 관련 의제에 집중하지 못했던 회담과는 다르게 단일팀 의제를 구체적이고 진지하게 다뤘던 첫 회담이었다. 회담장의 분위기도 과거와는 다르게 정치적인

---

12) 『로동신문』, 「제11차 아세아경기대회에 유일팀으로 출전하기 위한 제1차 북남체육회담이 진행되였다」, 1989년 3월 10일.
13) 『로동신문』, 「북과 남은 유일팀으로 나가야 한다」, 1989년 3월 11일.

이슈나 상호 비방의 문제는 보이지 않았다.[14]

이번 회담이 과거 단일팀 구성 회담과 달라진 점은 첫째로 회담 장소를 남측과 북측을 교대로 하였다는 점, 둘째로 회담 처음부터 체육회담의 의제만을 집중적으로 다루었다는 점, 셋째로 다음 회담 날짜를 잡는 데 있어 서로 한 번에 합의를 합의하였다는 점, 넷째는 고성과 비난이 오가지 않고 차분한 분위기에서 상대를 자극하지 않으며 회담이 진행되었다는 점 등이다.

나. 2차 본 회담

1989년 3월 28일 오전 10시 판문점 북측 지역 통일각에서 제11차 아시아경기대회에 단일팀 참가를 위한 2차 남북체육회담이 열렸다. 수많은 내외 기자가 와 있었고, 북측 대표로는 김형진, 장웅, 김세진, 허혁필, 김상부 5명이 참가하였으며, 남측 대표로는 장충식, 이학래, 장병조, 임태순, 박수창 5명이 참가하였다. 같은 시간 북한에서는 문익환 목사, 황석영 작가 등이 김일성을 만나서 '정치협상' 소집 제안 등에 관해서 의견을 나누고 있었다. 문 목사의 방북에 관해서 대서특필되며, 김일성은 통일 문제를 협의하기 위해 찾아오면 개별적으로라도 환영할 것이라고 했다. 문 목사는 민간인 자격으로 정부 허가 없이 방북한 것이다.[15]

2차 회담에서 남측은 "이날 회의에서 남측은 의견 접근이 어렵다고 판단한 선수단 호칭 및 단기의 토의를 미루고 선수선발 및 구성방안에 대해 북한의 종전 주장을 일부 수용한 수정안을 제시했고 북측은 선수단 호칭 및 단기에 대해 수정 제의를 했다. 이날 회담 결과 양측은 북한의 1차 회담 제안을 수용·수정 제의한 '합동훈련실시 후 선수선발'에 합

---

14) 국가기록원, 관리번호: DA0579950, 94~156쪽; 『로동신문』, 1989년 3월 10일, 1989년 3월 11일.
15) 『경향신문』, 「문 목사, 김일성 면담」, 1989년 3월 28일.

의하고 합동훈련 참가인원 수는 남북이 아시아 올림픽평의회(OCA)가 지정한 종목별 엔트리 수에 따라 정하기로 했다. 선수단 기의 문자표기는 단기에 외래어 명칭을 포함하고, 아무런 글자도 넣지 말자는 북한 측의 수정 제의를 우리 측이 받아들였다. 북측은 그 외에 팀 명칭과 관련 한 글로는 '고려', 영어로는 'KOREA'(종전에 북한은 '고려선수단 KORYO', 남측은 '한국단 일팀 KOREA')로 하자고 수정 제의했고 단기도 황색과 녹색 대신 백두산 천지와 한라산 백록담을 상징하는 파란색으로 하자고 제의했으나 남측이 다음 회담으로 결정을 유보했다. 한편, 남측이 선수단 구성과 관련해 수정 제의했던 4개 부문 중 선수비례의 한 임원 구성, 합동훈련 개최 시기(1989년 10월), 선수단 구성이기(1990년 6월 22일 이전까지) 등은 합의를 보지 못했다"라고 기록했다.[16]

북측의 기록은 1차 회담에서 제시한 12개 조항은 공명정대하고 합리적인 방안이라며 대결 관념에서 벗어나 북과 남이기 전에 같은 운명을 지닌 하나의 민족 성원이라는 생각을 앞세우고 모든 것을 유일팀 구성에 복종시켜 나가는 것이라고 하며 서로 존중하고 양보하는 미풍을 발휘하자고 하였다. 유일팀 깃발은 하늘색으로 하자고 제안했고, 지도 밑에 어떤 외래어도 표기도 하지 말자고 제안했다. 이는 백두산 천지의 푸른 물과 한라산 백록담의 푸른 물결을 상징하는 숭고한 뜻이 담겨있고 민족의 희망과 포부, 평화를 상징하는 뜻도 내포되었다고 강조했다. 선수선발에서는 "먼저 선수선발과 훈련, 선수단구성에 대해 언급하면서 우리측은 북과 남이 공동훈련을 진행하고 그 과정에서 가장 우수한 선수를 선발할수 있는 최선의 방도를 제기했다고 밝히고 이것은 유일팀 구성의 본연의 취지와 목적에도 부합되는 합리적인 선수선발방법"이라고 강조하였다. 그리고 유일팀 명칭에 있어서는 북측은 "유일팀 명칭을

16) 『경향신문』, 「단일팀 국명 표기 않기로」, 1989년 3월 28일.

우리말로는 《고려》로 표기하고 영어로는 《KOREA》로 표기하자고 하면서 이것은 대폭적인 양보라는 데 대해 강조하였다." 이에 남측 대표는 "진심으로 경의를 표한다"라고 하면서도 이 문제는 자신이 결정할 수 없는 문제이므로 상부의 의견을 받아 답변하겠으며 회피하였다고 기록하고 있다.[17]

결국, 북한의 단일팀 명칭 수정안과 단일팀 깃발 그리고 선수선발원칙, 공동훈련 참가 인원수 등 여러 문제에 있어서 다음 회담에서 결정할 것을 합의했다. 합의된 내용은 흰색 바탕에 한반도 지도와 로마표기 삭제 그리고 합동훈련을 통해 선수선발을 하자는 것이다. 다음 3차 회담은 4월 18일 남측 지역에서 하기로 합의하고 마무리되었다. 비교적 언성을 높이며 진행했던 1979년, 1980년, 1984년 단일팀 회담 때와는 다른 분위기를 엿볼 수 있다.

다. 3차 본 회담 연기

북측은 4월 17일 전화 통지문을 통해 18일로 예정된 제3차 남북체육회담과 26일로 예정되어 있던 남북 고위당국자 예비회담을 오는 7월 18일과 12일로 각각 연기한다고 통보해 왔다.[18] 이유는 문익환 목사를 불법으로 부당 구속함으로써 화해와 완화의 길로 가던 북남 관계를 대결과 긴장 격화의 방향으로 돌려놓았다며 이 같은 분위기에서는 북과 남이 체육회담을 순조롭게 해 나갈 수 없게 되어 연기한다고 하였다. 한 언론에서 북한의 이와 같은 통보의 배경에는 7월 1일부터 평양에서 제13차 세계청년학생축전이 진행되면서 그 준비를 해야 함에 있어 부득

---

17) 『로동신문』, 「제2차 북남체육회담 진행」, 1989년 3월 29일.
18) 『로동신문』, 「북남고위급 정치군사회담을 위한 예비회담 우리측 대표단 단장이 남측대표단 수석대표에게 전화 통지문을 보내였다」, 「북남체육회담 우리측 대표단 단장이 남측대표단 수석대표에게 전화통지문을 보내였다」, 1989년 4월 18일.

이 남북체육회담을 연기했을 가능성이 있다고 보았다.[19]

남측은 3차 회담 준비 과정에서 북측이 문 목사 구속 관련 발언, 남북 민간단체 간의 자유로운 접촉 주장, 정치공작에 대한 사과 요구, 팀스피리트 문제를 거론할 경우를 대비해 대응책을 마련하였다. 그리고 회담 시 기조 발언에서 문 목사를 정치공작으로 평양으로 불러 남북 관계를 악화시켰다고 지적하는 내용이 포함되었었다.[20] 남북 간의 정치적인 현안이 발생하자 체육회담에 바로 영향을 끼쳤고, 북측은 문 목사 구속이 통일을 가로막고 민주를 방해하는 처사로 인식하여 강하게 항의하며 먼저 회담 연기를 통보했다.

7월 15일에는 반대로 남측 대표가 먼저 18일에 예정되었던 3차 남북체육회담을 무기한 연기한다고 북측에 통보했다. 장충식 수석대표는 전화 통지문을 통해 북측의 정치공작이 시정되지 않고 있어서 적절하지 않으며 이제라도 귀측이 회담 외적 문제를 결부시켜 회담을 교착 상태로 몰고 간 데 대한 책임을 느끼고 반성이 있어야 마땅하다며 무기한 연기 이유를 밝혔다.[21]

북측이 8월 8일에 더는 미루지 말고, 8월 10일 회담을 개최하자는 제안을 보내왔지만, 남측은 다시 9일 북측이 회담 성사에 관심이 있다면 정치공작을 정당화하는 자세에서 벗어나 하루바삐 남북 단일팀 구성 문제를 협의할 수 있는 분위기 조성에 성의를 보여야 한다고 촉구하며 두 번째 무기한 연기를 시사했다.[22] 그 후 장웅 북한 올림픽 위원회 사무총장은 '고려' 호칭 고집하지 않겠다며 남북체육회담은 꼭 성사되

---

19) 『경향신문』, 「남북 체육회담 7월 중순 연기 북한 일방통보 당국자 회담도」, 1989년 4월 17일.
20) 국가기록원, 관리번호: DA0579950, 378·390쪽.
21) 『동아일보』, 「18일 남북 체육회담 북한측에 불참 통보」, 1989년 7월 15일.
22) 『경향신문』, 「남북체육회담 무기 연기」, 1989년 8월 9일; 국가기록원, 관리번호: DA0579950, 446~447쪽.

어야 한다는 이야기를 남측 기자들을 만나는 자리에서 전했다.[23]

그런 후 북측은 9월 1일 전화통지문을 통해 3차 회담 날짜를 남측이 정하라고 요청했고, 남측은 9월 12에 제3차 남북체육회담을 10월 20일에 열자고 제의하였다.[24] 이에 북측은 한 달여 지난 10월 17일에 회담에 동의한다고 연락을 취함으로써 제3차 남북체육회담이 열리게 되었다.

라. 3차 본 회담

제3차 남북체육회담이 10월 20일 판문점 남측 지역에서 진행되었다. 북측 대표로는 김형진, 장웅, 김세진, 허혁필, 김상부 등 5명이 참가하였으며, 남측 대표로는 장충식, 이학래, 조영승, 임태순, 박수창 5명이 참가하였다. 북측은 기조연설을 통해 문익환 임수경 방북 문제와 같은 민감한 사항은 언급하지 않고 회담이 다시 열리게 된 것은 다행스러운 일이라고 하였다.[25]

북측은 단일팀 명칭을 《KOREA》와 《코리아》로 하자는 수정안을 내놓았지만, 남측은 아무 이유 없이 반대하였다고 했다. 유일팀(단일팀) 깃발 문제는 흰색 바탕에 하늘색 지도를 그려 넣는 것으로 합의했다. 유일팀은 어디까지나 민족 내의 대결이 아니라 단합을 보장하고 통일의 지름길을 여는 데 이바지할 수 있도록 선수선발을 해야 한다고 강조했다. 북측은 선수 선발과 공동훈련과 같은 문제를 위해 쌍방 실무자 접촉을 매일 가지면서 본 회담을 촉진하자고 하였으나, 남측은 처음에는 이해하고 동의하였다가 남측의 한 대표가 엉뚱한 문제를[26] 끄집어내어 실무

23) 『경향신문』, 「남북한 단일팀 꼭 성사돼야 『고려』 고집안해」, 1989년 9월 22일.
24) 『동아일보』, 「북경 아시안게임 남북한 단일팀 이뤄질까」, 1989년 10월 14일.
25) 국가기록원, 관린번호: DA0579950, 525~530·555쪽.
26) 회담 명칭과 관련하여 영문으로 Korea, 한글로 북은 '고려', 남은 '남북단일팀'을 두고 논의하는 과정에서 남은 '한나라'를 추가로 제시하여 논의가 장황하게 이어졌다. 결국 북한이 제안한 '코리아'로 4차 회담에서 합의했다.

자 접촉은 이루어질 수 없게 되었다고 했다. 다음 4차 회담은 11월 2일에 할 것을 제의했으나, 남측이 11월 22일에 갖자고 했지만, 다시 북측의 강력한 요구로 11월 16에 갖기로 합의하였다고 했다.[27]

남측은 흰 바탕 하늘색 한반도 단기에 합의하였고, 호칭 등은 내달 16일 다시 논의하기로 하였으며, 남북 양측은 최대 관심사인 선수단 호칭에 대해 서로 엇갈린 수정안을 내놓고 선수선발 방법에 대해서도 여전히 이견을 좁히지 못하는 등 남북체육회담의 성사 여부는 아직도 불투명한 상태로 남게 됐다고 하였다.[28]

남측 장충식 단장은 기조연설에서 선수단 호칭을 '한나라'로 하자는 새로운 제안 등을 담은 10개 안의 단일팀 구성 방안을 제시했다. 선수선발 방법은 합동훈련 실시 후 선발, 선발전은 서울과 평양 등 쌍방 동의 지역에서 1회 이상 하자고 제안, 선수 훈련은 선발을 위한 합동훈련과 강화 훈련을 구분하되 쌍방 협의에 따르자고 했다. 그리고 실무적 상황은 단일팀 구성 합의 후 남북 단일팀 공동추진기구를 구성해 처리하자고 제의했다.[29]

한편, 경향신문은 1990년 북경 아시안게임에 남북한이 하나의 깃발 아래 참가할 수 있지 않을까 하는 부푼 기대를 걸게 한다는 긍정적인 기사도 있지만, 동아일보는 겉으로는 화기애애한 분위기 속에서 열렸으나 선수단 호칭 등 난제들은 그대로 합의되지 않고 넘어가 남북한 단일팀 성사 여부는 불투명한 상태라며 다소 부정적으로 전망하기도 하였다. 전체적인 회담 분위기는 2차 회담과는 다르게 7개월 만에 열려서 정치적인 이슈와 더불어 풀어야 할 숙제도 많았다. 하지만 선수단 명칭을 논의하는데 많은 시간을 쓸 만큼 아직도 남과 북의 정체성 논쟁으로 인

27) 『로동신문』, 「제 3차 북남 체육회담 진행」, 1989년 10월 21일.
28) 『경향신문』, 「남북단일팀 단기 합의」, 1989년 10월 20일.
29) 『동아일보』, 「우리측 제의 '선수단 호칭 "한나라"로」, 1989년 10월 20일.

해 확실한 해결책을 마련하지 못했던 회담이었다. 그럼에도 불구하고 영문 표기는 Korea로 하기로 했고, 단일기 색깔은 흰 바탕에 하늘색 한반도 지도로 합의한 역사적인 회담이 되었다.

마. 4차 본 회담

1989년 11월 16일 오전 10시 판문점 북측 지역 통일각에서 제11차 아시아경기대회에 단일팀 참가를 위한 4차 남북체육회담이 열렸다. 북측 대표로는 김형진, 장웅, 김세진, 허혁필, 김상부 등 5명이 참가하였으며, 남측 대표로는 장충식, 이학래, 조영승, 임태순, 박수창 5명이 참가하였다.[30]

4차 회담이 있기 전, 남한 정부는 남북체육회담 추진 전략을 재검토하였다. 체육회담을 제외한 여타의 회담(고위당국자회담, 국회회담 등)에서 문익환, 임수경 사법 처리문제, 팀스피리트 문제 등을 언급하며 대남통일전선차원에서 회담을 추진하려는 기도를 노골화하고 있다고 판단했다. 그런데 체육회담에서는 회담 외적 문제를 전혀 언급하지 않았다.

그래서 정부는 만약 단일팀 원칙에 합의하고 나서 단일팀 참가가 무산되어 개별팀을 출전하게 되면 우리 측 전력 약화 초래, 나중에 가서 정치적인 문제 등을 내세워 개별팀 참가가 어려워진다면 이에 대한 부담을 안게 될 것으로 보았다. 또한, 태극기를 앞세우고 개별팀으로 참가하는 것이 우리가 추진하는 북방정책과 같은 맥락에서 북한의 개방과 개혁에 더 긍정적으로 작용할 수 있으리라는 관점을 언급했다. 따라서 단일팀 구성·참가 및 체육교류 실현에 대한 북측의 의도, 단일팀 실현 가능성, 남북 관계 개선에의 기여도 등의 불확실한 상황을 고려하여, 북측의 의도를 타진해 나갈 필요성을 강조했다.[31]

---

30) 국가기록원, 「1989년 제6차 남북체육회담-해외협력담당관실」, 1989, 문화관광부, 관리번호: DA0579860, 53쪽.

31) 국가기록원, 관리번호: DA0579860, 4~8쪽.

사실상 4차 회담부터 결렬 시나리오가 작동되었다. 만약이라는 단서를 달고 단일팀 구성에 대한 부정적인 상황을 미리 강조함으로써 회담의 난제를 제시하는 과거 회담 패턴이 반복될 가능성이 커졌다. 정부는 당시 여러 단위에서 진행되는 남북 회담에서 유독 체육회담만 정치 문제를 언급하지 않는 북측의 회담 전략을 의심하고 단일팀 논의가 잘 안되었을 때를 대비해서, 즉 결렬을 대비해서 그 대안으로 개별팀 참가 논의를 내부적으로 시작한 것이다.

4차 회담을 기록한 로동신문에서 북측은 지난 회담에서 단일팀 깃발과 노래를 확정했으니, 남측과의 선수선발과 훈련 문제에 어느 정도 합의한 내용에서 출발하길 바랐다. 호칭으로 한글 표기는 '코레아'에서 '코리아'로, 영어 표기는 'KOREA'로 하기로 합의했고, 선수선발에서는 북과 남이 다 같이 부담을 느끼지 않도록 균형과 공정성을 강조했다. 유일팀의 단장은 공동단장으로 하고 선수단 구성에 어떤 편향도 없길 바랐다. 경기 지도자는 선수선발이 많은 측이 감독, 적은 측은 코치를 맡자는 남측의 제안에 동의했다. 공동사무국 설치는 판문점에 설치하자고 제안했고, 이와 관련하여 합의서 초안을 마련하여 남측에 제시했다. 그 초안에는 북남 유일팀의 명칭, 깃발, 노래와 선수선발, 선수 훈련, 선수단 구성, 선수단 비용, 신변안전 문제, 유일팀 공동기구, 기타 문제 등이 구체적으로 명기되었다. 하지만, 명칭 문제에서 남측이 베이징 주최국에서 단일팀 명칭을 어떻게 부르게 할 것인가의 문제를 제기하여 인위적인 난관을 조성했다고 했다. 또 선수선발 문제에 있어서 지난번 회담에서 합의한 내용까지 뒤집으면서 복잡성을 제시하고 무한정 시간을 끌려고 하였다고 했다. 북측은 선수선발에 관한 사항은 더 연구하자고 했으며, 일치한 문제들은 다 합의를 보고 한 가지씩 넘어가자고 했으나, 남측은 선수선발의 문제를 토의 해결하지 않으면 다른 실무 문제로 넘어갈 수 없다는 강경한 입장을 취하며 더는 진전을 보지 못했다고 했다.

북측은 실무자 접촉을 제안했으나, 남측은 실무자 접촉을 거부했다고 했다. 다음번 5차 회담은 11월 24일에 갖기로 합의했다고 했다.[32]

경향신문은 단기, 단가, 호칭 등에 정치적 문제는 사실상 완전히 합의를 보았고, 선수선발 방법 등 순수 스포츠 문제에 대한 토의 절충만 남게 됐다고 했다. 북측 김형진 단장은 선수단 코치진 구성과 관련, 선발된 선수가 많은 측에서 감독을 맡고 적은 측이 코치를 맡도록 하자는 우리 측 제안에 동의했다고 전했다. 회담에 앞서 북측은 지난번 합의된 하늘색 단일기를 제작해 와 회담장 중앙과 벽면에 걸어 분위기를 고조시켰다고 했다.[33] 동아일보는 남은 문제는 선수단 선발과 훈련 방법 등 체육 문제만 과제로 남겼다고 회담 전문적인 내용을 긍정적으로 보도했다.[34]

그러나 한겨레신문은 남북한의 속셈이 달라 여전히 성사 여부는 불투명하다고 부정적으로 전망하였다. 이유는 남북한 양쪽은 서로의 체면이 걸린 단가, 단기, 호칭 등의 정치적 성격이 짙은 형식적 문제들을 건너뛴 셈이지만, 이제부터 거의 다뤄보지 않았거나 한 번도 결실을 못 본 문제들을 두고 힘든 단계에 접어들었다고 전망했다. 더불어 남한의 입장은 최근 동유럽의 변화에 주목하며 다방면의 접촉과 교류를 통해 개방 기류를 북한 쪽에 불어 넣겠다는 의도로 보인다고 지적했다. 또한, KOC는 상임위원회를 열어 외형적으로 베이징 아시아경기대회 조직위가 정하는 시한까지 결론이 안 날 경우 회담을 취소해야 한다는 결의문을 채택, 체육회담에 임하는 '마지노선'을 보이기도 했다고 전했다.[35] 이렇듯 언론마다 4차 회담을 바라보는 온도의 차이가 나타났고, 정부가

32) 『로동신문』, 「제4차 북남체육회담 진행」, 1989년 11월 17일.
33) 『경향신문』, 「호칭 『코리아』로 합의 남북체육회담」, 1989년 11월 16일.
34) 『동아일보』, 「남북 단일팀 호칭 『코리아』 합의」, 1989년 11월 16일.
35) 『한겨레』, 「4차 체육회담 성과와 전망」, 1989년 11년 17일.

회담 사전 대책에 세웠던 개별팀 참가에 대한 대비가 시작되었지만, 그러한 분위기는 본격적으로 드러나지는 않은 회담이었다고 할 수 있다.

북측은 로동신문에서 주최국 중국이 유일팀 명칭을 어떻게 부를 것인가를 놓고 장시간 토의하게 했다는 것과 이전 합의된 내용에 대해 다시 복잡한 문제를 제기하며 회담을 어렵게 만들었다고 전했다. 이 대목에 주목할 필요가 있다. 적어도 3차 회담까지는 난관이나 복잡성 그리고 회담 지연과 같은 부분에 대해서 큰 문제의식이 없었던 북측도 4차 회담을 계기로 이런 부정적인 기류를 감지했다고 볼 수 있다.

바. 5차 본 회담

1989년 11월 24일 오전 10시 판문점 남측 지역 통일각에서 제11차 아시아경기대회에 단일팀 참가를 위한 5차 남북체육회담이 열렸다. 북측 대표로는 김형진, 장웅, 김세진, 허혁필, 김상부 등 5명이 참가하였으며, 남측 대표로는 장충식, 이학래, 조영승, 임태순, 박수창 5명이 참가하였다.

북측은 유일팀 구성을 성공으로 이끌기 위하여 지난번 남측이 선수선발과 관련하여 제기한 18개 세부사항으로 된 수정안의 13개 항목은 그대로 받아들이며, 대폭 양보하여 남측의 안을 그대로 수용한 것은 유일팀을 탄생시켜서 겨레의 염원을 실현하고자 한다고 하였다. 그런데 4차 회담에서는 없었던 새로운 난문제들을 제기하여 문제 토의를 인위적으로 복잡하게 만들어 회담 앞에 난관을 조성하였다고 주장했다. 난제란 회담의 본질적인 문제와 거리가 먼 문제를 제기함으로써 장시간 토의 시간을 지연시키는 것을 말한다. 이것은 회담을 복잡하게 하여 결국 회담의 성과를 내려 하기보다 결렬로 이어지는 수순이라고 볼 수 있다. 유일팀 명칭을 주최국 중국에서 어떻게 표기할 것인가 하는 소관 밖의 엉뚱한 문제를 들고나와 장시간 문제 토의를 지연시켰다고 전했다. 그리고 3명씩 실무 대표 협의자 회의하고 여기서 문제를 토의하자고 제안하면서 비공개로 하자고 생억지를 부렸다고 표현했다. 이어서 남측은 12월 1일 실무회담을 가질 것을 제의했으나, 본 회담 날짜 정하는 것을 반대했다고 기록했다. 이것에 대해 북측은 실무 대표접촉을 구실로 본 회담을 회피하는 지연전술에서 나온 것으로 본 회담을 빨리 끝내고 유일팀을 성사시키려는 태도가 아니라고 지적했다. 이러한 지연전술은 북측이 남측의 수정안을 통째로 받아들이면 새로운 수정안을 내놓는 것에서 드러났다며, 다음 본 회담도 12월 5일에 하자고 했으나, 남측은 12월 22일에 하자고 해서 실무회의는 12월 1일에 하고 본회담은 12월 22일에 열기로 합의했다. 북측은 남측이 기본 문제들이 다 합의되고 이제 한 걸음만 내디디면 회담을 결속하고 민족 앞에 첫 유일팀을 내놓을 수 있는데 인위적인 난관을 조성하고 지연전술을 쓰며 회담의 운명마저 위태롭게 했다고 지적했다.[36]

남측 기록에는 선수 선발 경기는 관중이 있어야 선수들이 제 기량을 발휘한다고 하자 북측은 겨레의 앞에서 비극적인 대결을 벌이는 것은 단일팀 구성에 나쁜 영향을 준다고 반발했으며, 이에 남측 장 수석대표는 '남과 북이 서로 상대 선수를 환영하고 격려하는 것이 민족 화해를 도모하고 통일을 앞당기는 일'이라고 응수했다고 하였다. 토의가 길어지자, 이 문제를 비공개 실무 대표 접촉에서 다루자고 제의하자 북측의 김 단장은 '감출게 무엇이 있느냐'며 공개 접촉을 제의했으나, 남측의 주장대로 비공개회의로 정했다. 더불어 5차례 체육회담에 계속 취재 나온 북측 기자들은 남측 신문, 방송들이 회담 내용 외에도 기자들 간의 사적으로 나눈 대화 내용을 스케치나 가십 등으로 많이 싣는 데 불만을

---

36) 『로동신문』, 「제5차 북남체육회담 진행」, 1989년 11월 25일.

표시했다고 기록했다.[37]

선수 단장 문제에서는 남측은 공동단장을 두면 단장끼리 의견이 맞지 않아 일사불란한 팀 운영이 어렵게 될 것이라며 단일 단장제를 주장하고, 북측은 서로 다른 이념과 제도가 존재하고 있으며 불신과 대결이 지속되고 있으니 다 같이 부담을 느끼지 않을 공동 단장제를 주장했다. 선수선발의 문제에서도 남측은 합동훈련을 거쳐 선발전에서 우수 선수 위주로 뽑자는 반면, 북측은 선발하기 전에 합동 훈련 경기를 포함해 연습 과정에서 기량이 있다고 판단되면 선수를 뽑아 남북한 선수가 균형 있게 팀을 구성하자는 것이다. 결국, 남측은 많은 선수가 경기력 면에서 앞선다는 판단 아래 선발전에서 선수를 먼저 뽑자고 제안하고 단장도 선수가 많은 쪽에서 맡게 되면 남측이 맡을 것이라는 포석으로 보았다.

이러한 전반적인 단일팀 구성 회담에 대한 체육계의 한 원로는 베이징대회에서 금메달을 몇 개 따내고 몇 위를 하는 것이 중요한 것이 아니라 단일팀 구성이 남북 교류와 통일을 앞당기는 계기가 되는 것이 국민이 더 원하는 것이라고 주장하기도 했다.[38]

제5차 남북체육회담 기록을 보면, 남측의 회담 태도는 기존 회담과는 확연히 다르다는 것을 알 수 있다. 북측은 안건으로 잡힌 본 내용에 접근하여 토의하고자 하였고, 남측은 본 내용보다는 대회 주최 측 중국에서 불릴 호칭 문제에 많은 시간을 할애했다. 남측이 중국 발음을 고려 (高麗)라고 하면 안 되니 발음 나는 대로 可里亞(가리아) 또는 可禮亞(가례아)라고 하자고 하는 등 발음표기 문제를 제기하자, 북측은 주최국에서 알아서 부르면 되는 문제라고 생각한다며 장시간 이 문제로 토의할 일이 아니라고 했다. 선수선발에서는 남과 북의 단일팀을 구성하는 관점에

37) 『경향신문』,「비공개 실무회의 구성」, 1989년 11월 24일.
38) 『한겨레』,「'베이징 함께 가자' 막바지 진통」, 1989년 11월 24일.

서 명확한 차이를 보였다. 남측은 관중이 있는 곳에서 경기해야 분위기가 살 것이라고 했고, 북측은 선수들의 대결 모습은 관중들에게 보이지 않는 것이 단일팀 구성의 취지를 살리는 것이라고 하였다.[39] 다음 회담 날짜를 두고도 팽팽한 기싸움은 1~4차 회담 때와는 전혀 다른 분위기였다. 본 회담 날짜를 늦게 잡으려는 남측과 앞당기려는 북측의 입장이 이 회담 분위기를 보여주는 단적인 장면이라고 볼 수 있다.

2) 1~3차 실무 대표 접촉과 6차 본 회담(1989. 12. 1.~12. 22.)

가. 1~3차 실무자 대표 접촉

6차 회담 전에 12월 1일 판문점 중립국감독위원회 회의실에서 비공개로 진행된 1차 실무 대표접촉에 북측은 장웅, 김세진, 허혁필이 참석했고, 남측은 임태순, 조영승, 박수창이 참석했다. 주요 쟁점은 선수선발전 공개 문제, 선발 방법은 서울·평양 간 1번씩 교대로 하자는 남측과 선발전 장소, 회수 등은 공동위원회에서 하자는 북측의 의견이 갈렸다.

북측은 회담에서 합의가 안 되면 이를 공동위원회로 넘기자고 제의하였고, 남측은 이는 체육회담에서 타결해야 한다고 맞섰다. 북측은 남측이 합의한 사항까지 다시 조항별로 하나씩 확인하고 넘어가자고 하였고, 심지어 체육회담에서 토의할 성격의 유일팀 명칭 문제까지 다시금 들고나와 회담의 복잡성을 조성했다고 하였다. 남측은 우선 합의된 내용, 의견 일치 사항을 재확인하고 제1항인 호칭 문제부터 이견이 없음을 확인하였다고 기자회견에서 밝혔다. 다음 회담은 12월 6일에 갖자

39) 국가기록원, 「제5차 남북체육회담」, 1989, 문화체육관광부 체육국 국제체육과, 관리번호: DA0579948, 7~158쪽.

고 하였다.[40)]

당시 한 언론에는 체육회담을 바라보는 한 축의 시각을 가늠해 볼 수 있는 기사가 실렸다. 남북이 단일팀으로 베이징대회에 나가자는 7천만 동포들의 염원에도 불구하고 남북체육회담이 헛바퀴만 돌고 있어 안타깝다는 기사이다. 한겨레신문은 개방을 꺼린 채 문에 빗장을 걸어 놓고 단일팀 구성을 성사시키려는 북한이나, 뜻대로 안 되면 개별팀으로 나가도 손해 볼 것이 없다며 목마른 쪽이 우물 판다는 식의 남측 버티기가 뒤엉켜 회담의 실마리가 풀리지 않고 있다고 당시의 회담 상황을 전했다. 또 그동안 체육회담에서 보여 온 북측 태도는 어느 때보다 진지하고 적극적이라는 점은 남측에서도 일부 수긍하고 있었다.[41)] 이런 면에서 오히려 남측이 소극적이었다는 지적을 받고 있다는 평가가 있었던 것을 확인할 수 있다. 4~5차 회담을 기점으로 남한 내부에서 단일팀 구성이 안 되었을 때를 가정하고 벌이기 시작한 여러 대책이 결국 회담을 어렵게 만들었고, 그로 인해 소극적인 태도로 연결되는 국면이었다.

12월 6일 2차 실무 대표접촉이 있었지만, 선수 훈련 문제에 대해서만 의견의 일치를 보았을 뿐 이렇다 할 진전 없이 끝났다. 그리고 12월 15일 3차 실무접촉을 갖자고 합의했다.[42)]

2차 실무회담에 앞서 남한 정부는 북측의 선발전 공개 문제와 공동사무국 쌍방 지역 설치 문제는 남북 간의 인적교류 및 사회 개방과 직결되기 때문에 북한으로서는 쉽게 결론 내지 못하고 내년 1, 2월로 넘어갈 수 있음을 예상했다. 실제 회담은 선수 선발 문제에 대한 실무 토

---

40) 국가기록원, 「남북체육회담 실무접촉(1차, 2차, 3차)」, 1989~1990, 문화체육관광부 체육과 국제체육과, 관리번호: DA0579949, 43·71·162쪽; 『한겨레』, 「남북한 체육회담 1차 실무회의 오늘 판문점서 비공개로 열려」, 1989년 12월 1일.

41) 『한겨레』, 「'코리아' 몸통만들기 지연 '단일팀 구성' 남북실무접촉 제자리 걸음」, 1989년 12월 2일.

42) 『경향신문』, 「남북 체육회담 비공개로 열려」, 1989년 12월 6일.

의를 진행하고, 선수 훈련, 선수단 구성문제가 집중적으로 토의되었다. 여기서도 북한은 공동 단장제는 양보할 수 없는 정치적 입장임을 내세웠고, 사실상 의견 차이를 좁히지 못했다. 북측은 2차 실무 대표 접촉도 이미 합의한 내용을 뒤집어엎고 문안 표현까지 협의하자고 하며 처음부터 문제 토의의 복잡성을 조성했다고 밝혔다.[43]

3차 실무 대표 접촉에 앞서 남한은 대책 회의를 통해 이번 3차 접촉에서는 시간이 걸리더라도 10개 항 토의를 마무리하기로 방침을 세웠다.[44] 15일 3차 실무 대표 접촉에서 양측은 본부 임원 수는 양측의 선수 비율에 따라 정하고, 선수선발은 공개적으로 하며, 선수단 및 관계 임원의 신변을 보장하고, 선수단 경비 문제는 공동 부담한다는 원칙에 합의했다. 그러나 공동위원회 구성과 사무국 설치 문제는 이견을 보였다며 나머지는 22일 6차 회담에서 토의하기로 했다.[45]

한겨레신문은 다음과 같은 기사를 내며 체육회담에 임하는 남측의 태도 문제를 언급했다.

> 그동안 선발전을 비공개로 하자며 팽팽히 맞서 왔던 북한쪽이 남한쪽 안을 그대로 받아들여 공개하기로 합의한 것은 남북한 단일팀 구성을 성사시키기 위한 북한의 고육책으로 풀이된다. 북한은 오는 95년 제3회 겨울철 아시아경기대회를 유치해 놓은 상태여서 최소한 대회 개최이전에 남북한 단일팀 구성 전례를 만들어 놓아야겠다는 필요성을 절감하고 있다. 왜냐하면 북한 안에서 남북한 대결을 원치 않을 뿐 아니라 태극기나 애국가가 울려 퍼지기를 바라지 않을 것이기 때문이다.
> 문제는 회담상대인 남한 쪽의 태도이다. 남한 쪽은 현재 큰 걸림돌이 되고 있는 단장제, 공동사무국 설치 장소에 대해 당초 주장에서 한 발짝도 물러서지 않겠다는 강경방침이다. 이번 김집 체육부장관이 소련 등 4개

43) 국가기록원, 관리번호: DA0579949, 182·188~190·316쪽.
44) 위의 문서, 321쪽.
45) 『동아일보』, 「선수 공개선발 합의」, 1989년 12월 15일.

국을 방문하고 돌아온 뒤 남한 쪽은 더더욱 자신을 갖는 입장이다. 체육부 관계자는 남북체육회담과 전혀 관계가 없다는 점을 강조하면서도 남한 쪽 주장을 소련 체육관계자에 전했더니 대부분 찬성했으며 오히려 북한쪽 주장을 이해할 수 없다는 반응을 보였다고 말해 소련과도 남북체육회담에 관한 논의가 있었음을 시사했다.

따라서 남한 쪽은 단일팀이 구성되지 않더라도 손해 볼 게 없다는 버티기식으로 나올 것으로 보여 남한 쪽 입장변화가 없는 한 북한의 적극성에 관계없이 앞으로 남북체육회담 전망은 불투명할 것이라는 지적이다.[46]

위 기사에서 확인 할 수 있는 점은 남측 대표가 소련 등을 방문하여 여론전을 펼치면서까지 단일팀 구성 결렬에 대한 명분을 쌓아갔던 것이다. 북측은 양보를 통해서 단일팀 구성을 성사시키려고 노력하고 있지만, 남측은 북측으로부터 최대한의 양보를 끌어내기 위해 강경한 입장을 취하고 있었다는 점이다. 또 하나는 북한은 1995년 제3회 동계 아시아경기대회를 개최해 둔 상태에서 북한 지역에 태극기와 애국가를 울리게 하여 두 국가의 상징을 드러내는 것을 막아 보고자 하는 의도가 깔려 있다는 점이다. 북한은 1970년대 초부터 『두개 조선』 반대라는 구호를 내걸고 분단 고착을 막아야 한다고 주장해 왔다. 이러한 배경에서 두 국가의 상징인 각각의 국기가 내걸리는 것보다 단일팀 깃발을 통해 남북 통일의 상징성을 나타내고자 하여 1990년 베이징 아시아경기대회를 앞두고 북한은 더욱더 적극적으로 단일팀 구성에 나섰다고 볼 수 있다.

나. 6차 본 회담

1989년 12월 22일 오전 10시 판문점 북측 지역 통일각에서 제11차 아시아경기대회에 단일팀 참가를 위한 6차 남북체육회담이 열렸다. 북측 대표로는 김형진, 장웅, 김세진, 허혁필, 김상부 등 5명이 참가하였으

---

46) 『한겨레』, 「남북체육회담 3차실무접촉 성과와 전망」, 1989년 12월 16일.

며, 남측 대표로는 장충식, 이학래, 조영승, 임태순, 박수창 5명이 참가하였다.

북측은 선수단 단장 문제는 유일팀 본연의 취지에 맞게 공동 단장제를 고수했다. 유일팀 공동사무국 장소는 판문점에 두자는 의견이나 평양과 서울에서 일정한 기간씩 번갈아 가며 사업하자는 수정안을 제시했으나, 유일팀 구성을 하루라도 빨리 구성하려는 일념으로 평양과 서울에 각각 두자는 남측 안에 동의했다. 또 유일팀 호칭을 중국어로 어떻게 부를 것인가 하는 문제는 남측이 굳이 토의하자고 하면 토의할 용의가 있다고 하였다. 북측은 북남 유일팀 구성과 관련하여 쌍방 실무 대표 접촉에 넘겨 문안을 완성한 다음 내년 1월 중에 본회담을 열고 거기서 합의서를 정식으로 채택함으로써 유일팀 탄생을 선포하자고 제의했다. 그러나 남측은 선수단 명칭의 중국어 표기, 유일팀 단장 문제, 공동사무국 장소 문제 등에 대해서는 종례의 입장을 되풀이하였다.

이에 북측은 선수단 명칭 중국어 표기 문제는 남측 안에 동의했고, 단장 문제는 북측에서 선발된 선수가 많은 쪽에서 단장을 맡되 적은 쪽에서 명예 단장을 맡도록 하여 제기된 문제는 단장과 명예 단장이 협의하여 해결하며 대표권은 단장이 행사한다는 수정안을 냈다. 남측은 이 문제는 다음 회담에서 정하자고 했다. 그러나 북측은 하루빨리 온 겨레의 절절한 염원에 비추어 다음으로 넘기지 말고 손기정 선수 같은 세계적으로 이름을 떨친 사람을 단장으로 세우고 부단장은 다른 측에서 하자고 수정 제안했다. 남측은 이 제안도 다음 회담으로 넘기자고 하였다. 그러나 북측은 선수가 많은 쪽에서 단장, 적은 쪽에서 부단장을 하자는 남측 안을 수용하고 동의했다. 결국, 쌍방이 내놓은 10개 항이 합의를 보게 되자 남측 대표들은 다소 당황한 표정을 지으며 나머지 세칙까지 토의하자고 했으나, 그 세칙도 이미 북측과 남측의 제안들이 서로 다르지 않으므로 남측 안에 북측이 동의하여 9개월 만에 10개 합의 항에 도달했다고 하였다.

그러나 북측은 남측이 10개 항에 미해결 문제가 있다느니, 자기들의 안에 동의한 것이 '의심스럽다'고 하면서 상정된 모든 문제에 대해 의견 일치를 보고 합의했다고 말하는 것을 극력 회피했다고 했다. 그래서 북측이 구체적으로 어느 문제가 합의되지 않았냐고 물으면, 남측은 극히 실무적인 문제들을 들고나오며 억지 주장을 했다고 했다. 그러면서 남측은 10개 항과 세칙에 관해 합의를 보지 못했다고 생떼를 쓰면서 합의 사항 이행을 담보하는 장치라는 것까지 합의해야 합의된 것으로 볼 수 있다며 북측의 합의라는 주장에 대해 회피했다고 기록했다. 그리고 다음 7차 회담을 북측은 1월 11일에 갖자고 했으나, 남측은 실무회담을 1월 10일에 하고 1월 18일에 본 회담을 하자고 하여 그대로 합의했다고 했다.[47]

6차 남북체육회담의 남측 기록은 "우리 측이 첫 발언에서 단일팀 구성·참가 문제와 관련한 주요 쟁점 6개 사항에 대한 우리 측 제안에 북측이 동의할 것을 촉구하고 공동위원회와 공동사무국의 구성·운영방안을 제시한 데 대해 북측은 우리 측 방안에 대한 검토 없이 우리 측 제안에 모두 동의해 왔음"이라고 요약했다. 그리고 이어서 회담 과정에서 나온 이야기를 다음과 같이 정리했다.

> 북측은 단일팀 구성·참가를 위한 10개 항 및 공동위원회 구성 및 공동사무국 구성·운영 방안에 합의했다는 사실을 발표하는데 대한 우리 측의 동의 및 확인을 요구하였음. 우리 측은 합의사항의 성실한 이행의 보장문제에 대한 협의가 종료되고 공동위원회 및 공동사무국 구성·운영 세부에 합의되지 않은 상태에서 10개 항에 대해 합의했다고 할 수 없다는 입장을 견지하였음. 우리 측은 북측이 제2차 고향 방문단 사업 협상시에서도 최종 합의 단계에서 '꽃파는 처녀'를 공연 내용으로 하겠다고 고집함으로써 고향방문단 사업 성사를 방해했던 불성실한 태도를 예로 들고, 합의사항

---

47) 『로동신문』, 「제6차 북남체육회담 진행」, 1989년 12월 23일.

의 성실한 이행보장이 10개 항 이상으로 중요하다는 입장을 천명하였음. 북측은 금년 내에 실무 대표 접촉을 개최하여 합의서 문안 작성에 들어갈 것을 주장했으나 우리 측 제의에 따라 96년 1월 10일에 실무 대표접촉을 갖기로 합의하였음.[48]

남측은 단일팀 구성 및 참가에 관한 10개 항 및 공동기구 등 전 쟁점에 북측이 동의함으로써 원칙은 모두 합의되었다고 기록했다.[49] 남한 언론에서는 '남북한 단일팀 구성 타결', '공동사무국 서울·평양 2곳 설치, 선수단 호칭 중국표기 가례아로 단장은 선수 많은 쪽에서 맡기로 6차 체육회담 쟁점 모두 합의' 등 다양한 제목의 기사들이 소개됐다. 그리고 1990년 북경 아시아경기 단일팀 구성을 위한 남북체육회담 의제 10개 항이 모두 타결됐다는 소식을 전했다. 공동사무국 설치 장소도 판문점에서 남측 주장인 서울 평양 설치와 적정인원의 파견 근무 안을 북측이 받아드렸다는 내용이다. 남측 장충식 수석대표는 '합의 사항의 성실한 이행보장을 위해 쌍방 당국이 보증토록 하자'는 의제를 새로 제기했다며, 다음 회담은 1월 10일 4차 실무회담과 1월 18일 제7차 본 회담을 하기로 하고 끝냈다고 전했다.[50]

회담 후 북측은 6차 회담에 와서 합의를 보게 된 것은 전적으로 북측의 진지하고 성의 있는 노력의 결과였다고 하면서 남측 제안에 대폭적으로 양보했다고 했다. 그러면서 남측이 유일팀 구성 문제 토의를 지연시켜 장애를 조성하려 한다는 것이 더욱 명백하였다고 했다. 북측은 '도대체 남측에서 유일팀을 하자는 것인가, 말자는 것인가, 어쩌면 민족의 중대사를 놓고 저렇게까지 무례한 행동을 할 수 있는가' 하며 남측 기자

48) 국가기록원, 관리번호:DA0579860, 2~4쪽.
49) 국가기록원, 「남북체육회담 실무접촉(4차, 5차)」, 1989-1990, 문화체육관광부 체육국 국제체육과, 관리번호: DA0579955, 6쪽.
50) 『동아일보』, 「남북한 단일팀구성 타결」, 1989년 12월 22일.

에게 묻자, 남측 기자들도 '우리가 보기도 거북합니다. 북측 대표들에게 말해서 우리 사람들에게 유일팀을 하겠는가 말겠는가 그것을 따지게 해 주시오'라고 말했다고 하였다.[51]

결국, 6차 회담에서 북측은 남측의 제안을 전면 수용하겠다는 자세로 참석하여 그동안 남측 제안에 대해 반대 의사를 굽히지 않았던 여러 내용을 모두 수용함으로써 단일팀 구성에 대한 의지를 드러냈다. 그러나 남측은 이에 당황하며 또 다른 별도 의제를 제기하며 모든 문제가 합의되지 않았음을 강조하며 이행보장이라는 카드를 내밀었다. 이로써 회담을 전개하려는 뜻보다는 지금까지 진행된 회담에 관해서 이행이 안 되었을 시를 가정하고 다른 의제를 제시하는 함으로써 전형적인 난제제시 전략으로 임했다.

당시 남측 6차 남북체육회담 대책 회의(1989. 12. 22.)에 앞서 남정문 안기부 실장[52]의 친서에는 다음과 같은 내용이 담겨있었다.

> 1. 북측이 우리 측 주장을 전면 수용하더라도 절대 합의서에 서명해서는 안 된다.
>   – 우선 Team Spirit 훈련 기간을 지나면서 북측 의지를 시험해야 하고 (북이 T/S 이유로 대화중단 할것인지 지켜봐야)
>   – 합의서 작성 후 BAGOC에 단일팀 출전키로 합의했다고 북측이 통보 내지 대외홍보하는 것을 현실적으로 막기 어려우므로
>   – 90. 4 내지 5월 가서 북측이 남북 교류를 받아들여 우리에 항복해오는 것이 분명할 때 합의해주어도 늦지 않다고 봄. – 합동훈련, 선발전은 모두 합해 1개월이면 충분
> 2. 남북 교환 시범경기를 카드로 활용해야 한다. 즉, 선 시범경기 후 합의.
>   – 시범경기가 실현되어 남북의 체육인, 응원단(관중), 보도진 등 수백

51) 『로동신문』, 「유일팀구성에 제동을 걸지 말아야 한다」, 1989년 12월 24일.
52) 남정문은 안기부 소속으로 1984년 LA올림픽 단일팀 회담, 1985년 IOC 로잔 체육회담 등에 남측 대표로 참석하는 등 이전 회담에 깊이 관여했던 인물이었다.

명이 상호 왕래하게 되면 북측의 항복을 의미하므로 합의해 주어도 무방

3. 홍보대책
  - 단일팀 구성이 이루어지려면 실질적 바탕이 있어야 하는데 그 바탕은 남북체육교류의 실적이 축적되어야 한다. 따라서 시범경기 교환이 필요함을 흘리고 각 언론기관이 자율적으로 보도하도록 함이 자연스럽다.

4. 7차 회담 일자
  - 90년 1월 하순으로 잡을 것. 90. 1. 22. 고위 당국자회담 예정일
  - 충분히 시간을 가지고 연구하자면서 1개월 정도 시간을 벌 것

5. 6차 회담 전망
  - 북측은 '공동사무국 서울·평양 각기 설치'를 받아들이기 어려울 것임
  - 우리 측 의견 전면 수용시에는 합의서 작성 기초위원회 구성을 제의, 시간을 벌 것

6. 총평
  - 지금까지 회담이 너무 빠른 속도로 진행되어 왔다.
  - 북측은 모든 회담에서 몰리고 있는 입장인데도 우리가 충분히 이용 못하고 있다.
  - 북경대회 단일팀구성 출전은 우리에게는 손해요 또한 양보이므로, 우리가 얻을 것(체육교류, 북한 개방 바탕마련)을 충분히 얻지 못하면 구성해서는 안된다.(개별 출전은 모든 체육인의 바램이기도 하다)"[53]

안기부 남 실장이 전한 내용의 기조는 크게 '선 체육교류 후, 합의서 작성'이라고 할 수 있다. 이러한 기조 위에 회담 날짜, 회담 지연작전, 선 체육교류 후 단일팀 구성 합의 등 실질적인 회담 방침의 중요한 내용이 대부분 포함되었다. 결국, 북한이 남북 왕래를 받아들이는 것을 항복으로 이해하는 전술적 측면을 강조했다. 따라서 단일팀 구성 회담합의서에 서명도 하지 말고 합의를 공식화하지 말 것을 주문한 셈이다. 지

53) 국가기록원, 관리번호: DA0579860, 239~242쪽. 문서 표지 제목 <남정문 실장친>(1989. 12. 20.).

금까지 남북 단일팀 논쟁에서 항상 논란이 되었던 단일팀 구성을 위한 준비 시간 촉박 문제와 관련해서 유의미한 표현이 있었다. 안기부 내에서는 1개월의 시간이면 합동훈련과 선발전에는 충분한 시간이라고 판단했다는 점이다. 과거 회담에서 6개월의 시간이 부족하다느니 4개월의 시간이 부족하다느니 하는 문제는 실제로는 정치적인 문제이며 남북 정부의 단일팀 구성 의지에 달린 문제로 보는 것이 타당하다.

3) 4~5차 실무 대표 접촉과 7차 본 회담(1990. 1. 10.~1. 18.)

가. 4차 실무 대표 접촉

4차 실무 대표 접촉 전에 합의 사항 이행을 위한 보장 장치를 포함한 부칙 및 부속 합의서를 제시하여 이것을 전면 수락하면 남북 관계 개선과 북한 사회 개방에 기여할 수 있다는 판단에 따라 적극적으로 추진한다는 방침을 세웠다. 그러나 이러한 후속 조치에 이견을 보이거나 회담에 난관을 조성(예: 팀스피리트 훈련 중지 등)하여 단일팀 구성 합의가 이루어지지 못하면 체육회담의 일방적 종결 및 개별팀 참가를 선포하도록 한다는 방침을 정했다.[54]

1990년 1월 10일 제4차 실무 대표 접촉에서 남측은 이미 타결된 기본 의제 10개 항, 부칙으로 된 합의서 초안을 제시했으나, 북측이 부칙 내용을 문제 삼아 진전을 보지 못했다고 했다. 남측이 제시한 부칙에는 친선 교환 경기개최 및 시설 답사반 상호 교환, 북경 아시아경기 조직위원회와 아시아 올림픽 평의회에 보낼 서한 내용, 기본 의제 10개 항 합의문에 나오는 각종 용어 해석, 코리아선수단 공동위원회 구성 운영에

---

54) 국가기록원, 관리번호: DA0579955, 176~177쪽.

관한 사항 등을 포함해 이를 명시하자고 제안했다. 이에 대해 북측은 부칙은 필요 없다고 응수했고 1월 15일 실무접촉을 통해 이견을 절충키로 하고 회담을 끝냈다고 했다.[55]

북측은 이날 로동신문에서 실무접촉의 목적과 회담 과정을 다음과 같이 기록했다.

> 이날 접촉의 목적은 이미 쌍방이 합의한 유일팀 구성과 관련한 10개 항에 대한 문안 정리와 유일팀 공동위원회와 공동사무국 구성 및 운영위원회와 공동사무국 구성 및 운영에 관한 세칙에 대한 문안 정리를 끌어내고 합의 사항의 이행을 위한 '보증' 문제를 토의하는 데 있다. 그런데 남측은 쌍방의 합의 사항을 무시하고 접촉의 사명과는 전혀 관계없는 새로운 복잡한 문제를 들고나왔으며, 앞으로 설치될 공동위원회에서 실무적으로 토의해야 할 문제들까지 들고나와 접촉 앞에 인위적인 난관을 조성하였다.
>
> 남측은 이른바 '분위기 조성'이라는 미명 아래 공동위원회 발족 이전에 '친선 경기'를 가지면서 상대방의 체육시설을 답사하도록 하자는 새로운 '안'을 내놓았다. 또한, 유일팀 구성에 관한 합의 사항이 이행되지 않아 유일팀 참가가 '불가능'하면 남북이 개별적으로 참가하기로 한다는 것을 베이징 아시아경기대회 조직위원회와 아시아 올림픽 평의회에 알리는 '서한'을 발송하자는 엉뚱하고도 천만 부당한 문제를 들고나왔다. 남측은 또한 이미 합의한 선수선발 경기 날짜를 거의 두 달이나 앞당겨 놓았을 뿐 아니라 북남 래왕을 통한 부담과 수송 수단은 일체 초청 측에서 보장한다는 데 대해 합의해 놓고도 자기측 수송 수단을 이용하자는 주장까지 들고나왔다.
>
> 이러한 문제들은 공동위원회의 소관이거나 유일팀 구성과 무관한 사안을 제기해 인위적인 난관과 복잡성을 초래하는 행위라고 지적했다. 그리하여 이러한 것은 애당초 유일팀 구성을 하지 않으려는 것을 전제로 매우 불순한 태도라고 강하게 추궁했다. (중략) 일단 합의한 문제는 존중해야 하고 또한 신의 있게 대해야 한다고 하면서 공동위원회에서 토의하기로 한 문제까지 들고나와 합의 사항을 뒤집어엎는 행동을 더는 하지 말아야 한다.[56]

55) 『동아일보』, 「남북 체육회담 부칙싸고 진통」, 1990년 1월 10일.
56) 『로동신문』, 「북남체육회담 실무 대표들의 제4차 접촉 진행」, 1990년 1월 11일.

북측의 기록을 요약해 보면, 이미 정한 10개 항 문안 정리 차원의 회담으로 인식했으나, 남측이 새로운 부칙을 제안하면서 또다시 복잡한 토의 문제를 제기한 것으로 볼 수 있다. 또한, 용어 해석이라는 첨부 내용을 통해 계속 토의할 필요성을 제기한 것은 지금까지의 단일팀 구성의 원칙 합의 외에 다른 내용을 추가함으로써 회담을 더 늦춰갈 의도를 보였다고 할 수 있다. 특히 베이징 아시아경기 조직위원회와 아시아올림픽평의회에 각각 단독으로 출전할 가능성을 염두에 둔 서한에 동의하라고 하는 것은 이미 남측의 회담 방침에도 언급되었듯이 부칙에 동의하지 않을 시에 회담을 결렬시키고 개별팀으로 참가하기 위한 사전 포석으로 볼 수 있다. 북측은 11일에 5차 실무회담을 제안했으나, 남측이 15일을 고수하면서 결국 15일로 합의되었다.

나. 5차 실무 대표 접촉

5차 실무회담은 1990년 1월 15일 판문점 중립국 감독위원회 회의실에서 비공개로 진행되었다. 북측은 장웅, 김세진, 허혁필이 참석했고, 남측은 임태순, 조영승, 박수창이 참석했다. 북측은 이미 합의된 10개 항의 합의된 사항에 대해서 성실한 이행을 위한 보장 장치 문제에 대한 것은 쌍방 올림픽 위원회가 보증하고 쌍방 총리들이 담보하게 하자는 제안을 했고, '부칙' 문제는 실무회담에서 해결할 문제가 아니라고 지적하고 철회하길 제안했다. 이날 회의에서는 10개 항 문안 정리를 끝내고 제7차 본 회담에 서명함으로써 유일팀 탄생을 선포할 수 있게 하자고 촉구하였다.

그러나 남측은 스포츠 정신이 중요하다느니, 실천이 중요하다느니 하며 10개 항은 빈껍데기이며, 부칙이 기본이라고 하면서 '부칙'부터 토의해야 한다고 고집하였다고 기록했다. 이에 북측의 강한 논리와 설복으로 남측은 하는 수없이 10개 항에 대한 문안 정리에 들어가는 것처럼 하다가, 태도를 돌변하여 또다시 '부칙'을 토의하자고 하며, '부칙'을 토의하지 않으면 유일팀 구성이 곤란하다는 엉뚱한 말까지 하였다고 했다. 북측은 남측이 10개 항의 세부사항 총 78개의 절반에 가까운 37개 조항을 새로 들고나와 회담 앞에 난관과 혼란을 조성하고 있다며 회담에 대한 불만을 표현했다. 6차 본 회담에서 세부 항목은 57개였는데 4차 실무회담에서 62개로 늘어났고, 부칙 2개 조항이 붙어 있었으며, 본래 57개 항과 다르게 남측이 27개 항이나 다르게 고쳐 놓았다고 폭로하였다.

또한, 북측은 남측의 이러한 태도를 '개구리 작선'이라고 표현하며, 북측이 합의해 주면 또 다른 수정안을 들고나오고, 거기에 동의해 주면, 또 다른 것을 내놓는데 남측이 회담에 임하는 자세를 보면 분명히 다른 의도가 있다고 불만을 토로했다. 북측은 공동위원회가 발족하면 자연히 분위기는 고조될 것인데 발족하기 전에 친선 교환경기를 하자느니, 체육교류의 길을 여는 데 필요한 것인 듯 주장하지만, 유일팀이 구성되면 자연히 체육교류의 길도 트이게 될 것이라며, 우선, 남북 단일팀 합의와 공동위원회 구성에 선차적인 문제 해결을 주문하였다. 특히 유일팀이 구성되지 않을 것을 전제로 국제기구에 서한을 보내자는 제안은 수치스럽기까지 하다고 언급하며 유일팀 구성을 반대한다는 속내를 드러냈다고 밝혔다.[57]

5차 실무회담이 있기 전인 12일 동아일보 기사에는 '안타까운 남북 체육회담'이라는 글이 실렸다. 주 내용은 합의서에 부칙이 필요한지 아닌지를 남북 대표들이 입씨름만 벌였다는 내용이 알려지면서 '우리 측의 성의가 부족한 것이 아니냐', '왜 새로운 제안을 자꾸 내놓아 고의로

57) 『로동신문』, 「북남체육회담 실무 대표들의 제5차 접촉 진행」, 1990년 1월 16일.

시간을 끄는 듯한 인상을 주는지 모르겠다', '체육회담을 한민족 동일체 확인의 차원에서 파악해야지 지나치게 기술적 문제에 매달려선 곤란하다'라는 등의 독자 의견을 실었다. 이에 대해서 남측은 북한의 단일팀 구성 의지가 확실한 것인지, 아니면 단일팀 구성을 빌미로 우리 측 메달 전략에 차질을 빚게 하는 것이 궁극적 목표인지 확인하기 위해서 절차 문제까지 신경을 쓰지 않을 수 없다고 '부칙의 배경'을 설명했다.[58]

5차 실무회의에 관해 한 언론에서 '남북 체육회담 결렬 위기', '부칙 처리 이견 타결 안 돼 무산'이라는 제목으로 소개됐다. 즉, 남측은 10개 항 기본 의제와 부칙으로 된 합의서 초안을 토대로 문안 정리에 들어가자고 주장했으나 북측은 부칙의 내용을 문제 삼았고, 특히 '합의 사항 이행보장 장치 요구를 철회하지 않으면 회담을 더 진전시킬 수 없다'라고 맞섰다고 기록했다.[59] 다른 신문들도 같은 기사를 내며 회담 결과에 대한 부정적인 인상이 담긴 '5차 접촉도 성과 없어', '결렬 위기', '결렬 코스'와 같은 짧은 소식을 전하는 데 그쳤다. 실제로 회담장 안에서 일어난 쟁점에 대해 언론은 핵심을 파악하기 어려웠던 것으로 보인다. 이 회담의 본질은 단일팀 구성을 위해 최종 합의를 끌어내려는 북한과 합의하지 않고 최대한 지연 작전으로 개별팀 참가를 신청하겠다는 계산이 상충하면서 회담 결렬의 책임을 북측으로 돌리려는 남측의 의도가 보이는 대목이다.

남과 북의 체육회담 이야기가 나온 초기에는 언론을 통해서 단일팀 구성에 대한 긍정적인 여론이 확산되어 갔다. 북한이 단일팀 회담에 임하는 태도는 과거 역사 기록을 볼 때 남한보다 적극성이 높은 것은 사실이었다. 남한은 단일팀을 거부해 온 맥락이 있었다. 1990년 아시아경

---

58) 『동아일보』, 「안타까운 남북체육회담」, 1990년 1월 12일.
59) 『동아일보』, 「남북 체육회담 결렬 위기」, 1990년 1월 15일.

기대회 단일팀 구성에 대한 여론의 기대가 커감에 따라 정부도 초기에는 과거와는 다른 태도로 회담에 임했으나, 회담이 거듭될수록 난제를 제시하는 방향으로 방침을 바꾸었다. 이는 결국 단일팀 구성 회담을 결렬시키려는 의도가 담겨 있다고 할 수 있다.

다. 7차 본 회담

1990년 1월 18일 오전 10시 판문점 남측 지역 평화의 집에서 제11차 아시아경기대회에 단일팀 참가를 위한 제7차 남북체육회담이 열렸다. 북측 대표로는 김형진, 장웅, 김세진, 허혁필, 김상부 등 5명이 참가하였으며, 남측 대표로는 장충식, 이학래, 조영승, 임태순, 박수창 5명이 참가하였다.

북측은 김형진 단장의 첫 발언에서 지난 1월 10일 4차 실무 대표 접촉에서 남측은 '부칙'이란 항목을 따로 설정하여 유일팀과는 무관한 문제들과 37개의 새로운 복잡한 문제들을 들고나와 토의하자고 억지 주장을 펴면서 회담의 난관을 조성하였다고 지적하였다. 그러면서 체육회담을 유산시키려 하지 않고 유일팀을 구성하려는 의지가 있다면 '부칙'을 철회할 것을 강조했다. 남측이 들고나온 '부칙'과 부속 합의서 초안들에는 유일팀 구성이 되지 않으면 북과 남이 별개의 팀으로 제11차 아시아경기대회에 참가한다는 서신을 국제기구에 보내자는 수많은 문제가 들어있다고 지적하였다. 남측은 유일팀 구성 방안 10개 항목은 '머리도 없고 다리도 없고 몸통만 있는 것'이라고 말도 되지 않는 황당한 소리를 하면서 '부칙' 토의부터 해야 한다고 고집했다고 기록했다.

북측은 지금까지 '머리도 없고 다리도 없고 몸통만 있는' 10개 항목을 토의해 왔단 말인가 하고 반문하고 이런 식으로 사고하니 10개 항목에 대해 '빈껍데기'로까지 묘사하게 된 것 아니냐고 지적하였다. 북측은 남측이 다리라고 하는 '부칙'은 유일팀 구성과는 관련이 없거나 본회담 소관 사항이 아니라는 것을 명백히 밝혔다. 남측은 10개 항목 외에 '부칙'과 같은 것을 꼭 토의할 필요가 있다면 왜 열 달 동안이나 계속되어 온 본회담에 그런 문제를 진작 내놓지 않고 합의서에 서명해야 할 지금에 와서야 내놓느냐고 하면서 '부칙'이 없어도 유일팀을 구성할 수 있으면서도 오늘에 와서 다른 목적을 추구하는 것과 관련되는 것이 아니냐고 지적했다고 기록했다.

북측은 '부칙'에 포함된 내용을 반대하는 것이 아니라 그것들은 엄연히 공동위원회에서 토의 해결할 문제들이니 거기서 토론하게 해야 한다는 것을 강조하며 '부칙'과 '보장 장치' 문제도 쌍방 올림픽 위원회 위원장의 보증과 당국의 보증각서면 충분하다고 했다. 따라서 '부칙'을 일부만이 아니라 완전히 철회할 것을 남측에 거듭 촉구하였다. 결국, 이날 10개 항의 기본 방안 등 문안 정리를 못 했으며, 예정대로 합의서에 서명하지 못했다고 기록했다. 다음 회담은 1월 29일에 6차 실무회담은 1월 22일에 각각 하기로 합의하였다.[60]

북측은 다음날 남측이 6차 회담 때 합의 본 것이 하나도 없으므로 문안 정리에 들어갈 수 없다고 생억지를 썼다며, 남측은 저들의 논리에 타당성을 부여해 보려고 6차 회담 때 자기들의 제안을 너무 쉽게 받아들인 것이 미덥지 않다는 식의 황당한 시비까지 걸었다고 했다. 이것은 사실 대화 역사에 없는 상식 밖의 행위로, 지금까지 공들여 이룩한 회담의 결실을 짓밟아 버리려는 무례한 행위가 아닐 수 없다고 기록했다. 6차 회담에서 북측이 남측 제안을 받아들였다면 고맙다고 해야 할 일이지 거기에 무슨 의심스러운 일이 있느냐며 그것만 봐도 유일팀을 구성

---

60) 『로동신문』, 「제7차 북남체육회담 진행」, 1990년 1월 19일.

하려는 의지가 없다는 것을 간접적으로 표현한 것이라고 항변하였다.[61]

이때 남측이 제시한 추가 합의서에는 크게 4가지로 본회담 합의서로는 '남북 단일팀 구성·참가에 관한 합의서'이고, 이에 관한 부속 합의서는 '코리아선수단 공동위원회 구성·운영에 관한 합의서', '10개 항 내용의 용어 해석에 관한 합의서', '제11회 북경 아시아경기대회 조직위원회와 아시아올림픽평의회에 보낼 서한에 관한 합의서'로 이루어졌다. 대부분의 합의서에는 십여 개의 항으로 세분되었다.[62]

그중에 마지막 북경 아시아대회 조직위원회에 보내는 합의 서한에는 '단일팀 구성·참가가 어렵게 되면 쌍방 올림픽 위원회는 OCA 회원자격으로 개별 참가하기로 합의하였음을 알려 드립니다'라는 문구가 들어있었다.[63] 이것은 이미 남측이 3차 회담 후부터 내부적으로 준비해 온 내용이었다. 이 문안은 북측을 자극할 수 있는 내용이었다. 북측은 지금까지 회담을 이어 온 것이 오직 단일팀 구성에 있었는데, 이에 관해서 결렬을 전제로 개별팀 참가를 염두에 둔 남측의 내용은 상식적으로 용납할 수 어렵다는 반응이었다.

당시 7차 회담 전날 노 대통령의 지침이 내려졌다. 내용은 다음과 같다.

> 남북체육회담에 관한 대통령각하 지침(1990. 1. 17.)
>
> 1. 단일팀이 아니고 개별팀으로 나간다면 단일팀보다는 우수한 성적을 거두게 될 것임. 그러나 다음과 같은 내용이 충족되면 단일팀으로 나가도록 함.
>   가. 선수 수가 많은 쪽이 선수단장을 맡는다.
>   나. 교류확대에 기여하도록 한다.
>   다. 선수선발전은 공개적으로 실시한다.
>   라. 적정인원의 참관단의 참가를 보장한다.

---

61) 『로동신문』, 「남측은 유일팀구성을 더 이상 방해하지 말아야 한다」, 1990년 1월 20일.

62) 국가기록원, 「제7차 남북체육회담-해외협력담당관실」, 1990, 문화관광부, 관리번호: DA0579863, 127~158쪽.

63) 위의 문서, 245쪽.

2. 그러나 단일팀이 성사되지 않을 경우, 우리가 개별팀으로 참가하지 못
하게 되는 일은 있어서는 안됨.

3. 단일팀구성이 성사되든 안되든 어떤 경우에도 우리 선수들의 전력약
화를 초래하는 일이 없도록 해야 함.[64]

이와 같은 노 대통령의 지침은 이전 남북체육회담 훈령 등에서 나타
난 강한 어조보다 한층 단일팀 가능성을 열어 둔 내용이라고 할 수 있
다. 특히, 교류 확대에 기여할 수 있도록 한 것은 남북 공통의 관심사였
지만, 정치 군사 분야 이슈가 항상 회담의 변수였던 점을 생각하면 체
육회담에서는 팀스피리트 훈련을 문제 삼지 않는 특징이 있었다. 또한,
교류 확대 강조는 북방정책의 연장선에서 이해할 수 있다. 그러나 단일
팀이 성사되지 않을 경우, 개별팀으로 참가하지 못하게 되는 일이 없도
록 해달라는 주문이 결국은 단일팀 구성을 무산시키는 기폭제가 된 셈
이기도 했다. 남측 대표단은 단일팀 구성이 안 될 경우를 가정하여 여러
의제를 계속해서 추가로 제시해 가는 전략을 구사하며 결국은 개별팀
참가를 위한 수순에 들어간 것이라고 볼 수 있다.

7차 회담에 대한 남측의 언론은 장충식 수석대표가 실무회의에서 논
란이 됐던 부칙 10개 항 중 3개 항을 제외한 7개 항과 부속 합의서 3개
항을 새롭게 제시했다며, 친선 교환경기 및 시설 답사반의 파견, 체육대
회와 관련 없는 문제 거론 등의 항목은 뺐다고 했다. 또한 부속 합의서
내용 중에서도 참관단 수를 줄이고, 수송 수단을 초청자 측이 제공하며,
선발 장소를 초청자 측이 결정한다는 내용을 조정해 제시했다고 밝혔
다. 그리고 공동위원회는 양측의 합의가 이뤄진 뒤 15일 이내에 구성한
다는 전제로, 2월 15일까지 공동위원회와 공동사무국 설치, 3월 15일부

64) 위의 문서, 262쪽; 국가기록원, 「남북체육회담(8차, 9차)」, 1990, 문화체육관광부 체육국
국제체육과, 관리번호: DA0579954, 6쪽. 년도는 1989년 1월 17일과 1990년 1월 17일 둘
로 나뉘는데 이 논쟁이 벌어질 시점은 1990년 1월이기 때문에 1990년의 기록으로 판단함.

터 4월 15일까지 합동훈련, 4월 20일부터 5월 30일까지 선수선발, 6월 15일 이전 선수단 구성을 하고 6월 22일 전에 단일팀 참가신청서를 제출할 계획이라고 기록했다. 양측은 서로의 의견을 경청한 뒤 간단한 토론만 한 채, 6차 실무 대표 회의를 22일에 8차 본 회담을 29일에 열기로 하고 12시 35분에 회의를 끝냈다고 기록했다.[65]

그 합의사항 이행보장을 위한 부칙의 내용은 다음과 같다.

> 1. 본 합의서 9항 아 목(目)에서 정한 바에 따라 코리아선수단 공동위위원회 구성·운영에 관한 합의서는 별도로 작성한다.(부속합의서 1)
> 2. 본 합의서의 10개항 내용의 용어해석에 관한 합의서는 별도로 작성한다.(부속합의서 2)
> 3. 쌍방은 제11회 북경아시아경기대회에 단일팀으로 참가할 것을 원칙적으로 합의한 사실과 단일팀 참가가 불가능하게 될 경우 개별참가하기로 하였다는 내용 등이 포함된 쌍방 NOC위원장 공동명의의 서한을 본 합의서 효력발생일로부터 15일 이내에 북경 아시경기대회 조직위원회와 아시아올림픽평의회에 발송한다.(부속합의서 3)
> 4. 쌍방은 단일팀 구성·참가와 관련한 다음과 같은 추진일정을 준수한다. (필자에 의해 생략)
> 5. 쌍방은 합의서 및 부속합의서의 실효를 보장하는 조치로서 쌍방당국의 보장각서 원본을 합의서 서명과 동시에 교환하며 이를 쌍방당국이 각기 발표한다.
> 6. 이상과 같은 제반 합의사항이 이해되지 아니할 경우 단일팀 구성·참가와 관련한 일체의 합의는 무효가 된다.
> 7. 본 합의서는 1990년 2월 1일부터 효력을 발생한다.[66]

남측이 이러한 부칙을 제안하게 된 경위는 6차 회담에서 북측이 남측의 제안을 무조건 동의한다는 태도로 나오자, 남측이 당황하며 그 저

---

65) 『동아일보』, 「남북체육회담 친선교환경기제의 등 철회」, 1990년 1월 18일.
66) 국가기록원, 「남북체육회담(7차) 및 실무접촉(6차)」, 1990, 문화체육관광부 체육국 국제체육과, 관리번호: DA0579956, 279~281쪽.

의가 무엇인가를 의심하면서 제기된 것이다.[67]

위 부칙에 관한 내용을 보면, 6항에 회담 마지막에 가서 결렬을 염두에 둔 조치 사항이 담겨있는 것을 볼 수 있다. 결국, 이 부칙을 근거로 어느 것 하나 이행되지 않았을 때 단일팀 구성 회담은 없었던 것으로 만들려는 조항이다. 그리고 부속합의서의 내용은 기존 협상을 통해 마련한 내용의 세칙 정도 되는 것으로 본 회담에서 다루기에는 실무적 내용이 다수를 이루고 있어 이 모든 내용을 합의하자면 다시 많은 시간이 필요했다

결국, 남측이 이러한 부칙을 들고나온 것은 북측에 대한 신뢰가 없어서 제기된 문제이며 보다 확실한 설계도를 가지고 추진하자는 의미가 담긴 주장이었다. 하지만 북측은 이런 세세한 것은 공동위원회가 꾸려지면 거기서 하면 된다는 주장이었다. 북측은 본회담에서 남측의 세세한 부칙 제시가 단일팀 구성을 방해할 목적이라고 이해했고, 끝내는 단일팀 구성을 성사시키려는 의지가 없다고 판단했다.

경향신문은 남측이 회담 진전에 가장 걸림돌이었던 친선 교환경기 개최 및 시설 답사반 교환, 남북한 왕래 시 자기 측의 수송 수단 이용, 북측이 공동위원회 세칙에서 이미 명시한 체육 외적인 문제 불거론 등 3개 항을 철회했으나 북측은 부칙 10개 항을 모두 철회하라고 주장했다고 하였다.[68]

이러한 상황에서 한겨레신문은 다음과 같이 남북체육회담을 표현했다.

> 88년 12월 21일 북한이 제의를 해옴에 따라 남한쪽이 지난해 3월 9일부터 본 회담 6차, 실무 대표회의 5차 등 11차례 회담에 나서기는 했지만 단일팀 구성 자체가 남한쪽에는 먹자니 별로 먹을 게 없고, 버리자니 아까

---

67) 위의 문서, 374쪽.
68) 『경향신문』, 「체육회담 부칙조항 이견 못좁혀」, 1990년 1월 18일.

운 '닭갈비' 같은 존재였다. 거기다가 단일팀 구성에 합의한다 해도 북한 쪽이 선수단 구성 막바지에 어떤 장애를 만들어 합의를 깰지 모른다는 의심을 남한쪽은 품어왔다.

남한쪽은 이와 함께 북한쪽이 단일팀을 추진하는 것도 민족 화해 차원보다는 베이징대회에 서 태극기나 애국가가 울려 퍼지는 것을 막기 위한 책략으로 받아들여 온 것도 사실이다. 이같은 불신은 북한이 회담에서 적극성을 보이면 보일수록 더욱 커져갔고, 막판에 북한쪽의 반발을 예상하면서도 친선교류 등 합의 이행 보장 안을 내놓았던 것이다.

결국 이같은 남한의 제안은 북한의 진의를 점검하는 계기로 삼는다는 점과 함께 북한쪽이 단일팀 구성을 원한다면 백기를 들고 나오라는 최후 통첩의 의미를 내포하고 있는 것이라 할 수 있다.[69]

한겨레 기자는 결국 북한에 대한 남한의 불신에 대한 지적이었다. 그리고 힘의 우위에 있는 남측이 북측의 항복을 받아 내기 위한 전략으로 회담은 결렬의 위기에 놓였다고 진단했다.

이는 1979년 평양세계탁구대회 단일팀 구성 회담에서도, 1963년 인스브루크와 도쿄올림픽 단일팀 구성 회담 때도 동일한 현상을 보였다. 단일팀 구성에 대한 명분과 대의는 공감하나 통일 전략에서 이를 어떻게 활용할 것인가의 문제에서는 분명한 차이를 보인다. 북한은 단일팀 구성을 실현하려는 의지가 있었다면, 남한은 단일팀 구성 실현 의지보다는 상대에 대한 의심을 앞세우며 개별팀 참가를 선택하는 수순을 밟아가고 있다는 점에서 일관된 맥락을 보였다.

---

69) 『한겨레』, 「'살얼음판' 걷는 남북체육회담」, 1990년 1월 18일.

4) 6차 실무 대표 접촉과 8~9차 본 회담(1990. 1. 22.~2. 7.)

가. 6차 실무 대표 접촉

1990년 1월 22일 6차 실무회담이 판문점 중립국감독위원회 회의실에서 비공개로 진행됐다. 북측은 장웅, 김세진, 허혁필이 참석했고, 남측은 임태순, 조영승, 박수창이 참석했다. 제7차 본 회담에서 북측은 남측이 새로 제기한 문제들과 유일팀 구성의 파탄을 전제로 한 서한을 보내겠다는 합의서를 완전히 철회할 것을 주장했다. 그리고 유일팀 구성 10개 항의 기본 방안과 공동위원회 구성, 운영세칙에 대한 합의서 문안 정리를 하고 합의서 이행보장 문제를 토의할 것을 남측에 촉구했다. 남측은 복잡한 '부칙'에 대해서 먼저 토의하자고 했다. 북측은 쌍방이 10개 항을 토의하는데도 근 10개월이 걸린 데 대해 지적하고 회담 막바지에 와서 새로운 수십 가지의 새로운 안을 내놓고 그것부터 토의해야 한다고 고집해 나선 것은 남측이 10개 항에 대해 서명하지 않겠다는 것이고 유일팀을 하지 않겠다는 것이라는 사실이 명백해졌다고 강조했다. 결국, 이날 10개 항의 문안 정리를 하지 못했다.[70]

남한 정부는 대책 회의를 통해 기본 방침을 "단일팀 구성이 남북 간의 체육교류를 실현하고 남북 화해에 기여하도록 하는 방향에서 이루어지도록 하고, 선수선발, 선수단 구성은 어디까지나 스포츠 정신에 맞게 이루어져야 하므로 남북 간의 경기력이 실상 그대로 반영되도록 함"으로 정했다.[71] 기존 회담 방침의 연장선에 있는 것이다.

한겨레신문은 6차 실무회담에서 양쪽의 의견이 엇갈려 아무 진전 없이 끝났다고 보도했다. 남측은 지난 18일 7차 본 회담에서 베이징대

---

70) 『로동신문』, 「북남체육회담 실무 대표 제6차 접촉진행」, 1990년 1월 23일.
71) 국가기록원, 관리번호: DA0579956, 368쪽.

회 조직위원회 서한 통보와 용어 해석 등을 골자로 한 합의 이행보장을 위한 부칙 7개 항을 북측이 받아들일 것을 요구했으나, 북측은 부칙 조항의 전면 철회를 거듭 주장, 회담은 아무 합의 없이 2시간 만에 끝났다고 하였다. 이번에 남측이 25일 실무자 대표 회의를 하자고 하였으나 북쪽이 거부하고, 예정대로 29일 8차 본회담만을 남겨두었다고 하였다.

이로써 8차 본 회담에서 남북한 양쪽의 극적인 양보가 없는 한 남북 체육회담은 결렬될 위기에 놓이게 되었다고 부정적으로 전망하였다. 그러면서 지난 1979년 평양 세계탁구선수권대회에 앞서 열렸던 남북체육회담에서 남쪽이 개별팀으로 출전하지 못하도록 북측이 저지한 선례를 들어, 단일팀 참가가 불가능할 경우 개별팀으로 출전한다는 내용을 담은 서한을 베이징대회 조직위에 통보하는 등의 합의 사항 이행보장 장치가 반드시 필요하다고 지적했다.[72]

남측이 단일팀 구성 합의에 실패하면 남쪽이나 북쪽이나 어느 한쪽이 아시아경기대회 참가에 문제가 생길 수 있다는 걱정이다. 이는 단일팀 구성이 결렬되었을 때 경기력 손실과 여론 악화 등 남측의 손해를 계산한 전략상 판단이었다.

7차 회담 후 남측 언론은 '진전없는 남북대화', '남북체육회담 결렬 위기' 등 부정적인 분위기를 담은 기사들이 주를 이루었다. 경향신문은 남북 적십자회담, 체육회담, 국회 회담 준비접촉 등 일련의 남북 대화가 쌍방 간의 근본적인 견해차와 특히 북한 측의 의제 외적 주장과 요구로 벽에 부딪히거나 지지부진한 상태라고 표현했다. 북한이 1979년 제35회 평양 세계탁구선수권대회 때 북측이 취한 행동을 상기할 때 우리 측이 요구한 단일팀 참가 이행 장치는 북한이 단일팀 구성 제의에 다른 속셈이 숨어 있지 않다면 반대할 아무런 이유가 없는 것이라고 지적했다. 또

---

72) 『한겨레』, 「남북 단일팀 구성 벼랑에」, 1990년 1월 23일.

한, 북한은 새해 벽두에 '로동당' 중앙위 회의에서 동구권 개혁을 비판하고 독자노선을 강조, 정보차단 및 사상통제 교육을 강화하고 있으며 1월부터 시행할 예정이라던 국내 여행 자유화 조치를 취소하는 등 '집안 단속'에 열을 올리고 있다고 하였다. 이런 때에 남북한 간의 인적 교류나 단일팀 구성을 위한 선수들의 남북 왕래 훈련에 동의할 경우 북한 사회도 자칫 개혁 바람이 전염되지 않을까 두려워진 것으로 진단했다.[73]

남한 언론은 회담 자체의 성사 배경과 회담 의제 그리고 그 과정과 논쟁 등 단일팀 회담 그 내부 사정에 관한 분석보다는 그 외 정치적인 남북 체제 대결적 의미에서 기사를 다루고 있다.

반면, 북한은 오히려 1990년 신년사에서 전면개방, 자유 왕래, 남북 고위급회담 개최 제안 등 적극적인 남북 화해와 긴장 완화 조치를 실행할 의지가 어느 때보다 높았다.[74]

이러한 북측의 적극적인 태도에, 남측이 체육회담에서 체육교류, 자유 왕래 그리고 개별팀 참가 보장 실현 차원에서 세부적인 부속 합의서를 추가로 제기하자, 북측은 단일팀 구성 10개 항 합의(선수단 호칭, 단기, 단가, 선수선발, 훈련, 선수단 구성, 경비, 신변안전보장, 공동추진기구, 기타 단일팀 관련 기타 사항을 '공동위원회'에서 협의 결정 등)를 위해 10개월이 지났는데 다시 합의 사항 이행 보장을 위한 부칙에 동의하라는 것은 남측의 단일팀 구성 의지가 없으며, 더는 실무접촉 회담이 필요하지 않다고 판단하였다.[75]

나. 8차 본 회담

1990년 1월 29일 오전 10시 판문점 북측 지역 통일각에서 제11차

73) 『경향신문』, 「진전없는 남북대화」, 1991년 1월 25일.
74) 『로동신문』, 「신년사 김일성」, 1990년 1월 1일.
75) 국가기록원, 「남북체육회담(7차) 및 실무접촉(6차)」, 관리번호: DA0579956, 390~447쪽.

아시아경기대회에 단일팀 참가를 위한 제8차 남북체육회담이 열렸다. 북측 대표로는 김형진, 장웅, 김세진, 허혁필, 김상부 등 5명이 참가하였으며, 남측 대표로는 장충식, 이학래, 조영승, 임태순, 박수창 등 5명이 참가하였다.

남한 정부는 대책 회의를 통해 회담 방향을 크게 세 가지 안으로 정리했다. 첫째는 회담 결렬, 둘째는 수정 제의, 셋째는 합의서 채택으로 정했다.[76] 마지막 합의서 채택은 남한 정부가 이 회담을 결렬로 몰아가려고만 하지는 않았다는 방증이다. 이 안의 배경에는 노 대통령의 지침을 보다 강력하게 반영하기 위해 마련된 안으로 설명하고 있다. 그리고 공동위원회가 발족할 시 보다 원활하게 운영되도록 하자는 목적이 있었던 것으로 보아 1990년 북경 아시아경기대회 남북 단일팀 구성 회담을 성사시키려는 의지가 작용하고 있었음을 알 수 있다.

하지만 이 안은 문화체육관광부 체육부의 의견이었을 뿐이다. 국토통일원은 회담 대책에는 북측이 부칙내용을 수용할 경우와 거부할 경우를 두고 신축적인 입장을 표명할 것을 주문하고, 만약 북측이 결렬로 몰아가려고 하면 우리 측은 성사의지를 부각하여 한차례 더 회담을 가질 것을 제의할 것이라고 정리했다.[77] 사실상 이 회담을 성사시킬 의지보다는 북측의 태도에 따라 어떤 전략을 쓸 것인지를 고민했을 뿐 큰 틀에서는 결렬 수순으로 가고 있음을 알 수 있다.

8차 회담 첫 발언은 북측에서 김형진 단장이 발언하였다. 그는 남측이 '부칙' 내용을 완전히 철회하고 유일팀 구성, 참가에 관한 10개 항 합의서와 유일팀 공동추진기구 구성, 운영세칙에 관한 합의서에 서명하며 합의 사항의 성실한 이행을 담보위원회 합의서와 쌍방 당국의 보장 각

---

76) 국가기록원, 관리번호: DA0579954, 9~10쪽.
77) 위의 문서, 50~51쪽.

서 토의를 하자고 강력히 촉구했다. 남측의 예상대로 변화된 태도는 보이지 않고 기존 입장을 강력하게 주장하는 기조로 나갔다.

북측은 계속해서 남측이 '보장 장치' 문제에 '성의'를 보이지 않는다는 이유를 대며 또다시 본 회담에서 토의할 성격의 문제도 아닌 '용어 해석', '서한'에 관한 것을 먼저 토의하자고 하였다고 했다. 그리고 남측 대표는 북과 남 사이의 자유 왕래와 북남 전면개방 등을 논의하는 최고 위급 수뇌들의 협상 회의 소집 문제, 북남회담 다른 북측 대표단들과 함께 연합성명을 발표한 것을 언급하며 시비를 걸었다고 하였다. 북측은 오히려 이러한 남측의 발언에 대해 1월 23일 연합성명을 발표한 것은 체육 외적인 문제 이전의 문제라고 하면서 북과 남의 장벽을 허물고 북남 사이에 자유 왕래와 전면 개방을 실현할 데 대한 온 겨레가 모두 환영하는 것으로 이것을 걸고 드는 것은 회담 앞에 다른 난관을 조성하기 위함이라고 하였다. 북측은 남측이 '부칙'이라고 하는 것을 '보장 장치'라고 하는데 합의 이행 사항에 대한 '제동 장치'라며 구체적 항목들을 하나씩 열거하며 논박하였다고 하였다.

북측의 이러한 입장에 남측이 '용어 해석 합의서' 내용을 본 회담에서 그것을 계속 토의해야만 최종 합의서에 서명하겠다고 하는 것은 유일팀을 구성하지 못하게 장벽을 더욱 높게 쌓자는 뚜렷한 증거라고 지적했다. 또 남측이 국제기구들에 유일팀이 안 되는 경우 별개팀으로 출전하겠다는 내용의 서한을 보내자고 한 것과 관련해 유일팀을 만들기 위해 나온 회담에서 단독팀 참가할 길을 닦는 것과 같은 도피 작전이라고 강조하며 문안 정리와 서명을 마지막까지 회피하였다고 기록했다. 북측은 1960년대와 1970년대 체육회담의 불미스러운 전철을 다시 밟게 만들어 분열의 고통으로 멍든 겨레의 가슴에 더 큰 상처를 주지 말

자고 주장했다. 다음 회담은 2월 7일에 갖기로 했다고 기록했다.[78]

　정부 기록에 따르면, 특이하게도 북측은 9차 회담을 최대한 늦춰서 잡으려고 했다.[79] 그러나 회담록에는 장충식 단장이 2월 7일을 제안하자 김형진 단장이 너무 이르지 않은가 하며 "오늘 귀측에서 전과는 달리 상당히 서두르는 감이 있는데"라며 대화를 하다가 "그럼 2월 7일에 합시다"하고 날짜를 정했다고 되어있다.[80] 이를 두고 최대한 늦춰서 잡으려고 했다는 것은 남측의 기록이었다. 과거 북한은 단일팀 구성을 성사시키려는 강한 의지를 보이며 다음 일정을 최대한 빠르게 잡으려고 노력했던 것이 사실이다. 그러나 8차 회담에서 북측의 이러한 태도는 사실상 단일팀 구성 회담에 내한 열의가 식었다는 증거이기도 하다. 동시에 남측도 더 이상의 협상이 어렵다고 판단한 것으로 보인다. 문제는 공동 합의문에 먼저 서명을 하자는 북측과 새로 제기된 부칙을 먼저 토의하고 합의하자는 남측의 주장이 팽팽히 맞서면서 서로 양보를 기대하기 어려운 상황이 이어졌다. 결국, 이견을 좁히지 못하고 회담은 마무리되었다.

　8차 회담에 관한 남측 언론의 기록은 대체로 결렬 위기로 치닫는다는 부정적인 기사들이 계속 이어졌다. 경향신문은 북경 아시안게임 단일팀 구성을 위한 8차 본 회담은 남북 양측이 7개 합의 사항 이행보장을 놓고 종전의 입장을 되풀이하며 한때 결렬의 위기를 맞았으나, 오는 2월 7일 제9차 본 회담을 남측 평화의 집에서 열기로 합의하여 파국을 간신히 모면했다고 기록했다. 남측은 이날 북경 아시아경기대회 조직위 등에 서한 발송 합의 사항이 이행되지 않으면 남북한이 개별팀으로 참가하고, 10개 항 합의 내용에 대한 용어 해석을 명백히 밝히고, 합동훈

78) 『로동신문』, 「유일팀을 하자는 잡도리가 아니다」, 1990년 1월 30일.
79) 국가기록원, 관리번호: DA0579954, 68쪽.
80) 위의 문서, 144~145쪽.

련 선발전 등 단일팀 구성을 위한 일정을 준수하자고 요구했으나, 북측은 이를 모두 철회하라고 주장했다고만 전했다.

이어서 지난 1979년 평양 세계탁구선수권대회 단일팀 참가를 위한 탁구 회담의 실패 전례를 들어 단일팀 출전을 보장하려면 공동위원회 구성 전 서한 발송, 용어 해석 등 이행보장 장치를 확실히 마련해야 한다고 거듭 요구했으나, 북측은 공동위원회 구성 후 이를 논의하자고 거듭 주장했다. 장충식 수석대표는 회담이 끝난 뒤 기자회견에서 이날 북측은 합의 사항 이행보장 장치와 관련, 이날 회담을 포함 5차례나 열린 실무접촉과 본 회담에서 계속 거부 의사를 밝혀와 단일팀 구성 제의 진의를 의심케 했다고 말하며 북측의 이 같은 입장은 우리 측의 개별팀 참가 저지를 목적으로 한 것이 틀림없다고 주장하였다.[81] 남측은 회담 평가에서 북측이 사실상 결렬상태로 규정하고 회담장을 책임 전가 선전장으로 이용한다고 보았다. 종전과 달리 다음 회담 날짜를 늦게 잡으려고 했던 바, 이는 단일팀 구성·참가 문제 토의에 더 이상 의사가 없음을 시사해주는 것으로 판단했다.[82]

북측 김형진 단장은 회담이 끝난 뒤 기자회견을 갖고 이제 우리 쪽은 양보할 것도 없으며, 문제조차 제기할 것이 없다고 말해 더 이상의 입장 변화가 없을 것이라고 밝혔다.[83]

다. 9차 본 회담

1990년 2월 7일 오전 10시 판문점 남측 지역 평화의 집에서 제11차 북경 아시아경기대회에 단일팀 참가를 위한 제9차 남북체육회담이 열

81) 『경향신문』, 「남북체육회담 결렬위기」, 1990년 1월 29일.
82) 국가기록원, 관리번호: DA0579954, 54~55쪽.
83) 『한겨레』, 「남북 체육회담 전망 불투명」, 1990년 1월 30일.

렸다. 북측 대표로는 김형진, 장웅, 김세진, 허혁필, 김상부 등 5명이 참가하였으며, 남측 대표로는 장충식, 이학래, 조영승, 임태순, 박수창 5명이 참가하였다.

남한 정부의 9차 회담 대책에서 합의 사항 이행 보장 장치의 필요성을 재강조하되, 북측이 불응할 경우 추진 일정에 비추어 사실상 단일팀 제9차 회담으로 남북체육회담을 종결한다는 방침을 세웠다.[84] 그리고 북한의 로동신문에서는 남측이 9차 회담 후 바로 북남 체육회담의 결렬을 선포했다고 했다. 북측은 이후 2월 12일과 2월 19일에 전화통지문을 보내 10차 회담을 하루 속히 가질 것을 촉구했으나, 남측은 유일팀 구성 회담은 결렬되었다는 선언만 일방적으로 했다고 하였다. 이렇게 회담이 결렬되고 유일팀 구성이 어렵게 된 것은 전적으로 미국의 부추김을 받는 남조선 당국자들의 '두개 조선' 정책에 기인하고 있으며 남측이 체육에 불순한 정치를 개입시킨 데 있다는 것을 똑똑히 보여주었다고 하였다.[85]

그럼에도 불구하고 북측은 제11차 베이징 아시아경기대회가 열리는 마지막 날까지 유일팀을 성사시키기 위하여 모든 성의와 인내성 있는 노력을 다할 것이라고 하였다. 문제는 남측이 더는 당국의 '두개 조선' 정책에 추종하지 말고 체육 본연의 입장으로 돌아와 유일팀을 구성하려는 성실한 자세를 강조했다.[86]

9차 회담 결렬에 대한 남측의 기록은 1988년 12월 21일의 북측 제안을 남측이 받아들여 1989년 3월 9일 첫 회담을 시작으로 15차례 회합을 벌여 온 남북체육회담은 그동안 호칭, 단기, 단가, 선수선발, 선수 훈

---

84) 국가기록원, 관리번호: DA0579954, 183쪽.
85) 『로동신문』, 「유일팀구성을 위한 북남체육회담 북측대표단 성명」, 1990년 2월 22일.
86) 『로동신문』, 「남측이 유일팀구성을 무산시키는 길로 나간다면 력사의 심판을 면치 못하게 될것이다(제11차 아세아경기대회에 유일팀으로 출전하는 문제를 토의하기 위한 북남체육회담 북측대표단 백서)」, 1990년 3월 16일.

련, 선수단 구성, 경비, 신변보장, 공동 추진기구, 통신 시설 등 기본 10개 항에 합의해 놓고도 합의서를 작성하지 못한 채 실질적 성과 없이 끝났다고 하였다.[87]

김종열 대한체육회장은 8일 북측이 1990년 북경 아시아경기대회에 남북 단일팀 구성에 대해 오는 15일까지 성의 있는 회답이 없으면 이번 회담의 결렬을 기정사실로 하고 우리 쪽만이라도 대회에 참가할 준비를 하겠다고 하였다. 그러나 김 회장도 북측과 마찬가지로 앞으로 남북 대화는 문호를 열어 놓고 국제경기에 단일팀 구성이나 체육교류 등에는 응하겠다고 밝히며 차후의 남북체육회담의 여지를 남겼다.[88]

한겨레신문에서는 북경 아시아경기대회 남북한 단일팀을 보낼 수 있을까 하는 기대감은 예상대로 결렬되었다고 기록하고 있다. 그 이유는 결국 남북 관계의 개선을 저해하는 기본 틀을 벗어나지 못했다며 그 기본 틀에 관한 남북의 인식이 크게 차이가 나고 있음을 지적했다. 동아일보 사설에서는 한국의 기본 틀은 민족이 하나로 되는 통일이 이뤄질 때까지는 남북이 평화적으로 공존해야 하고 이를 토대로 민족의 공동 번영을 위한 협력의 과정을 축적해 가자는 것이라고 하였다. 이러한 접근 방식이 분단 고착화를 의도하는 반통일 구상이라는 주장은 시야를 세계로 펼쳐볼 때 설득력이 없다고 지적하며, 북한이 남북한 평화 공존과 이에 기초한 민족 공영 모색의 현실적이고 객관적인 기본 틀을 받아들이고 있다는 징조는 여전히 없다고 판단하였다.[89]

기본 틀에 관한 합의 없이는 어떠한 남북 회담도 종국에는 깨질 수

87) 『한겨레』, 「단일팀 좌초 명분찾기 11개월」, 1990년 2월 8일.
88) 『경향신문』, 「15일까지 회답없으면 회담결렬 기정사실화」, 1990년 2월 8일.
89) 기본 틀에 관한 내용은 북한은 '조선은 하나다'라는 통일론을 내세워 맹방인 중국에서 열리는 베이징대회에 남북한 개별팀으로 참가, 대결하는 것을 원치 않는 반면, 남한은 현 남북체제 고착화로 안정을 추구한다는 교차 승인 추진을 기본 틀로 하여 남북 관계를 점 진적으로 진전시킨다는 입장이라고 『한겨레』 신문(1990년 2월 8일)에서 다루었다.

밖에 없다고 보았으며, 북한이 별개의 팀으로는 절대로 나가지 않겠다고 합의해야 한다고 한 말은 단일팀 협상이 깨지더라도 별개의 팀을 내보내선 안 된다는 의미로 해석했다. 그들의 의도는 처음부터 북경 하늘에 태극기가 펄럭이지 못하도록 막아보자는 것이라고 하며 남한의 존재를 철저히 부정하자는 것, 그 이상도 그 이하도 아니었다는 비판이 그래서 가능하다고 하였다. 그러면서 정치인, 기업가, 공무원 근로자를 포함한 우리 사회의 모든 계층이 정신을 못 차리고 있을 때 그들은 이미 망해버린 사회주의라는 이름의 스탈린주의 체제로 남한을 압도할 수 있다는 베트남식 통일방식을 확고하게 믿고 있다며 그러한 신념을 갖고 있는 한 어떤 형태의 남북 대화도 공작의 차원을 넘지 못할 것이라고 규정하였다. 여기에 우리 사회는 현실 무지의 소박한 '염원'이 지나치게 무성하다며 '맏형 논리'로 개방을 유도할 수 있다는 변화 가능성에 대한 부정적인 시각도 드러냈다.[90]

동아일보 사설의 내용은 본 회담의 내용과 전개에 대한 북한에 대한 불신과 단일팀 구성 의지에 관한 폄하가 기본적으로 깔려있다. 이는 체육계와 남한 정부가 단일팀을 구성하겠다는 의의에 동의하면 실상은 모든 것이 일사천리로 진행될 수 있음을 1991년 세계탁구선수권대회에서 볼 수 있었다. 하지만 중요한 것은 단일팀 회담에서 북한이 주장하는 의의나 제안 내용에 대해 남한은 불신을 전제로 대응하면서 회담을 지연시켜 북한 스스로 포기하게 만드는 전략을 주로 구사했다. 이는 과거 1963년, 1979년 체육회담에서도 유사하게 지연 전술과 난제 제시 전략이 회담 결렬로 가기 위한 수순이었다는 점은 부정하기 어렵다.

중국 올림픽 위원회 위원장 겸 베이징대회 조직위원회 부위원장 허전은 1990년 2월 27일 기자회견에서 남북한이 단일팀을 구성이나 개별

---

90) 『동아일보』, 「남북한 체육회담 결렬」, 1990년 2월 8일.

팀의 참가 문제는 한국 사람들이 결정할 문제라고 하였다.[91] 이것은 남북체육회담에서 단일팀이 안 되면 개별팀으로 출전하는 문제를 베이징 조직위에 굳이 서신으로 전달하지 않아도 되는 문제였다. 이렇듯 과거 체육회담에는 상대에 대한 불신으로 인해 불필요한 소모적 논쟁이 많은 부분을 차지하였다.

1990년 1월 9일 태릉선수촌에서 김종렬 체육회장의 훈련 개시식에서 격려사의 내용이다. 당시 진행 중인 남북 단일팀 구성을 위한 체육회담과 관련해서 "사태가 어떻게 되든 최선을 다해 준비만 하면 된다"라고 당부한 표현에서 남북 단일팀 회담을 '사태'라고 표현한 것과 "단일팀이 될 경우 단독 출전할 경우보다 저조한 성적을 낼 가능성이 있다"라며 단일팀 구성이 아시아 2위 고수라는 목표에 장애가 될 수 있음을 시사했다. 결국, 단일팀 구성의 본래 목적을 실현하려는 의지보다 현실적인 경기 성적의 결과를 우려하여 개별팀 참가가 유리하다는 주장은 체육계 선수들이나, 임원들에게는 더 반가운 소식이었을지 모른다.[92]

북한은 단일팀 회담이 결렬되고 나서, 4월 4일 조선민주주의인민공화국 올림픽 위원회 대변인 담화에서 다음과 같이 입장을 밝혔다.

> 원래 남조선 올림픽 위원회는 처음부터 여론에 못 이겨 회담장에 부득이 나오기는 하였으나 유일팀을 성사시킬 의사가 없었다. 회담과정에서 명백해진 바와 같이 남조선올림픽 위원회는 온 겨레의 슬기와 영예를 만방에 떨치고 민족의 존엄을 지키는 것보다 별개의 팀으로 경기에 나가 메달이나 몇개 따보자는 야심을 드리내 놓았고 신성한 체육을 민족적 단합과 통일이 아니라 대결과 분렬을 위한 불순한 목적에 리용하려 하였다. (중략) 조선민주주의인민공화국 올림픽 위원회는 남측의 부당한 립장으로 말미암아 이번에 비록 유일팀을 성사시키지 못하였지만 국제경기에 유일팀으

91) 『한겨레』, 「단일·개별팀 관계없이 남북한 대회참가 환영」, 1990년 3월 1일.
92) 『한겨레』, 「체육장관 격려사와 남북단일팀」, 1990년 1월 9일.

로 나가려는 노력을 앞으로도 멈추지 않을 것이며 북남체육인들의 단합
과 나라의 통일위업을 실현하기 위한 노력을 계속해나갈 것이다.[93]

1990년 북경 아시안게임 남북 단일팀 회담은 기존 회담과 다르게
가장 긴 시간 단일팀 구성 관련 많은 내용을 다룬 회담이었다. 북한은
1988년 12월 26일 남한에 단일팀 구성을 위한 회담을 제안했다는 서신
을 사마란치 앞으로 보냈고, 남한도 1989년 1월 3일 사마란치에게 북한
의 제안을 수락한다는 서신을 보냈다. IOC는 양측에 가능한 한 모든 방
법으로 돕겠다고 했다.[94] 그리고 회담 중간에는 서신 교환이 없다가 결
렬이 확정된 뒤, 북한의 김유순은 1990년 2월 21일에 로동신문에 실린
자신들의 입장을 담은 성명을 3월 28일에 서신 형태로 사마란치에게
보냈다. 그리고 회담 결렬에 대한 책임이 남한에 있음을 강조했다.[95] 사
마란치는 이에 귀하의 의견을 충분히 검토했다며 내년 6월 바르셀로나
에서 열리는 IOC 총회에서 더 논의할 것을 제안했다.[96] 남과 북은 이렇
게 회담 결과를 IOC에 보고할 만큼 남북 단일팀 문제는 1950년대 후반
부터 IOC와 함께했던 그 역사가 짧지 않다. IOC는 남북 사이에 중재자
또는 심판자 같은 역할을 담당하며 왔다. 동시에 남북은 IOC를 자신 편
으로 끌어드리려는 의도를 또한 갖고 있었다. 적어도 1972년까지 IOC
위원장을 지낸 브런디지는 그가 사임할 때까지 북한을 도와준 우군이
었다. 북한의 승인 문제와 올림픽 참가 문제를 두고 남한과 심각한 격론
을 벌일 때 그는 북한의 존재를 차별하지 않겠다는 의지를 보여주었다.
그러나 이후로 북한 편에서 도와준 IOC 위원장은 보이지 않았다.

93) 『로동신문』, 「유일팀구성을 파탄에로 몰아넣은 남측의 처사를 준렬히 규탄한다」, 1990년
    4월 5일.
94) IOC, OSC, D-RM01-COREN-010, SD1 Corr 1989-1992, 30~33; D-RM01-
    CORES-017, SD1 Corr 1989, 31~34.
95) 위의 서신(1989~1992), 18~21.
96) 위의 서신, 15.

결국, 남북체육회담은 결렬로 끝났고, 남북은 개별팀 참가로 결정 났지만, 이 과정에서 남북 단일팀 구성을 위한 합의서 등에 완결성을 갖추었다는 점에서 높이 평가할 만한 회담이라고 할 수 있다. 특히 단가, 단기, 단일팀 명칭에 대해서 완전 합의를 이룸으로써 차기 단일팀 논쟁에 한 걸음 다가간 측면과 종목별 단일팀 방안에 관한 선발 방법, 훈련 방법 등 대부분 계획이 이때 초안이 마련되었다. 또한, 남북 교류와 긴장 완화를 위한 여러 정치 군사 회담이 병행되는 가운데 체육회담에서는 정치적 문제가 전혀 논의되지 않았다는 점에서 체육회담의 의의를 살렸던 회담이라고 할 수 있다.

그러나 회담 본질에 있어서, 남북 당국의 회담 방침에 의한 전략의 한계를 뛰어넘지 못한 회담이었고, 단일팀 구성에 적극적인 북측의 입장과 신중한 대응의 남측 입장은 1963년 체육회담 이후 일관된 역사적 흐름을 보여준 회담이었다.

2. 노태우 대통령 북방정책과 단일팀 성사

1) 북방정책 배경과 난관

노태우 대통령은 1987년 12월 대선을 거쳐 1988년 2월에 제13대 대통령으로 취임했다. 그는 1983년부터 1986년까지 서울올림픽 조직위원장을 맡아 서울올림픽 개최지 변경 여론, 남북 단일팀 구성, 공동개최 문제 등을 해결하기 위해 직접 나섰다. 그는 공산권 국가들의 스포츠 지도자들을 만나며 국제적인 식견과 감각을 키울 수 있는 중요한 시간을 보냈다. 노 대통령은 서울올림픽을 통해서 공산권 속으로 들어가면서 북방정책이 시작되었다고 자서전에서 밝히고 있다.[97] 김영인(2017)은 그의 연구에서 "노태우 조직위원장이 스포츠 외교활동을 통한 대공산권 인식 변화와 신뢰구축은 공산권국가들과 관계 정상화를 확신하고 구상하는 요인이 되었다"라고[98] 평가할 만큼 서울올림픽 조직위원장의 경험이 북방정책에 주요한 경험이었다고 하는 것에는 이론의 여지가 없다. 노 대통령이 냉전 해체라는 국제 사회의 변화와 흐름에 한반도 문제를 연결하여 분단의 문제를 해결하고 평화와 통일로 나아가려고 했던 미증유의 역사를 이끈 것은 분명하다.

서울올림픽에 공산권의 참가를 끌어내는 것이 올림픽 성공에 절대적으로 필요했기 때문에 이념을 떠나 공산권 국가들과도 만나서 올림픽 참가를 권유하고 설득해야 하는 입장에 있었다. 그리고 남과 북이 올림픽을 공동개최해야 한다는 국제 사회여론을[99] 무시할 수 없는 상황에서 1988년 7월 7일 '민족자존과 통일 번영을 위한 대통령 특별선언'을 통해 북한에 긴장완화와 교류 협력의 신호를 보냈다. 하지만, 이 선언은 비단 북한만을 의식한 것은 아니었다. 올림픽을 앞두고 한반도에서 전쟁과 테러 같은 군사적 긴장 분위기를 완화하기 위해 노력하는 모습을 보임으로써 국제 사회를 안심시키려는 의도가 깔려 있었다.[100]

노 대통령은 7.7 선언 이후 8월에 박철언 정책보좌관을 소련 공산당 서기장 고르바초프에게 보내 남북 간의 신뢰 개선과 선의의 경쟁 관계로 전환하고자 한다는 친서를 전달하며 소련을 안심시켰다. 그러면서 우리의 노력에 세계 지도자들의 이해와 협조가 필요함을 강조했다. 이

97) 노태우, 『노태우 회고록-하권』, 서울: 조선뉴스프레스, 2011, 30·134쪽.

98) 김영인, 「북방정책 실천전략의 결정요인에 관한 연구-노태우 대통령의 서울올림픽 조직위원장 경험을 중심으로」, 『통일연구』 제21권 1호, 2017, 109쪽.

99) 외교부 공개문서, 「1988년도 서울올림픽대회 남북한 단일팀 구성 및 공동개최 문제, 1984-89」, 전16권(V.12), 45~49쪽.

100) 최진환, 「1991년 남북 단일팀 성사와 단절에 관한 고찰: 제41회 지바 세계탁구선수권대회를 중심으로」, 『국가전략』 제28권 1호, 2022, 178~179쪽.

런 측면에서 7.7 선언은 단순한 대북 메시가 아니었다는 점을 알 수 있다. 그 친서를 통해 한·소 수교의 계기가 되었다.[101] 서울올림픽 준비 과정에서 헝가리와 접촉을 이어오던 정부는 1989년 2월 헝가리와 수교를 하였고, 이어서 1990년대 들어서 소련과 수교하고 중국과도 수교하며 공산권에 수출 시장이 열리게 되었다. 그 시기 공산주의 체제가 무너지고 냉전 종식 시기와 맞물려 북방정책이 호기로 작용했고, 이는 노태우 대통령에게 큰 행운이었다.[102] 그 후로 공산권 국가 수출이 흑자로 이어지고, 우리 경제에 활력을 주었다.

1990년 1월 1일 김일성은 신년사에서 "북과 남 사이의 장벽을 마스고 자유왕래와 전면개방을 하자"라고 주장하자, 7월 20일 노 대통령은 "8월 15일을 맞아 그 전후 5일간을 민족대교류기간으로 선포"하고 남북한 전면개방 및 자유 왕래를 제안하며 북한의 수락을 요구하기도 했다.[103] 1991년 4월에는 분단 이후, 최초로 스포츠 분야에서 남북 단일팀 구성을 성사시켰고, 1991년 12월에는 남북 사이의 불가침 및 교류 협력에 관한 합의서에 서명하게 되었다. 1992년 1월에는 1992년 팀스피리트 훈련을 실시하지 않기로 했고, 북한도 이에 호응하여 핵안전협정을 체결하기로 하였다. 이렇듯 남과 북은 분단 이후 획기적으로 남북 관계를 개선하려는 의지와 노력을 보였으며, 이러한 움직임이 현실로 이어질 것이라는 기대감이 점점 높아졌다. 그리고 이는 곧 남북 화해와 평화 통일 분위기의 고조로 이어졌다. 이러한 흐름은 노태우 대통령이 재임 기간에 펼쳤던 북방정책의 결과였다. 하지만, 1993년 정권이 바뀌면서 북한과의 관계는 흐지부지되고 남북 관계는 이전으로 되돌아갔다.

---

101) 노태우, 『노태우 회고록-하권』, 서울: 조선뉴스프레스, 190~191쪽.
102) 노태우, 『노태우 회고록-상권』, 서울: 조선뉴스프레스, 2011, 156쪽.
103) 대통령으로서는 처음으로 북측에 전면개방 자유왕래를 제안하고 8월 13~17일까지 민족 대교류 기간으로 정했으나, 민간단체들과 협상이 어려워지자 실제로 실행되지는 못했다.

노태우 대통령은 역대 대통령 중에서 처음으로 유엔 총회에서 연설했다. 1988년 그의 연설에서는 강대국의 이해관계에 따라 북위 38도를 기준으로 분단의 선을 그어 우리의 뜻과는 무관하게 분단이 시작되었다고 했다. 이것은 현재 한반도 상황에 대한 국제 사회의 책임이라고 강조했다. 그리고 혼란한 정국이 이어졌고, 침략 전쟁으로 한반도는 잿더미가 되었다며 이는 민족의 크나큰 고통이었다고 했다. 7.7 선언을 통해 모든 적대시하는 대결의 관계를 지양할 것을 선언했으며, 휴전협정을 평화체제로 대체하여 이제는 한반도에 화해와 평화의 봄이 오게 해야 한다며 국제 사회의 협조를 요구했다. 한국 대통령으로서는 처음으로 평화체제의 필요성을 강조할 만큼 노 대통령에게는 이 한반도의 군사적 긴장과 대결 국면을 해결하고 남북 화해와 공존의 길에 대한 의지가 확고했다.

그러나 노 대통령의 북방정책 평가에는 꼭 북한과 공존하기 위한 포용 정책적 측면보다는 북한을 지지하고 지원하는 세력을 차단하려는 안보적 접근에 우선순위가 있었다는 평가도 있다. 당시 청와대 김종휘 외교안보 수석은 자신은 북한의 대미, 대일 외교를 적극적으로 무산시키는 데 주력했다며, 이는 결과적으로 남한이 소련과 중국 등 공산권 국가와 수교할 때 북한은 미국과 일본 등의 국가와 수교를 하는 이른바, '교차승인'에 실패했다. 이 뒤에는 김종휘 수석의 행보가 있었음을 알 수 있다. 그는 일본 외무성에 '북한을 선택할 것인가? 한국을 선택할 것인가?'라고 따져 물어 없던 일로 하겠다는 답변을 받아 냈다고 할 만큼 북일수교에 반대했었다. 김종휘 수석의 입장은 남북 관계에서 한국의 주도권을 확립하기 위한 것이라고 했지만, 그 의미는 북한을 국제 사회로부터 고립시키는 결과가 나온 것에는 의심의 여지가 없다.[104] 따라

104) 강원택 편, 『노태우 시대의 재인식』, 파주: 나남, 2012, 240~243쪽.

서 노 대통령의 북방정책은 원교근공의 전략이 맞아 들어간 측면이 강하다고 볼 수 있다. 공산권 국가와 외교 수립을 통해 결과적으로 북한을 압박 고립시켜 북한을 흡수하고자 했던 통일관이 부각되었다고 할 수 있다.

그러나 노 대통령은 박철언을 통해서 대북관계에서 포용정책에 가까운 행보를 적극 지지하고 지원하였다. 그 대표적인 것이 1991년 단일팀 구성 성사였다. 분단 이후 처음으로 남과 북이 국제대회에 단일팀을 구성해서 참가했던 역사적 사건이었다. 탁구와 축구에서 이뤄낸 성과는 통일 열기를 더욱 고조시켰다. 하지만, 1991년 하반기부터 점차 남북 교류 분위기는 시들해 가고, 박철언 전 장관은 12월에 체육청소년부 장관직을 물러나면서 포용적 북방정책도 쇠퇴해 갔다. 노 대통령은 임기 말 레임덕 상황에서 박철언 전 장관에게 더 이상 힘을 실어 주지 못하고 그동안 진행된 모든 정책들이 역사속으로 사라져 가게 되었다.[105]

가. 육사 교장 항명 사건

노 대통령 취임과 더불어 시작된 북방정책은 국내 특정 세력에 의해 견제를 받고 임기 말로 이어지면서 점점 힘을 잃어갔다. 급격하게 변하는 국제 정세에 따라 국내 보수 세력의 위기의식이 더하여 북방정책에 대해 그의 임기 초반부터 쉽지 않은 난관의 조짐이 일어났다. 7.7 선언과 함께 시작된 북방정책의 비전은 군 내부의 반발을 일으켰다.[106] 그 대표적인 사건이 육군사관학교 졸업식에서 벌어진 항명 사건이다. 1989년 3월 21일 육군사관학교 졸업식에서 하나회 출신 민병돈 육사

---

105) 이 문제는 김영삼 대통령 후보와 박철언과의 정치적 힘겨루기에서 김영삼이 주도권을 잡으면서 박 전장관은 정치적으로 모든 힘을 상실하며 벌어진 일이었다. 결국 비리혐의로 구속되는 상황까지 이르게 되었다.
106) 강원택 편, 『노태우 시대의 재인식』, 파주: 나남, 2012, 158~162쪽.

교장은 졸업 식사를 하러 나가는 전, 후에 대통령에게 경례를 하지 않았다. 이 행동부터가 이상한 행동이었고 통상 대통령 연설을 염두에 두고 짧게 하던 축사를 10분가량 길게 하면서 노 대통령의 북방정책을 강도 높게 비판했다. 대통령이 뒤에 있는 상태에서 이러한 발언과 행동은 모두를 당황시켰다.

민병돈 육사 교장의 졸업식사 내용은 북방정책에 대한 우려와 비판이라고 볼 수 있다. 적성국과 우방국이 어느 나라인지 기억에서 지워버리는 해괴하고 위험한 일이 벌어지고 있다면서 이러한 현상을 '가치관의 혼란'과 '환상과 착각'이라고 표현하며 하나의 사태라고 규정했다.[107] 노 대통령도 당황하고 다음 날 군 상성들 내에서 비판의 목소리가 나오자, 사흘 만에 민병돈 교장은 사의를 표명하고 일주일 만에 예편했다.[108] 이렇게 공개적으로 북방정책을 비판하는 군인은 그 자체로 군의 정치개입을 의미하는 것이고, 군 내부에 이와 같은 생각을 하는 특정 세력이 존재함을 드러낸 것이다. 이것이 노태우 대통령이 북방정책을 실행에 옮기는 과정에서 나타난 군부 내의 반발 기류를 단적으로 보여 준 사건이었다.

나. 박철언 미국행

노태우 대통령의 북방정책을 한 축에서 이끌었던 박철언 전 장관은 미국의 견제를 받으며 불편한 관계에 있었다. 박 전 장관은 1988년 3월 청와대 정책보좌관으로 임명된 직후부터 미국으로부터 방문 요청이 있었다고 했다. 미국은 1985년부터 대북 비밀 접촉 특사로 활동했던 그를 특이하게 여기며 경계했고, 헝가리 수교 합의 48시간 전에 한국이 미국

---

107) 『동아일보』, 「민병돈 육사교장 졸업식사 전문」, 1989년 3월 25일.
108) 『경향신문』, 「군 수뇌 대폭 인사」, 1989년 3월 29일.

에 통보했을 때 박 전 장관에 대한 불만이 매우 컸다고 알려졌다. 그는 반미주의자는 아닌데, 친미 일변도의 미국 예찬론자에 대해서 그리 달갑게 생각하지는 않았다. 공산권 수교와 같은 민감한 문제에서 미국에 사전 의견을 구하기보다는 북방정책의 원칙과 접촉 방식 그리고 토의 요지 정도만 간단히 통보했으니, 미국의 입장에선 박철언 전 장관을 우려하는 요주의 인물로 보았던 것이다.[109]

결국, 미국을 다녀오라는 노 대통령의 지시를 받아 박 전 장관은 미국무부 초청 형식으로 1989년 4월 25일부터 5월 7일까지 미뤄 왔던 미국 방문을 하고 왔다. 그는 백악관, 국무부, 국방부, CIA 등 미국 주요 기관을 방문하고 고위 인사들과 만나 자세히 브리핑도 듣고 의견도 나눴다고 했으나, 그는 방문 평에서 한 마디로 '얼차려'였다고 표현했다. 미국은 모든 것을 알고 있으니, 너희들이 무엇을 해도 우리 정보망을 벗어날 수 없다는 경고이자 교육이었다고 표현했다. 그러면서 박 전 장관은 당시 미국 방문이 무척 힘들고 우울한 여행이었고, 또 매우 유익한 출장이었다고 소회를 밝혔다.[110]

미국은 박철언의 개인행동이 미국의 대북 정책에 미칠 영향에 대해 우려했던 것이고, 미국의 영향 아래서 한국은 스스로 대북 정책을 마련하고 독자적으로 추진하는 것이 어렵다는 것을 보여주는 방증이기도 했다. 그의 자서전에는 이런 다짐이 담겨 있다. "초 강대국 미국과의 관계는 참으로 중요하다. 대통령을 비롯한 정부 여당의 핵심 인사들은 하고 싶은 말도 자제해야 하고, 때로는 하기 싫은 일도 해야만 한다. 오로지 나라와 국민의 큰 이익을 위해서이다. 그리고 조용히 실익을 챙기고

---

109) 박철언, 『바른 역사를 위한 증언 2』, 서울: 랜덤하우스중앙, 2005, 61~62쪽; 강원택 편, 『노태우 시대의 재인식』, 파주: 나남, 2012, 222~223쪽.
110) 위의 책, 63쪽.

힘을 길러야만 한다."[111] 약소국가가 강대국의 눈치를 봐야 하는 현실을 담고 있는 표현이다. 이렇듯 노 대통령의 북방정책은 겉으로는 미국의 지지를 얻는 것처럼 보였으나, 실상은 미국의 대북 정책이 우위에 있고 그 하위에 한국의 대북 정책이 존재한다는 위계와 그 한계를 명확히 보여준 계기였다고 볼 수 있다.

다. 훈령조작 사건

노 대통령의 북방정책은 보수 관료들의 부정적인 인식과 반대에 부딪혀 내부적으로 갈등을 겪기도 했다. 집권 초기 육사 교장의 항명 사건을 통해 군 수뇌부들의 북방정책에 대한 반대도 있었고, 안기부·국방부·법무부 등의 공안통치 강화를 통해 대북 접촉에 대해서 재야세력들의 친북적 행동에 제동을 걸며 남북 화해와 교류를 후퇴시키기도 했다. 그리고 1992년 9월 제8차 남북고위급 회담이 평양에서 열리고 있었는데 대표단은 최종 합의를 앞두고 있다가 서울발 '훈령(리인모 씨 건에 관하여 3개 조항이 동시에 충족되지 않을 경우 협의하지 말것)'을 받고 회담을 결렬시키고 돌아왔다. 노 대통령은 회담 당시 정원식 수석대표에게 '연말연시를 맞춰서 이산가족 상봉이 꼭 이뤄질 수 있도록 하라'는 대통령 훈령을 전달했지만, 안기부에 의해 이 훈령은 묵살되었다. 대신 모든 협의가 잘 마무리되어 가던 시점에 안기부에 의한 '가짜 훈령'이 전달되어 모든 것이 물거품이 되었다. 여기에는 당시 안기부 특보인 회담 대표 이동복과 안기부 기조실장 엄삼탁이 짜고 '가짜 훈령'을 대표단에 전달하며 이 사단이 일어난 사건이다.[112]

이 사건은 노 대통령 임기 말 권력 누수의 현상을 정점에서 보여주

111) 위의 책, 63쪽.
112) 『한겨레』, 「1992년 대선, 그리고 남북 회담 '훈령 조작' 사건」, 2022년 1월 17일.

었다. 남북 관계에서 대통령의 훈령은 그 어떤 것보다 중요한 것이고, 대표단은 반드시 지켜내고 수행해야 할 임무가 있었다. 그 훈령은 국가의 운명을 가를 수 있는 중대한 명령임에도 보수 관료들의 대담한 행동으로 어처구니없이 8차 남북 고위급 회담을 끝으로 막을 내렸다.

이는 북한의 핵 문제가 미국에 중요한 이슈가 되자, 외교부나 안기부 등 더 이상 포용정책으로 북한을 상대할 수 없다는 강경입장이 반영된 것이다. 그리고 국내 보수 세력들은 육사 교장 민병돈의 표현처럼 지금까지 없었던 북방정책으로 가치관의 혼란 속에서 몇 년을 보낸 셈이었다. 그것이 노 대통령 임기 말 김영삼 대통령 후보가 결정된 이후 다시금 안보를 전면에 내세우며 보수 세력을 하나로 묶어 내는 작업으로 환생했다. 후에 김종휘 수석은 대통령 훈령 조작 사건에 대해 당시 이동복의 행동이 잘못됐다는 평가 대신 중립적인 태도를 취함으로써 선뜻 이해하기 어려운 입장을 보였다.[113] 이처럼 노 대통령의 북방정책의 탄생과 추진에 있어 국내 보수 세력의 반대와 저항이 만만치 않았음을 알 수 있다. 한국 사회의 고질적인 남남 갈등도 실상은 이 대립의 연장선에서 생각해 볼 수 있다.

1964년 인스브루크와 도쿄올림픽 단일팀 구성을 회피했던 박정희 정부의 결정, 이후 단일팀 구성 회담에서 수세적 입장을 견지할 수밖에 없었고, 남한은 개별팀 전략과 유엔 가입에서도 동시 가입을 주장하는 일관된 모습을 보이면서 북한과의 공존을 회피해 왔다. 그 맥락적 연장에서 보면 노 대통령은 공산권 수교라는 역사적 업적을 성취하였지만, 대북 정책에 있어서는 미국과 국내 보수 세력의 저항에 부딪히며 본래의 자리로 회귀한 것으로 볼 수 있다. 물론, 역사는 나선형의 발전을 통해 진보하는 큰 그림 안에 있지만, 그 과정에서 남북의 화해와 교류의

---

113) 강원택 편, 『노태우 시대의 재인식』, 파주: 나남, 2012, 247~249쪽.

기대가 꺾이며 남북 관계가 다시 후퇴하는 모습을 보였다. 노태우와 박철언의 대북 정책은 분명 포용적이고 공존 지향적인 입장을 실현하려는 구체적인 노력과 의지가 있었다고 할 수 있다. 동시에 더 이상 진척될 수 없는 한계 또한 분명하게 목도한 계기였다.

2) 최초 1991년 세계탁구선수권대회, 세계청소년축구대회 단일팀 구성

가. 단일팀 회담의 배경

북한은 제11회 베이징 아시아경기대회가 시작되기 4일 전인 1990년 9월 18일에 김유순 위원장의 성명을 통해 또다시 남한과 이후의 국제대회에서 단일팀을 구성하자고 제안했다. 베이징 아시안게임 단일팀 구성을 위한 회담이 실패하자, 7개월 만에 다시 단일팀 구성을 제안한 것이다. 김유순은 이번 베이징대회에 단일팀으로 참가하기 위해 최선의 노력을 다했지만, 별개의 팀으로 참가하지 않을 수 없었다고 밝히며, 북과 남이 국제 체육 경기들에 유일팀으로 출전하려는 것은 우리의 시종일관한 입장이라고 밝혔다. 그는 이어서 1991년 일본에서 진행되는 제41차 세계탁구선수권대회와 1992년 바르셀로나에서 열리는 제25차 올림픽 경기대회를 비롯하여 앞으로 있게 될 모든 국제 체육 경기들에 북과 남이 유일팀으로 출전할 데 대한 문제를 가지고 허심탄회하게 논의하기를 희망한다고 전했다.[114] 이 제안이 실상 1991년 제41회 세계탁구선수권대회에 단일팀을 구성해 역사적인 사건을 만들어 낸 단초라고 할 수 있다.

---

114) 『로동신문』, 「우리는 국제경기들에 북과 남이 유일팀으로 출전할데 대한 문제를 남측과 허심탄회하게 론의할 것을 희망한다. 조선민주주의인민공화국 올림픽 위원회 김유순 위원장 성명」, 1990년 9월 19일.

그러나 북한의 공식 제안이 있기 전, 남한 정부는 7월 10일 국회에 제출한 업무 현황 보고에서 축구 경평전 등 가능한 종목의 남북 교류를 추진하기 위해 북경 아시아경기대회에서 체육회담 실무접촉을 재개할 계획이라고 발표했다.[115] 이어서 7월 27일부터 베이징에서 열리는 제1회 다이너스티컵 국제 축구대회에서 남한 정부는 북한 대표와 만나 경평 축구 부활 논의에 대해 김용균 차관에게 임무를 부여했다. 그리고 조선체육지도위원회 강득춘 부위원장을 베이징에서 만나 경평 축구 부활에 대해 타진했고, 북측도 이에 자기들도 바라는 바이다며 북에 돌아가 검토한 뒤 연락을 주겠다고 했다.[116] 그러나 북한은 경평 축구 부활이라는 스포츠 교류보다 제41회 세계탁구선수권대회와 1992년 바르셀로나 올림픽대회 등 각종 국제대회에 단일팀 구성이라는 주제로 만나기를 희망한다고 한 것이다. 이것을 계기로 제11회 베이징 아시아경기대회에서 체육장관급 회담으로 이어졌다.

이렇게 남북 축구에 관한 이야기가 나오기 시작하자 7월 22일에는 FIFA 아벨란회장이 2002년 월드컵 아시아 지역에서 개최되기를 바란다며 만약 한국에서 유치하면 통일의 전제조건이 된다고 하면서 분단국가이기 때문에 유치가 불가능하다는 것이 아니라 월드컵 대회를 남북이 공동으로 유치하여 각 도시로 분산하여 개최하면 된다는 제안을 내놓았다. 더불어 남북 신뢰 조성 방안의 하나로 제기됐던 비무장지대 내 경기장 건설도 병행하면 좋겠다고 덧붙였다.[117] 아벨란 회장의 이 제안은 현재도 유효한 의미 있는 제안이라고 생각한다. 정치적 이념에 사로잡혀 한 발짝도 나가지 못하는 분단 상황에서 2018 평창 올림픽 때 임시 휴전협정처럼 남·북·미 간의 군사적 문제가 해결된다면, 민간 교

---

115) 『동아일보』, 「남북 체육교류 추진」, 1990년 7월 10일.
116) 장충식, 『시대를 넘어 미래를 열다(중재장충식회고록)』, 용인: 노스보스. 2011, 450쪽.
117) 『동아일보』, 「월드컵축구 공동유치 남북대화 물꼬 터보자」, 1990년 7월 22일.

류와 협력을 끌어내는 데 좋은 소재가 될 것이다.

제11차 베이징 아시아경기대회가 다가오자 범민족대회 남쪽 추진본부는 9월 13일 북쪽 추진본부가 12일 베이징대회 남북공동응원단 구성을 환영하며 이를 위해 15일 10시 판문점 중립국 감독위원회 회의실에서 실무접촉을 갖자고 제의해옴에 따라 대표 3명을 파견하기로 했다고 밝혔다. 남쪽 추진본부는 통일원을 방문해서 협조 공문을 통일원장관 앞으로 전달했다. 이 공문에서 올해 초 실무접촉에서 깨진 단일팀 구성 남북체육회담에서 합의한 단기, 단가, 단일팀 명칭 등을 남북 응원단이 공동으로 사용할 것과 응원단 구성 문제 등을 구체적으로 논의할 것으로 알려졌다. 이는 남북 당국 사이의 대화뿐 아니라 각계각층의 민간 교류가 동시에 전개되어야 한다며 현 정권이 이를 거부하지 말 것을 요구했다.[118] 이 밖에도 다양한 단체들에서 베이징 공동응원단에 합류를 시도했다.[119]

베이징대회가 시작되기 전 9월 17일 한겨레 신문기자와 가진 단독회견에서 김형진 조선체육지도위원회 부위원장은 1991년 일본에서 열리는 세계탁구선수권대회 1992년 바르셀로나 올림픽대회 및 1995년 삼지연 겨울철 아시아경기대회 남북 단일팀 구성을 위한 체육회담을 조속히 열자고 말했다. 그리고 베이징대회에서 북남이 통일 응원단을 구성해 민족화합과 통일 분위기를 더욱 고조시키자며 아리랑과 우리의 소원 등을 부를 예정이라고 했다.[120] 남과 북 그리고 해외 동포들이 함께 공동응원 하는 문제를 협의하자는 내용이 9월 18일 북한의 공식 성명에서도 드러났다.[121]

118) 『한겨레』, 「베이징에 남북 공동응원단 보내다」, 1990년 9월 14일.
119) 『한겨레』, 「베이징서 통일을 노래하자」, 1990년 9월 1일. 전국대학생대표자협의회, 전국체육교사협의회.
120) 『한겨레』, 「북한, 체육장관 회담 제의」, 1990년 9월 18일.
121) 『로동신문』, 「우리는 국제경기들에 북과 남이 유일팀으로 출전할 데 대한 문제를 남측과 허심탄회하게 론의할 것을 희망한다」, 1990년 9월 19일.

북한의 체육회담 제의는 그동안 베이징 아시아경기대회 단일팀 구성 회담이 결렬된 뒤, 7개월 만에 다시 제의한 것으로 그만큼 단일팀 구성에 대한 미련을 버리지 못했다고 볼 수 있다.

베이징 아시아경기대회가 시작되기 전인 9월 19일에 "북한이 최근 남북 축구 대표팀 간의 친선경기를 베이징 아시아경기대회 종료 1주일 뒤 10월 14일 평양에서 갖자고 전화통지문으로 제의 해와 우리 쪽이 이에 동의했다"라는 신문 기사가 나왔다.[122] 이는 체육 장관급 회담을 하기 전 북측이 남북 축구 경기를 제의해왔다는 것은 남북 단일팀 구성 논의를 하기 전에 남북 체육교류를 먼저 하자는 남측의 제의를 북측이 받아들인 것으로 북측의 기존 입장에 변화가 생긴 것이다. 남측의 선 체육교류 제안을 먼저 받아들이고, 후에 단일팀 구성을 해 나가겠다는 데에 합의를 이룬 것이다. 종목은 축구, 명칭은 남북통일축구로 합의했다.

1990년 9월 23일 베이징에서 정동성 체육부 장관과 북한의 김유순 체육부 장관은 회담을 하고 앞으로 국제대회에서 남북한 단일팀 구성을 위해 조속한 시일 내에 남북체육회담을 재개한다는 기본 원칙에만 합의했고 1시간 만에 회담은 끝났다고 했다.[123] 이 소식이 알려지자 결국 해프닝으로 끝나는 것 아니냐는 실망감과 아쉬움을 나타내는 기사들이 쏟아졌다. 이러한 원칙적 합의를 이어서 정동성 체육부 장관은 장충식 선수단 단장에게 경평 축구에 대한 구체적 사항을 협의하는 임무를 넘겨줬다. 그리고 물밑 접촉과 회담을 통해 결국 10월 11일 평양대회와 10월 23일 서울대회를 확정 짓고 남측 선수단은 베이징 아시아경기대회가 끝나면 거기서 바로 평양으로 이동하고, 두 번째 서울대회에서 북측 선수단은 판문점을 통해 서울로 온다는 내용 등의 합의 내용을 9월 29일 베이징 아시아

122) 『한겨레』, 「남북한 축구교류 합의 내달 14일 평양서 첫 경기」, 1990년 9월 20일.
123) 『매일경제』, 「남북체육장관 회담 큰 성과없어」, 1990년 9월 24일.

경기대회 메인프레스센터에서 공식 기자회견을 통해 밝혔다.[124]

이 회견에 앞서 남북체육 고위관계자는 28일 베이징에서 2차례의 비공식 회동을 했고, 남측에서는 장충식 단장과 북측에서는 강득춘 단장이 대표로 참석해서 만들어 낸 역사적인 합의였다고 할 수 있다. 기존 회담 과정과 다른 점은 비공개 비공식 접촉이 있었다는 점, 남북 간의 경평 축구에 대한 긍정적 기억이 작동했다는 점, 남한 정부와 북한 정부가 이 회담을 모두 지지했다는 점, 이를 위해 공식적 비공식적 남북고위급의 접촉에서 정치적인 합의가 이루어진 점 등이다.[125] 이로써 10월 11일에 '남북통일축구' 16일에 '남북고위급 회담' 18일부터 '범민족통일음악회'가 연이어 계획된 남북 교류 행사를 통해 기존에 없었던 급격한 남북 화해와 친선의 분위기로 바뀌어 가는 상황이 되었다.

그러나 한 언론은 남북 축구 교류에 관한 정부의 대북정책에 부정적인 시각을 드러내기도 했다. 즉, 정부는 10월 10일이 북한의 로동당 창당 기념행사 일정이 있는데 북측이 11일 제의한 것을 왜 그대로 수용했느냐는 문제 제기였다. 남북한 고위급회담에서 합의를 본 적십자회담을 재개하는 것이 우선순위였다며 정부의 대북정책을 비판하는 내용이었다.[126] 그 내용 중 하나는 10월 10일 북한의 로동당 창당 기념행사를 남측의 선수단과 임원진이 보거나 듣게 될 때 이것을 통해 북한의 체제 선전 노림수에 넘어간다는 견해였다. 그런데도 1990년 10월 24일 남측 정동성 체육부 장관과 북측 김유순 국가 체육위원장 간에 공동 합의문을 발표했다. 내용은 아래와 같다.

---

124) 장충식, 『시대를 넘어 미래를 열다(중재장충식회고록)』, 용인: 노스보스. 2011, 451쪽.
125) 노태우, 『노태우 회고록-하권』, 서울: 조선뉴스프레스, 2011, 356쪽; 박철언, 『바른 역사를 위한 증언 2』, 서울: 랜덤하우스중앙, 2005, 77~79쪽.
126) 『동아일보』, 「남북 축구 교류」, 1990년 10월 5일.

\<공동 합의문\>

남측의 정동성 체육부장관과 북측의 김유순 국가체육위원회 위원장 겸 올림픽 위원회 위원장은 1990년 10월 24일 서울에서 접촉을 갖고 지난 1990년 10월 12일 평양에서 합의한 사항의 이행과 관련하여 다음과 같이 합의한다.

1. 제1차 남북체육회담은 1990년 11월 29일 오전 10:00 판문점 북측 지역 통일각에서 개최한다.

2. 회담 대표단의 구성은 제11회 북경 아시아경기대회 단일팀 구성 참가를 위한 남북체육회담 대표로 하는 것을 원칙으로 하되 대표단 명단은 추후 발표한다.

3. 회담 의제는 제41회 세계 탁구 선수권대회, 제25회 바르셀로나 올림픽 경기대회, 제3회 삼지연 동계 아시아경기대회 및 기타 주요 국제 경기대회에 쌍방이 단일팀을 구성하여 참가하는 문제로 한다.

4. 남북통일축구대회의 정례화 문제와 기타 남북 체육교류 문제는 위의 남북체육회담에서 협의 결정한다.

1990년 10월 24일

남측 체육부장관 정동성

북측 국가체육위원회 위원장 겸 올림픽 위원회 위원장 김유순[127]

남북의 체육계 대표들은 지속적인 만남을 통하여 제41회 세계탁구 선수권대회 단일팀 성사의 사전 정지 작업을 꾸준하게 이어갔다. 이 합의문에는 단일팀 구성 의제가 먼저 제시되고, 그 뒤에 체육교류 순으로 배치되었다. 이 둘 간의 선·후 문제는 과거 남북체육회담의 기본 이슈이기도 했다. 이후 전개되는 4차에 걸친 남북체육회담도 초기에는 과거와 비슷한 패턴으로 순탄하지는 않았지만, 결정적인 문제는 역시나 정치적 결단의 문제였다.

---

127) 정동성, 「남북체육교류의 통합기능에 대한 연구」, 경희대학교 대학원 박사학위논문, 1997, 113쪽.

3) 1~3차 회담(1990. 11. 29.~1. 30.)

가. 1차 회담

제41회 세계탁구선수권대회와 제25회 바르셀로나 올림픽 경기대회, 제3차 겨울철 아시아경기대회와 주요 국제경기대회에 단일팀 구성을 위한 제1차 남북체육회담이 1990년 11월 29일에 판문점 북측 지역 통일각에서 진행되었다. 남측의 참가자는 장충식, 이학래, 임태순, 김사홍, 박수창이고 북측의 참가자는 김형진, 장웅, 김정식, 김상부, 김영석 등 5명씩 참가하였다.[128]

북측은 먼저 발언을 통해 유일팀의 의의에 대해 다시 부연 설명하고, 지난 제11회 북경 아시아경기대회의 단일팀 회담의 결렬에 대해 유감의 뜻을 표하고 교훈을 찾자고 했으며, 세 가지 원칙에 대해 합의점을 제의했다. 첫째는 유일팀 구성은 북남대결을 피하고 민족적 화해와 단합, 통일을 촉진하는 데 기여하자, 둘째는 북과 남은 앞으로 진행되는 주요 국제경기들(평양과 서울에서 진행되는 경기 포함)에 유일팀으로 참가하는 것을 원칙으로 하자, 셋째는 북과 남은 유일팀으로의 출전을 중도에서 포기하지 않으며 조국이 통일될 때까지 계속하자고 제시했다. 그리고 제6차 세계청소년(20세 미만)축구선수권대회(이하 세축)에 북남 유일팀으로 참가하기 위한 합의서 초안을 제시했다.[129] 이어서 북측은 북남 유일팀 구성 문제와 관련하여 국제올림픽 위원회, 국제탁구연맹, 국제축구연맹 및

---

128) 국가기록원, 「남북체육회담철(I)(남북체육회담및교류(XI))」, 1990, 문화관광부 체육국 국제체육과, 관리번호: DA0579957, 78쪽. 1990년 베이징 아시아경기대회 단일팀 구성을 위한 체육회담 대표에서 북측은 김정식, 김영석가 새로 참석했고, 남측은 김사홍이 새로 참석했다.

129) 초반에는 1. 선수단 명칭, 2. 선수단 깃발, 3. 선수단 노래, 4. 선수선발, 5. 선수 훈련, 6. 선수단 구성, 7. 선수단 비용, 8. 선수단 및 관계 인원들의 신변안전 보장, 9. 유일팀 공동추진기구, 10. 효력 등 10가지가 제시되었다.

아세아 축구연맹에 보낼 북남 쌍방명의 편지 초안들을 내놓았다. 그리고 통일축구경기 정례화 문제와 북남 체육교류 문제를 언급하면서 시간적으로 촉박한 문제부터 먼저 토의를 통해 해결하자고 제안했다.[130]

이에 남측 대표는 첫째로 통일축구경기의 정례화 문제, 둘째로 남북 체육교류 문제, 셋째로 국제대회 단일팀 구성 참가 문제를 토의 주제로 내놓고 남북 간의 체육교류가 먼저 이루어지고 그 결실로 단일팀 구성이 이루어지도록 한다는 세부 방침을 세웠다.[131] 이에 북측은 지난 10월에 있은 공동 합의문에서 결정한 단일팀 구성을 문제를 먼저 토의할 것에 대해 명시했음에도 체육 교류 문제를 먼저 제시하는 것은 합의문을 일방적으로 뒤집는 것이라고 유감을 표하며 이것은 하나의 비상사건이라고 표현했다. 이에 대해 남측 대표는 쉬운 것부터 하자고 되풀이하면서 자기들의 부당한 주장을 고집했다고 기록했다.[132] 2차 회담을 북측은 12월 20일에 갖자고 제안했고, 남측은 다음 해 1월 15일에 갖자고 했으나, 강력한 북측의 주장에 12월 중에 직통 전화로 제2차 회담 날짜를 알려주겠다고 하고 회담을 끝냈다.

이 회담을 보고 북측은 '쉬운 문제'니 '유일팀 구성을 위한 분위기 조성'이니 하며 또다시 장애를 조성하여 유일팀을 구성하지 않으려는 속심이 드러났다고 비난하였다. 그러면서 북남 고위급회담에서도 나타나고 있는 바와 같이 남측은 북남 대화를 '실체인정'으로 '두개 조선'을 합법화하는 데 만 이용하려 하고 정치·군사적 대결상태 해소, 불가침 선언발표 등 통일에 유익한 문제들은 어느 것도 합의하려 하지 않는다고 주장했다. 또한, 남측이 단일팀 구성을 달가워하지 않는 입장은 다

---

130) 『로동신문』, 「주요 국제경기들에 북과 남이 유일팀을 구성하여 출전하기 위한 제1차 북남체육회담 진행」, 1990년 11월 30일.
131) 국가기록원, 관리번호: DA0579957, 72쪽.
132) 『로동신문』, 「주요국제경기들에 북과 남이 유일팀을 구성하여 출전하기 위한 제1차 북남체육회담 진행」, 1990년 11월 30일.

음 회담 날짜를 정하는 과정에서도 드러났다. 남측은 논의해야 할 문제가 시급하다고 하면서도 다음 해 1월 15일을 고집했고, 결국 아무런 합의도 이루지 못한 채 회담이 종료되었다.[133]

이 회담에 관한 남측의 기록은 우선 10월 25일 한 언론에서 앞으로의 남북체육회담이 순탄치 않을 전망이라는 기사를 내놨다. 근거로 남북체육회담을 재개하기로 한 의제가 사실상 단일팀 구성 건으로 한정되었다는 점, 대부분 북측이 주장해 온 사항들이 관철된 인상을 받았다고 설명하며 통일축구 정례화나 세계복식컵탁구대회에 북측 선수단을 파견하는 문제 등에서는 수용되지 않은 것을 두고 실질적인 소득이 없었다는 분석을 보였다.[134]

또 다른 언론에서는 북측은 남북체육회담을 정치, 군사 문제를 다룰 고위급회담에서 유리한 입장에 서기 위해 체육교류를 지속하려 한다는 해석도 나온다며 로동신문 리길성 기자의 인터뷰 내용을 전했다. 내용은 "통일을 직접 다루는 고위급회담에서 좋은 결과를 내는 것이 최고의 목표"라며 남북 당국자 간의 냉기류가 흐르면 언제라도 체육교류는 교착상태에 빠질 수 있다고 말하기도 했다.[135] 즉, 남측은 남북통일축구 정례화와 체육교류에 방점이 있지만, 북측은 단일팀 구성을 위해 기존 남북체육회담에서 합의한 바 있는 10개 항을 토대로 다시 논의해 가자는 입장이었다.[136]

이러한 논쟁은 실상 공동 합의문에 나와 있는 단일팀 구성을 놓고 회담을 하는 것이 의제에 부합한 것인데 남측이 단일팀 구성을 하기 전에 남북 상호신뢰를 먼저 쌓자는 취지의 남북통일축구 의제를 전면에

133) 『로동신문』, 「북남 유일팀을 반대하는 변함없는 자세, 제1차 북남체육회담을 보고」, 1990년 12월 1일.
134) 『동아일보』, 「순탄치 못할 남북체육회담」, 1990년 10월 25일.
135) 『한겨레』, 「남북통일축구대회 결산(2) '정례화'놓고 입장차이 커」, 1990년 10월 26일.
136) 『동아일보』, 「남북체육회담 전망 불투명」, 1990년 11월 29일.

내세운 것이다. 이러한 의견의 대립은 1963년 홍콩 회담에서도 비슷한 기조였다. 단일팀을 전면에 내세운 북측의 주장과 상호신뢰 회복 차원의 체육교류를 먼저 하자는 남측의 주장은 남북체육회담 역사의 가장 핵심적인 쟁점이었다.

이러한 상황에서 북측은 남측의 연락을 기다리다가 먼저 12월 10일 전화통지문을 보내 12월 20일에 제2차 남북체육회담을 갖자고 제안했다. 그러나 남측 대표 장충식 수석대표는 18일 김형진 단장에게 전화통지문을 보내 제2차 회담을 내년 1월 15일 판문점 남측 지역 평화의 집에서 열 것을 수정 제의했다.[137] 이에 북측 김형진 단장은 은 1월 8일 전화통지문을 보내 제2차 남북체육회담을 1월 15일에 갖자는 남측 제안을 받아들였다.

남한 정부는 1차 회담을 평가하면서 북측의 태도에 대해서 다음과 같이 기록했다. "그들은 소위 '하나의 조선정책'에 입각해, 단일 의석하의 유엔 공동가입과 연계하여 국제대회 단일팀 참가 문제를 우선 해결하려는 기본 입장 견지"하고 있다고 분석했다.[138] 남북한은 이 단일팀 구성 문제를 공히 유엔 가입의 형태를 전제로 규정하는 전략 차원에서 접근하고 있음을 알 수 있는 대목이다.

나. 2차 회담-박철언 장관의 등장

2차 회담이 있기 전, 남한에서는 제2차 남북체육회담을 앞두고 기류의 변화를 알리는 신호들이 나타났다. 첫째가 5공 실세로 불리고 남북 비밀특사로 역할을 해왔던 박철언이 1990년 12월 말 체육청소년부 신임 장관으로 임명됐다. 둘째는 1월 4일 박철언 장관이 시무식에서 선 단

---

137) 『한겨레』, 「체육회담 1월 15일 열자 장충식대표 수정제의」, 1990년 12월 19일.
138) 국가기록원, 관리번호: DA0579957, 184쪽.

일팀, 후 교류의 의견을 내며 북한의 제안을 전향적으로 받아들일 것이라고 밝힌 점이다.[139] 셋째는 정부의 공식 입장으로 1월 15일에 있을 남북체육회담에서 북쪽의 의견을 적극적으로 수용할 방침을 세웠다고 밝힌 점이다.[140] 이러한 배경에는 노태우 정부의 북방정책 실현이라는 강력한 의지가 있었다고 할 수 있다.

이러한 기류의 변화를 보인 상태에서 남북은 1991년 1월 15일 판문점 남측 지역 평화의 집에서 북측 김형진 단장과 장웅, 김정식, 김상부, 김영석이 참석하였고, 남측 장충식 수석대표와 이학래, 임태순, 김사홍, 박수창 5명씩 대표가 참석하여 진행했다. 북측은 이례적으로 새로 부임한 체육부 장관께 기대한다는 인사말을 건네기도 하였다.[141]

북측 김형진 단장은 유일팀 구성에 있어 세 가지 입장을 밝혔다. 첫째는 쌍방 합의대로 제41차 세계탁구선수권대회, 제25차 바르셀로나 올림픽 경기대회, 제3차 삼지연 겨울철 아시아경기대회 및 기타 주요 국제대회에 쌍방이 유일팀을 구성하여 참가하는 문제를 회담 의제로 삼을 것, 둘째는 제41차 세계탁구선수권대회에 유일팀으로 참가하는 문제를 먼저 토의할 것, 셋째는 통일축구 문제는 유일팀 구성 문제를 해결한 다음에 하자고 제의했다.

이에 대해 남측은 지난번 통일축구 정례화 문제를 먼저 토의하자는 입장을 바꿔서 제41차 세계탁구선수권대회와 제6차 세계청소년축구대회에 단일팀으로 나가는 문제를 우선적으로 토의하자고 동의했다. 분단 이후 남한은 체육 교류 의제를 먼저 제안했던 입장에서 한발 물러나 북한의 단일팀 구성 의제를 먼저 하자는 제안에 동의한 것은 이때가 처음

139) 『한겨레』, 「남북 선 단일팀 구성 전향적 수렴」, 1991년 1월 4일.
140) 『한겨레』, 「세계탁구대회 단일팀 전망 밝아 정부, 북쪽의견 적극 수용 방침」, 1991년 1월 12일.
141) 국가기록원, 「남북체육회담철II」, 1991, 문화체육관광부 체육국 국제체육과, 관리번호: DA0579964, 26, 235쪽.

이다. 단기, 단가, 명칭 문제는 쉽게 지난번 합의된 내용대로 정해졌다. 그러나 선수선발 문제에서 북측은 협의의 방법으로 하자고 했고, 남측은 선발전을 통해서 하자고 했다. 북측의 주장 배경에는 구태여 대결을 고취하는 선발전 대신에 국제경기들에 참여하여 서로 경기를 해봤고, 협의를 통해서 얼마든지 잘할 수 있다고 했다. 단장 선정의 문제에서도 북측은 공동단장을 주장했고, 남측은 선수가 많이 선발되는 쪽에서 하자고 의견이 나뉘었다. 결국, 이 문제는 다음 회담에서 더 논의하기로 하고 다음 회담 날짜는 1월 30일에 하기로 합의했다.[142]

제2차 회담에 관한 남측의 기록은 과거와 다르게 '남북 체육교류가 보장되는 단일팀 구성'이라는 종전 입장을 지키면서 세계탁구선수권대회의 단일팀 구성을 먼저 토의하고 통일축구대회 정례화 등의 남북 체육교류 문제는 그 이후에 토의할 수 있다고 했다. 이는 제1차 회담에서 북측이 주장한 단일팀 우선 구성 제안을 대폭 받아들인 것으로 북측의 급격한 태도 변화가 없는 한 탁구의 남북 단일팀 구성 가능성이 커졌다고 기록했다. 또한, 3월 초순까지 탁구팀을 구성하자고 제안했으며 선발전에 앞서 합동훈련 제안을 철회하고 서울 평양을 한 차례씩 오가는 선발전을 개최하자고 밝혔다고 하였다.[143]

이러한 단일팀 구성 합의에 관한 내용이 전해지자, 남북의 탁구선수들에 대한 경기력을 분석해 올리는 기사들이 늘어나기 시작했다. 한겨레신문은 통일 탁구팀 현정화-리분희가 서로 약점 보완하면 무적이 될 것이라고 일찌감치 점치기 시작했다. 탁구 대표팀 엔트리 구성도 단일팀 구성을 대비해 상비군만 남녀 각 8명씩 16명을 뽑기로 하는 등 남측에서

142) 『로동신문』, 「주요국제경기들에 북과 남이 유일팀을 구성하여 출전하기 위한 제2차 북남체육회담 진행」, 1991년 1월 16일.
143) 『동아일보』, 「세계 탁구 선수권에 남북 단일팀 가능성 체육회담」, 1991년 1월 15일.

는 구체적인 실무 준비에 신경을 쓰며 준비해 가는 모습을 보였다.[144]

한편, 이러한 단일팀 구성 현실화를 앞두고 체육청소년부가 남북체육회담의 실무자들이 오랜만에 체육회담을 90% 이상 주도하게 됐다며 여유 있는 모습을 보였다. 체육청소년부는 그동안 안기부, 통일원, 남북대화 사무국이 체육회담을 이끌어 자신들의 의지가 반영되지 않았는데 박철언 장관이 오면서부터 상황이 달라졌다며 앞으로는 이들 부처에 이끌려 다니지만은 않을 것이라고 강조했다. 어느 때보다 남북 단일팀 구성 가능성이 커졌다고 자화자찬하였다고 했다.[145]

이는 과거 남북회담 문제를 누가 주도해 왔는지를 알 수 있는 대목이다. 안기부, 통일원이 남북회담 문제를 주도해 왔다는 것이고, 체육부와 같은 관련 부서는 의견만 제시하는 정도의 기능을 담당했던 걸로 추론할 수 있다. 외교부와 국가기록원의 공개문서에 종종 등장하는 단일팀 구성 대책회의 자료에는 체육부는 주도적인 입장이 아니었다. 안기부와 통일원이 요구하는 자료를 정리해서 제출하는 정도의 보조적인 역할이 주를 이뤘다. 그러나 1991년 체육회담에서는 체육청소년부가 주도적인 역할을 맡게 되었으며, 이는 체육청소년부가 중심 부처로서의 위상을 경험한 계기였다고 볼 수 있다.

다. 3차 회담

3차 회담에 앞서 체육청소년부는 제41회 세계탁구선수권대회 단일팀 구성과 관련, 1월 30일 판문점에서 열릴 제3차 남북체육회담에서 북측의 주장을 대폭 수용한다는 방침을 세웠다. 그리고 지난 2차 회담에서 선수선발 방법도 선발전 없이 하자는 북측의 주장을 수용하고, 공동

---

144) 『경향신문』, 「둘이 되면 천하에 거칠 것 없다」, 1991년 1월 16일.
145) 『한겨레』, 「체육부, 단일팀 전망 놓고 자화자찬」, 1991년 1월 18일.

단장제도 되도록 단일 단장제를 주장하되 북측이 후퇴하지 않으면 북측의 주장을 그대로 수용하는 방침을 세웠다고 알렸다.[146] 이러한 기류 변화의 배경과 관련하여 한겨레신문은 당시 남한 단독 유엔 가입 추진과 한·미 합동 군사훈련 걸프 전쟁 여파 등으로 경색되고 있는 남북 관계를 개선하고 대화 재개를 위해 남북 회담에서 북측 요구를 최대한 수렴키로 했다고 밝혔다.[147] 정부의 이러한 방침은 이번 제41회 세계탁구선수권대회에서의 남북 단일팀 구성을 성사시키겠다는 강력한 의지로 읽혔다.

이러한 변화 기류 속에서 제41회 세계탁구선수권대회와 주요 국제 경기대회에 단일팀 구성을 위한 제3차 남북체육회담이 1월 30일에 판문점 북측 지역 통일각에서 열렸다. 회담에는 북측의 김형진 단장과 남측의 장충식 수석대표 등이 참가하여 논의를 진행하였다.

북측의 김형진 단장은 제2차 회담 직후부터 북남 사이의 대결과 긴장을 격화시키는 대규모 팀스피리트 91 합동 군사훈련을 언급하며, 남조선올림픽 위원회가 스포츠 정신과 민족적 화해와 단합을 도모하는 숭고한 입장에서 대결을 고취하는 일들을 중단시키기 위한 노력을 기대한다고 하였다.

이어서 네 가지 입장을 밝혔다. 첫째는 이번 회담에서는 제41차 세계탁구선수권대회 북남 유일팀 구성 관련 미해결 과제에 관한 토의를 끝내야 한다는 것이고, 둘째는 탁구 유일팀 실무위원회를 구성과 운영에 관해서 남측 합의서 안에 동의하는 제안서를 제시했고, 셋째는 북남 유일팀 구성과 참가에 관한 합의서 안에 관한 토의를 끝내고 국제탁구연맹에 북과 남이 유일팀으로 출전한다는 것을 알리는 편지를 보내는

146) 『동아일보』, 「탁구 단일팀 구성 『청신호』」, 1991년 1월 29일.
147) 『한겨레』, 「북쪽입장 최대 수용키로」, 1991년 1월 29일.

문제와 관련하여 합의서 초안을 제시했으며, 마지막으로 제6차 세계청소년축구선수권대회에 북과 남이 유일팀으로 참가하기 위한 합의서 안에 토의는 위 세 가지 문제에 대한 토의를 완전히 끝내고 이어서 시작하자고 제안했다.

이에 대한 남측의 반응은 탁구와 축구의 단일팀 구성 문제를 동시에 병행하자고 주장하였고, 탁구 선발전은 협의제로 하되 축구는 평가전으로 하자고 했으며, 선수 훈련은 평양과 서울을 오가며 하자고 했고, 선수단 단장은 탁구에서는 북측이 하고 축구에서는 남측이 하자고 했다. 이어서 북측은 두 대회를 병행해서 토의하자는 것은 순리에 맞지 않는다며 반대 입장을 밝혔고, 탁구 훈련의 문제는 이후 실무위원회 회의를 3~4차례 열어야 하므로 3월 말이 되어 훈련은 일본 현지에서 할 수밖에 없다고 강조했다. 또한 선수들에게 주는 정신적 육체적 부담을 고려하여 현지 훈련이 더 좋겠다는 뜻이었다.

이렇게 훈련 방법과 선수단 단장제에 관한 합의가 이루어지지 않자, 남측은 회담 시간이 많이 갔다면서 문제 토의를 일방적으로 그만하자고 하여 북측은 상부에 전화를 걸어 오후에도 하고 내일도 하자면서 토의를 마무리하자고 촉구했다. 다음 회담 날짜는 남측이 돌아가 연구한 다음 전화로 알려줄 것을 요구했다고 기록하였다.[148]

그러나 3차 회담 후에 북한 로동신문의 기록은 여전히 남측은 단일팀을 구성하자는 입장이 아니라고 불만을 표시하였다. 예를 들면, 한·미 합동 군사훈련에 대한 불편한 반응과 공동단장 문제, 시간의 촉박함을 언급하면서 다음 회담에서 결정하자는 등 다음번 회담 날짜도 2월 12일에 하자고 고집했다며 북측은 너무 늦으니 앞당길 것을 요구했으나

---

148) 『로동신문』, 「주요 국제경기들에 유일팀을 구성하여 출전하기 위한 제3차 북남체육회담 진행」, 1991년 1월 31일.

받아들여지지 않았다고 했다. 이러한 이유로 남측은 회담을 앞두고 북측의 제안을 다 받아들일 것이라고 보도함으로써 유일팀 구성에 성의 있는 것처럼 여론을 기만하려 했다고 불편한 심기를 드러냈다.[149]

하지만, 북측의 이와 같은 태도는 지난 시기 회담에서는 볼 수 없었던 측면이 존재한다. 특히 한·미 합동훈련을 언급하면서 이것으로 인해 체육회담과 유일팀 구성 참가 전도에 유감을 표한다는 내용은 사실상 체육회담이 팀스피리트 훈련으로 인해 중단될 수도 있음을 암시했기 때문이었다.[150] 그러나 그 이후 북측의 그와 같은 언급은 더 이상 없었다.

이에 관한 남측의 기록은 제2차 회담에서 쟁점으로 등장했던 3개 사항 중 선수단장 선임과 선수단 구성 방법 등에 대해 종래의 입장을 대폭 수정, 북측의 제의를 수용키로 했다고 전했다. 그러나 남측은 훈련 방법에 대해서는 남북을 왕래하며 실시하자는 입장을 고수했고, 선수선발 방법과 공동 단장제는 북측의 주장을 수용할 방침이라고 전했다.[151]

당시 남한 정부의 향후 대책에는 남측이 2월 12일 회담 날짜를 제기하였으나, 북측이 그 이전이라도 자기들 안을 따를 용의가 있으면 전화로 연락하라는 비타협적 태도를 노골화하였다고 기록하고 있다. 따라서 남측에서 제4차 회담에 관한 입장을 밝히지 않으면 회담은 또다시 결렬 위기에 직면해 있다고 상황을 파악했다.[152] 이는 북한도 단일팀 구성에 관한 적극적 의지가 그다지 높지 않았다고 볼 수 있다. 남한 정부가 과

149) 『로동신문』, 「유일팀을 구성하자는 립장이 아니였다. 제3차 북남체육회담을 보고」, 1991년 2월 1일.
150) 국가기록원, 「제3차 남북체육회담 II」, 1991, 문화체육관광부 체육국 국제체육과, 관리번호: DA0579967, 25쪽.
151) 『경향신문』, 「선수단 구성·단장 선임 북한측 제의 대폭 수용 제3차 체육회담」, 1991년 1월 30일.
152) 국가기록원, 「남북체육교류(1)(남북체육회담), 1990~1991, 문화체육관광부 체육국 국제체육과」, 관리번호: DA0579962, 200쪽.

거처럼 강경한 개별팀 전략을 취했다면 이 회담도 결렬 수순으로 가는 것이 어색하지 않은 상황이었다.

결국, 남한 정부는 이번 세계탁구선수권대회와 세계청소년축구대회는 일종의 시범사업인 특례로 처리하려는 것이 우리의 입장이므로, 북측 주장의 전면 수용이 남북 관계 개선에 조금이라도 기여해 보려는 우리의 의지를 부각시킬 수 있는 긍정적 측면이 있다고 결론 내렸다. 그리고 2월 7일 전화통지문으로 제4차 회담 제의를 하게 되었다.[153]

동아일보는 제3차 회담을 보고 남북체육회담이 결렬 위기에 빠졌다고 하면서 '회담 전략'을 재점검해야 한다고 지적하였다. 이 회담을 통해 분위기가 급속 냉각되었다며 회담 재개조차 예측하기 힘들게 됐다고 평가했다. 이렇게 인식하게 된 근거로 북측 김형진 단장이 회담 도중에 '우리 측의 모든 제안은 최후의 방안'이라고 한 것을 두고 협상의 의지가 없음을 암시했다고 했다. 또 김 단장이 '귀측 장관의 결심이 바뀌었을지 모르니까 전화를 해보고 오후에 다시 회의를 열자'고 했던 대목에서 3차 회담을 앞두고 체육청소년부가 대내용으로 탁구 단일팀 성사 가능성을 흘렸고, 북측에선 이를 미리 알고 회담에 나왔다고 보았다. 그래서 북한이 더 강경한 태도를 보인 것은 아닌가 하는 의구심을 갖게 했다. 이것은 남측 회담 대표의 위상에 관해서 세심한 배려가 부족했다고 지적했다. 이와 관련해서 남측 대표가 체육회담에 임하는 기본 입장에서 '일관된 전략'을 밀고 나가지 못한다는 우려의 목소리를 걱정했다고 기록했다.[154]

동아일보의 이 같은 회담 평가에 대한 부분에서 두 가지를 눈여겨볼 대목이 있다. 첫째는 체육청소년부의 대응에 불만이 있는 듯한 인상을

---

153) 국가기록원, 관리번호: DA0579962, 202~203쪽.
154) 『동아일보』, 「북, 팀스피리트 "교류 관철"에 반발 남북체육회담 무산위기」, 1991년 1월 31일.

주게 한다는 것이다. 이것은 이번 2~3차 회담에서 체육청소년부가 단일팀 회담에 임하는 긍정적인 신호를 미리 언론 등을 통해 흘렸다는 점을 지적하면서 이것을 북측이 역이용하고 있다는 것으로 해석했다는 점이다. 둘째는 우리의(남측의) '일관된 전략'이 무엇인가 하는 점이다. 그동안 남측은 어떤 체육회담에서 취해온 전략에 일관성이 있었다는 점이다. 이것은 단순히 선 교류 후 단일팀의 전략으로 이야기하는 것인지 아니면 단일팀 자체에 대한 부정적인 전략을 언급한 것인지에 대한 명확한 해석은 어렵다. 하지만, 기존의 남측 회담 대표들의 기록을 볼 때 단일팀 구성에 긍정적이지는 않았다는 점에 비추어 여기서 일관된 전략은 단일팀 거부 또는 선 교류 입장이 남한 내부의 일관된 입장이라고 보는 것이 타당할 것이다.

경향신문도 제3차 회담에서 단일팀 무산 위기를 제목으로 한 기사를 내보낼 정도로 전망을 어둡게 표현했다. 단지 사소한 두 가지 문제에서 합의를 보지 못해서 가능성이 희박해졌다고 보았고, 박철언 체육청소년부 장관이 대북관계에서 전향적인 자세를 취하고 있어 자기들(북측) 제안대로 따를 것으로 판단했기 때문에 더 강경한 어조로 나온 게 아니냐는 해석을 내놓았다. 한겨레신문도 아무런 진전도 보지 못했다고 하면서 다음 일정조차 잡지 못하고 끝나 사실상 결렬상태에 빠졌다고 비관적인 전망을 하였다. 그리고 남측은 2월 12일에 제4차 회담을 하자고 했으나 북측은 회담 일자를 전화로 연락하겠다고 기록했다.[155]

그러나 이 지점이 북측의 기록과 다른 부분이다. 북측은 오히려 회담 날짜를 앞당겨서 하자고 주장하였으나, 남측이 2월 12일에 하자고 한 것을 두고 양측이 팽팽하게 맞서서 북측이 나중에 알려주겠다고 하여 다음 회담 날짜를 정하지 못한 것으로 기록했다. 다음 회담 날짜를

155) 『한겨레』, 「남북단일팀 이견 못좁혀」, 1991년 1월 31일.

정하는 문제에 있어 대부분은 남측이 다음 회담 날짜를 길게 두고 열자는 의견이었다면, 북측은 최대한 앞당겨서 열기를 제안했다는 것이 일관된 입장 차이였다. 결국은 북측은 2월 11일에 전화통지문을 보내 남측의 안대로 2월 12일에 제4차 회담을 개최하기로 했다.[156]

이처럼 3차 회담 후의 분위기는 1991년 세계탁구선수권대회와 세계청소년축구대회의 단일팀 구성 회담이 남측의 전면 수용이 아니었다면 무산될 상황이었다는 것이다. 이러한 상황에서 체육청소년부는 2월 1일 청와대 업무 보고에서 두 대회에 참가할 단일팀 구성을 위해 북한 쪽 입장을 적극적으로 수용해 나가기로 했다고 밝혔다. 이밖에 체육 학술회의 남북 공동개최, 95년 삼지연 겨울철 아시아경기대회 장비와 도핑 기술 지원도 검토한다는 등 대북 체육 관련 사업에서 적극적인 태도를 보였다.[157] 또한, 대한올림픽 위원회가 8일 북측에 회담 재개를 요청한 것과 관련해서 체육청소년부와 외무부, 문화부, 통일원 등으로 구성된 남북체육회담 대책 회의에서 이 문제를 거론하였다. 여기서 북측의 주장을 전면 수용하기로 의견 조정을 끝냈다고 하면서 일본에서 합동훈련을 하자는 의견에도 다소 억지라는 느낌이 들지만 분단 46년 만에 첫 단일팀을 구성해보려는 적극적인 의지를 보였다고 기록했다.[158]

4) 4차 회담(1991. 2. 12.), 단일팀 구성 최종 합의

4차 회담은 역사적인 회담이었다. 분단 46년 그리고 체육회담이 시작된 지 28년 만에 처음으로 남북이 단일팀 구성에 성공했다. 1991년 2월 12일 남측 지역 평화의 집에서 열린 제4차 남북체육회담에서 양측은

---

156) 『한겨레』, 「탁구 단일팀 성사 판가름」, 1991년 2월 11일.
157) 『한겨레』, 「남북체육교류 적극 추진」, 1991년 2월 2일.
158) 『동아일보』, 「12일 체육회담 열리면 북한 안 적극 수용」, 1991년 2월 9일.

제41회 세계탁구선수권대회와 제6회 세계청소년축구대회에 단일팀을 구성해서 참가하기로 완전히 합의했다.

<표 6-1> 1963년부터 1991년까지 남북 단일팀 구성을 위한 체육회담 개요

회차	시기	장소	의제	대회	제의	결과
1(1)	1963. 1. 24.	로잔	단일팀 구성	1964 인스브루크(동)와 도쿄올림픽(하)	IOC	
2(2)	5. 7.~24.	홍콩	단일팀 구성		북한	
3(3)	7. 26.	홍콩	단일팀 구성		북한	결렬
1(4)	1979. 2. 27.	판문점	단일팀 구성	평양세계탁구대회	북한	
2(5)	3. 5.	판문점	단일팀 구성			
3(6)	3. 9.	판문점	단일팀 구성			
4(7)	3. 12.	판문점	단일팀 구성			결렬
1(8)	1984. 4. 9.	판문점	단일팀 구성	LA올림픽	북한	
2(9)	4. 30.	판문점	단일팀 구성			
3(10)	5. 25.	판문점	단일팀 구성			결렬
1(11)	1985. 10. 8.~9.	로잔	공동주최	88서울올림픽	IOC	
2(12)	1986. 1. 8.~9.	로잔	공동주최			
3(13)	6. 10.~11.	로잔	공동주최			
4(14)	1987. 7. 14.	로잔	공동주최			결렬
1(15)	1989. 3. 9.	판문점	단일팀 구성	1990 북경아시안게임	북한	
2(16)	3. 28.	판문점	단일팀 구성			
3(17)	10. 20.	판문점	단일팀 구성			
4(18)	11. 16.	판문점	단일팀 구성			
5(19)	11. 24.	판문점	단일팀 구성			
6(20)	12. 22.	판문점	단일팀 구성			
7(21)	1990. 1. 18.	판문점	단일팀 구성			
8(22)	1. 29.	판문점	단일팀 구성			
9(23)	2. 7.	판문점	단일팀 구성			결렬
1(24)	1990. 11. 29.	판문점	단일팀 구성	지바세계탁구대회, 세계청소년축구대회	북한	
2(25)	1991. 1. 15.	판문점	단일팀 구성			
3(26)	1. 30.	판문점	단일팀 구성			
4(27)	2. 12.	판문점	단일팀 구성			성사

* IOC 서신, 남북한 신문 기사, 국가기록원 자료에서 요약.

남측이 북측 안을 전폭 수용하면서 남북 단일팀 구성 협상이 성공에 이르게 되었다. 남측의 장충식 수석대표는 '선수 훈련' 문제와 '선수단 단장' 문제에서 북측 안을 그대로 받아들여 합의를 끌어냈다. 선수 훈련은 남북 각기 훈련을 하고 일본 현지에서 합동훈련을 하는 것으로 했고, 선수 단장 문제는 세계탁구대회는 북측이, 세계축구대회는 남측이 번갈아 맡기로 했다. 축구의 경우는 4월이나 5월에 양 팀 선수를 한데 섞어 평가전을 하여 양측이 협의하여 선수선발을 하자고 하였다. 그리고 합동훈련은 남북을 왕래하며 서울과 평양에서 번갈아 가며 하는 데 최종 합의했다.[159]

한 언론은 이 결정을 유엔 가입 문제와 결부시켜 보는 해석을 보이기도 했다. 즉, 단일팀 단장은 하나이고 교대 대표제로 합의한 것이 북한의 유엔 가입 공식과 일치한다고 하며 이것은 고려연방제 통일 정부 구성안과 같다는 것으로 보며 체육과 통일문제는 다르다며 이 합의가 통일문제로 이어져서는 안 된다는 걱정을 내비치기도 했다.[160]

제4차 회담에서 북측은 먼저 유일팀 성사를 위한 네 가지안을 제시했다. 첫째는 제41차 세계탁구선수권대회 유일팀 구성 문제를 먼저 토의하고 다음 제6차 세계청소년축구선수권대회 유일팀 구성 문제를 토의하자고 하였다. 둘째는 선수선발은 탁구는 탁구 유일팀 실무위원회에서 협의 선발하자는 것이고, 축구는 평양과 서울에서 양 팀 선수들을 섞어서 평가전을 진행한 뒤 협의 결정하자는 것이며 이는 남측의 의견을 받아들인 것이라고 하였다. 평가전 시일은 잔디도 없는 3월이 아니라 4~5월 초에 하자고 제안하였다. 그리고 선수 훈련 문제는 북과 남이 왕래하며 할 시간적 여유가 없으니 종합훈련은 일본 현지에서 하자고

159) 『동아일보』, 「4차 체육회담 남북 탁구-축구 단일팀 합의」, 1991년 2월 12일.
160) 『동아일보』, 「남북한 단일팀의 허와 실」, 1991년 2월 13일.

제의했고, 선수 단장 문제는 공동단장으로 하는 것이 일관된 입장이지만, 탁구와 축구에 있어 교대로 하는 것은 특례로 동의를 표시한다고 했다. 셋째는 유일팀 실무위원회 구성, 운영에 관한 문제에서 남측이 내놓은 안을 받아들여 일부 불필요한 사항들을 수정 또는 삭제할 수 있으리라 기대를 표시하였다. 넷째는 국제기구들에 쌍방이 유일팀으로 참가한다는 것을 알리는 편지 내용은 남측 안을 절충하면 별로 어려운 점이 없는 것만큼 오늘 합의에 완전히 도달할 수 있을 것을 기대했다. 오후 2시부터 쌍방 실무접촉이 있었고, 5시 본회담이 재개되어 두 대표는 합의서를 교환하였다. 그리고 2월 18일에는 두 종목 선수명단을 교환하기로 했으며, 탁구 실무위원회는 21일에, 22일에는 축구 실무위원회를 가지기로 합의했다. 제5차 회담은 전화로 토의하여 결정하기로 하였다고 기록했다. 이것은 체육 분야에서 통일을 이룩한 것과 같은 경사이며 온 겨레가 통일 축제로 환영할 사변이라고 힘주어 말했다.[161]

제4차 회담에 관한 북측은 김유순 위원장의 담화에서 유일팀 탄생을 선포하게 된 것은 30여 년 동안 기울여온 북측의 성의 있는 노력이 가져온 귀중한 열매이며, 민족의 단합을 이룩하고 자주적 평화통일을 앞당기는 데 기여할 하나의 사변이라며 격양된 어조로 환영의 뜻을 보였다. 이는 지난 40여 년 동안 북과 남이 국제경기에서 별개의 팀으로 나가 서로 우열과 승패를 겨루며 대결하는 가슴 아픈 비극을 되풀이해왔다며, 오래전부터 이러한 수치와 비극을 끝내기 위해 유일팀 구성을 위한 북남 체육회담을 발기하고 실현하기 위해 인내성 있는 노력을 해왔다고 하였다. 이어서 유일팀 탄생은 체육 분야에서 우리 민족의 슬기와 영예를 세계에 떨칠 수 있는 계기가 되었다는 점과 민족대단결을 도

---

161) 『로동신문』, 「온 겨레가 통일축제로 환영할 사변 제4차 북남체육회담에서 주요국제경기들에 유일팀 구성하여 출전하는데 완전합의」, 1991년 2월 13일.

모하고 수십 년 세월 굳게 얼어붙은 북남 사이의 격폐(隔廢) 상태를 마스며 통일의 물꼬를 터 나가는 데, 이바지하는 데 의의가 있다고 하였다. 그러면서 유일팀을 통해 조국 통일 위업에 적극적으로 이바지하기 위해 모든 성의와 노력을 다할 것이라고 다짐하며 담화를 마무리했다.[162]

5) 남북 최초 단일팀 구성과 평가

1991년 2월 12일 역사적인 남북 단일팀 구성을 선포한 뒤, 실제 대회까지 두 달여 남은 이 기간에 남북 실무협상은 가보지 않은 새로운 길이었다. 이를 어떻게 진행하였는지를 추적하는 일은 앞으로의 남북체육회담에 있어 중요한 선례가 될 것이다.

북측은 2월 15일 로동신문에서 유일팀 탄생을 선포한 것은 기쁜 일이지만, 상호 신의를 지켜 실무위원회 활동을 시작하는 것을 중요하게 여겼다. 또한, 북측은 만일 여기에 장애를 조성하는 행동을 하는 경우 민족과 세계 여론 앞에서 규탄을 받게 될 것이라고 마지막까지 남측의 성실한 자세와 평화와 통일 분위기에 찬물을 끼얹는 행동을 하지 말 것을 주문했다.[163] 그동안 여러 차례 회담의 마지막에 와서 뒤틀어진 역사를 되돌아볼 때 합의서만으로 모든 것이 완결되었다고 보기에는 해결해야 할 사항들이 적지 않았기 때문이다.

2월 18일에 북측은 탁구와 축구 실무위원회 명단을 발표하였다. 탁구에는 공동위원장 장웅 DPRK NOC 서기장, 위원으로는 김상부 DPRK NOC 위원, 김희진 DPRK NOC 위원, 강영삼 탁구협회 위원, 박시남 탁구협회 위원 등이고, 축구에는 공동위원장 김세진 DPRK NOC 위원, 김

---

162) 『로동신문』, 「첫 유일팀의 탄생은 우리측의 성의있는 노력이 가져온 열매이다」, 1991년 2월 20일.
163) 『로동신문』, 「온 겨레가 환영할 사변」, 1991년 2월 15일.

정식 DPRK NOC 위원, 리명성 축구협회 부위원장, 김광호 축구협회 상무위원, 윤윤홍 축구협회 위원 등으로 구성됐다고 발표했다.[164]

남측은 탁구에서는 박성인 부회장, 김창제 전무, 박도천 이사, 박수창, 방광일 그리고 축구에서는 오완건 부회장, 유인갑 전무이사, 이요원 이사, 임태순, 오지철 등 3명은 체육인으로[165] 나머지 2명씩은 체육청소년부와 통일원 관계자 2명 포함 각 종목 5명씩 실무위원회를 구성했다.[166]

1차 실무위원회 회의는 2월 21일 판문점 북측 지역 통일각에서 진행되었다. 회의는 쌍방 합의에 따라 비공개로 진행되었다. 실무회담에서는 선수선발 및 훈련 문제, 선수단 구성 문제 및 관리 문제, 선수단 단체복과 운동복 및 대회 참가에 필요한 장비 문제 등이 협의되었다. 북남이 각각 동수로 하기로 합의하고 단체 경기, 남녀 복식, 남녀 혼성 복식, 개인 경기 등에 참가하기로 했다. 또한, 쌍방은 국제탁구연맹이 인정하는 북과 남의 우수한 선수들을 모두 경기에 참여시키기로 하고 이를 연맹에 통보하기로 했다. 유일팀 선수단의 단체복은 북측에서 운동복은 남측에서 각각 맡기로 하였고, 유일팀 깃발은 단장을 맡은 북측에서 하기로 하였다. 유일팀의 노래 테프와 악보는 남측에서 준비하기로 했다. 이날 결정을 못 한 것은 선수단 결단식과 해단식 장소 문제였다. 이 장소 문제에서 북측은 현재 남측에서 진행되고 있는 '팀스피리트 훈련' 관계로 대회 현지에서 가질 것을 제안했다. 그러나 남측은 결·해단식을 북과 남으로 오가면서 하자고 제안했다. 이를 다음번 회의에서 결정하기로 하고 회담을 끝냈다. 다음 회담은 27일 남측 지역에서 하기로 하였다.[167]

---

164) 『로동신문』, 「조선민주주의인민공화국 올림픽 위원회에서 북남 탁구유일팀실무위원회와 축구 유일팀 실무위원회의 우리측 성원 명단 발표」, 1991년 2월 19일.
165) 위 인물 중 임태순(남북대화사무국)과 박수창(안기부)은 정부측 사람들이었다.
166) 『동아일보』, 「단일팀 구성 실무위 남북 대표명단 교환」, 1991년 2월. 19일.
167) 『로동신문』, 「제41차 세계탁구선수권대회 유일팀 실무위원회 제1차 회의」, 1991년 2월 22일.

이전의 실무위원회 회담과는 분위기가 달랐던 것으로 읽힌다. 이 회담과 관련한 기사 어디에도 회담 자체에 대한 부정적인 표현은 찾아볼 수 없다. 이처럼 남북 단일팀 구성을 위한 회담의 큰 방향성이 정치적으로 결정된 뒤, 실무위원회의 회의도 대결적 관점과 이슈 만들기가 사라진 첫 실무회담이라고 할 수 있다.

남측은 체육청소년부를 중심으로 단일팀 구성 준비에 들어갔다. 상대적으로 탁구대회는 일본 지바에서 진행되는 관계로 민감한 사안이 덜하겠지만, 축구의 경우는 남과 북을 오가며 평가전을 치러야 하고 그 과정에서 다소 변수가 발생할 것을 염려하며 북한을 자극하지 않는 방향으로 방침을 정했다.[168]

실제로 회담 방침이 언론에 공개되었던 것은 과거 남북 단일팀 회담에서는 보기 힘든 장면이었다. 철저히 베일에 가려진 채 회담에 임했던 것과는 대조적인 모습이라고 할 수 있다. 그만큼 사전에 북측에 이러한 남측의 준비 방향에 대해서 사전 정보를 흘리면서 이후 회담의 과정에서 불필요한 오해와 불신을 줄여가기 위한 대비라고 볼 수 있다.

제1차 실무위원회에서 남측은 선수단은 될 수 있으면 많은 선수가 출전할 수 있도록 구성하고, 훈련 및 출전 경비는 반씩 부담하며, 단일팀 결·해단식을 평양 또는 서울에서 갖자고 제의했다. 선수단의 단복과 유니폼도 북한제를 포함 국산제품 사용을 원칙으로 했고, 흰색 하의에 하늘색 상의, 하늘색 하의에 흰색 상의, 위아래 모두 하늘색 등 3가지 중에서 택할 것을 제의했다.[169]

선수단 결단식과 해단식의 때와 장소 등의 문제에서 이견을 보였을 뿐 순조롭게 진행되어 단일팀 출전에 걸림돌은 없을 것으로 예상했다.

168) 『한겨레』, 「'단일팀 성사에 총력' 체육부 실무회담 방침 확정」, 1991년 2월 21일.
169) 『경향신문』, 「훈련경비 공동부담」, 1991년 2월 21일.

탁구의 경우는 남측 선수가 11명, 북측 선수가 10명으로 명백히 동수는 아니지만, 국제탁구연맹에 이 선수들 모두가 출전할 수 있도록 요청하는 서신을 보내기로 합의했다고 했다. 선수단의 출발과 귀환에 관한 수송 문제도 이견이 있어 2차 회의에서 절충키로 하였다.[170]

22일에는 제6회 세계청소년축구대회 남북 단일팀 구성을 위한 제1차 실무위원회가 남측 평화의 집에서 열렸다. 여기서 평가전 시기 및 선수선발 비율, 평가전 앞서 합동훈련, 단일팀 출국 및 입국 절차 등을 논의했다. 양측은 서울과 평양에서 한 차례씩 열리는 선수선발 평가전에는 양측에서 18명씩을 선발해 총 36명을 출전시키기로 합의했다. 그리고 최종 참가자명단 선수는 9명씩 양측에서 동수로 뽑기로 합의했다.[171] 평가전 시기와 관련해서는 북측의 주장대로 4월 말은 평양에서 1차 평가전을 하고, 5월 초에는 서울에서 2차 평가전을 가지며 이에 앞서 남북 선수를 각각 9명씩 섞어 1주일 동안 합동훈련을 하기로 했다고 했다. 기자단 규모에 대해서는 북측은 20명 선으로 하자고 했고 남측은 50명 선으로 하자고 했으나,[172] 26일 2차 축구실무위원회에서 25명으로 정했고 1차 평가전은 5월 4일 서울에서 하고 2차 평가전은 5월 8일 평양에서 하기로 했다. 양측은 평가전 기간을 이용 서울과 평양에서 각각 4박 5일씩 강화 훈련도 하기로 했으며, 최종 참가자명단 보고는 5월 28일 이전에 국제축구연맹에 통보하기로 했다.[173]

이어서 2월 27일에 오전 오후로 열린 2차 탁구 실무위원회에서는 결·해단식을 일본 현지에서 하자는 북측의견에 남측이 결·해단식을 생략하자는 의견이 맞섰으나, 남측의 의견을 받아들여서 하지 않는 것으

---

170) 『한겨레』, 「탁구단일팀 이젠 세계로 나설 때」, 1991년 2월 22일.
171) 『동아일보』, 「축구 실무위도 열려 평가전에 36명 출전」, 1991년 2월 22일.
172) 『한겨레』, 「4월 평양·5월 서울 평가전」, 1991년 2월 23일.
173) 『경향신문』, 「축구 평가전 5월 4일 서울·8일 평양」, 1991년 2월 26일.

로 합의했다. 그리고 일본 도착 일자는 3월 25일로 하기로 하고 그날부터 합동훈련을 하기로 하였다. 1차 실무위원회에서 정한 선수 인원을 남자선수는 6명씩하고 여자 선수는 5명씩 하여 각각 11명씩 22명으로 하자고 하였다. 이로써 모든 사항에 대해서 완전 합의가 이루어졌다.[174]

이렇듯 1991년 세계탁구선수권대회와 세계청소년축구대회는 북측의 일관된 단일팀 주장 안을 남측이 전면 수용하면서 남북 역사상 처음으로 국제경기에 단일팀으로 출전이 성사되었다. 특히 주목하는 부분은 남북이 단일 종목에서 단일팀 구성을 합의하고 참가하기까지 불과 2~3개월밖에 걸리지 않았다는 점이다. 단일팀 구성에 필요한 시간의 문제를 두고 남북은 긴 세월 그 진정성을 두고 논란을 벌여왔다. 하지만 무엇보다 남북의 정치적 결단과 단일팀 구성 의지가 가장 중요한 요인이었음을 알게 해주는 대목이다.

1957년 6월 북한의 궁선홍이 처음으로 남한에 단일팀 구성을 제안한 이래 34년 만에 이루어진 남북 단일팀 구성은 제반 정치적 문제를 제끼고 오로지 체육 문제로만 보았을 때 충분히 협의하여 원만한 합의를 내올 수 있는 영역이라는 것을 증명하였다. 마지막 4차 회담에서 T/S 훈련에 관한 북한의 문제 제기가 있었음에도 단일팀 문제에 집중했을 때 정치·군사적 문제는 변수가 되지 않았다는 점도 눈여겨 볼 대목이다. 그러나 보다 본질적인 문제는 남북 당국의 단일팀 구성을 반드시 성사시키겠다는 정치적 결단과 의지가 있어야 가능했다는 점이다.

174) 『로동신문』, 「제41차 세계탁구선수권대회 유일팀 실무위원회 제2차회의 진행, 토의된 모든 사항에 완전합의」, 1991년 2월 28일.

3. 1992년 바르셀로나 올림픽 단일팀 구성 실패

1963년 홍콩 회담을 시작으로 단일팀 구성 회담은 간헐적으로 이어져 왔고, 북한이 적극적으로 제안하고 추진한 반면, 남한은 북한의 제안에 수동적으로 대응해 가는 입장이었다.[175] 1991년 초부터 급박하게 전개된 단일팀 구성 논의는 1991년 세계탁구선수권대회와 세계청소년축구대회에서 처음으로 완전한 합의를 보았고, 그 결과는 기대 이상이었다. 특히 탁구 경기에서 중국 선수들의 벽을 쉽게 넘지 못하던 때에 남과 북이 단일팀을 구성하여 중국의 벽을 넘었다는 것은 남북이 하나의 힘으로 국제사회에 민족의 저력을 보여준 쾌거였다. 일본에서 처음으로 민단과 조총련이 함께 단일팀 환영 행사와 응원을 준비하면서 남북통일 분위기 고조에 일조하는데 크나큰 기여를 하였다. 국내에서 이뤄낸 남북의 화해가 해외 동포들에게 더 큰 감동으로 다가왔던 것이다.

그러나 1991년 이후로 남과 북은 단일팀 구성 논의는 더 진척되지 못했다. 이러한 배경에는 북한의 단일팀 구성 제안에 북한의 태도 변화가 있었다. 이것을 이해하기 위해서는 먼저 남북의 유엔 가입 역사에 대한 이해가 선행될 필요가 있다.

남북한은 1949년부터 유엔 가입을 시도해 왔다. 그러나 번번이 가입이 실패되었다. 북한은 유엔 가입이 목적이 아니라 남한만의 단독 가입을 반대하고 남한의 비합정부임을 공격하기 위한 정치적 대응을 이어왔다.[176] 남북한은 유엔 가입을 둘러싸고 1990년대까지 치열하게 대립하였다. 그리고 남한은 1991년 1월 8일 노태우 대통령의 연두 기자회견

---

175) 최진환, 「남북 스포츠 분단의 역사적 함의」, 『한국체육학회지』 제59권 3호. 이 논문에서 1972년까지 그 과정을 다루었지만, 「1991년 남북단일팀 성사와 단절에 관한 고찰_제41회 지바 세계탁구선수권대회를 중심으로」, 『국가전략』 제28권 1호. 이 연구에서도 북한의 적극적 회담 제의와 남한의 수동적 태도는 계속 이어지고 있음을 확인할 수 있다.

176) 김근식, 「북한의 유엔외교」, 『국제정치논총』 제41권 제4호, 2001, 93쪽.

에서 올해 안에 남한만이라도 유엔 가입을 추진하겠다는 의지를 밝히자,[177] 북한은 입장을 바꿔 1991년 5월 27일 일시적 난국의 타개하려는 조치로 유엔 가입의 길을 택하게 되었다는 외교부 성명을 발표하였다. 북한은 남한만의 가입을 그대로 방임해 둔다면 유엔 무대에서 전조선 민족의 이익 문제가 편견적으로 논의될 수 있고 엄중한 후과가 초래될 수 있으므로 이를 수수방관하고 있을 수 없다고 하여 유엔 가입의 길을 택했다고 하였다.[178] 그리고 1991년 9월 17일 유엔은 남북한의 가입을 총회에서 결정하였다. 이로써 남과 북은 각각의 국호로 유엔에 가입하면서 완전한 분단국가가 되었다.[179]

이리한 과정에서 북한이 계속 주장했던 이슈는 『두개 조선』, 『분단 영구화』, 『유엔 동시 가입』 반대 등과 같은 통일 담론이었다. 즉, 『하나의 조선』, 7.4 남북공동선언에서 제시한 『자주』, 『평화』, 『민족대단결』의 통일 담론 기조를 바탕으로 추진된 남북 단일팀 구성 제안은 북한이 유엔 가입을 신청한 5월 이후부터 공식적으로 찾아볼 수 없었다. 반대로 남한에 의한 단일팀 구성 제안이 본격적으로 시작되었다. 남한의 단일팀 구성 제안에 대해 북한은 미온적 태도를 보이며 시간을 지체하거나 거부 의사를 밝히면서 남북 단일팀 구성에 관한 의지를 보이지 않았다. 이렇게 뒤바뀐 태도는 각종 국제대회마다 계속되었고, 1992년 바르셀로나 올림픽에서도 그 단면을 볼 수 있었다.

하지만 1991년 7월까지만 해도 체육청소년부는 향후 남북 단일팀 회담 대책을 수립하면서 적극적으로 단일팀 구성 제안을 해나갔다. 그

177) 『경향신문』, 「노대통령 연두 기자회견 일문일답, 페만 전투병력 파견안해」, 1991년 1월 8일.

178) 『로동신문』, 「조선민주주의인민공화국 정부가 유엔에 가입하는 길을 택하게 된것은 남조선당국자들에 의하여 일시적난국을 타개하기 위한 조치이다(조선민주주의인민공화국 외교부 성명)」, 1991년 5월 29일.

179) 김근식, 「북한의 유엔외교」, 『국제정치논총』, 제41권 제4호, 2001, 99쪽.

와 동시에 남북 체육교류 및 협력 3단계 추진 방안도 세웠었다.

> 제1단계: 종목별 친선경기 개최, 쌍방개최 국제행사 상호 참가, 단일종목
> 국제대회에 남북 단일팀참가
> 제2단계: 종합국제대회에 남북 단일팀참가, 체육기자 상호방문 및 지도
> 자 교환, 합동훈련 및 상호 전지훈련 교환 실시, 체육학술대회
> 의 공동주최, 쌍방 체육행사 개최 협조
> 제3단계: 쌍방 체육당국간 체육교류협정 체결, 쌍방의 기존 체육기구보
> 다 상위의 단일 체육조직체 창설, 국제체육행사 공동 유치, 공
> 동주최, 모든 국제대회 단일팀으로 참가, 종목별 선수권대회,
> 종합체육대회 공동주최 또는 윤번주최, 쌍방 체육기구 통합.[180]

위 3단계 방안의 마지막은 쌍방의 체육 기구 통합과 동시에 국제 체육 기구에 단일조직체의 재가입이 제시되었다. 결국, 독일처럼 하나의 NOC로 IOC에 재가입하는 완전한 통일 단계까지 구상하고 있었다. 그러나 이러한 계획을 세웠음에도 북한의 반응은 1991년 이전과는 완전히 달라진 태도를 확인할 수 있다.

남한은 제25회 바르셀로나 올림픽을 준비하면서 '남북 단일팀 구성·참가에 관한 합의서(안)'까지 만들어 앞으로 있을 체육회담을 대비하였다. 그 내용에는 1963년 홍콩 회담부터 시작된 남북체육회담에서 합의된 내용을 토대로 작성된 단일팀 구성 회담 역사의 축적이었다. 이 합의서(안)에 들어가 있는 문구들의 기본 관점은 남북 간의 대등한 관계를 강조한 것이다.[181]

예를 들면, 호칭, 단기, 단가에서 한쪽으로 기울어진 정치적 갈등 요소는 아예 없었다. KOREA, 한반도기, 아리랑 등은 1963년 홍콩 회담부

---

180) 국가기록원, 「바르셀로나 단일팀 추진(1991)」, 문화체육관광부 체육국 국제체육과, 관리번호: DA0351789, 13~15쪽.
181) 위의 문서, 16~34쪽.

터 1990년 북경아시안게임 단일팀 구성 회담에 이르기까지 남북 공통의 정서와 평등의 관점에서 협의한 결과 이루어진 것이다. 그 밖의 세칙에서도 정교한 내용은 단일팀 구성 논쟁의 결과로 탄생한 역사적 기록이라 할 수 있다.

1991년 탁구와 축구 단일팀 구성 경험 이후 남북체육회담을 재개를 준비하는 정부 보고서에서는 당시의 상황을 다음과 같이 기록하고 있다.

"8월과 9월 초 사이에 '91 중국 오픈대회, 제2회 IOC 위원장배 대회, '91 일본 오픈대회 등 국제탁구대회가 임박해 있는바, 탁구인들은 상기 대회에 아예 참가하지 않는 한이 있더라도 남북이 각기 참가하는 일이 있어서는 안 된다는 태도를 보이고 있음"이라고 기록했다.[182] 그만큼 1991년 탁구와 축구에서 단일팀의 경험은 정서적으로 하나의 민족과 통일 감정을 고조시키는 데 중요한 역할을 했다. 한편으로 남북 단일팀 구성의 한계를 또렷하게 목도하는 계기가 되었다.

남북체육회담을 보름 가까이 남겨둔 1991년 8월 4일에 북한의 리창수 유도선수가 남한으로 망명하면서 남북 체육교류는 다시 경색국면으로 접어들었다. 북한은 8월 17일 재개 예정이었던 남북체육회담을 연기시켰으며, 이러한 분위기는 바르셀로나 올림픽 단일팀 구성 문제에 부정적인 영향을 주었다. 북한은 리창수를 북으로 보내라 요청했고, 보내지 않으면 8월 17일과 11월 5일 두 차례에 걸쳐 예정된 5차 체육회담에도 나서지 않을 것이라고 강한 어조로 전하였다.[183]

결국 북한의 요구가 받아들여지지 않아 회담은 열리지 않았다. 남한은 12월 13일 제5차 남북 고위급회담에서 '남북 사이의 화해와 불가침 및 교류 협력에 관한 합의서'가 정식 서명됨으로써 남북체육회담이 재

182) 위의 문서, 106쪽.
183) 『한겨레』, 「올림픽 단일팀 무산 위기」, 1991년 10월 31일.

개되어 올림픽 단일팀 구성 가능성이 한결 높아졌다고 보았다.[184] 당시 박철언 체육청소년부 장관은 13일 고위급회담에서 북쪽 대표로부터 내년 바르셀로나 올림픽 단일팀 구성에 대한 긍정적인 답변을 받았다며, 단일팀 구성 회담이 1992년 1월에 곧 열릴 예정이라고 하였다.[185]

그러나 1991년 12월 이진삼 체육청소년부 장관으로 교체되면서 더 이상의 북한과의 단일팀 구성을 위한 진전을 보지 못했다.[186] 따라서 바르셀로나 단일팀 구성을 위한 회담을 앞두고 리창수 선수 망명과 그 후 박철언 장관 실각으로 이어지는 과정은 우연한 결과로 보기에는 타이밍이 절묘했다.

1991년은 남북 단일팀이 처음으로 성사되어 남북통일의 희망과 기대를 부풀게 했던 반면, 남북 유엔 동시 가입 이후 북한의 단일팀 구성에 대한 소극적 자세로의 변화가 뚜렷하게 나타났다. 올림픽 단일팀 구성을 위해 남한 정부는 합의서 양식까지 미리 준비하는 적극적인 모습을 보였지만, 북한의 입장은 더 이상 체육 분야 단일팀 구성 논의에 이전처럼 적극적인 자세로 나오지는 않았다. 그 이유에 대해서는 다음 챕터의 '단일팀 구성 논쟁'에서 다루도록 하겠다.

4. 단일팀과 공동주최 논쟁에 관한 소고

1) 단일팀 구성 논쟁

이 논쟁은 북한의 올림픽 진출이라는 과제를 해결하기 위해 IOC가

184) 『경향신문』, 「올림픽 단일팀 주춧돌 놓였다」, 1991년 12월 14일.
185) 『한겨레』, 「남북화해 물결 체육계에도 굽이칠 듯」, 1991년 12월 14일.
186) 『동아일보』, 「바르셀로나 올림픽 남북 단일팀 무산」, 1992년 3월 19일.

남한과 함께 단일팀 구성을 제안하며 시작되었다. 1957년 6월 11일 북한의 궁선홍이 KOC에 단일팀을 처음 제안하면서 본격적인 남북 체육회담이 필요한 국면으로 전개되었다. 그 첫 회담이 1963년 1월 로잔 체육회담이 열리기까지 약 5년의 시간이 소요됐다. 그리고 1991년 2월 12일 역사상 처음으로 세계탁구선수권대회와 세계청소년축구대회에서 남북 단일팀 구성하기로 최종 합의했다. 그리고 4월과 6월에 각각 탁구와 축구에서 단일팀으로 참가하여 탁구는 여자 단체전 우승, 축구는 8강이라는 좋은 성적을 거뒀다. 이렇게 단일팀 구성이 성사되어 성과를 얻기까지 약 33년이라는 시간이 걸렸다.[187]

1963년에 로잔과 홍콩에서 남북은 북한의 올림픽 참가를 위해 첫 단일팀 회담이 열렸고, 1979년에는 평양 세계탁구선수권대회에 남북이 서로 다른 목적으로 단일팀 구성을 위한 회담에 참가했었다. 그리고 1980년과 1984년 올림픽을 앞두고 남북은 단일팀 구성을 시도는 했으나 실제로는 미·소 강대국의 냉전 영향으로 올림픽 참가를 스스로 포기하기도 하였다. 그리고 1988년 서울올림픽은 세계 평화를 상징하는 동서 화합의 장을 마련했지만, 북한은 그 자리에 없었다. 그리고 올림픽이 끝나고 다시 북한은 1989~1990년은 북경 아시안게임에 단일팀 제안을 하였고, 총 9차에 걸친 본회담과 6차의 실무회담이 있었지만, 4차 본 회담부터 결렬의 조짐이 보이면서 남북 단일팀 구성의 한계를 보여준 대표적 사례였다. 그러나 남북 단일팀 구성을 반드시 이루겠다는 정부의 의지에 따라 남한이 북한의 제안을 적극 수용하면서 1991년 세계탁구선수권대회와 세계청소년축구대회를 앞두고 불과 2달 만에 단일팀 구성합의를 끌어냈다. 그러나 1991년 두 대회 이후로 단일팀 논의는 더

---

187) 그 사이 또 33회의 크고 작은 회담이 있었다. 1963년 3번, 1979년 4번, 1984년 3번, 1985~1987년 4번, 1989~1990년 15번(본회담 9회, 실무회담 6회), 1990~1991년 4번, 단일팀 구성 최종합의까지 공식적인 회담 총 33회.

는 진척되지 못했고, 2018년 평창 동계올림픽에서야 다시 아이스하키 종목으로 단일팀을 구성하였다.

먼저 시기별 단일팀 논쟁의 특징을 정리하면 다음과 같다.

1963년 로잔·홍콩 회담은 북한의 올림픽 참가를 보장해 주기 위해 IOC의 제안에 따라 이루어졌고, 북한은 단일팀을 성사시켜 남북이 올림픽에 함께 참가하려고 최선을 다했지만, 남한의 거부와 방해로 회담은 결렬되었다. 이 로잔과 홍콩 회담 이후 남한과 북한은 동등한 조건에서 단일팀 구성을 해야 한다는 원칙을 인지했다. 그것은 IOC의 제안으로 단일팀 명칭, 단가, 단일기의 합의과정 그리고 선수 선발의 과정에도 같은 원칙이 적용되어야 한다는 점이었다. 이후 단일팀 회담에서 남북 간의 정치적 중립적 표현 또는 선수 선발의 균등한 분배에 관심을 두게 되었다. 또한, 남북 간의 회담은 체제경쟁의 연장선에서 정치적 갈등을 해결할 수 있는 중재자가 필요하다는 인식을 주었다. 88올림픽 남북 공동주최를 위한 4차에 걸친 회담에서 IOC가 그 역할을 맡아서 진행했다. 그 배경에는 과거 체육회담에서 남과 북이 스스로 문제를 해결하기 어려운 관계라는 인식이 있었다.

1979년 평양 세계탁구선수권대회 남북 단일팀 참가를 위한 회담은 애초에 남한이 단독 참가를 보장받기 위해 회담을 제의했으나, 북한은 단일팀 구성을 위한 회담으로 역(逆)제안하면서 시작됐다. 남한은 회담에 참가는 했지만, 단일팀 구성을 위해 참가했다기보다는 개별팀 참가를 보장받기 위해 회담에 참가하였다. 1963년 홍콩 회담에서도 남한은 북한과 단일팀을 구성하는 것보다 개별팀으로 나가는 것을 선택했던 것에 비추어 보면, 79년 단일팀 논쟁에서도 남한은 개별팀 참가 지향이 뚜렷했고, 북한은 단일팀 지향이 뚜렷했다. 서로 다른 지향으로 결국 단일팀 구성 회담은 무산되고, 남한의 개별팀 참가도 이루어지지 않았다.

1980년 모스크바올림픽 단일팀 구성을 위한 회담 제의는 북측이 먼저 하였고, 남측이 이에 응하지 않아서 회담이 이루어지지 못했다. 반면, 1984년 LA올림픽 단일팀 구성 회담 제의는 남측에 의해 1981년에 제안되지만, 북측이 반응하지 않아서 이루어지지 못했다. 그런 뒤 1984년 LA올림픽을 4개월 앞둔 시점에 북한이 먼저 단일팀 구성 회담을 제안했고, 이를 위해 3차례의 회담을 가졌지만 물리적으로 단일팀 구성이 어려운 시점이었다. 이에 남측은 1983년 버마 사건 등 정치적 문제를 제기하며 북측의 사과를 요구했고 북한과 이해관계가 달라 충돌하면서 회담은 성공하지 못했다. 1980년 모스크바 대회와 1984 LA 대회 두 시기의 회담은 미·소 냉전의 영향으로 남북은 각각 상대 진영의 올림픽 참가를 포기하게 되었다.

1989~1990년 북경 아시안게임 단일팀 구성 제의도 북한이 먼저 제안했지만 최종적으로 결렬되었다. 이 단일팀 논쟁의 특징은 시기적으로 1년 6개월의 충분한 시간을 두고 제안했다는 점이고, 총 15번의 회담으로 단일대회를 위해 가장 많은 접촉이 있었던 체육회담이었다. 이 회담은 남한의 7.7 선언과 한민족공동체 통일방안 등 남북 화해 정신이 바탕이 된 전향적인 분위기에서 이루어진 회담이었다. 그래서 1, 2차 회담까지는 정치적 이슈 없이 체육 문제만을 놓고 서로 이해하고 양보하며 단일팀 구성에 많은 기대를 보였다.

그러나 이후 1989년 문익환 목사, 임수경 대표 등의 연이은 방북과 구속 사건을 계기로 남한의 공안정국이 시작되었고, 북측이 일방적으로 회담 연기를 제안하여 이후 회담은 중지되었다. 당시 남한의 분석은 제13차 세계청년학생축전이 평양에서 진행되는 시점에 내부 준비 때문에 연기 제의를 한 것으로 파악하였다. 남측은 북측의 일방적 회담 연기 태도를 문제 삼아 반대로 두 번을 더 일방적으로 연기하면서 7개월 동안 회담은 이루어지지 못했다. 그 후 북측의 회담 제의가 이어지고 남측의 수용에 따라 3차 회담이 있었으나 분위기는 1, 2차와는 다른 양상이었다. 그리고 4차 회담이 있기 전, 남한 내부에서는 만약 북한이 또다시 정치적인 이슈로 회담 중단이나 연기를 하게 될 경우 개별팀 참가가 어려워질 수 있다는 고민을 하기 시작했다. 이는 회담 결렬의 구실이 되었다. 북측은 단일팀 구성 원칙에 대한 결론을 빨리 내길 바랐고, 남측은 최대한 다음 회의로 안건을 넘기며 회담 날짜를 늦추길 원했다. 즉, 남측은 단일팀보다는 개별팀 참가 의지를 드러내면서 9차 회담을 끝으로 북경 아시안게임 단일팀 구성은 실패하게 되었다.

1991년 제41차 세계탁구선수권대회와 1992년 바르셀로나 올림픽 등 국제대회에 단일팀 구성을 위한 체육회담도 북한이 먼저 제의했다. 이 제안 시점이 1990년 베이징 아시안게임이 시작되기 4일 전에 제의함으로써 당시 남북 공동응원단 추진, 경평축구 부활에 대한 공감이 남북통일축구대회로 이어지는 등 체육교류의 긍정적인 신호가 나타났다. 1차 회담에서는 과거 단일팀 회담의 분위기와 별반 다르지 않았다. 즉, 선(先) 교류 후(後) 단일팀을 주장한 남측과 선(先) 단일팀 후(後) 교류를 주장한 북한의 입장이었다. 그러나 2차 회담 전 박철언이 90년 12월 말 체육청소년부 장관으로 임명된 후, 북한의 입장을 적극 수용하라는 회담 기조의 변화를 보였다. 그래서 선 단일팀, 후 교류 회담 방침으로 선회했다. 이에 따라 1991년 세계탁구선수권대회와 세계청소년축구대회 준비를 위한 단일팀 구성 회담을 먼저 진행하기로 하였다. 3차 회담에서는 세부적인 사항이 조율되지 않아 어려움이 있었지만, 북한 제의 전면 수용 방침에 따라 제4차 회담에서는 완전한 단일팀 구성 합의서를 작성하게 되었다. 그리고 실무회담을 거쳐 역사적인 단일팀 구성을 성사시키고 세계대회에서 우수한 성적으로 단일팀의 위력을 보여줬다.

1992년 바르셀로나 올림픽 단일팀 구성 회담은 남측의 제의로 8월 17일에 열기로 되었으나, 8월 4일 북한의 리창수 유도 선수가 망명하면서 북한은 리 선수를 북으로 돌려보내라고 했으나, 남한이 거부하자 체

육회담을 연기시켰다. 그 후에도 두 차례 더 회담 제의를 했지만 북측은
이에 응하지 않았다. 당시 남한 정부 내에서는 부처 간 이견이 존재하면
서 단일팀 구성을 적극 주장하는 측과 반대하는 측으로 나뉘어 갈등을
보이는 가운데 단일팀 회담 방침을 결정하지 못하고 있었다.[188] 당시 노
태우 대통령 임기 말 북방정책 추진의 맥락에서 북한과 적극 교류하자
는 세력과 북한과의 교류를 하지 말고 고립화 정책으로 가야 한다는 두
세력이 대립하였다.

  1991년 5월과 9월 북과 남은 각각 유엔 가입 회원국이 되었고, 그해
12월에는 남북 화해와 불가침 및 교류 협력에 대한 남북기본합의서에
남북 총리가 서명하는 등 남북 관계에 새로운 변화를 맞이하는 듯했다.
그러나 1991년 두 대회를 끝으로 남한은 단일팀 구성 제안을 적극적으
로 해나가고 북한은 남한의 제의에 소극적인 대응으로 그 양상이 바뀌
었으며, 남북 단일팀 논의는 더는 진척되지 못했다.

  이렇게 남과 북이 단일팀을 대하는 태도 변화에 대해 좀 더 자세히
알아보고자 하여 당시 북한과 단일팀 구성 추진을 이끌었던 박철언 전
체육청소년부 장관과 인터뷰를 진행하였다. 먼저 질문지를 주고 1주일
뒤에 개방형 인터뷰를 통해 당시 대북 정책 변화에 따른 남북 단일팀논
의에 제동이 걸린 이유에 대해 알아보았다. 연구자는 1991년 두 대회를
기점으로 남한은 계속 단일팀을 추진하려고 했는데 정부 안에서 부처
간 갈등이 존재했었다는 한 언론 보도를 인용하여 그 내용에 관해 질문
하였고 다음과 같이 답변을 들었다.

> 내가 체육청소년부장관을 맡아서 단일팀 구성 문제에 있어서는 가장 진
> 보적이고 적극적으로 임했습니다. 그런데 안기부는 부서의 속성상 소극
> 적이고 부정적인 자세를 가진 것도 사실입니다. 당시 91년 후반기에 접어

188) 『한겨레』, 「남북체육회담 추진 늑장」, 1991년 7월 13일.

들면서 차기 대권 주자 YS 측근의 민자당 사람들이 권력 내부에 상당히 늘어납니다. 반 YS를 주장했던 나를 견제하기 시작하면서 단일팀 문제라든지, 남북문제라든지, 북방정책 문제에 대해서 내부적으로 견제를 하게 됩니다. 통일원은 애매한 입장을 보였습니다. 북한과의 평화 공존의 입장을 지지하며 북방정책 추진을 앞장서 왔었는데 정권 말기가 되면서 북한을 흡수 통일해야 된다는 강경론자들이 많이 등장하게 됩니다. 나는 북한이 미국과 일본 등과 외교 관계를 맺는 것을 적극 지원하고 되도록 해야 된다는 것이 7.7 선언과 한민족통일방안의 정신이기 때문에 그렇게 생각을 했습니다. 『노태우시대 재인식』이란 책에 당시 김종휘 청와대 외교 안보수석은 북한의 대미 대일 외교를 적극적으로 무산시키는데 주력하였다고 나옵니다. 이것은 북한의 입장에서는 대북 고립화 정책과 다름이 없었다고 할 수 있습니다. 나는 공존과 평화통일로 나가자고 했는데 그는 3단계 통일 방안을 내심 인정하지 않고 없었던 일로 만들었던 것을 자랑스럽게 회고했다고 합니다. 단계적 통일방안을 무력화를 추진했다는 이런 이야기를 합니다. 이것은 노태우 정부의 북방정책을 정권 말기에 가서 YS에 포용되서 반대되는 입장을 취한 것이라고 할 수 있죠. 북한은 남북 관계에서 공존은 불가능하니까 핵 개발을 촉진하게 된 계기가 되었다는 점을 그 책에서 지적하고 있습니다.[189]

결국, 박 전 장관의 인터뷰와 북한의 당시 상황을 고려했을 때 북한이 단일팀 구성에 있어 소극적인 입장으로 바뀐 것은 다음과 같은 이유로 정리할 수 있다. 노태우 정부 말기에 그동안 추진해 온 북방 정책이 전면 재수정되는 정부 내 권력 변화로 인해 북한과 평화 공존의 입장을 취하기 보다 북한의 국제 사회 고립화 전략으로 입장이 변함에 따라 북한 내부에서도 대남 불신이 커졌을 가능성이다.

이와 관련하여 이제훈(2016)은 1991년과 1992년 남북은 남북 합의서를 작성할 만큼 구체적 성과를 보였지만, 이것이 이행되지 않은 원인의

---

189) 박철언, 2020년 10월 9일. 11시, 전화 인터뷰 내용 중에서 요약. 박철언 전 장관은 본인의 생각이 『노태우 시대의 재인식』이라는 책에 잘 표현되었다고 소개하였다. 강원택, 『노태우 시대의 재인식』, 파주: 나남, 2012, 243쪽.

하나로 당시 3당 합당에 따른 국내 정책 추진 기반의 보수화라고 지적하였다.[190] 이러한 남한 정부의 보수화 또는 흡수통일론의 등장과 국제정세 변화에 따른 북한의 위기의식이 내부의 체제 결속을 강화하는 데 영향을 주었을 것으로 볼 수 있다. 따라서 국제대회에서의 남북 단일팀 구성 등의 문제는 북한으로서는 이제 선(先) 순위가 아니라 후(後) 순위로 밀렸을 가능성이 크다고 할 수 있다.

또 하나의 요인으로 남북 유엔 동시 가입은 중요한 변곡점이었다. 88서울올림픽이 성공적으로 마무리되고 나서 소련 등 사회주의권 국가들과 외교 관계의 기반이 구축된 남한은 1989년부터 유엔 단독 가입을 본격적으로 추진하기 시작하였다.[191] 당시 북한은 남한의 유엔 단독 가입에 대해서 강한 거부감을 나타냈지만, 현실적 상황이 되자 남한보다 먼저 유엔에 가입 신청을 하였다. 이를 두고 북한은 '일시적 난국을 타개하기 위한 조처'라고 했지만, 분단 후 40여 년 동안 통일 후 단일 의석 가입을 주장이 1990년대 들어《하나의 조선》논리가 힘을 잃었다고 볼 수 있다. 북한은 세계탁구선수권대회와 세계청소년축구대회 단일팀 구성이 성사되고 나서 로동신문에 다음과 같은 논설을 실었다.

> 《하나의 조선》을 상징하는 유일팀의 실현과 대회출전은 유일팀을 구성하여 주요국제경기들에 출전하기 위하여 지난 30여 년간 온갖 성의있는 노력을 기울여온 우리의 애국애족적립장이 가져온 귀중한 결실로서 우리 당과 공화국정부가 일관하게 견지하여온 합작과 통일 로선의 승리이며 통일세력의 승리이다. (중략)
> 그러나 오늘 남조선에서는 민족의 지향과 시대의 흐름에 역행하며 민족적화해와 통일열망에 찬물을 끼얹는 행위가 로골적으로 감행되고있다. 우리의 통일지향적인 협상제의에 《팀 스피리트》합동군사연습과 같은 북

---

190) 이제훈, 「노태우 정부의 북방정책과 비대칭적 탈냉전: 남·북·미 3각 관계와 3당 합당의 영향을 중심으로」, 북한대학원대학교 박사학위논문, 2016.

191) 『동아일보』, 「유엔단독가입 적극 추진」, 1989년 8월 31일.

침전쟁연습으로 대답해나선 남조선 당국자들은 최근시기 《유엔단독가
입》에 대해 더욱 떠들며, 민족내부문제를 외세와의 정치적결탁의 제물로
삼아 분렬을 고정화하고 나아가서 《승공통일》의 야망을 실현해보려고
어리석게 책동하고있다. 지어 남조선당국자는 우리의 《원자로시설》을
기습파괴하겠다는 극히 도발적인 북침폭언도 서슴지 않고 있다.
이것은 체육분야에서 북과 남이 처음으로 유일팀을 구성한것을 계기로
전민족적범위에서 화해와 단합, 통일의 분위기가 여느때없이 높아진 속
에 90년대에 기어이 조국통일을 이룩하려는 우리 민족의 념원과 의사에
배치되는 행위이다.[192]

북한의 통일 전략의 궁극적 목적은 《하나의 조선》을 실현하는 것이
라고 할 수 있다. 그것은 유엔 가입에서도 동일한 원칙으로 나타났다.
그러나 남한의 동시 가입에 대해서는 《두개 조선》을 추구하는 미 제국
주의 정책이라고 강조하며 이것은 분단 고착으로 이어질 것을 계속 주
장해 왔다. 이러한 북한 주장에 대해 남한 정부는 "단일팀 구성 문제는
북한의 통일전략, 유엔 단일의석 가입 주장 등 그들의 정치적 의도와 밀
접한 관계가 있으므로 동문제만 먼저 다루어져서 합의에 도달하지 않
도록 함"이라고 기록되어 있다.[193] 즉, 북한의 단일팀 주장은 남북의 유
엔 가입 가입문제의 연장선에서 제시된 체육 분야 통일 전략의 한 축이
었던 것으로 볼 수 있다.

따라서 북한은 단일팀 참가를 강조했고 남한은 개별팀 참가를 선호
했던 배경에는 남북의 정치적 판단이 내포된 의미를 담고 있었다고 볼
수 있다. 그것이 1991년 유엔 동시 가입을 거치며 남과 북은 각각의 국
가를 국제 사회에서 승인받고 독립적인 두 국가로 정체성을 갖게 됐
다. 그러나 남북 관계를 풀어 가는 데 있어서는 이러한 공식적 국가 간

192) 『로동신문』, 「《하나의 조선》의 상징, 《코리아》유일팀 출전」, 1991년 4월 25일.
193) 국가기록원, 「남북체육회담철(I)(남북체육회담및교류(XI))」, 1990, 문화관광부 체육국
국제체육과, 관리번호: DA0579957, 72쪽. 1990년 11월 7일 남북체육회담 대책 회의에
서 마련한 세부방침.

의 관계가 유리하지 않다는 판단으로 남북기본합의서에는 남북 관계를 "통일을 지향하는 과정에서 잠정적으로 형성되는 특수관계"로 규정하고 있으나,[194] 정치 제도와 외교적으로는 국가 대 국가의 관계로 되어가고 있는 것이 현실이라고 하겠다. 남북은 외교권과 국방권이 독립적이고 서로 다른 정부와 체제가 존재하는 상황에서 국제 사회는 남북을 국가 대 국가 간의 관계로 인정했다. 따라서 1991년 남북 유엔 동시 가입 이후 국제 사회에서 남북은 동등한 두 국가 간의 관계로 규정되어 왔고, 단일팀 구성 논쟁에서도 이 시점을 계기로 두 국가 간의 단일팀 구성이라는 소재는 이전과는 다른 분위기를 보였다.

북한 공간(公刊) 문헌을 살펴보면, 1990년대 초 이미 김정일에게 권력이 넘어가 있었고, 체육 분야에 있어서 김일성의 단일팀 구성에 대한 열망이 그에게는 그다지 크지 않았다. 북한이 IOC에 최종 승인되고 처음으로 출전한 1972년 이후 김정일은 조선의《체육의 왕국》을 꿈꾸기 시작했다.[195] 1989년 '체육을 발전시킬데 대하여'라는 담화문에서도 가장 먼저 강조한 것은《체육의 왕국》건설이었다. 이 내용의 핵심은 선수들이 세계무대에서 패권을 쥐게 하여 체육을 발전시키겠다는 조치였다.[196] 또 하나의 강조점은《조선민족제일주의》정신이었다. 그는 1989년 로동당 연설에서 세계국가, 세계적인 경제, 국적 없는 문화를 제창하는 세계주의를 비판하며, 내부적으로 인민대중의 창조적 지혜와 영웅적 투쟁으로 일궈낸 민족 제일주의 사상 감정을 가질 수 있게 되었다며 민족주의 감정을 고양했다. 1990년대에 과학과 기술, 경제와 문화, 체육을 비롯한

---

194) 노태우, 『노태우 회고록-하권』, 서울: 조선뉴스프레스, 2011, 324쪽.
195) 김정일, 「4.25체육선수단앞에 나서는 과업에 대하여-4.25체육선수단 성원들과 한 담화」, 1972년 6월 26일, 『김정일선집 2』, 평양: 조선로동당출판사, 1993, 387쪽.
196) 김정일, 「체육을 발전시킬데 대하여, 조선로동당 중앙위원회 책임일군들과 한 담화」, 1989년 6월 2일, 『김정일선집 9』, 평양: 조선로동당출판사, 1997, 333쪽.

모든 부문을 세계적 수준에 올려 세워나가도록 주문하였다.[197] 즉, 김정일의 관심은 체육이나 여타 분야에서 세계적 수준으로 빨리 발전시켜나가 북한의 국제적 위상을 높일 것에 대한 강조였다.

또한《우리식 사회주의》라는 표현이 등장하기 시작한 것도 1991년 1월 24일 로동신문에서 처음으로 나타났다.[198]

그리고 이후 사설과 기사에 자주 등장한다. 이 표현은 북한의 항일무장투쟁 역사로부터 시작되는 우리식 혁명, 우리식 사회주의 건설 등 외세의 의존이나 영향에 의한 것이 아닌 북한 스스로 창조적으로 계승한 주체 조선이라는 국가 정체성을 설명해 준다. 1989년 11월 베를린 장벽이 붕괴되고 1990년 11월 소련해체 등을 기점으로《우리식 사회주의》우월성에 대한 재강조는 체제의 불안감을 상쇄시키고 내부 결속을 다지기 위한 방침이라고 볼 수 있다.

김일성 시대부터 체육의 대중화를 강조하여 온 기조는 계속 유지하였지만 체육의 전문화에 대한 기대는 오히려 김정일 시대에 더 요구되는 과제였다고 할 수 있다. 그것은 국제대회에 출전하여 여러 종목에서 우수한 성적을 쟁취함으로써 주체 조선의 영예와 인민의 기개를 떨쳤던 것에 더욱 고무되어 있었기 때문으로 보인다. 북한은 12년 만에 참가한 1992년 바르셀로나 올림픽에서 역대 가장 많은 금메달 4개, 동메달 5개를 획득하였다. 그리고 1996년에는 금메달 2개, 은메달 1개, 동메달 2개를 획득했다. 이때 유도 스타 계순희가 등장한다. 이 밖에도 1999년 세르비아 세계육상선수권대회 마라톤에서 우승한 정성옥은 인터뷰에서 김정일을 칭송하며 많은 화제를 낳기도 했다.

197) 김정일, 「조선민족제일주의정신을 높이 발양시키자-조선로동당 중앙위원회 책임일군들앞에서 한 연설」, 1989년 12월 28일, 『김정일선집 9』, 평양: 조선로동당출판사, 1997, 443~468쪽.
198) 『로동신문』, 「우리식 사회주의는 자주, 자립, 자위의 기초우에서 끊임없이 발전하는 가장 활력있는 사회」, 1991년 1월 24일.

이렇듯, 김정일 시대의 체육 정책은 90년대 고난의 행군 시기에 인민들의 자긍심을 높여 내부적으로 체제결속을 강화할 필요성이 있는 중요한 시점이었기 때문에 남북 체육 문제에 있어서도 단일팀 구성에 크게 집착하지 않았다.

한편, 1991년 단일팀이 성사된 배경에는 당시 남북의 통일 분위기가 외현화된 시기였다고 할 수 있다. 즉, 88서울올림픽에 북한의 불참과 그 후 1989년 여러 명의 재야인사 방북과 구속사건 등의 공안 정국 속에서 분단 현실을 극복하기 위한 남한 내부의 통일에 대한 열망들이 분출하기도 하였다. 북한은 1995년을 통일 원년으로 삼고 모든 분야의 통일 전선을 확대했으며,[199] 남한 정부도 북한과의 화해와 긴장완화에 대한 전향적인 자세로 인해 남북 회담의 구체적 성과가 있었던 시절이었다. 1988년 7.7 선언, 1989년 9월 한민족공동체통일방안, 1990년 9월 남북 고위급회담 개최, 1991년 12월 남북기본합의서 채택 등 이러한 여건에서 당시 남북은 궁극적 통일에 대한 기대와 희망이 어느 시기보다 높았다.

남북은 1991년을 전후해서 기본합의서까지 서명은 하였지만, 북한은 1993년 NPT 탈퇴와 핵 개발 등 국제 사회의 변화와 함께 체제의 내부 결속을 강화하기 위한 조치를 이어갔다. 그리고 당시 남한 내부의 정치권력 변동에 의한 대북정책의 강경 기조 변화도 북한의 태도 변화에 한몫하였음을 짐작할 수 있다. 따라서 남북은 그 이후 단일팀 구성의 대의에는 공감하였지만, 국제 정세와 북한 내부 변화에 따른 북한의 소극적 반응은 실제 회담이나 추진 단계에 들어가서는 번번이 실패하게 된 원인으로 작용하였다.

---

199) 『로동신문』, 「1995년을 통일원년으로 만들기 위해 싸울 것이다(베를린3자실무회담 대표들이 좌담회에서 언명)」, 1990년 12월 15일.

2) 공동주최 논쟁

올림픽 남북공동주최 논쟁은 1985년부터 1987년까지 IOC와 남북 NOC가 스위스 로잔에 모여 총 4차례 회담을 거치며 진행되었다.

IOC가 남북 NOC를 로잔으로 불러들인 이유는 서울올림픽 성공적 개최를 위해서 사회주의권 국가들의 참가를 보장하기 위한 자구책이었다. 남한은 북한의 방해 공작을 막고 서울올림픽 성공적 개최를 위해 IOC와 긴밀한 협조 관계를 유지하며 북한을 협상 테이블에서 떠나지 않게 하려고 3년 동안 회담을 이어갔다. 북한은 평화와 친선의 이념을 내세워 올림픽을 위기에서 구원하고 남북 화해와 통일의 지향을 담아 남북 올림픽 공동주최 논쟁을 촉발시켰다. 사회주의권과 비동맹 국가들의 지지를 얻어 공동주최 주장에 힘을 싣고자 했으나, 1980년과 1984년 올림픽 때와는 다르게 사회주의 진영의 실천적 행동을 끌어내지는 못했다. 결과적으로 세 주체의 로잔 회담에서 IOC와 남한은 서울올림픽 성공적 개최의 공동 목표를 위해 양 진영 회원국 참가와 남북 공동주최 불가 방침의 목표를 이루었으나, 북한은 원하는 결과를 얻지 못하였다.

북한은 1979년 세계탁구선수권대회를 개최하며 남한의 개별 참가를 보장하지 않았고, 남한은 서울올림픽을 개최하며 북한의 개별 참가를 보장하였지만, 북한은 두 대회 모두 단일팀 구성을 주장하였다. 북한이 개별팀 참가를 거부했던 이유는 경기력이 약하고 남한과 비교되는 상황을 피하기 위한 것이라고 볼 수도 있지만, 명분상으로는 평화와 친선의 올림픽이 되어야 하며, 분단국가의 통일 대의를 달성하기 위해 필요하다고 주장했다. 그러나 또 하나의 이유는 분단된 두 국가로 유엔에 가입되는 것을 가장 경계했기 때문으로 보인다. 북한 공간 문헌에는 이 문제를 시종일관 남북 '유엔 단독 가입 반대'와 '분단 고착화' 그리고 '두

개 조선' 정책의 산물로 서울올림픽을 규정하고 그런 입장에서 개별팀 참가는 북한으로서는 받아들일 수 없다는 맥락을 갖고 있었다. 특히, 북한은 남한만의 올림픽 개최는 남한만의 '유엔 단독 가입'을 위한 수순으로 파악했고, 공동주최 논쟁이 계속되는 가운데 항상 그 주장의 근거는 서울올림픽은 '두개 조선'정책에서 비롯된 것이라고 일관되게 주장했다. 그러나 남한은 개별팀 참가만을 허용할 수 있다는 강경한 입장이었고, 남북 공동주최 문제는 처음부터 거론조차 못 하도록 IOC와 전략을 세웠다. 남북 각각의 입장에서 IOC는 어떻게 해서든지 서울올림픽을 동·서 화합의 장으로 만들어야 했고, 특히 소련과 동독 등 사회주의권 국가들의 올림픽 보이콧에 대해 선제적으로 차단할 필요성이 있었다.

북한을 포함한 사회주의권과 비동맹 국가들은 공동주최 가능성이 없다고 보진 않았다. 특히 쿠바의 피델 카스트로의 경우는 처음으로 '동등한 부분에서의 공유'라는 공동주최의 원칙을 제시하였고, 이를 근거로 북한은 1985년 7월에 이 문제를 부각시켰다. 당시 소련과 동독 등의 대부분의 사회주의권과 비동맹 국가들은 남북의 공동주최 문제를 막판까지도 지지하였지만, 그 문제와 올림픽 참가 문제는 별개로 생각하고 참가 의지를 서서히 드러냈다. 사회주의 체육장관회의에서 힘을 얻지 못한 북한은 쿠바의 지지로 실제 마지막까지 공동주최 주장을 포기하지 않았다. IOC 내에서도 사회주의 국가 위원들이 중심이 되어 남북 공동주최 가능성을 타진하기 위해 노력하였다. 당시 사마란치는 IOC 부위원장이었던 루마니아 시페르코, 인도의 쿠마르, IOC 위원장 비서 쿠펫 등에게 남과 북을 오가며 각각의 입장 조율에 힘써줄 것을 요청했다. 이들은 IOC 헌장과 올림픽 운동의 진일보 차원에서 남북의 올림픽 공동주최 문제를 해결하려고 노력하였다. 이것은 피델 카스트로 주장과 같은 맥락이었다.

1980년과 1984년 두 번의 올림픽이 미·소의 선택적 불참으로 올림픽 운동에 차질을 빚었기 때문에 IOC를 비롯한 국제 사회는 88서울올림픽만큼은 올림픽 운동 차원에서 회원국 모두가 참가하는 올림픽을 만들어 보자는 데는 이견이 없었다. 그래서 남한 만의 올림픽 개최는 북한의 보이콧과 반대가 예상되었고 이것은 전 사회주의권과 비동맹국들의 연이은 올림픽 보이콧으로 이어질 가능성에 대해 선제적으로 대응할 필요가 있었다. 이러한 사회주의권의 보이콧을 염두에 둔 북한은 남북 올림픽 공동주최가 위기에 빠진 올림픽을 구원시키는 방도라고 주장하였고, 이것이 실제로 사회주의권과 비동맹국의 서울올림픽 참가의 명분이 될 것으로 보았다. 그러나 88올림픽에서는 집단적인 올림픽보이콧은 일어나지 않았다. 문제는 북한의 공동주최 주장이 설득력은 있었으나, 전 진영의 보이콧으로 확대되지 못하면서 북한의 주장이 힘을 잃었다.

사회주의 전 진영의 단체 보이콧이 일어나진 않은 것은 스포츠 경쟁과 성취라는 올림픽 가치를 진영 간 정치 문제와 더는 결부시키지 않겠다는 결단으로 볼 수 있다. 이와 비슷한 사례는 1979년 평양 세계 탁구선수권대회에서도 있었다. 당시 남한은 평양탁구대회에 자유 진영국가들의 불참을 요구하는 외교적 시도가 있었지만, 미국을 중심으로 한 영국 호주 캐나다 등 대부분의 국가들이 보이콧에 관여하지 않고 참가하였던 사례가 있었다. 이런 점에 보면 남북은 국제 스포츠 대회를 두고 양 진영을 동원하여 서로 보이콧을 시도했던 경험과 동시에 실패했던 경험을 갖게 되었다.

IOC 부위원장을 지낸 리차드 파운드의 회고록에 의하면 남북 공동주최 논쟁이 시작될 즈음 1985년 8월 사마란치가 서울올림픽조직위원회장과 대통령과 만난 자리에서 두 가지를 약속할 때 이미 남북 올림픽 공동주최 문제는 결론이 나 있었다고 해도 과언이 아니다. 그 내용은 첫째는 북한에는 결코 경기가 없을 것이라는 것을 약속했다는 점이다. 둘째는 북한이 로잔 회담을 선전의 일환으로 이용하는 것을 통제하겠다는 것이다. 먼저 후자 문제를 해결하기 위해 사마란치는 4차에 걸친 회담의 기자 회견은 IOC만 할 수 있게 하였다. 그리고 회의 방식도 IOC와 KOC 그리고 IOC와 DPRK OC로 이루어진 회담만 있었을 뿐, 남과 북 NOC만의 회담은 없었다.

사마란치는 전체 회의를 제외하고는 남북 NOC 대표들 간의 회담이 이루어지지 않도록 관리했다. 이에 4차 회담이 끝나고 북한은 남한에 IOC를 제외한 만남을 두 차례나 원했지만 남한은 IOC 없는 회담은 하지 않겠다고 거부 의사를 분명히 하였다. 그리고 첫 번째 언급에서 보듯이 이미 결론을 내린 것이나 다름없는 공동주최 문제에 대해서 사마란치와 남한 NOC는 3년 동안 무엇 때문에 그렇게 치열하게 논쟁하며 이끌어 갔는가 하는 문제가 남는다. 이것은 앞서 언급했던 것처럼 IOC와 서울올림픽조직위원회의 '성공적인 올림픽 개최'라는 공동의 목적이 일치했기 때문이고, 북한의 방해를 최소화하는 방 안에서 회담을 활용한 측면이 있었다. 이 같은 상황의 기저에는 남한은 북한의 공동주최 주장을 서울올림픽 방해라고 인식했기 때문이다. 북한은 위기에 빠진 올림픽 운동에 대한 구원론 차원에서 올림픽 공동주최 주장 펼쳤다면, 남한은 이를 올림픽 방해 책동 논리로 대응한 셈이었다.

남한은 '성공적인 서울올림픽 개최'를 위해 북한 선수단의 올림픽 참가가 중요한 관심사였다. 서울에서 개최되는 올림픽에 북한이 참여한다는 것은 남북 관계 개선뿐만 아니라, 평화 올림픽의 상징과도 같은 것이었다. 그렇기 때문에 공동주최 논쟁을 이어 가는 동안에 남한은 끝까지 북한의 개별팀 참가 기회를 열어 두었다. 남북 공동주최 문제로 회담이 시작되는 상황에서 남한 정부는 북한의 돌발 행동을 의식하여 사전에 북한과 관계 개선에 관심을 가질 필요가 있었다. 이때 남한 정부는 1985년 7월 남북 정상회담을 비밀리에 추진하기 위해 비밀 접촉 특사로 박철언을 북한에 보냈다. 1983년 버마 사건에 대해 북한의 사과나 인정도 없던 시점에서 갑자기 남북 정상회담을 빌미로 특사 파견을 했다는 점은 올림픽을 어떻게 해서든지 북한의 방해 없이 안전하게 관리하며 치르려고 했던 의도가 있었다고 보이는 대목이다. 그러나 정상회담 준비는 몇 개월 지나 흐지부지되었고, 남북 비밀 특사는 지속해서 만남을 가지며 올림픽 준비 기간 북한의 돌발 변수를 사전에 차단하는데 주안점을 두었을 것으로 짐작할 수 있다.

또한, 남한 정부는 IOC와 긴밀한 협조 체제를 유지하면 4차 회담에 걸친 모든 의제를 사전에 조율하고 검토하며 회담 진행 전반에 대해서도 의견을 나누었다. 그러나 로잔 회담에서 종목 선정이나 종목 수의 문제, 대회 명칭 문제를 두고 회담이 진행하는 가운데 파운드는 '청각 장애인의 대화'를 하고 있다고 회고할 만큼 그 의제에 관한 의사소통의 문제가 심각했음을 지적하였다. 그러나 이것을 단순히 소통의 문제로 볼 수도 있지만, 보다 본질적인 지점은 각각의 주체가 회담에 참여하는 목적이 달랐기 때문에 일어나는 현상이었다.

북한의 공동주최 주장과 관련한 구체적 협상 내용의 변화추이를 보면 다음과 같다. 처음 북한은 단일팀 구성, 50:50 종목 분할, 자유로운 교환 방문, 공동주최 조직 구성 등 최대한 남북의 동등한 배분을 주장했다. 그런 후 2차에서는 북한이 2~3개 종목 개최에 대해 합의하는 것처럼 보였다가 다시 6개 종목을 주장했고, IOC는 2개 종목에 1개의 축구 종목으로 유도했다. 마지막 4차 회담에서 IOC는 탁구, 양궁, 축구 예선 1개 조, 배구 여자 경기, 사이클 남자 경기는 북한 지역으로 한정 실시하는 것으로 제안했지만, 북한은 IOC의 분산개최 제안에 대해서 남한의 어느 지방 도시에서 하는 것처럼 보이게 만들려는 의도라며 불쾌감을 드러냈다.

북한이 생각하는 공동주최는 종목 수도 중요하지만 올림픽을 통하여 남북의 오해와 불신을 해소하고 민족적 화해와 단합을 통해 통일을 실현하자는 것이 핵심적인 내용임을 강조하였다. 그러나 북한도 실제에 있어서는 올림픽 공동주최로 북쪽에서 실시될 경기들에(특히, 축구) 북한 인민들의 기대가 있으며, 또 북한 당국의 체면을 고려해 줄 것을 요구하며 남한의 대담하고 관대한 결정을 은연중에 내비치기도 하였다. IOC의 피사르 고문도 지금과 같은 대결의 상황은 북한을 국제 사회에서 창피하게 만드는 것으로 지양되어야 한다고 지적하였다. 그러나 남한은 분산개최의 개념으로 IOC의 제안에 따라 몇 종목을 할애해 주는 것 정도로 그 이상의 추진은 부정적이었기 때문에 진척되지 못했다.

체육회담이 열리는 동안 IOC가 궁금했던 점은 북한의 올림픽 개최 능력이 있느냐의 여부였다. 실제로 북한의 올림픽 경기장과 숙박시설 등 인프라에 관한 것이었다. 대부분은 부정적으로 봤지만, 실제로 북한에 다녀온 사마란치 위원장과 IOC 위원들의 반응은 경기장 시설과 숙박은 문제가 되지 않겠다는 판단을 내렸다. 다만, 올림픽 경기를 실제 운영하는 데 있어서 방송시스템과 교통 문제가 원활하게 지원될지에 대해서는 부정적인 의견을 내놓았다. 북한이 이렇게 경기시설과 숙박시설에 신경을 썼던 가장 큰 이유는 1986년에 제13차 세계청년학생축전과 88올림픽 공동주최를 동시에 겨냥했기 때문으로 볼 수 있다. 실제로 북한의 능라도 5.1 경기장은 15만 명을 수용할 수 있는 세계 최대의 시설이다. 평양 세계청년학생축전의 또 다른 측면은 그 유치와 개최의 시점이 88서울올림픽과 연관성을 갖고 있다는 점이다. 즉, 1970년대부터 스포츠를 통한 체제 대결의 연장에서 남북은 각종 국제경기대회를 유치하는 데 관심을 두었고, 서울올림픽에 대응한 것이 평양 청년학생축전이었던 셈이다. 이 축전이 끝나고 북한은 다음과 같이 평가했다. "평양축전은 세계 여러 나라 출판보도물들과 광범한 사회계 인사들속에서 《주체 조선에서만 할수 있는 국제행사》, 《서울올림픽과는 대비도 할 수 없는 훌륭한 축전》", "평양축전은 참가국수나 참가자수에서 작년 가을의 《서울올림픽》을 훨씬 릉가하였다" 등으로 기록하였다.[200] 그러나 결과적으로 남북은 이 두 개의 행사를 각각 치르면서 명암이 극명하게 갈리는 결과를 낳았다.

북한의 올림픽 공동주최 주장이 계속되는 가운데 군사 안보 이슈는 남한에 의한 북한의 남침설이다. 즉, 87년 중반부터 남한 언론에서는 북한이 남침 망상을 버리지 않고 있다는 기사들이 등장하기 시작한다. 심지어 북한이 수공남침(금강산 댐 개발)을 계획해서 남한은 평화의 댐 건설에 박차를 가했다고 하는 언론 보도의 전제는 북한이 서울올림픽을 방해할 목적으로 남침을 계획하고 있다는 것이었다. 실제로 이러한 이슈들은 국민들의 불안감을 자극하고 북한에 대한 적대감을 고취하는 데 영향을 주었다. 그러나 북한은 남한의 남침(예정)설을 일축하며 "우리 당과 공화국 정부는 《남침》할 의사가 없다는 것을 여러 차례에 걸쳐 천명하였으며 실천을 통하여 그것을 보여주었다"라고 하며 허황된 궤변이라고 주장하였다.[201] 또한, "우리의 올림픽 공동주최안은 《남침》안이 아니다. 우리의 평화애호적 립장은 다국적인 군축협상 제안에 그대로 반영되어있다. 우리가 군축협상의 돌파구를 열기 위해 일방적인 무력축감조치까지 취하고있다는 것은 내외가 다 알고 있다"라고 하며 오히려 군축을 강조한다.[202] 남한은 북한의 한반도 긴장 정세를 부각시켰고, 88서울올림픽을 앞두고 북한의 방해 공작을 차단하고 안전을 담보하기 위한다는 조치들로 미군의 군사 무기와 항공모함 등의 배치가 이루어졌으

---

200) 조선중앙통신사 편, 『조선중앙년감』, 평양: 조선중앙통신사, 1990, 128·130쪽. 평양축전 실제 참가국 수는 179개국 참가, 서울올림픽은 159개국 참가했다.

201) 『로동신문』, 「《남침위협》설은 북침야망과 파쑈정책을 가리우기 위한 허황한 궤변이다」, 1987년 6월 5일.

202) 『로동신문』, 「우리의 군축제안과 올림픽」, 1987년 8월 9일; 「올림픽은 전쟁마당이 아니다」, 1987년 10월 6일; 「군축은 평화통일의 선차적 요구」, 1987년 9월 20일.

며 한·미 군사훈련이 강화되어 갔다. 이러한 상황에서 북한도 소련군과 합동 기동훈련과 해상에서 공동 훈련을 실시하기도 하였다.[203] 그리고 1987년 KAL기 폭발 사건을 계기로 남북 올림픽 공동주최의 명분은 더욱 설 자리를 잃게 되는 결과를 낳게 되었다.

당시 IOC 고문이었던 피사르의 제안은 현시점에서도 유의미한 메시지를 주고 있다고 판단한다. 그의 제안 핵심은 남북의 정상들이 만나 남과 북의 심리적인 휴전을 내오는 것이 중요하다고 강조했다. 이것은 남한의 대통령이 북한의 지도자에게 행하라는 주문이었다. 과거 동등한 조건을 두고 체제 경쟁을 벌여 왔던 경험에서 벗어나 올림픽 개최를 앞둔 시점에 남한의 허용적 태도가 필요하다는 지적이었다. 이러한 접근에서 중요한 것은 남북이 서로 논쟁적이어서는 안 된다는 점을 강조했다. 무엇이 옳고 그른가의 문제로 접근하면 답을 찾기 어렵다는 말로 해석될 수 있다.

203) 『동아일보』, 「북한-소 해상합동훈련」, 1988년 3월 29일.

결론

결론

1952년부터 1991년까지 남북의 올림픽을 향한 접촉 공간에서 가장 첨예하게 대립했던 주제는 '단일팀 구성'과 '올림픽 공동주최' 논쟁이었다. 이 두 논쟁의 배경에는 남북 스포츠 분열과 통합의 역사를 재구성하고 그 함의를 추론하는 데 연구 목적이 있었다.

1962년 이전까지 남과 북이 하나의 NOC 기구로 단일팀 구성을 할 수 있는 조건이 있었지만, 분단과 체제대결이라는 안타까운 한반도 현실에서 정치적으로 단일팀 구성을 한다는 것은 무리였다. IOC 제안에 따라 북한은 올림픽이라는 국제 사회에 진출하기 위해 남한과 협력하여 단일팀을 구성해야 했다. 북한이 먼저 남한에 손을 내밀며 단일팀 구성을 원했지만, 남한은 이를 거부했다. 이것이 단지 북한 스스로 국제사회에서 독립하기 위한 꼼수라고 보기에는 1991년까지 일관되게 이어지는 역사적 맥락이 존재했다. 단일팀 구성을 통해 북한은 남북이 하나라는 이미지를 국제사회에 알리고자 많은 노력을 했다. 반면, 남한은 북한과 별개의 팀이라고 선을 긋고 독자적인 행보를 통해 차별화를 두었다.

1969년, 북한은 최종적으로 자신들의 국호 DPRK를 승인받고 IOC

정식 NOC로서 활동하게 되었다. 그리고 스포츠 분단을 확정하고 난 뒤, 1972년 7.4 남북 공동성명을 발표하고 남북의 체육 교류를 공식적으로 추진하는 성명도 발표했다. 즉, 스포츠 분단을 확정하고 난 뒤, 남북은 대등한 관계에서 스포츠 교류를 통한 통합의 노력을 모색하게 되었다. 그러나 이러한 분단과 통합의 분절적 상황에도 불구하고 남과 북이 단일팀 구성을 대하는 태도는 일관되었다. 북은 처음부터 단일팀 구성에 적극적이었고, 남은 개별팀 참가 전략을 우선했다. 이 과정에서 남과 북의 지향은 두 개의 별개의 국가냐, 하나의 국가냐를 지향하는 것과도 연결하여 볼 수 있다.

단일팀 구성은 1957년 IOC의 제안에 따라 남과 북 NOC 대표들의 만남이 추진되었고, 1952년 북한이 IOC의 문을 두드린 지 10년이 지난 1963년 1월 첫 남북 체육회담이 열리게 되었다. 이 회담의 배경에는 북한 체육인들의 올림픽 참가 열망과 '국가성'을 인정받고 싶어 하는 북한 정부의 간절함이 IOC 내에서 설득력을 얻은 것이다. 반대로 남한은 전쟁 발발의 당사자인 북한과 마주 앉아 단일팀 구성을 논하기에는 혐오와 불신이 해소되지 않은 상태였다. 이 간절함과 혐오 사이의 간극에도 불구하고 남북은 '단일팀' 구성이 지닌 명분을 외면할 수 없었다. 그렇게 남북은 협상 테이블에 첫 만남을 가졌지만, 북한은 '단일팀' 구성에 대해 적극적으로 나선 반면, 남한은 사실상 거부의 의사를 두고 회담에 임하여 성사되지 못했다.

단일팀 구성 회담이 결렬되고 북한은 자신들의 국호 문제를 전면에 등장시켜 '조선민주주의인민공화국' 국호를 IOC 내에서 인정받기 위해 싸워 나갔다. 결국 1969년 IOC로부터 DPRK NOC를 승인받고 북한은 국제 사회에서 DPRK 국호를 사용하기 시작했다. 그 이후, 1979년 평양 세계탁구선수권대회, 1980년 모스크바올림픽, 1984년 LA올림픽, 1988년 서울올림픽, 1990년 북경 아시안게임에 이르기까지 수많은 체육회담이 이루어졌지만, 남북이 단일팀 구성을 대하는 태도에는 큰 변화가 없었다.

최초의 단일팀 구성은 1991년 남한이 북한의 제안을 전폭 수용함으로써 이루어졌다. 이 제안의 수용 배경에는 30여 년 동안 북한의 일관된 단일팀 구성 제안과 남한 정부의 북방정책이 있었다. 즉, 노태우 정부의 정치적 결단이 만들어 낸 결과였다.

체육분야에서 이뤄낸 북방 정책의 성과로는 1991년 지바세계탁구선수권대회 단일팀 성사가 있다. 노태우는 88서울올림픽 조직위원장을 지냈을 때 국제 사회의 흐름을 누구보다도 잘 파악하고 있었다. 그런 그가 시대의 변화와 흐름을 한반도 상황에 적용하기 위해 북방정책이라는 카드를 꺼냈다. 하지만 분단체제로 살아온 기득권층에게는 이러한 변화를 받아들이기가 쉽지 않았다. 내부 반발과 대통령 권위에 도전하는 등 이전에 볼 수 없었던 상황으로 노태우 정부의 북방정책은 임기 종료와 함께 수면 아래로 사라지게 되었다.

그 이후부터 북한은 소극적인 태도로, 남한은 적극적인 태도로 돌아섰다. 이는 당시 사회주의권 붕괴에 따른 국제 정세변화와 이에 따른 북한의 내부 결속과 체제 수호 강화 시도라는 측면에서 이해할 수 있다. 1991년과 1992년에 남북은 기본 합의서까지 작성했음에도 남한 정부의 북방정책에 관한 관심 저하와 흡수통일론이 단일팀 구성과 관련한 남북의 태도 변화에 영향을 주었다. 또 다른 측면으로 북한은 남북 유엔 동시 가입 이후 국제 사회에서 국가성을 인정받고 국가로서의 행보를 시작하게 되었고, 이로 인해 스포츠에서 단일팀을 지향해야 할 실효성과 명분이 줄어들었다고 볼 수 있다. 그리고 마지막으로 북한은 단일팀 구성으로 얻는 이익과 실효성에 의문을 가졌다. 그들이 생각하는 단일팀 구성이 남북통일에 이바지할 수 있는가에 대한 의문이었다. 이것은 긴 시간 갈라져 살아온 남북의 차이가 단순히 일회성으로 만나서 동질성 내지는 민족 정체성을 얼마나 하나로 만들 수 있는가에 대한 의구심을 낮게 했다.

따라서 북한은 1991년 이후 남한과의 더 이상 단일팀 구성 논의를 전개하지 않았다. 2018년 평창 올림픽에서 어설픈 단일팀 구성에 합의했으나, 그것은 당시 정치적 행보를 위해 필요한 결정이었을 뿐, 그 본질에서는 변화가 없었다.

2023년 말 북한은 남한을 향해 '적대적 두 국가'를 천명하며 남한을 대한민국이라고 호명했다. 북한의 두 국가론은 이미 1963년 홍콩 회담이 결렬되면서 불거졌다. IOC는 남한과 북한이 함께 할 수 없다는 판단으로 독립 NOC를 승인했다. 그리고 1969년 북한의 DPRK 국호를 완전히 인정하면서 하나의 국가로서 국제 사회에 등장하게 되었다. 결국, 북한의 독립 NOC 승인은 남한이 북한을 끌어안지 못하면서 발생한 사건이라고 할 수 있다.

이는 북한이 '두 국가'를 선언한 배경에도 결국은 해방 이후, 긴 시간 동안 북한을 끌어안지 못해 발생한 현상은 아닌지 의문이 든다. 결국 IOC에서 벌어진 북한의 독립 NOC 승인과 북한의 '두 국가' 선언의 배경에는 비슷한 흐름이 존재하는 듯 보이기도 하지만, 애초부터 형성된 남과 북 각각이 지닌 태생적 DNA의 결과일지도 모른다.

한편, 1985년부터 1987년까지 88서울올림픽을 앞두고 벌어진 공동주최 논쟁이 지루하게 벌어졌다. 3년 동안 단 4차례의 회담을 했지만, 처음부터 마지막까지 주된 논쟁은 올림픽 공동주최냐 분산개최냐를 두고 형식적으로 종목 개수 배정에 치중한 회담이었다. IOC는 사회주의 국가들의 올림픽 참여를 끌어내고자 북한의 공동주최 카드를 활용하였고, 남한 NOC는 공동주최 저지와 북한의 개별팀 참가를 끌어내기 위해 회담을 활용하였다.

반면 북한은 평화와 친선의 올림픽 이념과 올림픽 구원론을 주장하며 공동주최 이슈를 꺼냈지만, 남한과 IOC를 설득하기에는 역부족이었다. 사회주의 친선국가들의 올림픽 참가 보이콧을 기대했으나, 올림픽 운동의 회복이라는 대의에 보이콧의 이슈는 너무나 작은 이슈였다. 올림픽 유치를 획득한 남한과 IOC는 올림픽 운동의 회복을 위해 사회주의 국가들의 올림픽 참가라는 목적을 이뤄냈으며, 성공적인 서울올림픽을 치르게 되었다.

단일팀 구성과 올림픽 공동개최라는 두 논쟁에서 공통으로 흐르는 맥락은 남과 북이 '하나'이냐, '개별'이냐의 다른 지향점에 있었다. 북한은 유엔 단일의석 가입과 단일팀 구성이라는 맥락을 형성했지만, 남한은 이에 유엔 동시 가입과 개별팀 참가로 대응하였다. 그러나 1991년 남북 유엔 동시 가입으로 북한의 단일팀 주장은 더는 '하나의 조선'을 강조할 명분과 동력을 상실했다. 결국, 북한은 유엔과 IOC라는 국제기구를 향해서 1991년까지는 단일팀과 단일의석으로 하나의 국가를 지향했다. 북한은 1963년 인스브루크 및 도쿄올림픽 단일팀 구성이 실패하면서 독자적인 국가로서의 국호를 인정받고자 국제사회를 향해 일관된 주장을 펼쳤다. 이는 그들의 국호 '조선민주주의인민공화국'의 승인이었다.

그들 국호가 국제 사회에서 인정받지 못하는 상황에서 남과 북이 대등한 관계로 통일 논의를 전개할 수 없는 치명적인 약점을 갖고 있었다. 그렇기 때문에 북한은 스스로 정상 국가로서의 국호를 승인받는 절차가 무엇보다 중요했다. 북한은 1969년 6월 바르샤바 IOC 총회에서 그들의 국호를 처음으로 국제 사회에서 승인받고, 1972년 뮌헨하계올림픽에서 남한과 대등한 지위로 서게 되었다. 이 대회에서 북한이 남한보다 먼저 올림픽 금메달을 획득하자, 남한의 엘리트 체육 정책이 강화되는 모습을 보였다. 그 이후부터 국제 사회는 DPRK를 정식 국호로 승인하기 시작하였다. 세계보건기구(WHO), 유네스코(UNESCO) 등 여러 국제기구에서 북한은 DPRK 정식 국호를 사용할 수 있게 되었다.

따라서 북한은 남한과 대등한 입장에서 남북의 통일문제를 다루기 위해 1950년대부터 1970년대 초까지 국가성 인정 투쟁을 벌여왔다고 볼 수 있다. IOC의 국호승인에 자신감을 얻고 1970년대 초부터 남과 북의 대등한 관계에서 통일방안문제를 다루기 위해 적극적으로 나섰다. 북한은 하나의 민족과 두 체제를 지향하며 단일팀 구성문제와 단일의 석 가입 문제를 포기하지 않았으나, 1991년 국제사회의 변화와 북한 내부 체제 결속의 문제가 중요하게 대두되었고 유엔 동시 가입 등의 변화를 겪으며 자연스럽게 단일팀 구성에 소극적인 태도로 변했다.

1991년 두 대회가 성사될 당시만 하여도 북한은 1995년 통일 원년을 주장하며 전면적인 통일운동을 확대하였다. 남한도 북방정책을 통해서 북한과의 새로운 관계 개선을 시도하며 이전과는 다른 남북 관계를 기대할 수 있는 시기였다. 그러나 1992년 이후 남북 관계는 경색되기 시작했고 남한이 먼저 바르셀로나 올림픽에 단일팀 구성을 제안했지만, 남북 체육회담을 앞두고 북한 유도 선수 리창수 선수의 망명을 계기로 북한은 회담 연기를 통보하고 이후에 단일팀 구성 회담은 더는 이루어지지 않았다.

1992년 이후 '하나의 민족', '하나의 조선'을 강조할 명분과 동력을 다시 찾기에는 다소 거리감이 있었다. 그런데도 남한의 단일팀 구성 제의는 통일과 통합 측면에서 당위적으로 이루어진 점이 많았다. 남북 기본 합의서에는 남북을 '통일을 지향하는 잠정적인 특수한 관계'로 규정하고는 있지만, 현실에서는 완전한 별개의 두 개의 국가로 규정한 지 오래됐으며, 분단된 두 국가체제로 굳어져 온 지 오래다.

그럼에도 불구하고 본 연구에서 남북 체육회담과 통합의 사례에서 교훈을 찾고 앞으로 다시 맞닥뜨리게 될 북한과의 만남을 위해 몇 가지 제언을 하면 다음과 같다.

첫째는 국제대회를 전후로 남북 간 군사적 긴장을 완화하고 평화구축을 위한 제도적 보장 방안을 지속적으로 강구할 필요가 있다. 과거 체육회담 논쟁에 직·간접적으로 영향을 주었던 변수는 남북의 정치·군사·안보 문제였다. 남북은 2018년 평창 동계올림픽에서 일시적이나마 한반도 평화체제를 현실화하였다는 경험에서 교훈을 찾아야 할 것이다. 유엔에서 '휴전 결의안'을 채택한 후, 북한은 핵미사일 실험을 중단했고 한·미는 군사훈련을 연기하며 한반도의 군사적 긴장이 일시적으로 해소된 상태로 올림픽을 치를 수 있었다. 올림픽을 포함한 각종 국제 스포츠 대회는 평화지향의 국제적 당위와 공감이 있다. 또한, 올림픽 경기는 선수 간 경쟁이지만, 모든 회원국의 화합과 우의를 다질 수 있는 국제사회의 평화와 친선의 장이기도 하다. 이러한 국제대회는 올림픽과 동계올림픽 그리고 월드컵 경기 등 2년 간격으로 개최되는 주기를 고려하여 남북 간에 끊임없이 평화체제 구축을 위한 지속적인 노력이 전제되어야 할 것이다.

둘째는 과거 체육회담에서 나타난 대결적 관점을 지양하고 단결과 공존의 관점이 전제되어야 할 것이다. 과거 남북 단일팀 구성 논쟁에서 살펴보았듯이 남북의 어느 한쪽이 대결적 관점으로 임한다면 그 회담은 성사되기 어렵다고 할 수 있다. 과거 정부 내에서도 체육회담에서 대결적 관점과 공존의 관점이 부딪히며 논쟁했지만, 결과적으로 단일팀 성사의 배경에는 단결과 공존의 관점에서 이뤄진 점을 교훈 삼아야 할 것이다. 따라서 대결적 관점의 지양을 위해서는 북한에 대한 의식적인 존중과 배려가 선행되어야 한다. 피사르의 제안처럼 남북 간의 심리적 휴전이 우선이고, 대화에 있어서 서로 논쟁적으로 흐르지 않게 하는 것이 중요하다고 판단한다. 과거의 옳고 그름의 문제를 따지거나, 경쟁적 긴장 조성을 피하고 단결과 공존을 위한 허용적 분위기 조성에 힘써야 할 것이다.

셋째는 공동주최는 국가 대 국가의 관계로 규정하는 것이 바람직하다. 이미 북한은 국제 사회에서 국가성을 인정받은 국가이다. 우리의 헌법에서 그 영토 관할권을 주장하지만, 현실 괴리를 직시하고 새롭게 정리할 필요가 있다. 2013년 9월 평양에서 열린 아시아클럽 역도 선수권 대회에서 태극기가 게양되고 애국가가 울렸다. 반면 2014년 9월 아시안게임이 열리던 인천 경기장 주변에 인공기 게양 논란이 있어 모든 나라 국기를 다 철거하는 일이 있었다. 이것이 아직도 우리 사회에서 북한을 국가로 인정하지 않으려는 극명한 사례라고 할 수 있다. 2023년 말 북한은 남한을 향해 '적대적 두 국가'론을 발표했다. 어찌 보면, 해방 이후부터 남한이 추구해 온 두 국가의 지향을 북한의 입으로 듣게 된 것이다. 이것이 남북의 현실이다. 그럼에도 불구하고 우리는 2002년 한·일 월드컵 공동개최라는 경험을 갖고 있다. 우리가 일본을 정치적으로 이용하려고 한다든지, 우월적 입장에 서려 한다든지 하는 등의 간섭과 견제의 관점이 아니었던 것과 같은 맥락에서 북한과의 관계 회복을 위해서는 남과 북이 스포츠 빅 이벤트에 동참하여 화해의 장을 마련할 필요성이 있다. IOC와 북한이 과거 단일팀 논쟁에서 원칙으로 내세웠던 동등한 관계, 동등한 배분 등의 원칙을 고려하여 진행하되, 하나의 이웃 국가로의 규정을 선행하고, 상대 체제와 문화를 존중하는 외교적 차원의 접근이 필요하다고 판단한다.

남북체육회담에서 벌어진 과거 논쟁을 통해 향후 예상되는 다양한 체육교류와 단일팀 구성 또는 공동개최 논의에 필요한 정책적 제안은 다음과 같다.

첫째, 서울-평양 스포츠 빅 이벤트 공동개최 준비를 남북이 함께 하는 것이 좋지만, 현실적으로 어려움이 존재한다면 남한의 선(先) 준비와 선 제안 등 적극적인 자세가 요구된다. 과거 남북 단일팀 논쟁과 공동주최 논쟁을 통해서 남한은 북한을 국제 사회에서 고립되도록 하는데 적지 않은 영향을 행사했다. 예로 1963년 홍콩 단일팀 회담이 시작된 배경에는 북한을 한 국가 NOC로 승인해 줄 수 없다는 남한의 봉쇄전략이 있었다. 또한, 신금단 선수의 도쿄올림픽 참가 반대를 위해서도 IOC와 협조 관계에 있었다.[1] 북한의 국호를 IOC에서 인정받지 못하게 방해한 것도 남한이었다. 서울올림픽 북한 참가를 두고도 IOC와 협조하여 포용적 차원으로 접근하지 못한 한계가 존재했다. 이러한 남한의 대결 구도와 냉전체제 편승은 북한을 국가로 인정하지 않고, 국제 스포츠 사회에서 고립시키는데 영향을 끼쳤다고 볼 수 있다. 따라서 여러 정치적 변수로 인해 북한과의 체육교류가 어려운 국면이라 하더라도 남한이 먼저 주도하여 면밀히 준비해 가는 노력이 필요하다.

둘째, 월드컵 공동개최 방안을 적극적으로 고려할 필요가 있다. 9.19 선언에 담긴 올림픽 공동개최는 남북 관계 개선과 한반도 평화정착에 기여하는 데 의의가 있었다고 할 수 있다. 이런 전제에서 보면 스포츠 빅 이벤트를 유치하는 데 있어서 열린 자세로 접근할 필요가 있다. 올림픽은 현실적으로 공동개최를 간단히 성사시키기 어려운 물리적 한계를 가진다. 그중 하나가 종목의 수이다. 올림픽에서는 약 50여 개의 종목이 각기 다른 특성을 가지고 진행되며, 이는 상당히 복잡한 문제를 야기한다. 또한, 각 종목별 협회 간의 이견뿐만 아니라 남북 간 협회 간의 의견 차이 등 해결해야 할 숙제가 적지 않다. 반면, 월드컵 공동개최는 단일 종목으로 진행된다는 점에서 비교적 유리하다. 88올림픽 공동개최 논쟁에서도 북한이 마지막까지 포기하지 않았던 종목이 축구이다. 북한에서 축구의 인기는 단연 최고이다. 남한도 상황은 비슷하다. 남북 간의 경·평 축구전의 역사도 남북 체육교류와 관련하여 체육회담에서도 자주 언급되곤 하였다. 실무적인 측면에서 보면 단일 종목으로 치러지는 월드컵 개최가 여러 갈등과 논란을 줄여 갈 수 있는 대안이 될 것이다.

---

1) IOC, OSC, Avery Brundage Collection, Film 35-11/ File number, 25~26.

경제협력의 측면에서도 북한의 경기장과 도로, 숙박시설 등 인프라 구축에 도움을 줄 수 있는 여지가 있다. 어떤 스포츠 빅 이벤트를 함께 준비해야 할 때, 기본 전제는 남북 간의 대결적 관점을 부각하기보다는 단결과 공존의 관점이 강조되어야 할 것이다.

셋째, 정부는 남북 체육교류를 활성화하기 위한 종목별 자발적이고 창의적인 실험을 보장할 필요가 있다. 이미 1992년 바르셀로나 올림픽 단일팀 구성을 준비하는 과정에서 체육 기구 간의 통합 문제 등 대부분의 내용이 마련되어 있으며, 조금만 손보면 충분히 활용할 수 있을 것이다. 그러나 정부의 하향식의 지시나 명령에 움직이는 교류나 결정이 아니라 각 종목별 협회의 자발적이고 창의적인 남북 교류 협력의 장을 보장하는 것이 중요하다. 정부는 각 종목별 체육협회가 스스로 작은 대회, 지역별 대회 등에서 남북 체육인의 만남과 다양한 경기 구성의 경험을 축적하도록 개방성과 자율권을 보장해 줄 필요가 있다. 또한, 청소년 경기와 성인 경기 등 그 운영의 폭과 범위도 스스로 정하여 여러 형태의 실험적 대회를 보장해 주는 것도 필요하다. 2014년과 2015년 서부전선에서 포격 사건으로 군사적 긴장이 높던 상황에서도 유소년 축구대회를 중단시키지 않고 진행할 수 있었다. 민간단체 주도로 연천과 평양을 오가며 유소년 축구대회를 끝까지 할 수 있었던 것은 남북의 체육 지도자들 간의 신뢰가 바탕이 되었기 때문이었다. 따라서 대한체육회 산하 체육협회를 중심으로 북한과의 스포츠 접촉에서 대승적 만남을 허용해 주어야 한다. 이를 위해 남과 북 또는 제3의 지역에서 주도적으로 체육교류를 실행할 수 있는 제도적 보완이 필요할 것이다.

넷째, 남북의 체육회담 대표를 선정할 때 체육인들의 회담 결정 재량권을 확대할 필요가 있다. 1963년 홍콩 회담부터 체육회담 참석자에는 통일원과 안기부 직원이 KOC 위원의 직위를 가지고 회담에 참석했고 정치 회담으로 흐르는 결정적 역할을 담당해 왔다고 해도 과언이 아니다. 그리고 회담장은 지면 안 되는 전쟁터 같은 곳으로 고성과 재떨이가 오갔던 때도 있었다. 점잖은 대표들조차도 뒤에서 쪽지가 들어오면 거친 언행을 서슴지 않고 돌변했던 것은 남북 대결 시대의 한 단면을 보여준 것이라 할 수 있다. 1989년 장충식 회담 대표는 회고록에서 쪽지 회담은 더는 하지 않겠다고 선언했던 고백이 있다. 즉, 남북의 대표들은 회담장에서 자신이 책임지고 결정할 수 있는 재량권이 거의 없었다. 그러나 1991년 단일팀이 성사되던 때는 체육청소년부 주도로 회담이 진행됐다는 점에서 이전과 차이가 있다. 따라서 정부는 단일팀이나 체육교류라는 목표가 설정되면 단결과 공존의 가치를 실행에 옮길 체육회담 진문가를 육성할 필요가 있다. 또한, 성치 회담으로 흐르지 않기 위해 남북체육 문제에 방점을 찍고 구체적인 회담 날짜나 장소, 의제 등의 주요 문제를 제안하고 결정할 수 있는 준비된 회담 대표가 필요하고 그들에게 재량권을 보장하는 것이 중요하다.

다섯째, IOC 또는 FIFA 등 국제 체육 기구의 협조를 적극적으로 구해야 할 것이다. 북한도 IOC의 세계 평화와 친선 지향적인 올림픽 운동 정신을 긍정적으로 보아 왔으며, 중요한 회담마다 IOC의 역할에 협조와 신뢰를 보내왔다. 북한은 88올림픽 공동개최 논쟁에서도 IOC를 비난하지 않았다. IOC는 2019년 6월 제134차 총회(Session)에서 올림픽 개최도시를 한 도시로 국한하지 않고 여러 개 도시가 공동으로 개최할 수 있도록 규정을 바꾸었다. 그 시점이 2018년 9.19 합의가 있고 난 뒤에 일어난 것을 보면 2032년 서울-평양 올림픽 공동개최를 염두에 둔 조치라고 해석할 수 있다. 개최지 선정 문제도 7년 전에 결정하게 되었던 것을 유연하게 결정할 수 있도록 규정을 바꿨다. 이 내용은 로동신문 2019년 7월 13일 자에 소개될 만큼 북한도 관심을 두고 있다. 비록 정치적인 문제로 인해 적극적인 태도로 임하지 못해 탈락했던 아쉬움이 있지만, 남과 북은 IOC라는 스포츠 기구의 도움을 끊임없이 구하며 세계 평화와 친선의 목적에 맞게 한반도 분단 상황을 극복하기 위해 노력할 필요가 있다고 생각한다. 또한 FIFA는 2002년 월드컵 개최지 선정을 위해 처음에는 남북 공동개최에 방점을 찍고 남북 공동개최에 힘을 실었었다. 그러나 1994년 김주석 사망으로 인해 이 논의는 진척되지 못하고 한·일 월드컵 공동개최로 방향이 전환되었던 사례가 있다. 이처럼 국제 스포츠 기구는 남북의 평화와 통일에 관심과 지지를 보낼 잠재성을 갖고 있으며, 우리는 그 잠재성을 끌어내어 적극적인 평화와 통일을 위해 국제사회의 도움을 요청해야 한다.

위의 제안들에는 추가 논의가 필요하다. 특히 국가 대 국가의 규정과 관련하여서는 논란의 여지가 있다. 필자가 해방 후부터 1991년 단일팀 구성과 그 이후 단일팀 논쟁을 조명해 본바, 남과 북이 국제 사회에서 하나의 국가로 인정받기 위해 치열하게 싸우면서 형성된 남북은 개별팀(남)과 단일팀(북)의 주장을 통해 각각의 지향점이 명확했다. 북한이 포기하지 않았던 '하나의 민족', '조선은 하나다'라는 구호가 점점 희망을 잃으며, 급기야 2023년 말 북한의 '적대적 두 국가' 선언은 대등한 관계를 넘어 이제는 독자적인 핵보유국으로서의 남한과의 차별을 선포하기에 이르렀다. 이때 우리는 무엇을 할 수 있는지 현실을 냉정하게 분석하고 그에 맞는 대안을 과감하고 용기 있게 결정할 과제가 주어졌다. 결국, 남북은 이제 서로가 국가 대 국가로서의 인정과 존중을 통해 한반도 평화 정착을 위해 고민해야 할 상황이 되었다고 판단한다.

참고문헌

1. 북한 문헌

1) 단행본

장철유 외. 『조국을 빛내인 올림픽우승자들 (1)』, 평양: 금성청년출판사, 2014.

조남훈, 『조선체육사 2』, 평양: 금성청년출판사, 1992.

조선중앙통신사 편, 『조선중앙년감』, 평양: 조선중앙통신사, 1990.

2) 논문

궁선홍, 「쏘련체육을 더욱 광범히 섭취, 조쏘 체육분과위원회 제2차 총회」, 『인민
　　체육』, 1949년 2호.

김기수, 「인민적 체육 정책의 생활력」, 『근로자』 제4호, 1963.

김득준, 「제24차 올림픽경기대회는 북과 남이 공동으로 주최하여야 한다」, 『근로
　　자』 제7호, 1986.

3) 자료

『로동신문』

김일성, 「체육을 대중화하기 위하여: 체육인대회에서 한 연설(1946년 10월 6일)」,
　　『김일성 저작집 2』, 평양: 조선로동당출판사, 1979.

김일성, 「조선로동당 제5차대회에서 한 중앙위원회사업 총화보고(1970년 11월 2
　　일)」, 『김일성 저작집 25』, 평양: 조선로동당출판사, 1983.

김일성, 「이딸이아안사통신사 부사장과 한 담화(1981년 12월 6일)」, 『김일성 저작
　　집 36』, 평양: 조선로동당출판사, 1990.

김정일, 「4.25체육선수단앞에 나서는 과업에 대하여-4.25체육선수단 성원들과 한

담화(1972년 6월 26일)」, 『김정일선집 2』, 평양: 조선로동당출판사, 1993.

김정일, 「체육을 발전시킬데 대하여, 조선로동당 중앙위원회 책임일군들과 한 담화(1989년 6월 2일)」, 『김정일선집 9』, 평양: 조선로동당출판사, 1997.

김정일, 「조선민족제일주의정신을 높이 발양시키자-조선로동당 중앙위원회 책임일군들앞에서 한 연설(1989년 12월 28일)」, 『김정일선집 9』, 평양: 조선로동당출판사, 1997.

2. 국내 문헌

1) 단행본

강원택 편, 『노태우 시대의 재인식』, 파주: 나남, 2012.

강진욱, 『1983 버마』, 고양: 박종철출판사, 2017.

김경재, 『(김형욱 회고록2) 혁명과 우상: 박정희와 중앙정보부』, 서울: 인물과 사상, 2009.

노태우, 『노태우 회고록-상권』, 서울: 조선뉴스프레스, 2011.

노태우, 『노태우 회고록-하권』, 서울: 조선뉴스프레스, 2011.

대한체육회 편, 『대한체육회 90년사 I 1920~1990』, 서울: 대한체육회, 2010.

라종일, 『아웅산 테러리스트 강민철』, 파주: 창비, 2013.

박철언, 『바른 역사를 위한 증언 1』, 서울: 랜덤하우스중앙, 2005.

박철언, 『바른 역사를 위한 증언 2』, 서울: 랜덤하우스중앙, 2005.

배광복, 『남북대화 1971~1992 힘·선택·말의 남북관계 역사』, 서울: 아연출판부, 2018.

이동형, 『영원한 라이벌 김대중 vs 김영삼』, 서울: 왕의서재, 2018.

이진삼, 『별처럼 또 별처럼』, 서울: 도서출판 황금물고기, 2016.

장충식, 『시대를 넘어 미래를 열다(중재장충식회고록)』, 용인: 노스보스, 2011.

전두환, 『전두환 회고록 2: 청와대 시절』, 파주: 자작나무숲, 2017.

정세현, 『판문점의 협상가 정세현 회고록』, 파주: 창비, 2020.

정주영, 『이땅에 태어나서 나의 살아온 이야기』, 서울: 솔출판사, 2020.

최병효, 『그들은 왜 순국해야 했는가』, 서울: 박영사, 2020.

한국체육언론인회 엮음, 『스포츠와 함께한 열광의 세월-광복 70년, 체육기자들의
　　이야기』, 서울: 제이앤제이미디어, 2015.

홉스보옴·랑거(E. Hobsbawm & T. Ranger) 편, 최석영 역, 『전통의 창조와 날
　　조』, 서울: 서경문화사, 1995.

2) 논문

김근식, 「북한의 유엔외교」, 『국제정치논총』 제41권 제4호, 2001.

김영인, 「북방정책 실천전략의 결정요인에 관한 연구-노태우 대통령의 서울올림
　　픽 조직위원장 경험을 중심으로」, 『통일연구』 제21권 1호, 2017.

김정훈, 「남북한 지배담론의 민족주의 비교 연구」, 연세대학교 대학원 박사학위논
　　문, 1999.

신종대, 「서울의 환호, 평양의 좌절과 대처: 서울올림픽과 남북관계」, 『동서연구』
　　제25호 3호, 2013.

이제훈, 「노태우 정부의 북방정책과 비대칭적 탈냉전: 남·북·미 3각 관계와 3당
　　합당의 영향을 중심으로」, 북한대학원대학교 박사학위논문, 2016.

정동성, 「남북체육교류의 통합기능에 대한 연구」, 경희대학교 대학원 박사학위논
　　문, 1997.

정연철, 「1954년 제네바 회담과 동북아 냉전질서」, 『아세아연구』 제54권 1호,
　　2011.

최진환, 「IOC의 조선민주주의인민공화국 올림픽위원회 승인에 관한 연구」, 북한
　　대학원대학교 박사학위논문, 2020.

최진환, 「남북 스포츠 분단의 역사적 함의: 조선민주주의인민공화국 올림픽위원
　　회 승인과정을 중심으로」, 『한국체육학회지』 제59권 3호, 2020.

최진환, 「88 서울올림픽 남북 공동주최 논쟁에 관한 연구」, 『현대북한연구』 제24권
　　제2호, 2021.

최진환, 「1991년 남북 단일팀 성사와 단절에 관한 고찰: 제41회 지바 세계탁구선
　　수권대회를 중심으로」, 『국가전략』 제28권 1호, 2022.

최진환, 「남북 접촉지대의 기원으로서 1963년 체육회담 고찰」, 『현대북한연구』
　　제27권 2호, 2024.

3) 정부 문서

국가기록원, 「세계탁구선수권대회, 제35차 평양, 1979. 4. 25.-5. 6. 전6권(참가대책 및 초청교섭)」, 1977~1978, 외무부 정보문화국 문화교류과, 관리번호: DA0745903.

국가기록원, 「세계탁구선수권대회, 제35차, 평양, 1979. 4. 25.-5. 6. 전6권(남북한 단일팀 구성문제)」, 1978~1979, 외무부 정보문화국 문화교류과, 관리번호: DA0745910.

국가기록원, 「세계탁구선수권대회, 제35차 평양, 1979. 4. 25.-5. 6. 전6권(남북한 판문점 접촉)」, 1977~1978, 외무부 정보문화국 문화교류과, 관리번호: DA0745911.

국가기록원, 「세계탁구선수권대회, 제35차 평양, 1979. 4. 25.-5. 6. 전6권(한국선수단 비자발급 거부)」, 1978~1979, 외무부 정보문화국 문화교류과, 관리번호: DA0745913.

국가기록원, 「세계탁구선수권대회, 제35차 평양, 1979. 4. 25.-5. 6. 전6권(결과보고 및 언론보도)」, 1978~1979, 외무부 정보문화국 문화교류과, 관리번호: DA0745912.

국가기록원, 「1980년도 Moscow 올림픽대회: 남북한 단일팀 구성문제」, 1979~1980, 외교통상부, 관리번호: CA0330978.

국가기록원, 「(1)북한및미수교국관계, (2)LA대회남북단일팀구성노력(재미교포중심민간단체)」, 1985, 서울올림픽대회 조직위원회, 관리번호: BA0774386.

국가기록원, 「남북스포츠교류」, 1983~1984, 행정조정실, 관리번호: BAO883874.

국가기록원, 「남북체육회담」, 1984, 행정조정실, 관리번호: BA0883963.

국가기록원, 「남북체육회담(1차, 2차, 3차)」, 1988, 문화체육관광부 체육국 국제체육과, 관리번호: DA0579950.

국가기록원, 「제5차 남북체육회담」, 1989, 문화체육관광부 체육국 국제체육과, 관리번호: DA0579948.

국가기록원, 「1989년 제6차 남북체육회담-해외협력담당관실」, 1989, 문화관광부, 관리번호: DA0579860.

국가기록원, 「남북체육회담 실무접촉(1차, 2차, 3차)」, 1989~1990, 문화체육관광부 체육과 국제체육과, 관리번호: DA0579949.

국가기록원, 「남북체육회담 실무접촉(4차, 5차)」, 1989~1990, 문화체육관광부 체
　　육국 국제체육과, 관리번호: DA0579955.

국가기록원, 「제7차 남북체육회담-해외협력담당관실」, 1990, 문화관광부, 관리번
　　호: DA0579863.

국가기록원, 「남북체육회담(7차) 및 실무접촉(6차)」, 1990, 문화체육관광부 체육
　　국 국제체육과, 관리번호: DA0579956.

국가기록원, 「남북체육회담(8차, 9차)」, 1990, 문화체육관광부 체육국 국제체육
　　과, 관리번호: DA0579954.

국가기록원, 「남북체육회담철(I)(남북체육회담및교류(XI))」, 1990, 문화관광부 체
　　육국 국제체육과, 관리번호: DA0579957.

국가기록원, 「남북체육회담철 II」, 1991, 문화체육관광부 체육국 국제체육과, 관리
　　번호: DA0579964.

국가기록원, 「제3차 남북체육회담 II」, 1991, 문화체육관광부 체육국 국제체육과,
　　관리번호: DA0579967.

국가기록원, 「남북체육교류(1)(남북체육회담)」, 1990~1991, 문화체육관광부 체육
　　국 국제체육과」, 관리번호: DA0579962.

국가기록원, 「바르셀로나 단일팀 추진」, 1991, 문화체육관광부 체육국 국제체육
　　과, 관리번호: DA0351789.

외교부 공개문서, [1262] 「1964년도 동경올림픽 남북한단일팀 구성문제」, 전4권
　　(V.1 1962).

외교부 공개문서, [1263] 「1964년도 동경올림픽 남북한단일팀 구성문제」, 전4권
　　(V.2 1963. 1-4).

외교부 공개문서, [1264] 「1964년도 동경올림픽 남북한단일팀 구성문제」, 전4권
　　(V.3 1963. 5-6).

외교부 공개문서, [1265] 「1964년도 동경올림픽 남북한단일팀 구성문제」, 전4권
　　(V.4 1963. 9-12).

외교부 공개문서, [1650] 「1964년도 동경올림픽 남북한단일팀 구성문제」. 전5권
　　(V.5 1963. 7-8).

외교부 공개문서, IOC(국제올림픽위원회)총회, 제68차 Warsaw(폴란드), 1969. 6. 6.

외교부 공개문서, 「1986년도 서울 아시아경기 대회 유치 추진」, 1980-81. 전2권. V.2, 1980.

외교부 공개문서, 「1988년도 서울올림픽대회-남·북한 단일팀 구성 및 공동개최 문제, 1984-89」, 전16권(V.1~16).

4) 자료

『경향신문』

『동아일보』

『매일경제』

『연합뉴스』

『조선일보』

『한겨레』

『시사 IN』, 「김포공항 테러 사건의 진실은 무엇인가(2020. 11. 6.)」, https://www.sisain.co.kr/news/articleView.html?idxno=43080 (검색일: 2024년 6월 11일).

『월간조선』, 「북한 청부 받은 '아부 니달' 조직이 저질러(2009년 3월호)」, https://monthly.chosun.com/client/news/viw.asp?ctcd=&nNewsNumb=200903100019&page=1 (검색일: 2024년 6월 11일).

김세진이재호기억저장소, 「서울대 총학생회장 후보(김중기) 남북학생 공동체육대회 및 국토순례대행진 제안사건(1989. 3. 29.)」, https://snumemory.org/items/show/272 (검색일: 2024년 8월 6일).

김세진이재호기억저장소, 「6.10 남북학생회담 무산사건(1988. 6. 10.)」, https://snumemory.org/items/show/285 (검색일: 2024년 8월 6일).

대구 MBC, 「KAL 858기 실종사건 1, 2부(2020. 1. 23.)」, https://youtu.be/ae8aABKAYXg (검색일: 2024년 6월 18일).

3. 해외 문헌

1) 단행본

Richard W. Pound, *FIVE RINGS OVER KOREA*: The secret negotiations behind the 1988 Olympic games in Seoul, Boston, New York, Toronto, London(simultaneously): Little, Brown & Company, 1994.

2) 자료

가. IOC 자료

<브런디지 컬렉션>
IOC, OSC, Avery Brundage Collection, Film 30-14.
IOC, OSC, Avery Brundage Collection, Film 35-10.
IOC, OSC, Avery Brundage Collection, Film 35-11.
IOC, OSC, Avery Brundage Collection, Film 31-12.
IOC, OSC, Avery Brundage Collection, Film 77-06.
IOC, OSC, Avery Brundage Collection, Film 77-07.
IOC, OSC, Avery Brundage Collection, Film 77-11.

<IOC 총회 및 집행위원회 회의록>
IOC, OSC, Sessions, 1957-Bulgaria, 02-Proces-verbal-eng.
IOC, OSC, Sessions, 1964-Tokyo, 02- Procès-verbal-eng.
IOC, OSC, Sessions, 1967-Tehran, 02- Procès-verbal-eng.
IOC, OSC, Sessions, 1968-Mexico Folder/02-Proces-verbal-eng.
IOC, OSC, Sessions, 1969 Folder/02-Proces-verbal-eng.
IOC, OSC, Sessions, 1986-10-12 to 17-Minutes 91th Session Lausanne.
IOC, OSC, Executive Board, 1947-01- Procès-verbal- fre. EB Minutes.
IOC, OSC, Executive Board, 1968-09-10 Minutes EB Mexico.pdf.
IOC, OSC, Executive Board, 1980-02-08, Lake Placid, EB Minutes.
IOC, OSC, Executive Board, 1980-04-21, Lausanne, EB Minutes.

IOC, OSC, Executive Board, 1984-11-30 to 12-01-Lausanne EB Minutes

IOC, OSC, Executive Board, 1985-12-Lausanne–Executive Board Minutes.

IOC, OSC, Executive Board, 1986-2-Lausanne–Executive Board Minutes.

IOC, OSC, Executive Board, 1986-10-Lausanne–Executive Board Minutes.

IOC, OSC, Executive Board, 1987-2-Lausanne–Executive Board Minutes.

IOC, OSC, Executive Board, 1987-4-Lausanne–Executive Board Minutes.

<북(COREN) 서신>

IOC, OSC, PRK, D-RM01-COREN-002 Correspondence of the NOC of the Democratic People's Republic of Korea (PRK) 1963.01.01.-1983.12.31.

IOC, OSC, D-RM01-COREN-001 Executive board of the NOC of the Democratic People's Republic of Korea(PRK), SD1 Corr 1972-1986.

IOC, OSC, D-RM01-COREN-001 Executive board of the NOC of the Democratic People's Republic of Korea(PRK) 1972.01.01-1986.12.31, SD2 Corr 1986.

IOC, OSC, D-RM01-COREN-001 Executive board of the NOC of the Democratic People's Republic of Korea(PRK) 1972.01.01-1986.12.31, SD2 Corr 1986.

IOC, OSC, D-RM01-COREN-002 Correspondence of the NOC of the Democratic People's Republic of Korea (PRK) 1963.01.01-1983.12.31, SD4 Corr 1981-1983.

IOC, OSC, D-RM01-COREN-003 Correspondence of the NOC of the Democratic People's Republic of Korea (PRK) 1984.01.01-1985.12.31, SD1 Corr 1-6 1984.

IOC, OSC, D-RM01-COREN-003 Correspondence of the NOC of the Democratic People's Republic of Korea (PRK) 1984.01.01-1985.12.31, SD2 Corr 7-12. 1984.

IOC, OSC, D-RM01-COREN-005 Correspondence of the NOC of the Democratic People's Republic of Korea(PRK) 1987.01.01-1987.12.31,

SD2 Corr 1987.

IOC, OSC, D-RM01-COREN-005 Correspondence of the NOC of the Democratic People's Republic of Korea(PRK) 1987.01.01-1987.12.31, SD3 Corr 1987.

IOC, OSC, D-RM01-COREN-006 Coreespondence of the NOC of the Democratic People's Republic of Korea (PRK) 1988.01.01-1988.12.31, SD1 Corr 1988.

IOC, OSC, D-RM01-COREN-010 Democratic People's Republic of Korea (PRK) correspondence 1989.01.01-1999.12.31, SD1 Corr 1989-1992.

<남(CORES) 서신>

IOC, OSC, KOC, D-RM01-CORES-002 Correspondence of the NOC of the Republic of Korea(KOR) 1947.01.01.-1963.12.31.

IOC, OSC, D-RM01-CORES-004 Correspondence of the NOC of the Republic of Korea (KOR) 1972.01.01-1982.12.31, SD1 Corr 1976-1978.

IOC, OSC, D-RM01-CORES-004 Correspondence of the NOC of the Republic of Korea (KOR) 1972.01.01-1982.12.31, SD2 Corr 1979-1980.

IOC, OSC, D-RM01-CORES-004 Correspondence of the NOC of the Republic of Korea (KOR) 1972.01.01-1982.12.31, SD3 Corr 1981-1982.

IOC, OSC, D-RM01-CORES-005 Correspondence of the NOC of the Republic of Korea (KOR) 1983.01.01-1984.12.31, SD3 Corr 7-12 1984.

IOC, OSC, D-RM01-CORES-006 Correspondence of the NOC of the Repubic of Korea (KOR) 1985.01.01-1985.12.31, SD1 Corr 1-8 1985.

IOC, OSC, D-RM01-CORES-006 Correspondence of the NOC of the Repubic of Korea (KOR) 1985.01.01-1985.12.31, SD2 Corr 9-12 1985.

IOC, OSC, D-RM01-CORES-007 Correspondence of the NOC of the Republic of Korea (KOR) 1986.01.01.-1986.12.31, SD1 Corr 1-6 1986.

IOC, OSC, D-RM01-CORES-007 Correspondence of the NOC of the Republic of Korea (KOR) 1986.01.01-1986.12.31, SD2 Corr 7-12 1986.

IOC, OSC, D-RM01-CORES-008 Correspondence of the NOC of the

Republic of Korea (KOR) 1987.01.01-1987.12.31, SD1 Corr 1-4 1987.

IOC, OSC, D-RM01-CORES-008 Correspondence of the NOC of the Republic of Korea (KOR) 1987.01.01-1987.12.31, SD2 Corr 5-8 1987.

IOC, OSC, D-RM01-CORES-008 Correspondence of the NOC of the Republic of Korea (KOR) 1987.01.01-1987.12.31, SD3 Corr 9-12 1987.

IOC, OSC, D-RM01-CORES-010 Correspondence of the NOC of the Repubic of Korea (KOR) 1988.01.01-1989.12.31, SD1 Corr 1-6.

IOC, OSC, D-RM01-CORES-010 Correspondence of the NOC of the Repubic of Korea (KOR) 1988.01.01-1989.12.31, SD2 Corr 7-12 1988.

IOC, OSC, D-RM01-CORES-017 Repubic of Korea (KOR) Correspondence 1989.01.01-1991.12.31, SD1 Corr 1989.

IOC, OSC, IAAF, OSC List of Archives' Files, D-RM02-ATHLE-01.

나. 인터넷

Wilson Center Digital Archive, 「Letter from Fidel Castro to the President of the International Olympic Committee Juan Antonio Samaranch(November, 29, 1984.)」,https://digitalarchive.wilson center.org/document/113916 (검색일: 2020년 8월 20일).

Wilson Center Digital Archive, 「Letter from International Olympic Committee (IOC) President Juan Antonio Samaranch to Fidel Castro(December 4, 1984.)」,https://digitalarchive.wilsoncenter. org/document/113917 (검색일: 2020년 8월 20일).

Wilson Center Digital Archive, 「Letter to the Central Committee of the Bulgarian Communist Party, from the Secretary of the Korean Workers' Party, Hwang Jang-yeop(July, 3, 1985.)」, https://digitalarchive. wilsoncenter.org/document/165256 (검색일: 2020년 8월 20일).

Wilson Center Digital Archive, Recommendation by the National Olympic Committee of the ROK to the International Olympic Committee on North Korea(October 15, 1986), https://digitalarchive.wilsoncenter. org/document/113478 (검색일: 2024년 7월 24일).

The Miami Herald, 「WHY THE '88 OLYMPICS WON'T BE IN SOUTH KOREA(May, 25, 1986.)」,https://www.newspapers.com/image/631249481/?match=1&terms=Why%20the%2088%20olympics%20won%27t%20be%20in%20south%20korea (검색일: 2024년 12월 7일).

The New York Times, 「How to Rescue the Olympic(May, 29, 1984.)」, https://www.nytimes.com/1984/05/29/opinion/how-to-rescue-the-olympics.html (검색일: 2024년 11월 21일).

ITTF, 「Past World Championships Results」, https://www.ittf.com/history/documents/past-world-championships-results (검색일: 2024년 4월 25일).

최진환

고려대학교와 연세대학교에서 체육교육을 전공하고, 2020년 북한대학원대학교에서 「IOC의 조선민주주의인민공화국 올림픽위원회 승인에 관한 연구」로 박사학위를 받았다. 이후 통일부 신진연구자 공모 연구, 학회 논문 게재, 책 집필, 특강 등으로 계속 연구 중이다. 주요 연구로는 「김정은 시대 체육시설의 변화와 의미」(2019), 「남북 스포츠 분단의 역사적 함의」(2020), 「88 서울올림픽 남북 공동주최 논쟁에 관한 연구」(2021), 「남북한 중학교 체육교육과정 비교연구」(2021), 「1991년 남북단일팀 성사와 단절에 관한 고찰」(2022), 「남북 접촉지대의 기원으로서 1963년 체육회담 고찰」(2024) 등이 있다. 저서로는 『쫌 이상한 체육 시간』(2022, 창비교육)이 있다. 본업은 서울 공립학교 체육 교사이다. 현재 경남대학교 극동문제연구소 초빙연구위원으로 북한 체육·문화 연구를 병행하고 있다.